企業家ネットワークの形成と展開

データベースからみた
近代日本の地域経済

鈴木恒夫
SUZUKI Tsuneo
小早川洋一　◉著
KOBAYAKAWA Yoichi
和田一夫
WADA Kazuo

名古屋大学出版会

企業家ネットワークの形成と展開

目　　次

序　章　日本の企業家ネットワーク …………………………………… 1

　1　研究史における「グループ」とデータベースによる検証　1
　　　(1) 本書の課題と分析手法　1
　　　(2) 大都市の事例　5
　　　(3) 地方における事例　14
　　　(4) 中都市および大都市近傍での事例　23
　2　日本全国に存在したネットワーク　33
　3　ネットワークからの歴史分析　38

第Ⅰ部　日本全国における企業家ネットワーク

第1章　明治31年・明治40年の『役員録』と企業家の特徴 …………………………………… 51

　1　『役員録』に登場する企業家と会社　51
　　　(1) 本書が依拠した資料：『日本全国諸会社役員録』　51
　　　(2) 明治31年の役員と会社　57
　　　(3) 明治40年の役員と会社　65
　　　小　括　74
　2　『役員録』に登場した会社役員の特徴　76
　　　(1) 役員の出自　76
　　　(2) 地主と役員　82
　　　(3) 積極的な人物像　89

第2章　明治31年と明治40年の企業家ネットワークの構造分析 …………………………………… 95

　1　企業家ネットワークの定義　95
　　　(1) 渋沢栄一が果たした役割　95
　　　(2) 株式会社の設立　100
　　　(3) 企業家ネットワークの定義　113
　　　小　括　122
　2　明治31年の企業家ネットワーク　123
　　　(1) 企業家ネットワークの外的構造　123

        (2) 企業家ネットワークの類型化と規模　129
        (3) 会社経営への関与　139
        小　括　149
    3　明治40年の企業家ネットワーク　150
        (1) 企業家ネットワークの外的構造　150
        (2) 企業家ネットワークの類型化と規模　155
        (3) 会社経営への関与　160
        小　括　168
    4　企業家ネットワークの継続と消滅　169
        (1) 企業家ネットワークの継続と消滅　169
        (2) 役員の継続　176
        (3) 収益性の比較　181
        小　括　187

第II部　愛知県の企業家ネットワークと産業発展

第1章　愛知県の企業家ネットワークと産業　　193

    1　愛知県の産業　193
    2　『愛知県統計書』と『役員録』　198
    3　愛知県の企業家ネットワークと類型　202
    4　愛知県の企業家ネットワークの分析に向けて　214

第2章　「伊藤・岡谷ネット」　　219
――伊藤次郎左衛門・岡谷惣助を中心とするネット

    1　名古屋市における3つのケーススタディ　219
    2　伊藤・岡谷ネット　221
    3　伊藤次郎左衛門家と岡谷惣助家　223
    4　伊藤・岡谷ネットの会社――愛知銀行と名古屋紡績　226
        (1) 愛知銀行　226
        (2) 名古屋紡績　236
        小　括　246

第 3 章 「瀧ネット」──瀧兵右衛門・瀧定助を中心とするネット ………… 251

    1 瀧兵右衛門（4代）と瀧定助（初代）　251
    2 銀行の設立──名古屋銀行，名古屋貯蓄銀行　256
        (1) 名古屋銀行　256
        (2) 名古屋貯蓄銀行　270
    3 日清・日露戦争後の会社設立
        ──帝国撚糸・帝国撚糸織物，鉄道車輛製造所，東海倉庫　273
        (1) 帝国撚糸・帝国撚糸織物　273
        (2) 鉄道車輛製造所　282
        (3) 東海倉庫　283
        小　括　291

第 4 章 「奥田ネット」──奥田正香を中心とするネット……………… 299

    1 奥田正香の出自と実業家としての成功　300
    2 実業家・財界人としての地位の確立　301
        (1) 米商会所頭取就任　301
        (2) 名古屋商業会議所の会頭就任　302
        (3) 鈴木摠兵衛
            ──奥田ネットの中核かつ名古屋財界における奥田正香の後継者　305
    3 明治 20 年代前半における会社設立
        ──尾張紡績，名古屋生命保険，名古屋倉庫，名古屋株式取引所　307
        (1) 尾張紡績　307
        (2) 名古屋生命保険　318
        (3) 名古屋倉庫　320
        (4) 名古屋株式取引所　326
    4 日清戦争後の会社設立──明治銀行，日本車輛製造　333
        (1) 明治銀行　333
        (2) 日本車輛製造　344
    5 日露戦争後の会社設立
        ──名古屋瓦斯，名古屋電力，福寿生命保険・福寿火災保険　352
        (1) 名古屋瓦斯　352
        (2) 名古屋電力　359
        (3) 福寿生命保険・福寿火災保険　365
        小　括　373

終　章　企業家ネットワークの歴史的意義 ………………… 385

　　1　日本全国における企業家ネットワーク　385
　　2　愛知県の企業家ネットワークと産業発展　391
　　　　(1)　愛知県の産業　391
　　　　(2)　名古屋市における 3 つのケーススタディ　392
　　3　企業家ネットワークの存続と地域経済発展　397

付　表　410
あとがき　427
人名索引　431
会社・事項索引　437

役職名略称一覧

職名	略称	職名	略称
取締役会長	取会	会長	会
取締役社長	取社	社長	社
頭取	頭	副頭取	副頭
副頭取・岐阜支店専務取締役兼務	副頭兼	副社長	副社
専務取締役	専取	専務取締役社長	専取社
専務取締役副社長	専取副社	専務取締役兼支配人	専兼支
常務取締役	常取	常務取締役・部長兼務	常取部兼
常勤取締役	常勤取	取締役会長専務取締役	取会専
取締役頭取	取頭	取締役代表	取代
代表取締役	代取	取締役(代表)	取代
取締役	取	取締役副頭取	取副頭
取締役兼支配人	取兼支	取締役兼技師長	取兼技
取締役兼総務部長	取兼総部	取締役・今尾出張店取締役兼務	取兼
取締役・支店長兼務	取支長兼	取締役大阪支社長	取支長
取締役兼九条支店主任	取兼主	取締役兼総支配人	取兼総支
管事、三菱造船所支配人兼務	管支兼	監査役	監
監査役監事	監監事	監査役・仲買人	監仲
相談役	相	顧問	顧
顧問役	顧役	事務理事	事理
理事	理	理事取締役	理取
取締長	取長	理事長	理長
理事委員	理委	理事庶務部長	理庶長
監事	監事	監督	監督
評議員	評	検査委員	検委
協議員	協員	評議員監督	評監
協議役	協役	代表社員	代社
常務担当社員	常担社	業務担当社員主任	業担社主
業務担当社員	業担社	業務執行社員	業執社
専任業務担当社員	専業担社	社員	社員
主任*	主任		

注：合名会社の中に、主任という役職からなるものがある。その場合、本書では主任を役員とみなした。

序　章　日本の企業家ネットワーク

1　研究史における「グループ」とデータベースによる検証

(1)　本書の課題と分析手法

研究史に登場した「グループ」

　明治期にわが国経済の発展を担ったのは，一体，誰だったのだろうか．また，どのような企業が経済発展を推進したのであろうか．これを解き明かすことが本書の課題である．この問題については，これまで政府主導による官営事業を除けば，資産家が家族や同族の資金を背景に，単独で新事業を興してきたという視点から研究が行なわれてきた．大は財閥から小は地方の資産家による事業経営の研究がそうであり，三井，三菱，住友の三大財閥研究がその代表であった．アジアやラテンアメリカといった発展途上国の研究では，ファミリービジネスという視点から進められてきている[1]．

　その一方で，これらの資産家は，同じ地域の人物や同業者と，あるいは，世間から「同格」と見なされてきた人々と一緒に，共同して新事業を興してきたことについての研究も進められてきた．資産家たちの「奉加帳」方式による資金調達によって生まれた新事業であり，渋沢栄一がその代表者であると見なされてきたものである．

　こうした資産家たちの共同出資による事業については，森川英正氏の研究がある．森川氏は，「国民大衆の所得＝貯蓄水準が低いため，資金動員力が限られ，資金は，華族（主として旧大名），商人，地主の手に集中していました．ですから，株式会社を組織しても，株式市場を通じて不特定多数の大衆株主から共同出資を受けるという方法ではなく，限られた少数の富豪に出資を依頼する『奉加帳方式』がとられました」[2]と記す．それに続いて氏は，「しかも，いくつもの会社が『奉加帳方式』をとるので，一人の富豪がいくつもの株式会社への共同出資に参加する結果になりました」[3]と，共同出資の必然性を論じた．さらに，「投資型

資本家も，大企業の取締役のポストを争って兼任したがる結果，非家業系株式会社のトップ・マネジメントを彼らだけで独占することになりました」[4]と結論づけた。こうして，投資型資本家は，自ら共同出資・兼任役員となって多くの会社役員に就任することになった，と言うのである。

森川氏は会社の特徴を家業型か非家業型かに峻別して議論をすすめ，専門経営者が発生し，成長を遂げていった過程に関心を集中させていった。「大企業を取り巻く内外の環境の変化は，しだいに，このような資本家たちに雇い入れられた社員が，資本家に代わってトップ・マネジメントを担当することを必要ならしめました」[5]と述べ，企業家たちの連携によって設立された会社に「雇い入れられた社員」が成長していく過程を考察したのである。

これに対し本書が関心を持つのは，専門経営者たちが成長を遂げていく前に，各地で企業家たちが連携して設立した企業はどの程度までの広がりがあったのかという問題である。また，その企業家たちとの連携に関与した人物たちとそこから生まれた「企業家ネットワーク」がどれほどまでの広がりがあったのかという問題である。

伊牟田敏充氏によれば，このような共同出資はいくつかの「資本グループ」の参加という形態をとっていたという[6]。また氏は，山口和雄「明治31年前後紡績会社の株主について」[7]に拠りながら，上位株主の構成については「異系資本家間の均等的出資」という事実とともに，それら大株主の「多角的出資と役員の兼任」という事実を検出し，株主の特徴をあぶり出した。この中で複数の紡績会社の役員・大株主となっている者（「二社以上の役員を兼任するか，三社以上の大株主となっている者」）を指摘し，そうした事実が生じた原因について次のように記している。長くなるが，本書におけるわれわれの問題意識に重要な関係を持つので，あえて引用しておきたい。すなわち，「資本家側からすれば未経験な近代工業への投資を特定企業に集中することは危険負担の集中であり，危険分散のために分散投資をおこなったのも一因であろうし，綿花・綿糸・綿布など綿関係商人が自己の営業拡張のために多くの紡績会社に関係しようとしたことも一因であったかもしれない。また，後発会社において，先発会社の経営経験者や技術者の出資・役員兼任を要望した事例も決してすくなくなかったし，経営不振会社が豊富な資金を有する他の紡績資本家の出資を仰いで再建をはかった事例もみられる。しかし，基本的には明治期の紡績会社が移植産業として当初から大規模のものと

して設立され，異系列の資本家（それも産業資本家ではない性格の者）の共同出資によらねばならなかったことが，これら資本家の多角的出資をもたらしたといえる．そして，このような多角的出資と役員兼任は，紡績会社においてのみ見られた現象ではなく，鉄道・電燈・銀行・保険などの業種にわたって，地域的および全国的規模において見られたのであった．」[8] ここでは，異系資本家による多角的な事業への共同出資による進出という特徴が描かれている．

また伊牟田氏は，共同出資によって設立された株式会社は寄り合い所帯的な特徴を示した，と指摘する．「中核となるべき個別的産業資本を欠如している株式会社の設立は，本来的な性格においてレントナー的な資本の寄り合い所帯的な設立となる．レントナー的資本としては，特定の企業に投資を集中することはリスクの負担が集中することとなるので，分散投資を主とすることになる．」そして「異系資本家間の協調による新会社の設立は，個別資本家における資本蓄積が乏しかった当時においては決して例外的なものではない」[9] と結論づけている．

一方，『日本全国諸会社役員録』を電子データベース化し，愛知県において3回以上登場した人物を対象とし，別の人物と同じ2社で役員に就任している人物を取り上げてグループとみなすという作業を，コンピュータを利用して初めて行なった研究として，和田一夫・小早川洋一・塩見治人の一連の研究がある[10]．この研究の独創的な点は，既存の資料を電子データベース化し，一定の追試可能な手続きによって，グループを析出・検証したことにある．このアイデアと研究成果は，論文発表後に少なからぬ研究者たちによって引用され，また類似の研究が出現したことからも，一定の影響力があったと言うことができよう．

以上のように，株式会社を共同で設立してきたグループについては，国民所得や資本蓄積の低位と関連づけて，しばしば言及されてきた．しかし，そうした企業の設立にたずさわった企業家たちが，日本各地に設立された「株式会社」が地域経済を振興するという考えのもとで，「地域社会中心的」[11] な活動を主に行なったのではないかと考えた場合，グループがどの程度の地域的かつ人的な広がりを持っていたのかをデータベースに基づいて確定できないものだろうか．すなわち，グループという実態が日本全国で見られた現象なのか，それとも一部の地域でのみ見られた現象なのかという問題を明らかにしたい．そして，これらグループというものは，どのような人的なつながりを持っていたのか，またどれだけの人数からできていたのかということも示したい．また地域社会に関わったと

いうからには，グループが活動した空間も明らかにしたい．それ以上に，銀行，鉄道を始めどのような産業に関与したのかという点も明らかにする必要があろう．

そこで本書は，これまでの研究で指摘されてきた，資産家たちが設立した共同出資事業やグループの特徴を「企業家ネットワーク」という言葉を用いて整理し，冒頭で述べた，「わが国経済の発展を担ったのは，一体，誰だったのだろうか」という課題に接近したい．特に，「企業家ネットワーク」が日本の経済発展の中で，特に地域経済の発展との関係でどのような貢献をしてきたのか，提示していきたい．以下，大阪を始め，青森，新潟，栃木，名古屋，和歌山におけるこれまでの研究の中から，共同出資関係に関わるもの，あるいはグループの存在を示唆しているものを取り上げ，後に詳細に定義する「要素ネット」という概念を用いた図と比較する．これによって，第Ⅰ部で示す「企業家ネットワーク」の企業家活動の様相が，これまでの研究との関係で明らかになると思われる．それを踏まえて，「企業家ネットワーク」の本格的な分析を行なっていきたい．

そのために本書では，明治31（1898）年と明治40（1907）年の『日本全国諸会社役員録』を用いて，ここに登場する役員を企業家と見なした上で，これら企業家同士が作っていた，「要素ネット」と「企業家ネットワーク」の析出を行ない，その意義を考察する．すなわち，明治期，日本全国で生まれた，共同して複数の会社を設立し，それらの会社で兼任役員となった人物群の析出を行なうとともに，彼らが企業家として関わった企業の特徴と工業化の推進に果たした役割を分析することを課題とする．また，特定の仲間たちを中心に，複数の会社設立に関与し，役員として事業に関わった人物群を「ネットワーク型企業家」と名付けることにしよう．

これによって，これまで，明確な定義をせずにグループとか派閥という用語が用いられてきた実体が，本書では，明確に「要素ネット」，「企業家ネットワーク」と定義され，さらに，この視点による分析を通して，従来の研究を整理すると同時に，日本全国にわたる，新たな分析視点をも提供できるものと考える．

そしてまた，実際の分析を行なう際に，こうした視点がどのように反映されるのか，また，どのように関わるのかという点も見ていく必要があろう．そこで，愛知県の3つの企業家ネットワークを取り上げて，詳細な事例分析を行なうことにする．

要素ネット，企業家ネットワークの分析と並んで，ここに登場する企業家の資産家としての特徴を，日本全体の広がりの中で考察しよう．ことに，『日本全国商工人名録』を用いて，家業や所得の面から，全体像を提示したい．これは，これまでの経営史研究が，ケーススタディの積み重ねによって，明治以降の企業家を理解しようとしてきたことに関係する．ケーススタディの積み重ねによって歴史像が豊かになってきたことは確かである．しかし，個々のケーススタディからでは，それらが日本全国の中でどのような特徴があったのかについて，十分な説明が得られない．対象としたケースが特異な事例なのか，それとも一般的な事例なのかについては，ケーススタディを積み重ねてもなかなか判断ができないからである．

　日本全国を対象とした企業家活動をすべて網羅した資料を取り上げ，そこから企業家活動の実態を描写できれば，個々のケーススタディが特異な事例なのか，一般的な事例なのかが容易に分かるはずである．そのためには明治期の企業家活動の実態，ことに，それらに関わった役員に焦点をあてた資料をデータベース化し，これを分析する必要があろう．これによって初めて当時の日本経済の成長を担っていた企業家活動の実態が，日本全国規模で，しかも個々の役員の活動というミクロレベルから明らかにされる．

　たとえ明治期において大阪や東京が日本の経済活動にとって重要な地域であったとしても，特定の地域を対象としたデータベースからでは，日本全国での活動の実態を把握することはできない．日本全国を対象としたデータベースの構築が，まずもって不可欠となる．そしてここからしか，日本全国での企業活動を描写すること，全体像を照射することはできないであろう．換言すれば，ここから生まれた全体像は，歴史研究に対して，いわば「座標軸」を提供するものと言えるだろう．その結果として，個々のケーススタディが特異な事例であったのか，一般的な事例であったのかが，自ずと判明するのである．本書では，明治31年における企業家について，所得の面から日本全国の全体像を提示していく．

(2) 大都市の事例

大阪府についての先行研究

　これまでの研究では，本書で定義する「企業家ネットワーク」をグループと称

してきた事例が散見される．例えば伊牟田敏充氏は，宮本又次氏の研究に依拠しながらも，明治20年代，大阪には4つのグループがあったと記している．「明治20年代の大阪財界には4つのグループがあったといわれている．ひとつは靱肥料商で，かつ第42国立銀行の頭取であった田中市兵衛を中心とするグループであり，ひとつは藤田伝三郎を中心とするグループであり，このほか第34国立銀行頭取の岡橋治助を中心とするグループと，第130国立銀行の頭取松本重太郎を中心とするグループがあった」[12]，と．

宮本又次氏自身も，明治20年代にはいくつかのグループがあったと述べている．すなわち，「財界に中心的勢力がある以上，その勢力をめぐって派閥をつくり，コネをたぐって一種のグループが出現することは当然の成り行きといわなければなるまい．五代友厚・藤田伝三郎・松本重太郎・広瀬幸平・伊庭貞剛・中野悟一・玉手弘通・磯野小右衛門らはこうした中心勢力であり，その周辺に薩摩派と長州派の勢力がつくられ，これが対抗的な姿をとっていた」と記している[13]．

また宮本氏は，明治10年代から20年代にかけて出現し活躍した商人は，旧来の大阪商人とは違うタイプの「新興」の商人であったという．「一般的にいうとき，大阪生え抜きの『坊んち』または『若だんな』出の商人にはすぐれたものが少なく，むしろ他家から入ってきて，丁稚より修業して成り上がった人，または丁稚より見込まれて主家の婿養子となった人に偉大な商人が多い．大阪においては武士や官員・役人から実業家になった人もあるが，やはり商人の道から出てきて，新しく近代的実業人に脱皮したものも少なくないのである」[14]．

本当に，明治中期に，大阪ではこれまで名前が出てきた人物が中心となって，それぞれグループを作っていたのだろうか．これらの人物を中心としたグループは相互に排除しあう関係だったのか，それとも，相互に重なり合う関係だったのだろうか．そしてまた，他にもグループが存在したのだろうか，確認したい．そこで，これらグループについて本書が提起する企業家ネットワークを図示し，異同を考えていこう．

大阪府のネットワーク

まず最初に，明治31年時点における『日本全国諸会社役員録』[15]を用いて，大阪に本社のあった会社の役員一覧を取り出して確かめてみよう．大阪に本社を置く会社に役員として関わった人物をすべて抽出して作成した図の中から，これ

まで記されてきたグループを中心に，それ以外の中からも比較的大きなグループを取り出したのが，図0-1-1から図0-1-8である．

これらの図は，次のようにして作成したものである．大阪府に本社のある会社の役員に就任していた人物を取り上げ，さらに，その中から6社以上の会社に役員となっていた人物8名を取り上げた．この8名とは，田中市兵衛，松本重太郎，岡橋治助，山中利右衛門，外山脩造，岡崎栄次郎，古畑寅造，末吉平三郎である．次に，後に詳細に説明する要素ネットと名づけた同じ2名が同じ2社の役員に就任している関係（2人・2社）を，明治31年の『役員録』から求めた．すなわち，以上の8名の人物が役員として関わった会社のうち，1社でも大阪に本社のある会社を含む要素ネットの中から，これらの人物と2回以上，同じ会社で役員である人物群を取り出し，新たに加わった人物と2回以上同じ会社で役員である人物を次々に抜き出して作成したマトリックスが図0-1-1から図0-1-8である[16]．これらは，後に説明する要素ネットから作成した表であるが，大阪に限定した要素ネットから作成したので，本書が提起した企業家ネットワークではない．この点，注意されたい．

こうして作った会社名と人物名，役職名のマトリックスから，宮本又次氏が指摘した人物は独立したグループを形成していることが分かる．またその他にも，独立したグループが見られる．これらのグループには，松本重太郎と田中市兵衛を中心としたグループを始め，岡橋治助のグループ，山中利右衛門と小泉新助のグループ，外山脩造・宅徳平・鳥井駒吉・肥塚与八郎たちのグループ，岡崎栄次郎・近藤喜禄・吉原善右衛門たちのグループがある．これらよりは小さいが，独立したグループとして，古畑寅造のグループおよび末吉平三郎のグループと都合8つのグループがある．この他にも，福本元之助，逸見佐兵衛のグループ，五百井長平のグループも見いだせる．それよりも小さなグループまで含めればさらに多くのグループが存在しているのである

ネットワークの特徴の1つに，それぞれのネットワークは，相互に排他的ではなく，ある人物は重複して登場することが挙げられる．田中市兵衛のネットワークには，松本重太郎，岡橋治助が登場し，松本重太郎のネットワークには，田中市兵衛，岡橋治助が登場し，岡橋治助のネットワークには，田中市兵衛と松本重太郎が登場する．このように，この3名は，自らが主導するネットワークを独自に形成する一方，それぞれ相手のネットワークにも登場する．

図 0-1-1　田中市兵衛

会社	田中市兵衛	松本重太郎	金沢仁兵衛	井上保次郎	今村清之助	岡橋治助	亀岡徳太郎	竹尾治右衛門	桑原政	小西新右衛門	平野平兵衛	阿部市郎兵衛	阿部彦太郎	外山脩造	野吉兵衛	宗像祐太郎	水之江浩	中尾義三郎	長野善五郎	池田方幸次郎	米沢吉次郎	松沢實兵衛	土居通夫	原六郎	辻忠右衛門	府県	業種	公称資本金	設立年	住所
㈱日本貯金銀行	取	取	監					頭		取		取														大阪	銀行	500,000	1895	大阪市東区淡路町4丁目
南豊鉄道㈱	監	社		取	監		取						取	監	取	取										大阪	鉄道	無記載	無記載	大阪市西区土佐堀通1丁目
阪鶴鉄道㈱	監	監				監									取	取	取									大阪	鉄道	4,000,000	1896	大阪市北区曽根崎
南海鉄道㈱	監	社																								大阪	鉄道	2,800,000	1896	大阪市南区難波新地六番町
日本火災保険㈱	監	取	監			監	取				監						取									大阪	保険	1,000,000	1892	大阪市北区中之嶋3丁目
汽車製造㈱	監	業務担当社員																					監			大阪	機械器具	690,000	1896	大阪市西区川北
第四十二国立銀行	頭	取		監					取																	大阪	銀行	250,000	1878	大阪市西区江戸堀南通2丁目
大阪商船㈱	社																									大阪	海上輸送	10,000,000	1884	大阪市北区富嶋町
日本棉花㈱	社		監		監	監	取				取															大阪	貿易	1,000,000	1892	大阪市北区中之嶋2丁目
日本紡績㈱	監		社		監	取	取																			大阪	綿紡績	2,000,000	1893	大阪市北区下福嶋大字下福嶋
摂津紡績㈱	監			社		取																				大阪	綿紡績	1,000,000	1889	大阪市南区難波
浪華紡績㈱	社					監	監																			大阪	綿紡績	812,500	1887	西成郡伝法村
大阪倉庫㈱	監						監																		取兼支	大阪	倉庫	500,000	1883	大阪市北区中之嶋3丁目
南豊鉄道㈱・大分	監	社		取	監		取						取	監	取	取										大分	鉄道	無記載	無記載	大分郡大分町
豊州鉄道㈱	監	社		監											監											福岡	鉄道	5,000,000	1890	京都郡行橋町
九州鉄道㈱	取		取	取																						福岡	鉄道	30,000,000	1888	企救郡門司町
湊川改修㈱	取																	取	監	取						兵庫	土地改良開発	1,000,000	1897	神戸市荒田町3丁目
山陽鉄道㈱	監	社		監	取																		取			兵庫	鉄道	18,000,000	1888	神戸市兵庫浜崎通4丁目
神戸桟橋㈱	社																								監	兵庫	その他サービス	250,000	1884	神戸市加納町6丁目

注：田中市兵衛が含まれる要素ネットから作成．

　しかし，山中利右衛門のネットワークには，この松本，田中，岡橋の3人は見いだせない．山中利右衛門は独自の人脈からなるネットワークを作っていた，と言えよう．外山脩造のネットワークには，松本重太郎は確認できるものの，岡橋治助はいない．岡崎栄次郎，古畑寅造，末吉平三郎のネットワークは，相互に独立した企業家と会社からなっている，と言えよう．

　ここから分かるように，ネットワークは，ある中心人物にとっては，お互いに排斥しあうネットワークを作っているわけではなく，緩やかな関係を構築しているのである．その一方で，異なった地域や独自の人脈を有している人物は，独自のネットワークを構築していることも見て取れる．

　次に，これらのグループの特徴を会社の側面から見ておこう．松本重太郎の

図 0-1-2　松本重太郎

会社	府県	業種	公称資本金	設立年	住所
日本貯金銀行	大阪	銀行	500,000	1895	大阪市東区淡路町4丁目
本精糖㈱	大阪	食品	1,500,000	1896	大阪市東区高麗橋5丁目
大阪豊鉄道㈱	大阪	鉄道	無記載	無記載	大阪市西区土佐堀通1丁目
本教育保㈱	大阪	保険	300,000	1896	大阪市東区北浜3丁目
治炭坑㈱	大阪	鉱業	600,000	1896	大阪市東区北浜5丁目
鶴鉄道㈱	大阪	鉄道	4,000,000	1896	大阪市北区曽根崎
海鉄道㈱	大阪	鉄道	2,800,000	1896	大阪市南区難波新地六番町
本火災保㈱	大阪	保険	1,000,000	1892	大阪市北区中之嶋3丁目
車製造㈱	大阪	機械器具	690,000	1896	大阪市西区川北
斯綸紡織㈱	大阪	その他繊維	1,000,000	1896	西成郡中津村
大阪共立行	大阪	銀行	1,000,000	1887	大阪市北区中之島3丁目
叺麦酒㈱	大阪	醸造業	1,000,000	1887	三嶋郡吹田村
堺鉄道㈱	大阪	鉄道	400,000	1884	大阪市南区難波新地六番町
酒造㈱	大阪	醸造業	100,000	1888	堺市神明町西一丁
叺紡績㈱	大阪	綿紡績	1,200,000	1882	大阪市西区三軒家
百三十国銀行	大阪	銀行	250,000	1878	大阪市東区高麗橋3丁目
本海陸保㈱	大阪	保険	2,500,000	1893	大阪市東区北浜3丁目
叺興業銀行	大阪	銀行	250,000	1894	大阪市北区安治川通南1丁目
豊鉄道㈱大分	大分	鉄道	無記載	無記載	大分郡大分町
州鉄道㈱	福岡	鉄道	5,000,000	1890	京都郡行橋町
陽鉄道㈱	兵庫	鉄道	18,000,000	1888	神戸市兵庫浜崎通4丁目
本紡織㈱	兵庫	綿紡績	750,000	1896	武庫郡西宮村

:(1) 松本重太郎が含まれる要素ネットから作成。
(2)『役員録』には，日本精糖株式会社という同名の会社が東京と大阪に2回登場する。そこで，誤解を避けるために，本書では，大阪に本社のある日本精糖会社に大阪と付記した。
(3) 同様に，南豊鉄道株式会社も大阪と大分に2回登場する。そこで大分を付記した。

ネットワークには，日本貯金銀行以下22社が含まれている（図0-1-2）。これら22社の本社所在地を見ると，日本貯金銀行以下大阪興業銀行までは大阪府であり，南豊鉄道は大分県，豊州鉄道は福岡県，山陽鉄道と日本紡織は兵庫県である。業種の点では，鉄道が7社，銀行が4行，保険が3社，綿紡績および醸造業がそれぞれ2社，機械器具，鉱業，食品，その他繊維がそれぞれ1社である。地域的には大阪を中心とした関西圏と九州に集中しているが，業種は9業種に広

図 0-1-3　岡橋治助

会社	岡橋治助	弘世助三郎	竹尾治右衛門	野田忠作	泉澄吉兵衛	亀居徳太郎	阪上新太郎	片岡直温	金沢仁兵衛	豊田善右衛門	和田助次郎	加藤甚十郎	永田仙次郎	土居通夫	貴田桂次郎	浮田桂十郎	鴻池善右衛門	木原忠次郎	甲斐宗治	松本重太郎	山口吉五郎	村上嘉兵衛	菅野元吉	府県	業種	公称資本金	設立年	住所
日本火災保険㈱	監					取		監	取													取		大阪	保険	1,000,000	1892	大阪市北区中之嶋3丁目
日本棉花㈱	監	取	取	監			社	監																大阪	貿易	1,000,000	1892	大阪市北区中之嶋2丁目
日本紡績㈱	監			取				監	社	取														大阪	綿紡績	2,000,000	1893	大阪市北区下福嶋大字下福嶋
大阪鉄道㈱	監	取	取	取	監		取							取										大阪	鉄道	3,450,000	1888	大阪市南区難波
㈱日本中立銀行	取	取	取	監		取					取								監	頭				大阪	銀行	3,000,000	1896	大阪市東区安土町3丁目
共同曳船㈱	監	監			取																	取		大阪	海上輸送	200,000	1894	大阪市北区富嶋町
日本倉庫㈱	社		監	監				相			取					専取								大阪	倉庫	400,000	1894	大阪市西区西道頓堀通1丁目
㈱三十四銀行	頭		監	監						監	取	監								取兼支	取			大阪	銀行	2,100,000	1878	大阪市東区高麗橋4丁目
天満紡績㈱	社		監								取													大阪	綿紡績	450,000	1887	大阪市北区西成川崎
天満織物㈱	監			社																				大阪	綿紡績	350,000	1887	大阪市北区西成川崎
㈱中立貯蓄銀行	頭	取									取	取	取						取	取	監			大阪	銀行	50,000	1894	大阪市南区玉屋町
㈱日本共同銀行	頭	取										取							監	監				大阪	銀行	600,000	1896	大阪市東区北浜4丁目
日本海陸保険㈱	監		監	監			社				取									監				大阪	保険	2,500,000	1893	大阪市東区北浜3丁目
日本生命保険㈱	監	社	監	監			副社				取									取	監			大阪	保険	300,000	1889	大阪市東区北浜3丁目
河陽鉄道㈱	監																						取	大阪	鉄道	300,000	1896	大阪市南区南炭屋町
帝国物産㈱	社					監	監											副社						大阪	商業	250,000	1895	大阪市西区北堀江三番町
㈱四十三銀行	監																						取	和歌山	銀行	1,000,000	1878	和歌山市十一番町

注：岡橋治助が含まれる要素ネットから作成．

がっている．同様に岡橋治助のネットワークについても見ておこう（図 0-1-3）．日本火災保険以下の 17 社の本社所在地を見ると，日本火災保険以下帝国物産までの 16 社はすべて大阪府であり，四十三銀行のみ隣接した和歌山県である．一方，業種では銀行が 5 行，保険と綿紡績がそれぞれ 3 社，鉄道が 2 社の他，倉庫，商業，貿易，海上輸送と多様化していることが分かる．山中利右衛門ネットワーク以下もすべて，会社は地域的に集中する一方，業種の面では多様性が見られる．

　宮本又次氏が言うようなグループは確かに存在している．それと同時に，これら 4 つのグループ以外にも多くのグループが存在していることも指摘しておかなければならない．また，これらグループが存在するだけでなく，その存在形態にも注意を払う必要があろう．松本重太郎，岡橋治助，田中市兵衛は独自のグルー

図 0-1-4　山中利右衛門

	山中利右衛門	小泉新助	下郷伝平	中村治兵衛	阿部市郎兵衛	阿部市太郎	阿部周吉	堤惣平	中藤忠兵衛	伊藤忠兵衛	中橋惣平	藤本清兵衛	松居久左衛門	府県	業種	公称資本金	設立年	住所
㈱近江銀行	取	頭取	取	監	専	取	監						取	大阪	銀行	1,000,000	1894	大阪市東区備後町3丁目
金巾製織㈱	監	専取	専	監	社	専	取							大阪	綿紡績	2,000,000	1888	大阪市西区川北
日本興業㈱	監	取	取											大阪	不動産	200,000	1896	大阪市東区備後町3丁目
㈱近江貯金銀行	監	頭			監									滋賀	銀行	100,000	1895	滋賀郡大津町
近江倉庫㈱	社	監												滋賀	倉庫	100,000	1885	滋賀郡大津町
近江麻糸紡織	取	社					監							滋賀	その他繊維	600,000	1886	滋賀郡大津町
近江帆布㈱	監	取												滋賀	その他繊維	100,000	1897	蒲生郡八幡町
近江製油㈱	監	専取	取	監	監									滋賀	食品	300,000	1896	神崎郡五峯村
㈲三共商会	社員				社員				業務担当社員					滋賀	商業	無記載	1893	愛知郡愛知川村
日本貿易倉庫㈱	取	取												兵庫	倉庫	1,500,000	1896	神戸市栄町3丁目
㈱日本貿易銀行	取	評	取							監				兵庫	銀行	1,500,000	1895	神戸市栄町3丁目
内外物産貿易㈱	監	社												兵庫	貿易	500,000	1896	神戸市海岸通4丁目
日本樟脳㈱	監	取	監											兵庫	化学	300,000	1896	神戸市箕合村
大阪生命病傷保険㈱		監	社	取	取						取	監		大阪	保険	300,000	1894	大阪市東区北浜5丁目
㈱日本貯金銀行		監			取				専	取				大阪	銀行	500,000	1895	大阪市東区淡路町4丁目
㈱近江商業銀行	取			監									頭	滋賀	銀行	250,000	1896	犬上郡彦根町

注：山中利右衛門，小泉新助のいずれかが含まれる要素ネットから作成．

プを形成していると同時に，3人はいくつかの同じ会社で役員に就任している．その結果，これらは全く独立したグループと言うよりも，相互に重なり合った形になっている．これもネットワークの特徴である．

　松本重太郎の図を参考にして，詳しく記すことにしよう．松本重太郎は，田中市兵衛と日本貯金銀行を始め9社で一緒に役員に就任していた．松本は田中市兵衛以外にも，外山脩造と2社で一緒に役員であり，宅徳平とは5社で，鳥井駒吉とは4社で一緒に役員であり，さらに肥塚与八郎とは3社で一緒に役員を務めていた．従って，先に見た外山脩造・宅徳平・鳥井駒吉・肥塚与八郎たちのグループとも関係が深かったのである．田中市兵衛は，岡橋治助を中心としたグループにも登場し，ここでは，岡橋治助，金沢仁兵衛，亀岡徳太郎，竹尾治右衛門らと複数の会社で一緒に役員であった．一方，岡橋治助は田中，金沢，亀岡，竹尾以外にも野田吉兵衛，弘世助三郎，竹田忠作，阪上新治郎，泉清助，片岡直温，土

図 0-1-5　外山脩造

会社名	外山脩造	宅徳平	鳥井駒吉	肥塚与八郎	松本重太郎	甲谷権兵衛	松瀬幸次郎	平方亀之輔	芦田安次郎	佐伯勢一郎	谷口默次	田中市兵衛	矢島嘉助	越野嘉七	若江六兵衛	小泉清七	渡辺清右衛門	鴻池善右衛門	浮田桂造	石崎喜兵衛	大塚和三郎	森本清兵衛	木谷七平	府県	業種	公称資本金	設立年	住所
日本火災保険㈱	監				取		社			監														大阪	保険	1,000,000	1892	大阪市北区中之嶋3丁目
大阪舎密工業㈱	社				取					取	監	取			監									大阪	化学	450,000	1897	大阪市西区川北大字南
大阪麦酒㈱	取	社		監													取							大阪	醸造業	1,000,000	1887	三嶋郡吹田村
大阪倉庫㈱	監											監				社								大阪	倉庫	500,000	1883	大阪市北区中之嶋3丁目
㈱浪速銀行	頭	取			取		監			取														大阪	銀行	1,800,000	1878	大阪市東区淡路町2丁目
㈱大阪貯蓄銀行	副頭				監		取		監		取				頭									大阪	銀行	100,000	1890	大阪市東区伏見町3丁目
㈱積善同盟銀行	頭				監			監				監	取	取										大阪	銀行	500,000	1894	大阪市東区今橋4丁目
㈱堺貯蓄銀行	監	副頭	取		監														取					大阪	銀行	50,000	1893	堺市大町
奈良鉄道㈱	監				取																			奈良	鉄道	2,150,000	1893	奈良市上三条町
㈱川崎造船所	監			専	取社																			兵庫	機械器具	2,000,000	1896	神戸市東川崎町2丁目
阪堺鉄道㈱		監	取	監	社			取															監	大阪	鉄道	400,000	1884	大阪市南区難波新地六番町
酒造用品㈱		取	社	取											取		監							大阪	商業	100,000	1897	堺市戎嶋三丁
堺酒造㈱		社	取	監	監												取							大阪	醸造業	100,000	1888	堺市神明町西一丁
南海鉄道㈱		取	監	社			取																	大阪	鉄道	2,800,000	1896	大阪市南区難波新地六番町
堺精米㈾		業担社	業担社																					大阪	農林	20,000	1897	堺市戎嶋三丁
日本酒造火災保険㈱		副社																				専取		大阪	保険	1,000,000	1896	大阪市東区今橋4丁目
日本教育保険㈱		取		社																				大阪	保険	300,000	1896	大阪市東区北浜3丁目
大阪紡績㈱				監	相																			大阪	綿紡績	1,200,000	1882	大阪市西区三軒家
大阪セメント㈱				監					取														取	大阪	窯業	300,000	1886	大阪市西区川南
大阪船渠㈱									社															大阪	機械器具	30,000	1886	大阪市西区川南
㈱大阪活版製造所			取						社															大阪	その他工業	55,000	1883	大阪市東区北久太郎町2丁目

注：外山脩造，宅徳平，鳥井駒吉，肥塚与八郎のいずれかが含まれる要素ネットから作成．

居通夫などとも深い関係があったことが分かる．

以上のように，松本重太郎のグループでも，岡橋治助のグループでも，そこには複数の小さなグループが相互に重なり合って存在していることが分かる．こうした小さなグループは松本重太郎，田中市兵衛，岡橋治助などを介して，緩やかなネットワークを形作っていたのである．

序　章　日本の企業家ネットワーク

図 0-1-6　岡崎栄次郎

	岡崎栄次郎	近藤喜禄	吉原善右衛門	中西亀三郎	右近権左衛門	小倉幸	神田清右衛門	房田兵部	飯島宗兵衛	山本藤太郎	道下庄与茂	石田庄兵衛	川端三郎平	今西彦三郎	府県	業種	公称資本金	設立年	住所
㈱大阪商業銀行	頭	監	監	取	取		監					取			大阪	銀行	600,000	1894	大阪市東区博労町2丁目
大阪融通㈱	社	取		取		取		監							大阪	その他金融	100,000	1892	大阪市西区西長堀北通1丁目
日清貿易㈱	専取	監	取	監	監		取								大阪	貿易	200,000	1893	大阪市南区末吉橋通2丁目
日本紡績㈱	取	取													大阪	綿紡績	2,000,000	1893	大阪市北区下福嶋大字下福嶋
大阪製帽㈱	社	監	取	監											大阪	その他工業	150,000	1895	西成郡豊崎村北長柄
泉陽煉瓦㈱	監		取		監						社	監			大阪	窯業	60,000	1897	泉南郡佐野村
日本製綿㈱	監		社		監		取	取							大阪	綿織物	50,000	1895	大阪市南区難波
大阪割引㈱	社	監												取	大阪	銀行	70,000	1886	大阪市東区博労町2丁目
㈱泉陽銀行	監							頭	監						大阪	銀行	100,000	1896	泉南郡佐野村
中国鉄道㈱	監	取								取	取				岡山	鉄道	5,000,000	1896	岡山市西中山下
日本耐火煉瓦㈱	取	監	社	監	取	取									岡山	窯業	200,000	1897	和気郡三石村
日本煉瓦㈱	監									取	取				大阪	窯業	300,000	1896	泉北郡舳松村
㈱共同銀行	社					取	頭								和歌	銀行	150,000	1890	西牟婁郡串本村
㈱熊野貯蓄銀行・和歌山	取					頭									和歌	銀行	35,000	1894	西牟婁郡串本村
朝日紡績㈱		監	取										取		大阪	綿紡績	750,000	1894	大阪市南区今宮
大阪保険㈱			相		取										大阪	保険	600,000	1893	大阪市東区備後町4丁目

注：岡崎栄次郎，近藤喜禄，吉原善右衛門のいずれかが含まれる要素ネットから作成．

図 0-1-7　古畑寅造

	古畑寅造	和田得兵衛	早瀬太郎三	西川市造	中山新七	吉岡又次造	前島勘造	後藤合利兵衛	河合利兵衛	法貴覚七	山口幸平	中村安右衛門	安田伊平	増田又七郎	前川彦十郎	片岡甚太郎	角谷和助	森久兵衛	石川市兵衛	府県	業種	公称資本金	設立年	住所
㈱難波銀行	監	取	監	頭	取		取兼主	取	取		監									大阪	銀行	200,000	1894	大阪市南区難波上之町
㈱摂津貯蓄銀行	頭	監	取	取		取		監	取											大阪	銀行	50,000	1895	大阪市南区難波上之町
㈱第七十九銀行	頭	取							監		監									大阪	銀行	1,000,000	1878	大阪市東区本町2丁目
大阪帳簿製造㈱	監			取			取	社												大阪	その他工業	1,000,000	1887	大阪市西区京町堀上通4丁目
㈱大阪工商銀行	監	監											取						専取	大阪	銀行	300,000	1896	大阪市南区長堀橋筋1丁目
南予鉄道㈱	社		監	相		取									監		相			愛媛	鉄道	135,000	1894	伊予郡郡中村
道後鉄道㈱	社	取	監		監		取			取	監									愛媛	鉄道	60,000	1895	温泉郡道後湯之町

注：古畑寅造が含まれる要素ネットから作成．

図 0-1-8　末吉平三郎

	末吉平三郎	末吉勘四郎	兵頭昌隆	柏原仁兵衛	中谷元造	竹村彦平	大谷辰三郎	西尾辰三郎	奥田弥平太	府県	業種	公称資本金	設立年	住所
㈱平野銀行	監	頭		監	常取	取	取		取	大阪	銀行	50,000	1894	東成郡平野郷町
平野紡績	取	取								大阪	綿紡績	500,000	1887	東成郡平野郷町
㈱平野貯蓄銀行	監	頭		監	常取	取	取		取	大阪	銀行	30,000	1894	東成郡平野郷町
日本製油㈱	社							専取	取	大阪	食品	90,000	1897	中河内郡龍華村
中河内煉瓦㈱	監		監	取			社			大阪	窯業	30,000	1897	中河内郡爪破村
日本アスベスト㈱	取		取							大阪	その他工業	50,000	1896	大阪市北区下福嶋

注：末吉平三郎が含まれる要素ネットから作成．

(3) 地方における事例

新潟県についての先行研究

　それでは，大阪で見てきたような人的グループというのは，地方では見られなかったのだろうか．新潟県を例にとって考えてみよう．新潟県では，士族や商人，地縁などの関係に基づいて国立銀行，銀行が設立されたとされる．新潟県では，明治 6（1873）年に県令・楠本正隆の説得に従って，新潟港の商人と在方の大地主とが発起人となって第四国立銀行が設立され，市島徳次郎が頭取に就任した．引き続いて，長岡町の復興に従事していた三島億二郎，岸宇吉，渡辺六松，長部松三郎らの「町内きっての商人地主が経営陣を構成し，東京の第一銀行との提携関係を維持しつつ産業関係に力を入れ，県下第二位の有力地方銀行に成長した」[17] 第六十九国立銀行が明治 11 年に設立されたのである．また，明治 29 年には，明治 27 年に本免許が下りた「北越鉄道株式会社の開設準備と北越の将来の産業資金需要に対応するために」[18]，古志郡長岡町に長岡銀行が設立され，取締役頭取には山口権三郎が就任し，大塚益郎，渋谷善作，久須美秀三郎らがそれぞれ役員に就任したのである．山口権三郎は，政治的には改進党系の県会議員を務めたが，「この（長岡）銀行のおもな出資者も改進党系で，かつ日本石油会社の設立にかかわった資産家が多かった．同行は，設立時から東京の安田銀行（安田善次郎設立，のちの安田財閥の基軸銀行）と緊密な資金関係が成立し」[19] ていたとされる．新潟県でも，商人や地主の近世以来の家格や地縁，さらには政治的なまとまりから，銀行が設立され，同時に，地元の会社設立にも深く関わったことが分かる．

新潟県については，守田志郎氏も，明治後期の新潟県において「地方資本家のグループ」と呼ばれるものがいくつか存在していたとし，銀行と人間の系列図を作成している。こうした人的なつながりを有するものとして，例えば，日本石油の創立者・山口達太郎家を中心とするグループのメンバーが石油企業とその関連企業およびいくつかの銀行に投資し，役員に就任していたことが述べられている[20]。

新潟県のグループに関する研究では，この他に伊藤武夫氏の研究がある[21]。伊藤論文には，日清戦争後の企業勃興期において，企業設立には4つのタイプがあったとの指摘がある。「中央資本進出型」，「全県域の商工業者・地主の資本を糾合するもの」，「新潟市内の有力商工業者と近郷地主との共同出資の型」，「市内商工業者による共同出資の型」の4つのタイプである。また，社数では圧倒的に多かった「市内商工業者による共同出資の型」には，新潟銀行，新潟貯蓄銀行，新潟商業銀行と鍵三銀行の「銀行金融を軸とする」共同出資グループが形成されていたという。さらに，日露戦争後の時期に設立された企業では，「市内最上層の商工業者とその系譜を引く者が設立発起に加わっていること。ことに斎藤，鍵富，白勢，鈴木らの新潟銀行を軸とする既成有力商工業者層の共同出資がきわめて大きな役割をはたしていること」と，「鉄道，電力など大規模な資本とその生産力的基盤（器械・装置および技術者）を新たに導入しなければならない事業部門では，東京，大阪の資本が導入され地元資本と糾合する」[22]という特徴を提示した。

いずれの研究書，研究者たちも，市内，県内を問わず，出資グループが存在し，協調と対立を重ねながら，相互に緩やかな関係を持つとともに，政治的な側面でも協調や対立を繰り返していたことを明らかにしてきた。

新潟県のネットワーク

新潟県では，個人や同族による株式会社設立ではなく，地縁や政治的同志，あるいは，商人や地主の「家格」などに基づいたグループによる会社設立があったという。しかも，同じグループに属する人物が複数の会社に発起人や役員として関わったことも指摘されている。このグループは，地域的に見ると郡や市レベルでの広がりで見られたが，こうした関係は実際の役員の就任状況に反映されていたのだろうか。新潟市とか古志郡といった市・郡あるいは町レベルで企業家グ

図 0-2-1 新潟市

	斎藤庫吉	白勢春三	栗林徳次郎	鍵富貞吉	清水芳次郎	小沢七郎	牧口義三郎	八木朋直	浜政弘	長浜省作	鈴木長八	鍵富岩三郎	本田伊八	阪口仁一郎	松田喜七郎	小出周平	荒川才二	山本隆太郎	清水禎三郎	岸田忠五郎	高橋助七	青山松治	大井市適	佐竹三蔵	中野貫一	倉田久吉	山崎利吉	斎藤庫造	石山治四郎	小沢七太郎	石黒忠作	若井吉五郎	長谷川隆平	桑原乙三	田中孝吉	阿部要吉	西野七次郎
越佐汽船㈱	社									専取				監											監												
㈱安進社		取	取	取	社							取	取																								
新潟倉庫㈱		取	取	監				頭																													
㈱新潟米穀取引所			理						理																												
㈱新潟株式取引所	理	監	専理	監						理長	理	監																									
㈱新潟商業銀行	常勤取			取	取	専																															
㈱新潟銀行	監	専取		監	監	取	取																														
㈱新潟貯蓄銀行	専取	取	監	監						専取	専取	監																									
新潟硫酸㈱	取									監	社						専取	取																			
新潟煉瓦㈱														取	取					監	監	取	取														
新潟運送㈱														取	取																						
新潟礦業㈱											取	監					専取	専取	監	監	取																
北越陸送㈲																	常社	担社							常社	担社											
新潟曳船㈱					社																				取	取	専		監								
新潟艀船㈱																									社	監	取		監								
㈲金丸商会																											監事		理	理							
越羽炭鉱㈱																											取				取	監					
新潟石油㈱																															専取	取					
北越精米㈱																											社	取									
㈱新潟貯蔵銀行																											専	監	取	取							
新潟精米㈱																															社	取					
新潟菓産㈱																															社	専取					

ループが形成されたのかを見ていこう．そこで，新潟市，古志郡，南蒲原郡の3つの地域を見ていきたい．これらの地域レベルでグループを抽出したのが図0-2-1から図0-2-3である．これらは，先に記した明治31年の要素ネットから，新潟県の新潟市，古志郡，南蒲原郡のそれぞれに本社のある会社に1社以上役員として就任していた人物の関係から作成したものである．

新潟市では，斎藤庫吉・白勢春三・鍵富徳次郎を中心としたグループ，荒川才二・山本隆太郎を中心としたグループ，山崎利吉・石山治四郎を中心としたグループ，石黒忠作を中心としたグループが抽出できる．これらのグループは，相

府県	業種	公称資本金	設立年	住所
新潟	海上輸送	70,000	1885	新潟市下大川前通
新潟	海上輸送	122,000	無記載	新潟市下大川前通
新潟	倉庫	50,000	1890	新潟市魁町
新潟	取引所	50,000	1893	新潟市上大川前通
新潟	取引所	50,000	1896	新潟市上大川前通十番町
新潟	銀行	700,000	1897	新潟市上大川前通十番町
新潟	銀行	1,000,000	1876	新潟市東堀前通七番町
新潟	銀行	100,000	1895	新潟市本町通七番町
新潟	化学	80,000	1896	新潟市並木町
新潟	窯業	30,000	無記載	新潟市
新潟	海上輸送	95,000	1893	新潟市下大川前通
新潟	石油	200,000	1895	新潟市並木町
新潟	陸上輸送	12,000	1896	新潟市下大川前通四番町
新潟	海上輸送	80,000	無記載	新潟市入船町
新潟	海上輸送	80,000	1897	新潟市入船町
新潟	その他サービス	15,000	1898	新潟市上大川前通九番町
新潟	鉱業	150,000	1892	新潟市上大川前通八番丁（ママ）
新潟	石油	20,000	1896	新潟市上大川前通八番町
新潟	農林	無記載	無記載	新潟市入船町5丁目
新潟	銀行	50,000	1897	新潟市本町通十番町
新潟	農林	15,000	1890	新潟市下大川前通
新潟	商業	50,000	1897	新潟市船場町2丁目

互に全く分離したものではなく，一部で重なり合っていて，緩やかなネットワークを形作っていることが分かる．斎藤庫吉らのグループは，小出喜七郎までの都合17人からなり，新潟株式取引所，新潟銀行，安進社を中心に計9社の役員に就任している．これらの会社はすべて新潟県内にあるが，業種では取引所，銀行，倉庫，化学など多様であった．荒川才二らのグループは，倉田久三郎までの10人と新潟礦業を中心に新潟煉瓦，新潟硫酸など5社からなるグループである．このグループの会社はすべて新潟県に本社があり，業種では化学，海上輸送，陸上輸送，石油そして窯業と多様であった．山崎利吉らのグループは，輸送会社である北越陸送，新潟曳船，新潟艀船の4人3社からなるグループである．このグループはすべて新潟県に本社があり，業種では陸上輸送，海上輸送に特化したグループであった．石黒忠作を中心としたグループは新潟貯蔵銀行を中心とし，石油会社など5社からなるグループである．本社はすべて新潟県にあり，業種は銀行，石油，農林，その他サービスと多様であった．これに対して，古志郡のグループは，ほとんどが石油を含んだグループで，南蒲原郡でのグループはすべて新潟県に本社があり，業種は銀行と商業であった．

栃木県と青森県についての先行研究とネットワーク

新潟県と同様に，栃木県でもグループが確認できる．栃木県では，明治11（1878）年に第四十一国立銀行が開業している．「概して士族は零細株主で，上位株主にはむしろ地元の商人が位置して」[23]おり，100株所有の株主には，木村半兵衛，正田利一郎，安田卯之吉が，50株所有の株主には瀧沢喜平治，鈴木要三

図 0-2-2

会社名	荒川才二	高橋助七	青山松蔵	大井市資	渋谷伊治	小荘伊三郎	上野昌二	横坂栄七	小坂松五郎	野本甚蔵	坪井栄太郎	五井伊次郎	川上栄松	高松隆三	関杉権二郎	若松石松	松田周平	松田又平	殖栗定三郎	中野貫松	倉田久吉	長谷川久治	山田又七	目黒寅松	今井清三郎	木村清四郎	小泉慎八	清水儀八	志賀定七	須藤海雲	菊池作次郎	中村平作	小林卯八	米山多平	吉村文四郎	金安仁輔	佐藤多吉	酒井由蔵	殖栗伝蔵
新潟礦業㈱	取	専	専取																監		取																		
榎石油㈱	取	取	専取	監	専	取																																	
新潟煉瓦㈱	取	監	監	取																																			
内国石油㈱		取会		取	取	監																											専	取					
北越石油㈱							監	専																															
㈱長岡二品取引所						理	理長	理		監		監																											
帝国鉱業㈱				監		取	専取社	専取	取																														
長岡製油㈱						社	取													取							取							取					
東北石油㈱						社			専取		取																												
㈱長岡米穀取引所								理		理																													
東洋石油㈱・新潟								専取		取																													
竹平石油㈱								社		取																													
中越酒造㈱								専取		社																													
曙大平石油㈱					専取				監																														
長岡石油㈱					取				監	専取	頭																								取	取	取		
日之本石油㈱								取	取			頭		取																									
古志宝田石油㈱								取	取	監	監	専取																											
長岡鉄管㈱									監	頭取	専取	取	監	取													専		監										
明治石油㈱										専取	頭																							取					
扶桑共同石油㈱									監	社	取		監		監					取																			
後谷石油㈱										理取	取	取																											
越後石油㈱												監																											
高津谷石油㈱									専取	専	監	監	監																										
日之出石油㈱									専取			専取																頭		監									
高山石油㈱									専取			社		取兼支																	取								
扶桑同盟㈱									社		取	取																		監									
中越石油㈱									専取																														
越佐度量衡器販売㈱													専取	取																									
誠信発坑㈱													専	専													監												
扶桑二十坑石油㈱									社																					監		取	常	取	監				
大平拾坑㈱										専取		監																				取							
地獄谷石油㈱									社																					取									常取

古志郡

北川藤七	堀吉蔵	山田知太郎	大橋小左衛門	久須美秀三郎	広川荘二	山口権三郎	三輪潤太郎	星野右八郎	三浦岱平	小倉庄平	内山弥次	佐藤駒平	小林杜五郎	小林三郎	酒井岩吉	新保又八	若月重平	高阪新三郎	吉村喜次郎	木村栄次郎	井上戸久治	山田熊平	下村平五郎	平井文次郎	金子徳十郎	伊佐勇治	吉村駒蔵	川上熊七	府県	業種	公称資本金	設立年	住所
																													新潟	石油	200,000	1895	新潟市並木町
																													新潟	石油	15,000	1894	古志郡長岡町
																													新潟	窯業	30,000	無記載	新潟市
																					監								新潟	石油	982,410	無記載	古志郡長岡裏三之町
																													東京	石油	600,000	1896	京橋区築地2丁目
																													新潟	取引所	80,000	1897	古志郡長岡町
																													新潟	石油	75,000	1892	古志郡長岡町
																													新潟	石油	12,000	無記載	古志郡草生津町
																													新潟	石油	40,000	1892	古志郡長岡町
																													新潟	取引所	60,000	1894	古志郡長岡町
																													新潟	石油	6,000	1892	古志郡新町
																													新潟	石油	20,000	1896	古志郡長岡町
																													新潟	醸造業	70,000	1897	古志郡長岡町
																専取	監												新潟	石油	241,000	無記載	古志郡長岡町神田三之町
																													新潟	石油	60,000	無記載	古志郡長岡町
																													新潟	石油	25,000	1892	古志郡長岡町
																													新潟	石油	300,000	1893	古志郡長岡町表二之町
																													新潟	金属	96,000	無記載	古志郡草生津町
																													新潟	石油	9,000	1892	古志郡長岡町
																													新潟	石油	25,000	1892	古志郡長岡町
																			監	取	監								新潟	石油	12,000	1894	古志郡長岡町
																													新潟	石油	50,000	1892	三島郡尼瀬町
																													新潟	石油	36,840	1892	古志郡長岡町
																													新潟	石油	20,000	無記載	古志郡長岡町
																		監											新潟	石油	58,000	1892	古志郡長岡町
監																													新潟	石油	12,000	1892	古志郡長岡町
																													新潟	石油	10,000	1893	古志郡新町
																													新潟	商業	30,000	1897	古志郡長岡神田三之町(ママ)
												取		監															新潟	石油	16,000	無記載	古志郡長岡町神田三之町
																													新潟	石油	65,000	1896	古志郡長岡町
																監	取	社											新潟	石油	30,000	無記載	古志郡長岡町
常取																													新潟	石油	25,000	1892	古志郡長岡町

(図 0-2-2)

	荒川才二	高橋助七	青山松蔵	大井市治	渋谷伊資	小出荘三郎	上野昌次	横山栄七	小坂松五郎	野本松二郎	坪井甚蔵	高松隆三	関上伊次郎	川松石松	高田栄太郎	若杉権三郎	松田周平	松田貫平	中野順平	倉田久三郎	長谷川栄吉	山田寅七	目黒清三郎	今井清四郎	木村慎八	小泉儀八	清水久治	鷲尾庄七	志賀定雲	須藤海雲	菊池作太郎	中村平八郎	小林卯平	米山多平	吉村文四郎	金子仁輔	佐藤多吉	酒井由蔵	殖栗伝蔵
越後採油㈱																			取														取兼支						
集栄石油㈱																	取		社							監													専取
長岡倉庫㈱																														頭		取兼支	取	監					
石動油坑㈱															取										取														取
㈱六十九銀行																																							
㈱与板銀行																																							
㈱長岡銀行																																							
日本石油㈱																																							
新扶桑石油㈱																																							
扶桑石油㈱																																							
桂石油㈱																																							
香壺石油㈱																																							
明信石油㈱																																							
南越石油㈱																																							
古志谷石油㈱																																							
東越石油㈱																																							
浦瀬石油㈱																																							
金越石油㈱																																							
北陸石油㈱																																							
北谷石油㈱																																							
重任石油㈱																																							
越陽石油㈱																																							

らの商人がいたとされる[24]．この他，明治30年までに，県内では佐野銀行，葛生銀行，小林銀行，小山銀行，下野銀行，栃木銀行，鹿沼銀行が設立された．これらの銀行に関与した人物の間にはどのような関係があったのだろうか，図0-3から見ていこう．明治31年の栃木県には，菊池長四郎・瀧沢喜平治のグループ，瀧沢喜平治・手塚五郎平のグループ，蓼沼丈吉・吉沢浅太郎のグループ，横尾勝右衛門・金子為作のグループ，桜井源四郎・塚原保吉・和田善吉のグループが確認できる．それぞれが銀行に関わっている．菊池・瀧沢のグループには東海銀行と第四十一国立銀行が，瀧沢・手塚のグループには下野銀行と鹿沼銀行が，また

つづき）

北川藤七	堀吉蔵	山田知太郎	大橋小左衛門	久須美秀三郎	広川潤次郎	山口権三郎	三浦岱仲	星野右八郎	小倉庄平	佐藤駒三郎	小林杣三郎	酒井杣五郎	新保岩吉	若月又八	高阪重平	吉村吉次郎	木村喜久郎	井戸平五郎	山田戸久治	下村熊平	平井文次郎	金子勇治	伊佐徳十郎	吉村駒蔵	川上熊七	府県	業種	公称資本金	設立年	住所
								専	取	監	監	監														新潟	石油	34,000	1896	古志郡長岡町
	取																									新潟	石油	150,000	1892	古志郡長岡神田三之町（ママ）
																										新潟	倉庫	30,000	1896	古志郡草生津町
	取長																									新潟	石油	12,000	1891	古志郡長岡町
	取	監																								新潟	銀行	1,050,000	1878	古志郡長岡町
	取	取兼支	取	専取																						新潟	銀行	112,500	1896	三島郡奥板町
			取	取	頭取	監																				新潟	銀行	500,000	1896	古志郡長岡町
		常勤取			取																					新潟	石油	600,000	1888	三島郡尼瀬町
							専取	取	監	取	監															新潟	石油	25,000	1896	古志郡長岡町
								取	監	監	監社															新潟	石油	40,000	1892	古志郡長岡町
																										新潟	石油	20,000	1897	古志郡新町
												社	取													新潟	石油	10,000	1892	古志郡長岡町
												社	監													新潟	石油	20,000	1892	古志郡新町
												社	監	監												新潟	石油	30,000	1892	古志郡新町
																										新潟	石油	20,000	1892	古志郡長岡町
														取社		取										新潟	石油	12,500	1892	古志郡新町
														取	専											新潟	石油	9,000	1892	古志郡長岡町
															専取	社										新潟	石油	200,000	1892	古志郡長岡本町
															社	専取	監	専								新潟	石油	150,000	1892	古志郡北谷村大字椿沢
															社	専取	監	監								新潟	石油	27,500	1892	古志郡北谷村大字椿沢
																			監	取						新潟	石油	18,000	無記載	古志郡長岡町阪ノ上町
																					専取	監	監			新潟	石油	20,000	1893	古志郡千手町

蓼沼・吉沢のグループには葛生銀行があり，横尾・金子のグループには粟野銀行が，そして桜井らのグループには栃木銀行が含まれている．会社の本社所在地から見ると，菊池・瀧沢のグループ，瀧沢・手塚のグループは東京に進出する一方で，栃木県の市部や郡部に広がっているが，それ以外のグループは安蘇郡，上都賀郡，下都賀郡と同じ郡部に集中している．この中にあって，瀧沢喜平治は最初の2つのグループに登場する．一方，業種の面では，銀行，綿織物，綿紡績，その他繊維，鉄道，化学と多様である．そしてこれらのグループは一部で重なり合っていることが分かる．これは大阪や新潟県で見てきたのと同じ現象である．

図 0-2-3　南蒲原郡

	坂田藤五郎	苅田儀一郎	大野源呂久	清水伊七	竹之内仙次郎	広川長次郎	石田長八	浅間七次郎	源川万吉	青柳正吾	府県	業種	公称資本金	設立年	住所
見付商業㈲	常担社			常担社	常担社						新潟	商業	14,000	1894	見付町
㈱見付銀行	監	頭取		常勤取							新潟	銀行	200,000	1891	見付町
見付物産㈱	専取		取	社	取						新潟	商業	40,000	1897	見付町
㈱三条銀行							頭取	専取	専兼支		新潟	銀行	300,000	1881	三条町
㈱三条貯金銀行							監	専取	取	取	新潟	銀行	70,000	1896	三条町

　また青森市では，3つの財閥があるという表現でグループの存在が指摘されている．明治11（1878）年に，もと津軽藩家老であった大道寺繁禎が中心となって，渋沢栄一に直接指導を受けながら設立した第五十九国立銀行は，津軽藩士との関係もあって津軽藩の城下町である弘前市に本店を置いたため，「青森の株主及び商工業者の要求をいれ，青森市に支店を設け金融の便をはかったが，本店が弘前にあり，貸附業務は本店の許可を得るため，一週間乃至一ヶ月間採決がおくれ，一日を争う商工業者に大なる不便を与えた」[25]ので，青森市内の有力者が銀行創設の母体となる講を結んだのである．その結果，「渡辺佐助を主張者とする済通社，大阪金助を主張者とする正進講，淡谷清蔵を主張者とする盛融舎」が生まれた[26]．「この三社は当時，青森財閥を代表するもので，済通社と盛融舎と（ママ）合併したのは株式会社青森銀行の前身であり，正進講は株式会社青森商業銀行の前身である」[27]．これら，渡辺佐助，大阪金助，淡谷清蔵は明治31年にどのような関係にあったのか，要素ネットに基づいて作成したマトリックスから見ていこう．図0-4によると三戸郡八戸町に1つのグループがある他，東津軽郡青森町では，上記の三者は，それぞれ青森銀行と青森商業銀行の役員に就いていると同時に，青森貯蓄銀行と青森電燈の役員でもある．本社はすべて青森県にあり，業種では銀行と電力であった．これらのグループは，相互に排斥する関係ではなく，緩やかなネットワークを作っていたと言えよう．

図 0-3 栃木県

	瀧沢喜平治	菊池長四郎	野沢泰次郎	岩下善次郎	三沢七郎平	鈴木要三	柿沼谷蔵	手塚五郎平	矢板武	加藤昇一郎	蓼沼丈吉	横尾勝四郎	金子為作	桜井源四郎	塚原保吉	和田善吉	府県	業種	公称資本金	設立年	住所
日本織物㈱	監		取														東京	綿織物	750,000	1887	日本橋区大伝馬町2丁目
㈱東海銀行	監	監督															東京	銀行	1,000,000	1889	日本橋区堀江町1丁目
第四十一国立銀行	頭		取		取	取	取										栃木	銀行	300,000	1877	下都賀郡栃木町
下野製麻㈱	取			監		社											東京	その他繊維	1,000,000	1887	日本橋区富沢町
金町製瓦㈱	取		専取		監												東京	窯業	100,000	1888	京橋区松屋町1丁目
下野紡績㈱	監		専取			取											栃木	綿紡績	500,000	1887	芳賀郡大内村
下野綿布㈱	取会		取				監	監									栃木	綿織物	100,000	1889	河内郡古里村
㈱下野銀行	取					取	取	監									栃木	銀行	300,000	1891	宇都宮市大工町
㈱鹿沼銀行	監						監										栃木	銀行	150,000	1893	上都賀郡鹿沼町
㈱葛生銀行									監	頭							栃木	銀行	105,000	1882	安蘇郡葛生町
佐野鉄道㈱									取	社							栃木	鉄道	91,000	1893	安蘇郡葛生町
㈱粟野銀行											頭	監					栃木	銀行	100,000	1889	上都賀郡粟野村
加園石灰㈱											監	取					栃木	化学	5,000	1890	上都賀郡加蘇村
㈱栃木銀行													取兼支	監	監		栃木	銀行	50,000	1892	下都賀郡栃木町
㈱栃木米麻麦取引所														理	監	理	栃木	取引所	35,000	1894	下都賀郡栃木町

図 0-4 青森県

	長谷川茂吉	木村円司	升野伝右衛門	小林喜兵衛	大阪金助	渡辺佐助	漆谷清蔵	大久保平蔵	村井幸四郎	関野市七郎	泉山吉兵衛	府県	業種	公称資本金	設立年	住所
㈱階上銀行	取	取	取	頭								青森	銀行	120,000	1882	三戸郡八戸町
㈱八戸貯蓄銀行	取	監	監	取								青森	銀行	30,000	1897	三戸郡八戸町
㈱青森銀行						監		頭				青森	銀行	300,000	1894	東津軽郡青森町
㈱青森貯蓄銀行					取	専取	取	監			監	青森	銀行	30,000	1896	東津軽郡青森町
青森電燈㈱					取	社	取	監	監	監		青森	電力	52,500	1896	東津軽郡青森町
㈱青森商業銀行						頭			監	取	取兼支	青森	銀行	250,000	1894	東津軽郡青森町

(4) 中都市および大都市近傍での事例

愛知県についての先行研究とネットワーク

　こうしたグループあるいはグループが重なり合ったネットワークは，これまで見てきた大阪や新潟，栃木，青森以外にはなかったのだろうか．大都市の大阪と地方の間に位置する愛知県と和歌山県の事例を考えていこう．愛知県の事例については，『愛知銀行四十六年史』[28]に記されている．同行史には「当時（明治29

図 0-5 名古屋

会社／人名	西川宇吉郎	笹田伝左衛門	白石半助	奥田正香	平野徳右衛門	上遠野富之助	宮地茂助	鈴木摠兵衛	蜂須賀武輔	吉田禄在	山本正晴	長谷川紡七郎	長谷部小七郎	服部小十郎	井上信八	永田甚蔵	横田善三郎	原善三郎	瀧太郎	瀧信四郎	瀧定四郎	瀧兵右衛門	春日井丈右衛門	加藤善兵衛	森本善七	祖父江重兵衛	吹原九郎三郎	岡田良右衛門	中村与右衛門	伊藤与左衛門	関戸守彦	岡谷惣助	山内正義	見付七右衛門	高松定一	大鐘与兵衛	東松勘兵衛	武山勘兵衛	堀田藤吉	伊藤守松
中央煉化㈱															取	専取																								
共立絹糸紡績㈱	監	取																																						
名古屋電気鉄道㈱	取	取会																																						
日本車輌製造㈱		監	取	社	監	常取	監																																	
名古屋倉庫㈱	取会	取	監	専																																				
㈱名古屋株式取引所	理	理	理長	監	理																																			
名古屋電燈㈱		取			監																																			
㈱明治銀行	取				取	監																																		
㈱愛知貯蓄銀行					取	取	頭																																	
第四十六国立銀行					取		頭兼支			取		支																												
㈱名古屋米穀取引所					監			理長	理	理																														
名古屋劇場㈱					取			専	取																															
愛知材木㈱							社			副社	副社	副社	副社																											
愛知燐寸㈱							監		取	専	取	取	監																											
名古屋生命保険㈱					取兼支	監	取	社	取												監																			
尾張紡績㈱					監	社		監											取	取	監	取																		
㈱名古屋銀行																			取	頭	取	取	監																	
㈱名古屋蚕糸綿布取引所											相			相		相		相	監	理	相												相							
㈱名古屋貯蓄銀行																			取	専取	監	取																		
帝国撚糸㈱														相	監	監	社取		社		取														監					
㈱鉄道車輌製造所									取										取		監																			
岐阜絹織物㈱																			取	取		取																		
名古屋製織㈲													業担	社	社																									
愛知織物㈲													副	社																										
日本共立汽船㈱																															取	取会								
㈱愛知銀行														監		取	頭	取	取	監	取																			
名古屋紡績㈱																取	取	監	取																					
㈱百三十四銀行																取	頭		取	監																				
㈱十一銀行																	取	監	監	取	頭																			
㈱堀川貯蓄銀行																			取			取	取	専	取	監														
㈱堀川銀行																			取取			専	取	取	頭	取														

屋市

山内民三郎	木村駒次郎	横井誓太郎	伊藤粂次郎	半谷友次郎	藤本市兵衛	大鹿梅吉	長谷川景治	天野才治	山田徳三郎	浅野俊次郎	名倉島次郎	奥島友次郎	大竹才雲	村瀬庫次	前田清吉	服部兵助	加藤久左衛門	太田喜三郎	熊林兵左衛門	林喜平治	神戸利助	後藤喜兵衛	角田半兵衛	辻利兵衛	中塚本金兵衛	鬼頭幸七	喜多村多七	府県	業種	公称資本金	設立年	住所
																												愛知	窯業	80,000	1896	愛知郡熱田町
																												岡山	生糸	1,000,000	1896	上道郡三摺村
																												愛知	鉄道	250,000	1894	愛知郡那古野村
																												愛知	機械器具	600,000	1896	愛知郡古沢村
																												愛知	倉庫	200,000	1893	名古屋市泥江町
																												愛知	取引所	95,000	1893	名古屋市南伊勢町
																												愛知	電力	500,000	1890	名古屋市南長島町
																												愛知	銀行	3,000,000	1896	名古屋市伝馬町
																												愛知	銀行	30,000	1893	名古屋市伝馬町
																												愛知	銀行	150,000	1879	名古屋市伝馬町
																監												愛知	取引所	60,000	1893	名古屋市塩町
																												愛知	その他サービス	96,000	無記載	名古屋市南園町
																												愛知	農林	150,000	1896	名古屋市正木町
																												愛知	化学	150,000	1896	名古屋市正木町
																												愛知	保険	100,000	1893	名古屋市伝馬町
																												愛知	綿紡績	1,200,000	1887	愛知郡熱田町
																												愛知	銀行	500,000	1882	名古屋市伝馬町
																												愛知	取引所	75,000	1897	名古屋市宮町三
																												愛知	銀行	50,000	1893	名古屋市伝馬町
																												愛知	生糸	500,000	1896	西春日井郡金城村
																取												愛知	機械器具	500,000	1896	愛知郡熱田町
																												岐阜	生糸	無記載	無記載	稲葉郡上加納村
																												愛知	綿織物	15,000	1893	名古屋市舎人町
																												愛知	綿織物	50,000	1890	名古屋市堅代官町
																												愛知	海上輸送	250,000	1888	愛知郡熱田町
																												愛知	銀行	2,000,000	1896	名古屋市玉屋町
																												愛知	綿紡績	1,000,000	1885	名古屋市正木町
																												愛知	銀行	300,000	1878	名古屋市玉屋町
																												愛知	銀行	200,000	1877	名古屋市玉屋町
																												愛知	銀行	50,000	1896	名古屋市船入町1丁目
																												愛知	銀行	100,000	1895	名古屋市船入町

(図 0-5)

会社名	西川伝左衛門	笹田伝吉	白石半助	奥田正香	平子徳富	上遠野富之助	宮地茂助	鈴木摠兵衛	蜂須賀武輔	吉田禄在	山本甚兵衛	長谷川太七	長谷部糾十郎	服部小十郎	井上信八	永田甚蔵	横井善三郎	原善三郎	瀧正太郎	瀧信四郎	瀧定助	瀧兵右衛門	春日井丈右衛門	加藤彦七	森本善三	祖父江兵衛	吹原九惣	岡谷惣助	岡谷良右衛門	中村由太郎	伊藤次郎左衛門	伊藤祐彦	関戸錬助	岡谷義一	山内正右衛門	見田七兵衛	高松定一	大鐘七兵衛	東松勘七	武山勘七	堀田正吉	伊藤守松
㈱伊藤銀行																															取											取
㈱伊藤貯蓄銀行																															取											取
㈱名古屋商品取引所											理		監																													
㈱尾張銀行																																										
㈱尾張貯蓄銀行																																										
㈱金城銀行																																										
愛知製綿㈱																																										
愛知製油㈱																																										
名古屋釦㈱																																										
三明㈱																																										
愛北物産㈱																																										
中京薪炭㈱																																										
中京有価証券現物依託売買㈱																																										
㈱東陽館																																										
名古屋印刷㈱																																										
愛知挽木㈱																																										
名古屋木材㈱																																										
愛知コールテン製織㈱																																										
伊藤(名)																																										
尾西鉄道㈱																																										
真宗生命保険㈱																																										

年頃)の名古屋財界を大観するに大体三派の系統が色別される様である．第一は徳川家を中心とした所謂清洲越の一統，第二は名古屋市の近在からの出身者即ち瀧一派，第三は外来の財閥がそれである．而してこの系統は極めて明瞭に銀行業に現れた．即ち名古屋銀行は主として郡部出身の財界人から組織され，明治銀行は奥田正香氏の外来財閥によって組織され（奥田正香氏は尾張藩の旧臣）而して本行は徳川家を中心とする財閥によって組織されたのである」[29]，と記されている．大阪について見たように，これら3つのグループが存在していたのかどうか．また，相互に独立した存在だったのか，一部重複したネットワークのような

（つづき）

喜多村多七	鬼頭幸七	中島茂兵衛	塚本金兵衛	辻利兵衛	角田半兵衛	後藤喜兵衛	神戸利兵衛	林喜助	熊兵左衛門	加藤久右衛門	服部兵三郎	太田清蔵	村瀬清兵衛	前田喜兵衛	大竹利七	奥島友三郎	名倉保次郎	山田才吉	浅野徳次郎	天野平治	長谷川景治	大鹿梅吉	半谷条次郎	伊藤次郎左衛門	横井駒太郎	木村警次郎	山内民三郎	府県	業種	公称資本金	設立年	住所
取	専	取	監	取																								愛知	銀行	100,000	1881	名古屋市茶屋町
取	専	取	監	取																								愛知	銀行	100,000	1893	名古屋市茶屋町3丁目
								理	理長																			愛知	取引所	97,500	1894	名古屋市中ノ町
						取	取兼支	取	監																			愛知	銀行	300,000	1894	名古屋市門前町
						取	頭取兼支																					愛知	銀行	30,000	1894	名古屋市門前町
										取	取				監	監	監											愛知	銀行	100,000	1894	名古屋市赤塚町
											監	取	社															愛知	綿織物	95,000	1896	名古屋市塩町
												社	取	取	監	社												愛知	食品	96,000	1896	愛知郡八幡村
												取			社													愛知	海上輸送	95,000	1896	名古屋市大船町
											取					取	社	取										愛知	その他サービス	10,000	無記載	愛知郡鍋屋町
											取				社													愛知	商業	30,000	1887	名古屋市船入町
																			取	取	取							愛知	商業	90,000	1897	名古屋市木挽町
																	監	社	取									愛知	その他金融	75,000	1897	名古屋市住吉町
																				専	監							愛知	その他サービス	80,000	1896	名古屋市前津小林
																				業担	社							愛知	印刷出版	10,000	1894	名古屋市下長者町
																						社	監	取				愛知	農林	50,000	1896	名古屋市水主町3丁目
																				業担	業担	社	業担					愛知	商業	16,500	1896	名古屋市木挽町
																							業担	社	主			愛知	綿織物	15,000	1896	名古屋市鶴重町
																								主	主任			岐阜	その他工業	10,000	1893	海津郡西島
																										監	取	愛知	鉄道	600,000	1896	海東郡津島町
																										取	取	愛知	保険	200,000	1895	名古屋市橘町2丁目

関係であったのかを確かめてみたい．

　愛知県の事例は，後で詳細に論じるので，ここでは，名古屋市に本社がある会社に役員として関わっていた人物の要素ネットから，ネットワーク型企業家の一覧を抽出すると図 0-5 のようになる．図 0-5 は，先に大阪について作成したように，要素ネットの中から少なくとも 1 社が名古屋市にあるものだけを抽出してマトリックスを作成したものである．ここには，『愛知銀行四十六年史』に記載されている，伊藤次郎左衛門・岡谷惣助を中心としたグループ，瀧兵右衛門・瀧定助を中心としたグループ，奥田正香を中心としたグループの 3 つが確認できる．

この他に，熊田喜平治・村瀬庫次を中心とした企業家のグループも確認できる．
　これらのグループの特徴を会社の面から見ておこう．詳細は第II部で論じるので，ここでは簡単に見ていきたい．伊藤次郎左衛門のグループでは，伊藤銀行，伊藤貯蓄銀行，十一銀行の本社はすべてが愛知県にある．そして，銀行に特化している．瀧兵右衛門と瀧定助のグループには，岐阜絹織物が岐阜県に本社がある他は，名古屋銀行，帝国撚糸，尾張紡績，鉄道車輛製造所のいずれもが愛知県に本社があった．業種では，生糸，綿紡績，機械器具，銀行と多様である．奥田正香のグループに含まれている，名古屋株式取引所，名古屋電燈，名古屋生命保険，名古屋倉庫はいずれも名古屋市に本社があった．業種は，取引所，電力，保険，倉庫と瀧ネットと同様に多様である．
　大阪で見たように，これらのネットワーク型企業家グループは，それぞれ相互に排他的な関係にあると言うよりも，重なり合っている．例えば，奥田正香のグループと瀧定助のグループは，鉄道車輛製造所において重なっている．奥田グループの吉田禄在と瀧グループの瀧兵右衛門と加藤彦兵衛が同社の役員であったからである．また，瀧兵右衛門は，伊藤・岡谷グループの中核銀行である愛知銀行の役員でもあった．従って，奥田グループ，瀧兵右衛門・瀧定助グループ，伊藤・岡谷グループは，相互に独立した3つのグループと言うよりも，一部で人的関係が重なり合う，緩やかなネットワークを形作っていたと言えよう．

和歌山県についての先行研究

　和歌山県については，高嶋雅明氏が『企業勃興と地域経済』を著し，その中で，明治期における商人の役割や彼らのグループ化に言及している．そこで，この著作で言及されている商人たちが，明治31年にどのような会社の役員に就任し，グループを形成していたかを見ていこう．
　高嶋氏は上記の書物で，『日本全国諸会社役員録』を用いて地域に根差したグループの存在を指摘している．明治34年版の役員録から，「和歌山市内の主要銀行・会社一五社の役員数は六七人に達し，うち和歌山市内居住者三九人，その他県内二三人，県外五人となっていた．さらに，複数の会社役員を兼ねるものは一五人に達し，なかでも，宮本吉右衛門（質商）は第四十三国立銀行頭取のほか四社の役員を兼ね，渡辺鉄心（元，和歌山区長），北島七兵衛（綿ネル製造，和歌山織布社長），南方常楠（清酒醸造），岩橋万助（塩商，和歌山貯蓄銀行頭取）らが三

社の役員を兼務していた」[30]と記した後，「特定の銀行と企業との密接な関係も二，三あったが，まだ，傑出した実業家グループが誕生するまでにはなっていなかった」[31]との評価を下している．

次いで，田辺地域での分析を終えた後，複数企業に役員として名前を連ねているものを有力企業家と規定した上で，「当地（田辺地域―引用者）の有力企業家の多くが地域の有力商人であり，周辺村々からの参入者はすくなかった」[32]が，「有力企業家といえども，彼らだけで自らの資力を頼んでグループを構成して企業設立を試みることはなく，むしろ，彼らを地場資本グループの核としながらその周辺部に相当数の出資者を糾合したことを特徴として指摘できる」[33]とした．発起人の機能や役員の意義そして株主の役割を峻別しなければならないが，グループの存在を指摘している．

その後，高嶋氏は和歌山織布を始め，和歌山県の主要企業の分析を行ない，四十三国立銀行を筆頭に和歌山県の主要な銀行について分析を進める．そして，以下のような結論に到達する．和歌山県下の銀行設立の特徴としては，「地域別では，東・西牟婁郡で設立数が多」[34]く，また「地域別に見ても，那賀・伊都・有田・日高郡内においては主要地域に一行ずつ銀行が設立されるといったかたちをとったのに対し，両牟婁郡については同じ地域に重複して設立される場合がみられた．たとえば，串本地方にあっては，神田清右衛門・佐藤長右衛門・矢倉甚兵衛らは自ら頭取となる銀行をもちながら，相互に役員を兼務するかたちをとっていくつかの銀行の共同支配をなし，他方で，同地域には人脈を全く異にする銀行がいくつか設立されていた」[35]ことを明らかにした．郡レベルで相互に人脈を異にした人物が銀行を「共同支配し」，「役員を兼務」していたと特徴づけたのである．

和歌山県のネットワーク

では，実際に，明治31年時点における和歌山県でのグループはどのようなものだったのだろうか．これを示すのが図0-6である．これも要素ネットのうち，少なくとも1社が和歌山県にあるものから抽出して作成したものである．

この図によると，和歌山市内では4つの企業家によるグループが確認できる．高嶋氏が指摘した宮本吉右衛門らのグループ以外に，中山甚吉を中心に紀州銀行を含んだグループ，北島七兵衛・垂井清右衛門らの紀伊銀行と和歌山電燈を含ん

図 0-6

会社名	岡橋治助	菅野元吉	山名六太夫	森田庄兵衛	宮本吉右衛門	谷井勘蔵	渡辺鉄心	浮田桂造	赤城友次郎	南方常楠	藤川秀吉	中山甚三郎	石橋又八郎	川崎喜九郎	広田伊兵衛	中谷忠八	北島七兵衛	垂井清吉	浦野五右衛門	岩橋万助	糸川与八郎	前田辰之助	竹中源助	長谷六兵衛	島田久次郎	島本安兵衛	竹中吉右衛門	島村惣平	村木平次郎	稲葉作次郎
河陽鉄道㈱	監	取																												
㈱四十三銀行	監			監	頭	取																								
紀和鉄道㈱		監	専取																											
南海絹糸紡績㈱			監		社	監	取	監	取																					
㈱紀陽貯蓄銀行					監	頭	監																							
南海鉄道㈱					監	取																								
和歌山紡績㈱					監		監	監	社	取																				
和歌山織布㈱					監		監	監	社	取								取	取											
㈱紀州銀行						監	頭					監	取	取																
南陽肥料㈱										取	取	社																		
㈱和歌山米穀株式綿糸取引所											監	理	理																	
塩津曳船㈱											取		社													取	監			
㈱紀伊銀行																監	取	取												
和歌山電燈㈱																取	監	専取												
㈱和歌山銀行																			頭	取	取	取	監	取	取	監				
㈱和歌山貯蓄銀行																			取	専取	取兼支	取	監	取	取	監				
共立回漕㈱																												専取	監	
㈱橋本銀行																													監	取
橋本織布㈱																													常取	取
大阪融通㈱																														
㈱共同銀行																														
㈱熊野貯蓄銀行・和歌山																														
㈱木之国銀行																														
串本漁業㈱																														
串本精米㈱																														
㈱串本銀行																														
㈱新宮銀行・和歌山																														
㈱木場銀行																														
㈱贐立銀行																														
㈱北山銀行																														
芳南木材㈱																														
㈲良壙社																														

和歌山県

近藤喜禄右衛門	神田清七	佐藤長兵衛	神田佐兵衛	矢倉甚八郎	田島喜兵八	矢倉源兵衛	田島喜源八	矢島常七郎	橋本政之助	浦木清十郎	松江武五郎	森地文次郎	尾崎岩四郎	玉石磨礼彦	植松新十郎	府県	業種	公称資本金	設立年	住所
																大阪	鉄道	300,000	1896	大阪市南区南炭屋町
																和歌山	銀行	1,000,000	1878	和歌山市十一番町
																奈良	鉄道	1,400,000	1896	宇智郡五條町
																和歌山	綿紡績	450,000	1896	無記載
																和歌山	銀行	50,000	1895	和歌山市米屋町
																大阪	鉄道	2,800,000	1896	大阪市南区難波新地六番町
																和歌山	綿紡績	600,000	1887	和歌山市傳法橋南ノ町
																和歌山	綿紡績	350,000	1893	和歌山市傳法橋南ノ町
																和歌山	銀行	500,000	1896	和歌山市新通3丁目
																和歌山	化学	50,000	1895	海草郡塩津村
																和歌山	取引所	70,000	1893	和歌山市十二番町
																和歌山	海上輸送	4,000	1886	和歌山市吹屋町
																和歌山	銀行	300,000	1895	和歌山市十番町
																和歌山	電力	105,000	1896	和歌山市畑屋敷松ヶ枝町
																和歌山	銀行	200,000	1896	和歌山市駿河町
																和歌山	銀行	30,000	1895	
																和歌山	海上輸送	25,000	1885	和歌山市久保町4丁目
																和歌山	銀行	95,000	1896	伊都郡橋本町
																和歌山	綿織物	無記載	無記載	伊都郡橋本村
取	監															大阪	その他金融	100,000	1892	大阪市西区西長堀北通1丁目
取	頭	監	取	監	取	監										和歌山	銀行	150,000	1890	西牟婁郡串本村
取	副頭	頭						監	監	取						和歌山	銀行	35,000	1894	西牟婁郡串本村
	取	頭		取	取兼支				監							和歌山	銀行	100,000	1896	東牟婁郡高池村
取		社		取		監	監									和歌山	水産業	20,000	1890	西牟婁郡串本村
社	取	取	監		監											和歌山	農林	20,000	1896	西牟婁郡串本村
	監		取	頭	専取											和歌山	銀行	100,000	1885	西牟婁郡串本村
		取			監						取	専取	取	取		和歌山	銀行	250,000		東牟婁郡新宮町
	監						監									和歌山	銀行	31,000	1893	東牟婁郡高池村
						取		取								和歌山	銀行	100,000	1892	西牟婁郡串本村
											取	監	監			三重	銀行	200,000	1894	南牟婁郡木本町
											取			監		三重	商業	300,000	1896	南牟婁郡鵜殿村
												業担社			業担社	和歌山	鉱業	50,000	1896	東牟婁郡新宮町

だグループ，浦野吉五郎以下島本安兵衛までの8人からなり，和歌山銀行と和歌山貯蓄銀行を含んだグループが確認できる．また，東西両牟婁郡でもネットワーク型企業家によるグループの存在が確認できる．高嶋氏の指摘した，神田清右衛門・佐藤長右衛門・矢倉甚兵衛らがこのグループの中に含まれるが，南牟婁郡を含めるとそれ以外にもグループが存在する．浦木清十郎と松江武二郎ら7人のグループで，ここには新宮銀行と北山銀行が含まれている．これ以外にも，伊都郡では村木平次郎と稲葉作次郎が橋本銀行と橋本織布の役員に就いていた．

　宮本吉右衛門のグループに含まれる会社は，大阪，奈良そして和歌山県と隣接する3つの府県に広がっている．業種の面では，銀行，鉄道，綿紡績を含んでいた．中山甚吉のグループに属する会社は，すべて本社が和歌山県にあり，業種の面では銀行，取引所，化学，海上輸送と多様である．北島七兵衛・垂井清右衛門らのグループではすべて和歌山県に本社があり，業種では銀行，綿紡績，電力と多様であった．最後に浦野吉五郎以下島本安兵衛までのグループは，和歌山県に本社のある銀行だけのグループである．

　また，新宮銀行を媒介環にして，東西両牟婁郡と南牟婁郡の会社・役員が統合されていたことも分かる．すなわち，神田清右衛門のグループは主として西牟婁郡に所在している会社からなるが，木之国銀行と新宮銀行は東牟婁郡に所在している．このグループに属する佐藤長右衛門と田島喜八は，木之国銀行ではそれぞれ頭取と取締役であり，新宮銀行では取締役と監査役である．新宮銀行の役員にはこの2人以外に浦木清十郎以下7人が役員に就任している．そしてこの7人のうち5人は，南牟婁郡にある北山銀行の役員に就任するなど，南牟婁郡にまで活動が広がっていた．こうして，東西両牟婁郡と南牟婁郡を拠点としたグループが重なり合っているのである．

　このように，郡レベルで作られているグループは同時に，それ以外の地域のグループと重なり合っている．この意味で，和歌山県でもネットワークが，明治31年の時点で存在していたと言えよう．和歌山県全体を通観するネットワークを作成すると，個々の企業家による活動とは異なって，彼らが共同して事業を進めていた様子が窺われる．こうした全体のネットワークの存在を踏まえて，個々のグループや企業家の分析を行なうと，また違った評価ができよう．

　以上概観してきたことから分かるように，これまで指摘されてきたグループは，ネットワークという概念を用いると，会社の面でも人的な側面でも明確な関

係が浮かび上がってくる．これらのグループは，隣接した府県か，同一府県に本社があるという地域的な特徴を示す一方，多様な業種の会社を擁している．そして，それぞれのグループは全く独立しているわけではなく，相互に重なり合っていることも大きな特徴である．大阪や栃木，青森でも同様であった．グループは重なり合って大きなグループを形成しているのである．これらグループは固定的な関係ではなくて，緩やかなネットワークのような関係であったことも特徴として指摘できる．

以上のように，地方における共同出資，グループに関わる研究と要素ネット・ネットワークの図を対比した結果，グループの姿がより鮮明になったと思われる．これらは，全く違った企業と人物からなるものではなく，むしろ，企業家ネットワークはこれまでの研究で示されてきた人物と企業の関係を超えて，より一層の広がりを提示できているように思われる．従って，日本全国レベルで，本格的な企業家ネットワークの分析を行なう意義が確かめられたと言えよう．

他方，企業家ネットワークに登場する企業家の人的な側面については，これまで地方財閥史の研究の中で取り上げられて来た．そこで，企業家ネットワークを地方財閥史研究の観点から，考察しておく必要があろう．

2 日本全国に存在したネットワーク

地方財閥とネットワーク

企業家ネットワークの構成員である人物について，地方財閥の視点からその特徴を記した森川英正氏の説を紹介し，本書で提起した企業家ネットワークとの関係を考えていきたい．森川氏は，地方財閥を次のように定義する．

「(1) 資産家は，地方ビジネスを封鎖的な家業として営むことによって，資産を築いた．

(2) 資産家が，地方ビジネスを対象に，封鎖的家業経営を多角化する．この過程と並行して，他人との共同出資により，複数の地方ビジネスとの間の資本関係を有するにいたることが多かった．

(3) 家業あるいは資本関係を有する事業が，地方ビジネスから全国ビジネスに発展した後でも，資産家は，コミュニケーションとデシジョンのセンターとし

ての『本社』を地方に固定する」[36]．

　ここで問題となるのは (2) の「他人との共同出資により，複数の地方ビジネスとの間の資本関係を有する」という点である．具体的には，発起人や役員となって，家業以外の近代的な事業に関与する場合である．どのような場合，地方財閥にとって，これらの近代的な事業を家業と見なせるのだろうか．森川氏は，「出資比率が高く，役員，それも社長，頭取といった最高の地位を歴代掌握し，その経営に対し強い関心を有し続けているといった事業に限って，定義における『資本関係を有する事業』とすべきであろう」[37]とし，こうした企業を「準家業」と名付ける．本書は，ここで記されている「準家業」企業に関わる問題を，新たな視点から分析することを意図している．

　先に見た愛知県の企業家グループを「地方財閥」から取り上げた植田欣次氏の研究にも触れておく必要があろう[38]．そこでは，伊藤，岡谷，瀧，紅葉屋（富田・神野），豊田を中京財閥として取り上げる．これら「財閥」は，それぞれの財閥直系企業と，日本車輛製造，愛知時計，名古屋鉄道，愛知銀行，名古屋銀行，明治銀行などの規模の大きな共同企業に関わりを持っていたとされる．「これらの共同企業は，一方では中京財閥の共同事業であるといわれているように共同的な性格の強いものだが，他方では，各財閥の系列下にあった」[39]という．資産家の強い支配下にある企業と，共同で設立した大企業という二重性を指摘しているが，規模の大きな共同企業が「各財閥の系列下にあった」という指摘は注意する必要があろう．というのも，森川氏が規定した「準家業」という定義とは別に，共同企業という特徴をもって，財閥の系列下に置かれていたとするからである．これによれば，複数の財閥がそれぞれ共同企業を系列下に置くことになり，その結果，複数の財閥の系列下に置かれた企業というのは，一体，どのような支配・統治関係を受けるのかが不明になる恐れがある．こうした錯綜した関係は，後に詳しく定義する企業家ネットワークという概念を用いれば，明らかになろう．

全国でのネットワークの存在

　前節では，大阪を始め，地方における新潟，栃木，青森，その中間に位置する愛知や和歌山で企業家ネットワークの存在を確認したが，この企業家ネットワークという現象が日本全国で見られたものなのかどうかは，まだ不明である．同時

に，これまで明らかにしたネットワークは明治31年のデータを用いて作成したものであった．明治31年以降，こうしたネットワークは存続したのか，それとも消滅したのかは，不明のままである．そこで，ネットワークの定義の詳細は後に記すことにし，今まで記してきたネットワークの概略を示すことによって，全体像を確認しておきたい．『日本全国諸会社役員録』の明治31年版と明治40年版を用いて[40]，株式会社では役員に，また合資，合名会社では社員に限定し，2人の同一人物が2つの同じ会社に役員でいる組み合わせを抽出することにしたい．後に「要素ネット」と定義する「組み合わせ」をひとまず探してみよう．そして，ここで抽出した，ある「組み合わせ」に対して，その組み合わせと，2人かまたは2社が同じである他の「組み合わせ」を見つけることにしよう．ここからグループの端緒が見いだされる．次いで，この新しく加わった「組み合わせ」と，2人かまたは2社が同じである，別の「組み合わせ」を抽出していこう．こうした作業を繰り返していき，これ以上抽出できなくなるまで行なってみよう．こうして抽出された「要素ネット」という「組み合わせ」の集合は，後に企業家ネットワークと定義するものと同じである．

　以上の作業を行なった結果，明治31年では日本全国に，2人と2社の，後に要素ネットと定義する「組み合わせ」は7,428あり，後に企業家ネットワークと定義するグループが1,130存在することが分かった．明治40年については，「組み合わせ」は7,409あり，グループが1,517ある．こうしたグループあるいは企業家ネットワークは，北は北海道から南は鹿児島県に至るまで存在していた．しかも明治31年だけではなく，明治40年にも存在している．その多くは，府県レベルではなく郡レベルでグループが作られている．決して，大阪や新潟，青森県などの，これまで見てきた府県だけの現象ではなく，日本全国で見られたものである．また同時に，明治31年にだけ見られた現象ではないことも判明した．なにかネットワークを生み出す必然性があったのだろうか．しかも，ネットワークに含まれる会社はそれぞれの府県で近代化の先頭を走っていただけではなく，全国レベルで見ても近代的な大企業であった．21世紀の現在までも存続している企業さえ見られる．

　そうであるならば，そこには何らかのグループを作る必然性があるはずだ，と考えるのが当然であろう．

ネットワークの経済的規模

　グループを作る必然性を論じる前に，まず，グループの特徴から考えていきたい．

　全国で見いだされるグループは，どれだけの規模だったのだろうか．そこで，これらグループの大きさをそのグループに含まれる会社の資本金（公称資本金）によって表し，『役員録』に記載されている財閥系企業と比べてみよう．明治31年の『役員録』には，資本金（公称資本金・払込資本金）が記載されている．しかし，三井銀行を始め，三井物産，三井呉服店，三井鉱山，三菱合資，三菱合資銀行部，住友銀行，安田銀行などの財閥系企業の中で公称資本金が記載されているのは，株式会社としては，三井銀行と安田銀行だけである．そこで，明治40年のデータを基にして，これまで登場した田中市兵衛，瀧沢喜平治，大阪金助が役員となっている会社の資本金（公称資本金）と比べてみよう．表0-1から分かるように，三菱系企業の公称資本金合計は19,000,000円，三井系企業の公称資本金合計は8,000,000円であった．住友系企業では住友銀行だけ記載されているのでそれを記すと，公称資本金は1,000,000円である．一方，青森の大阪金助が役員として関与した会社すべての公称資本金合計は750,000円，瀧沢喜平治のそれは8,345,000円，田中市兵衛のそれは41,200,000円であった．大阪金助，瀧沢喜平治，田中市兵衛は，これらの会社をすべて所有していたわけではもちろんない．しかし，これらの会社役員として，配当を始め多くの意思決定に関与したはずである．しかも，特定の人物とグループを作り，会社役員としてこれらの会社の経営権を掌握していたとしたら，田中市兵衛については，財閥系企業よりも大きな資本金を有する会社を支配していたと言えよう．栃木県の瀧沢についても同様である．

　これまで見てきたことから分かることは，明治期の会社企業を検討する際，個々の企業を単独で分析すると，グループによる支配という側面を見失ってしまうことになるおそれがある．他方，明治期に個々の人物を単独で，あるいは，家業の側面だけを単独で分析すると，他の人物とグループを作り，そうしたグループとして関わった企業の全体像が見失われてしまうことになる．そこで，本書では，個々の企業ではなく，また個々の企業家でもなく，彼らがグループを作って会社を設立し，これを基に地域経済の発展に果たした点を踏まえて，企業家ネットワークを通して分析することにしたい．

序　章　日本の企業家ネットワーク　37

表 0-1　財閥系企業およびネットワーク参加人物の関与会社資本金

社名	府県	氏名	最終業種	公称資本金	払込資本金
三菱㈲銀行部	東京	岩崎久弥	銀行	1,000,000	無記載
三菱㈲	東京	荘田平五郎	その他（多業種）	15,000,000	無記載
㈲三菱製紙所	兵庫	荘清次郎	化学	500,000	無記載
麒麟麦酒㈱	神奈川	高木豊三	醸造業	2,500,000	2,500,000
計				19,000,000	
㈳三井銀行	東京	三井元之助	銀行	5,000,000	無記載
三井物産㈳	東京	飯田義一	貿易	1,000,000	無記載
三井鉱山㈳	東京	三井源右衛門	鉱業	2,000,000	無記載
計				8,000,000	
住友銀行	大阪	住友吉左衛門	銀行	1,000,000	無記載
㈱青森商業銀行	青森	大阪金助	銀行	400,000	310,000
㈱青湾貯蓄銀行	青森	大阪金助	銀行	50,000	17,500
㈱青森倉庫	青森	大阪金助	倉庫	100,000	67,500
青森電燈㈱	青森	大阪金助	電力	200,000	200,000
計				750,000	595,000
㈱東海銀行	東京	瀧沢喜平治	銀行	3,000,000	1,500,000
日本製麻㈱	東京	瀧沢喜平治	その他繊維	2,000,000	2,000,000
金町製瓦㈱	東京	瀧沢喜平治	窯業	150,000	135,000
㈱今市銀行	栃木	瀧沢喜平治	銀行	100,000	70,000
㈱栃木県農工銀行	栃木	瀧沢喜平治	銀行	600,000	600,000
㈱鹿沼銀行	栃木	瀧沢喜平治	銀行	300,000	217,500
㈱氏家銀行	栃木	瀧沢喜平治	銀行	100,000	50,000
㈱黒羽銀行	栃木	瀧沢喜平治	銀行	100,000	100,000
㈱矢板銀行	栃木	瀧沢喜平治	銀行	120,000	72,000
㈱下野銀行	栃木	瀧沢喜平治	銀行	750,000	405,000
㈱四十一銀行	栃木	瀧沢喜平治	銀行	900,000	600,000
宇都宮起業㈱	栃木	瀧沢喜平治	不動産	100,000	25,000
下野綿布㈱	栃木	瀧沢喜平治	綿織物	100,000	60,000
下野新聞㈱	栃木	瀧沢喜平治	印刷出版	25,000	25,000
計				8,345,000	5,859,500
宇治川電気㈱	京都	田中市兵衛	電力	12,500,000	3,125,000
㈱日本貯金銀行	大阪	田中市兵衛	銀行	600,000	300,000
日本紡績㈱	大阪	田中市兵衛	綿紡績	2,000,000	2,000,000
日本生命保険㈱	大阪	田中市兵衛	保険	300,000	300,000
大阪商船㈱	大阪	田中市兵衛	海上輸送	16,500,000	13,750,000
南海鉄道㈱	大阪	田中市兵衛	鉄道	7,300,000	5,175,000
摂津紡績㈱	大阪	田中市兵衛	綿紡績	1,500,000	1,400,000
神戸桟橋㈱	兵庫	田中市兵衛	その他サービス	500,000	500,000
計				41,200,000	26,550,000

　すぐに思い浮かぶことは，こうした企業家ネットワークという現象は，明治期という一時期にのみ固有の現象であろう，という考えである．時代が下るにつれてネットワークは減少し，やがては消滅していくものである，という考えである．しかし，大正10年時点でもネットワークは存在する．しかも，明治期よりも多数のネットワークが存在する．さらに，昭和11年でも存在しているのであ

る．戦前期の日本経済における企業家活動を考えるにあたって，ネットワークの存在は無視できない．そこでネットワークの実態を分析するにあたって，ネットワークの概念を整理し，その後，明治31年と明治40年の日本全国でのデータをすべて利用して，10年間の変化を辿ることから始めよう．日本全体を概観した後，愛知県を例にとって，事例分析を行ないたい．ネットワークという活動形態をとった人物群・会社群を取り上げ，こうした企業家ネットワークの形成過程と活動を，歴史的に追いたい．そこでまず，このようなネットワークを形成させた必然性について制度的な側面から，光を当てていくことにしよう．

3　ネットワークからの歴史分析

ネットワークの存在理由

　一家族を経営主体と考えて分析する場合と企業家グループを1つの実体であると考えた分析方法は，一体，どのような関係にあるのだろうか．これまで見てきたようなグループでは，所有と支配の問題が大きな問題となる．企業統治という点でも，多くの問題を含んでいる．それにも拘わらず，なぜ彼らは共同で他の会社を設立したのだろうか．どうして家族・同族で企業化を推進しなかったのだろうか．企業を新設するに十分な資金的な裏付けがなかったからであろうか．あるいは，近代的な企業経営に必要な専門経営者としての能力を持っている人物がいなかったからだろうか．

　また，企業家グループは，郡や市レベルという地域単位で見られたことからも分かるように，地域経済との関わりを強く持っていたと思われる．すなわち，地域経済の発展を視野に入れて，資金的な問題，経営者能力の問題を解決するために企業家ネットワークが生まれたのではないか，と考えられよう．

　企業家は，家族・同族の出資による事業，いわば家業と並んで，地元の有力者と共同して新規事業に着手するとともに，同業者との関係を大切にしてきたという点を，廣海惣太郎についての研究成果を顧みながら，企業家ネットワークを形成する様子を見ていこう．廣海惣太郎は株式投資にあたって，同じ肥料商である大阪の木谷七平から購入すべき会社の評判を聞くなど，木谷からの情報は「信頼のおける情報源の一つであ」った[41]．また，廣海自身も取引のある商人から株式

購入の依頼をうけるなど,「株式発行市場が確立していなかった当該期(明治19年から始まる第一次企業勃興期―引用者)には,このような商人ネットワークが,募集や株式の流通に際して重要な役割を果たしていた」[42]のである。このように,企業家ネットワークを通じて信頼のおける企業情報や経済情報が交換されていたと考えられよう。

それと同時に,廣海家は,地元の大阪府の貝塚地区では,地縁や血縁をもとにして共同で発起人となり,会社設立に深く関与していた。「廣海家は,貝塚セメント,岸和田第一煉化,岸和田紡績の設立までは,基本的に寺田甚与茂の勧誘をうけて企業の設立に関与したが,1893年以降,寺田との新規共同出資は姿を消し,かわって種子嶋源兵衛(醤油醸造業)や佐納権四郎(酒造業)など貝塚の商人たちとの共同事業が増加し始めた」[43]だけでなく,それまでは出資を行なうだけであったが,「出資した7社のうち,5社に役員を派遣」するなど,「地元における企業設立をより主体的に推進した」のである[44]。

制度がまだ十分整っていない時代に,その補完的機能を果たすと同時に貴重な情報源として企業家ネットワークを利用する一方,地元企業の設立を通して,地域経済の発展に貢献したのである。ここに,家業とは別な考え方に立って,地域に根差した企業家は企業家ネットワークを形成していったことが分かる。

企業家ネットワークの形成と同時に企業家ネットワークの継続についても,その根拠と論理,あるいは,それが果たした役割が問われよう。この問題は,本書の最終章で,明治31年と明治40年だけの継続ではなく,さらに大正10年までの長期に亘って継続していた企業家ネットワークを取り上げて,考察したい。

設立発起人の役割

廣海惣太郎についての研究成果とは別に,特定の人物が一緒になって発起人となり,新事業を興すことを促す制度的な側面を指摘しておく必要があろう。企業家ネットワークが生まれてくる制度的な背景を仮説的に記すことにしたい。そこでまず,明治32年3月9日に公布された「商法(新商法)」から,株式会社の設立に関する法律上の規程を見ていこう。明治23年4月26日に公布された旧商法では,4人以上の発起人が必要であったが,新商法では7人以上の発起人が必要であり,発起人は目論見書の作成,定款の作成を行なって署名捺印する必要があった。新会社の設立においては,発起人は全員,連帯責任を負うことになって

いる．

　株式会社の設立においては，発起人の果たす役割が重大である．しかも，新商法では7人以上の発起人が必要であった．このため，新たに株式会社を設立する場合には，少なくとも7人の，連帯責任が果たせる，相互によく相手の事情を知った人物が必要不可欠である．一度株式会社を設立した発起人たちは，新たに別の株式会社を設立する場合，そのたびに全く別な人物と発起人となるよりは，同じ人物との間で発起人となって事業を進めるのが自然の成り行きであった．その結果，同じ人物が，複数の会社の発起人や役員になって，事業を進めることになる．こうして，今まで見てきたようなグループが生まれ，それとともに同一の人物が複数の会社役員に就任するネットワーク型組織が形成されていったのである[45]．

　発起人たちは，新たに企業を創立するに当たっては，同じ発起人のメンバーに集中する傾向が生まれた．これに，「同格の仲間」であるという評判や，同じ地域であるとか，同業者であるとか，あるいは同じ政党を支持しているなどの関係から，相互に信頼のおける，同じ人物がネットワークの中で固定化されていったのである．

株式会社の設立

　以上の点を踏まえて，設立発起人の立場に立ち，どのような手続きによって会社が設立されたのかを見ていくことにしたい．先に記したように，新会社設立に当たっては，7人以上の発起人が必要である．発起人だけですべての株式を引き受けると会社は設立される．これを発起設立というが，その場合，裁判所に検査役の選任を委託する必要がある．これ以外は募集設立といい，発起人が株式の一部を引き受け，残りの株式を募集して会社を設立する．通常は，募集設立である．以下，長谷川安兵衛『株式会社講話』[46]に拠りながら，募集設立の手続きを見ていくことにしよう．

　募集設立においては，発起人はまず定款を作成しなければならない．定款には，絶対に記さなければならない項目として，(1)目的，(2)商号，(3)資本の総額，(4)一株の金額，(5)本社および支店の所在地，(6)会社が公告をする方法，(7)発起人の氏名および住所などがある．この他に会社存立の時期や解散の事由，数種の株式の発行並びに株式の内容と数などが記される必要がある．発起人は，ま

た，募集に際しては設立趣意書と起業目論見書を作成しなければならない．設立趣意書には，設立の趣旨，新設される会社の特色，設備計画と収支目論見が記され，最後に発起人の名前が記載される．起業目論見書には，会社の名称，事業の目的，事業資金，事業計画，創立費，起業予算書，収支予算書が併記される．

　設立趣意書，起業目論見書と同時に株式申込証が作成される．株式申込証には，定款認証の年月およびその認証を行なった公証人の氏名が記され，これ以外に定款で記された事項が続いて記される．また，第1回の払込み金額，さらには株金の払込みを取り扱う銀行または信託会社，取り扱い場所が明記される．こうして株式の募集が行なわれるのである．

　一方，株式に応募するには，株式申込証に署名捺印し，定められた証拠金を提出しなければならない．期限内に申し込まれた株式申込証に基づいて株式割り当てが行なわれるが，この株式割り当ては発起人の裁量で行なわれ，申込順とか申込株数に按分するとかの方法が取られる．こうして割り当てが確定すると，株式引き受けが確定し，株式割り当て通知書が作成される．これによって，初めて株主であることが分かる．こうして割り当てられた株式は権利株と称される．

　これをもとに，発起人から株主へ第1回の払込み請求が行なわれる．指定された期日までに払込みが行なわれないときには，発起人が引き受けるか新たに募集しなければならない．しかし，こうやって失権した株式の引受人は，募集に際して支出された費用の一部を賠償する必要がある．こうして第1回の株式の払込みが終了し，また発起人による現物出資の給付が終わると，発起人は直ちに創立総会を開催しなければならない．株式引受人に創立総会開催の案内が通知され，創立総会が執りおこなわれる．創立総会は，委任状を含めて株式引受人の半数以上が出席し，同時に出席した株式引受人の株金の合計が資本金の半額以上でなければ成立しない．そして創立総会の議案はすべて議決権の過半を得なければ成立しなかった．創立総会では，まず，株式募集に関する事項が報告された後，定款が承認され，取締役と監査役が承認されることになっている．同時に代表者も承認される．この創立総会で議決された後に，会社設立登記の申請が行なわれることになるが，通常，本社所在地で設立登記され，ここに初めて会社が成立する．

　以上からも分かるように，会社の設立には発起人の役割が重要である．その意味で，「発起人は会社設立の計画者であり且つ会社設立の一切の責任者である」とか，「発起人は実質的に会社のプランメーカーであり，設立についての責任者

である」[47)]と言われる．

　では最後に，会社設立に大きな役割を果たす発起人同士はどのような特徴を持っていたのだろうか．これまで見てきたように，リスクを抱えると同時にうま味もあった発起人は，したがって，相互に信頼のおける人物でなければならなかった．特に，同じ家格や血縁，同業者，郡レベルの顔が見える小さな地域の出身者などの側面がグループの形成には大きな役割を果たしたと思われる．そうであるが故に，複数のグループが生まれるとともに，それらは有力者を介して重なり合っていたのである．

本書の構成

　本書は，『日本全国諸会社役員録』（明治31年版および明治40年版）を電子データベース化し，これをもとに明治31年時と明治40年時[48)]における全国の会社と経営者の存在形態についての全体像を示すことから始める（第Ⅰ部）．この包括的，体系的な資料操作を通して，わが国工業化の推進主体について研究しようというのである．わが国工業化の初期における企業の態様はいかなるものであったか，また工業化を担った経営者・企業家たちはどのような特徴をもっていたのかという問題を，会社形態，会社規模，業種および経営者のタイプ，そして役員録に記載されている，本書で「企業家」と規定した人物の所得や家業の面から明らかにしたい．そのために，後に詳細に規定するが，本書では，『役員録』に記載されている人物のうち，株式会社では，原則として監査役以上の役職に就いていた人物を，また合資・合名会社では，無限責任を負った業務執行社員を企業家と規定して，分析を行なう．

　明治31（1898）年という時期を選択する理由は次のとおりである．わが国が近代化・工業化に着手してのち，いわゆる「紙幣整理」の後の「第一次企業勃興」，さらに日清戦争後の「第二次企業勃興」を経て，会社企業数が急速に増大していった時期に対応する．日清戦争期から日露戦争期頃までの全国会社数の推移を『帝国統計年鑑』によって見ると，株式会社，合資会社および合名会社を合計した会社数は，明治27年の2,104社が，30年に6,113社，そして40年に10,087社と増加している．日本における「近代経済成長＝工業化の始動」は1880年代半ば，したがって紙幣整理後に起こり，20世紀初頭，つまり日露戦争終了後にその始動の時期が「終了」したという見解があるが[49)]，われわれの対象

とする明治31年および明治40年は，工業化が開始されて，会社企業が急速に増大しはじめる時期と，それが終了した時点に対応していると言えよう．

また，明治40（1907）年という時点は，チャンドラーなど経営史研究者が意図的に大企業のリストを国際比較のために作成してきた時点でもある[50]．こうした日本以外の国におけるデータベースに基づく研究と連繋をとる可能性を考慮したことも，この時点を選ぶもう1つの理由である．

このように第I部では，明治31年と明治40年の両年を取り上げ，『日本全国諸会社役員録』を用いて日本全国における会社役員の実態を鳥瞰するが，その際の分析の手順も含めてもう少し詳しく見ておこう．まず，同書に記載されている会社情報には，会社名，会社の本社所在地，株式会社などの会社形態の他に，営業の目的，役職と役員名，さらには役員の住所がある．明治31年版では延べ31,996名が記載されているものの，本書が対象とする役員以外の人物も記されているケースがある．そこで，企業家に対応した役員だけを取り出すと延べ23,608名となる．同様に明治40年における『日本全国諸会社役員録』には47,400名が記載されているが，役員は延べ38,286名である．われわれはこれらの情報をすべて電子情報化し，誰が何回登場したのかという基礎的な調査作業を行なった．その上で，複数回登場した人物に焦点を当て，彼ら企業家が関与した会社はどのような地域的な広がりを持っていたのか，どのような業種にまたがっていたのかを考察し，続いて，『役員録』に登場する人物の中から『日本全国商工人名録』（明治31年）にも記載されている人物を抽出し，彼らの所得税，営業税の多寡を通して，どのような所得階層であったのかを考察した．

明治31年と明治40年で最も多くの会社に役員として登場したのは渋沢栄一であった．渋沢栄一については，既に「渋沢はオルガナイザーであった．特に重要なことだが，共同出資による会社設立のオルガナイザーであった．渋沢の肝いりによって，あるいは発起人としての協力によって設立された会社の数は驚くほど多数に上る」[51]という指摘がなされている．また最近の研究では，「渋沢栄一の企業者活動を長期にわたる人のネットワークと資金の流れから詳細に考察した」結果，「いわゆる戦前の企業システムにおいて大口の出資を伴った経営者の責任と役割が大きかったこと，そして渋沢はこのようなシステムを創出するとともに自らも担い手となって実践した」[52]ことが指摘されている．そこで渋沢栄一が産業化の推進に果たした役割を，近代的な事業モデルの実践という面と本書が課題

とする「企業家ネットワーク」の側面を中心に取り上げた．新しい事業を推進するために，渋沢が果たした役割の一端を銀行業の普及の面から見たものである．続いて，渋沢が役員として関わった企業とその会社役員をすべて取り上げ，「企業家ネットワーク」の存在を指摘するとともに，ここから，「要素ネット」を明確に定義し，これを基にして「企業家ネットワーク」の定義を行なった．

以上の準備を踏まえて，日本全国において本書が定義した2人・2社という要素ネットの抽出と，要素ネット同士が重なり合ってできる「企業家ネットワーク」の抽出を行なった．その結果，明治31年では要素ネットが7,428，企業家ネットワークが1,130あり，明治40年では，要素ネットが7,409，企業家ネットワークが1,517あることが明らかになった．続いて明治31年と明治40年の企業家ネットワークを，銀行とインフラ産業（鉄道，電力，ガス，水道，取引所）の2つの業種を軸に4つの類型に分けて考察した．また，明治31年と明治40年で継続していた企業家ネットワークと消滅した企業家ネットワークを比較した．そして企業家ネットワークに含まれるすべての会社の役員ポストに対して，企業家ネットワークに属する企業家が占める役員ポストの比率を始め，役員の継続性と配当率の違いなど，継続と消滅の両ネットワークに属する企業の違いを明らかにした．その結果，明治31年から明治40年で継続して存在していた企業家ネットワークでは，消滅した企業家ネットワークに比べて，ネットワークに含まれる会社の役員ポストを多数占めていることが分かった．そしてまた，継続して存在していた企業家ネットワークに含まれている会社の配当率は，消滅した企業家ネットワークに含まれている会社の配当率よりも高いことも判明したのである．

以上の全国における企業家ネットワークの分析を踏まえて，第II部では，愛知県を取り上げて分析を行なう．これまでの研究で指摘されて来た3つの企業家ネットワークである，奥田正香，瀧兵右衛門・瀧定助，伊藤次郎左衛門・岡谷惣助の企業家ネットワークを取り上げる．

まず，第I部で提起した論点を踏まえて，これら企業家ネットワークに含まれる企業を基にして類型化を行なう．次いで，企業家ネットワークがどのような人的なつながりの中から生まれていったのかを，それぞれの企業家ネットワークに属する人物の歴史的な背景を基にしながら，誰が中心人物であったかを明らかにしたい．また，weak-tiesとstrong-tiesの視点から，奥田正香のネットワークでは，奥田自身が渋沢栄一とweak-tiesの関係を持っていたこと，そして自らの

ネットワークでは strong-ties を維持していたことを指摘する．

　さらに，自らの家業と企業家ネットワークとして関わった会社の業態との関係から，伊藤次郎左衛門の企業家ネットワークは家業中心型であり，瀧兵右衛門・瀧定助の企業家ネットワークは家業展開型という性格が強く，インフラ産業への関わりという点で奥田正香の企業家ネットワークは地域経済貢献型という性格が強いことを述べる．この類型化と特徴は，日本全国の分析においても利用されよう．

　以上の分析を踏まえて，最後に，明治31年，明治40年，大正10年まで継続していた企業家ネットワークを抽出し，24年間継続して存在していた企業家ネットワークの特徴を通して，企業家ネットワークの存続理由を指摘し，本書の結論とする．

注

1) 例えば，星野妙子編『ファミリービジネスの経営と革新―アジアとラテンアメリカ―（研究双書 No.538）』（アジア経済研究所，平成16年）．なお，ファミリービジネスと財閥の概念に関する関係については，第10章の中村尚史「戦前期日本のファミリービジネス」，特に381ページの図1がよく纏まっている．他に，末廣昭『ファミリービジネス論―後発工業化の担い手―』（名古屋大学出版会，平成18年）がある．
2) 森川英正『日本経営史』（日本経済新聞社，昭和56年），18ページ．
3) 同書，18ページ．
4) 同書，19ページ．
5) 同上．
6) 伊牟田敏充「明治期における株式会社の発展と株主層の形成」（『明治期の経済発展と経済主体』大阪市立大学経済研究所報第18集，昭和43年），191ページ．
7) 山口和雄，明治大学経営学研究所『経営論集』第15集第2号，昭和42年．
8) 伊牟田敏充「明治中期会社企業の構造」（『明治期株式会社分析序説』法政大学出版局，1976年3月），13〜14ページ．
9) 伊牟田敏充「明治期における株式会社の発展と株主層の形成」（同書），105ページ．
10) 和田一夫・小早川洋一・塩見治人「明治40年時点の中京財界における重役兼任―『日本全国諸会社役員録』（明治40年版）の分析―」（『南山経営研究』第6巻第3号，平成4年2月）．和田一夫・小早川洋一・塩見治人「明治31年時点の中京財界における重役兼任―『日本全国諸会社役員録』（明治31年版）の分析―」（『南山経営研究』第7巻第2号，平成4年10月），および和田一夫・小早川洋一・塩見治人「大正7年時点の中京財界における重役兼任―『日本全国諸会社役員録』（大正7年版）の分析―」（『南山経営研究』第8巻第1号，平成5年6月）．なお本書は，和田一夫・小早川洋一・塩見治人の3人のオリジナリティを継承発展させつつ，これまで対象が愛知県に限定していた点と，3回以上登場した人物に限定した点を克服し，一般化したものである．

11) この「地域社会中心的」community-focused という用語は次のコールの書物に依った。A・H・コール著，中川敬一郎訳『経営と社会：企業者史学序説』（ダイヤモンド社，昭和40年），154ページ。コールが言うように，「地域社会中心的」な局面から，実業家が「特定産業に専業化するようになり，その産業部門の他の人々との関係を第一に考え，彼らが住んでいる地域社会やその地域社会が提供する機会には，それほど関心をもたなくなる」局面を描き出せれば，森川が描き出した専門経営者の勃興を別の側面から照らし出すことにはならないかと考えたのである。
12) 伊牟田敏充，前掲「明治期における株式会社の発展と株主層の形成」，105ページ。
13) 宮本又次「大阪商人太平記（上）」（『宮本又次著作集　第9巻』講談社，昭和52年），306ページ。
14) 同書，321ページ。
15) 明治31年版『日本全国諸会社役員録』の原典は，商業興信所編・刊『日本全国諸会社役員録』第6回（明治31年）であるが，本書ではその復刻版である由井常彦・浅野俊光編集解題『日本諸会社役員録』3（柏書房，昭和63年）を利用した。
16) 正確には，次のような作業で作成したものである。1社でも本社が大阪にある要素ネットの集合から，田中市兵衛，松本重太郎，岡橋治助，古畑寅造，末吉平三郎ネットでは，それぞれの人物が含まれる要素ネットを抽出して作成した図である。山中利右衛門ネットは，山中と小泉新助のいずれかが含まれる要素ネットを抽出して作成した。外山脩造ネットは，外山脩造，宅徳平，鳥井駒吉，肥塚与八郎のいずれかが含まれる要素ネットを抽出して作成し，岡崎栄次郎ネットは，岡崎栄次郎，近藤喜禄，吉原善右衛門のいずれかが含まれる要素ネットを抽出して作成した。
17) 新潟県編『新潟県史　通史編7・近代二』（新潟県，昭和63年），211ページ。
18) 同書，210ページ。
19) 同書，210～211ページ。
20) 守田志郎『地主経済と地方資本』（御茶の水書房，昭和38年），115～122ページ。
21) 伊藤武夫「産業資本確立期における地方資本の存在構造―明治後期新潟市の事例―」（『立命館産業社会論集』第35号，昭和58年）。
22) 同稿，93ページ。
23) 栃木県県史編さん委員会編『栃木県史　通史編7　近現代二』（栃木県，昭和57年），500ページ。
24) 同書，501ページ。
25) 青森市役所編『青森市史　第4巻　産業編上』（国書刊行会，昭和57年），337ページ。
26) 同書，337～338ページ。
27) 同書，338ページ。
28) 大沢吉五郎『愛知銀行四十六年史』（東海銀行，昭和19年）。
29) 同書，9ページ。
30) 高嶋雅明『企業勃興と地域経済』（清文堂出版，平成16年）。
31) 同書，74ページ。
32) 同書，132ページ。
33) 同書，132～133ページ。
34) 同書，301ページ。

35) 同書，301～302ページ．
36) 森川英正「地方財閥」（安岡重明編『日本経営史講座　日本の財閥』日本経済新聞社，昭和51年），146ページ．
37) 森川英正『日本経営史講座　地方財閥』（日本経済新聞社，昭和60年），18ページ．
38) 植田欣次「中京財閥」（渋谷隆一他編『地方財閥の展開と銀行』日本評論社，平成元年）．
39) 同書，585ページ．
40) 明治40年版『日本全国諸会社役員録』の原典は，商業興信所編・刊『日本全国諸会社役員録』第15回（明治40年）であるが，本書ではその復刻版である由井常彦・浅野俊光編集解題『日本全国諸会社役員録』11（柏書房，平成元年）を利用した．
41) 中村尚史「第4章　明治期の有価証券投資」（石井寛治・中西聡編『産業化と商家経営―米穀肥料商廣海家の近世・近代―』名古屋大学出版会，平成18年），188ページ．
42) 同書，180ページ．
43) 同書，183ページ．
44) 同上．
45) もっとも，実際においては逆に，発起人たちが取締役の高い報酬を定款に記載したり，創立までに会社が負担する費用の中に発起人たちの私的な支出を滑り込ませたり，さらには現物出資の資産を不当に高く評価するなどといった，発起人たちの横暴さが見られたことも事実である．そのいずれにしろ，発起人たちは，同じメンバーに集中する要因を生み出したのである．
46) 長谷川安兵衛『株式会社講話』（千倉書房，昭和24年）．
47) 同書，13ページ．
48) ただし，この資料の調査時点は，明治31年1月および明治40年1月現在である．
49) 南亮進『日本の経済発展』（東洋経済新報社，昭和56年），1～6ページ．
50) David J. Jeremy, *A Business History of Britain 1900-1990s*, OUP, 1998 の巻末付録には，イギリスにおける1907年，1935年，1955年および1992年の，被雇用者を基準とした50大企業のリストが掲載されている．また，大企業リストを作成して国際比較を行なっている研究として次の論文を参照．Peter Wardley, "The Emergence of Big Business: the Largest Corporate Employers of Labour in the United Kingdom, Germany and the United States c. 1907", *Business History*, Vol.41 No. 4, 1999.
51) 森川英正「渋沢栄一―日本株式会社の創立者―」（森川英正責任編集『日本企業と国家』＜宮本又次・中川敬一郎監修，日本経営史講座　第4巻＞日本経済新聞社，昭和51年），59ページ．
52) 島田昌和『渋沢栄一の企業者活動の研究―戦前型企業システムの創出と出資者経営者の役割―』（日本経済評論社，平成19年），371ページ．

第Ⅰ部

日本全国における企業家ネットワーク

第1章　明治31年・明治40年の『役員録』と企業家の特徴

1　『役員録』に登場する企業家と会社

(1)　本書が依拠した資料：『日本全国諸会社役員録』

資料の特徴

われわれがデータベースを作成するにあたり依拠した資料である『日本全国諸会社役員録』が持つ資料的価値について最初に述べておきたい．まずは，由井常彦・浅野俊光両氏の解説に基づいて紹介していこう．由井・浅野両氏は，この『役員録』が明治26年というきわめて早い時期から昭和19年にいたるまで毎年継続的に刊行された全国版の会社役員録であること，また記載内容の正確さに慎重な配慮をしていたことを指摘するとともに，その記載内容と意義について次のように記している．「本資料には，全役員氏名・住所はもちろん，本社・支店・出張所の所在地，設立年月，株式の額面，資本金，払込高，積立金額，諸預り金額等の基本データが客観的に網羅記載されているほか，時に利益配当額その他貴重な決算関係のデータが含まれている．これらの情報から業種別の会社資本金額の変化の時系列調査等の試みを通じ，わが国明治中期以後の会社企業の浮沈盛衰を調査研究することも不可能ではない．のみならず，大会社・銀行については，支配人，事務長，課長，主任，技師，工務主任，商務主任等に至るまでの氏名と職位が記載されていることはさらに重要である．この点では，各社における役員の兼任状況がわかるだけでなく，経営者の内部昇進過程，役員組織の変遷に関する調査，その他さまざまな視点からの明治期企業経営者・管理組織の多角的な研究を可能としてくれるであろう」[1]．

以上のように，『日本全国諸会社役員録』には，会社データのみならず，役員データ，職員データまでも含まれている．しかし，すべての会社において同一の基準で役員と職員が記載されているわけではない．本書では，役員の分析に焦点

を置くために次のような措置をとった．役員の名称には様々なものがあり，株式会社と合資・合名会社とでは，役員の名称も異なる．そこで，株式会社では，取締役，監査役，理事，相談役，総裁，監事，顧問などを役員と見なした．その一方，支配人，事務長，課長，主任，技師，工務主任，商務主任等は職員として，役員からは除外した．本書では，前者の役員のみを「企業家」と見なして抽出し，分析を進めた（巻頭表も参照）．

また，会社データには業種分類が施されていないので，われわれは明治31年と明治40年にわたって，すべての会社に同じ基準で業種分類を行なった．業種分類に際しては，これまでの研究史を参照して，（不明を含めて）34に分類した．分類は以下の通りである．農林，水産業，鉱業，石油，綿紡績，綿織物，生糸，その他繊維，食品，醸造業，窯業，化学，金属，機械器具，その他工業，海上輸送，陸上輸送，商業，貿易，倉庫，銀行，保険，その他金融，取引所，電力，ガス，水道，鉄道，印刷出版，土地改良開発，不動産，その他サービス，その他（多業種），不明である．

役員録に記載されている会社

役員録にはどれだけの数の会社，役員が記載されているのだろうか．明治31（1868）年の会社数は表I-1-1に，明治40（1907）年の会社数は表I-1-2に記している．また，同じ明治31年と，明治40年の『帝国統計年鑑』に記載されている資本金別の会社数が表I-1-3と表I-1-4に記されている．ここから，ここで利用する役員録に記載されているデータの記載内容と特徴を指摘し，データの信頼性を確認したい．

明治31年では，役員録に記載されている会社数は，表I-1-1に記されているように4,005社（公称資本金が記載されている会社数は3,697社，以下同様）である．会社形態から見ると，株式会社は3,172社（2,914社），合資会社は663社（654社），合名会社は115社（75社），個人企業は28社（28社），株式合資会社などのその他が27社（26社）であった．また，公称資本金の合計額は，株式会社が8億1935万3896円，合資会社が3027万5044円，合名会社が1016万7400円，個人企業が296万1500円，その他が130万3360円であった．ここから分かるように，およそ公称資本金総計の95％は株式会社で占められている．しかし，4,005社すべてに役員が記載されているわけではない．表I-1-5-1より，役員が

第1章 明治31年・明治40年の『役員録』と企業家の特徴

表 I-1-1　明治31年における『役員録』掲載企業と『帝国統計年鑑』の比較

会社形態	社数(A)	(このうち、公称資本金を掲載している社数)	公称資本金額(B)	帝国統計年鑑(表I-1-3)の社数に対するAの割合(%)	帝国統計年鑑(表I-1-3)の資本金額に対するBの割合(%)
株式会社	3,172	(2,914)	819,353,896	100.1	103.2
合資会社	663	(654)	30,275,044	26.7	80.7
合名会社	115	(75)	10,167,400	27.2	46.6
個人企業	28	(28)	2,961,500		
その他（株式合資会社など）	27	(26)	1,303,360		
合計	4,005	(3,697)	864,061,200	65.9	101.3

表 I-1-2　明治40年における『役員録』掲載企業と『帝国統計年鑑』の比較

会社形態	社数(A)	(このうち、公称資本金を掲載している社数)	(このうち、払込資本金を掲載している社数)	公称資本金額	払込資本金額(B)	帝国統計年鑑(表I-1-4)の社数に対するAの割合(%)	帝国統計年鑑(表I-1-4)の払込資本金額に対するBの割合(%)
株式会社	4,583	(4,532)	4,477	1,639,124,073	1,019,963,122	106.9	108.5
合資会社	1,523	(1,520)	61	82,766,762	2,070,536	42.6	3.1
合名会社	809	(807)	10	70,624,150	332,189	55.8	0.5
個人企業	58	(58)	4	11,809,500	840,625		
その他（株式合資会社など）	67	(67)	29	4,815,000	1,250,510		
合計	7,040	(6,984)	4,581	1,809,139,485	1,024,456,982	75.6	95.8

注：合名会社中、公称資本金をドルで表示している会社が1社ある。公称資本金額には加えていない。

表 I-1-3　第18回『帝国統計年鑑』記載の会社数と公称資本金（明治30年12月31日現在）

	1万円未満		5万円未満		10万円未満		10万円以上		合計	
	社数	公称資本金	社数	公称資本金	社数	公称資本金	社数	公称資本金	社数	公称資本金
株式会社	471	3,181,235	1,242	42,113,251	595	50,082,240	861	698,235,018	3,169	793,611,744
合資会社	1,858	8,160,426	536	13,699,211	60	5,201,170	31	10,461,000	2,485	37,521,807
合名会社	277	1,088,110	98	2,749,046	20	1,772,400	28	16,229,000	423	21,838,556
合計	2,606	12,429,771	1,876	58,561,508	675	57,055,810	920	724,925,018	6,077	852,972,107

注：同書には、株式会社、合資会社、合名会社以外の企業形態については、記載がない。
出典：内閣統計局編『第18回　日本帝国統計年鑑』（内閣統計局、明治32年12月）。

表 I-1-4　第27回『帝国統計年鑑』記載の会社数と払込資本金（明治39年12月31日現在）

	5万円未満		10万円未満		50万円未満		100万円未満		500万円未満		500万円以上		合計	
	社数	払込資本金	社数	払込資本金	社数	払込資本金	社数	払込資本金	社数	払込資本金	社数	払込資本金	社数	払込資本金
株式会社	2,345	40,756,004	734	47,839,837	927	174,856,747	148	94,620,375	115	199,345,035	20	382,296,537	4,289	939,714,535
合資会社	3,300	23,554,850	155	9,021,611	104	16,182,000	11	6,549,400	2	2,000,000	2	10,000,000	3,574	67,307,861
合名会社	1,239	10,357,575	88	4,916,696	97	15,289,416	12	6,120,000	11	15,000,000	2	11,000,000	1,449	62,683,687
合計	6,884	74,668,429	977	61,778,144	1,128	206,328,163	171	107,289,775	128	216,345,035	24	403,296,537	9,312	1,069,706,083

注：但し、合資会社で8社の、合名会社で9社の、払込資本金が不詳である。
出典：内閣統計局編『第27回　日本帝国統計年鑑』（内閣統計局、明治41年12月）。

表 I-1-5-1 明治31年において役員が掲載されている企業一覧

会社形態	社数	(このうち、公称資本金を掲載している社数)	公称資本金額
株式会社	2,942	(2,905)	874,188,364
合資会社	658	(651)	30,456,044
合名会社	114	(76)	10,669,100
個人企業	50	(50)	4,189,500
その他（株式合資会社など）	6	(6)	178,360
合計	3,770	(3,688)	919,681,368

表 I-1-5-2 明治40年において役員が掲載されている企業一覧

会社形態	社数	(このうち、公称資本金を掲載している社数)	公称資本金額
株式会社	4,574	(4,527)	1,690,622,773
合資会社	1,514	(1,512)	83,469,249
合名会社	808	(806)	70,545,150
個人企業	58	(58)	11,809,500
その他（株式合資会社など）	64	(64)	4,725,000
合計	7,018	(6,967)	1,861,171,672

注：合名会社中、公称資本金をドルで表示している会社が1社ある。公称資本金額には加えていない。

記載されている会社は3,770社である。従って、これからの分析の対象となる会社数は、明治31年では3,770社となる。

『役員録』に記載されている会社の数と公称資本金を表 I-1-3 の『帝国統計年鑑』に記載されている公称資本金と比較してみると、表 I-1-1 から分かるように株式会社では会社数でも公称資本金額でも『役員録』の方が『帝国統計年鑑』よりも僅かに多かったが、ほとんど同じである。しかし、合資会社について見ると、『役員録』の会社数は『帝国統計年鑑』のおよそ27%で、公称資本金額ではおよそ81%であった。また、合名会社について見ると、『役員録』の会社数はおよそ27%で、公称資本金額ではおよそ47%である。株式会社では、2つの資料でほぼ同じであったが、合資会社と合名会社に関して言えば、『役員録』に記載されている会社は、『帝国統計年鑑』に記載されている会社よりも、概して、公称資本金額の大きい会社であったと言えよう。

では明治40年ではどうであろうか。明治40年では、『役員録』に記載されている会社数は7,040社（6,984社）である。会社形態から見ると、株式会社数は4,583社（4,532社）、合資会社は1,523社（1,520社）、合名会社は809社（807社）、個人企業は58社（58社）、その他は67社（67社）であった。会社数では明治31年と明治40年の間で1.76倍に増加したことが分かる。株式会社以上に合資会社、合名会社の増加が顕著であり、合資会社では2.3倍、合名会社では7.0倍もの増加が見られた。しかし、明治31年と同様、7,040社すべてに役員が記載されているわけでない。表 I-1-5-2 より、役員名が記載されている会社は7,018社である。

公称資本金について見ると，両年の間でおよそ2.1倍もの増加が見られた．株式会社では2.0倍，合資会社では2.7倍，合名会社では6.9倍もの増加が見られた．その結果，『役員録』では，合資会社と合名会社の社数は，『帝国統計年鑑』に記載されている会社の43％（合資会社），56％（合名会社）に増加したが，払込資本金では僅かであった．全体から見れば，明治31年と明治40年の間に，合資会社や合名会社が急増したものの，会社数，公称（払込）資本金額では圧倒的に株式会社が多数を占めていたことを銘記しておく必要があろう．また，明治31年と明治40年で名前が記されている役員数は，それぞれ延べ23,608人と38,286人であった．これらの会社および役員が本書で取り上げた会社数と人物数である．

明治40年においては，株式会社に限定すれば，『役員録』に記載されている会社は，『帝国統計年鑑』で取り上げられた会社より，会社数においても，払込資本金額においても上回っている．それ故，明治31年と明治40年の会社，役員の分析にとって，『役員録』が十分に信頼できるものと言えよう．

このような信頼性ゆえに，明治期を扱う研究者はこの資料に大いに依拠してきた．しかし，この資料を研究者が利用する際の最大の難点は，索引がないことである．したがって，個々の人物に興味を抱いた研究者は，この資料を最初から最後まで丹念に見ながら，その人物の情報を収集するしかない．例えば，渋沢栄一がこの資料に何回，どのような企業に出現するかは，時間さえいとわなければ比較的簡単に，後で紹介する表I-2-2のような情報を集めることができる．

このような作業はそれ自体では簡単である．例えば，松本重太郎や馬越恭平，浅野総一郎など，個々の人物についての情報を集めることは，それ自体では手間がかかるとは言え，作業としては簡単である．しかし，彼らが全体の中でどのような位置を占めるかについては，個々の人物についての情報を周到に集めてもよく分からない．渋沢の例を持ち出すならば，旧来の研究史上の位置づけを参考にして，「おそらくは極めて頻出回数が多いと考えられよう」などと，いささか歯切れ悪く述べざるを得なかった．あるいは全体的な位置づけを，ある意味では放棄して，渋沢そのものの研究の導入として用いてきた．

しかし，われわれは，こうした状況を打破すべきだと考えた．逆に，全体的・包括的な情報を提供することで，各個別事例をその中に位置づけることこそが重要なのではないかと考えたのである．明治31年に記載されている4,005社と明

治40年に記載されている7,040社から，両年にともに登場する会社は一体，何社あったのだろうかという問題を考えてみよう．この10年間で，国立銀行は名称を変更したものもあるし，本社所在府県を変えたものもある．また，明治31年に合資会社であった安田銀行は，明治40年では合名会社安田銀行に会社形態を変更して記されている．このように名称を変更した国立銀行は同一と見なし，安田銀行も同一と見なして両年に登場する共通な会社を抽出すると，1,817社（両年に役員名が記載されている会社は，1,774社）取り出せる．こうした全体像を提出することによって，初めて相対的な位置が判明するのである．

『日本全国諸会社役員録』の資料的意義

『日本全国諸会社役員録』の特徴を浮かび上がらせるために，『帝国統計年鑑』を用いた先行研究にも触れておく必要があろう．「ほぼ明治三十年ごろまでの会社―株式会社の実態を明らかにすること」を目的とした林健久氏の研究は，「日本資本主義を世界資本主義の中にしかるべく位置づけるためにも，株式会社の実態について今後より立ち入った検討が加えられねばならない」[2]という問題意識から書かれているため，必ずしもわれわれの研究と同じ方向性とは言えない．しかも，タイトルからも分かるように株式会社の分析に焦点を絞ったものであるが，同論文は『帝国統計年鑑』を利用して，業種別に，規模別会社分布，収益率分析，あるいは株式取引所での出来高の推移を通して資本市場との関係などを多面的に分析したものである．この論文の結論部分で氏は，「日本資本主義成立期の株式会社およびその他会社の状態を概観し」[3]た結果，「全産業分野をおおって株式会社形式がひろく採用されていることを確認しえた」[4]と指摘すると同時に，「明治初年から政府もそれを推進し」[5]たと結論づけた．

さらに，日本における金融資本の分析においては，「株式会社をではなく，合名会社や合資会社の立入った究明がまずなされるべきだった」[6]とする一方，「日本のこの時点の株式会社は，みたところ『共同出資』的なだけであって『金融資本』的とはみえない」[7]，と述べている．林論文の問題は，金融資本的蓄積の分析において，「『銀行と産業の癒着』がメルクマールにされるべきだとすれば，われわれはその点については全くふれなかった」[8]点にある．これは，『帝国統計年鑑』の限界である．というのも，銀行を始め，様々な産業間の関係を示す指標・データがここには含まれていないからである．一方，われわれが用いた『日本全

国諸会社役員録』では，異なった会社で役員として関与していた人物を介在させることによって，同一の人物が企業家グループを形成し，関連産業に深く関わっている様子が分析できる．ここからも分かるように，単に株式会社の資本金，業種別分布を通しては見えてこない，企業間の関係，業種間の関連が，特定の人物と彼らの拠点とするネットワークを通して明瞭に分析できることが，『役員録』分析の特徴である．

このような特徴を持った『役員録』に記載されている人物と会社，およびそれらの間の関係を詳細に見ていくことにしよう．

(2) 明治31年の役員と会社

役員数と会社数

まず最初に，『日本全国諸会社役員録』（明治31年版）に収録されている基礎的なデータの概要を記しておこう．記載されている会社と役員の府県分布を見ていくことにしたい．先に記したように，企業家が記されている会社数は3,770社であった．この3,770社の府県分布を見たのが表I-1-6-1である．会社においても，一部の府県に限定されたものではなく，日本全国に広く分散されている状況が理解できよう．

次に，複数の会社に役員として登場する企業家は，複数の府県に進出している場合もあるので，1回だけ登場する企業家を取り上げて，彼らの府県分布も併せて見ていくことにしたい．たった1回登場する12,890人を対象にして，彼らが関与した会社の本社所在地を彼らの居住地域と考えて府県別の様子を記すことにしよう．これは表I-1-6-2に記されている．最も多いのは兵庫県の1,235人である．次いで大阪の1,114人，東京の1,046人であった．500人以上の人物が登場する府県は，兵庫，大阪，東京の他，静岡県（829人），愛知県（762人），新潟県（649人），福岡県（648人），京都府（617人）であった．一方，少ない方では，100人以下の府県では，島根県（98人），宮城県（86人），山形県（83人），徳島県（75人），青森県（74人），鹿児島県（64人），山口県（61人），宮崎県（54人），岩手県（20人），鳥取県（17人），台湾（7人）である．明らかに，大都市では多くの人物が記載されている一方，地方では相対的に少ない人数しか記載されていないことが分かる．とは言え，すべての府県をカバーしていることに注

表 I-1-6-1 明治31年における役員名記載会社の府県分布

府県	社数	割合(%)
大阪	476	12.6
東京	400	10.6
兵庫	350	9.3
愛知	251	6.7
静岡	213	5.6
京都	205	5.4
新潟	180	4.8
福岡	169	4.5
岡山	130	3.4
愛媛	96	2.5
長野	75	2.0
広島	72	1.9
富山	68	1.8
神奈川	67	1.8
大分	67	1.8
滋賀	65	1.7
岐阜	62	1.6
三重	55	1.5
福井	45	1.2
石川	44	1.2
熊本	43	1.1
長崎	41	1.1
和歌山	40	1.1
奈良	39	1.0
佐賀	39	1.0
北海道	38	1.0
香川	38	1.0
群馬	37	1.0
山梨	36	1.0
茨城	31	0.8
埼玉	26	0.7
栃木	25	0.7
島根	25	0.7
高知	25	0.7
福島	24	0.6
山形	23	0.6
宮城	21	0.6
千葉	21	0.6
青森	20	0.5
秋田	19	0.5
山口	15	0.4
徳島	15	0.4
宮崎	13	0.3
鹿児島	9	0.2
岩手	8	0.2
鳥取	7	0.2
台湾	2	0.1
合計	3,770	100.0

表 I-1-6-2 明治31年における1回だけ登場する人物の府県分布

府県	人数	割合(%)
兵庫	1,235	9.6
大阪	1,144	8.9
東京	1,046	8.1
静岡	829	6.4
愛知	762	5.9
新潟	649	5.0
福岡	648	5.0
京都	617	4.8
岡山	394	3.1
長野	366	2.8
愛媛	364	2.8
富山	256	2.0
三重	254	2.0
岐阜	253	2.0
大分	229	1.8
神奈川	219	1.7
滋賀	216	1.7
広島	214	1.7
奈良	199	1.5
福井	187	1.5
熊本	182	1.4
石川	165	1.3
群馬	161	1.3
山梨	159	1.2
長崎	155	1.2
香川	153	1.2
茨城	151	1.2
佐賀	148	1.2
和歌山	136	1.1
北海道	116	0.9
福島	113	0.9
千葉	111	0.9
埼玉	107	0.8
高知	105	0.8
秋田	104	0.8
栃木	104	0.8
島根	98	0.8
宮城	86	0.7
山形	83	0.6
徳島	75	0.6
青森	74	0.6
鹿児島	64	0.5
山口	61	0.5
宮崎	54	0.4
岩手	20	0.2
鳥取	17	0.1
台湾	7	0.1
合計	12,890	100.0

意する必要があろう。

次に，明治31年に記されている16,609人の企業家を取り上げ，彼らが役員として関与した会社数，関与した会社の府県数，そして関与した会社の業種数の3つの側面から特徴を見ていくことにしたい。

まず，会社数の面から見ていこう。明治31年に記載されている延べ役員数23,608人を関与した会社数によって分類したものが表I-1-7である。表I-1-7には関与した会社数とそれに含まれる人物数を記すとともに，8社以上に関与した企業家に限定して，該当する人物名が記されている。この表より，最大の29社に役員として登場する人物は1人（渋沢栄一），26社に登場する人物は1人（松本重太郎），21社に登場する人物は1人（山中利右衛門），20社に登場する人物は3人（阿部彦太郎，田中市兵衛，野田吉兵衛）であることが分かる。以下，19社に登場する人物は1人（岡橋治助），18社に登場する人物は1人（小泉新助），17社に登場する人物は1人（下郷伝平），16社に登場する人物は1人（阿部市郎兵衛）である。合計16,609人が記載されているが，1社にだけ登場する人物は12,890人で78%を占めていた。全体の4分の3以上の人物は，たった1回（1社）に登場するだけで

表 I-1-7 明治31年における『役員録』登場回数別人物一覧

回数	人数	名前
29	1	渋沢栄一
26	1	松本重太郎
21	1	山中利右衛門
20	3	阿部彦太郎, 田中市兵衛, 野田吉兵衛
19	1	岡橋治助
18	1	小泉新助
17	1	下郷伝平
16	1	阿部市郎兵衛
15	4	馬越恭平, 井上保次郎, 今西林三郎, 浮田桂造
14	3	田中平八, 岡崎栄次郎, 金沢仁兵衛
13	4	今村清之助, 浅野総一郎, 近藤喜禄, 弘世助三郎
12	3	原善三郎, 岡本治助, 土居通夫
11	9	菊池長四郎, 若尾幾造, 木谷七平, 外山脩造, 広瀬満正, 肥塚与八郎, 山本亀太郎, 中野貫一, 瀧兵右衛門
10	11	荘田平五郎, 中沢彦吉, 小野金六, 原六郎, 真中忠直, 阪上新治郎, 田中市太郎, 山本治兵衛, 池田貫兵衛, 殖栗順平, 守永勝助
9	25	安田善次郎, 平沼専蔵, 加東徳三, 岩田作兵衛, 益田孝, 田中源太郎, 浜岡光哲, 竹村藤兵衛, 江崎権兵衛, 中村治兵衛, 松方幸次郎, 宅徳平, 藤本清七, 吉原善右衛門, 泉清助, 福本元之助, 鳥井駒吉, 広岡信五郎, 服部小十郎, 香川真一, 新保岩吉, 野本松二郎, 正野玄三, 白石半助, 鶴見信平
8	23	喜谷市郎右衛門, 渡辺福三郎, 瀧沢喜平治, 川崎八右衛門, 牧口義方, 松田源五郎, 稲垣藤作, 中村栄助, 瀧定助, 井上治三郎, 日下安左衛門, 古畑寅造, 竹尾治右衛門, 浜崎永三郎, 安川敬一郎, 米沢吉次郎, 杉山岩三郎, 尾崎伊兵衛, 沢田清兵衛, 沢野定七, 浜本八治郎, 酒見恒蔵, 上羽勝衛
7	53	
6	82	
5	151	
4	322	
3	760	
2	2,259	
1	12,890	
合計	16,609	

ある．これに2回（2社）登場する人物2,259人を加えれば，91％を越えるのである．大半の人物は，1回（1社）かせいぜい2回（2社）登場するだけである．こうしてみると，29社に役員として関与していた渋沢栄一や26社に役員として関与していた松本重太郎などは，極めて特異な人物であることが分かる．

会社の府県分布

次に，企業家が役員として関与した会社の地域的な広がりを見ていくことにしよう．つまり，ここに登場する企業家は，特定の府県に集中していたのか，それとも全国に広く行き渡って活動していたのか，という問題を考えていきたい．役員が関与した会社の地域的な広がりを見るために，明治31年において，役員録に登場するすべての人物を取り上げ，彼らが関与した会社数とそれぞれの会社所在地がどれだけの府県にまたがっているのかを示した表を作成してみよう．こう

して作成したのが表 I-1-8-1(1) である．この表は，縦軸に関与した会社数を横軸に会社所在地の府県数を示している．具体的には，ある企業家が3社の役員に就任し，これらの会社が同一の府県であれば（会社数3，府県数1）となり，これらの会社の本社が2府県であれば（会社数3，府県数2）となる．

この表 I-1-8-1(1) から分かるように，16,609名中15,913名，すなわち96％の人物は1府県のみに登場する．しかし，ここには1回しか登場しない人物12,890名が含まれているから，2回以上登場する3,719名に限定して考えてみよう（表 I-1-8-1(2)）．2回以上登場する人物の中で，1府県に集中している人物は3,023名である．これは2回以上登場する人物の81.3％である．2回以上会社役員として登場する人物に限って見ても，8割以上の人物は1府県の会社役員であることが分かる．これに2府県の人物566名を加えると3,589名となり，2回以上登場する人物の96.5％に上る．すなわち，ほとんどの人物において，彼らが関与した会社は同一府県かせいぜい隣接した府県を含めて2府県である．地理的な広がりという観点から考えると，彼らは，特定の府県に根を下ろした活動をしているように見える．

その一方で，多くの府県にまたがって活躍していた人物も見られる．その中から，特異な人物を抜き出してみよう．8社以上の会社に役員となっていた人物を記した表 I-1-8-2 によれば，会社数が8府県にまたがっていた人物が1名（今村清之助），6府県にまたがっていた人物が4名（渋沢栄一，松本重太郎，山中利右衛門，井上保次郎），5府県にまたがっていた人物が6名（阿部彦太郎，田中市兵衛，田中平八，近藤喜禄，加東徳三，岩田作兵衛）いたことも指摘しておく必要があろう．

会社の業種分布

企業家が役員として関与した会社は地域的には集中していたが，関与した会社の業種はどうだったのだろうか．これら企業家が関与した会社は特定の業種に集中していたのだろうか，それとも関連性の希薄な業種へと「多角化」していたのだろうか．それを見るために縦軸に会社数を横軸に業種数をとった表を作成してみよう．こうして作成したのが表 I-1-9-1 である．例えばある企業家が3社の役員であり，この3社が，銀行，商業，綿紡績の会社であれば，（会社数3，業種数3）である．またこの3社が，すべて銀行などのように同一の業種であれば，（会

第1章　明治31年・明治40年の『役員録』と企業家の特徴

表 I-1-8-1(1)　明治31年における全役員の関与会社数および府県数分布

回数＼府県数	1	2	3	4	5	6	7	8	合計
29						1			1
26						1			1
21						1			1
20	1				2				3
19				1					1
18				1					1
17				1					1
16			1						1
15			1	2		1			4
14		1	1		1				3
13		1	1		1			1	4
12		1		2					3
11	3	3	3						9
10	2	5	2	2					11
9	4	9	9	1	2				25
8	7	10	6						23
7	18	20	10	5					53
6	48	25	4	5					82
5	91	41	18	1					151
4	224	74	23	1					322
3	609	133	18						760
2	2,016	243							2,259
1	12,890								12,890
合計	15,913	566	97	22	6	4	0	1	16,609

表 I-1-8-1(2)　明治31年における2社以上に関与した役員の会社数および府県数分布

回数＼府県数	1	2	3	4	5	6	7	8	合計
29						1			1
26						1			1
21						1			1
20	1				2				3
19				1					1
18				1					1
17				1					1
16			1						1
15			1	2		1			4
14		1	1		1				3
13		1	1		1			1	4
12		1		2					3
11	3	3	3						9
10	2	5	2	2					11
9	4	9	9	1	2				25
8	7	10	6						23
7	18	20	10	5					53
6	48	25	4	5					82
5	91	41	18	1					151
4	224	74	23	1					322
3	609	133	18						760
2	2,016	243							2,259
合計	3,023	566	97	22	6	4	0	1	3,719

表 I-1-8-2　明治31年に8社以上役員であった人物の関与会社数および府県数分布

回数\府県数	1	2	3	4	5	6	7	8
29						渋沢栄一		
26						松本重太郎		
21						山中利右衛門		
20	野田吉兵衛				阿部彦太郎・田中市兵衛			
19				岡橋治助				
18				小泉新助				
17				下郷伝平				
16			阿部市郎兵衛					
15			浮田桂造	馬越恭平・今西林三郎		井上保次郎		
14		金沢仁兵衛	岡崎栄次郎		田中平八			
13		浅野総一郎	弘世助三郎		近藤喜禄			今村清之助
12		岡本治助		原善三郎・土居通夫				
11	肥塚与八郎・山本亀太郎・中野貫一	菊池長四郎・木谷七平・広瀬満正	若尾幾造・外山脩造・瀧兵右衛門					
10	山本治兵衛・殖栗順平	中沢彦吉・小野金六・真中忠直・阪上新治郎・守永勝助	荘田平五郎・池田貫兵衛	原六郎・田中市太郎				
9	宅徳平・鳥井駒吉・新保岩吉・野本松二郎	平沼専蔵・田中源太郎・竹村藤兵衛・江崎権兵衛・吉原善右衛門・泉清助・広岡信五郎・服部小十郎・鶴見信平	安田善次郎・益田孝・浜岡光哲・中村治兵衛・藤本清七・福本元之・正野玄三・白石半助	松方幸次郎	加東徳三・岩田作兵衛			
8	喜谷市郎右衛門・稲垣藤作・中村栄助・竹尾治右衛門・沢野定七・浜本八治郎・酒見恒蔵	瀧沢喜平治・川崎八右衛門・牧口義方・日下安左衛門・安川敬一郎・米沢吉次郎・杉山岩三郎・尾崎伊兵衛・沢田清兵衛・上羽勝衛	渡辺福三郎・松田源五郎・瀧定助・井上治三郎・古畑寅造・浜崎永三郎					

社数3, 業種数1) ということになる．この表から分かるように，会社―府県で見たよりも，より分散していることが分かる．

　府県分布の分析で行なった時と同じように2回以上登場する人物に限定して，その特徴を見ておこう（同表(2)）．2回以上登場した人物3,719名のうち，740名（19.9%）が1業種に集中しているのに対して，2業種に広がっている人物は2,011名（54.1%）に達している．さらに3業種にまたがって役員となっている人物は579名（15.6%）で，4業種では197名（5.3%）である．しかも，2回登場する人物は2業種に関与し，3回登場する人物は3業種に関与した割合が圧倒的に多数を占めていることも大きな特徴である．こうした傾向は4回以上に登場

表 I-1-9-1(1) 明治 31 年における全役員の関与会社数および業種数分布

業種数＼回数	1	2	3	4	5	6	7	8	9	10	11	12	14	19	不明	合計
29														1		1
26												1				1
21											1					1
20										2			1			3
19							1									1
18											1					1
17											1					1
16								1								1
15						2		1	1							4
14					1				1	1						3
13			1	1				2								4
12							1	1	1							3
11		1			2	2		2	2							9
10		1			1	3	2	2	1	1						11
9	1	2		6	4	9	2	1								25
8				3	6	8	4	2								23
7	2	3	6	8	16	13	5									53
6	3	8	11	21	32	7										82
5	1	12	44	57	37											151
4	12	52	152	106												322
3	78	316	366													760
2	643	1,616														2,259
1	12,882														8	12,890
合計	13,622	2,011	579	197	99	38	25	11	6	8	2	1	1	1	8	16,609

表 I-1-9-1(2) 明治 31 年における 2 社以上に関与した役員の会社数および業種数分布

業種数＼回数	1	2	3	4	5	6	7	8	9	10	11	12	14	19	合計
29														1	1
26												1			1
21											1				1
20										2			1		3
19							1								1
18											1				1
17											1				1
16								1							1
15						2		1	1						4
14					1				1	1					3
13			1	1				2							4
12							1	1	1						3
11		1			2	2		2	2						9
10		1			1	3	2	2	1	1					11
9	1	2		6	4	9	2	1							25
8				3	6	8	4	2							23
7	2	3	6	8	16	13	5								53
6	3	8	11	21	32	7									82
5	1	12	44	57	37										151
4	12	52	152	106											322
3	78	316	366												760
2	643	1,616													2,259
合計	740	2,011	579	197	99	38	25	11	6	8	2	1	1	1	3,719

表 I-1-9-2　明治31年に8社以上役員であっ

業種数 回数	1	2	3	4	5	6	7
29							
26							
21							
20							
19							
18							
17							
16							
15							井上保次郎・今西林三郎
14						田中平八	
13				今村清之助	弘世助三郎		
12							土居通夫
11		中野貫一				木谷七平・広瀬満正	瀧兵右衛門・山本亀太郎
10		殖栗順平			原六郎	中沢彦吉・真中忠直・守永勝助	阪上新治郎・山本治兵衛
9	新保岩吉	岩田作兵衛・野本松二郎		安田善次郎	松方幸次郎・福本元之助・香川真一・平沼専蔵・竹村藤兵衛・鶴見信平	藤本清七・正野玄三・宅徳平・鳥井駒吉	加東徳三・浜岡光哲・中村治兵衛・田中源太郎・江崎権兵衛・吉原善右衛門・泉清助・広岡信五郎・服部小十郎
8				井上治三郎・古畑寅造・日下安左衛門	瀧定助・瀧喜平治・杉山岩三郎・喜谷市郎右衛門・中村栄助・浜沢清兵衛・上羽勝衛・稲垣藤作	松田源五郎・川崎八右衛門・牧口義方・安川敬一郎・尾崎伊兵衛・沢田清兵衛・上羽勝衛・稲垣藤作	浜崎永三郎・米沢吉次郎・竹尾治右衛門・酒見恒蔵

する人物でも見られる．4回登場する人物では関与した会社の業種は3業種と4業種が最も多く，5回登場する人物では4業種，3業種，5業種が多く，6回登場する人物では5業種と4業種が多く，7回登場する人物では5業種と6業種が多かった．彼らが関与した会社は，多くの府県にまたがっていたわけではなく，せいぜい2府県までであったが，業種の側面から見ると多くの業種への広がりを見せていたことが大きな特徴として指摘する必要があろう．

　明治期の企業勃興期において，幅広い分野でビジネスチャンスが到来する中で，様々な業種の会社に役員となった企業家が多い，ということなのだろうか．8社以上で役員であった企業家の業種数分布を見たのが表 I-1-9-2 である．ここから関与した会社が10業種以上である人物を記すと，19業種に関与した人物は1名（渋沢栄一），14業種に関与した人物は1名（野田吉兵衛），12業種に関与した人物は1名（松本重太郎），11業種に関与した人物は2名（山中利右衛門，下郷

た人物の関与会社数および業種数分布

8	9	10	11	12	14	19
						渋沢栄一
			山中利右衛門	松本重太郎		
		阿部彦太郎・田中市兵衛			野田吉兵衛	
岡橋治助		小泉新助				
			下郷伝平			
阿部市郎兵衛						
	浮田桂造	馬越恭平				
金沢仁兵衛		岡崎栄次郎				
	近藤喜禄・浅野総一郎					
原善三郎	岡本治助					
外山脩造	菊池長四郎	若尾幾造・肥塚与八郎				
荘田平五郎・池田貫兵衛	小野金六	田中市太郎				
益田孝・白石半助						
渡辺福三郎・沢野定七						

伝平），そして10業種に関与した人物は8名（阿部彦太郎，田中市兵衛，小泉新助，馬越恭平，岡崎栄次郎，若尾幾造，肥塚与八郎，田中市太郎），合計13名いたのである．

(3) 明治40年の役員と会社

役員数と会社数

　ここまでは，明治31年を取り上げて企業家の特徴を見てきた．それでは，明治40年ではどうなのだろうか．明治31年と同じであろうか，それとも大きな変化があったのだろうか．明治31年と同様に，すべての企業家を取り上げて，彼らが関与した会社数，その会社の府県数，そしてそれらの会社の業種数の3つの側面から見ていくことにしたい．

表 I-1-10　明治40年における『役員録』登場回数別人物一覧

回数	人数	名前
30	1	渋沢栄一
21	1	大倉喜八郎
18	1	野田吉兵衛
17	4	渡辺福三郎，馬越恭平，浅野総一郎，藤本清兵衛
16	3	安田善次郎，若尾幾造，平沼延次郎
15	2	大谷嘉兵衛，馬場道久
14	2	中沢彦吉，瀧沢喜平治
13	6	根津嘉一郎，賀田金三郎，牧口義矩，手塚五郎平，大橋新太郎，田中市太郎
12	5	喜谷市郎右衛門，雨宮敬次郎，安田善三郎，田島信夫，田中源太郎
11	5	小野金六，浮田桂造，平沼専蔵，今西林三郎，奥田正香
10	5	伊藤幹一，原六郎，青木仁平，広谷源治，菅野伝右衛門
9	12	松尾寛三，中村清蔵，田中経一郎，志方勢七，園田実徳，鎌田勝太郎，小栗富治郎，寺田元吉，井口半兵衛，茂木保平，白石半助，鈴木摠兵衛
8	27	村井吉兵衛，大原慶一，浅田正文，井上角五郎，天埜伊左衛門，益田太郎，朝田又七，鈴木梅四郎，植村澄三郎，荘田平五郎，上遠野富之助，矢板武，柿沼谷蔵，渡辺甚吉，竹尾治右衛門，田中市兵衛，阪上新治郎，佐野幸助，伊藤伝七，森宗作，岩下善七郎，久保三八郎，若槻直作，瀧定助，中村藤吉，小野利右衛門，渡辺佐吉
7	41	
6	88	
5	165	
4	394	
3	1,014	
2	3,744	
1	23,730	
合計	29,250	

　明治40年の役員録に記載されている役員数は延べ38,286人であるが，明治31年と同様に作成した表I-1-10から分かるように，最大の30社に役員として登場する人物は1人（渋沢栄一），21社に登場する人物は1人（大倉喜八郎），18社に登場する人物は1人（野田吉兵衛），17社に登場する人物は4人（渡辺福三郎，馬越恭平，浅野総一郎，藤本清兵衛），16社に登場する人物は3人（安田善次郎，若尾幾造，平沼延次郎）である．合計29,250人が記載されているが，1社にだけ登場する人物は23,730人で81％を占めていた．全体の8割以上の人物はたった1回登場するだけである．これに2回登場する人物3,744人を加えれば，94％に達する．

　明治31年と同様に，『日本全国諸会社役員録』（明治40年）の基礎的な概要を記しておこう．会社と企業家の府県分布を見ておきたい．役員名が記載されている会社7,018社の府県分布を見ていこう．これが表I-1-11-1である．明治40年における会社分布を見ると，東京が903社で第1位となった．明治31年で上位を占めていた大阪や兵庫は，明治40年でも依然として上位を占めてはいたが，

第1章 明治31年・明治40年の『役員録』と企業家の特徴　67

会社数の割合は減少させている．先の表I-1-6-1と比べて分かるように，上位の府県の会社数割合は，東京を除いてすべて減少している．一方，上位10位以下の府県ではすべて，割合は増加している．地方での会社数の増加が相対的に顕著であったことを裏付けるものである．

続いて1回しか登場しない人物を取り出して，彼らが役員として関与した会社の本社所在地を彼ら企業家の活動した地域と見なして，人的側面から見た府県分布を見ていこう．これが表I-1-11-2である．1回だけ登場する23,730名の府県分布と明治31年における1回だけ登場する人物12,890名の府県分布を示した表I-1-6-2とを比較すると分かるように，上位の府県の交替と，上位の府県での人数が相対的に少なくなっていることが分かる．前者から見ていこう．明治40年で上位に来る府県は，東京府，兵庫県，静岡県，長野県，福岡県，新潟県，愛知県，大阪府，神奈川県であった．次に，上位の府県の割合を明治31年と比べてみよう．明治31年の上から5番目の愛知県は5.9％，上から10番目の長野県は2.8％であったが，明治40年の上から5番目の福岡県は4.2％，上から10番目の富山県は2.7％と，明らかに，上位の府県の割合は減少して

表I-1-11-1　明治40年における役員名記載会社の府県分布

府県	社数	割合(%)
東京	903	12.9
兵庫	457	6.5
大阪	443	6.3
静岡	357	5.1
愛知	329	4.7
長野	305	4.3
神奈川	271	3.9
福岡	239	3.4
新潟	234	3.3
京都	195	2.8
北海道	192	2.7
富山	169	2.4
広島	152	2.2
栃木	145	2.1
岡山	130	1.9
石川	128	1.8
三重	124	1.8
茨城	119	1.7
山梨	119	1.7
岐阜	112	1.6
埼玉	111	1.6
群馬	109	1.6
愛媛	108	1.5
山形	105	1.5
千葉	103	1.5
香川	96	1.4
和歌山	84	1.2
福井	83	1.2
福島	81	1.2
山口	81	1.2
青森	80	1.1
長崎	80	1.1
大分	80	1.1
秋田	78	1.1
滋賀	71	1.0
佐賀	71	1.0
島根	62	0.9
宮城	60	0.9
熊本	54	0.8
高知	42	0.6
徳島	41	0.6
岩手	37	0.5
鹿児島	36	0.5
奈良	35	0.5
台湾	32	0.5
鳥取	27	0.4
宮崎	27	0.4
沖縄	21	0.3
合計	7,018	100.0

表I-1-11-2　明治40年における1回だけ登場する人物の府県分布

府県	人数	割合(%)
東京	2,216	9.3
兵庫	1,556	6.6
静岡	1,418	6.0
長野	1,332	5.6
福岡	993	4.2
新潟	962	4.1
愛知	912	3.8
大阪	896	3.8
神奈川	765	3.2
富山	637	2.7
京都	616	2.6
石川	542	2.3
千葉	524	2.2
岐阜	520	2.2
北海道	517	2.2
茨城	495	2.1
三重	478	2.0
栃木	471	2.0
山梨	471	2.0
群馬	462	1.9
広島	459	1.9
岡山	443	1.9
埼玉	404	1.7
愛媛	389	1.6
福井	369	1.6
山形	327	1.4
島根	321	1.4
山口	313	1.3
大分	304	1.3
香川	302	1.3
和歌山	286	1.2
滋賀	274	1.2
福島	265	1.1
長崎	261	1.1
宮城	220	0.9
佐賀	219	0.9
熊本	216	0.9
青森	212	0.9
秋田	212	0.9
徳島	195	0.8
奈良	189	0.8
高知	171	0.7
岩手	122	0.5
宮崎	118	0.5
鹿児島	118	0.5
台湾	83	0.3
沖縄	78	0.3
鳥取	77	0.3
合計	23,730	100.0

いる．その分，多くの府県で役員が登場したのである．

一方，200名以下の人数の少ない府県を挙げてみよう．徳島県（195名），奈良県（189名），高知県（171名），岩手県（122名），宮崎県（118名），鹿児島県（118名），台湾（83名），沖縄（78名）そして鳥取県（77名）であり，地理的には日本の周縁部の県と言える．しかし，全体の割合を見ておくと，相対的にウエイトが高くなっている．すなわち，地方で活躍する企業家が，相対的に増加してきたのである．因みに，下から10番目と下から5番目の府県の相対的な割合を見ておこう．明治31年では，下から10番目の宮城県は0.7%であり，下から5番目の山口県は0.5%であったが，明治40年では下から10番目の秋田県は0.9%であり，下から5番目の宮崎県は0.5%であった．明治31年と明治40年の間で，地方における企業家の擡頭が窺われる．

1回だけしか登場しない人物の割合では明治31年の78%から明治40年では81%に増加し，1回または2回だけ登場する人物の割合も，明治31年の時点での91%から明治40年では94%へと増加している．明治40年に入ると，多くの会社に役員として登場する企業家の割合は減少していることが分かる．

こうした中で，明治31年で29社，明治40年で30社に関与した人物（渋沢栄一）の特異性は際だっていると言えよう．

会社の府県分布

企業家が関与した会社の地域的な広がりは，明治40年ではどうだったのだろうか．そこで企業家が関与した会社の府県数分布を見ていこう．明治31年と同じ特徴を示していたのだろうか．それとも，変化が見られたのだろうか．明治31年で作成した表と同様，縦軸に関与した会社数を横軸にそれらの会社の所在する府県数を取って作成したものが表 I-1-12-1 である．29,250名から1回しか登場しない人物の23,730名を除いた5,520名を取り上げて，彼らが関与した会社の地域的な広がりを見ていくことにしよう．

2回以上登場する5,520名のうち，1府県のみの地域的な広がりで活動する人物は4,722名であった．85.5%の企業家は1府県で活躍していたのである．これに隣接した府県での活躍を考えて，2府県に広がっている人物659名を加えた5,381名では，97.5%に達する．明治31年では，1府県の範囲で活躍した人物が81.3%で，2府県に広がった人物を加えると96.5%であったことを考えると，明

第 1 章　明治 31 年・明治 40 年の『役員録』と企業家の特徴　　69

表 I-1-12-1(1)　明治 40 年における全役員の関与会社数および府県数分布

回数＼府県数	1	2	3	4	5	6	7	8	9	合計
30								1		1
21								1		1
18			1							1
17			2	1	1					4
16		1		1					1	3
15				1	1					2
14										2
13										6
12	1		1			1	1			5
11		1		2	2					5
10		2	2	1						5
9	3	3	5	1						12
8	5	13	7	1	1					27
7	14	13	9	4		1				41
6	36	32	13	6	1					88
5	111	31	17	4	2					165
4	295	78	21							394
3	845	150	19							1,014
2	3,412	332								3,744
1	23,730									23,730
合計	28,452	659	100	22	9	3	1	2	2	29,250

表 I-1-12-1(2)　明治 40 年における 2 社以上に関与した役員の会社数および府県数分布

回数＼府県数	1	2	3	4	5	6	7	8	9	合計
30								1		1
21								1		1
18			1							1
17			2	1	1					4
16		1		1					1	3
15				1	1					2
14		1	1							2
13		2								6
12	1		1			1	1			5
11		1		2	2					5
10		2	2	1						5
9	3	3	5	1						12
8	5	13	7	1	1					27
7	14	13	9	4		1				41
6	36	32	13	6	1					88
5	111	31	17	4	2					165
4	295	78	21							394
3	845	150	19							1,014
2	3,412	332								3,744
合計	4,722	659	100	22	9	3	1	2	2	5,520

表 I-1-12-2　明治40年に8社以上役員であった人物の関与会社数および府県数分布

回数＼府県数	1	2	3	4	5	6	7	8	9
30								渋沢栄一	
21								大倉喜八郎	
18			野田吉兵衛						
17			渡辺福三郎・藤本清兵衛	浅野総一郎	馬越恭平				
16		若尾幾造		平沼延次郎					安田善次郎
15				大谷嘉兵衛	馬場道久				
14		瀧沢喜平治	中沢彦吉						
13		牧口義矩・手塚五郎平	根津嘉一郎・大橋新太郎		田中市太郎	賀田金三郎			
12	喜谷市郎右衛門		田中源太郎			田島信夫	安田善三郎		雨宮敬次郎
11		小野金六		平沼専蔵・奥田正香	浮田桂造・今西林三郎				
10		広沢源治・菅野伝右衛門	伊藤幹一・青木仁平	原六郎					
9	中村清蔵・白石半助・鈴木摠兵衛	鎌田勝太郎・寺田元吉・井口半兵衛	松尾寛三・志方勢七・園田実徳・小栗富治郎・茂木保平	田中経一郎					
8	鈴木梅四郎・森宗作・久保三八郎・中村藤吉・小野利右衛門	村井吉兵衛・大原慶一・朝田又七・荘田平五郎・上遠野富之助・矢板武・柿沼谷蔵・阪上新治郎・佐野幸助・岩下善七郎・若槻直作・瀧定助・渡辺佐吉	浅田正文・井上角五郎・益田太郎・植村澄三郎・竹尾治右衛門・田中市兵衛・伊藤伝七	天埜伊左衛門	渡辺甚吉				

治40年では，地域的な広がりが縮小していることが分かる．先に見たように，会社数の側面では，地方への広がりが見られた一方，これらの会社に役員として関わった企業家は，1府県かせいぜい隣接している2府県という地域的な範囲で活動していたのである．

こうした傾向を前提とすれば，多くの府県に拡大して活動している企業家の特異性が指摘されなければならない．では，多くの府県にまたがって活動していた企業家の中には，どのような人物がいたのであろうか．8社以上に役員として登場した企業家を示した表I-1-12-2に基づいて，記していこう．役員として関与した会社が9府県にまたがっている人物が2名（安田善次郎，雨宮敬次郎），8府県にまたがっている人物が2名（渋沢栄一，大倉喜八郎），7府県にまたがっている人物が1名（安田善三郎），6府県にまたがっている人物が2名（賀田金三郎，田島信夫），5府県にまたがっている人物が6名（馬越恭平，馬場道久，田中市太

第1章　明治31年・明治40年の『役員録』と企業家の特徴

表 I-1-13-1(1)　明治40年における全役員の関与会社数および業種数分布

業種数\回数	1	2	3	4	5	6	7	8	9	10	11	12	13	15	19	不明	合計
30																1	1
21														1			1
18											1						1
17							1				1	2					4
16						1				1			1				3
15						1				1							2
14																	
13																	6
12					1	2	2										5
11						1	3		1								5
10					2	2		1									5
9				1	2	1	4	4									12
8			1	2	5	6	9	4									27
7		1	2	6	11	17	4										41
6		4	23	29	21	11											88
5	5	17	31	75	37												165
4	12	86	154	142													394
3	119	414	481														1,014
2	1,205	2,539															3,744
1	23,671															59	23,730
合計	25,012	3,061	692	255	76	41	24	14	3	4	3	3	1	1	1	59	29,250

表 I-1-13-1(2)　明治40年における2社以上に関与した役員の会社数および業種数分布

業種数\回数	1	2	3	4	5	6	7	8	9	10	11	12	13	15	19	合計
30															1	1
21														1		1
18											1					1
17							1				1	2				4
16						1				1			1			3
15						1				1						2
14																
13																6
12					1	2	2									5
11						1	3		1							5
10					2	2		1								5
9				1	2	1	4	4								12
8			1	2	5	6	9	4								27
7		1	2	6	11	17	4									41
6		4	23	29	21	11										88
5	5	17	31	75	37											165
4	12	86	154	142												394
3	119	414	481													1,014
2	1,205	2,539														3,744
合計	1,341	3,061	692	255	76	41	24	14	3	4	3	3	1	1	1	5,520

表 I-1-13-2　明治40年に8社以上役員であった人

業種数 回数	3	4	5	6	7	8	9
30							
21							
18							
17							藤本清兵衛	
16				安田善次郎			
15					大谷嘉兵衛		
14				瀧沢喜平治		中沢彦吉	
13				賀田金三郎	牧口義矩		手塚五郎平
12				雨宮敬次郎	安田善三郎・田中源太郎	田島信夫・喜谷市郎右衛門	
11					平沼専蔵	浮田桂造・今西林三郎・小野金六	
10				原六郎・広谷源治	伊藤幹一・青木仁平		菅野伝右衛門
9		茂木保平	鎌田勝太郎・中村清蔵	井口半兵衛	田中経一郎・志方勢七・小栗富治郎・寺田元吉	松尾寛三・園田実徳・白石半助・鈴木摠兵衛	
8	大原慶一	中村藤吉・小野利右衛門	朝田又七・若槻直作・瀧定助・森宗作・久保三八郎	渡辺甚五・天埜伊左衛門・益田太郎・荘田平五郎・矢板武・岩下善七郎	浅田正文・井上角五郎・植村澄三郎・竹尾治右衛門・田中市兵衛・伊藤伝七・村井吉兵衛・佐野幸助・渡辺佐吉	上遠野富之助・柿沼谷蔵・阪上新治郎・鈴木梅四郎	

郎，今西林三郎，渡辺甚吉，浮田桂造）いた．これらの企業家のうち役員として関与した会社が5府県以上にまたがっている人物は明治31年で11名，明治40年で13名であるから，この間，若干増加したことになる．一府県に限定されていた人物が多くなる一方，多数の府県にまたがって活躍していた人物は，絶対的には僅かながら増加していたのである．

会社の業種分布

　業種の面はどうだったのだろうか．縦軸に会社数を横軸に業種数をとった表を作成してみよう．こうして作成した表 I-1-13-1 によれば，2回以上登場する企業家 5,520 名のうち，彼らが役員として関与していた会社が1業種に限定された人物は 1,341 名（24.3%），2業種に広がっていた人物は 3,061 名（55.5%）であった．さらに3業種にまたがって役員となっている人物は 692 名（12.5%）で，4業種では 255 名（4.6%）である．しかも，2回登場する人物は2業種に関与し，3回登場する人物は3業種に関与した割合が最も多い．こうした傾向は4回以上

物の関与会社数および業種数分布

10	11	12	13	15	19
					渋沢栄一
				大倉喜八郎	
		野田吉兵衛			
	馬越恭平	浅野総一郎・渡辺福三郎			
平沼延次郎			若尾幾造		
馬場道久					
根津嘉一郎	田中市太郎・大橋新太郎				
奥田正香					

に登場する人物でも現れている。4回登場する人物では関与した会社の業種は3業種と4業種が最も多く、5回登場する人物では4業種、5業種、3業種が多く、6回登場する人物では4業種と3業種が多く、7回登場する人物では6業種と5業種が多かった。ここに登場する人物が関与した会社は、多くの府県にまたがっていたわけではなく、せいぜい2府県までであったが、その反面、業種の側面から見ると多くの業種への広がりを見せていたことが分かる。

明治31年と同様に、8社以上役員であった企業家の業種数分布を示したのが表I-1-13-2である。この中から、関与した会社が10業種以上である人物を見ていこう。19業種に関与した人物は1名（渋沢栄一）、15業種に関与した人物は1名（大倉喜八郎）、13業種に関与した人物は1名（若尾幾造）、12業種に関与した人物は3名（野田吉兵衛、渡辺福三郎、浅野総一郎）、11業種に関与した人物は3名（馬越恭平、大橋新太郎、田中市太郎）、10業種に関与した人物は4名（平沼延次郎、馬場道久、根津嘉一郎、奥田正香）、合計13名であった。業種の面では、明治31年に13名いた10業種以上関与した人物は明治40年でも13名であった。

明治31年と明治40年の間における変化をまとめておこう．2回以上登場する人物に限定した場合，関与した会社が1府県に限定された人物の割合が増加（81.3%から85.5%）した．また，1業種に限定されていた人物の割合も増加（19.9%から24.3%）した．以上から，明治31年と明治40年の間で2社以上に関与した人物に限定してみると，彼らが関与した会社は1府県に限定しかつ1業種に限定した割合が増加したことが，まず指摘されるべきであろう．一言でいえば，ビジネスチャンスの広がる中で，明治31年に多くの府県に広がった会社に関わり，また様々な業種に関与した企業家は，その後，明治40年には府県の面でも業種の面でも，徐々に集約していった．これを前提にすると，先に見た5府県以上，10業種以上の会社に関与した人物の特異性はいっそう目立つのである．

小　括

明治31年に登場した企業家は明治40年にも登場しているのであろうか．それとも明治31年に登場した企業家の多くは，明治40年では役員として記載されていないのだろうか．そこで明治31年と明治40年の両年に登場する人物が何人いるのかを求め，さらに，関与した会社数の変化を見ることにしたい．この変化を一覧にしたものが表I-1-14-1である．明治31年に登場した人物16,609人と明治40年に登場した人物29,250人から同一人物を探すと6,555人いることが分かる．明治31年に登場した人物の39.5%は明治40年にも登場する．およそ4割の

表I-1-14-2　明治31年に10社以上役員で

M31(回数)\M40(回数)	1	2	3	4	6	7	8
29							
26		松本重太郎					
20		阿部彦太郎					田中市兵衛
19	岡橋治助						
17					下郷伝平		
15					井上保次郎		
14	岡崎栄次郎・金沢仁兵衛				田中平八		
13				近藤喜禄		弘世助三郎	
12	岡本治助				土居通夫		
11			中野貫一	広瀬満正		菊池長四郎・山本亀太郎・瀧兵右衛門	
10	山本治兵衛			池田貫兵衛			荘田平五郎

人物が両年に役員として登場していたのである．明治31年に1回しか登場しなかった人物が明治40年では13回登場するという極端な事例もある．両年で役員として関与した会社数の変化を見ると，明治40年で役員数を増加させた人物は1,668人（25.4%）いたのに対し，変化しなかった人物は3,801人（58.0%），減少させた人物は1,086人（16.6%）であった．全体として見ると，明治31年と明治

表 I-1-14-1 明治31年と明治40年の役員録に登場する人物の役員数分布

M31(回数)＼M40(回数)	1	2	3	4	5	6	7	8	9	10	11	12	13	14	15	16	17	18	21	30	合計
29																				1	1
26		1																			1
20		1				1											1				3
19	1																				1
17						1															1
15											2					1					4
14	2																	1			3
13			1			1															3
12	1			1																	2
11			1			3									1						6
10	1						1		1	1	1		1								7
9	4	3	2		1	3	3					1		1							20
8		1	3		4		1	4	1		1		1								16
7	3	8	6	2	2	3	1	3	1		2		1		1	1					35
6	5	9	10	9	4	4	4	4	1												50
5	27	22	16	16	7	5	3	3	1	2											102
4	56	44	35	29	14	3	2							1							190
3	130	107	82	47	32	16	4	4	1		1	1									425
2	522	347	142	61	26	14	5	2				2				1					1,122
1	3,325	835	259	80	37	17	3	4	1	1		1									4,563
合計	4,079	1,378	556	247	124	72	34	20	11	5	5	5	2	2	3	4	1	1	1	1	6,555

あった人物の明治40年での役員数分布

10	11	13	14	16	17	18	30
							渋沢栄一
						野田吉兵衛	
	今西林三郎・浮田桂造			馬越恭平			
					浅野総一郎		
			若尾幾造				
原六郎	小野金六	田中市太郎	中沢彦吉				

40年で，役員数を増加させた人物の方が多いのである．

こうした中で，どのような人物が役員数を増加させたのであろうか，また，どのような人物が減少させたのであろうか．明治31年に10社以上で役員として登場した人物の氏名を記したものが表I-1-14-2である．これによると，役員の回数が最大であった渋沢栄一は，明治31年の29回から明治40年で30回に増加した．これを渋沢栄一(29,30)と書くとすると，先の表I-1-14-1から増加が著しい人物を探し出すと以下の通りである．大倉喜八郎(7,21)，平沼延次郎(2,16)，藤本清兵衛(4,17)，大橋新太郎(1,13)，馬場道久(4,15)，根津嘉一郎(2,13)，手塚五郎平(2,13)，賀田金三郎(3,13)，渡辺福三郎(8,17)，安田善三郎(3,12)，青木仁平(1,10)，大谷嘉兵衛(7,15)，田中経一郎(1,9)，安田善次郎(9,16)らである．一方，減少が顕著な人物を指摘すると，松本重太郎(26,2)，岡橋治助(19,1)，阿部彦太郎(20,2)，金沢仁兵衛(14,1)，岡崎栄次郎(14,1)，田中市兵衛(20,8)，岡本治助(12,1)，下郷伝平(17,6)，山本治兵衛(10,1)，近藤喜禄(13,4)，井上保次郎(15,6)らである．

2 『役員録』に登場した会社役員の特徴

(1) 役員の出自

役員の社会的特徴

さて次に，役員として登場する企業家は一体どのような社会的な特徴を持っていたかを考えてみよう．ここで言うところの社会的特徴とは，例えばどの程度の所得階層の人物だったのか，どのような職業に従事していたのかということである．具体的には，地主だったのだろうか，それとも会社役員の傍ら，それとは別に家業を営んでいた商工業者であったのだろうか．これは，明治期の会社役員となった企業家の出自（地主，商工業者，その他）を探る上で，不可欠の問題であろう．また同時に，彼らの所得レベルを確認することも大切である．会社役員になった人物は高額所得者だったのだろうか．それとも，高額所得者はリスク回避的な行動を取り，必ずしも，役員と所得階層との間には，明確な特徴がなかったのだろうか．この問題を追求するために，明治31年の『日本全国商工人名録』[9]

を用いて，役員録に登場する企業家の中から，家業を営んでいる人物を抽出して企業家の所得階層を推定したい．

『日本全国商工人名録』には，人名，住所，家業のほか営業税と所得税の納税額が記されている．一方，同一人物が複数回登場する場合もある．この場合，営業税や所得税が異なる場合もあれば，一方で記入されていながら他方では未記入の場合もある．当然，家業の種類も異なる．そこで，複数回登場する同一人物の重複を削除し，営業税と所得税を確定するのが第一に果たすべき作業である．次に，同姓同名の別人の排除を行なった．

『役員録』と『日本全国商工人名録』との間で同一人物か否かを判定するのは，容易ではない．『役員録』で見たように，同一人物でさえも，名前の表記が異なる場合が見られた．次郎，二郎，治郎という例が典型的である．同じ資料の中で行なった方法と同じように，異なった資料の間でも，こうした表記の異なる人物をすべて抽出して，同一人物であれば表記を統一した．同一人物であるか否かの判定は，最終的には住所によって行なった．幸い，『役員録』と『日本全国商工人名録』には，住所が記されている．そこで，人名表記は異なるものの，同じ住所に住んでいる人物は同一人物と見なして処理した．具体的には，2つの資料の間で，同一人物か否かの判定は，同姓同名であり，同時に同一府県であれば同一人物と見なした．というのも，府県以下の郡や市レベルでは，例えば郡から市への移行に伴う表記の違いなども含まれているため，その統一は困難だからである[10]．

同様に，同姓同名の別人もいる．この場合も，住所で同一人物か否かを判断した．すなわち，2つの資料で，名寄せを行なった際，同姓同名であっても，住所が異なる場合には別人とし，住所が同じ場合に限り，同一人物と見なした．その結果を見ていくこととしたい．

営業税から見た役員像

まず営業税を取り上げる意義を記すことにしよう．宮本又郎氏と阿部武司氏は，論文「明治の資産家と会社制度」の中で，営業税と所得税の性格を次のように記している．「所得税は資産，営業，勤労から生ずる所得に総合課税するものであるが，営業税は資本規模や，従業員数，建物賃貸価格，売上金額（物品販売業の場合），請負金額（土木請負業や労力請負業の場合），報償金額（代弁業や仲買

業などの場合）などを基準として課税するものであった」[11]から，「所得税の多寡には資産家の側面が現れるのに対し，営業税の多寡には事業家の側面が強く現われるといってよかろう」[12]と．本書も，この評価に即して考察を加えることにしたい．

明治31年の時点で，役員録に記載されている人物16,609人と，商工人名録に記載されている延べ人物数47,226人とから，同一人物を抽出すると3,093人となる．この中に，同一人物ではあるものの，複数の家業を営み，それぞれ違う家業で営業税が記されている場合がある．この場合，所得税は1回だけ記されている場合が圧倒的である．そこで，同姓同名であり，かつ家業は異なるものの，同府県に居住し，所得税が1カ所に記載されているかまたは同額の場合は同一人物と見なし，営業税はその合計額を求めた．個人レベルで家業から得られる収益を合計し，これを事業から得られた所得に対応した金額と見なした．営業税が判読できないケースもあるし，営業税が記されていない人物も当然いる．その結果，3,093名を対象として以上の作業を経て残った人物は2,845人となった．

こうした作業によって作成したものが表I-1-15-1と2および図I-1-1である．表I-1-15-1と2は，明治31年の営業税によって階層を分類したものである．営業税が110円以上，65円以上110円未満，45円以上65円未満，33円以上45円未満，25円以上33円未満，20円以上25円未満，13円以上20円未満，1円以上13円未満の8つの階層に分類し，それぞれの営業税額に該当する人物が何回，役員として登場したかを一覧表にしている．これをグラフにしたのが図I-1-1である．

図I-1-1より，営業税が多くなるにつれて，関与した会社役員数も増加していることが分かる．特に上位の3つの階層（営業税が45円以上の階層）は，それ以下の階層とは異なり，1社に役員として関わっていた企業家に加えて2社，3社，4社以上に役員として関わった企業家の割合が多い．家業で多くの収益を上げた企業家の方が，多くの会社役員に就任していたと言えよう．

所得税から見た役員像

それでは，所得税から見るとどうなのであろうか．明治31年の時点で，『役員録』に記載されている企業家で『商工人名録』にも記載されている人物は，先にも記したように3,093人いる．この3,093人の中には，家業は異なるものの，同

第1章 明治31年・明治40年の『役員録』と企業家の特徴　79

表 I-1-15-1　明治31年における営業税別役員数分布

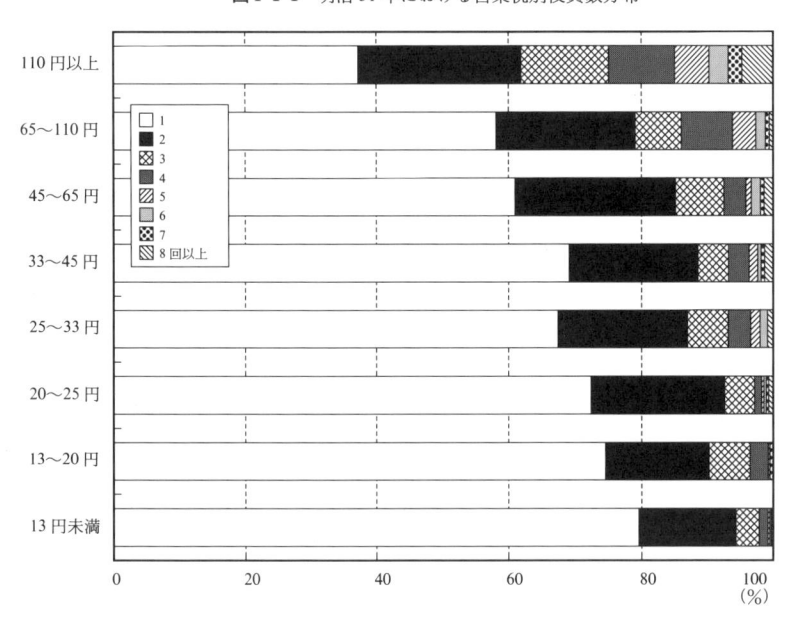

営業税階層 \ 回数	1	2	3	4	5	6	7	8	9	10	11	12	13	14	19	20	21	26	合計
110円以上	127	84	45	34	18	10	7	4		2	4	1	1			1	1		341
65〜110円	200	72	24	27	12	5	2	1	1										344
45〜65円	222	88	27	12	3	5	2	1		1	1		1	1					364
33〜45円	266	75	18	12	5	2	2	1	2			1		1					385
25〜33円	238	69	22	12	5	4											1		353
20〜25円	207	58	13	3	1	1	1	1											285
13〜20円	299	63	25	11	1		2												401
13円未満	296	55	13	5	1	1	1												372
合計	1,855	564	187	116	46	28	17	8	7	3	5	2	2	1	1	1	1	1	2,845

図 I-1-1　明治31年における営業税別役員数分布

姓同名であり，かつ同府県の人物が多数存在する．一般的に，複数回登場する場合には，所得税は1回だけ記されており，その他の箇所では記載されていない．しかし，その都度，同じ所得税が記されている人物もいる．こうした人物は9名いる．これらは同一人物と見なして，重複を取り除いた．また，所得税が2.5円の者が1人，2.52円の者が1人，そして2.9円の者が1人いる．しかし，300円以上の所得に課税（1%）されることから，何かの誤りと思われるので，これら3人を除外した．また，所得税が無記載の人物が336名いる．また，同姓同名で

表 I-1-15-2　明治 31 年に 8 社以上役員

営業税階層 \ 回数	8	9	10	11	12
110 円以上	瀧定助・沢野定七・竹尾治右衛門・安川敬一郎	江崎権兵衛	中沢彦吉・池田貫兵衛	若尾幾造・瀧兵右衛門・山本亀太郎・肥塚与八郎	原善三郎
65～110 円	米沢吉次郎	藤本清七			
45～65 円	渡辺福三郎		守永勝助	木谷七平	
33～45 円	杉山岩三郎	正野玄三・吉原善右衛門			岡本治助
25～33 円	中村栄助	野本松二郎			
20～25 円		岩田作兵衛			
13～20 円		平沼専蔵			
13 円未満					

表 I-1-16　明治 31 年における役員録，商工人名録一致人物の所得階層分布

所得階層	人数
5 万円以上	13
3 万～5 万円	12
2 万～3 万円	23
1 万～2 万円	97
7000～1 万円	110
5000～7000 円	127
3000～5000 円	314
2000～3000 円	327
1000～2000 円	727
500～1000 円	665
500 円未満	297
小計	2,712
無記載	336
3 円以下の所得税	3
同姓同名の人物で，家業は異なるが，所得税が同じ人물	9
同姓同名の人物で，役員録記載の人物とは別人と判断した人物	33
合計	3,093

図 I-1-2　明治 31 年における役員録，商工人名録一致人物の所得階層分布

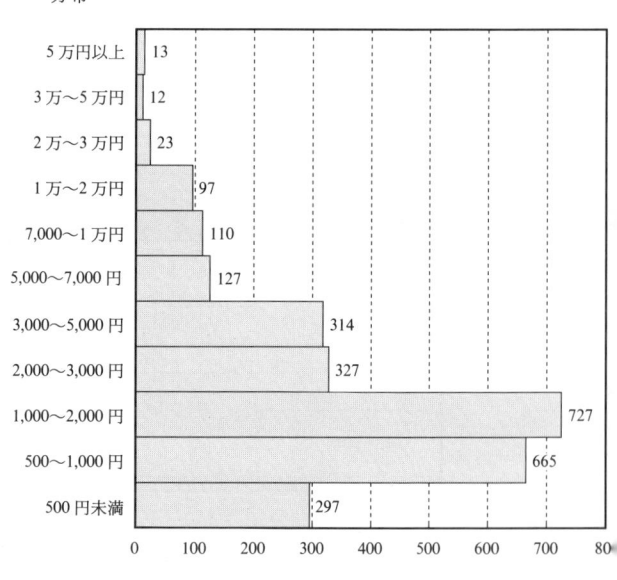

所得階層	人数
5 万円以上	13
3 万～5 万円	12
2 万～3 万円	23
1 万～2 万円	97
7,000～1 万円	110
5,000～7,000 円	127
3,000～5,000 円	314
2,000～3,000 円	327
1,000～2,000 円	727
500～1,000 円	665
500 円未満	297

あるが別人と判定した人物が 33 名いる．その結果，3,093−9−3−336−33＝2,712 人の所得分布を求めた[13]．明治 31 年の所得税から所得を算出し，5 万円以上，3 万円以上 5 万円未満，2 万円以上 3 万円未満，1 万円以上 2 万円未満，7 千円以上 1 万円未満，5 千円以上 7 千円未満，3 千円以上 5 千円未満，2 千円以上 3 千円未満，1 千円以上 2 千円未満，500 円以上 1 千円未満，そして 500 円未満の 11 の階層に分類して，それらの階層に含まれる人物数を求めた．その結果が表 I-1-16 であり，それを棒グラフに表したのが図 I-1-2 である．表 I-1-16 から分

であった人物の営業税別役員数分布

13	14	19	20	21	26
浅野総一郎			阿部彦太郎	山中利右衛門	
近藤喜禄		岡橋治助			
	金沢仁兵衛				
					松本重太郎

表 I-1-17-1　明治31年における役員録，商工人名録一致人物の所得階層別役員数分布

所得階層＼回数	1	2	3	4	5	6	7	8	9	10	11	12	13	14	15	19	20	合計
5万円以上	3	2		2	1		1	2	1			1						13
3万～5万円	1		3	2	2						2		1	1				12
2万～3万円	2	7	2	2		1	3				1				1	1		23
1万～2万円	28	18	16	10	10	5	4	2	1	2		1						97
7000～1万円	35	30	17	15	5	4		1	1	1		1						110
5000～7000円	45	38	19	11	5	5	2				1						1	127
3000～5000円	147	86	35	24	12	5	4	1										314
2000～3000円	197	79	24	16	6	1	2	1	1									327
1000～2000円	494	158	45	22	4	4												727
500～1000円	528	106	21	9	7	2		1										665
500円未満	271	19	5	1		1												297
合計	1,751	543	185	113	47	28	16	9	5	4	4	2	1	1	1	1	1	2,712

かるように，圧倒的多数の人物は，1千円以上2千円未満の階層と500円以上1千円未満の階層に集中している．ここから平均所得を求めてみたい．

2,712人の所得を単純平均によって平均所得を算出すると3,152円となる．しかし，住友吉左衛門（『商工人名録』では住友吉右衛門と記されているが，家業，住所および所得税などの点から住友吉左衛門の誤記であると考えた）の所得217,767円に影響された関係もあって，全体の平均を引き上げていると思われる．そこで住友吉左衛門を除外した平均を求めると3,073円となる．一方，所得分布は，対数正規分布の形状を取ることが知られているから，所得を対数に変換して平均を求め，それを指数化して平均所得を求めると1,624円となる．

先に見た図I-1-2より所得階層の人物数を詳細に見ていくと，1,000円以上2,000円未満層が727人で最も多く，ついで500円以上1,000円未満層が665人である．また，500円未満層が297人，2,000円以上3,000円未満層が327人，

第Ⅰ部 日本全国における企業家ネットワーク

表 I-1-17-2　明治31年における役員録，商工人名録一致人物の中で8社以上役員であった人物

所得階層＼回数	8	9	10	11	12	13	14
5万円以上	安川敬一郎・渡辺福三郎	平沼専蔵			原善三郎		
3〜5万円				瀧兵右衛門・若尾幾造			金沢仁兵衛
2〜3万円	杉山岩三郎・竹尾治右衛門・沢野定七			肥塚与八郎			
1万〜2万円	瀧定助・喜谷市郎右衛門	正野玄三	中沢彦吉・池田貫兵衛		岡本治助		
7000〜1万円	米沢吉次郎		守永勝助	山本亀太郎		近藤喜禄	
5000〜7000円		吉原善右衛門					
3000〜5000円			山本治兵衛				
2000〜3000円	中村栄助	江崎権兵衛					
1000〜2000円							
500〜1000円		野本松二郎					
500円未満							

3,000円以上5,000円未満層が314人であった。こうした分布状況を考えると，所得を単純平均した3,152円を全体の平均と考えるよりも，そしてまた，住友吉左衛門を除外して平均を求めた3,073円よりも，対数変換して求めた平均所得1,624円が役員全体の平均所得であったと考えた方がより現実を反映していると思われる。

次に，階層毎にどれだけの会社に役員として就任していたかを見たのが表 I-1-17-1 である。この表からも分かるように企業家の所得が上昇するにつれて，役員として就任している会社数も増加していることが分かる。これは重要である。企業家が多くの企業家ネットワークを作り，地域経済の発展に貢献するには，ある程度の所得が必要であったと思われる。その意味でも，所得水準の異なる企業家の果たした役割に注目する必要があろう。また，8社以上に登場する役員は表 I-1-17-2 に示してある。

(2) 地主と役員

地価額から見た地主の特徴

明治31年時点での大地主は，会社役員として近代的な会社に関与していたのであろうか。また，地価額と関与していた会社の数との間には，何らかの関係があったのだろうか。これを確認してみよう。『日本全国商工人名録』（明治31年）には，各府県の最後に大地主の名簿が記されている。この名簿には，同一人物が

の所得階層別役員数分布

15	19	20
浮田桂造	岡橋治助	
		阿部彦太郎

複数回登場する場合もある．また，異なった府県に地主として登場する場合もある．これらの場合，次のように処理した．同一人物が居住している府県で複数回登場する場合には，地価額を合計した．また，居住している府県以外で地主として登場する場合には，地主の住所は居住している府県とし，地価額はすべてを合計した金額とした．

これを用いて作成した明治31年の地主名簿には，6,038人の地主が記載されている．この6,038人中，明治31年で会社役員に就任している人物を抽出すると1,215人抽出できる．この地主でありかつ，役員であった1,215人の特徴を考えていこう．

まず，地価額と役員に就任している会社数との関係を考えてみたい．そこで地価額を階層に分けて，それぞれの階層で，どれだけの地主が会社役員に就任しているかを見ることにしよう．所有している土地の地価額と会社役員として関わっている会社数との間には，何か関係があるのだろうか．地価額の多い地主の方が多くの会社役員に就任しているのだろうか，それともこれとは違った関係が見出せるのだろうか．そこで，日本全国の大地主を彼らが所有する土地の地価額で分類し，その地価額の階層毎に関与していた会社役員数を求めたのが，表I-1-18-1である．表I-1-18-1は，地価額を10万円以上，3万円以上10万円未満，2万円以上3万円未満，1万5千円以上2万円未満，1万2,500円以上1万5千円未満，1万1千円以上1万2,500円未満，そして1万1千円未満の7つの階層に分けて，

表I-1-18-1 明治31年における大地主の地価額別役員数分布

地価額階層 \ 回数	1	2	3	4	5	6	7	8	9	10	11	12	16	19	20	21	合計
100000円以上	10	3	2	2			1								1		19
30000〜100000円	69	39	19	7	6	2		2			2			1			147
20000〜30000円	95	40	19	10	3	2	1	3					1				174
15000〜20000円	115	34	25	4		4							1				183
12500〜15000円	135	34	13	4	5	1	1				1					1	195
11000〜12500円	127	41	14	4	2	1		1				1					191
11000円未満	213	52	22	13	4		1	1									306
合計	764	243	114	44	20	10	4	7	1	1	2	1	1	1	1	1	1,215

表 I-1-18-2　明治31年に8社以上役員であった大地主の地価額別役員数分布

地価額階層＼回数	8	9	10	11	12	16	19
100000 円以上							
30000〜100000 円	日下安左衛門・瀧定助	田中源太郎		広瀬満正	原善三郎		
20000〜30000 円	牧口義方・瀧沢喜平治・尾崎伊兵衛			瀧兵右衛門			
15000〜20000 円						岡橋治助	
12500〜15000 円			原六郎				
11000〜12500 円	酒見恒蔵					阿部市郎兵衛	
11000 円未満	米沢吉次郎						

それぞれの階層で何社の役員になっているかを見たものである．

ここから分かることは，地価額による階層と役員として関与した会社数との間には，直線的な関係を見出せないことである．地価額の高い地主がそれだけ多くの会社役員に就任している訳ではなさそうである．また，ある特定の地価額層の地主が多くの会社役員に就任していた訳でもない．しかしそうした中でも，地価額が2万円以上3万円未満と3万円以上10万円未満層の地主は，彼らが関与した会社数が2社から12社へと広く分散していることが，1つの特徴として指摘できよう．

表 I-1-18-1 を基に，会社役員の数を1〜2社，3〜8社，9〜21社の3つに大きく分類すると，地価額の間で大きな違いが浮かび上がってくる．各階層別に1〜2社で会社役員に就任している人物の割合を見ると，1万5千円以上の階層では階層が上がるほど少なく，この階層では3社以上の役員に就任している割合が高いことが分かる．すなわち，地価額で1万5千円以上の階層では，地価額が高い地主ほど3〜8社の会社に役員として就任している割合が高いのである．9〜21社でも同様に，3万円以上層では2.4％，2万円以上3万円未満層では0.6％，1万5千円以上2万円未満層では0.5％のように，地価額に対応して，地価額の高い地主ほど，多くの会社役員に就任している割合が高い．また，これまでと同様，8社以上登場する地主の名前を記したのが，表 I-1-18-2 である．

以上から，地主名簿に記載されている地主の平均地価額を境にして，地主の会社役員への関わりは異なる．地価額が1万5千円未満の層では地価額の多寡とはあまり関係がなく，86％前後の地主が1社か2社の役員に就任しており，残りの地主はほとんど3〜8社の役員に分散している．一方，地価額が1万5千円を超えると，地価額の増加に応じて会社役員数も増加する．すなわち，地価額の高い

地主ほど多くの会社役員に就任しているのである．

地域分布から見た地主の特徴

次に，地主と会社役員への関わりを，地域的な側面から見ていくことにしよう．ある特定の府県の地主が多数会社役員に就任していたのか，それとも，日本全国ほぼ同じ割合で役員に就任していたのか，考えたい．そこで表 I-1-19-1 より，府県別に大地主が会社役員に就任している様子を概観していこう．表 I-1-19-1 では，縦軸に府県名と，地主名簿に記載されている人数がその左側に記してある．また，これらの人物の中で何人が役員録に登場するかを，関与した会社数毎に該当する会社数の欄に記入し，その合計の役員数を合計欄に記入している．最後に，大地主の中で地価額が記載されている人物数と記載されている人物全員の地価額の合計および一人当たりの地価額平均が記されている．具体的に述べよう，例えば，最上段の青森では，地主名簿に90名記載されており，90名中，役員録で1社に登場する人物が17名，2社に登場する人物が1名，3社に登場する人物が1名，合計19名の地主が役員録に記載されている，ということを示している．また，この90名中90名の地主で地価額が分かり，その合計金額が375,650円で，一人平均4,174円，ということである．

青森県から鹿児島県まで，全国で45府県，合計6,038名からなる大地主のデータからできているのが表 I-1-19-1 である．この地主名簿に記載されている6,038名中，1,215名（20.1%）の人物は1社以上に，会社役員として役員録に登場していることが分かる．府県別に見ると，兵庫県の46.8%を筆頭に大分県と静岡県の40%台が続く．その他，大地主の30%以上が1社以上の役員として関与していた府県は，滋賀県，大阪府，奈良県，岡山県，岐阜県，福岡県の6府県に上る．いずれも西日本の地域に偏っている．大阪近傍の府県が多く，これに九州の2県と静岡県を加えた地域で，30%以上の大地主が会社役員として近代的な会社に関与していた．8社以上に役員として登場する地主は，表 I-1-19-2 に記してある．

では，地主の中で会社役員に就任している割合が少ない府県はどこだろうか．10%未満の府県は次の通りである．割合の低い府県順に茨城県，鹿児島県，福島

表 I-1-19-1　明治31年における府県別大地主の役員数分布と就任役員の地価額平均

名簿記載人数(A)	府県	回数 1	2	3	4	5	6	7	8	9	10	11	12	16	19	20	21	役員数合計(B)	B/A (%)	地価額記載者	地価額合計	地価額平均
90	青森	17	1	1														19	21.1	90	375,650	4,174
39	岩手	3	1	1														5	12.8	39	70,988	1,820
85	宮城	5	4	2	1													12	14.1	85	287,662	3,384
258	秋田	33	6															39	15.1	258	891,427	3,455
185	山形	9	2	2														13	7.0	184	386,588	2,101
350	福島	14	3	1														18	5.1	350	214,934	614
115	茨城	2	2	1														5	4.3	115	82,172	715
74	栃木	7	4	2	1			1										15	20.3	74	290,568	3,927
52	群馬	9	2	1														12	23.1	52	208,842	4,016
370	埼玉	24	7	2	1													34	9.2	370	571,045	1,543
173	千葉	12	2	1														15	8.7	109	287,634	2,639
16	東京	1		1							1							3	18.8	15	226,302	15,087
19	神奈川												1					1	5.3	19	77,665	4,088
375	新潟	62	18	7	2			1										90	24.0	374	3,225,562	8,624
264	富山	26	7	1	4	2	1											41	15.5	263	596,645	2,269
71	石川	12	2	1														15	21.1	71	272,393	3,837
55	福井	2	3	1														6	10.9	55	132,425	2,408
83	山梨	12	3	3														18	21.7	83	621,314	7,486
65	長野	10	3	3														16	24.6	65	279,365	4,298
147	岐阜	30	8	6	2	1												47	32.0	147	896,890	6,101
260	静岡	58	24	17	3	2	1											105	40.4	260	1,662,138	6,393
197	愛知	24	12	10	5	2		2	1		1							57	28.9	185	1,395,355	7,542
128	三重	25	4	2	1	1												33	25.8	128	694,495	5,426
54	滋賀	12	2		2	1	1							1			1	20	37.0	54	342,721	6,347
28	京都	3						1	1									5	17.9	16	91,926	5,745
262	大阪	46	24	10	8	2	2									1	1	94	35.9	262	2,014,213	7,688
312	兵庫	85	35	11	8	3	1	2	1									146	46.8	281	2,867,074	10,203
75	奈良	17	8	1														26	34.7	75	349,209	4,656
373	和歌山	22	7	3	1	2	1											36	9.7	373	479,165	1,285
58	鳥取	3	1															4	6.9	58	102,147	1,761
115	島根	13	6	3	1	1												24	20.9	103	541,762	5,260
64	岡山	14	4	2	1	1												22	34.4	64	419,445	6,554
108	広島	17	3	2	1	2												25	23.1	108	538,988	4,991
50	山口	5	1															6	12.0	50	120,055	2,401
83	徳島	8		1														9	10.8	83	153,941	1,855
68	香川	3	2	1		1												7	10.3	38	140,611	3,700
177	愛媛	28	7	5							1							41	23.2	169	750,110	4,439
54	高知	3	1															4	7.4	54	69,782	1,292
140	福岡	26	11	5	1	1	1											45	32.1	140	758,219	5,416
70	佐賀	11	1	1														13	18.6	70	522,280	7,461
75	長崎	7	6															13	17.3	75	277,862	3,705
288	熊本	25	2	1														30	10.4	288	522,994	1,816
54	大分	15	1	1														22	40.7	54	342,334	6,340
39	宮崎	3																3	7.7	39	40,036	1,027
20	鹿児島		1															1	5.0	20	12,656	633
6,038	全国	764	243	114	44	20	10	4	7	1	2	1	1	1	1	1,215	20.1	5,865	25,205,589	4,298

注：(1) 同一人物が複数の土地を所有している場合がある．この場合は地価額を合計した．
　　(2) 所有している土地と地主の居住している府県が異なる場合，居住している府県名を採用した．
　　(3) 地価額合計は円未満切捨てである．

県，神奈川県，鳥取県，山形県，高知県，宮崎県，千葉県，そして埼玉県と10県が続く．南九州，四国，山陰，東北そして北関東という地域である．地主が役員として関与していた割合は，以上のような地域的特徴を見せていた．

表 I-1-19-2　明治31年に8社以上役員であった大地主の府県別分布

府県\回数	8	9	10	11	12	16	19	20	21
大阪							岡橋治助	阿部彦太郎	
兵庫	日下安左衛門・米沢吉次郎								
愛知	瀧定助			瀧兵右衛門					
滋賀						阿部市郎兵衛			山中利右衛門
京都		田中源太郎							
神奈川					原善三郎				
新潟	牧口義方								
栃木	瀧沢喜平治								
静岡	尾崎伊兵衛								
愛媛				広瀬満正					
福岡	酒見恒蔵								
東京			原六郎						

注：(1) 同一人物が複数の土地を所有している場合がある．この場合は地価額を合計した．
(2) 所有している土地と地主の居住している府県が異なる場合，居住している府県名を採用した．
(3) 地価額合計は円未満切捨てである．

多額納税者と役員

次に，梅田正勝編『全国多額納税者互選名鑑』(明治31年)[14]によって，多額納税者はどれだけ会社役員として関わっていたかを見ておくことにしよう．多額納税者名簿に記載されている税金には，地租の他に土地より生じる所得税と商業から生じる所得税，工業より生じる所得税が記載されている．しかし，この資料は，日本全国において納税額の多い順に人物を取り上げたものではなく，各府県で上位15人の多額納税者を取り上げて作成したものである．その結果，東京の上位15人と鹿児島県の上位15人とでは，当然，納税額は異なり，東京府の人物の方が納税額は多い．従って，ここで取り上げられた674人は，日本全国で多額納税者の上位674人であったわけではなく，それぞれの府県から上位15人を集めた人物であることに注意する必要がある．

多額納税者を納税額に応じて7つの階層に分けて，それぞれの階層に属する人物が何人，何社の役員に就任していたかを見たのが表I-1-20-1である．この表I-1-20-1では，直接国税額によって，3千円以上，1,800円以上3千円未満，1,300円以上1,800円未満，1千円以上1,300円未満，780円以上1千円未満，600円以上780円未満，そして600円未満の7つの階層に分け，それぞれの階層に属する人物のうち，何人がどれだけ会社役員として関わっていたのかを見たものである．この表によると600円未満の納税額を納めている階層と600円以上780円未満の階層では，役員に就任していない割合が70%を超えているが，それ以外の階層では60%を下回っている．4割以上の人物は会社役員に就任していたので

表 I-1-20-1　明治 31 年における多額納税者の所得階層別役員数分布

直接国税階層＼回数	0	1	2	3	4	5	6	7	8	9	10	11	12	13	17	合計
3000 円以上	16	6	2	1	3			1								29
1800〜3000 円	32	10	6	3		4	1		1							57
1300〜1800 円	46	17	12	14	3	4	2		2	2		1		1	1	105
1000〜1300 円	85	27	19	9	1	1		1	1					1	1	146
780〜1000 円	74	26	9	3	4	2		2	1				1	1	1	124
600〜780 円	75	21	7	2	1					1		1				100
600 円未満	81	22	7	3												113
合計	409	120	62	35	12	12	5	4	5	3	0	3	1	2	1	674

注：(1) 多額納税者名簿に記載されている人物中，674 名が役員録中で役員として記載されている．
　　(2) 会社数とは，1 人の人物が役員をしている会社数のことである．

表 I-1-20-2　明治 31 年に 8 社以上役員であった多額納税者の所得階層別役員数分布

直接国税階層＼回数	8	9	10	11	12	13	17
3000 円以上							
1800〜3000 円	渡辺福三郎						
1300〜1800 円	瀧定助・日下安左衛門	田中源太郎		広瀬満正		今村清之助	下郷伝平
1000〜1300 円	浜本八治郎			菊池長四郎			
780〜1000 円	瀧沢喜平治			瀧兵右衛門	原善三郎	浅野総一郎	
600〜780 円							
600 円未満							

注：(1) 多額納税者名簿に記載されている人物中，674 名が役員録中で役員として記載されている．
　　(2) 会社数とは，1 人の人物が役員をしている会社数のことである．

ある．その中でも 1,300 円以上 1,800 円未満の層は，56％以上の人物が会社役員になっているだけでなく，17 社で会社役員であった人物や 13 社で会社役員であった人物がいるなど，積極的に会社役員として活躍していたことが分かる．とはいえ，780 円以上の階層では，役員に就任している人物数の趨勢には，明瞭な特徴があるとは思えない．先に見た地価額から見た地主の役員就任を示した表に類似している．その理由の一端は，多額納税者の内訳を見ると，地租の割合が圧倒的に多いからであると考えられる．その結果，納税額から見た所得水準と会社役員数との間で，趨勢的な面で明瞭な特徴が見られないのは，多くの人物が大地主としての性格を色濃くもち，先に見た大地主の行動（役員への就任）と同様な特徴が見られたからだと思われる．これまでと同様に，8 社以上役員であった者を取り出したのが表 I-1-20-2 である．17 社に関与した下郷伝平，13 社に関わっていた今村清之助と浅野総一郎を始め，8 社以上に関与した人物が計 13 名，記されている．これから見ていく，地主の分析で作成した表 I-1-19-2 と重複する人物を記すと，原善三郎，瀧兵右衛門，瀧定助，広瀬満正，田中源太郎，日下安

左衛門，瀧沢喜平治の7名に上る．

(3) 積極的な人物像

所得階層から見た企業家像

以上の分析から，まず，役員録に登場する企業家と所得の関係から，積極的な企業家像を考えていこう．多数の会社に会社役員として登場する人物を積極的であったと評価し，1回しか登場しない人物を非積極的であると考えて，これらの人物を所得階層別にグループ化し，関与した会社数を見ることにしよう．先に見た表I-1-17-1より，上で見た平均所得階層が含まれる3,000円未満層では，1社にだけ関与していた割合が圧倒的である．これに対して所得が増加するに伴い，関与した会社の数は増加していくことが分かる．この表I-1-17-1から，3,000円から1万円未満層では1社から4社に関与した人物が多く，1万円以上から2万円未満層では1社から5社，2万円以上から3万円未満層では1社から5社と8社に多くの人物がいたことが分かる．3万円以上層でも同様である．ここから，高額所得者の企業家の方が積極的に役員として多くの会社に関与していたと言うことができよう．『役員録』と『商工人名録』とから同一人物を検出し，彼らの所得水準と所得層毎の関与会社数を見てきた結果，所得税から求めた平均所得はおよそ1,624円であることが判明し，所得が多い企業家ほど多くの会社役員に就任していることが分かった．

所得と企業家との関係は，以上より明らかになったと言えよう．そしてまた，営業税の多寡と役員数との関係よりも，所得の多寡と役員数との間の方が，強い関係が見いだされたことも指摘しておく必要があろう．家業の営業に関わる才覚よりも個人の所得の多寡の方が，近代的な会社への関与にとっては大きな影響を持っていたのである．その意味で，所得の多寡は会社設立や役員就任にとって大きな影響を与えた要因であると考えられよう．

次に，多額納税者一般ではどうだったのだろうか．また地主では役員就任に対してどのような関係があったのだろうか．この点を見ていくことにしたい．

地理的な特徴から見た地主像

地主あるいは多額納税者の中で，どのような人物が積極的に会社に関与してい

たのだろうか．先に見たように，地主では会社役員に就任する人物の多さは，地価額よりもむしろ地域的な側面に大きく影響を受けていたことが分かった．これらの地域の差異をもたらした要因はなんであろうか．そこで，次の仮説を考えてみよう．地主の行動に影響を与えたものが，彼らが住んでいた地域経済の発展の度合いに対応したものである，という仮説である．すなわち，府県の経済活動の差異がそのまま地主の役員就任に影響を与え，会社役員数の差異を生み出したのではないか，というものである．この問題を考えるために，各府県の会社数と公称資本金総額がそれぞれの府県の経済活動の活発さを表現しているという前提に立って，明治31年時点での府県別会社数と公称資本金総額を求めて，府県の経済活動の活発さを見てみよう．

役員録に記載されている会社数と公称資本金総額から，日本全国の各府県別に会社数と公称資本金総額を求めたのが表I-1-21である．この表より，会社役員に関わっていた大地主の割合と当該府県の会社数あるいは公称資本金総額の間の関係を求めてみよう．そうすると，会社数および公称資本金総額の多い府県の地主は，多くの会社役員に就任していたことが分かる．例えば，役員数が多い府県は，表I-1-19-1で見たように兵庫県，静岡県，大阪府，新潟県，愛知県であった．一方，会社数の多い府県は，大阪府，東京府，兵庫県，愛知県，静岡県である．逆に，役員数が少ない府県は，神奈川県，鹿児島県，東京府，宮崎県，鳥取県，高知県で，会社数が少ない府県は，鳥取県，岩手県，鹿児島県，宮崎県，徳島県である．会社数が多い場合も，会社数が少ない場合も，同様に，役員数の多寡と対応している．換言すれば，地主が所有している地価額の多寡によって会社役員の就任の差が見られたのではなく，彼ら地主を取り巻く環境，すなわち経済活動の活発さに対応したものであったと考えられよう．多くの会社の新設が見られた地域の地主ほど，また，多くの起業資金を集めた地域の地主ほど，多くの会社役員に就任していたと考えても間違いはなさそうである．

以上から，大地主の会社役員の就任数の特徴は，第一に地域的な特徴を指摘すべきであろう．地域経済活動の活発さを，会社設立数とそれに必要な起業資金によって表すと，地域経済が活発であった地域の地主ほど多くの会社役員に就任していたことが分かる．また，地主全般が等しく会社役員に関わったというわけではなく，地価額が2万円以上の地主が，最も積極的に役員に就任していたことも，併せて指摘しておく必要があろう．

大地主で多くの会社役員に就任している人物一覧については表 I-1-19-2 を参照されたい。明治 31 年の地主名簿の中で多くの会社に役員として関わっていた人物の一覧である。21 社に関わっていた山中利右衛門，20 社に関わっていた阿部彦太郎，19 社に関わっていた岡橋治助，16 社に関わっていた阿部市郎兵衛など，8 社以上に関わっていた人物，計 16 名の名前が記されている。この中で，後で分析する愛知県の事例では，瀧兵右衛門や瀧定助の 2 名が存在する。また，原善三郎は，瀧兵右衛門や瀧定助と深い関係にあったことも，ここで指摘しておく必要があろう。これらの人物は『商工人名録』に記載されている人物と多くは重複する。彼らは家業のみならず大地主として収入を得ていたからである。従って，単なる地主であった訳ではなく，自ら家業を営み，事業に深く関与していた人物であった。そうであるが故に，農業中心の地主層とは異なった行動を取ったと考えられよう。一方，営業税の多寡ではなく，地主としての所得も考慮した所得全般の方が近代的な会社経営に強く関与していたか否かを表現する指標であったことを，改めて記すことにしたい。

積極的な企業家像

これまで会社役員として事業に関わっている企業家について，『商工人名録』，地主名簿，多額納税者から彼らの家業と所得水準を推定し，ここから会社役員に就任していた人物と所得水準や地域との間にどのような関係があるかを考

表 I-1-21 明治 31 年における府県別会社数と公称資本金総額

府県	社数	公称資本金総額
大阪	484	125,452,180
東京	438	305,596,450
兵庫	356	56,895,370
愛知	264	30,101,200
静岡	230	13,573,150
新潟	219	14,604,260
京都	211	34,877,000
福岡	178	56,378,367
岡山	136	19,129,472
愛媛	102	8,080,591
広島	78	5,901,740
長野	78	6,132,975
富山	72	7,545,750
神奈川	69	32,596,500
大分	69	4,611,785
岐阜	66	6,190,820
滋賀	66	6,988,800
三重	59	21,594,500
福井	48	2,980,852
石川	47	2,633,900
熊本	46	8,389,500
長崎	44	3,135,492
奈良	44	13,924,000
群馬	43	3,454,065
香川	42	3,716,800
和歌山	42	5,901,000
佐賀	40	4,107,800
北海道	40	21,661,500
山梨	38	2,653,200
茨城	32	2,881,250
埼玉	28	2,241,375
福島	27	2,148,840
島根	26	1,186,896
宮城	25	2,941,325
高知	25	2,353,565
千葉	25	4,265,165
栃木	25	2,884,800
山形	24	2,840,670
秋田	21	961,225
青森	21	2,411,880
山口	16	2,614,630
徳島	16	2,381,800
宮崎	13	234,420
鹿児島	9	1,103,340
岩手	8	1,470,000
鳥取	8	281,000
台湾	7	50,000
合計	4,005	864,061,200

注：(1) 役員録に記載されている会社をすべて取り上げている。
(2) 公称資本金額は，4,005 社のうち，公称資本金が記されている 3,697 社の合計である。

えてきた．ここから得られた結論は，『商工人名録』からの読みとりとして，家業が商工業に関係した企業家では，営業税の多寡と会社役員の就任数の間には正の関係が，すなわち営業税の多い人物ほど多くの会社役員に就任しているという関係が見られた．それ以上に，所得額と会社役員の就任数との間には，所得額が多い企業家ほど多数の会社に役員として就任しているという明瞭な特徴を見いだすことができた．これと同時に，明治31年時点で1,000円以上2,000円未満の所得を得ている人物が，数の上では最も多かったことは指摘しておく必要があろう．こうした所得層が積極的に会社役員として活躍していたのである．

一方，地主では，彼らが居住している府県の経済活動が活発であるほど，会社役員に就任している人物が多いことも分かった．地価額の多寡という観点から見ていくと，地価額の少ない人物では，会社役員に就任している人物は確かに少ないが，逆に，地価額が多い人物が多くの会社に役員として就任していたというわけではない．ただし，地価額が2万円以上から10万円未満層の人物が最も多くの会社に役員として就任していたことは銘記すべきである．しかも，この2万円以上層では，地価額が高くなるにつれて，関与した会社の役員数が多くなるという特徴をもっていた．この意味で，2万円以上層では，所得と同様に地価額の多寡と役員数の多寡との間には，強い関係があった．

自ら事業に携わってきた企業家については，所得額の多い人物は資産家という側面と同時に，事業家として成功を収めてきたという側面を持っている．所得税（所得）を事業家として成功を収めた資産家という指標と見なせば，成功を収めた人物ほど，多くの会社に役員として関わってきたと言っても差し支えなかろう．これらの人物が近代的な会社を設立し，役員として関与した地域では，多くの会社が設立されたと言えよう．そして多くの会社が設立された地域に深く関わった地主は，そうでない地域の地主よりも会社役員に就任している場合が多く見られた．地価額による差異よりも会社設立の量的な相違に基づく地域的な差異の方が，役員の就任に大きな影響を与えていたことからも，それを裏づけると言えよう．

注

1）由井常彦・浅野俊光『日本全国諸会社役員録　解説・索引』（柏書房，平成元年），2ページ．

2) 林健久「明治期の株式会社―日本金融資本分析の一前提―」（嘉治真三編『独占資本の研究』東京大学出版会，昭和38年），190ページ．
3) 同書，215ページ．
4) 同上．
5) 同上．
6) 同書，219ページ．
7) 同書，216ページ．
8) 同上．
9) 明治31年版『日本全国商工人名録』の原典は，鈴木喜八・関伊太郎編『日本全国商工人名録』第二版（明治31年）であるが，本書ではその復刻版である『日本全国商工人名録 I』（渋谷隆一編『明治期日本全国資産家地主資料集成 I』柏書房，昭和59年）を利用した．また明治40年版は，山崎克己・吉澤雅次・室田惣三郎・成瀬麟編『日本全国商工人名録』第三版上巻，第三版下巻（商工社，明治40年，明治41年）を利用した．
10) 人物名の統一の手続きについて，具体的に記しておきたい．明治40年版の『日本全国諸会社役員録』には，原典の上編56ページに品川銀行があり，監査役に田阪初太郎（芝，下高輪）が記されている．また，原典の上編64ページには日本ペイント株式会社があり，取締役社長に田坂初太郎（芝，下高輪）と記されている．この他，下編756ページには因ノ島船渠株式会社があり，取締役社長に田坂初太郎（東京，芝，下高輪）があり，下編870ページには弓削商業株式会社があり，取締役社長に田阪初太郎（東京，芝，下高輪）が記されている．都合4回登場する人物が同一かどうかを考えていこう．品川銀行と日本ペイントの本社は東京であるが，姓は田阪と田坂である．因ノ島船渠の本社は広島県で，弓削商業の本社は愛媛県であるが，姓は田坂と田阪である．田阪初太郎が2回，田坂初太郎が2回登場するが，住所はすべて同じ，東京，芝，下高輪である．田坂初太郎は，愛媛県弓削町出身で，海運事業に関わりつつ，品川銀行と日本ペイントの役員として活躍した人物である．そこで，これらを田坂初太郎（統一・芝）と表記した．
11) 宮本又郎・阿部武司「明治の資産家と会社制度」（宮本又郎・阿部武司編『日本経営史2 経営革新と工業化』岩波書店，平成7年），236ページ．
12) 同上．
13) 所得は次のようにして求めた．明治31年時点における所得税は，300円以上の所得には1％，1000円以上の所得には1.5％，1万円以上の所得には2％，2万円以上の所得には2.5％，そして3万円以上の所得には3％課税される，単純累進課税であった．そこで，これを用いて所得税より逆算して所得を求めた．詳しくは，明治20年3月23日に公布された所得税法（勅令第5号）および明治32年2月13日に公布された所得税法（法律第17号）を参照されたい．なお，租税制度については，阿部勇『日本財政論 租税』（改造社，昭和8年）を参照されたい．
14) 本書では，梅田正勝編『全国多額納税者互選名鑑』（明治31年）の復刻版である渋谷隆一編『明治期日本全国資産家地主資料集成 IV』（柏書房，昭和59年）を利用した．なお，原則として，各府県から15名の多額納税者が記されているが，山梨県では16名，和歌山県では13名の多額納税者が記載されているため，合計674名である．

第2章　明治31年と明治40年の企業家ネットワークの構造分析

1　企業家ネットワークの定義

(1)　渋沢栄一が果たした役割

渋沢栄一が役員であった会社

　企業家ネットワークが自然発生的に生じたものでない以上，そこには中心となる人物がいて，その周囲に同格の，そして志を同じくした人々が集まり，結果としてネットワークが成立したのであろう．また，これら同志たちは家業を始め様々な事業に関わっていたはずであるから，多様な人間関係を形成していたと思われる．このような企業家ネットワークの人的な側面を考察するに当たり，これまで多くの歴史研究者から財界のオルガナイザーと評された，渋沢栄一が果たした役割を通して接近していきたい．

　渋沢栄一についてはこれまで，多くの会社設立に関与したという企業家ネットワークに関わる側面と，政府と企業を媒介する財界人あるいはビジネスモデルの紹介者の側面から語られてきた．例えば「渋沢栄一は，企業・財界団体の設立をオルガナイズ（肝いり）し，経営者としての実力や実績とは無関係に，それらのトップ・マネジメントにはいり込んで政策決定に参与し，政府官僚の方針を企業・財界団体の政策に反映させた人物であった．日本の企業経営の倫理的基準を設定したり，企業の立場を代表して政治・外交・教育・文化などの広汎な分野に対し，発言権を行使した人物であった．オルガナイザーであり，ガイドであり，インストラクターであり，スポークスマンであった」[1]．また，「渋沢はオルガナイザーであった．特に重要なことだが，共同出資による会社設立のオルガナイザーであった．渋沢の肝いりによって，あるいは発起人としての協力によって設立された会社の数は驚くほど多数に上る」[2] とも指摘されている．確かに，明治31年と明治40年で最も多くの会社に役員として登場した人物は渋沢栄一であっ

た．

　渋沢栄一には，本書で分析する企業家ネットワークを代表する側面と同時に，近代的な企業経営を普及させるガイドやインストラクターという側面もあった．最近の研究では，「渋沢栄一の企業者活動を長期にわたる人のネットワークと資金の流れから詳細に考察した」結果，「いわゆる戦前の企業システムにおいて大口の出資を伴った経営者の責任と役割が大きかったこと，そして渋沢はこのようなシステムを創出するとともに自らも担い手となって実践した」[3]ことが指摘されている．渋沢栄一は，戦前の企業家研究を進める上で避けては通れない人物である．

　そこで，渋沢栄一が産業化の推進に果たした役割を，本書が課題とする「企業家ネットワーク」への関わりという側面と，近代的な事業モデルの実践と普及という側面に即して考えてみたい．すなわち，これからの分析の糸口となる要素ネットや企業家ネットワークを定義するに当たって，抽象的に考えるのではなく，渋沢栄一が実際に関わった会社と役員，そして同じ会社で役員であった人物との関係から，それら2つの概念を析出しなければいけないと考えるからである．最も多くの会社に役員として関わった渋沢栄一の企業家としての側面から，要素ネットを定義し，ここから企業家ネットワークを抽出したい．

　明治31年時点で，『日本全国諸会社役員録』に記載されているデータの中から渋沢栄一が役員として関わった会社を抽出すると，後に掲げる表I-2-2の通りとなる．これを業種別に分けると19業種におよぶ．19業種とは，鉄道（3社），機械器具（3社），銀行（2行），化学（2社），海上輸送（2社），鉱業（2社），食品（2社），その他工業（2社），電力（1社），ガス（1社），保険（1社），土地改良開発（1社），石油（1社），綿紡績（1社），その他繊維（1社），窯業（1社），醸造業（1社），生糸（1社），その他サービス（1社）である．鉄道や電力，ガスを始めインフラ産業，機械器具や化学，綿紡績に代表される近代産業，ホテルやビールなどの近代化の過程で外国から導入された産業やサービス産業などが多い．旧来の産業と思われる生糸織物会社の京都織物会社は当時，ヨーロッパの最新技術による日本最大の近代的な織物工場であった．

　森川英正氏ならずとも，「発起人としての協力によって設立された会社の数は驚くほど多数に上」ったと言わざるを得まい．このような役回りが可能であったのは，渋沢自身の経歴に基づく政府とのつながりが大きかったからであり，これ

によって「財界人渋沢は，政府と民間の企業・富豪の間の媒介者として機能し，そのことによって富豪たちの出資協力を『義理づくで』引き出す力をも得た」[4]のである．

　渋沢が果たした役回りが日本全国に伝播し，「富豪たちが，会社設立のたびに発起人となって共同で資本を出し合い，それが呼び水になって中小の株主の出資参加を促進するという形」[5]，あるいは「富豪たちは，お互いの顔を見ながらつき合いでいくつもの会社に出資し，中小の資産家たちは，富豪の共同出資に安心感を覚えて追随する」[6]という形ができ上がった．渋沢栄一が一種のモデルを提示し，他者がこれに追随した訳である．

　森川氏がもう一点強調した点は，東京商法会議所（東京商工会議所）や商法講習所（一橋大学）などの「経済・教育機関の設立と運営の面でも，財界リーダーとしての影響力を発揮した」[7]ことである．渋沢栄一が発起人に名を連ねたからといって，ただそれだけで，多くの投資家が新事業に投資する訳ではなかろう．渋沢自身も，積極的に株主の募集に労力をかけたと思われる．その1つの証左として，渋沢は，自らが役員として関わっていた帝国ホテルを利用して，株主の募集活動を行なっていたことを挙げておこう．そしてまた，近代的な事業を進めるのに必要な専門知識を持った人物の紹介や斡旋などを行なったことも付け加えておく必要がある．

近代的な銀行モデルの普及

　渋沢栄一は，発起人の選定から株主募集という問題のみならず，会社設立の仕方一般に関わる実務，事業として成立するための環境作り，さらには実地指導に至るまで，新時代の到来を前にして近代的な会社制度の普及に貢献した．そのため，多くの人物が情報を得るために，あるいは斡旋依頼のために渋沢に接近した結果，多くの共通点を持った事業モデルが全国に普及することになったと考えられる．

　次に渋沢栄一が果たした「インストラクター」としての役割の事例を紹介したい．銀行の普及に際し，銀行設立希望者に対して実地に指導したり，関係者を第一国立銀行に呼んだりして指導を行なった事例である．また，新事業が軌道に乗るように，輸入原料品に対して輸入税免税の措置などを政府に働きかけ，事業として独り立ちできるように尽力したことも大切である．「ガイド」として一種の

ビジネスモデルを創り上げたのである．まずは，銀行の普及から見ていこう．

　国立銀行に代表される近代企業の普及に当たっては，県令を頂点とした地方の行政組織が大きな役割を果たしたことが知られている．しかし，銀行業務を始め，実際の日常業務に至るまで，当初から十分に知悉した上で進められたわけでない．

　例えば青森県の第五十九国立銀行の創立に際して，青森県令の山田秀典は津軽藩の家老であった第三大区長の大道寺繁禎に対して明治9（1876）年12月，国立銀行創設を勧奨した．これを受けて大道寺は銀行創設の協議を始め，計画も軌道に乗ったものの，万一にも失敗があってはと第一国立銀行頭取の渋沢栄一に意見を聞き，教示を仰ぐことになった．そこで県官の渡辺和威が次の希望条件を携えて上京した．

「県下の士族及び商估間に拾五万円を募集し之を第一国立銀行に併資する事
　右増資により第一国立銀行は県下に出店を設くる事
　同出店には県下の株主を使用する事」[8]

　国立銀行を新設するのではなく，第一国立銀行に出資する見返りに青森に支店を設けてもらい，青森の株主を雇って欲しいという願いである．当時の知識人である士族や県官でさえも，株主のなんたるか，銀行創設のなんたるかを理解していなかったのである．

　これに対して渋沢は，「第一国立銀行増資の件は株主総会の決議によらねばならぬことであるが，当行としては増資を望まない．故に当行株主たらんとする人は，当行株式所有者より御買取下されたい．又県下から多数の株主が参加されることであるから，貴県へ出店を開くことは差支えないが，株主を当行出店に採用することは出来かねる」[9]と返書した．そして同時に，新銀行の創設を勧めたのである．

　こうして生まれたのが第五十九国立銀行である．創立に当たって渋沢栄一は事細かく指導した．例えば，「金禄公債の取得方法，青森県庁公金取扱いの問題点及び大福帖の記入しか知らない地方人に銀行簿記の記入方法から，銀行人として顧客の応待行員の養成に至るまで注意し」[10]たのである．また，大道寺が銀行経営について直接教えを乞うために，仙台平に羽二重の紋付袴の姿で面会したところ，渋沢から，「旧藩時代と世は全然変ったから心を入れ替えねばならぬ，仙台平，紋付袴では銀行は経営出来るものではない．銀行は民衆から小額（ママ）の

金を集め，資金の需要者に融通するもので，ほんの僅かの利鞘で商売するものであるから，親切叮寧に一般人と応接しなければならない」[11]と諭した．その上で，「若い者を二三人上京せしめ，当行に見習いさせよ」[12]と命じた．こうした渋沢の尽力によって，第五十九国立銀行は業務を開始できたのである．

渋沢栄一が，自ら手を取って新しい銀行という会社の仕組みを教えた姿が彷彿とされる．渋沢が銀行の普及にどれだけ貢献したかが窺われるであろう．青森県以外でも，渋沢が始めた事業を1つのモデルと見なし，それに従うという事態が生じたと思われる．

事業モデルの提供

海外からの原料品の輸入税免除の実現によって，新事業が軌道に乗るようになったという点も大切である．「農業は先生の旧業なり，されば年少の頃より肥料につきても其経験あり，当時一般の農家にては，普通の下肥の外に鯡鰯粕などを用ゐしかば，先生も亦晩香翁の命を奉じ，関宿あたりまで仕入に赴けることも屡々にて，其質の良否を分ち，施肥の季節を定むること等，夙に熟知せる所なり」[13]と言われるほどに，渋沢栄一は肥料には明るかった．その渋沢が明治19 (1886) 年に農商務省技師・高峰譲吉と出会ったのを契機に，過燐酸肥料の製造会社を設立することになった．こうして生まれたのが東京人造肥料会社（明治20年創立）である．過燐酸石灰は，原料の燐鉱石に硫酸を作用させて作るものである．当時，硫酸は国産化が実現していたものの，燐鉱石は輸入に依存していた．しかも，原価に占める原料燐鉱石の割合は大きく，燐鉱石を低価格で安定的に入手することが，過燐酸石灰事業の成否を握っていた．

東京人造肥料は明治28 (1895) 年に肥料工場内に硫酸工場を新設することになった．問題は燐鉱石の輸入である．このような状況の下で，明治30年に関税定率法が公布（明治32年1月施行）され，干鰯，油粕，骨灰，鳥糞と同様に，燐鉱石については，東京人造肥料会社が中心となって免税措置の依頼が行なわれた．陳情活動の結果，原料燐鉱石の免税が実現したのである[14]．以上の動きを渋沢栄一の日記から追ってみると，次のようになる．それによれば，明治32年1月12日，「（前略）……此日銀行にて金子堅太郎氏に書状を送て人造肥料ノ免税ノ事ヲ依頼ス」[15]とあり，1月18日の日記には，「午後貴族院に抵リテ金子堅太郎氏に面会シ，人造肥料会社ノ依頼ニ係燐礦石輸入税免除ノ事ヲ談話ス」[16]とあ

る．金子堅太郎は，第三次伊藤博文内閣で農商務大臣を，また第四次伊藤博文内閣で司法大臣を務めた人物である．渋沢はその金子堅太郎に原料の燐鉱石の輸入関税の免税を依頼したのである．こうした渋沢の活動の甲斐あって，免税が実現したと言えよう．

また，帝国ホテルを舞台にしての株式募集の依頼も大切である．渋沢栄一は，京釜鉄道の会社設立においては，社債の発行に尽力したのみならず，株式の募集においても，渋沢自身が役員であった帝国ホテルを舞台にして東京府郡区長に対し募集を依頼した．この時の事情は日記に次のように記されている．明治36年4月16日，「午後四時東京府ニ抵リ郡区長ニ面会シテ京釜鉄道会社株式募集ノ事ヲ依頼ス，五時帝国ホテルニ於テ郡区長ト共ニ晩飱ス」[17]と．

この他，近代的な会社に必要な専門的知識を持った人物を斡旋紹介し，新事業の立ち上げにも大きな役割を果たしたことも指摘しておく必要がある．

(2) 株式会社の設立

共同出資による会社設立

これまで渋沢栄一を通して一種のビジネスモデルが生まれ，このビジネスモデルが普及する側面を見てきた．では実際に，このビジネスモデルを取り入れて会社を設立していく過程を見ていこう．特に，共同事業では，出資者の性格によって様々なタイプが生まれたと思われる．これを整理しておきたい．

これまでに登場した人物は，家族や同族による出資によって会社を設立し，役員に就任していたのであろうか（第1タイプ）．それとも，家族・同族が中心となって会社を設立し，不足する起業資金を，株式会社機能を利用して外部から集めたのであろうか（第2タイプ）．それとも，家族や同族といった血縁関係とは異なった人的な繋がりの中で，共同して会社を設立したのであろうか（第3タイプ）．もし，第3タイプであれば，人的な繋がりというのは，どのような繋がりだったのだろうか．同じ地域に根差した人的な繋がりなのだろうか．それとも，同業者のような家業・職業に根差したものなのだろうか．こうした問題が当然，浮かんでくる．

またそして何よりも，家族や同族でない者たちが共同で会社を設立する場合，その所有と経営はどのような構造を取ったのだろうか．共同で出資した人物が，

表 I-2-1　明治 31 年で役員録に 10 回以上登場する人物一覧

回数	人数	名前
29	1	渋沢栄一
26	1	松本重太郎
21	1	山中利右衛門
20	3	阿部彦太郎，田中市兵衛，野田吉兵衛
19	1	岡橋治助
18	1	小泉新助
17	1	下郷伝平
16	1	阿部市郎兵衛
15	4	馬越恭平，井上保次郎，今西林三郎，浮田桂造
14	3	田中平八，岡崎栄次郎，金沢仁兵衛
13	4	今村清之助，浅野総一郎，近藤喜禄，弘世助三郎
12	3	原善三郎，岡本助助，土居通夫
11	9	菊池長四郎，若尾幾造，木谷七平，外山脩造，広瀬満正，肥塚与八郎，山本亀太郎，中野貫一，瀧兵右衛門
10	11	荘田平五郎，中沢彦吉，小野金六，原六郎，真中忠直，阪上新治郎，田中市太郎，山本治兵衛，池田貫兵衛，殖栗順平，守永勝助

その後も，長期間にわたって信頼した関係を続けられたのであろうか (a)．それとも，時間の経過とともに，「共同出資」関係にひびが入り，共同関係は崩壊していったのだろうか．この場合，共同出資した人物の中から経営者が選出され，安定的な会社経営を行なったのだろうか (b)．それとも，外部から招いた専門経営者・専門技術者が経営を掌握していったのだろうか (c)．

　以上から，ひとまず第 1 タイプ，第 2 タイプ，第 3 タイプ—a，第 3 タイプ—b，第 3 タイプ—c の 5 つの可能性が考えられる．

　もう 1 つ考えなければならない点がある．第 1 章で記したように，『役員録』に登場する企業家の中には，明治 31 年のデータで，29 社の役員に就任していた渋沢栄一を始め，26 社の役員に就任していた松本重太郎，21 社の役員に就任していた山中利右衛門など，10 社以上の会社で役員であった人物が 44 名いる．これらの 44 名の役員数別一覧は表 I-2-1 に掲げてある．また，5 社以上の会社で役員であった人物は 378 名に達する．これらの多数の会社に役員として関わった人物は，これ程多くの会社の株主として，また役員として十分な職責を果たし得たのだろうか．これだけの数の会社役員を務め上げられたのだろうか，という問題である．

　以上の資金調達に関わる問題と経営者能力に関わる問題が重要である．また，こうした人物が単独で役員ポストを占有して，会社の経営に関与していたのか，それとも，共同で出資した企業家がグループとして会社の経営に関与していたの

か，という企業統治に関わる問題も考える必要があろう．詳細は第Ⅱ部の事例分析で行なうが，ここでは，企業家ネットワークにおける，そうした支配に関わる側面を，役員ポストの占有率，役職の継続の有無という側面から考察していきたい．

人的なつながりの重要性

以上の問題を考えるために，明治31年において10社以上の会社で役員であった人物44名を取り上げ，彼らが関与した会社と役職の一覧表を作成してみよう．これが図Ⅰ-2-1である．横軸に44名の名前を記し，縦軸にそれら44名が役員として関わった会社名を記し，その交わった欄に役職名を記したマトリックスである．渋沢以下44人が役員として関与した会社は360社ある．ある会社の横軸を眺めると，その会社で役員であった人物と役職名が分かる．こうして人物から見た会社（縦軸）と会社から見た人物（横軸）を探って行くと，多くの人物が特定の人物と複数回，別な会社の役員に就任していることが分かる．例えば，渋沢栄一と松本重太郎は，大阪紡績，日本精糖，汽車製造の3社で役員である．また渋沢は，浅野総一郎と東洋汽船以下，帝国ホテル，長門無煙炭礦，磐城炭礦，北越石油，東京瓦斯，王子製紙，東京製綱，東京人造肥料，札幌麦酒の10社で共通して役員に就任している．渋沢ばかりではない．松本重太郎を始め山中利右衛門，阿部彦太郎，田中市兵衛，野田吉兵衛などの関西で活躍している人物も，渋沢同様に，特定の人物と複数回，同じ会社に役員として登場している．

しかも詳細に見ていくと，渋沢と松本は3社で同じ会社の役員であり，松本は田中市兵衛と汽車製造，日本貯金銀行，阪鶴鉄道，南海鉄道，南豊鉄道，日本火災保険，山陽鉄道，豊州鉄道，南豊鉄道・大分の9社で共通して役員である．また田中市兵衛は，松本以外にも岡橋治助，金沢仁兵衛と複数の会社に役員として関わっていることが判明する．渋沢栄一，松本重太郎，田中市兵衛のように，複数の会社に役員として関わっていた人物たちの関係は，一種の「ネットワーク」のような広がりを持っていたと言えよう．

ここから3つの課題が生まれてくる．第1は，ネットワークのような関係を理解するためには，どのような論理的な視点が必要なのだろうか．第2は，このような関係は10社以上に関わった人物だけに見られた特異な現象なのだろうか，それとも，会社役員数とは無関係に，役員数の少ない人物であっても，こうした

第 2 章　明治 31 年と明治 40 年の企業家ネットワークの構造分析　103

図 I-2-1　明治 31 年に 10 回以上『役員録』に登場した人物の関与した会社と役職

会社 \ 人物	渋沢栄一	松本重太郎	山中利右衛門	阿部彦太郎	野田吉兵衛	岡橋治助	小泉新兵衛	下郷伝平	阿部市兵衛	馬越恭平	井上保次郎	今西林三郎	浮田桂造	田中平八	近藤仁之助	金沢仁兵衛	今村清之助	浅野総一郎	弘世助三郎	原善三郎	土居通夫	岡本治助	菊池長四郎	若尾幾造	木谷七平	外山脩造	広瀬満正	肥塚与八郎	山本亀太郎	中野貫一	瀧川弁三	兵頭五兵衛	中沢彦吉	小野金六	原六郎	阪上忠直	田中新治郎	山本治兵衛	池田貫兵衛	殖田順平	守永勝助
第一銀行	頭																																								
東京貯蓄銀行	取																																								
日本鉄道(株)	理委																	理																							
北越鉄道(株)	委																													監											
日本郵船(株)	取																																	取							
東洋汽船(株)	監		取														社	取		監		岡											取								
東京海上保険	取																																								
帝国ホテル(株)	取	会									取	監																					取								
長門無煙炭(株)	取	会																										監					相								
磐城炭礦(株)	取	会													取																			取							
北越石油(株)	相															取																									
東京瓦斯(株)	取	会														監																									
王子製紙(株)	取	会														監																									
東京石川島造船所	取	会																																							
東京製綱(株)	取															監																									
日本煉瓦製造(株)	取	会																																							
八重山糖業(株)	監																																								
東京人造肥料(株)	取	会														監																									
東京帽子(株)	取					監																																			
京都織物(株)																																									
大阪紡績(株)	相	社															取																								
日本精糖(株)	取	社		取		監	監																																		
大阪車輌製造(合)	業担社					監																																	監 業担社		
広島水力電気(株)	会															監																									
京松築港(株)	相																																		相						
北海道製麻(株)	監	監																																							
函館船渠(株)	取																																						監		
札幌麦酒(株)	取											専																													
内国通運(株)	評																																	取							
明治生命保険	取																																	取							
京都製糸(合)	業担社																																								
第百三十国立銀行	頭																			取														取							
(株)大阪共立銀行	監													頭																				取							
大阪興業銀行	頭						取																																		

第I部　日本全国における企業家ネットワーク

会社名	渋沢栄一	松本重太郎	山中利右衛門	阿部彦太郎	田中市兵衛	野田吉兵衛	岡橋治助	小泉新助	下郷伝平	阿部市郎兵衛	馬越恭平	今西林三郎	浮田桂造	田中保次郎	岡崎栄次郎	今村清之助	金沢仁兵衛	浅野総一郎	弘世助三郎	近藤喜禄	原善三郎	岡本治助	土居通夫	菊池長四郎	若尾幾造	木谷七平	外山脩造	広瀬満正	肥塚龍	山本亀太郎	中野貫一	瀧兵右衛門	荘田平五郎	中沢彦吉	小野金六	原六郎	真中忠直	阪田新治郎	田中太郎	山本治兵衛	池田貫兵衛	殖栗順平
㈱日本貯金銀行	取				取			監		取	監																															
阪鶴鉄道㈱		監		監																	取		取																		取	
南海鉄道㈱		社		監																				監	監																	
阪堺鉄道㈱		社																							監	監																
南豊鉄道㈱		社												取	監																											
大阪運河㈱		社																																								
日本海陸保険㈱		監					監															取	取																			
日本火災保険㈱	取			監			監									取													監													
日本教育保険㈱		社							取																																	
毛斯綸紡織㈱		社																																								
明治炭坑㈱		監			取			取																						監												
大阪麦酒㈱		監																											監													
堺酒造㈱		監																													監											
山陽鉄道㈱		社			監							監															取								取							
日本紡織㈱	取																										取															
豊州鉄道㈱		社			監									監																												
南豊鉄道㈱・大分		社			監									取	監																											評
㈱京都商工銀行					取																																					
京都鉄道㈱		監			監							監																														
日本絹糸紡績㈱		監							取	社	監																															
西陣撚糸再整㈱									取	監																																
㈱近江銀行		取							頭	取	監																															
金巾製織㈱		監							専	取																																
天満織物㈱		監							社	監																																
日本興業㈱		監							取	取																																
㈱日本貿易銀行		取							評																						頭	取										評
日本貿易倉庫㈱		取							取																						社	取										評
日本生糸貿易㈱		取																			監										社											
内外物産貿易㈱		監							社																						取	取										
日本樟脳㈱		監						取	監																						取	取										
関西鉄道㈱		取									取			取	取															監												
㈱近江貯金銀行		監							頭																																	
近江倉庫㈱		社							監																																	
近江麻糸紡織㈱		社							監																																	
近江帆布㈱		監							監																																	
近江製油㈱		監							専	監																																
㈹三共商会		社員							社員																																	
㈱帝国商業銀行		監			取																																					
㈱明治商業銀行		監																																								
武相中央鉄道㈱		取			取										取															監												
日本鋳鉄㈱		取										監																														

第2章　明治31年と明治40年の企業家ネットワークの構造分析　105

	渋沢栄一	松本重太郎	山中利右衛門	阿部彦太郎	田中市兵衛	野橋治助	岡田吉兵衛	小泉新助	下郷伝平	阿部市郎兵衛	馬越恭平	井上保次郎	今西林三郎	浮田桂造	田中市兵衛	岡崎栄次郎	金沢仁兵衛	今村清之助	浅野総一郎	近藤喜録	弘世助三郎	岡本善治	土居通夫	菊池長四郎	若尾幾造	木谷七平	外山脩造	広瀬満正	肥塚与八郎	山本亀太郎	中野貫一	瀧田平五郎	荘田平五郎	中沢彦吉	小野金六	原六郎	真中忠直	田中新治郎	阪田貫一	山本治兵衛	池田貫兵衛	殖栗順平	守永勝助
㈱平安銀行				頭																																							
㈱帝国火災保険				相			監	社																																			
㈱第一絹糸紡績				監事																																							
㈱北浜銀行				監				監																			監																
㈱陽鉄道				監			監																																				
㈱大阪商船				取	社									取																													
㈱外綿				頭			監				監																																
㈱華紡績				監	社																															新							
㈱大阪燃糸				監																																							
㈱大阪株式取引所																																									理事長		
㈱中央倉庫				社																																							
㈱日本商業銀行				監																																							
㈱但鉄道				取			取																																				
㈱日本米穀				取																																							
㈱大阪酒造				社																																							
㈱四十二国立銀行				頭									取																														
㈱大阪倉庫				監											監												監																
㈱日本棉花			社	取	監						監																																
㈱日本紡績				監	監						取	社	取																														
㈱津紡績				監							取																														取		
㈱川改修				社															取																								
㈱戸桟橋				社																																							
㈱九州鉄道				取			取																																				
㈱三十四銀行				取	頭																																						
㈱大阪鉄道				監	監					取			取																														
㈱万織用品				監	社																																						
㈱満紡績				監	社			監																																			
㈱大阪再綿					社																																	取					
㈱陽採炭					社																																						
㈱大阪石油				取																																							
㈱硫酸晒粉製造				社																																							
㈱大阪時計製造																																											
㈱大阪土木				取																																			監				
㈱大阪製紙				社																					監												監					
㈱大阪電気分銅				専																																							
㈱中央セメント				取	監																																						取
㈱大東セメント				社																											取												
㈱日本煉瓦				社				監	監																																		
㈱日本産業				顧																																							
㈱日本中立銀行				取															取																	取							
㈱日本共同銀行				頭															取																								
㈱中立貯蓄銀行				頭															取																								
㈱共同曳船				監															監																	取							
㈱日本生命保険				監															取	取																							

	渋沢栄一	松本重太郎	山中利右衛門	阿部彦太郎	田中市兵衛	野田吉兵衛	岡橋治助	小泉新助	下郷伝平	阿部市郎兵衛	馬越恭平	井上保次郎	今西林三郎	浮田桂造	田中平八	岡崎栄次郎	金沢仁兵衛	今村清之助	浅野総一郎	近藤喜禄	弘世助三郎	原善三郎
日本倉庫㈱							社															
帝国物産㈱							社															
近江鉄道㈱							取		取	取												
㈱四十三銀行							監															
京都倉庫㈱								取														
㈱京都株式取引所								理														
大阪生命病傷保険㈱								監	社								監					
㈱近江商業銀行								取														
大阪電燈㈱									取													
㈱長浜銀行									頭													
㈱長浜貯金銀行									監													
近江製糸㈱									相													
㈱長浜糸米株式取引所									理長													
㈱起業銀行										頭												
㈱起業貯金銀行										頭												
真宗信徒生命保険㈱										監												
㈱大阪明治銀行										監				頭								
大阪硫曹㈱										取				社								
河州紡績㈱										監				監								
東京校舎㈱											取											
上海紡績㈱											監											
小名木川綿布㈱											社											
茨城炭礦㈱											取											
日本石油精製㈱											取											
日本麦酒㈱											専取											
下野煉化㈱											取											
㈱二十二銀行											取											
中国鉄道㈱											取					監				取		
共立絹糸紡績㈱											監											
笠岡紡績㈱											取											
味野紡績㈱											取											
福山紡績㈱											監											
第百三十六国立銀行												頭										
㈾井上銀行												業担社										
西成鉄道㈱												取					取	取				
兵庫運河㈱												取										
㈱大阪三商銀行													監									
㈱朝日商社													監									
大阪毛糸㈱													社									
関西採炭㈱													取									
筑豊炭坑㈱													相									
関西コーク㈱													取									

	岡本治助	土居通夫	菊池長四郎	若尾幾造	木谷七平	外山脩造	広瀬満正	肥塚与八郎	山本亀太郎	中野貫一	瀧兵右衛門	荘田平五郎	中沢彦吉	小野金六	原六郎	真中忠直	阪上新治郎	田中市太郎	山本治兵衛	池田貫兵衛	殖栗順平
日本倉庫㈱																					
帝国物産㈱																	監				
近江鉄道㈱																					
㈱四十三銀行																					
京都倉庫㈱																					
㈱京都株式取引所																					
大阪生命病傷保険㈱																					
㈱近江商業銀行																					
大阪電燈㈱		社																			
㈱長浜銀行																					
㈱長浜貯金銀行																					
近江製糸㈱																					
㈱長浜糸米株式取引所																					
㈱起業銀行																					
㈱起業貯金銀行																					
真宗信徒生命保険㈱																					
㈱大阪明治銀行																					
大阪硫曹㈱																					
河州紡績㈱																					
東京校舎㈱																					
上海紡績㈱																					
小名木川綿布㈱																					
茨城炭礦㈱																					
日本石油精製㈱																					
日本麦酒㈱																					
下野煉化㈱																					
㈱二十二銀行																					
中国鉄道㈱																					
共立絹糸紡績㈱																					
笠岡紡績㈱																					
味野紡績㈱																					
福山紡績㈱																					
第百三十六国立銀行																					
㈾井上銀行																					
西成鉄道㈱																専取					
兵庫運河㈱																					
㈱大阪三商銀行																			取		
㈱朝日商社																					
大阪毛糸㈱																					
関西採炭㈱																					
筑豊炭坑㈱																					
関西コーク㈱																			取		

第2章 明治31年と明治40年の企業家ネットワークの構造分析　107

	渋沢栄一	松本重太郎	山中利右衛門	阿部彦太郎	田中市兵衛	野田吉兵衛	岡橋治助	小泉新助	下郷伝平	阿部市郎兵衛	馬越恭平	井上保次郎	今西林三郎	浮田桂造	田中平八	岡崎栄次郎	金村清一郎	今村清之助	浅野総一郎	近藤喜録	弘世助三郎	原善三郎	土居通夫	菊本治助	若尾幾造	木谷七平	外山脩造	広瀬満正	山本亀太郎	中野貫一	瀧兵右衛門	荘田平五郎	中沢彦吉	小野金六	原六郎	真中忠直	阪上新治郎	田中太兵衛	山本治兵衛	池田貫兵衛	殖栗順平	守永勝助
(株)大阪糸綿													理																						理							
(株)綿取引所													業担																													
改良籠製吉所													社監																													
島鉄道(株)													取																													
松山商業銀行(株)													取																													
宇和島銀行(株)													取											社																		
宇和島鉄道													社																													
大東生命保険(株)													監																													
大阪煙草(株)													監													社																
大阪舎密工業(株)													社																													
日本黄銅(株)													取																	監												
奈良鉄道(株)													監																													
和歌山紡績(株)													監																													
南海絹糸紡績(株)													監																													
和歌山織布(株)													頭																													
百十二銀行(株)													頭																													
帝国貯蓄銀行(株)													頭																													
田中銀行(株)													取																													
谷鉱山(株)													理																													
東京商品取引所(株)													理																													
東京銀塊取引所(株)													取							取																						
横浜共同電灯(株)													理																													
横浜綿糸(株)													監																													
花金属株式取引所													相																													
有馬電気鉄道(株)													理																													
相人車鉄道(株)													社																													
北海道炭礦鉄道(株)													取支長頭						監																						
北海道鉱山(株)													監																													
内国保険(株)													社						取																							
(株)大阪商業銀行													監						社																							
大阪融通(株)													取						専																							
泉陽銀行(株)													取																													
大阪割引(株)													監																													
大阪砂糖(株)													社						監																							
日清貿易(株)													監																													
日本製綿(株)													監																													
大阪製帽(株)																																										
泉陽煉瓦(株)																																										

	渋沢栄一	松本重太郎	山本利右衛門	阿部彦太郎	田中市兵衛	野田吉兵衛	岡橋治助	小泉新助	下郷伝平	阿部市郎兵衛	馬越恭平	今西林三郎	浮田桂造	井上保次郎	田中平八	岡崎栄次郎	金沢仁兵衛	今村清之助	浅野総一郎	近藤廉平	弘世助三郎	原善三郎	岡本治助	土居通夫	菊池長四郎	若尾幾造	木谷七平	外山脩造	広瀬満正	肥塚与八郎	山本亀太郎	中野貫一	瀧川儀右衛門	荘田平五郎	中沢彦吉	小野金六	原六郎	真中忠直	阪上治助	田中治兵衛	山本治兵衛	池田貫兵衛	殖栗順平
日本耐火煉瓦㈱																			取社			監																					
関西煉瓦㈱																	監社																										
平野紡績㈱																	社																										
摂津製油㈱																																						取					
毛武鉄道㈱																		取																			取	監					
富士製紙㈱																		取					監																				
㈱今村銀行																		頭																									
利根運河㈱																																											
東京板紙㈱																						取																					
浦賀船渠㈱																						取																					
藤原炭鉱㈿																						社																					
有隣生命保険㈱																						取																					
朝日紡績㈱																						監																					
日ノ丸製剤㈱																						社																					
㈱共同銀行																						取																					
㈱熊野貯蓄銀行・和歌山																						取																					
帝国商船㈱																						取																					
宮川電気㈱																						監																					
第百三十三国立銀行																						取																					
㈱彦根商業銀行																						監																					
㈱近江貯蓄銀行																						監																					
富士紡績㈱																				取	監																						
㈱第二銀行																				頭																							
㈱横浜貿易銀行																				相																							
㈱横浜貿易倉庫																				専取社			専取社																					
横浜火災保険㈱																				取			取																					
㈱横浜蚕糸外四品取引所																				理長			理																					
横浜生糸㈴																				社員																							
上毛物産㈱																				取																							
帝国撚糸㈱																				相											社												
㈱名古屋蚕糸綿布取引所																				相											相												
㈱京都農商銀行																			取																								
㈱西陣銀行																			取																								
㈱鴨東銀行																			取																								
㈱西陣貯蓄銀行																			取																								
疏水運送㈱																			取																								
疏水倉庫㈱																			監																								
京都生命保険㈱																			監																								
京都撚糸㈱																			社																								
京都陶器㈱																			監																								
京都酒造㈱																			監																								

第 2 章　明治 31 年と明治 40 年の企業家ネットワークの構造分析　109

会社名	渋沢栄一	松本重太郎	山中利右衛門	阿部彦太郎	田中市兵衛	野田吉兵衛	岡橋治助	小泉新助	下郷伝平	阿部市兵衛	馬越恭平	井上保次郎	今西林三郎	浮田桂造	岡崎栄次郎	金沢仁兵衛	今村清之助	浅野総一郎	近藤廉平	弘世助三郎	原喜三郎	岡本治助	土居通夫	菊池長四郎	若尾幾造	木谷七平	外山脩造	広瀬満正	肥塚与八郎	山本亀太郎	中野貫一	瀧兵右衛門	荘田平五郎	中沢彦吉	小野金六	原六郎	真中忠直	阪上新治郎	山本太郎	池田貫兵衛	殖栗順平	守永勝助
京都蚕糸商品取引																							理長																			
大阪実業銀行																							頭																			
大阪馬車鉄(株)																							社																			
治紡績(株)																							社																			
大阪衡器(株)																																										
越鉄道(株)																							取																			監
東海銀行																							監督																			
総鉄道(株)																							取																			
野製麻(株)																							取																			
日本織物(株)																							監																			
草炭業(株)																							監											取		監						
洋石油(株)																							監											取		取						
東京…																																			会						
日本セメン…																							監																			
第四十一国立銀行																							取																			
横浜蚕糸銀行																								取																		
横浜若尾銀行																								事業主																		
田原電気鉄道(株)																								監																		
日本絹綿紡																								相																		
浜電線製(株)																								取																		
崎製糸(株)																								監																		
堺銀行																							監	監																		
岸和田銀行																							監	監																		
貝塚銀行																							監	監																		
岸和田貯銀行																							監	監																		
日本海上保																							監																			
大阪盛業(株)																							監																			
大阪セメン(株)																							取	監																		
和田煉瓦(株)																							取																			
浪速銀行																							頭																			
積善同盟																							頭																			
大阪貯蓄銀行																							副頭																			
堺貯蓄銀行																							監	取																		
川崎造船																							監	取																		
泉屋銀行																							取																			
日本紙類売																							取																			
日本製茶輸																							取	専取																		
路紡績(株)																							取																			
造用品(株)																							取																			

110　第I部　日本全国における企業家ネットワーク

会社名	渋沢栄一	松本重太郎	山中利右衛門	阿部彦太郎	野田吉兵衛	岡橋治助	小泉新助	下郷伝平	阿部市郎兵衛	馬越恭平	井上保次郎	今西林三郎	浮田桂造	田中仁兵衛	岡崎栄次郎	金沢仁兵衛	今村清之助	浅野総一郎	近藤喜三郎	弘世助三郎	原善三郎	岡本治助	土居通夫	菊池侃四郎	若尾幾造	木谷七平	肥塚龍	広瀬満正	外山脩造	山本亀太郎	中野貫一	瀧本五郎	荘田平五郎	中沢彦吉	小野金六	原六郎	真田忠直	阪田治太郎	山上新治郎	池田貫兵衛	殖栗順平
大阪船渠㈱																													取												
㈱大阪活版製造所																													取												
堺精米㈲																													業務担当社員												
泉州紡績㈱																														監											
㈱神戸銀行																														頭											
日本毛織㈱																														相理											監
㈱神戸米穀株式外四品取引所																																									理長
茶商㈲																													業務担当社員												
日本石油㈱																															監										
古志宝田石油㈱																															監										取
新潟礦業㈱																															監										
大平拾坑㈱																															専取										
扶桑同盟㈱																															社										
後谷石油㈱																															理取										
北平石油㈱																															取										
中越石油㈱																															専取										
長岡鉄管㈱																															取										専取
扶桑二十坑石油㈱																															社										
越後石油㈱																															取										
㈱河曲銀行																																		監							
㈱愛知銀行																																		監							
㈱名古屋銀行																																		頭							
㈱名古屋貯蓄銀行																																		専取							
尾張紡績㈱																																		取							
㈱鉄道車輛製造所																																		取							
愛知織物㈲																																		社							
岐阜絹織物㈱																																		取							
第百十九国立銀行																																		取							
明治火災保険㈱																																		取							
東京倉庫㈱																																		取							
千川水道㈱																																		取							
三菱㈲																																	管支兼								
㈱京橋銀行																																				頭					
㈱八十四銀行																																				頭					
㈱興業貯蓄銀行																																				頭					
総武鉄道㈱																																				監	取				
東京火災保険㈱																																				監					
帝国海上保険㈱																																				監					

第 2 章 明治 31 年と明治 40 年の企業家ネットワークの構造分析

	渋沢栄一	松本重太郎	山中利右衛門	阿部彦太郎	野田吉兵衛	岡橋治助	小泉新助	下郷伝平	阿部市郎兵衛	馬越恭平	井上保次郎	今西林三郎	浮田桂造	岡崎栄次郎	金沢仁兵衛	今村清之助	近藤総一郎	弘世助三郎	浅野喜三郎	原善三郎	岡本治助	土居通夫	菊池長四郎	若尾幾造	木谷七平	外山脩造	広瀬満正	肥塚与八郎	山本亀太郎	中野武営	瀧兵右衛門	荘田平五郎	中沢彦吉	小野金六	原六郎	真島襄一郎	阪田忠直	田中新七郎	山中治兵衛	池田寛治	殖栗順平	守永勝助
東京建物㈱																																	取会									
東京本芝浦㈱																																	取									
㈱六十三銀行																																	取									
㈱東京割引銀行																																	頭									
東京学資保管㈱																																	取									
東京電燈㈱																																	取									
東京機械製造㈱																																	取									
丸脂肥料製造㈱																																	取	取								
伸㈱																																										
㈱東京貯蔵銀行																																	監									
横浜正金銀行																																		取								
横浜船渠㈱																																		取								
㈱有魚貯蓄銀行																																	頭									
㈱有魚銀行																																	業担社監									
岸崎紡績㈱																																	監									
大阪製鍍㈱																																	社									
大阪株式米取引所																																	監									
日本醸酒㈱																																	社									
之川鉱山																																	監									
大阪米穀㈱																																	監									
大阪米穀売㈱																																	監									
紡績㈱																																	監									
大阪製綿㈱																																	監									
日本炭礦㈱																																	社									
大阪燐寸㈱																																	取									
㈱第六十五銀行																																		頭								
丸皮㈱																																	専取	社監								
神戸電燈㈱																																										
徳島電燈㈱																																										
栄石油㈱																																									社	
津谷石油㈱																																									専取	
後採油㈱																																									取	
地嶽谷石油㈱																																									社	
桑共同石油㈱																																									社	
青林石油㈱																																		取	頭							取	
月岡石油㈱																																									取	
岡製油㈱																																										
㈱第八十七銀行																																									頭	
㈱嘉穂銀行																																									相	
㈱豊陽銀行																																									取	

	渋沢栄一	松本重太郎	山中利右衛門	阿部市郎兵衛	野田吉兵衛	岡橋治助	小泉新助	下郷伝平	阿部恭兵衛	馬越恭平	井上保次郎	今西林三郎	浮田桂造	田中市兵衛	金崎栄次郎	今村清之助	浅野総一郎	近藤廉平	弘世助三郎	原善三郎	岡本治右衛門	土居通夫	菊池長四郎	若尾幾造	木谷七郎兵衛	肥塚満正	広瀬与八郎	山本亀太郎	中野貫一	瀧兵右衛門	荘田平五郎	中上川彦次郎	小野金六	中沢彦吉	原六郎	真中忠直	阪本新治郎	田中太兵衛	池田貫兵衛	殖栗順平
㈱門司貯蓄銀行																																								
金辺鉄道㈱																																								
九州倉庫㈱																																								
門司鉄工㈱																																								
門司築港㈱																																								

ネットワークのような関係を取っていたのだろうか．第3は東京や大阪，兵庫，京都などの特定の地域に限られた現象なのであろうか，それとも日本全国至る所で見られた現象なのであろうか，という3つの問題である．この企業家ネットワークに関わる問題を考えるために，その特徴を遺憾なく発揮し，それ故特異な存在であった，渋沢栄一の事例を取り上げて考えていこう．

ネットワークにおける weak-ties と strong-ties

その前に，人的ネットワークと情報の流れ，リーダーシップの役割，さらには同質の人物が作るネットワークと異質な人物を含んだネットワークの違いという側面から，ネットワークの機能について考えておきたい．とくに，ネットワークにおけるリーダーシップの役割にも言及する必要があろう．というのも，会社の設立という意思決定は，強いリーダーシップを持った人物なくしては，実現されないからである．多くの同志が集まれば，そこから自然発生的に会社が設立される訳ではあるまい．

ネットワークにおけるメンバー同士の情報交換について，ネットワークが同質の人物からできている場合と異質な人物からできている場合の違いに関して，E. M. ロジャースの研究が参考になろう．ロジャースは，*Diffusion of Innovations*[18] の中で，weak-ties 対 strong-ties という用語を用いて両者の関係を説明している．weak-ties とは，より遠くの距離にいる人間の間での情報交換であり，strong-ties とは，距離も近く考え方も同じような人間の間での情報交換である．weak-ties は，革新的な情報の入手においては非常に重要であり，空間的に離れて存在する2つのネットワークの間を結びつける情報ルートになり得るものである．「確かに，弱い繋がり（weak-ties）には，情報コミュニケーションはそれほど頻繁には流れないが，このルートを通って流れる情報は個々人にとってもシステムにとっても決定的に重要な役割を果たすのである」[19] と，ロジャースは記し

ている．同質の人物で作られる strong-ties のネットワークでは，情報の伝達は速いものの，そこに流れる情報そのものは，皆が既に知っているような，情報としての価値が小さなものである．しかし，ネットワークの中に異質な人物がいて，彼が遠くにいる別な人物と weak-ties によって情報交換する場合，その情報交換の頻度は少ないものの，その中身は革新的な内容であり，かつ，その情報は自らがメンバーとして関わっている strong-ties のネットワークの中で，大きな役割を果たす．この weak-ties で結ばれている人物が，それぞれのネットワークでのリーダーシップを発揮する人物であり，ここで得られた新知識を，自らがリーダーシップを発揮して実践したのである．

この weak-ties の一方の相手として，すぐに渋沢栄一の名前が浮かんでこよう．先に見た青森県の第五十九国立銀行の事例において，まさに，weak-ties を頼りに，新時代に相応しい銀行の設立を生み出したのである．そこで，第Ⅱ部で個別に実証する愛知県の場合においても，ネットワークに含まれている人物が同質の人物からできているのか，その中に異質な人物を含み，かつ，遠くにいる，渋沢栄一のような人物と weak-ties を保持していたのか否かが大きな問題となる．

リーダーが得た新知識を同質の仲間であるネットワークのメンバーに説得させる場合，不確かな状況下の方が大きな影響力を持っていた，ということも大切である．ロジャースは，「仲間のパーソナル・インフルエンスは，明確な状況のもとでよりも不確かな状況の下でのほうが，重要度が高い」，とも記している[20]．そして，リーダーは，広域志向性の持ち主であり，社会的な地位も高い人物であったという指摘も大切である．

(3) 企業家ネットワークの定義

人的なつながりから要素ネットへ

以上の議論を踏まえて，先に記した，企業家ネットワークを考える際の視点，人的広がり，そして地域的な広がりという3つの課題を追求するために，渋沢栄一の事例を通してネットワークの構造と特徴を考えていきたい．続いてネットワークが全国で見られたものなのか否か，特定の人物で見られたのか否か，という問題を考えていこう．また，本書が行なったようにプログラミングによって企業家ネットワークを析出するに当たっても，これまで多くの歴史家が行なってき

表 I-2-2　渋沢栄一が関与した会社一覧（明治31年）

会社名	府県	業種	役職	公称資本金	払込資本金	設立年月	住所
㈱第一銀行	東京	銀行	頭取	4,500,000	4,500,000	1873. 7	日本橋区兜町
㈱東京貯蓄銀行	東京	銀行	取締役会長	100,000	50,000	1892. 7	日本橋区兜町
日本鉄道㈱	東京	鉄道	理事委員	66,000,000	40,272,828	1881.11	下谷区山下町
岩越鉄道㈱	東京	鉄道	取締役	6,000,000	600,000	1897. 5	下谷区上車坂町
北越鉄道㈱	東京	鉄道	監査役	3,700,000	3,700,000	1895.12	麹町区八重洲町1丁目
日本郵船㈱	東京	海上輸送	取締役	22,000,000	18,700,000	1885.10	麹町区有楽町1丁目
東洋汽船㈱	東京	海上輸送	監査役	6,500,000	1,625,000	1896. 7	日本橋区北新堀町
東京海上保険㈱	東京	保険	取締役	3,000,000	750,000	1879. 8	麹町区八重洲町1丁目
帝国ホテル㈱	東京	その他サービス	取締役会長	265,000	265,000	1890.11	麹町区内山下町1丁目
長門無煙炭礦㈱	東京	鉱業	取締役	500,000	235,000	1897.10	京橋区本港町（ママ）
磐城炭礦㈱	東京	鉱業	取締役会長	400,000	400,000	1893.12	京橋区本湊町（ママ）
北越石油㈱	東京	石油	相談役	600,000	150,000	1896.10	京橋区築地2丁目
東京瓦斯㈱	東京	ガス	取締役会長	1,050,000	945,000	1885.10	神田区錦町3丁目
王子製紙㈱	東京	化学	取締役会長	1,600,000	1,190,000	1872. 4	北豊島郡王子村
㈱東京石川島造船所	東京	機械器具	取締役会長	1,000,000	652,500	1889. 1	京橋区佃島
東京製綱㈱	東京	その他工業	取締役	360,000	264,000	1887. 4	麻布区木村町
日本煉瓦製造㈱	東京	窯業	取締役会長	250,000	250,000	1893.12	日本橋区小網町2丁目
八重山糖業㈱	東京	食品	監査役	250,000	212,550	1895.12	日本橋区南茅場町
東京人造肥料㈱	東京	化学	取締役会長	500,000	312,500	1887. 4	南葛飾郡大嶋村
東京帽子㈱	東京	その他工業	取締役会長	72,000	54,000	1892.12	小石川区氷川下町
京都織物㈱	京都	生糸	取締役会長	900,000	562,500	1887. 5	京都市上京区川端通御幸橋東詰吉田町
大阪紡績㈱	大阪	綿紡績	相談役	1,200,000	1,200,000	1882. 5	大阪市西区三軒家
日本精糖㈱・大阪	大阪	食品	取締役	1,500,000	375,000	1896. 1	大阪市東区高麗橋5丁目
汽車製造㈲	大阪	機械器具	業務担当社員	690,000	345,000	1896. 9	大阪市西区川北
広島水力電燈㈱	広島	電力	会長	250,000	62,500	1897. 7	広島市仮原村
若松築港㈱	福岡	土地改良開発	相談役	400,000	376,000	1892. 5	遠賀郡若松町
北海道製麻㈱	北海道	その他繊維	監査役	1,600,000	12,416,265	1892. 5	札幌区北七条東1丁目
函館船渠㈱	北海道	機械器具	取締役	1,200,000	300,000	1896.11	函館区大町
札幌麦酒㈱	北海道	醸造業	取締役会長	300,000	190,340	1887.12	札幌区北二条東4丁目

た手続きを通して要素ネットの析出を行ない，その上で企業家ネットワークの定義を行ないたい．プログラミングによる要素ネット，企業家ネットワークの抽出作業は，従来の分析手順の中から生まれたものであることを付け加えておく必要がある．

明治31年の『役員録』によれば，渋沢栄一が役員として登場する会社は，表I-2-2に記されているように29社である．29社の本社所在地は，東京20社，大阪3社，北海道3社，京都，広島，福岡がそれぞれ1社であった．6府県にまたがっている．これら29社の業種は，鉄道と機械器具が3社ずつ，銀行が2行，海上輸送，鉱業，その他工業，化学，食品がそれぞれ2社，ガス，その他繊維，醸造業，生糸，石油，電力，土地改良開発，保険，綿紡績，窯業，その他サービスと19の業種に広がっていた．先に見たように，府県の広がりよりも業種の広

がりの方が顕著である．

　次に，渋沢が役員を務めていた29社すべてにわたって，全役員を一覧表にしたのが表I-2-3である．29社，延べ228人がリストアップされている．このリストに基づいて，2回以上登場する人物を選び，先に10回以上登場した人物で見たような会社，人物，役職のマトリックスを作成すると図I-2-2のようになる．10回以上登場する人物のマトリックスでも見られたように，特定の人物が複数の会社で共通して役員となっていることが分かる．例えば，渋沢は，浅野総一郎と10社で，西園寺公成と6社で，大倉喜八郎と5社で一緒に役員を務めた他，原六郎と梅浦精一とは4社で一緒の役員であった．これ以外にも，3社で一緒の役員であった者は6人，2社で一緒の役員であった者は22人に上る．

　また，浅野総一郎は西園寺や大倉とも複数の会社で一緒に役員であり，荘田平五郎は中上川彦次郎と，原六郎は原善三郎と，須藤時一郎は佐々木勇之助と複数の会社で一緒に役員であった．このように，渋沢が関わった会社を取り上げた人的関係であっても，渋沢を除いた人物同士の間で共通な会社に役員として関わっている様子が窺われる．そこで，こうした人物，会社の関係を詳細に見ていくことにしよう．ネットワークの広がりを考えるに当たって，2人・2社，3人・3社，4人・4社がそれらの最小単位であると考えられるが，4人が4社で一緒に役員に就任している事例は1つもない．そこで3人・3社を探してみると2組存在する．1つは，渋沢栄一，浅野総一郎，大倉喜八郎の3人が帝国ホテル，北越石油，札幌麦酒の3社で一緒に役員に就任していた事例であり，もう1つは，渋沢栄一，西園寺公成，須藤時一郎の3人が第一銀行，東京貯蓄銀行，東京瓦斯の3社で役員に就任している事例である．

　3人・3社という関係が人的なつながりの最小単位であると考えると，僅か2組しか見いだせない．しかも，この2組には人的な面でも，会社の側面でも共通するものがないのである．

要素ネットの特徴
　3人・3社の組み合わせは人物でも会社でも共通するものがなく，いわば独立した存在である．先に見たような，渋沢から始まった人的関係の連鎖は，ここからは見えてこない．これはどうしてなのだろうか．多くの人物が役員として関わった関係を考察する際，その基本にある人間関係は3人という関係ではないの

表 I-2-3 渋沢栄一が関与した会社における役員一覧（明治31年）

番号	会社名	府県	名前	役職
1	㈱第一銀行	東京	渋沢栄一	頭取
2			西園寺公成	取締役
3			三井八郎次郎	取締役
4			佐々木勇之助	取締役兼支配人
5			熊谷辰太郎	取締役
6			須藤時一郎	監査役
7			日下義雄	監査役
8	㈱東京貯蓄銀行	東京	渋沢栄一	取締役会長
9			西園寺公成	取締役
10			吉田省三	取締役
11			佐々木勇之助	監査役
12			須藤時一郎	監査役
13	日本鉄道㈱	東京	毛利重輔	社長
14			浅野長勲	理事委員
15			山本直成	理事委員
16			渋沢栄一	理事委員
17			二橋元長	理事委員
18			久米良作	理事委員
19			西園寺公成	理事委員
20			足立太郎	理事委員
21			白杉政愛	理事委員
22			角田林兵衛	理事委員
23			菊池長四郎	理事委員
24			深川亮蔵	理事委員
25			渡辺福三郎	検査委員
26			久野昌一	検査委員
27			林賢徳	検査委員
28	岩越鉄道㈱	東京	二橋元長	社長
29			渋沢栄一	取締役
30			山本直成	取締役
31			浜政弘	取締役
32			永戸直之介	取締役
33			佐治幸平	取締役
34			日下義雄	取締役
35			林賢徳	監査役
36			安瀬敬蔵	監査役
37			川崎八右衛門	監査役
38	北越鉄道㈱	東京	渡辺嘉一	専務取締役，技師長兼務
39			原六郎	取締役
40			今村清之助	取締役
41			末延道成	取締役
42			前島密	取締役
43			渋沢栄一	取締役
44			大倉喜八郎	監査役
45			原善三郎	監査役
46	日本郵船㈱	東京	近藤廉平	社長
47			加藤正義	副社長
48			園田孝吉	取締役
49			中上川彦次郎	取締役
50			浅田正文	取締役
51			荘田平五郎	取締役
52			渋沢栄一	取締役
53			森岡昌純	取締役
54			小幡篤次郎	監査役
55			有島武	監査役
56	東洋汽船㈱	東京	浅野総一郎	社長
57			塚原周造	副社長
58			原六郎	取締役
59			原善三郎	取締役
60	東洋汽船㈱	東京	阿部彦太郎	取締役
61			天野伊左衛門	取締役
62			若尾幾造	監査役
63			前島密	監査役
64			渋沢栄一	監査役
65	東京海上保険㈱	東京	末延道成	取締役会長
66			佐々木慎思郎	専務取締役
67			荘田平五郎	取締役
68			渋沢栄一	取締役
69			中上川彦次郎	取締役
70			水原久雄	監査役
71			益田克徳	監査役
72	帝国ホテル㈱	東京	渋沢栄一	取締役会長
73			大倉喜八郎	取締役
74			原六郎	取締役
75			今村清之助	取締役
76			横山孫一郎	取締役
77			浅野総一郎	監査役
78			喜谷市郎右衛門	監査役
79	長門無煙炭礦㈱	東京	渋沢栄一	取締役会長
80			唐崎恭三	専務取締役
81			渡辺治右衛門	取締役
82			浅野総一郎	取締役
83			吉原政道	取締役，礦業所嘱託所長兼務
84			小林秀知	監査役
85			中沢彦吉	監査役
86			尾越悌輔	監査役
87			井上勝	相談役
88			真中忠直	相談役
89	磐城炭礦㈱	東京	渋沢栄一	取締役会長
90			唐崎恭三	専務取締役
91			浅野総一郎	取締役
92			真中忠直	取締役
93			渡辺治右衛門	取締役
94			佐久間精一	監査役
95			西園寺公成	監査役
96	北越石油㈱	東京	梅浦精一	取締役会長
97			小坂松五郎	専務取締役
98			浅野総一郎	取締役
99			大倉喜八郎	取締役
100			大橋佐平	取締役
101			伊藤幹一	監査役
102			土田政次郎	監査役
103			横山栄七	監査役
104			渋沢栄一	相談役
105			楠本正隆	相談役
106	東京瓦斯㈱	東京	渋沢栄一	取締役会長
107			須藤時一郎	専務取締役
108			渡部温	取締役
109			笹瀬元明	取締役兼支配人
110			大橋新太郎	取締役
111			西園寺公成	監査役
112			浅野総一郎	監査役
113			渡辺福三郎	監査役
114	王子製紙㈱	東京	渋沢栄一	取締役会長
115			谷敬三	取締役
116			波多野承五郎	取締役
117			大川平三郎	専務取締役
118			藤山雷太	専務取締役

第 2 章　明治 31 年と明治 40 年の企業家ネットワークの構造分析

番号	会社名	府県	名前	役職
119	王子製紙㈱	東京	浅野総一郎	監査役
120			斎藤専蔵	監査役
121	㈱東京石川島造船所	東京	渋沢栄一	取締役会長
122			梅浦精一	専務取締役
123			西園寺公成	取締役
124			田中永昌	監査役
125			松田源五郎	監査役
126	東京製綱㈱	東京	渡部温	社長
127			渋沢栄一	取締役
128			矢野次郎	取締役
129			深山小兵衛	取締役
130			山田昌邦	取締役兼支配人
131			浅野総一郎	監査役
132			赤松範一	監査役
133	日本煉瓦製造㈱	東京	渋沢栄一	取締役会長
134			益田孝	取締役
135			堀江助保	取締役
136			上田安三郎	監査役
137			日比谷平左衛門	監査役
138	八重山糖業㈱	東京	大江卓	取締役会長
139			中川虎之助	専務取締役
140			梅浦精一	取締役
141			稲井永敏	取締役
142			大野利右衛門	取締役
143			渋沢栄一	監査役
144			小室信夫	監査役
145			原藤吉	監査役
146	東京人造肥料㈱	東京	渋沢栄一	取締役会長
147			谷敬三	専務取締役
148			益田孝	取締役
149			渋沢喜作	取締役
150			堀江助保	取締役
151			浅野総一郎	監査役
152			田島信夫	監査役
153	東京帽子㈱	東京	渋沢栄一	取締役会長
154			益田克徳	専務取締役
155			堀江助保	取締役
156			馬越恭平	取締役
157			喜谷市郎右衛門	監査役
158	京都織物㈱	京都	渋沢栄一	取締役会長
159			磯野小右衛門	取締役
160			田中源次郎	取締役
161			中井三郎兵衛	取締役
162			辻川新三郎	専務取締役
163			内貴甚三郎	監査役
164			渡辺伊之助	監査役
165	大阪紡績㈱	大阪	山辺丈夫	社長
166			佐伯勢一郎	取締役
167			広瀬満正	取締役
168			阿部市太郎	取締役
169			宅徳平	監査役
170			秋馬新三郎	監査役
171			渋沢栄一	相談役
172			松本重太郎	相談役
173	日本精糖㈱・大阪	大阪	松本重太郎	社長
174			佐野常樹	常務取締役
175			渋沢栄一	取締役
176			野田吉兵衛	取締役
177			本山彦一	取締役
178			阿部市郎兵衛	監査役
179	日本精糖㈱・大阪	大阪	井上保次郎	監査役
180			浅田正文	監査役
181	汽車製造㈾	大阪	井上勝	専任業務担当社員
182			毛利五郎	業務担当社員
183			渋沢栄一	業務担当社員
184			真中忠直	業務担当社員
185			松本重太郎	業務担当社員
186			原六郎	監査役
187			田中市兵衛	監査役
188	広島水力電燈㈱	広島	渋沢栄一	会長
189			梅浦精一	取締役
190			松本清助	取締役
191			藤田譲夫	取締役
192			桐原恒三郎	取締役
193			井上保次郎	監査役
194			松本万兵衛	監査役
195	若松築港㈱	福岡	渋沢栄一	相談役
196			荘田平五郎	相談役
197			安川敬一郎	取締役会長
198			上野弥太郎	取締役
199			和田源吉	取締役
200			堤猷久	取締役
201			平岡浩太郎	取締役
202			山本周太郎	取締役
203			金子辰三郎	監査役
204			麻生太吉	監査役
205			久保太郎	監査役
206	北海道製麻㈱	北海道	渋沢喜作	社長
207			小室信夫	取締役
208			田中源太郎	取締役
209			浜岡光哲	取締役
210			永山盛繁	取締役
211			宇野保太郎	取締役
212			渋沢栄一	監査役
213			本野小平	監査役
214			山中利右衛門	監査役
215	函館船渠㈱	北海道	園田実徳	社長
216			阿部興人	理事
217			渋沢栄一	取締役
218			大倉喜八郎	取締役
219			平田文右衛門	取締役
220			浅田正文	監査役
221			小川為次郎	監査役
222			田中市太郎	監査役
223	札幌麦酒㈱	北海道	渋沢栄一	取締役会長
224			植村澄三郎	専務取締役
225			大倉喜八郎	専務取締役
226			浅野総一郎	専務取締役
227			鈴木恒吉	監査役
228			藤村胖	監査役

図 I-2-2　渋沢栄一と2社以上で役員であった人物・会社・役職一覧（明治31年）

会社	渋沢栄一	浅野総一郎	西園寺公成	大倉喜八郎	原六郎	梅浦精一	松本重太郎	真中忠直	須藤時一郎	浅田正文	荘田平五郎	堀江保	井上勝	井上保次郎	益田孝	喜谷市郎右衛門	原善三郎	今村清之助	佐々木勇之助	山本直成	渋沢喜作	小室信夫	前島密	谷敬三	中上川彦次郎	渡部温	渡辺治右衛門	渡辺福三郎	唐崎恭三	二橋元長	日下義雄	末延道成	林賢徳	府県	業種
㈱第一銀行	頭			取				監											取兼支													監		東京	銀行
㈱東京貯蓄銀行	取会	取				監																												東京	銀行
日本鉄道㈱	理委		理																	理委							検委		理			検委		東京	鉄道
岩越鉄道㈱	取																											社	取			監		東京	鉄道
北越鉄道㈱	監		監	取											監	取			取									取						東京	鉄道
日本郵船㈱	取							取															取											東京	海上輸送
東洋汽船㈱	監	社		取													監																	東京	海上輸送
東京海上保険㈱	取				取									監							取											取会		東京	保険
帝国ホテル㈱	取会		監	取											監	取																		東京	その他サービス
長門無煙炭礦㈱	取会				相		相													取	専取													東京	鉱業
磐城炭礦㈱	取会	取	監		取															取	専取													東京	鉱業
北越石油㈱	相		取	取会																														東京	石油
東京瓦斯㈱	監	監				専																				取	監							東京	ガス
王子製紙㈱	監																		取															東京	化学
㈱東京石川島造船所	取会		専取																															東京	機械器具
東京製綱㈱	取	監																			社													東京	その他工業
日本煉瓦製造㈱	取会					取			取																									東京	窯業
八重山糖業㈱	監			取													監																	東京	食品
東京人造肥料㈱	監					取				取										取	専取													東京	化学
東京帽子㈱	取会								取	専取	監																							東京	その他工業
京都織物㈱	取会																																	京都	生糸
大阪紡績㈱	相				相																													大阪	綿紡績
日本精糖㈱・大阪	取			社		監																												大阪	食品
汽車製造㈲	業担社			監	業担社		業担社					専取																						大阪	機械器具
広島水力電燈㈱	取会			取						監																								広島	電力
若松築港㈱	相							相																										福岡	土地改良開発
北海道製麻㈱	監																			社取														北海道	その他繊維
函館船渠㈱	取	取						監																										北海道	機械器具
札幌麦酒㈱	取会	専取	取																															北海道	醸造業
役員数	29	10	6	5	4	4	3	3	3	3	3	3	3	2	2	2	2	2	2	2	2	2	2	2	2	2	2	2	2	2	2	2	2		

第2章　明治31年と明治40年の企業家ネットワークの構造分析　119

公称資本金	設立年	住所
4,500,000	1873	日本橋区兜町
100,000	1892	日本橋区兜町
66,000,000	1881	下谷区山下町
6,000,000	1897	下谷区上車坂町
3,700,000	1895	麹町区八重洲町1丁目
22,000,000	1885	麹町区有楽町1丁目
6,500,000	1896	日本橋区北新堀町
3,000,000	1879	麹町区八重洲町1丁目
265,000	1890	麹町区内山下町
500,000	1897	京橋区本港町（ママ）
400,000	1893	京橋区本湊町（ママ）
600,000	1896	京橋区築地2丁目
1,050,000	1885	神田区錦町3丁目
1,600,000	1872	北豊島郡王子村
1,000,000	1889	京橋区佃島
360,000	1887	麻布区木村町
250,000	1893	日本橋区小網町2丁目
250,000	1895	日本橋区南茅場町
500,000	1887	南葛飾郡大嶋村
72,000	1892	小石川区氷川下町
900,000	1887	京都市上京区川端通御幸橋東詰吉田町
1,200,000	1882	大阪市西区三軒家
1,500,000	1896	大阪市東区高麗橋5丁目
690,000	1896	大阪市西区川北
250,000	1897	広島市仮原村
400,000	1892	遠賀郡若松村
1,600,000	1892	札幌区北七条東1丁目
1,200,000	1896	函館区大町
300,000	1887	札幌区北二条東4丁目

かもしれない．また先に見た，ネットワークにおける同質な人物と異質な人物，あるいはグループ同士が重なり合っているといった関係を考える場合にも，そこでは，特定の2人が最小単位となっているのかもしれない．ネットワークといっても，実は，特定の2人が核となって，それが1つの最小単位となってできているのかもしれない．

そこで，2人・2社を最小単位とした場合，どうなるかを考えてみたい．先の図I-2-2から2人・2社の組み合わせを求めると，153組見つかる．渋沢を含む2人・2社は153組中122組あり，渋沢を含まない2人・2社が31組ある．すなわち，渋沢栄一が関わった会社とその役員だけを取り上げたにもかかわらず，渋沢栄一以外の人物同士の間で，2人・2社という関係が見られるのである．この31組の中には，原善三郎と前島密が東洋汽船と北越鉄道で役員に就任している事例や，浅野総一郎と大倉喜八郎が札幌麦酒と帝国ホテルで役員に就任している事例，あるいは荘田平五郎と中上川彦次郎が東京海上保険と日本郵船で役員に就任している事例が含まれる．

しかも，153組の2人・2社の関係は，図I-2-2からも窺われるように，相互に重なり合っていることが知られる．例えば，渋沢栄一と西園寺公成は，第一銀行，東京貯蓄銀行，日本鉄道で一緒に役員を務めていたが，これらの3社を介して須藤時一郎，佐々木勇之助と重なり，また渋沢栄一と大倉喜八郎は北越鉄道，帝国ホテル，北越石油，函館船渠，札幌麦酒で一緒に役員であったが，これらの5社を介して原六郎，今村清之助らと重なり合っているのである．

渋沢栄一と浅野総一郎の2人からは，言うまでもなく多くの人物と関係を持っていることが分かる．つま

り，2人・2社を最小単位とした人的関係を前提とすると，それらが相互に重なり合って，広がっていることが理解できよう．そこで，われわれは，2人・2社を基本単位と考え，これを「要素ネット」と命名することにしたい．

要素ネットから企業家ネットワークへ

次に，「要素ネット」が他の「要素ネット」と重なり合って，別の大きな人的関係を作り上げている様子を考えてみよう．渋沢栄一の事例をもとに，「要素ネット」同士の重なり方には2つあることから考えたい．具体的には，図I-2-3に記載されているように，渋沢栄一と原六郎が帝国ホテルと北越鉄道で一緒に役員に就任していた事例を見ていこう．渋沢・原と帝国ホテル・北越鉄道からなる4つの欄はすべて充たされ，それぞれ役職が記されている．同様に，渋沢栄一は原善三郎と北越鉄道と東洋汽船で一緒に役員に就任していたので，同じようにマトリックスを作成すると，隣にあるように渋沢・原と北越鉄道・東洋汽船からなる4つの欄はすべて役職で埋まる．これら2つの要素ネットには，渋沢栄一の北越鉄道での役員（監査役）が共通に存在する．要素ネットにある4つの欄のうち，2つの要素ネットは1つの欄（渋沢栄一・北越鉄道・監査役）で重なっている．これをマトリックスに表したものを図I-2-3の右端に記した．

もう1つの事例は，図I-2-4に掲げてある．渋沢栄一は大倉喜八郎と札幌麦酒，北越石油で一緒に役員に就任していたので，先に作成したようなマトリックスを求めると4つの欄はすべて役職で埋まる．また渋沢栄一は浅野総一郎とも札幌麦酒と北越石油で一緒に役員に就任していたので，これからもマトリックスを作成した．図I-2-4の中央にあるものがそれである．これら2つの要素ネットを重ねると，図I-2-4の右端にあるマトリックスからも分かるように，渋沢栄一・札幌麦酒・取締役

図I-2-3　明治31年における要素ネットの1点重なりの例

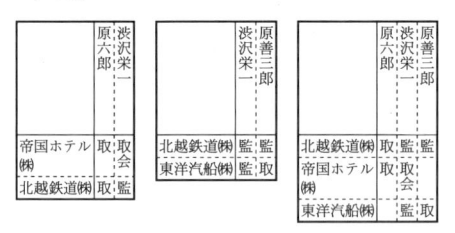

図I-2-4　明治31年における要素ネットの2点重なりの例

会長と渋沢栄一・北越石油・相談役の2つの欄で重なっている．

　この要素ネットの2種類の重なり合いにおいて，人的な関係，特に緊密な人的関係を考えるに当たり，われわれは後者の，要素ネットが2つの欄で重なっている事例を取り上げることにしたい．要素ネットが2つの欄で重なり合っている関係は，重なり合っていくにつれて人的にも会社の面でも広がっていく．この重なり合っていく関係を次々に見つけ，もうこれ以上2つの欄で重なり合う要素ネットが見つからなくなった時点で作業を停止し，でき上がった全体を「企業家ネットワーク」と命名することにしたい．

　すなわち，2人・2社からなる関係を「要素ネット」と呼び，ある「要素ネット」が他の「要素ネット」と2つの欄で重なり合う関係を逐次的に求め，これ以上2つの欄で重なり合う「要素ネット」がなくなった時，その全体を「企業家ネットワーク」と呼ぶことにしよう[21]．

　ここで，要素ネットおよび企業家ネットワークと，先に掲げた渋沢が関与した会社一覧と役員一覧の表との関係を明確にしておきたい．というのも，従来，研究者が行なっていた方法とわれわれが本書で取り上げた企業家ネットワークとの間の関係を明らかにする必要があるからである．

　先に掲げた表I-2-3を用いて，縦軸に会社，横軸に役員名，交差する欄に役職名を記したマトリックスを作成すれば，渋沢栄一と1社でも役員として一緒であった人物すべてが一望できる．これは，渋沢栄一が役員として関わった人物一覧としては，最も詳しいものである．ここには，渋沢との関係のみならず，渋沢以外の人物についても，縦軸に掲げてある会社を舞台にした関係が見いだされる．図I-2-2は，以上の中から，2社で役員であった人物を取り上げたものである．この図においても，渋沢以外の人物についても，縦軸に掲げてある会社を舞台にした関係を見いだすことができる．

　しかし，企業家ネットワークは，以上の関係から，2人・2社という要素ネットをもとに，2つの欄で重なる要素ネットを逐次的に抽出したものであるから，この図の中で要素ネットを作らない関係が，まず消え去る．また，1社しか関係しない人物との関係も消え去る．その一方で，要素ネットと2つの欄で重なる関係は，図に掲げた人物を超えて広がることもある．特に，独自の人的関係を築き上げている人物と渋沢が関わった場合には，大きな広がりを見せる場合もある．それだけではない．大きな広がりを見せる反面，渋沢が関わった会社と人物の性

格によっては，分割されてしまうのである．決して1つとは限らない場合もある．明治31年において，渋沢栄一が含まれる企業家ネットワークは，なんと14に達する．それら14の企業家ネットワークは，渋沢の独自の人的関係を表現したものである．この14の企業家ネットワークすべてが渋沢の分析にとって必要となることは言うまでもない．

　もちろん，要素ネットを出発点として，ある人物が含まれている要素ネットを抽出し，これを一覧すれば，当該人物が直接関わった人物と会社だけが抽出される．この他にも様々なデータ処理が可能であるが，全国における企業家のネットワークという実態を抽出するために，本書では，主に，企業家ネットワークという概念で処理した．しかし，データ処理分析の可能性はこれにとどまるものではない．様々な目的に応じて展開しうる可能性を秘めたものであることを指摘しておきたい．

小　括

　以上から分かるように，渋沢栄一を取り上げ，彼が企業家として関与した会社とその役員全員を表I-2-3のようにリストアップすると，そこから要素ネットや企業家ネットワークの存在が確かめられた．しかも，そこには渋沢を含まない企業家たちの間でも企業家ネットワークを検出できた．さらに，渋沢と1社だけ役員として関係している人物も見いだせる．この意味で，この表は人的な側面でも，会社の側面や役職の側面でも豊富な情報を提供してくれる．しかし，その反面，そうであるが故に，人的な関係の境界を見いだすことが困難となる．渋沢栄一が関わった人物と会社の間に，ある種の境界，性格の異なった人間関係や会社関係があったはずである．しかし，この表からそれを見いだすことは困難であろう．境界線を画そうとすれば，どうしても，恣意的にならざるを得ない．そこで，本書では，要素ネットと企業家ネットワークを定義し，ここから1つの境界線を画そうと試みた．これによって，ある人物の企業家としての活動を，複数の企業家ネットワークとして分離し，考察する視点を提供したのである．

　2人・2社という要素ネットが企業家ネットワークを理解する上で最も大切な概念である．企業家ネットワークは，一見すると，多くの人物と多くの会社からなる，複雑な関係に見えるが，実は，2人・2社という関係が基本であって，そ

の基本の要素ネットが重なり合ってネットワークができているのである．

　同じ2人が同時に，2社に会社役員として就任している姿を思い浮かべた時，そこには，偶然というよりは，なにがしかの人的な関係があったと考えても差し支えなかろう．それが発起人という立場であれば，なおさらである．

　さらに，渋沢栄一が関わった会社に限定して作成したネットワークであっても，渋沢自身を含まないネットワークがそこに存在していることも大切である．これは，渋沢栄一に直接関わった人物から始まったネットワークが渋沢栄一を超えて広がっている，という事実を明らかにしているからである．これこそが，ネットワークの広がりを示す証であろう．

　かくして，ネットワークは，渋沢栄一のような特定の人物を核としたグループだけではなく，それ以外の人物を核としたグループをも包み込む形となっている．これまで述べてきたように，相互に重なり合う，緩やかな関係としてのネットワークの全貌が見られることにも注目すべきであろう．

　さて次に，ここで見いだされた要素ネットや企業家ネットワークというのは，渋沢栄一自身や彼に関係した人物だけに見られた現象なのかどうか，また，明治31年のみならず明治40年でも見られた現象なのかという問題が浮かんでこよう．そこで，次節でこの問題を考えていく．

2　明治31年の企業家ネットワーク

(1)　企業家ネットワークの外的構造

登場回数別役員一覧

　前節で定義した要素ネットと企業家ネットワークは，渋沢栄一という特異な人物や10社以上に役員として関わった人物にのみ見られたのでなく，2回以上登場する人物すべてに見られた幅広い現象なのかどうかという第2の課題を考えてみたい．そこで，『役員録』に2回以上登場する人物をすべて取り上げ，これらの人物からできる「要素ネット」を確定することにしよう．その上で，要素ネットに現れる人物の特徴を考察することにしたい．

　明治31年の『役員録』には，先にも記したように16,609人の企業家が登場す

表 I-2-4 明治31年の要素ネットに登場する人物の登場回数別分布

回数	人数	割合(%)
2	1,299	50.0
3	626	24.1
4	302	11.6
5	143	5.5
6	81	3.1
7	53	2.0
8	23	0.9
9	25	1.0
10	11	0.4
11	9	0.3
12	3	0.1
13	4	0.2
14	3	0.1
15	4	0.2
16	1	0.0
17	1	0.0
18	1	0.0
19	1	0.0
20	3	0.1
21	1	0.0
26	1	0.0
29	1	0.0
合計	2,596	100.0

表 I-2-5 明治31年の要素ネットに登場する会社の府県分布

府県	社数	割合(%)
北海道	19	1.1
青森	6	0.3
岩手	8	0.4
宮城	11	0.6
秋田	4	0.2
山形	11	0.6
福島	7	0.4
茨城	8	0.4
栃木	11	0.6
群馬	12	0.7
埼玉	13	0.7
千葉	4	0.2
東京	160	9.0
神奈川	34	1.9
新潟	113	6.4
富山	36	2.0
石川	17	1.0
福井	14	0.8
山梨	9	0.5
長野	30	1.7
岐阜	35	2.0
静岡	86	4.8
愛知	122	6.9
三重	27	1.5
滋賀	41	2.3
京都	105	5.9
大阪	223	12.5
兵庫	173	9.7
奈良	21	1.2
和歌山	26	1.5
鳥取	5	0.3
島根	12	0.7
岡山	77	4.3
広島	40	2.2
山口	5	0.3
徳島	6	0.3
香川	18	1.0
愛媛	50	2.8
高知	8	0.4
福岡	77	4.3
佐賀	10	0.6
長崎	15	0.8
熊本	23	1.3
大分	39	2.2
宮崎	3	0.2
鹿児島	3	0.2
台湾	2	0.1
合計	1,779	100.0

る。そのうち，2回以上登場するのは3,719人であった。3,719人と彼らが関わった会社から要素ネットを求めると，7,428組ある。これらのすべての要素ネットに登場する企業家を会社役員数に応じて並べ替えたものが表I-2-4である。この表から分かるように，3,719人のうち2,596人が要素ネットを作っている。70%もの人物が少なくとも特定の人物と2社で一緒に役員となっているのである。それとともに2,596人の50%，1,299人は『役員録』に2回しか登場しない人物である。これに3回登場する人物の626人を加えると75%近くになる。要素ネットに登場する人物の4分の3は2社か3社で役員となっている人物であった。ここから，10回以上登場する人物のみならず，2回しか登場しない人物も要素ネットを作っていることが分かる。この意味で，会社役員の回数とは直接関係なく，『役員録』に登場する企業家は，その多くが特定の人物と2社以上で一緒に役員であったと言えよう。

次に，要素ネットに登場する会社は特定の府県に限定されたものなのか，それとも日本全国に広がっているものなのかという，第3の問題を考えよう。つまり東京や大阪，兵

庫，京都などの地域に限定された現象なのか，日本全国で普遍的に見られた現象なのかという問題を考えることにしたい．要素ネットに登場する会社は 1,779 社である．この会社の本社所在府県の分布は表 I-2-5 の通りである．大阪が最も多く 223 社，続いて兵庫の 173 社，東京の 160 社，愛知県の 122 社，新潟県の 113 社である．台湾の 2 社を含めてすべての府県にまたがっていることが分かる．東京や大阪といった一部の地域で見られた現象ではなく，日本全国，すべての府県で要素ネットは存在していたのである．

　以上から，要素ネットは，多くの会社に役員として登場する人物だけでなく，2 回以上登場する人物で広範囲に見られた現象であり，東京や大阪などの一部の地域だけで見られた現象でもないということが判明した．『役員録』に 2 回以上登場する人物の多くが，日本全国で要素ネットという形態を取っていたのである．これをまず確認する必要があろう．

　以上から，企業家ネットワークの基礎的な単位である「要素ネット」は，2 回以上登場する人物の 70% もの人物が関わっており，しかも日本全国で見られたのである．そうであれば，「要素ネット」から展開される企業家ネットワークを抽出し，その分析を行なう必要があろう．

　そこで，企業家ネットワークの特徴を，関与していた人物と含まれている会社の数から，どの程度の大きさであったかを，見ておきたい．次に，企業家ネットワークに含まれる会社の本社の府県数を活動した空間と考え，会社の業種数を活動した事業範囲と見なし，その活動空間と事業範囲を見ていこう．また，企業家ネットワークが地域経済の発展に貢献したのか，それとも家業の延長であったかを見る必要があろう．そのために，企業家ネットワークに含まれている会社を取り上げ，銀行とインフラ産業の有無から類型化してみたい．インフラ産業や地域経済の発展に関わる企業であれば，家業の延長である企業よりも資本金は大きいはずである．そこで，地域経済への貢献という問題を考えるにあたり，類型化と公称資本金から企業家ネットワークを考えていこう．

　最後に，企業家ネットワークは，1 つの経済単位として見なせるのか，それとも，それは企業家と会社の単なる寄せ集めなのかという問題を考えてみたい．そのために，企業家ネットワークに含まれる会社の役員ポストに，企業家ネットワークを作っている企業家がどれだけ占めていたかを考えてみよう．これを役員ポスト占有率と表現し，この占有率が高ければ，企業家ネットワークに属する企

業家は企業家ネットワークに含まれる会社を実質的に支配していたと考えよう．すなわち，この占有率が高ければ企業家ネットワークを1つの経済単位として分析する必要性が高まると思われる．つまり，企業家や会社をそれ自身，独立したものとして分析するのではなく，それらを含んだ企業家ネットワークを1つの経済単位として分析しなければいけないであろう．そこで，1つの経済単位と見なせるか否かという視点から，役員ポスト占有率を見ていきたい．

人物数と会社数

まず最初に，これまで論じてきたように，要素ネットが相互に重なり合ってできるネットワークを抽出し，上で記してきた特徴を順次見ていくことにしよう．

明治31年の『役員録』に記載されている企業家と会社および役職のデータから，要素ネットが7,428あることは既に記した．では，要素ネットが重なってできる企業家ネットワークは一体，どれだけあったのであろうか．先に記したように，1つの要素ネットを選び，それと2つのセルで重なる要素ネットをすべて探し，新たに加わったすべての要素ネットに対して2つのセルで重なる別の要素ネットを探していき，もうこれ以上2つのセルで重なる要素ネットがなくなるまで逐次的に探索して得られた結果，ネットワークは1,130あることが確認できた．すべてのネットワークにJ1からJ1130の番号を付し，そこに含まれている人物数，会社数，会社の業種分類，会社の所在府県分布，会社の公称資本金合計などを記した表I-2-6，表I-2-7，表I-2-8から，ネットワークの特徴を考えていこう．

表I-2-6は，縦軸にネットワークを構成している人物数を取り，横軸にネットワークに含まれる会社数を取って作成したものである．例えば，人物数が2名で会社数が2社の最小のネットワーク数は，左下にあるように675あった．逆に最大のネットワークは52人からなり，会社数も53社からできている．右上の欄に，人物数52と会社数53の交差する欄に1があり，1つのネットワークが存在したことが分かる．それに続いて30人と11社からなるネットワークも存在することが分かる．小さな方では2人，3人，4人からなるネットワークが存在する一方，52人，30人，29人からなるネットワークが存在していた．会社数から見ると，53社が最大で28社，21社のネットワークが存在する一方，小さな方では，2社，3社，4社のネットワークが存在する．人数から見て最大のものは52

表 I-2-6　明治 31 年における 1,130 のネットワークの人物数および会社数分布

人数＼社数	2	3	4	5	6	7	8	9	10	11	12	13	14	17	21	28	53	合計
52																	1	1
30										1								1
29																1		1
18														1				1
16						1				1								2
15																		2
14												1						3
13							1											1
12	1				1					1								3
11		1			1													2
10		1		1	1	1	1											5
9		1	2		2	3		1										9
8	3	3	2	2		3					1							14
7	5	2	4	5		1												17
6	6	12	9	7	2													36
5	22	19	8	1														52
4	55	17	10	1														83
3	149	31	5															185
2	675	31	6															712
合計	916	117	47	16	6	12	5	1	1	2	1	1	1	1	1	1	1	1,130

人・53 社からなるネットワークで，30 人・11 社からなるネットワークがこれに続く．会社数に着目すれば，28 社・29 人や 21 社・18 人からなる大きなネットワークも存在する．

ネットワークの会社数と人物数の分布を示した表 I-2-6 によると，要素ネットがそのままネットワークとなっている，「要素ネット型企業家ネットワーク」は 675（59.7％）ある．抽出したネットワークからは，60％もの要素ネットは 2 つの欄で重なる他の要素ネットがなく，単独で活動しているのである．そしてまた，少ない人数で多くの会社からなるネットワークよりも，多くの人で少ない会社数からなるネットワークの方が多いことも分かる．すなわち，多くの人が共同して少数の会社の役員に就任しているのである．極端な事例では，12 人と 2 社からなるネットワークが見いだされる．

ここから，企業家ネットワークの 78％は，3 人と 3 社以内の比較的小さな規模であり，87％は 4 人と 4 社以内の規模であった．一方，5〜10 人からなる企業家ネットワークは約 12％あり，11 人以上からなるものは 1.5％でしかなかった．

業種分布と府県分布

表 I-2-7 明治31年における1,130のネットワークの人物数および業種数分布

人数＼業種数	1	2	3	4	5	6	7	8	9	11	14	17	合計
52												1	1
30		1											1
29											1		1
18									1				1
16			1		1								2
15				1									1
14		1		1		1							3
13				1									1
12	1					1		1					3
11		1		1									2
10		2		2	1								5
9	1			2	4	1	1						9
8				3	4		1		1				14
7	4	3	5	3	2								17
6	4	10	9	10	2	1							36
5	14	27	6	4				1					52
4	20	44	16	2	1								83
3	40	122	21	2									185
2	143	542	24	3									712
合計	230	754	86	36	12	4	1	3	1	1	1	1	1,130

表 I-2-8 明治31年における1,130のネットワークの業種数および府県数分布

業種数＼府県数	1	2	3	4	5	6	7	合計
17						1		1
14			1					1
11		1						1
9			1					1
8	1	1	1					3
7		1						1
6	2	2						4
5	11	1						12
4	26	7	2		1			36
3	68	15	3					86
2	659	95						754
1	212	18						230
合計	979	140	7	2	1	0	1	1,130

次に，表 I-2-7 は，縦軸に企業家ネットワークの人物数を取り，横軸にネットワークに含まれる会社の業種数を取ったものである．最下段の業種数を見ていくと，2 業種からなるネットワーク数が最多である．しかも，2 人からなる最小のネットワークでさえ，2 業種が最多である．ここに登場する人物は，同じ業種の会社を設立して役員に就任していたのではなく，異なった業種の会社を設立して役員に就任していたのである．

表 I-2-8 は，縦軸に業種数を取り，横軸にネットワークに含まれる会社の府県数を取ったものである．これによると，左下の 659 という数字から明らかなように，2 業種からなるネットワークのほとんどは同一府県にある会社からできており，他府県にまたがってはいない．業種数が 2 業種から 3，4，5 業種へと増加し

ても，多くのネットワークは同一の府県内で活動していた．この意味で，ネットワークは地域性を色濃く帯びていたと言えよう．

　個人レベルから見た特徴と同様に，ネットワークにおいても，活動の場としては同一府県への集中が進む一方，多様な業種への関与という特徴が指摘できよう．地域性を帯びた経済活動単位としてのネットワークが，その地域の中で様々な事業に手を染めていたのである．4人と4社以内の比較的小さな企業家ネットワークでも，5人以上の企業家ネットワークでも，活動していた空間は一府県か隣接した府県であった．一方，彼らが関与した業種数は多く，企業家ネットワークは専門化していたというより，多角化を指向していたと言えよう．

　さて，これまで見てきたような人物数と会社数，人物数と業種数，業種数と府県数といった外的な指標以外にネットワークの特徴はつかめないのだろうか．そしてまた，ネットワークに属する人物はそれに属する会社の実権を掌握していたのだろうか，それとも，たんに一部の会社役員たちの人的結束を示すものだったのだろうか，という問題を考えていきたい．

(2) 企業家ネットワークの類型化と規模

類型化

　人物数と会社数，あるいは業種数や府県数といった表面的な特徴に基づいた特徴ではなく，実質的な機能上の側面からネットワークの類型化を考えていこう．この場合，ネットワークに銀行が含まれているか否かを基準にすることは，無理のない考えであろう．と言うのも，明治31年時点で，『役員録』に記載されている会社中，役員名が記載されている会社3,770社の業種分類を行なった表I-2-9によると，3,770社中1,325社（35.1%）は銀行だったからである．すなわち，明治31年時点で，役員録に掲載されていた会社の3分の1以上は銀行であった．従って，ネットワークの類型化を行なうに当って，銀行が含まれるか否かを第1の基準として取り上げるのは当然であろう．また，事業資金の調達において，株式会社形態を取って社会的遊休資金を集めたといっても，株主の資金調達において株式担保金融が大きな役割を果たしていたことはよく知られた事実である．こうした点から考えてもネットワークに銀行が含まれるか否かによって類型化を行なうことに，異論はないであろう．

表 I-2-9　明治31年の『役員録』に役員

府県＼業種	農林	土地改良開発	水産業	鉱業	石油	綿紡績	綿織物	生糸	その他繊維	食品	醸造業	窯業	化学	金属	機械器具	その他工業	海上輸送
北海道	1	3	3	2					1	2	1	1			1		4
青森	2	1										1					
岩手																	1
宮城	1			2				1		4							1
秋田				1													
山形	1		1					2									
福島																	
茨城								3									
栃木						1						1	1			2	
群馬	2		1	1	1			4								1	
埼玉							3										
千葉	3																
東京	7		4	15	7	6	2	1	7	8	2	13	19	2	12	26	9
神奈川						1			3		3		1	3	3	3	2
新潟	2		2	1	59						1					3	7
富山	1		1	3				1			2	2				1	5/2
石川	2			7									1				
福井								8									
山梨		1															
長野	1							3				1				1	
岐阜	3	1						4								1	
静岡	1	2	1			1	2			3		5				8	
愛知	7					6	9	12		10	14	11	6	1	4	8	7
三重	1					3		3			4	1	2				
滋賀						2	6	5	1		1	1				1	4
京都					1	2	3	3	25	1	2	11			1	5	4
大阪	8	2	1	20	2	18	7	5	5	12	13	43	21	3	19	38	10
兵庫	11	2		2		6	4	8	1	8	17	8	7	1	4	20	7
奈良	1						2				2	3	1				
和歌山	1		2	1			2										4
鳥取								1									
島根								4								1	
岡山	3		1		1	9	8	13			1	7	1	1		5	4
広島						3										7	2
山口												1	1				
徳島	1		1			1										1	1
香川	1		3			2	1	3			5		2			3	
愛媛	5		1	3		5	1	8			2	1	3			2	7
高知	2		2					1				3					
福岡	2	6		11		4	1	4		3	5	9	6	3		5	4
佐賀				2				1		2							
長崎	4		1														
熊本	1		1				1	3			1						
大分				1				9		1							
宮崎	2							3	2								
鹿児島			3														3
台湾																	
合計	80	22	38	70	71	78	49	165	21	59	92	121	84	11	46	147	97

また，ネットワークに含まれる会社が，役員に就任した企業家にとって，特に『商工人名録』に記載されている企業家にとって，家業と類似した業種なのか否かという点も考える必要がある。特定の人物と一緒に会社役員に就任する場合，

が記載されている 3,770 社の府県および業種分布

陸上輸送	倉庫	商業	貿易	取引所	銀行	保険	その他金融	電力	ガス	鉄道	水道	印刷出版	不動産	その他サービス	その他(多業種)	不明	合計
	1	3	1	3	9		1			1							38
				1	13		1	1									20
1		1			5												8
	1	2		1	6	1	1										21
		1		3	8		1							3			19
2				4	10	1	1			1			1				23
		2		2	14		1	2		1							24
		2		3	19		1	2									31
		2		2	14					1				2			25
	2			4	12	1	5							2			37
	2	2		1	18												26
		1			11	2											21
9	2	48	7	11	90	21	6	5		18	2	15	2	22	1		400
3		3	8	6	25		2			18				1			67
1	7	18		12	51		5							3			180
1		6		3	27	2		2		1				5			68
		4		2	22			2									44
1		4		3	20	1	6										45
	1				30									1			36
2	4	3		2	49		4	1						1			75
	1	5	2		34		3					1	2	1			62
9		33			119			1					1	3		2	213
3	8	47		11	57	2	7	1		3		1		1			251
1		4		2	21		1	1									55
1	2	11		5	22												65
6		25		6	55							2	3	5	10		205
1	7	68	10	8	104	13	2	2	1	9		5	4	17			476
	8	36	14	8	143	1	10	2		1	1	3		15			350
	1	7			12		2			4		1					39
		1		1	22												40
					7												7
		2			9	2											25
2	5	13	1	4	42		6	1						1			130
	2	6		3	21		1						6	3			72
		1			2		1					3		1			15
1					1		1										15
1				1	11												38
2		4			35					4				1			96
		4		3	4	1											25
3		12	1	6	58		1			5		1		6			169
1	2	3		1	19		4			2							39
		3	1	1	18		4	1									41
1	1	6		2	5	1											43
		7		2	35		4							1			67
					3	2											13
					7												9
					1												2
52	73	397	56	150	1,325	51	96	38	2	82	3	43	40	107	1	3	3,770

　その会社が家業と同じ業態ではあるものの，近代的な「株式会社」形態をとっていたのか，それとも，家業を超えて地域経済の発展に資するような業種に自ら役員として経営に参画したのかは，その後の企業発展を考える際，あるいはネット

表 I-2-10 明治31年におけるネットワークの類型別分布

類型	ネットワーク数	割合(%)
I	139	12.3
II	537	47.5
III	138	12.2
IV	316	28.0
合計	1,130	100.0

ワークが地域経済の発展に貢献したのか否かを考える際に，大きなポイントとなろう．そこで，インフラストラクチャーという視点から，鉄道，電力，ガス，水道および取引所をそれ以外の業種から区分して「インフラ産業」と規定し，ネットワークに「インフラ産業」が含まれるか否かを類型化の第2の基準とした[22]．

すなわち，銀行と「インフラ産業」の2つを基準に取り上げて，ネットワークを4つの類型に分けた．第I類型は銀行とインフラ産業の両方を含むネットワークである．第II類型は銀行を含むがインフラ産業は含まないネットワークである．第III類型はインフラ産業を含むが銀行は含まないネットワークで，第IV類型は銀行とインフラの両方を含まないネットワークである．表I-2-10から分かるように，第II類型が最も多く537（47.5%），続いて第IV類型が316（28.0%），第I類型と第III類型はほとんど同じで，それぞれ139（12.3%）と138（12.2%）であった．銀行を含まないネットワークは454（40.2%）あった．必ずしも銀行がネットワークの形成において不可欠であった訳ではない．

因みに，明治31年において1,325行あった銀行の中で，企業家ネットワークには延べ960行，重複を除くと661行が含まれていた．一方，インフラ産業については，明治31年に275社あったが，企業家ネットワークには延べ347社あり，重複を除くと196社含まれていた．銀行では49.9%，インフラ産業では71.3%の会社が企業家ネットワークに含まれていたのである．ここからも分かるように，企業家ネットワークには，銀行よりもインフラ産業の方が多く含まれていることに注意する必要があろう．

支配力

さて次に，先に指摘したように，企業家ネットワークは1つの経済単位と見なせるか否かという問題を考えていこう．ネットワークに属する企業家はネットワークの会社経営を掌握していたのだろうか．もし，ネットワークに含まれる会社すべてを掌握していたならば，公称資本金で見て大規模な会社を支配していたことになるが，それは本当だろうか．ネットワークに属する企業家は相互に無関係であったとは思われない．複数の会社に，同時に役員となっている人物同士が

第 2 章　明治 31 年と明治 40 年の企業家ネットワークの構造分析　133

図 I-2-5　長崎市のネットワーク（明治 31 年）

松田源五郎	鶴野麟	永見寛二	高見和平	浅田庄三郎	松尾巳代治	府県	業種	公称資本金	設立年	住所	ネットワークの役員数	会社の役員ポスト数	会社別役員ポスト占有率(%)
頭	頭	取	取	監		長崎	銀行	1,000,000	1877	長崎市築町	5	6	83.3
頭	頭	取		監		長崎	銀行	30,000	1893	長崎市栄町	5	5	100.0
相	取			監		長崎	電力	80,000	1888	長崎市高野平	3	7	42.9
社	取			監	監	長崎	土地改良開発	250,000	1896	長崎市築町	4	5	80.0
		監		監		長崎	取引所	30,000	1894	長崎市西浜町	3	7	42.9
											20	30	

相互に無縁であったと考えるのは不自然であろう．とはいえ，日常的に頻繁に情報を交換していたと考えるのも，現実的ではなかろう．その中間，重大な意思決定を行なう場合には事前に情報交換したであろうし，外部の人間に対しては結束を見せたと考えるのが自然であろう．こうした場合，ネットワークに属する人物がネットワークに含まれる会社をどの程度支配していたのかを考えたい．支配力の程度はどうやって測定できるだろうか．われわれはここで，次の指標を用いることにした．

ネットワークを 1 つの単位として考えた支配力とネットワークに含まれる個々の会社毎の支配力を分けて考えたい．前者のネットワークを 1 つの単位として考えたものを「ネットワーク別役員ポスト占有率」とし，後者のネットワークに含まれる個々の会社毎の支配力を表すものを「会社別役員ポスト占有率」と規定する．「ネットワーク別役員ポスト占有率」は，ネットワークに含まれるすべての会社の役員ポストを分母に取り，ネットワークに属する人物の役員ポストを分子に取った割合とする．ネットワークの人物がどれだけの役員ポストを占めているかを，ネットワークの会社全体に対する支配力の程度と考えたものである．

具体的に見ていこう．図 I-2-5 には長崎市の事例が掲げてある．松田源五郎以下 7 名と，十八銀行，長崎貯蓄銀行，長崎電燈，東洋浚渫，長崎米穀石油取引所の 5 社からなるネットワークである．十八銀行の役員ポストは 6，長崎貯蓄銀行は 5，長崎電燈は 7，東洋浚渫は 5，長崎米穀石油取引所は 7 である．5 社の役員ポストは合計 30 である．一方，図から分かるように，7 名は 20 の役員ポストを占めている．そこでこのネットワークの「ネットワーク別役員ポスト占有率」は 20/30 で 66.7% となる．

図 I-2-6 明治31年における全ネットワークのネットワーク別役員ポスト占有率分布

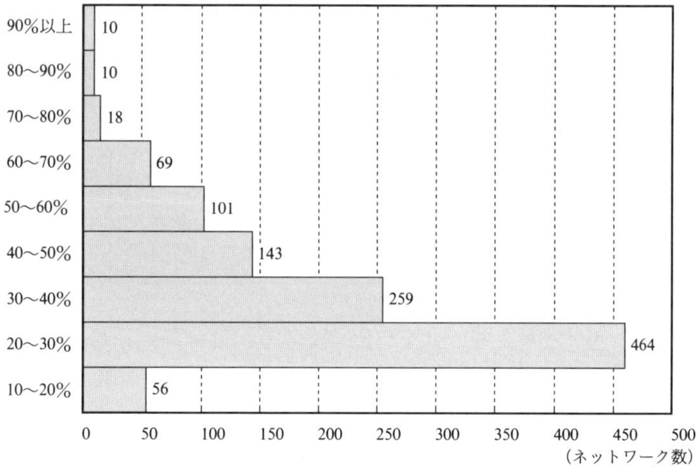

階層	ネットワーク数
90%以上	10
80〜90%	10
70〜80%	18
60〜70%	69
50〜60%	101
40〜50%	143
30〜40%	259
20〜30%	464
10〜20%	56

　一方，このネットワークの「会社別役員ポスト占有率」は，十八銀行で5/6＝83.3％，長崎貯蓄銀行で5/5＝100.0％，長崎電燈で3/7＝42.9％，東洋浚渫で4/5＝80.0％，長崎米穀石油取引所で3/7＝42.9％となる．

　以上のようにして，明治31年時点における1,130のネットワークすべてにわたる「ネットワーク別役員ポスト占有率」を求めた．その結果が図I-2-6である．ネットワークに含まれるすべての会社の全役員ポストに対して，最も多いのが20〜30％の階層で464（41.1％），次いで30〜40％の階層で259（22.9％）であった．一方，ネットワークに含まれる会社の全役員ポストに対して，役員ポストが50％を超えていれば，彼らだけでネットワークすべての会社を支配しうる可能性があると言えよう．こうしたネットワークは，1,130のネットワーク中208（18.4％）ある．2割弱のネットワークでは，ネットワークに所属する人物たちがネットワークに含まれるすべての会社を支配しうる可能性を持っていた．また，「ネットワーク別役員ポスト占有率」が30％を超えていれば，強い影響力を行使しえたであろう．そこで30％以上の役員ポスト占有率を占めていたネットワークを求めると610（54.0％）ある．すなわち，過半のネットワークでは，ネットワークに所属する役員たちがネットワークに含まれるすべての会社に対して強い影響力を持っていたと考えられる．彼らネットワークに所属する役員たち

は，お互いに特定の人物と特定の会社に役員として単に関わっていただけではなく，これらすべての会社を支配する，あるいは少なくとも会社に強い影響力を持っていたと言えよう．

経済的規模

彼らが支配していた，あるいは，強い影響力を持っていた会社はどれだけの大きさ

図 I-2-7　明治31年における全ネットワークの公称資本金別ネットワーク数分布

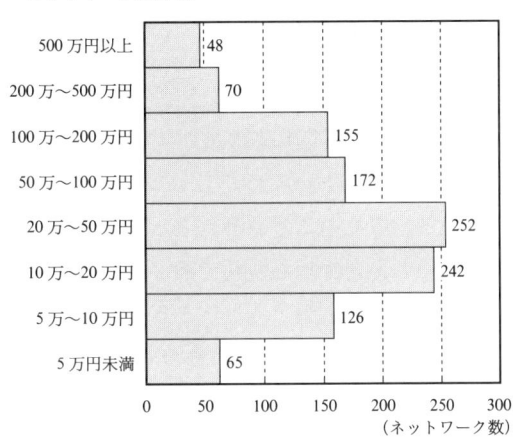

区分	ネットワーク数
500万円以上	48
200万〜500万円	70
100万〜200万円	155
50万〜100万円	172
20万〜50万円	252
10万〜20万円	242
5万〜10万円	126
5万円未満	65

だったのだろうか．そこで，企業家ネットワークに含まれる会社すべての公称資本金の合計額を，支配していた，あるいは影響力を行使していたネットワークの大きさと考えよう．ネットワークに含まれる会社の公称資本金をそれぞれ合計した一覧が図I-2-7である．ネットワークがどれだけの大きさであったのかを，当時公称資本金の大きな会社の代表として財閥系企業を取り上げて比較したい．これが第1の課題である．しかし，ネットワークに含まれる会社数が多くなれば，確かに公称資本金も大きくなる．そこで問題は，大きなネットワークであれ，小さなネットワークであれ，ネットワークのメンバーは，どれだけ支配力を行使していたのかということである．そこでまず大きさから考えていき，次項で支配力の問題を取り上げよう．

ネットワークに含まれる会社の公称資本金を合計した金額は20万円以上から50万未満層が最も多く，252のネットワークがある．次いで10万円以上から20万未満層が続き，242のネットワークがこの階層に含まれる．一方，50万円以上100万円未満層には172のネットワークが存在し，100万円以上から200万円未満層にも155のネットワークが存在する．大きな公称資本金額では，200万円以上から500万円未満層に70のネットワークが，500万円以上層に48のネットワークが存在する．

さて，明治31年当時，財閥系企業などの大企業の公称資本金はどれだけであったのだろうか．そこで，同じ資料である『日本全国諸会社役員録（明治31

年)』の中に記載されている，財閥系企業の公称資本金から考えていこう．明治31年時点で三井銀行の公称資本金は200万円であった．住友銀行の公称資本金は100万円であり，三菱合資は500万円である．また安田銀行の公称資本金は100万円であった．公称資本金額の大きな海運会社，電力会社では，日本郵船が2,200万円，北海道炭礦鉄道が1,200万円，大阪商船が1,000万円，東洋汽船が650万円，東京電燈が350万円であった．また，安田系の東京火災保険が500万円である．以上のことを考えると，公称資本金合計が100万円以上のネットワークは，たとえ合計した金額であったにしろ，財閥系企業に代表される，当時の大企業に匹敵する金額であったことが分かる．

一方，1,000万円以上の公称資本金の会社を支配していた，あるいは，影響力を行使していたネットワークさえも存在していたのである．これは，財閥系企業以外の企業群の存在意義，あるいは役員の特徴，それ以上に地域経済に及ぼす影響が大きかったことが推察される．ネットワークの存在は軽視できないことが理解できよう．

ここで先に記した4つの類型毎に，人物・会社数分布と業種・府県分布を見てみよう．表I-2-11-1～4と表I-2-12-1～4は，4つの類型毎にそれぞれの分布を

表I-2-11-1　明治31年における第I類型の人物数および会社数分布

人数＼社数	2	3	4	5	6	7	8	9	10	11	12	13	14	17	21	28	53	合計
52																	1	1
30										1								1
29																1		1
18														1				1
16						1												2
15						1												2
14																		2
13																		2
12																		2
11																		0
10																		1
9			1		1	3												5
8		1		2														6
7																		4
6		3	4	3	1													11
5	1	4	1															6
4	4	3	2															9
3	20	10	1															31
2	45	7	1															53
合計	70	29	11	7	2	8	3	0	1	2	1	1	0	1	1	1	1	139

表 I-2-11-2 明治 31 年における第 II 類型の人物数および会社数分布

人数\社数	2	3	4	5	6	7	8	合計
52								0
30								0
29								0
18								0
16								0
15								0
14								0
13								0
12								1
11			1			1		2
10		1		1	1		1	4
9		1	1					3
8	3	1	2					6
7	4	1	1	3		1		10
6	5	9	5	4	1			24
5	20	11	5	1	1	1		39
4	37	9	6					52
3	86	13	1					100
2	290	5	1					296
合計	446	51	23	9	3	3	2	537

表 I-2-11-3 明治 31 年における第 III 類型の人物数および会社数分布

人数\社数	2	3	4	5	6	7	8	9	合計
52									0
30									0
29									0
18									0
16									0
15									0
14									0
13									0
12									0
11									0
10									0
9							1		1
8		1			1				2
7									0
6									0
5								1	1
4	3	1	1						6
3	11	3	1						15
2	108	3	2						113
合計	122	9	4	0	1	1	0	1	138

表 I-2-11-4 明治 31 年における第 IV 類型の人物数および会社数分布

人数\社数	2	3	4	14	合計
52					0
30					0
29					0
18					0
16					0
15					0
14				1	1
13					0
12					0
11					0
10					0
9					0
8					0
7	1		2		3
6	1				1
5	1	3	2		6
4	11	4	1		16
3	32	5	2		39
2	232	16	2		250
合計	278	28	9	1	316

表 I-2-12-1 明治 31 年における第 I 類型の業種数および府県数分布

業種数\府県数	1	2	3	4	5	6	7	合計
17							1	1
14			1					1
11			1					1
9		1						1
8		1	1					2
7								0
6	1	2						3
5								7
4	15		2					17
3	20	4						24
2	70	12						82
1								0
合計	112	20	4	2	0	0	1	139

表 I-2-12-2 明治31年における第II類型の業種数および府県数分布

業種数\府県数	1	2	3	合計
17				0
14				0
11				0
9				0
8	1			1
7				0
6	1			1
5	4			4
4	9	3		12
3	29	5	2	36
2	314	35		349
1	128	6		134
合計	486	49	2	537

表 I-2-12-3 明治31年における第III類型の業種数および府県数分布

業種数\府県数	1	2	3	4	5	合計
17						0
14						0
11						0
9						0
8						0
7						0
6						0
5						0
4	1	3			1	5
3	6	2				8
2	93	19				112
1	7	4				11
合計	108	29	0	0	1	138

表 I-2-12-4 明治31年における第IV類型の業種数および府県数分布

業種数\府県数	1	2	3	合計
17				0
14				0
11				0
9				0
8				0
7				0
6				0
5				0
4	1	1		2
3	13	4	1	18
2	184	29		213
1	75	8		83
合計	273	42	1	316

表 I-2-13 明治31年における1,130の企業家ネットワークの類型別公称資本金平均(円)

類型	公称資本金平均
I	4,641,954
II	733,886
III	2,271,475
IV	953,672

示している．人物・会社数分布では，第I類型（銀行・インフラ）は人数でも会社数でも多様な組み合わせを示しているが，第IV類型（非銀行・非インフラ）では，新潟県の石油企業のネットを除けば，すべて4社以内の比較的小さな会社からできていることが分かる．第II類型（銀行・非インフラ）は，第I類型に続いて人物数と会社数の多様な組み合わせを見せていたことが分かる．これに対して第III類型（非銀行・インフラ）は，相対的に人物数でも会社数でも小さいものが多かったことが分かる．こうした類型毎の違いは，業種・府県数分布でも見られる．第I類型は業種では多様な業種を抱え，多くの府県に拡大していることが分かる．それ以外の類型では，府県では2府県以内に限られている．その中で第II類型は業種の多様性が見られた．

続いて，4つの類型毎に企業家ネットワークの公称資本金平均を求めてみよう．表I-2-13によると，銀行・インフラ産業の第I類型と非銀行・インフラ産業の第III類型の公称資本金平均は，インフラ産業を含まない第II類型と第IV類型と比べて大きいことが分かる．第I類型の企業家ネットワークの公称資本金平均は4,641,954円であり，第III類型の平均は2,271,475円であった．ここからも分かるように，先に見た公称資本金の大きな企業家ネットワークは，インフラ産業を含んだものであり，公称資本金の小さな企業家ネットワークは，インフラ

産業を含まないものである．

(3) 会社経営への関与

役員ポスト占有率

次に，先に見た「ネットワーク別役員ポスト占有率」を基準にして，ネットワークの支配構造を考えていこう．ネットワークに含まれる人物がネットワークに含まれる会社の役員ポストを多数占めていれば，ネットワークに含まれる会社を支配していたと考えても差し支えはなかろう．

これまでの分析では，「ネットワーク別役員ポスト占有率」という基準で測った支配力の大きいネットワークが必ずしも大きな公称資本金額を擁していたかどうかは分からない．そこで，支配力と公称資本金の多寡を基軸にとって全体像を見ていくことにしたい．「ネットワーク別役員ポスト占有率」が50％以上のネットワークは役員が支配力を行使していると考え，また「ネットワーク別役員ポスト占有率」が30％以上であれば強い影響力を行使していると考えて，50％以上，30％以上50％未満，30％未満という3つの「ネットワーク別役員ポスト占有率」を考えよう．また，先の図I-2-7から公称資本金額による階層は，200万円以上，50万円以上200万円未満，10万円以上50万円未満，10万円未満の4つの大きな階層に分類できることが分かる．そこで，図I-2-8の「公称資本金別・ネットワーク別役員ポスト占有率」を作成した．

この図から分かることは，まず第1に，200万円以上の公称資本金階層から10万円未満の階層まで，50％以上の「ネットワーク別役員ポスト占有率」を占めているネットワークがすべて存在することである．公称資本金の大きいネットワークでは「ネットワーク別役員ポスト占有率」が低く，逆に，公称資本金が小さいネットワークでは「ネットワーク別役員ポスト占有率」が高いというわけではない．すべての公称資本金の階層に，50％以上の

図 I-2-8　明治31年における全ネットワークの公称資本金別・ネットワーク別役員ポスト占有率分布

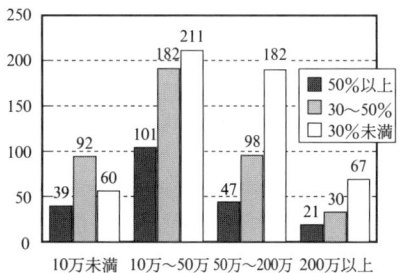

「ネットワーク別役員ポスト占有率」を持つネットワークが存在している．

　第2に，ネットワークの公称資本金合計では，最も多い階層は10万円以上50万円の規模で494（43.7%）のネットワークがある．これに次いで多いのは，50万円以上200万円未満である．ここには，327（28.9%）のネットワークが存在していた．また，ネットワーク全体を通して見ると，「ネットワーク別役員ポスト占有率」の大小に拘わらず，10万円から200万円の公称資本金合計のすべての階層でネットワークが存在している．公称資本金が大きく，「ネットワーク別役員ポスト占有率」が高い企業家ネットワークも存在していたことに注意する必要がある．

　これらの企業家ネットワークに含まれる会社の資本金合計額は，先に見た財閥系大企業の公称資本金と比べると確かに小さいものの，決して無視できるほど小さな金額ではない．三井物産や住友銀行，さらには安田銀行に匹敵する金額である．

　それでは，公称資本金が200万円以上であり，かつ，「ネットワーク別役員ポスト占有率」が50%以上である21のネットワークについて考察を行ない，最後に，10万円未満の公称資本金で，役員ポスト占有率が50%以上の39のネットワークについて見ていこう．

役員ポスト占有率が高い大ネットワーク

　公称資本金が大きい5つのネットワークを取り上げよう．公称資本金合計が1億4614万円のネットワークは52人と53社からなるネットワークで，53社の全役員ポスト460のうち，52人が241の役員ポストを占めている．52.4%のネットワーク別役員ポスト占有率である．もちろん，松本重太郎などを含む52人が全員，同じような頻度と内容の情報交換をしていたとは考えられないが，その一方で，全く無縁であったとは考えにくい．特に，新規投資や配当での増配や減配などの大きな案件を決める際には，ある程度の根回しや事前の摺り合わせなどがあったと考えるのが普通であろう．次に公称資本金の大きなネットワークは18人と21社からなり，役員ポスト占有率が46.2%である．渋沢栄一がいるこのネットワークでも，何らかの人的関係が相互に，あるいは渋沢栄一を中心として結ばれていたであろうと推察できる．

　ここで，「ネットワーク別役員ポスト占有率」が50%以上のネットワークのう

ち，公称資本金の大きな5つのネットワークを具体的に取り上げてみよう．図I-2-9，図I-2-10，図I-2-11，図I-2-12，図I-2-13がそれである．その中で，人物数も会社数も比較的少ないネットワークに限定して，やや詳しく見ていくことにしよう．図I-2-10には，田中源太郎以下14人の人物と京都倉庫以下7社からなるマトリックスが描かれている（「ネットワーク別役員ポスト占有率」は60.0％であった）．このネットワークには京都商工銀行，商工貯金銀行の2つの銀行が含まれている．さらに，近江商人らしく北海道製麻が含まれ，京都倉庫と京都陶器が含まれている．また，京都株式取引所と京都鉄道を含んでいるから，われわれが規定したインフラ産業にも進出していた．先のネットワークの類型化で見たように，銀行とインフラ（取引所，鉄道）を含んだネットワークである．図I-2-11には，田中平八以下5人，そして第百十二国立銀行以下5社からなるマトリックスが描かれている（「ネットワーク別役員ポスト占有率」は61.3％であった）．役員ポスト占有率から見て，5人の緊密さが窺われる．このネットワークにも第百十二国立銀行，帝国貯蓄銀行，田中銀行と銀行が3行含まれている．これ以外は，北海道炭礦鉄道と北海道鉱山が含まれていて，北海道の基盤産業の1つであった石炭産業に関わっていた．図I-2-12には，外山脩造以下15人と浪速銀行以下17社からなるマトリックスが描かれている（「ネットワーク別役員ポスト占有率」は55.1％であった）．このネットワークには，銀行が5行，保険会社が2社，綿紡績企業が2社，醸造会社が2社含まれているほか，奈良鉄道，阪堺鉄道，南海鉄道と鉄道会社が3社も含まれているのが大きな特徴である．図I-2-13には，原善三郎以下16人と帝国撚糸以下11社からなるマトリックスが描かれている（「ネットワーク別役員ポスト占有率」は64.1％であった）．このマトリックスにも銀行が5行，綿紡績会社が2社含まれている．この他生糸関連の帝国撚糸と岐阜絹織物が含まれ，先に見たインフラ産業として名古屋蚕糸綿布取引所を有するとともに，鉄道車輛製造所という機械器具産業に属する会社も含まれている．

以上から，大規模のネットワークでネットワーク別役員ポスト占有率が高い企業家ネットワークは，インフラ産業を擁し，地域経済への関わりが強かったと言えよう．しかも，これらの企業家ネットワークは，1つの経済単位として見なせるから，個々の企業家や会社を独立したものと考えるよりは，ネットワークそのものを1つの単位として考察する必要があろう．第II部で，企業家ネットワークを1つの経済単位として事例分析を行なったのは，このような背景があったか

図 I-2-9 明治31年における役員ポスト

会社名	松本重太郎	阿部市郎兵衛	井上保次郎	野田吉兵衛	田中市兵衛	小西新右衛門	本山彦一	桑原政之助	今村清之助	宗像祐太郎	水之江浩	中尾義三郎	長野善五郎	小西新右衛門	原六郎	松方幸次郎	荘田平五郎	末延道成	岡橋治助	金沢仁兵衛	亀岡徳太郎	小林師善	野内徳七	益田克徳	中上川彦次郎	二橋元次郎	阿部泰蔵	朝田又七	寺西成器	平野平兵衛	竹尾治右衛門	渋沢栄一
㈱日本貯金銀行	取	取	監	取	監								頭																			
日本精糖㈱・大阪	社	監	監		取																											
南豊鉄道	社		取		監			取	監	監	取	取																				
日本教育保険㈱	社		取																													
山陽鉄道㈱	社		監		監		監		取							取	取													取		
日本紡織㈱	取		監		取																											
豊州鉄道㈱	社		監		監			取								監																
南豊鉄道㈱・大分	社		取		監			取	監	監	取	取																				
明治炭坑㈱	監		取			社																										
阪鶴鉄道㈱	監				監								監									取										
南海鉄道㈱	社		監																													
日本火災保険㈱	取		監												取		取	監	取													
汽車製造㈱	業担社		監											監																		
九州鉄道㈱		取		取		取																										
毛斯綸紡織㈱	社		取																													
明治生命保険㈱	取			取											取	取						取		取	取会専	監						
西成鉄道㈱		取			取																											
関西鉄道㈱		取			取																											
京都鉄道㈱			監		監																											
㈱二十三銀行												取	頭								取	取										
㈱大分貯蓄銀行												取	頭								監	取										
第四十二国立銀行				頭															取									取				
大阪商船㈱				社													取															
日本棉花㈱		取	社														監	監	監													取
日本紡績㈱					監												社	監	監													
摂津紡績㈱			監														取													取	社	
㈱大阪共立銀行	監																頭															
東京海上保険㈱															取	取会						監		取								取
明治火災保険㈱															取	取会						取		監	取	監						
東京倉庫㈱															取									取	取会							
日本郵船㈱																	社															
上海紡績㈱															監							取										
第百十九国立銀行															取									取	取							
千川水道㈱															取							取		取								
大阪鉄道㈱			監										監	監																取		

ト占有率大・大資本ネットワーク(1)

豊田善右衛門	豊川良平	弘世助三郎	竹田忠治郎	和田半兵衛	田中新治郎	貴田孫次郎	浮田桂造	加藤桂造	鴻池新十郎	木原忠兵衛	永井仙助	泉清助	片岡直温	甲谷宗温	土居通夫	松本誠兵衛	甲斐権兵衛	山口吉五郎	西村吉右衛門	府県	業種	公称資本金	設立年	住所
																				大阪	銀行	500,000	1895	大阪市東区淡路町4丁目
																				大阪	食品	1,500,000	1896	大阪市東区高麗橋5丁目
																				大阪	鉄道	無記載	無記載	大阪市西区土佐堀通1丁目
																				大阪	保険	300,000	1896	大阪市東区北浜3丁目
																				兵庫	鉄道	18,000,000	1888	神戸市兵庫浜崎通4丁目
																				兵庫	綿紡績	750,000	1896	武庫郡西宮町
																				福岡	鉄道	5,000,000	1890	京都郡行橋町
																				大分	鉄道	無記載	無記載	大分郡大分町
																				大阪	鉱業	600,000	1896	大阪市東区北浜5丁目
																				大阪	鉄道	4,000,000	1896	大阪市北区曽根崎
																				大阪	鉄道	2,800,000	1896	大阪市南区難波新地六番町
																				大阪	保険	1,000,000	1892	大阪市北区中之嶋3丁目
																				大阪	機械器具	690,000	1896	大阪市西区川北
																				福岡	鉄道	30,000,000	1888	企救郡門司町
																				大阪	その他繊維	1,000,000	1896	西成郡中津村
																				東京	保険	100,000	1881	麹町区八重洲町1丁目
																				大阪	鉄道	1,650,000	1896	大阪市西区川北大字南
																				三重	鉄道	10,700,000	1888	四日市市浜田町
																				京都	鉄道	5,100,000	1895	葛野郡朱雀野村
																				大分	銀行	600,000	1877	大分郡大分町
																				大分	銀行	30,000	1895	大分郡大分町
																				大阪	銀行	250,000	1878	大阪市西区江戸堀南通2丁目
																				大阪	海上輸送	10,000,000	1884	大阪市北区富嶋町
																				大阪	貿易	1,000,000	1892	大阪市北区中之嶋2丁目
								取												大阪	綿紡績	2,000,000	1893	大阪市北区下福嶋大字下福嶋
																				大阪	綿紡績	1,000,000	1889	大阪市南区難波
																				大阪	銀行	1,000,000	1887	大阪市北区中之島3丁目
																				東京	保険	3,000,000	1879	麹町区八重洲町1丁目
																				東京	保険	1,000,000	1891	麹町区八重洲町1丁目
																				東京	倉庫	500,000	1887	深川区小松町
																				東京	海上輸送	22,000,000	1885	麹町区有楽町1丁目
																				東京	綿紡績	1,500,000	1895	日本橋区堀留町2丁目
	頭監																			東京	銀行	1,000,000	1878	麹町区八重洲町1丁目
																				東京	水道	40,000	1880	麹町区八重洲町1丁目
		取	取		取	取														大阪	鉄道	3,450,000	1888	大阪市南区難波

(図 I-2-9)

会社	松本重太郎	阿部市郎兵衛	井上保次郎	野崎吉兵衛	田中市兵衛	小西半兵衛	本山彦一	桑原政之助	今村清之助	宗像祐太郎	水之江浩	中尾義三郎	長野善五郎	小西幸五郎	原六郎	松原新右衛門	荘田平五郎	末延道成	金沢仁兵衛	岡橋治助	亀岡徳助	小林師善	野田卯太郎	益田克徳	中上川彦次郎	二橋元長	阿部元次郎	朝田泰蔵	寺田又七	平野平兵衛	竹尾治右衛門	渋沢栄一
㈱日本中立銀行															取																	取
共同曳船㈱																				監												監
日本倉庫㈱																				社											監	
若松築港㈱															相																	相
㈱三十四銀行		取																頭														
天満紡績㈱		監																		社												
天満織物㈱			社																	監												
㈱中立貯蓄銀行																		頭														
大阪製紙㈱		社																														取
㈱日本共同銀行																		頭														
日本海陸保険㈱																				監												
日本生命保険㈱																				監												
河陽鉄道㈱																				監												
帝国物産㈱																				社												
日本煉瓦㈱				社																												
㈱日本産業銀行																				顧												
宮川電気㈱																																
参宮鉄道㈱																																

図 I-2-10 明治31年における役員ポスト占有率大・大資本ネットワーク(2)

会社	田中源太郎	浜岡光哲	市田弥一郎	内貴甚三郎	山中利右衛門	小泉五兵衛	堀五郎助	井上利助	西村治兵衛	湊直江	中村栄助	山添直六	藤井孫治郎	小室信夫	府県	業種	公称資本金	設立年	住所
京都倉庫㈱	監	監	取		取		社				監				京都	倉庫	500,000	1887	京都市下京区東塩小路町
㈱京都株式取引所	理長		理	理		理									京都	取引所	200,000	1884	京都市下京区東洞院通錦小路南入阪東屋町
㈱京都商工銀行	頭	取	取	取				監	副頭兼支	取		監			京都	銀行	1,000,000	1886	京都市下京区東洞院通六角南入御射山町
㈱商工貯金銀行	取	監		監		監	取	頭	取		監				京都	銀行	50,000	1895	京都市下京区東洞院通六角南入
京都鉄道㈱	取	取			監					取				社	京都	鉄道	5,100,000	1895	葛野郡朱雀野村
京都陶器㈱	取	取		取					監		取				京都	窯業	55,500	1887	紀伊郡深草村字福稲
北海道製麻㈱	取	取			監								取		北海道	その他繊維	1,600,000	1892	札幌区北七条東1丁目

つづき）

豊川良平	弘世助三郎	竹田新治郎	阪上忠助	和田忠兵衛	貴田半次郎	浮田桂造	加藤甚助	鴻池新十郎	木原忍兵衛	永井仙助	泉清助	片岡直温	土居通夫	甲谷宗兵衛	松本権兵衛	山口善五郎	西村吉右衛門	府県	業種	公称資本金	設立年	住所
取	取	監	取	監			取	監	頭									大阪	銀行	3,000,000	1896	大阪市東区安土町3丁目
	監		取						取									大阪	海上輸送	200,000	1894	大阪市北区富嶋町
		監	取										相 専 取					大阪	倉庫	400,000	1894	大阪市西区西道頓堀通1丁目
																		福岡	土地改良開発	400,000	1892	遠賀郡若松町
	監		監	監	監		取									取 兼支		大阪	銀行	2,100,000	1878	大阪市東区高麗橋4丁目
			監			取												大阪	綿紡績	450,000	1887	大阪市北区西成川崎
																		大阪	綿紡績	350,000	1887	大阪市北区西成川崎
取	取			取	取	取								監			取	大阪	銀行	50,000	1894	大阪市南区玉屋町
	監																	大阪	化学	600,000	無記載	大阪市北区上福嶋
	取						取		取	監	監							大阪	銀行	600,000	1896	大阪市東区北浜4丁目
取	監								取	社	取							大阪	保険	2,500,000	1893	大阪市東区北浜3丁目
取	監								取 副社	取	取	監						大阪	保険	300,000	1889	大阪市東区北浜3丁目
				取						取								大阪	鉄道	300,000	1896	大阪市南区南炭屋町
	監	取										監 副社						大阪	商業	250,000	1895	大阪市西区北堀江三番町
																		大阪	窯業	300,000	1896	泉北郡舳松村
													取					京都	銀行	500,000	1896	京都市下京区蛸薬師通烏丸西入
	監									監			取					三重	電力	130,000	1896	度会郡宇治山田町
										監	取							三重	鉄道	1,650,000	1890	度会郡宇治山田町

図 I-2-11 明治31年における役員ポスト占有率大・大資本ネットワーク(3)

	田中平八	北村英一郎	池上仲三郎	池田伴造	高島嘉右衛門	府県	業種	公称資本金	設立年	住所
第百十二国立銀行	頭	取	取	取兼支		東京	銀行	100,000	1878	日本橋区阪本町
北海道炭礦鉄道㈱		理	理		社	北海道	鉱業	12,000,000	1889	札幌区北五条西3丁目
㈱帝国貯蓄銀行	頭	専取	取	監		東京	銀行	100,000	1896	京橋区銀座3丁目
㈱田中銀行	頭	監事	取兼支			東京	銀行	500,000	1883	日本橋区阪本町
北海道鉱山㈱	社	監		副社		北海道	鉱業	500,000	1888	小樽郡港町

図 I-2-12　明治31年における役員ポスト占有率大・大資本ネットワーク(4)

会社	外山脩造	平瀬亀之輔	甲谷權兵衛	矢島清七	宅徳平	越野嘉助	芦田安三郎	肥田井駒吉	松塚与八郎	石崎重太郎	大塚和兵衛	佐伯勢三郎	木谷七平	松本松蔵	府県	業種	公称資本金	設立年	住所
㈱浪速銀行	頭	監	取	取											大阪	銀行	1,800,000	1878	大阪市東区淡路町2丁目
日本火災保険㈱		監社													大阪	保険	1,000,000	1892	大阪市北区中之嶋3丁目
㈱大阪貯蓄銀行	副頭	取	監	取	取										大阪	銀行	100,000	1890	大阪市東区伏見町3丁目
㈱積善同盟銀行	頭		監		監	監									大阪	銀行	500,000	1894	大阪市東区今橋4丁目
㈱堺貯蓄銀行		監		副頭		取	取		取						大阪	銀行	50,000	1893	堺市大町
大阪麦酒㈱	監			取		社		監	取						大阪	醸造業	1,000,000	1887	三嶋郡吹田村
奈良鉄道㈱	監			取											奈良	鉄道	2,150,000	1893	奈良市上三条町
阪堺鉄道㈱						監	取監		取						大阪	鉄道	400,000	1884	大阪市南区難波新地六番町
酒造用品㈱				取		社	取		取						大阪	商業	100,000	1897	堺市戎嶋三丁
堺酒造㈱					社		取	監	監						大阪	醸造業	100,000	1888	堺市神明町西一丁
南海鉄道㈱						取	取社		取						大阪	鉄道	2,800,000	1896	大阪市南区難波新地六番町
堺精米㈲					業担社	業担社									大阪	農林	20,000	1897	堺市戎嶋三丁
日本教育保険㈱							社								大阪	保険	300,000	1896	大阪市東区北浜3丁目
大阪紡績㈱			監				相								大阪	綿紡績	1,200,000	1882	大阪市西区三軒家
日本紡織㈱									監		取				兵庫	綿紡績	750,000	1896	武庫郡西宮町
第百三十国立銀行							頭		取						大阪	銀行	250,000	1878	大阪市東区高麗橋3丁目
大阪盛業㈱								社	監	取					大阪	その他工業	150,000	1888	大阪市北区下福嶋

らである．

役員ポスト占有率が高い小ネットワーク

「ネットワーク別役員ポスト占有率」が50％以上である一方，ネットワークに属する会社の公称資本金が小さい会社を擁するネットワークは39ある．この39のネットワークの特徴を考えていこう．まず，類型から見ていきたい．第Ⅰ類型（銀行・インフラ産業）が2つ，第Ⅱ類型（銀行・非インフラ産業）が13，第Ⅲ類型（非銀行・インフラ産業）が5，第Ⅳ類型（非銀行・非インフラ産業）が19ある．明らかに，第Ⅱ類型と第Ⅳ類型に偏っていることが分かる．明治40年

図 I-2-13　明治31年における役員ポスト占有率大・大資本ネットワーク(5)

	原善三郎	瀧定助	瀧父兵衛門	祖父江重右衛門	春井丈七	武山勘右衛門	勝藤文三	加藤善七	森本勘右衛門	吹原谷九郎	岡本惣三郎	岡田良右衛門	中村与右衛門	伊藤次郎左衛門	関戸守彦	府県	業種	公称資本金	設立年	住所
帝国撚糸㈱	相	副社		取	取	監	取									愛知	生糸	500,000	1896	西春日井郡金城村
㈱名古屋蚕糸綿布取引所	相	相	相	相	相	監	理	相								愛知	取引所	75,000	1897	名古屋市宮町三
㈱名古屋銀行		頭	取													愛知	銀行	500,000	1882	名古屋市伝馬町
㈱名古屋貯蓄銀行	取	専取	監		取	監										愛知	銀行	50,000	1893	名古屋市伝馬町
尾張紡績㈱		取	取		監											愛知	綿紡績	1,200,000	1887	愛知郡熱田町
岐阜絹織物㈱		取	取	取	監											岐阜	生糸	無記載	無記載	稲葉郡上加納村
㈱愛知銀行			監	監				取	頭	取	取	監				愛知	銀行	2,000,000	1896	名古屋市玉屋町
㈱鉄道車輛製造所			取				監									愛知	機械器具	500,000	1896	愛知郡熱田町
名古屋紡績㈱		取						取	取	監	取					愛知	綿紡績	1,000,000	1885	名古屋市正木町
㈱百三十四銀行										頭		監				愛知	銀行	300,000	1878	名古屋市玉屋町
㈱十一銀行									取	監	監	取	頭			愛知	銀行	200,000	1877	名古屋市玉屋町

ではより顕著になるが,「ネットワーク別役員ポスト占有率」が高くて公称資本金の小さなネットワークには,銀行を含むがインフラ産業を含まない第II類型と,銀行・インフラ産業を両方とも含まない第IV類型が多数を占めていた.インフラ産業を含まないという特徴を指摘する必要があろう.そして,銀行を含むネットワークと銀行を含まないネットワークでは,若干,銀行を含まないネットワークの方が多い.

地域的な特徴としては,愛知と兵庫で5,東京と広島で4,新潟と岡山で3,長野,岐阜,京都,大阪で2つある.それ以外の地域を見ても,日本全国で見られたという訳ではなく,先進地域か先進地域の周辺で見られたと言えよう.

具体的な様相を見るために,図I-2-14から図I-2-18まで5つのマトリックスが描かれている.そのいずれもが2社からなり,ネットワークに属する人物全員が役員に就いている.5つのネットワークのうち,3つのネットワークには銀行が含まれ,残りは取引所と生糸と商業の組み合わせで,いずれもその地域に深く関わった産業であった.

以上から,役員ポスト占有率が50％以上で,公称資本金の大きいネットワークの特徴を考えていきたい.まず地域的な特徴としては,大阪,東京,兵庫,京

図 I-2-14 明治31年における役員ポスト占有率大・小資本ネットワーク(1)

高橋伝蔵	信太鈴太郎	諏訪部彦次郎	府県	業種	公称資本金	設立年	住所
監	監	社	島根	商業	5,000	1886	松江市東茶町
取	取	監	島根	生糸	6,000	1888	松江市外中原

会社名: 松江水産㈱、松江蚕業㈱

図 I-2-15 明治31年における役員ポスト占有率大・小資本ネットワーク(2)

富田彦市	橋本幸介	小泉茂兵衛	大高織右衛門	府県	業種	公称資本金	設立年	住所
監	取	取	専取	茨城	取引所	3,000	1892	水戸市上市馬口労町
理	監	理	理長	茨城	取引所	35,000	1894	水戸市上市馬口労町4丁目

会社名: 水戸第一農商㈱、㈱水戸米雑穀取引所

図 I-2-16 明治31年における役員ポスト占有率大・小資本ネットワーク(3)

河内保治郎	栗田邦三郎	高岡善住	高橋三保	府県	業種	公称資本金	設立年	住所
取	専取	監	監	愛媛	銀行	12,000	1896	喜多郡内千町
取	取	取	監	愛媛	生糸	10,000	1896	喜多郡五十崎村

会社名: ㈱内子銀行、愛媛製糸㈱

図 I-2-17 明治31年における役員ポスト占有率大・小資本ネットワーク(4)

三枝宇重郎	三枝治兵衛	三枝正治	山下茂七	府県	業種	公称資本金	設立年	住所
社	頭	取	取	兵庫	銀行	30,000	1897	加西郡北条町
社	監	取		兵庫	商業	10,000	1896	加西郡北条町

会社名: ㈱三重商工銀行、北条物産㈱

図 I-2-18 明治31年における役員ポスト占有率大・小資本ネットワーク(5)

瀬川作間	藤田林蔵	福屋庸夫	府県	業種	公称資本金	設立年	住所
取	取	頭	岡山	銀行	25,000	1880	賀陽郡足守町
監	監	専取	岡山	生糸	25,000	1893	賀陽郡足守町

会社名: ㈱足守銀行、足守製糸㈱

都，愛知などの府県で多く見られた．業種面での特徴は，銀行を必ず含み，鉄道，保険，綿紡績業，鉱業や倉庫業など近代的な産業を多く含んでいる．一方，公称資本金の小さなネットワークは，岡山，愛媛，島根，茨城の他兵庫県でも見られた．業種面では銀行，製糸業，商業に加えて取引所まで含まれている．

関西周辺および東京や愛知県における公称資本金が大きく，「ネットワーク別役員ポスト占有率」が50％を超えたネットワークは，銀行と鉄道を中心に綿紡績業や保険，倉庫業など近代的な産業を中心に幅広く，様々な業種を擁していたと言えよう．類型から見れば第Ⅰ類型と第Ⅲ類型である．一方，「ネットワーク別役員ポスト占有率」が50％を超えるものの，公称資本金の小さなネットワークでは，銀行を中心に製糸業や商業そして取引所の経営に関わっていたと言えよう．そして，類型という点では，第Ⅱ類型や第Ⅳ類型が多かった．

小　括

　以上の点をまとめておこう．明治31年の『役員録』を用いた分析結果から，要素ネットという形態は，先進的な地域だけではなく，日本全国，すべての府県で見られたことが分かった．また，2回しか登場しない人物であれ，29回も登場する人物であれ，登場回数とは直接関係がなく，要素ネットを形づくっていたということも指摘しておく必要があろう．この要素ネット同士が2つの欄で重なり合う他の要素ネットを探索し，新たに重なり合った要素ネットと2つの欄で重なり合う要素ネットを探す作業を繰り返し，これ以上2つの欄で重なり合う要素ネットがなくなった状態を選び，これを企業家ネットワークと命名した．こうして抽出されたネットワークの中で，最も小さなネットワークは要素ネットからできているもので，最大のものは52人，53社からなっていた．こうした様々なネットワークを銀行とインフラ産業の有無を基準に4つの類型に分けた．また，ネットワークに属する人物がそこに含まれる会社の経営を支配していたか，あるいは経営に大きな影響を与えていたかを検討した．その結果，18％ものネットワークではネットワークに属する人物たちが経営を支配しており，53％以上のネットワークでは，ネットワークに属する人物たちが経営に強い影響力を行使していたことも判明した．また，ネットワークに含まれる会社の公称資本金を求め，経営を掌握しているネットワークがどれだけの数の会社を支配し，また，どれだけの規模の公称資本金を支配していたかを考察した結果，一部のネットワークでは，財閥系企業よりも大きな公称資本金合計を有していることが分かった．そしてその一部を具体的に述べた．次に問題となるのは，こうした要素ネット，ネットワーク，ネットワークの経営支配，公称資本金の大きさなどの特徴は，明治31年だけに見られた現象なのか，それとも明治40年時点でも見られた現象なのか，ということである．そこで，明治31年で行なった作業を明治40年の『役員録』でも行なうことにしたい．

3　明治40年の企業家ネットワーク

(1) 企業家ネットワークの外的構造

登場回数別役員一覧

これまで見てきた明治31年における役員の特徴を明治40年でも行ない，比較していこう．明治40年の『役員録』には延べ38,286人の役員が記載されている．重複分を整理すると29,250人となる．この人物については，表I-1-10を参照されたい．このうち，23,730人は1回しか登場しない人物である．最も多く登場する人物は渋沢栄一で，30回登場する．次いで大倉喜八郎の21回，野田吉兵衛の18回がこれに続く．17回では，渡辺福三郎，浅野総一郎，馬越恭平，藤本清兵衛の4人がいる．この表には8回以上登場する人物名を記している．明治31年同様，渋沢栄一を筆頭に，多くの会社に役員として関与していた企業家の特徴を考えることにしたい．

これらの人物が役員として関与していた会社数と会社の府県数という地理的な関係，会社数と業種数の関係はそれぞれ先に掲げた表I-1-12-1(1)と表I-1-13-1(1)を参照されたい．両表の特徴を詳述することは避け，簡単に結論を記すことにしよう．多府県への進出よりも多業種への関わりが多いことは明治31年と同じであるが，明治31年と比べて業種の広がりよりも，特定の業種への集約が見られた．府県への広がりも，明治31年に比べて狭くなった．総じて，特定の業種への集中，居住する府県中心の関わりといった特徴が指摘できる．

さて次に2回以上登場する5,520人を対象にして，要素ネットを検出してみることにしたい．要素ネットは7,409組抽出できる．明治31年と同様に要素ネットを構成している人物を対象として，回数別分布表を作成してみよう．7,409ある要素ネットには3,396人が含まれている．3,396人の登場回数別分布表は表I-2-14に掲げてある．2回しか登場しない人物が3,396人の中1,876人（55.2%）を占めており，これに3回登場する人物810人を加えれば79.1%，およそ8割に達する．要素ネットを作っていた人物は30回登場する渋沢栄一や21回登場する大倉喜八郎と並んで，2回や3回しか登場しない人物が多数を占めていた．むしろ，僅かしか登場しない人物は単独で会社役員となっていたというよりも，特定

の人物と複数の会社に役員として関与していたのである．これは明治31年の時と同じである．

では，要素ネットに含まれる会社は特定の府県に偏ったものなのか，それとも，日本全国に広がっていたのだろうか．要素ネットに含まれる会社は2,331社である．この2,331社の府県別一覧表は表I-2-15に掲げてある．特定の府県に集中しているわけではなく，日本全国に及んでいることが分かる．明治31年と比べると，東京の割合が増加している（9.0%から11.3%）．その反面，大阪は12.5%から4.5%へと減少している．要素ネットに占める会社の割合が低下した府県は，大阪府以外に兵庫県，滋賀県，京都府，奈良県，岡山県の関西地域，愛媛県，高知県，福岡県，大分県，熊本県の四国・九州地域と愛知県，新潟県である．一方，割合が増加した府県は，東京府を始め，青森県，山形県，栃木県，埼玉県の東北・関東地域，山梨県，長野県の甲信地域や静岡県，宮崎県と鹿児島県の九州南部である．一見して分かることは，明治31年時点で相対的に少なかった東北，関東，甲信，裏日本の地域や南九州の地域で増加したことである．要素ネットを構成している会社では，地域的な

表 I-2-14 明治40年の要素ネットに登場する人物の登場回数別分布

回数	人数	割合(%)
2	1,876	55.2
3	810	23.9
4	354	10.4
5	156	4.6
6	85	2.5
7	41	1.2
8	27	0.8
9	12	0.4
10	5	0.1
11	5	0.1
12	5	0.1
13	6	0.2
14	2	0.1
15	2	0.1
16	3	0.1
17	4	0.1
18	1	0.0
21	1	0.0
30	1	0.0
合計	3,396	100.0

表 I-2-15 明治40年の要素ネットに登場する会社の府県分布

府県	社数	割合(%)
北海道	47	2.0
青森	35	1.5
岩手	20	0.9
宮城	16	0.7
秋田	10	0.4
山形	42	1.8
福島	32	1.4
茨城	27	1.2
栃木	60	2.6
群馬	37	1.6
埼玉	52	2.2
千葉	20	0.9
東京	263	11.3
神奈川	71	3.0
新潟	101	4.3
富山	68	2.9
石川	34	1.5
福井	33	1.4
山梨	42	1.8
長野	115	4.9
岐阜	46	2.0
静岡	141	6.0
愛知	113	4.8
三重	54	2.3
滋賀	19	0.8
京都	52	2.2
大阪	104	4.5
兵庫	164	7.0
奈良	6	0.3
和歌山	31	1.3
鳥取	7	0.3
島根	28	1.2
岡山	34	1.5
広島	71	3.0
山口	33	1.4
徳島	8	0.3
香川	40	1.7
愛媛	37	1.6
高知	7	0.3
福岡	67	2.9
佐賀	16	0.7
長崎	22	0.9
熊本	16	0.7
大分	44	1.9
宮崎	18	0.8
鹿児島	13	0.6
沖縄	8	0.3
台湾	7	0.3
合計	2,331	100.0

拡大が見られたのである．

人物数と会社数

明治31年で求めたように要素ネット同士が2つの欄で重なり合っている他の要素ネットを求め，新たに加わった要素ネットでも同様に，2つの欄で重なり合っている要素ネットを逐次的に求め，もはや2つの欄で重なる要素ネットがなくなるまで行なって，要素ネットからネットワークの特定を行なってみよう．その結果，1,517のネットワークが抽出される．明治31年では，ネットワークが1,130であったからネットワークは増加した．

表I-2-16から分かるように，明治40年における1,517のネットワークの中で，最大規模のネットワークは人物数で31人，会社数で34社のネットワークである．次いで，人物数18人，会社数16社のネットワークが続く．10人以上のネットワークはこの他に，13人と8社からなるネットワークがあり，また，10人と14社のネットワークも確認できる．そして11人・3社，11人・4社，11人・5社，11人・6社の4つのネットワークも存在していた．明治31年では10人以上のネットワークが22あったが，明治40年では減少し，17である．全体的に，人物数も会社数も少ないネットワークが多くなった．これはなぜなのだろうか．この原因の一端は，それまでの大規模なネットワークが存在していた大阪や兵庫，京都，滋賀などの地域で，この地域に居住する人物の多くが明治40年

表I-2-16　明治40年における1,517のネットワークの人物数および会社数分布

人数＼社数	2	3	4	5	6	7	8	9	10	11	14	16	34	合計
31													1	1
18												1		1
13							1							1
11		1	1	1	1									4
10		1	2	3					1	2	1			10
9		3	2	1	1	1	1	1		1	1			13
8		7	1	3	1	2	1		1	1				18
7		8	9	1		2								26
6		18	14	5	5	2								44
5		29	19	9	1									58
4		73	28	6	3	2	1							113
3		203	32	4										239
2		953	36											989
合計	1,291	144	39	19	7	6	3	1	2	1	1	1	1	1,517

では登場回数を減らしたからである．他方では，明治31年ではあまり多く見られなかった東北，関東などの府県で，明治40年にはネットワークが増加したからである．というのは，これらの地域では，概して人物数や会社数が10人以上あるいは10社以上という大きなネットワークが少なく，これらの地域のネットワークの増加が小さなネットワークの増加をもたらしたからである．

　1,517のネットワークのうち，953（62.8％）のネットワークは「要素ネット型企業家ネットワーク（2人・2社）」であった．明治31年での要素ネット型の割合は59.7％であったから，明治40年では僅かではあるが増加した．全体的に少人数からなるネットワークが多くなったと言えよう．明治31年では2社からなるネットワークは全体の81.1％であったが，明治40年では85.1％へと増加した．これに3社からなるネットワークを加えると，明治31年では合計1,033のネットワークで91.4％を占めていたが，明治40年では1,435のネットワークで94.6％に達していることからも理解できよう．一方，役員数の方ではどうだろうか．2人または3人からなるネットワークの数を見ると，明治31年では897のネットワークで79.4％，明治40年では1,228のネットワークで80.9％と僅かに増加した．会社数ほどではないにしろ，ネットワークを構成している役員数も減少している．

業種分布と府県分布

　それでは，人物数と業種数との間，ネットワークに含まれる会社の業種数と府県数との間には，どのような関係があるのだろうか．表I-2-17には明治40年における人物数と業種数が記されている．また，表I-2-18には業種数と府県数の分布が描かれている．この2つの表からも分かるように，明治40年の1,517のネットワークでは，明治31年の1,130のネットワークに比べて業種数が減少している．例えば，明治40年で最も多い業種数は2業種で67.1％を占めており，1業種は23.5％であった．明治31年では，2業種が66.7％，1業種が20.4％であったから，全体として業種数は減少している．明治31年と比べて，明治40年では，ネットワークの数は1,130から1,517へと増加したものの，そこに含まれる会社数，役員数は共に減少し，関与した業種も減少に転じた．これまでも述べてきたように，地方へとネットワークが波及する中で，規模が小さくなるとともに，事業展開も限定されたものになったからであろう．この点は後に，具体的に

表 I-2-17 明治 40 年における 1,517 のネットワークの人物数および業種数分布

業種数＼人数	1	2	3	4	5	6	7	8	10	20	合計
31										1	1
18								1			1
13					1						1
11	1		2	1							4
10		3	2		1	1	1	1	1		10
9		3	2	3			1	2	1		13
8	8			5	3		1	1			18
7		8	7	7	2	2					26
6	15	15	7	4	2	1					44
5	14	30	11	2	1						58
4	32	54	21	4	2						113
3	45	172	21	1							239
2	234	732	23								989
合計	356	1,018	99	21	11	3	4	3	1	1	1,517

表 I-2-18 明治 40 年における 1,517 のネットワークの業種数および府県数分布

業種数＼府県数	1	2	3	4	7	合計
20				1		1
10	1					1
8	1	2				3
7	2	1			1	4
6		2		1		3
5	7	3	1			11
4	17	2		2		21
3	84	13	2			99
2	902	114	2			1,018
1	329	27				356
合計	1,343	164	5	4	1	1,517

見ていこう．

　しかし，以上の 1,517 のネットワークは，明治 31 年から継続して存在しているネットワークを含んだものである．そこで，1,517 のネットワークから継続して存在しているネットワークを取り除いて考えてみよう．今，明治 31 年にある 1,130 のネットワークの中で，明治 40 年に存在する 1,517 のネットワークと 2 社以上かつ 2 人以上共通していれば，その 2 つのネットワークは継続していると考えよう．また，明治 31 年にある 1,130 のネットワークの中で，明治 40 年にある 1,517 のネットワークと，2 社以上かつ 2 人以上共通するネットワークがなければ消滅したネットワークと考えよう[23]．逆に，明治 40 年にあるネットワークの中で，明治 31 年にある 1,130 のネットワークと 2 社以上かつ 2 人以上共通なネットワークがなければ，新たに登場したネットワークと考えよう．

　そこで新たに登場したネットワークを取り上げて，人物数，会社数，府県数，業種数を見ていきたい．詳しくは後述するが，役員数では 2 人のネットワークの占める比率が圧倒的に高い．同様に，会社数でも 2 社からなるネットワークの比率が高いのである．しかし，業種数では 2 業種が最も多く，その割合も明治 40 年に存在したすべてのネットワークの特徴と変わらない．府県数では 1 府県の割合が圧倒的である．以上の点をまとめると，明治 40 年に新たに登場したネットワークは，人物数，会社数の点では少なくなり，1 府県に拠点をおいた活動をしていたことが分かる．

1府県に拠点を置き，2業種にまたがって活動していたネットワークが最も多い．日本全国に遍在していたネットワークではあるが，それぞれのネットワークは府県を単位とした地域経済に深く根を下ろし，そこで活躍していたことが窺い知られる．

(2) 企業家ネットワークの類型化と規模

類型化

さて，明治31年と同様に，ネットワークに含まれる会社の業種から4つの類型に分類してみよう．第I類型はネットワークに銀行とインフラ産業（鉄道，電力，水道，ガスそして取引所）を両方含むネットワークであり，第II類型は銀行を含みインフラ産業を含まないネットワークであり，第III類型はインフラ産業を含み銀行を含まないネットワークで，第IV類型は銀行とインフラ産業の両方とも含まないネットワークと規定した．

明治40年のネットワーク類型一覧は表I-2-19に記してある．1,517のネットワークのうち，第I類型は168（11.1%），第II類型は810（53.4%），第III類型は166（10.9%），第IV類型は373（24.6%）であった．明治31年での類型別構成は，表I-2-10より第I類型12.3%，第II類型47.5%，第III類型12.2%，第IV類型28.0%であったから，第I類型，第III類型，第IV類型は，すべて構成比を低下させたことになる．第II類型だけが構成比を増加させている．銀行を含み，インフラ産業を含まないネットワークだけが構成比を増加させたのである．これは後に詳細に見ていくように，ネットワークの存在あるいは継続にとって，銀行を擁しているネットワークは相対的に生き延びたことを示唆している．因みに，銀行を含んだネットワークは，明治31年で59.8%を占めていたが，明治40年では64.5%に増加したことも，以上の考えを裏づける事実であろう．

もちろん，1,517のネットワークのすべてが明治31年に存在していた訳ではなく，明治40年までに新し

表I-2-19 明治40年におけるネットワークの類型別分布

類型	ネットワーク数	割合(%)
I	168	11.1
II	810	53.4
III	166	10.9
IV	373	24.6
合計	1,517	100.0

表I-2-20 明治40年における新規登場ネットワークの類型別分布

類型	ネットワーク数	割合(%)
I	140	10.0
II	743	52.9
III	160	11.4
IV	362	25.8
合計	1,405	100.0

く登場したネットワークも含まれる．従って，ここには，明治31年から明治40年まで継続して存在していたネットワークと，明治40年までに新たに登場したネットワークがともに含まれている．そこで，継続したネットワークは後に詳細に分析するとして，明治40年までに新たに登場したネットワークの特徴を見ていきたい．

先に記した基準を用いて，明治40年までに新たに登場したネットワークを取り出して考察していこう．明治40年までに新たに登場したネットワークのうち，2人・2社の要素ネット型のネットワークは941あり，ネットワークは464ある．これら941と464の計1,405のネットワークを取り出して類型化を見たい．

表I-2-20から分かるように，第I類型（11.1%から10.0%）と第II類型（53.4%から52.9%）の構成比が若干縮小している．その反面，第III類型（10.9%から11.4%）と第IV類型（24.6%から25.8%）は増加している．銀行を含まないネットワークが相対的に増加した．とは言え，全体から見れば，明治40年に存在していた1,517のネットワークから得られる構成比と大きな違いはなかった，と結論できよう．

支配力

次に，ネットワークに属する人物がネットワークに含まれる会社の経営を掌握していたのか否かを考えよう．明治31年と同様，「ネットワーク別役員ポスト占有率」によって経営権の支配力を測定したい．図I-2-19に掲げているように，明治31年と同様，最多の階層は20〜30%の階層である．次いで30〜40%で294（19.4%），40〜50%は195（12.9%）であった．ネットワークに含まれる会社のすべての役員ポスト数に対して，経営的に支配していたと考えられる50%以上占めていたネットワークは279（18.4%）あり，強い影響力を行使し得たであろう30%以上のネットワークは768（50.6%）あった．先の図I-2-6に記されている明治31年時点での「ネットワーク別役員ポスト占有率」のグラフと比較してもほぼ同じ分布であるが，明治31年で50%以上の「ネットワーク別役員ポスト占有率」のネットワークが18.4%で，30%以上の「ネットワーク別役員ポスト占有率」のネットワークが54.0%であったことを考えると，50%以上では同じ割合であるものの，30%以上で若干の低下が見られた．とはいえ，半分以上のネットワークで30%以上の役員ポスト占有率であったことから考えると，明治40年時

点でも，過半のネットワークでは，ネットワークに属する人物たちがネットワークに含まれる会社の経営に対して強い影響力を行使し得たか，支配していたと言えよう．

明治40年のネットワークの類型化で行なったように，ネットワークの支配力についても，明治40年までに新たに登場したネットワーク1,405を取り上げて，支配力を考察してみよう．明治40年に存在していたすべての

図 I-2-19 明治40年における全ネットワークのネットワーク別役員ポスト占有率分布

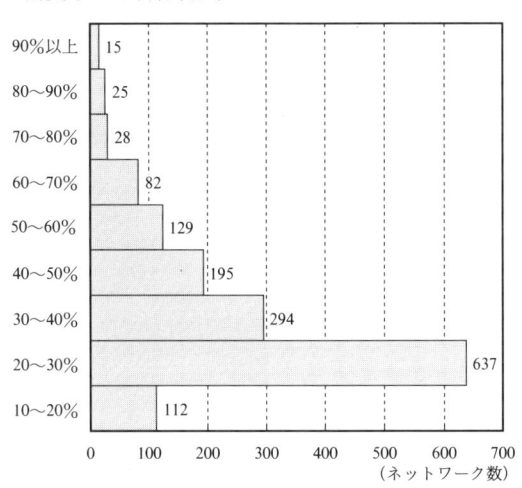

階層	ネットワーク数
90%以上	15
80〜90%	25
70〜80%	28
60〜70%	82
50〜60%	129
40〜50%	195
30〜40%	294
20〜30%	637
10〜20%	112

ネットワークの「ネットワーク別役員ポスト占有率」分布と比べて，下回っている階層を挙げると，90％以上層，70〜80％層，60〜70％層，50〜60％層，40〜50％層である．これに対して上回っている層は30〜40％層，20〜30％層，10〜20％層であった．役員ポスト占有率という観点から見れば，明治40年に登場したネットワークは，ネットワーク全体の平均よりも役員ポスト占有率が低い．ネットワークに含まれる会社役員ポスト数に対して，占有率の低いネットワークが登場してきたのである．

類型化では顕著な変化は見られなかったが，全体として，役員ポスト占有率から見ると役員の支配力が小さなネットワークが増加したと言えよう．

経済的規模

ネットワークに含まれる会社の公称資本金合計は図 I-2-20 に掲げている．明治31年と同様に，公称資本金が20万円から50万円の層が最も多く，次いで10万円から20万円の層と50万円から100万円の層が続く．一方，公称資本金の大きいネットワークでは500万円から1,000万円の層に60のネットワークが，1,000万円以上の層に65のネットワークが存在していた．明治31年から10年後の時期であることを考えると，明治31年と同じ金額の層が最多を占めているこ

図 I-2-20 明治40年における全ネットワークの公称資本金別ネットワーク数分布

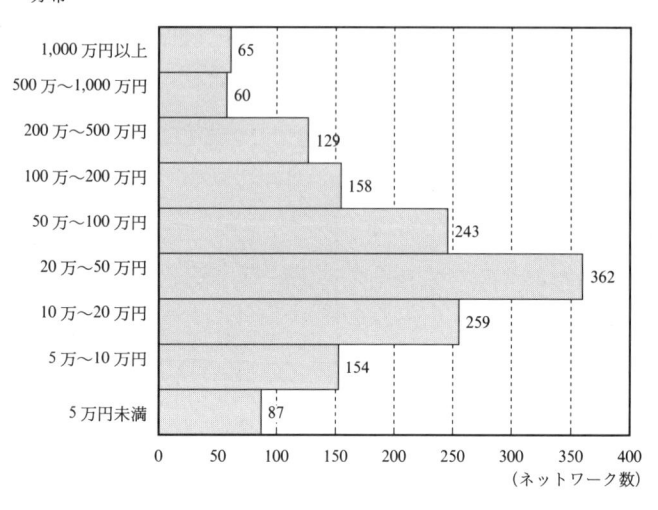

資本金区分	ネットワーク数
1,000万円以上	65
500万～1,000万円	60
200万～500万円	129
100万～200万円	158
50万～100万円	243
20万～50万円	362
10万～20万円	259
5万～10万円	154
5万円未満	87

図 I-2-21 明治40年における新規登場ネットワークの公称資本金別ネットワーク数分布（割合）

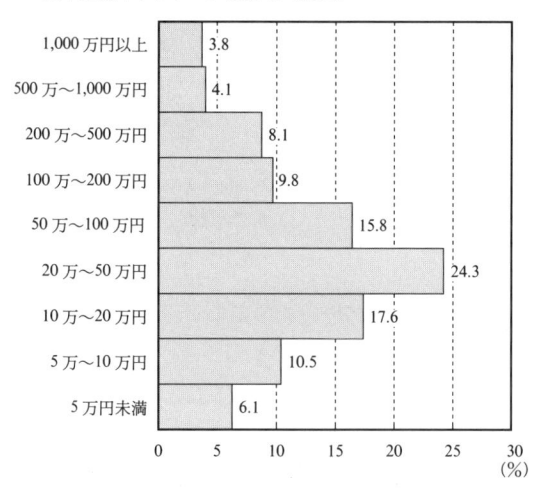

資本金区分	割合(%)
1,000万円以上	3.8
500万～1,000万円	4.1
200万～500万円	8.1
100万～200万円	9.8
50万～100万円	15.8
20万～50万円	24.3
10万～20万円	17.6
5万～10万円	10.5
5万円未満	6.1

とは，理解しやすい．しかし，全体的に見て公称資本金が増加したという事実を考えると，明治31年と異なり，相対的に公称資本金の小さなネットワークの割合が増加したと評価すべきであろう．

これは，先に指摘したように，それまでの東京，大阪，兵庫，滋賀から東北，関東，四国や九州など，地域への拡大に伴い，相対的に公称資本金の小さな会社が設立されたからであろう．その一方で，明治31年に比べて公称資本金の大きなネットワークが登場していることも窺われる．これは東京などのネットワークで，この間，ネットワーク全体の公称資本金が増加したことを反映したものである．ネットワークにおける公称資本金合計の分布図から以上のような二面性を指摘できよう．

これまでの議論と同様，明治40年に登場した，要素ネットとネットワークの合計1,405について，別に調べてみることにしよう．図I-2-21からその割合を見ていくことにしたい．明治40年の全ネットワークと明治40年に新たに登場したネットワークを比べると，明治40年に登場したネットワークの公称資本金が小さいことが分かる．例えば，明治40年までに新たに登場したネッ

表I-2-21 明治40年における1,517の企業家ネットワークの類型別公称資本金平均（円）

類型	公称資本金平均
I	3,280,928
II	930,151
III	5,625,311
IV	1,510,310

トワークの公称資本金が，明治40年に存在していた全ネットワークの公称資本金より大きな割合を示している階層は，20万円以上50万円未満層，10万円以上20万円未満層，5万円以上10万円未満層，5万円未満層である．50万円未満の層では，いずれも明治40年までに新たに登場したネットワークの割合が大きい．小さな公称資本金のネットワークが生まれたと言えよう．しかも，全体として10万円以上から100万円未満層で分厚く存在し，58％ものネットワークがこの階層に含まれる．

　以上から，次のようなことが言えそうである．ネットワークの類型という観点からは，銀行を含みインフラ産業を含んでいない第II類型の割合が高く（53.4％），役員ポスト占有率で50％以上占めていたネットワークは279（18.4％）あり，強い影響力を行使し得たであろう30％以上のネットワークは768（50.6％）あった．また，類型別に公称資本金の平均を見ていくと，表I-2-21から分かるように，第I類型では3,280,928円，第II類型では930,151円，第III類型では5,625,311円，第IV類型では1,510,310円であった．明治31年と同様に，第I類型と第III類型での公称資本金の平均は，他の類型に比して大きい．ここから言えることは，第I類型と第III類型の企業家ネットワークは，地域経済の発展に貢献したタイプであり，公称資本金平均も大きく，本来の意味で社会的遊休資金を集めた株式会社と言える側面を有していた．問題は，こうした企業家ネットワークが1つの経済単位と見なせるか否かである．

　そこで，明治31年でも作成したように，明治40年に存在したすべてのネットワークを対象として，公称資本金別に役員ポスト占有率を見ていくことにしよう．

(3) 会社経営への関与

役員ポスト占有率

明治31年で見たように，公称資本金から見たネットワークの大きさと「ネットワーク別役員ポスト占有率」から見たネットワークの支配力の強さを取り上げ，両者の関係を見ていくことにしよう．明治31年では，公称資本金の規模で4つの階層に分けた．200万円以上，50万円以上200万円未満，10万円以上50万円未満，10万円未満の4つである．すべての階層で，事実上支配力を行使していると見なせる50％以上のネットワークが存在していたことを確認した．それでは，明治40年ではどう変化したのだろうか．

これまで見てきたように，明治40年では，最も大きな公称資本金の階層として1,000万円以上が新たに登場した．しかし，先の図I-2-20からも分かるように，階層毎のネットワーク数から判断して，1,000万円以上層と500万円以上1,000万円未満層は1つに括れ，200万円以上500万円未満層と100万円以上200万円未満層も1つに括れる．また最も多くのネットワークが存在した3つの階層である50万円以上100万円未満層，20万円以上50万円未満，10万円以上20万円未満の階層は1つに括れ，残りの5万円以上10万円未満層と5万円未満層も一緒に括れる．都合，4つの大きな階層に分けられる．そこで，4つの大きな階層毎に，どれだけの数のネットワークが含まれていたのか図示してみよう．

その結果が図I-2-22である．この図は，明治40年に存在していた1,517のネットワークを取り上げて，ネットワークに含まれる会社の公称資本金を合計した金額で4つの階層に分け，それぞれの階層に属するネットワークの「ネットワーク別役員ポスト占有率」毎に表示したものである．ここからまず第1に，4つのすべての階層において，50％以上の役員ポスト占有率を有するネットワークが存在していることが分かる．決して，

図I-2-22 明治40年における全ネットワークの公称資本金別・ネットワーク別役員ポスト占有率分布

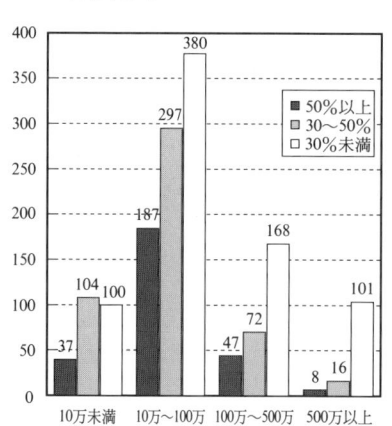

小さなネットワークに「ネットワーク別役員ポスト占有率」の高いネットワークがあり，逆に，大きなネットワークに「ネットワーク別役員ポスト占有率」の低いネットワークがあったという訳ではない。

　確かに，大きな公称資本金を有する階層には，役員ポスト占有率30%未満のネットワークが多数存在している．しかし，その反面，10万円未満層の公称資本金額の階層にも30%未満のネットワークが存在している．最も多くのネットワークが存在している，10万円以上100万円未満の階層を詳細に見ていくことにしよう。この階層には864（100.0%）のネットワークが含まれている．864のネットワークのうち，50%以上の「ネットワーク別役員ポスト占有率」を有しているネットワークは187（21.6%）あり，会社への支配力に影響を与えられるであろう30%以上50%未満のネットワークは297（34.4%）あり，30%未満の「ネットワーク別役員ポスト占有率」のネットワークは380（44.0%）あった．「ネットワーク別役員ポスト占有率」が30%以上であるネットワークは56.0%を占め，過半のネットワークではネットワークのメンバーがネットワークに含まれる会社の支配に強い影響を与えていたのである．

　それでは，500万円以上の公称資本金を有し，かつ，役員ポスト占有率が50%以上である8つのネットワークと，逆に，10万円未満の公称資本金ではあるが，役員ポスト占有率が50%以上の37のネットワークについて具体的に見ていくことにしよう．

役員ポスト占有率が高い大ネットワーク

　明治31年で作成したように，50%以上の「ネットワーク別役員ポスト占有率」を占めているネットワークの中で，公称資本金合計の大きなネットワークと公称資本金合計の小さなネットワークを取り出してみよう．

　図I-2-23から図I-2-30に掲げてあるように，公称資本金が大きなネットワークは愛知，東京，京都で見られ，銀行を含んだネットワークである．先に見た類型化の際に基軸として選んだインフラ産業を含むネットワークが4つある．

　これら8つのネットワークは，東京，神奈川，愛知，京都，そして大阪と台湾を中心に活動していたネットワークである．愛知県の事例では，奥田正香を中心としたネットワークであり，奥田以外では上遠野富之助，鈴木摠兵衛，服部小十郎，白石半助，平子徳右衛門，渡辺甚吉，兼松煕，神野金之助，加藤平兵衛の

図 I-2-23　明治40年における役員ポスト占有率大・大資本ネットワーク(1)

	久野昌一助	弘田久武	有島厳	松方厳政	草野政信	清水宜輝	府県	業種	公称資本金	設立年	住所
㈱丁酉銀行	監	監	監	取		取兼支店	東京	銀行	2,000,000	1897	京橋区宗十郎町
㈱十五銀行	副頭取	取	取	取		監	東京	銀行	18,000,000	1877	京橋区木挽町7丁目

図 I-2-24　明治40年における役員ポスト占有率大・大資本ネットワーク(2)

	上遠野富之助	奥田正香	鈴木摠兵衛	服部擥十郎	白石半助	平子徳右衛門	渡辺甚吉	兼松熙	神野金之助	加藤平兵衛	府県	業種	公称資本金	設立年	住所
日本車輛製造㈱	常取	社取	監		取				監		愛知	機械器具	3,000,000	1896	愛知郡熱田町
名古屋瓦斯㈱		監	社	取							愛知	ガス	2,000,000	1906	名古屋市栄町
名古屋電力㈱	取	取社		取			監	取	監		愛知	電力	5,000,000	1906	名古屋市新柳町7丁目
㈱名古屋株式取引所	理	理長		監	理	監					愛知	取引所	200,000	1894	名古屋市南伊勢町
明治土地建物㈱	取	取	監		取		取				愛知	不動産	1,000,000	1907	名古屋市堅三ツ蔵町1丁目
中央炭礦㈱		取社	監				専取				愛知	鉱業	500,000	1906	名古屋市栄町7丁目
㈱明治銀行	監		取		監					頭	愛知	銀行	3,000,000	1896	名古屋市伝馬町
愛知材木㈱		取社	取								愛知	農林	150,000	1897	名古屋市正木町
名古屋倉庫㈱		取		社	専取						愛知	倉庫	200,000	1893	名古屋市泥江町2丁目
名古屋製氷㈱				取社					監		愛知	食品	75,000	1900	名古屋市松重町
名古屋精糖㈱		取	取社							理	愛知	食品	1,000,000	1906	西春日井郡枇杷島町

図 I-2-25　明治40年における役員ポスト占有率大・大資本ネットワーク(3)

	岩崎久弥	岩崎小弥太	府県	業種	公称資本金	設立年	住所
三菱㈱銀行部	社	副社	東京	銀行	1,000,000	1895	麹町区八重洲町1丁目
三菱㈱	社	副社	東京	その他(多業種)	15,000,000	1893	麹町区八重洲町1丁目

図 I-2-26　明治40年における役員ポスト占有率大・大資本ネットワーク(4)

	山本悌二郎	鈴木藤三郎	津田静一	武智直道	岡本貞烋	田島信夫	賀田金三郎	藤田四郎	益田太郎	府県	業種	公称資本金	設立年	住所
日本火災保険㈱								取社	取	大阪	保険	3,000,000	1892	大阪市西区京町堀上通1丁目
㈱台湾製糖	常取	取	監	常取	監	取	取			台湾	食品	5,000,000	1900	鳳山庁橋仔頭庄
大東製糖㈱	取		監	取	監	取	取			台湾	食品	5,000,000	1907	阿緱庁港西中里公館庄

図 I-2-27　明治40年における役員ポスト占有率大・大資本ネットワーク(5)

	土岐僙	尾高次郎	佐々木勇之助	日下義雄	渋沢栄一	府県	業種	公称資本金	設立年	住所
㈱東京貯蓄銀行		取		監	取会	東京	銀行	200,000	1894	日本橋区南茅場町
韓国興業㈱	専取	相取		監督	監	東京	土地改良開発	1,000,000	1904	日本橋区兜町
㈱第一銀行		取	取兼総支	監	頭	東京	銀行	10,000,000	1873	日本橋区兜町
北海道製麻㈱	取				監	北海道	その他繊維	1,200,000	1887	札幌区北七条東1丁目

図 I-2-28　明治40年における役員ポスト占有率大・大資本ネットワーク(6)

	大沢善助	久保田庄左衛門	井上利八	市田理兵衛	内貴甚三郎	西村伊三郎	渡辺誼之助	田中源太郎	松居庄七	府県	業種	公称資本金	設立年	住所
㈱京都商工銀行		監	取	副頭	取	監	取	頭	監	京都	銀行	3,000,000	1886	京都市下京区東洞院通六角下ル
京都織物㈱						取	専取	取会		京都	生糸	1,050,000	1887	京都市上京区川端通御幸橋東詰
京都工商㈱	取社	監		取		取		監	取	京都	その他工業	200,000	1906	京都市下京区東洞院通六角下ル
京都鉄道㈱		取					社	取	監	京都	鉄道	4,500,000	1895	葛野郡朱雀野村
㈱商工貯金銀行		監	取	頭				取	取	京都	銀行	50,000	1895	京都市下京区東洞院通六角下ル
㈱京都取引所	監		理		理長			監		京都	取引所	200,000	1884	京都市下京区東洞院通錦小路下ル
京都電燈㈱	取	取社				監				京都	電力	1,600,000	1887	京都市下京区河原町通蛸薬師下ル
㈱也阿弥ホテル	取	取社			取					京都	その他サービス	150,000	1901	京都市下京区八阪鳥居前東入
名古屋電気鉄道㈱		取						監		愛知	鉄道	1,000,000	1894	名古屋市那古野町

164　第Ⅰ部　日本全国における企業家ネットワーク

図I-2-29　明治40年における役員ポスト占有率大・大資本ネットワーク(7)

	馬場道久	片野重久	中野正四郎	青木虎五郎	吉田定七郎	東條定一郎	府県	業種	公称資本金	設立年	住所
日本倉庫㈱	社	取	取	取	監	取	東京	倉庫	2,000,000	1907	深川区相川町
京浜電気鉄道㈱	監	常	監	取			神奈川	鉄道	5,100,000	1898	橘樹郡川崎町
㈱東京米穀取引所	監	理長		理	監	理	東京	取引所	1,000,000	1876	日本橋区蠣殻町1丁目

図I-2-30　明治40年における役員ポスト占有率大・大資本ネットワーク(8)

	朝田又七	石川徳右衛門	古屋徳兵衛	田沼林蔵	柿中海次郎	間宮勇左衛門	田中利喜蔵	石川半右衛門	府県	業種	公称資本金	設立年	住所
㈱横浜実業銀行	相頭	取	取	監	取		取	専取	神奈川	銀行	500,000	1900	横浜市太田町2丁目
横浜鉄道㈱	専取		監				社		神奈川	鉄道	3,500,000	1904	横浜市青木町
㈱横浜実業貯蓄銀行	相	取	監	取	取		取	頭	神奈川	銀行	50,000	1900	横浜市太田町2丁目
横浜船渠㈱	取		監			会			神奈川	機械器具	3,000,000	1891	横浜市入船町

10人と，明治銀行，名古屋電力，名古屋瓦斯，名古屋株式取引所，日本車輛製造，明治土地建物，中央炭礦，愛知材木，名古屋倉庫，名古屋製氷，名古屋精糖の11社からなるネットワークであった（図I-2-24）．銀行とインフラ産業を含む，典型的な第Ⅰ類型のネットワークである．

渋沢栄一，日下義雄，佐々木勇之助，尾高次郎，土岐僙の5人と，第一銀行，東京貯蓄銀行，韓国興業そして北海道製麻の4社からなるネットワークもこのカテゴリーに含まれる（図I-2-27）．

もう1つ指摘しておこう．京都を舞台としたネットワークである．田中源太郎，渡辺伊之助，内貴甚三郎，西村治兵衛，市田理八，松居庄七，井上利助，久保田庄左衛門，大沢善助の9人と，京都商工銀行，商工貯金銀行，京都取引所，京都鉄道，京都電燈，名古屋電気鉄道，京都工商，京都織物，也阿弥ホテルの9社からなるネットワークである（図I-2-28）．これも第Ⅰ類型のネットワークである．

最後に，明治40年で多くのネットワークが見られるようになった神奈川県の

事例が登場する．朝田又七，石川徳右衛門，古屋徳兵衛，田中林蔵，柿沼海次郎，間宮勇左衛門，田中利喜蔵，石川半右衛門の8人と，横浜実業銀行，横浜実業貯蓄銀行，横浜鉄道，横浜船渠の4社からなるネットワークである（図I-2-30）．これも銀行とインフラ産業を含む第I類型のネットワークであった．

東京，神奈川，京都や大阪といった地域の限定と同時に，銀行とインフラ事業を含む第I類型のネットワークが多かった点に，大規模ネットワークであり役員ポスト占有率が高いネットワークの特徴があったと言えよう．

もっとも，8つのネットワークの中に，財閥系企業のネットワークが見いだされることも指摘しておく必要があろう．岩崎久弥と岩崎小弥太の2人と三菱合資と三菱合資銀行部の2社からなるネットワークである（図I-2-25）．

役員ポスト占有率が高い小ネットワーク

役員ポスト占有率が50％以上で，公称資本金の合計額が10万円未満のネットワークは37ある．特徴を見ていこう．まず類型である．明治31年では，銀行を含みインフラ産業を含まない第II類型と，銀行，インフラ産業のいずれも含まない第IV類型が際だって大きな割合を占めていた．明治40年ではどうであろうか．明治40年では第II類型が16，第IV類型が21で，インフラ産業を全く含まない類型だけである．明治31年に見られた特徴がそのまま純粋に拡大したようである．第IV類型のネットワークが多く，第II類型のネットワークがこれに続き，インフラ産業を含むネットワークは小規模ネットワークで役員ポスト占有率が高いネットワークには存在しない．これが第1の特徴である．

次に，地域的な特徴を見ていこう．明治31年では，愛知，兵庫を始めとした先進地域と先進地域の周辺地域で見られたが，明治40年では変化が見られたのだろうか．明治40年でも，東京，愛知，兵庫などの先進地域で見られる．その一方，青森，栃木，静岡，香川，鹿児島などの地域で複数のネットワークが存在している．明治31年と比べて，地方への展開が見られたと評価できよう．

それでは具体的に，第II類型と第IV類型のネットワークを見ていくことにしよう．図I-2-31から図I-2-44にそれらのネットワークが掲げられてある．鹿児島や香川県の宇多津製塩関係のネットワーク，福岡県で見られたネットワークはすべて，その地域固有の産業を企業化し，同じ地区の人物が共同で役員に就任するという特徴を持っている．すべて，銀行を含まない，地場産業からなるネット

図 I-2-31 明治40年における役員ポスト占有率大・小資本ネットワーク(1)

	西巻時太郎	中村藤八	竹田毅猪	府県	業種	公称資本金	設立年	住所
柏崎艀船㈱	取	取	監	新潟	海上輸送	1,200	1892	刈羽郡柏崎町
柏崎廻漕㈱	専取	取	監	新潟	海上輸送	5,000	1902	刈羽郡柏崎町

図 I-2-32 明治40年における役員ポスト占有率大・小資本ネットワーク(2)

	石本清介	嘉治善兵衛	藤原虎之助	平井五郎吉	府県	業種	公称資本金	設立年	住所
今津酒造㈱	取	専取			兵庫	醸造業	60,000	1893	武庫郡今津村
西宮呉服販売㈱	取	監	取	社	兵庫	商業	30,000	1896	武庫郡西宮村
摂津寒天製造㈱	取	取	取	専取	兵庫	食品	8,000	1893	武庫郡西宮村

図 I-2-33 明治40年における役員ポスト占有率大・小資本ネットワーク(3)

	豊島小太郎	豊尾登代造	長井覚太郎	石岡長太郎	阿野勇	原永平太	真鍋猪江	府県	業種	公称資本金	設立年	住所
宇多津製塩㈱	監	監	取					香川	水産業	無記載	無記載	綾歌郡宇多津町
宇多津大東塩田㈱	取	監	取	監	取	取		香川	水産業	37,500	1906	綾歌郡宇多津町
宇多津東塩田㈱	取	監	取	取			取	香川	水産業	55,000	1902	綾歌郡宇多津町

図 I-2-34 明治40年における役員ポスト占有率大・小資本ネットワーク(4)

	馬場藤八郎	山本光義	山本平五郎	府県	業種	公称資本金	設立年	住所
㈱穂崎貯蓄銀行	監	監	頭取	岡山	銀行	30,000	1896	赤盤郡西高月村
㈱赤坂銀行	頭取支長兼	取	監	岡山	銀行	60,000	1896	赤盤郡西高月村

図 I-2-35 明治40年における役員ポスト占有率大・小資本ネットワーク(5)

	岩渕津三郎	小河与一	栗田三千太郎	山崎良平	府県	業種	公称資本金	設立年	住所
㈱坂北銀行	取	取	取	頭取	長野	銀行	60,000	1899	東筑摩郡阪北村
阪北酒造㈲	理	理	社	取	長野	醸造業	30,000	1901	東筑摩郡阪北村

図 I-2-36 明治40年における役員ポスト占有率大・小資本ネットワーク(6)

	山中与七郎	中村亀武郎	平松兵衛	府県	業種	公称資本金	設立年	住所
京都食料品㈱	取	監	取	京都	食品	15,000	1906	京都市下京区東塩小路
京都製銅㈱	取	社	監	京都	金属	70,000	1896	京都市上京区岡崎町

図 I-2-37 明治40年における役員ポスト占有率大・小資本ネットワーク(7)

	寺岡五郎平	中塚弥平	大塚茂十	村松秀致	本咲利一郎	府県	業種	公称資本金	設立年	住所
㈱尼崎銀行	監	取	取	専取	頭取	兵庫	銀行	50,000	1889	川辺郡尼ヶ崎
㈱尼崎貯蓄銀行	監	監	頭取	常取	取	兵庫	銀行	30,000	1895	川辺郡尼ヶ崎

図 I-2-38 明治 40 年における役員ポスト占有率大・小資本ネットワーク(8)

	盛田久左衛門	中埜又左衛門	府県	業種	公称資本金	設立年	住所
中埜酒店	業執社	業担社	静岡	商業	50,000	1898	駿東郡沼津町
㈲盛田店	業担社	業担社	静岡	商業	30,000	1898	安倍郡清水町

図 I-2-39 明治 40 年における役員ポスト占有率大・小資本ネットワーク(9)

	酒井作治郎	岡本元四郎	林繁之助	入江豊三郎	府県	業種	公称資本金	設立年	住所
㈱鞆銀行	専取	取	監	監	広島	銀行	50,000	1894	沼隈郡鞆町
㈱鞆貯蓄銀行	専取	取	監	監	広島	銀行	30,000	1897	沼隈郡鞆町

図 I-2-40 明治 40 年における役員ポスト占有率大・小資本ネットワーク(10)

	塩田多八	犬石政吉	山下元治	山村俊助	水石藤吉	府県	業種	公称資本金	設立年	住所
㈱園部貯蓄銀行	監	取	取	取	取	京都	銀行	30,000	1895	船井郡園部町
㈱園部商工銀行	取	監	取兼支	取	頭	京都	銀行	50,000	1893	船井郡園部町

図 I-2-41 明治 40 年における役員ポスト占有率大・小資本ネットワーク(11)

	今井勇太郎	川嘉蔵	大久保栄太郎	浅羽長左衛門	府県	業種	公称資本金	設立年	住所
横須賀商業㈱	取	監	業執社	専取	神奈川	陸上輸送	30,000	1904	横須賀市大瀧町
㈲横須賀鉄工所	代社	業担社	業執社		神奈川	機械器具	50,000	1906	横須賀市米々浜

図 I-2-42 明治 40 年における役員ポスト占有率大・小資本ネットワーク(12)

	泉山太三郎	泉山吉兵衛	府県	業種	公称資本金	設立年	住所
泉山㈲	代社	代社	大阪	商業	30,000	1899	大阪市東区本町1丁目
㈲泉山銀行	頭	取	青森	銀行	50,000	1897	三戸郡八戸町

図 I-2-43 明治 40 年における役員ポスト占有率大・小資本ネットワーク(13)

	阿波加梅太郎	赤井行峰	永守兵太郎	府県	業種	公称資本金	設立年	住所
㈱永守貯蓄銀行	監	監	取	富山	銀行	50,000	1905	婦負郡四方町
㈱越中貯銀行	取	取	頭	富山	銀行	30,000	1903	富山市星井町

図 I-2-44 明治 40 年における役員ポスト占有率大・小資本ネットワーク(14)

	鈴木久右衛門	鈴木保次郎	府県	業種	公称資本金	設立年	住所
㈱鈴木貯蓄銀行	取	専頭	栃木	銀行	30,000	1899	宇都宮市鉄砲町
鈴木㈲	業執社	代社	栃木	その他金融	50,000	1906	宇都宮市鉄砲町

ワークであった．

　もう1つは，同族と思われる人物が中心となっているネットワークである．栃木県の事例（図I-2-44）と青森県の事例（図I-2-42）がそうである．地場の産業を企業化しつつ，銀行を設立しているものもあった．

　最後に，東京や兵庫県の事例を見ていくことにしよう．先進地域では，今まで見てきた地域と違った特徴が見られたのであろうか．まず図I-2-37に見る兵庫県の事例では，尼ヶ崎町に基盤をおいた事業であることが理解できよう．また，図には示していないが東京でも喜谷市郎右衛門が中心となって，麹町という同じ地区に設立された会社を基盤に活動している．

　以上見てきたことから分かるように，そのほとんどすべては，それぞれの地区固有の地場産業を企業化したものか，家族・同族の強い支配力で作られたネットワークである．インフラ産業を含まないという特徴から考えても，それぞれの地域で，地域の経済発展に資するような産業に進出したというよりは，地場産業の企業化，あるいは家族・同族企業の企業化という特徴を持っていたと言えよう．

小　括

　明治40年では，どのような変化が見られたのであろうか．まず第一に，渋沢栄一に代表される多数の会社役員に就任していた人物は，明治31年と同様に多数いたが，全体的には，関与した会社数は減少した．また，関与した会社の府県数も業種数も，明治31年に比べて減少していたから，明治40年では会社役員の活動範囲は，地域的にも業種的にも集約されていったことが分かる．

　ネットワークに注目すると，大阪や兵庫などの地域から東北や九州などの地域へ拡大していることが見て取れよう．ネットワークの数は減少していない．日本全国でネットワークという形態を取った人物たちの活動は，決して衰えてはいなかったのである．

　さらに，ネットワークに含まれる会社の公称資本金から見たネットワークの規模では，財閥系企業に匹敵するような大規模なネットワークもあったことを指摘する必要があろう．しかも，大規模なネットワークにおいても，ネットワークに参加している人物がこれらの会社役員に多数就任し，支配力を維持していたネットワークもあったことも併せて指摘しておきたい．

以上から，明治40年で見られた特徴は，地方への普及の結果，ネットワークの規模が多少小さくなったという変化は見られたものの，明治31年に見られた特徴と多くの面で類似していた．ネットワークを主体とした研究の必要性が理解できたと思われる．

それでは，明治31年に存在していたネットワークと明治40年で確認できたネットワークは，果たして，継続していたネットワークなのか，それとも，人的な側面でも会社の面でも全く別のネットワークだったのだろうか．これを見ておく必要があろう．それと同時に，継続して存在していたネットワークとこの間に消滅したネットワークの間には，何か違いがあるのだろうか．次に，この問題を考えていきたい．

4　企業家ネットワークの継続と消滅

(1)　企業家ネットワークの継続と消滅

継続と消滅の定義

明治31年と40年で検出されたネットワークは継続していたのだろうか，それとも，全く別な会社，人物からできていたのであろうか．継続していたか否かの判断では，人物の継続と同様に会社の継続も重要であると考えられる．そこで明治31年のネットワークと明治40年のネットワークで，2人以上の人物と2社以上の会社が同時に共通して存在していれば，それらは継続したネットワークであると判断し，明治31年と明治40年のネットワークを分類した．しかし，明治31年のネットワークの一部は分裂したり，別なネットワークと統合したりしたために，明治31年と明治40年のネットワークはきちんと1対1対応をしているわけではない．これを前提として，ネットワークの継続状況を見たのが表I-2-22である．明治31年に1,130あったネットワークは，ネットワークが分裂した結果，1,134のネットワークとなっている．

表I-2-22では，ネットワークを2人と2社からなる，要素ネット型のネットワークと，それ以外のネットワークとに分けて表示してある．明治31年に要素ネット型のネットワークは675ある．675（100.0%）のうち659（97.6%）は明

表 I-2-22 ネットワークの継続，分裂，消滅一覧（明治31年から明治40年）

M31＼M40	消滅	要素ネット型	ネットワーク
M31 なし		941	464
要素ネット型	659	0 (0)	16 (16)
ネットワーク	368	10 (12)	81 (91)

参考：明治31年（明治40年）．例えば，81（91）というのは，明治31年に81あったネットワークが分裂し，91のネットワークになったことを示す．

注：明治31年における1,130のネットワークのうち4つは，分裂後に2つのセルに登場する結果，1,134となっている．また，明治40年における1,517のネットワークのうち7つは，明治31年のネットワークが分裂してできており，複数のセルに登場する結果，1,524となっている．

治40年までに消滅し，16（2.4%）がネットワークに拡大した．明治31年にネットワークであったものは455あった．この455のネットワークのうち，4つのネットワークは複数の要素ネット型に分裂したり，要素ネット型とネットワークの2つに分裂したり，複数のネットワークに分裂した結果，表では459（100.0%）となっている．この459のネットワークのうち，368（80.2%）は明治40年までに消滅し，10（2.2%）は要素ネット型に縮小したりしたが，81（17.6%）はネットワークのままで継続していた．およそ18%はネットワークのままで存続し，全体として20%のネットワークが何らかの形で継続していた．明治40年から見れば，全体では91（重複を除けば，87）（19.8%）のネットワークが継続していたことになる．もっとも，明治31年と明治40年の間で，役員の間で交替があった可能性もある．その場合は継続と判定されないから，ここに掲げた91（19.8%）という数字は，実際にネットワークが継続していたよりも過小である可能性は否定できない．この点を念頭におきながら，分析を進めていくことにしたい．

継続ネットワークの特徴

まず継続していた要素ネット型を取り上げよう．明治31年に要素ネット型であったものが，明治40年でも要素ネット型であった事例は1つもない．しかし，16の要素ネット型は，明治40年でネットワークに拡大している．この16の要素ネット型の類型を見ていくことにしよう．

表 I-2-23 から分かるように16の要素ネット型のうち，第 I 類型（銀行もインフラ産業も含むタイプ）は2つ，第 II 類型（銀行を含みインフラ産業を含まない）は12あり，残りは第 III 類型（インフラ産業を含み銀行を含まない）が1つで第 IV 類型（銀行もインフラ産業も含まない）が1つであった．圧倒的に多いのは，銀行を含みインフラ産業を含まない第 II 類型であった．また，銀行の有無から見ると，87.5%の要素ネット型は銀行を含んでいたのである．

第2章 明治31年と明治40年の企業家ネットワークの構造分析

表 I-2-23 明治31年から明治40年でネットワークに拡大した要素ネット型の明治31年における類型別分布

類型	ネットワーク数	割合(%)
I	2	12.5
II	12	75.0
III	1	6.3
IV	1	6.3
合計	16	100.0

表 I-2-24 明治31年から明治40年で要素ネット型に縮小したネットワークの明治31年における類型別分布

類型	ネットワーク数	割合(%)
I	3	30.0
II	7	70.0
III	0	0.0
IV	0	0.0
合計	10	100.0

表 I-2-25 明治31年から明治40年で継続していたネットワークの明治31年における類型別分布

類型	ネットワーク数	割合(%)
I	25	30.9
II	51	63.0
III	2	2.5
IV	3	3.7
合計	81	100.0

　それでは，明治31年にネットワークであり，明治40年で要素ネット型に縮小したもの，継続してネットワークであったものの類型はどうだったのだろうか．まず，ネットワークから要素ネット型に縮小した10のネットワークの類型を表 I-2-24 から見ていこう．第 I 類型が3つで第 II 類型が7つであった．10のネットワークにはすべて銀行が含まれている．この事実を銘記する必要があろう．次に，表 I-2-25 からネットワークのまま継続していた81のネットワークについて見ると，第 I 類型が25（30.9%），第 II 類型が51（63.0%）である．両者を合わせると76（93.9%）に達する．すなわち，明治31年にネットワークであったものが，明治40年で要素ネット型に縮小したものでも，ネットワークのまま継続したものでも，圧倒的に第 II 類型が多く，また，銀行を含んだネットワークであったことが分かった．継続して存在していた事例では，明治31年で要素ネット型であった16のネットワークよりも，明治31年でネットワークであった10と81のネットワークの方が銀行を含んでいる割合が高いことも特記すべきであろう．

　さて，本来，会社支配の程度を知るには，会社毎の役員ポスト占有率を求めて分析する必要があるが，これだとネットワーク自体では，会社毎の役員ポスト占有率の集合となり，ネットワーク同士の比較が困難になる．そのため，ネットワーク同士の比較ではネットワーク別役員ポスト占有率によって考察してきた．しかし，個々のネットワークを詳細に分析する場合には，本来の会社別役員ポスト占有率を用いて分析する必要があろう．

　そこで次に明治31年における「会社別役員ポスト占有率」を見ていくことにしよう．まず，明治31年に要素ネット型であったものが明治40年でネットワークに拡大した16の要素ネットを見ると，20～30％の階層が圧倒的に多く，続い

図 I-2-45 明治 31 年から明治 40 年で継続していたネットワークにおける，明治 31 年の会社別役員ポスト占有率（割合）

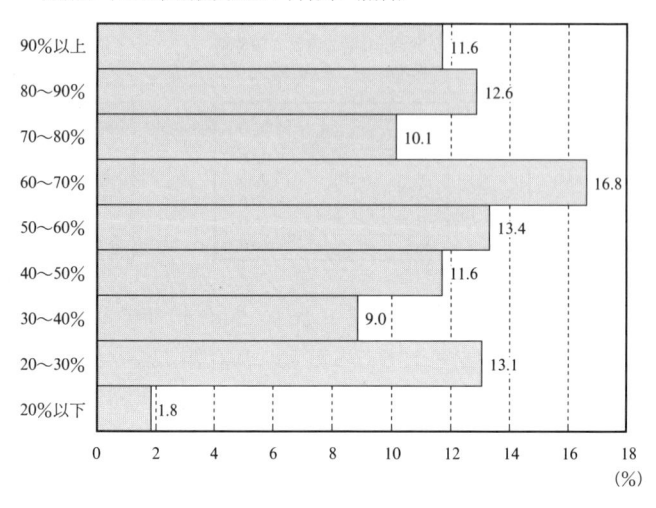

階層	%
90%以上	11.6
80〜90%	12.6
70〜80%	10.1
60〜70%	16.8
50〜60%	13.4
40〜50%	11.6
30〜40%	9.0
20〜30%	13.1
20%以下	1.8

て 40〜50% の階層であった．

次に，明治 31 年にネットワークであり，明治 40 年でもネットワークであった 81 のネットワークを取り上げてみよう．この 81 のネットワークに含まれている会社すべての「会社別役員ポスト占有率」の分布を見ると，図 I-2-45 から分かるように，継続していたネットワークでは，60〜70% の「会社別役員ポスト占有率」の階層が最大で 16.8% を占めている．50〜60% の階層がこれに続き，13.4% を占めている．80〜90% の役職を占めている割合も極めて高い．図から分かるように，ネットワークに属する人物が 50% 以上の役員ポストを占有している会社の比重が多数を占めていたのである（64.5%）．3 分の 2 の会社では，ネットワークに属する人物たちが 50% 以上の役員ポストを占有し，支配していたのである．30% 以上の「会社別役員ポスト占有率」の会社を見ると 85.1% に達する．ここから，継続していたネットワークに含まれる会社は，ほとんどすべて，ネットワークに含まれる人物たちが支配を及ぼしていたか，強い影響力を持っていた会社であることが分かる．

消滅ネットワークの特徴

明治 31 年に要素ネットであったものの，明治 40 年では消滅した 659 の要素

ネット型の類型から考えていこう．表I-2-26に示されているように，第II類型が278（42.2％）で最も多く，次いで第IV類型が231（35.1％）であった．銀行を含んだ第I類型と第II類型の合計は321で48.7％と半分に達していない．これは，明治40年に継続していた要素ネットと比べて大きな違いである．そして，第IV類型が多いことも指摘する必要があろう．

それでは，明治31年にネットワークであったものの，明治40年では消滅した368のネットワークの類型を見ていこう．表I-2-27に示されているように，最も多いのは第II類型の190（51.6％）で，続いて第IV類型の81（22.0％）であった．銀行を含んだ第I類型と第II類型を合わせると259（70.4％）であった．継続して存在していたネットワークと比べると，明らかに銀行を含んだネットワークの割合が少ない．また，その分，第IV類型が多いことも，特徴として指摘しておく必要があろう．

続いて，明治31年における「会社別役員ポスト占有率」を見ていくことにしよう．まず，明治31年に

表I-2-26 明治31年から明治40年で消滅した要素ネット型の明治31年における類型別分布

類型	ネットワーク数	割合(％)
I	43	6.5
II	278	42.2
III	107	16.2
IV	231	35.1
合計	659	100.0

表I-2-27 明治31年から明治40年で消滅したネットワークの明治31年における類型別分布

類型	ネットワーク数	割合(％)
I	69	18.8
II	190	51.6
III	28	7.6
IV	81	22.0
合計	368	100.0

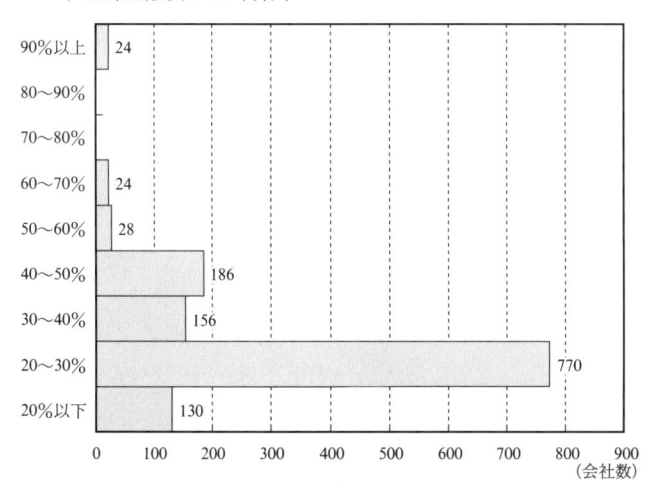

図I-2-46 明治31年から明治40年で消滅した要素ネット型における，明治31年の会社別役員ポスト占有率

区分	会社数
90％以上	24
80〜90％	
70〜80％	
60〜70％	24
50〜60％	28
40〜50％	186
30〜40％	156
20〜30％	770
20％以下	130

図 I-2-47 明治31年から明治40年で消滅した
ネットワークにおける，明治31年の会社別役
員ポスト占有率（割合）

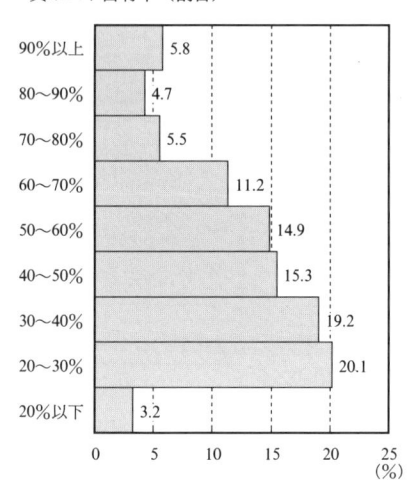

区分	割合(%)
90%以上	5.8
80〜90%	4.7
70〜80%	5.5
60〜70%	11.2
50〜60%	14.9
40〜50%	15.3
30〜40%	19.2
20〜30%	20.1
20%以下	3.2

要素ネット型であったものの，明治40年では消滅した659の要素ネットを見ると，図I-2-46から分かるように，最も多い階層は20〜30%であり，これは明治40年でも存続し，ネットワークに拡大した要素ネットと同じである．続いて，40〜50%層，30〜40%層も分厚く存在しているが，継続して存在していた要素ネットと比べると明白な違いは見いだせない．

次に図I-2-47によって，明治31年ではネットワークであったものの，明治40年では消滅した368のネットワークにおける明治31年の「会社別役員ポスト占有率」の分布を見ていこう．消滅したネットワークでは，20〜40%の層が分厚いことが分かる．それに次いで40〜50%，50〜60%の階層が続く．「会社別役員ポスト占有率」が50%以上の会社は，延べ447社（42.2%）であった．

従って，企業統治という観点から見れば，明治31年から明治40年の間での継続ネットワークの会社には，消滅ネットワークと比べて，ネットワークに含まれる人物が役員ポストを多数占めていたと言えよう．これに対して，消滅ネットワークではネットワークに属する人物は2割から4割の役員ポストしか占有しておらず，決定的な責任と能力を持っていなかったように思われる．

以上のように，継続ネットワークと消滅ネットワークの間には，類型，会社別役員ポスト占有率などの点で大きな違いがあった．そこで，継続ネットと消滅ネットの比較を進めることにするが，その際，継続ネットでは，要素ネット型からネットワークに展開したもの，ネットワークから要素ネット型に縮小したもの，ネットワークのままでいたものの，3つのタイプがある．また，消滅ネットでは，要素ネット型とネットワークが含まれる．そこで，これから継続と消滅を比較する場合，表I-2-22に示されているように，継続ネットではネットワークのままでいた81のネットワークを取り上げ，消滅ネットでは明治31年にネット

ワークであった 368 のネットワークを取り上げることにしたい．

先に見たように，継続ネットワークと消滅ネットワークの違いが明らかになった．まず，類型という点では，銀行を含むか否かという観点から見て，継続ネットワークでは 93.9％のネットワークに銀行が含まれているのに対して，消滅ネットワークでは 70.4％でしかなかった．

また，インフラ産業を含むネットワークという点でも大きな違いがあった．継続ネットワークでは，インフラ産業を含む第 I 類型の比率が高い．これは，後に愛知県で見るように，地域社会への貢献という観点からネットワークの意義を考える場合，インフラ産業を含むネットワークが継続していたということの意義は大きい．

最後に「会社別役員ポスト占有率」においては，ネットワークの人物がネットワークに含まれる会社を事実上，支配し得たと思われる 50％を基準に考えると，継続ネットワークでは 64.5％存在していたのに対し，消滅ネットワークでは 42.2％しか存在していない．企業統治という観点から見て，支配力が強い企業を抱えたネットワークの方が存続していたのである．

ここで，明治 31 年で企業家ネットワークを作っていたものの，明治 40 年では継続が確認できなかった企業家ネットワーク，本書で消滅ネットと称した企業家ネットワークに含まれている企業家と会社について，補足しておきたい．消滅した企業家ネットワークに含まれる企業家や会社がすべて，明治 40 年で『役員録』に登場しない，という訳ではない．確かに，明治 40 年の『役員録』に登場しない企業家や会社もある一方，企業家としては単独で，あるいは別な企業家とネットワークを作って登場する場合もあり，会社でも存続しているものもある．

そこで，消滅したといっても，企業家や会社そのものが，『役員

図 I-2-48-1　明治 31 年における有馬市太郎のネットワーク

	有馬市太郎	安藤行敬	府県	業種	公称資本金	設立年	住所
兵庫倉庫㈱	監	社	兵庫	倉庫	500,000	1892	神戸市兵庫鍛冶屋町
日本毛織㈱	取	取	兵庫	その他繊維	500,000	1897	神戸市戸場町

図 I-2-48-2　明治 40 年における有馬市太郎のネットワーク

	有馬市太郎	秋山忠直	府県	業種	公称資本金	設立年	住所
㈱日本商業銀行	取	常取	兵庫	銀行	2,000,000	1895	神戸市鍛冶屋町
日本毛織㈱	監	取	兵庫	その他繊維	1,000,000	1896	神戸市兵庫戸場町

録』から消え去った訳ではない事例を掲げておきたい．兵庫県在住の有馬市太郎の事例である．明治31年に有馬は2つの企業家ネットワークに登場する．その1つは，阿部彦太郎，沢野定七，柏木庄兵衛らと日本毛織㈱，兵庫運輸㈱，兵庫倉庫㈱等でできている企業家ネットワークであり，もう1つは，安藤行敬と2人で，兵庫倉庫㈱，日本毛織㈱からなる要素ネット型のものである．このうち，明治40年では，前者の企業家ネットワークは2つに分裂するものの継続していたが，後者の企業家ネットワークは消滅し，新たに秋山忠直と日本毛織㈱，㈱日本商業銀行と要素ネット型の企業家ネットワークを作っていたのである（図I-2-48-1, 2）．従って，企業家ネットワークは1つ消滅したとは言え，有馬自身は，明治40年でも日本毛織㈱や兵庫運輸㈱，日本商業銀行㈱の役員であり，企業家ネットワークを継続させていたのである．このように，1つの企業家ネットワークは消滅したとは言え，それに関わる人物は，依然として別の企業家ネットワークで継続しているだけでなく，新しい企業家ネットワークさえも作っている事態が併存し得たことに注意する必要があろう．

(2) 役員の継続

役員継続比率

これまで見てきたのは，あくまで明治31年の時点を基準に2人以上の人物と2社以上の会社という基準によるネットワークの継続と消滅であった．また，明治31年におけるネットワークの「ネットワーク別役員ポスト占有率」と明治40年におけるネットワークの「ネットワーク別役員ポスト占有率」を，それぞれ独立したものと考えてきたことに注意する必要がある．そこで次に，明治31年と明治40年で継続して存在していた会社において，どれだけの役員が継続していたかを見ることにしたい．

そこで，明治31年と明治40年で継続して存在した会社を特定し，継続して存在していた会社全体では，この間，どれだけ役員が継続していたのかという2時点間の継続性を見ていくことにしよう．明治31年に役員名が記載されている会社は3,770社である．また，明治40年に役員名が記載されている会社は7,018社である．この間，会社の名称や会社の形態，あるいは本社所在地を変更した会社もある．特に，国立銀行では名称の変更や本社所在地の変更が見られる．これら

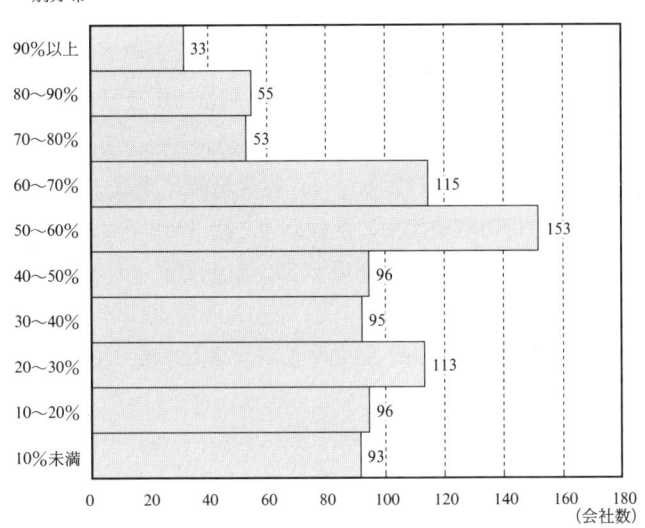

図 I-2-49 明治31年から明治40年で継続していた902社の役員継続比率別分布

階層	会社数
90%以上	33
80〜90%	55
70〜80%	53
60〜70%	115
50〜60%	153
40〜50%	96
30〜40%	95
20〜30%	113
10〜20%	96
10%未満	93

をすべて考慮して，両年に共通して登場する会社を求めると1,774社ある．

しかしながら，この1,774社のすべてがこれまで分析してきたネットワークに含まれる会社という訳ではない．明治31年にあった1,130のネットワークに含まれる会社の中から，この1,774社に含まれている会社を取り上げると，902社ある．この902社は1,130のネットワークに含まれる会社をそのままリストアップしたものであり，重複を排除はしていない．というのも，同じ会社が異なるネットワークに含まれても，それらの会社はそのネットワークで独自の意義があったはずであり，これを斟酌して重複を排除しなかった．こうして抽出した902社の役員継続比率を求めていこう．

役員継続比率は次のように定義したものである．ある会社の明治31年での役員が5人おり，明治40年で，その5人の役員のうち3人が役員でいた場合，3÷5＝60％と見なした．これを902社のすべてにわたって算出し，分布に表したものが図I-2-49である．

役員継続比率は，90％以上から10％未満の階層まで10％刻みに，10のカテゴリーに分類している．最も多い階層は50〜60％層で，153社（17.0％）ある．次いで多い階層は60〜70％層の115社（12.7％），20〜30％層の113社（12.5％）で

あった．90％以上の階層に33社存在していることも分かる．

　図から，10に分けた階層が4つの大きなグループに分類できることが理解できよう．70％以上層，50〜70％層，30〜50％層，30％未満層である．そこで4つのグループの会社数と割合を記すと，70％以上層は141社（15.6％），50〜70％層は268社（29.7％），30〜50％層は191社（21.2％），30％未満層は302社（33.5％）であった．全体の3分の1の会社では，役員継続比率は30％未満である．その一方，50％以上の役員継続比率の会社は409社（45.3％）であったから，全体のおよそ半分の会社では役員継続比率が50％以上であったと言える．ある意味では，驚くべき数字と言えよう．明治31年から明治40年の10年間の間で，およそ半分の会社では，明治31年に役員であった者の半数以上が明治40年でも同じ会社の役員でいたのである．

　それでは次に，継続していたネットワークに含まれる会社では，役員継続比率はどうであったのだろうか．また，この間に消滅したネットワークに含まれる会社では，役員継続比率はどうであったのだろうか．これを見ていくことにしよう．

継続ネットワークの役員継続比率

　明治31年にあった1,130のネットワークから，明治40年でもネットワークであったものを取り出して，考察することにしよう．先にも記したように要素ネット型からネットワークに拡大したもの，また，明治31年でネットワークであったものの中には，消滅したもの以外に2人・2社の要素ネット型に縮小したもの，ネットワークのまま継続しているものがある．この間，ネットワークが分裂や統合した結果，明治31年と明治40年で継続しているすべてのネットワークが1対1対応をしているわけではない．そこで，明治31年と明治40年で継続していた81（明治40年では91）のネットワークを取り上げて，役員継続比率を求めていきたい．81（91）のネットワークのすべてに含まれる会社から，明治31年に存在していた会社をリストアップすると386社ある．この中で明治40年までに存続していた会社は，全部で267社ある．この267社はそれぞれのネットワークに含まれている会社をそのままリストアップしたものであり，延べの会社数である．こうして抽出された267社から，会社毎に役員継続比率を求めることにしよう．

この267社における役員継続比率の分布を図示したのが図I-2-50である。最も多い階層は50〜60%の階層で63社（23.6%）であり、次いで多いのが60〜70%層の42社（15.7%）であった。次いで多いのが80〜90%層で29社（10.9%）である。役員継続比率が50%以上の会社数を求めると、172社（64.4%）に達する。明治31年と明治40年で継続して存在していた902社すべてでは、50%以上の役員継続比率を示した会社が45.3%であったことを考えると、64.4%という数字は明らかに高い。明治31年と明治40年の間で継続して存在していたネットワークに含まれる会社では、この間に継続していた会社だけを取り上げたものではあるが、3分の2の会社で半数以上の役員が継続して存在していたのである。

図I-2-50 明治31年から明治40年で継続していたネットワークに含まれる会社の役員継続比率別分布

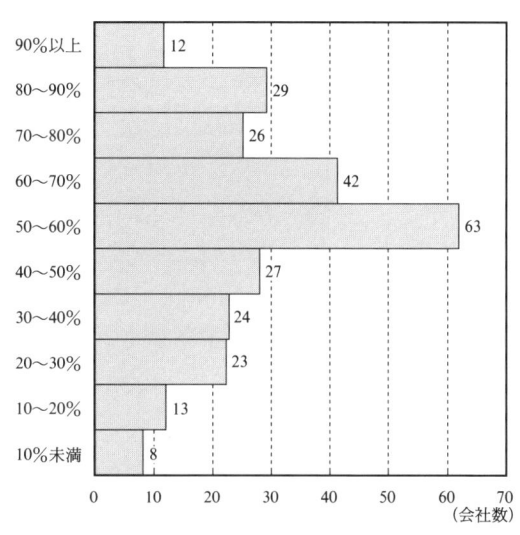

役員継続比率	会社数
90%以上	12
80〜90%	29
70〜80%	26
60〜70%	42
50〜60%	63
40〜50%	27
30〜40%	24
20〜30%	23
10〜20%	13
10%未満	8

一方、継続していたすべての会社全体では、役員継続比率が30%未満層は302社（33.5%）であったが、継続ネットワークに含まれる会社では、30%未満層は44社（16.5%）と少なく、役員の90%以上が同じ人物であった会社は12社（4.5%）に達していたのである。

明らかに、明治31年と明治40年に継続して存在していたすべての会社を取り上げた図I-2-49と比べて、役員継続比率が高いことが理解できよう。

消滅ネットワークの役員継続比率

明治31年時点でネットワークであったものの、明治40年ではネットワークの継続を見いだせなかった368のネットワークを取り上げてみよう。この消滅した368のネットワークに含まれる会社は明治31年では延べ1,060社である。1,060社の中で明治40年まで存続していた会社は、延べ458社である。この会社数は、

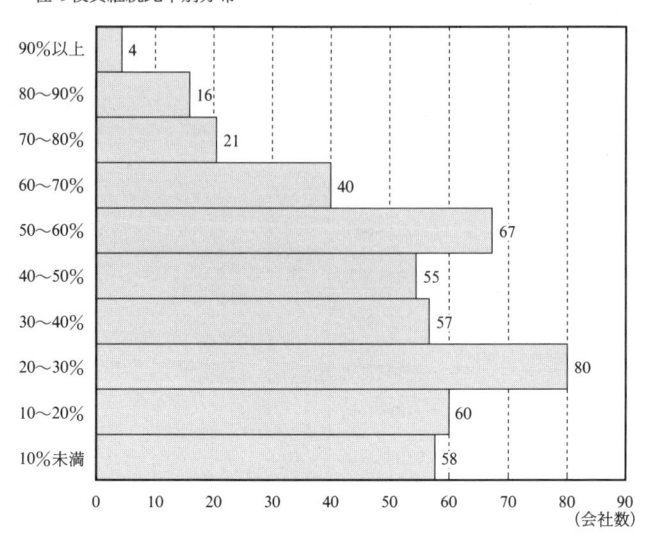

図 I-2-51 明治31年から明治40年で消滅したネットワークに含まれる会社の役員継続比率別分布

区分	会社数
90%以上	4
80～90%	16
70～80%	21
60～70%	40
50～60%	67
40～50%	55
30～40%	57
20～30%	80
10～20%	60
10%未満	58

消滅したネットワークに含まれる会社をそのままリストアップし，明治40年でも存続していたかどうかを見たものである．従って，同じ会社が含まれている場合もあるが，これも消滅ネットワークの特徴と考え，延べ数を取り上げた．この458社の役員継続比率の分布を見たのが図I-2-51である．

例えば，明治31年で役員であった人物が明治40年でも役員であった比率が90％以上である会社は4社であり，明治40年でも会社役員であった人物の比率が80～90％層の会社が16社である，ということを示している．最も多いのは20～30％の階層で80社（17.5％），次いで多いのが50～60％の階層で67社（14.6％）であった．

この図を先に見た，継続して存在していた81（91）のネットワークに含まれる267社の役員継続比率分布と比べると，その違いは一目瞭然であろう．まず50％以上の役員が継続していた会社数では，継続していたネットワークでは172社（64.4％）であったのに対し，消滅したネットワークでは148社（32.3％）である．その反面，30％未満の役員継続比率を見ると，継続していたネットワークでは44社（16.5％）であったのに対し，消滅したネットワークでは198社（43.2％）に達している．

これまでの分析から以下の点が見いだされた．第1に，銀行を含んでいるネッ

トワークは銀行を含んでいないネットワークよりも継続していることである．第2に，ネットワーク自体の分析では，ネットワークに含まれる会社の「会社別役員ポスト占有率」が高い会社を有しているネットワークほど継続していたことである．経営に対する関与の度合であり，企業統治に関する問題である．第3に，明治31年から明治40年まで存続している会社を対象にして見ると，継続したネットワークに含まれる会社は両時点間で継続して役職に就いている人物の比率が高いことも分かった．企業が継続していたから役員の変更が少なかったのか，役員の会社への関与が十分だから継続していたのかはここからは分からないが，継続しているネットワークと役員の継続が対応していることを指摘しておく必要があろう．第4に，継続したネットワークに含まれる会社の中で，明治40年まで存続していた会社の割合（267/386）は，消滅したネットワークに含まれる会社の中で，明治40年まで存続していた会社の割合（458/1060）よりも高いことである．

一見すると当たり前の結論に見えよう．当然すぎるほど，当然の結論だと思われるかもしれない．しかし，これまで明治期において，会社を設立し，あるいは役員でいた人物は，株価が高い間に持ち株を売り抜けたのか，それとも運命共同体のごとく会社に身を捧げたのかという点は，明確な実証はなされてこなかった．われわれの分析によってはじめて，明治31年から明治40年という限られた時期ではあるが，この間継続して存在していた会社，何よりもこの間継続していたネットワークに属していた人物が活躍していた会社では，役員は継続していたという事実が明らかになったのである．

(3) 収益性の比較

収益性の分析

明治31年でネットワークを形成していた459のネットワークのうち，明治40年で消滅した368のネットワークと明治40年でもネットワークであり続けた91のネットワーク（明治40年の段階から計算した数字）では，企業業績に相違があったのだろうか．『役員録』には公称資本金と払込資本金は記載されているが，売上高や利益は記載されていない．しかし，明治40年の『役員録』には配当率が記載されている．配当率を収益の代理変数と見なすのには問題がある．特に，

図I-2-52 明治31年から明治40年で継続していた902社中配当率が記載されている690社の明治40年における配当率別分布（割合）

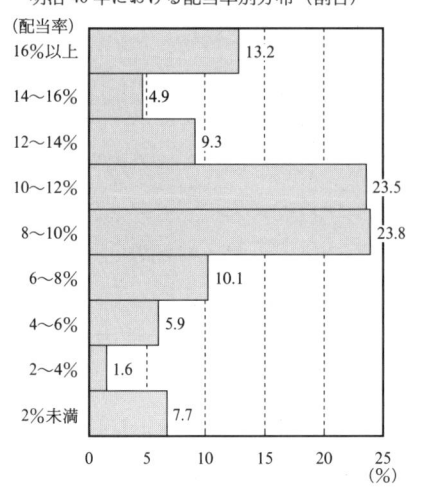

(配当率)
- 16％以上: 13.2
- 14〜16％: 4.9
- 12〜14％: 9.3
- 10〜12％: 23.5
- 8〜10％: 23.8
- 6〜8％: 10.1
- 4〜6％: 5.9
- 2〜4％: 1.6
- 2％未満: 7.7

(%)

蛸配当の存在が疑われるからである．高収益を上げた年に収益の一部を留保し，収益の低い年に留保金を取り崩して配当に当てることが行なわれていたと思われる．しかし一方，大阪紡績と日本紡績の両社の社史に記されている明治期での配当率と収益性の関係によれば，売上高利益率と配当率の間には強い相関が認められる．そこで，第二次的接近として，配当率を収益性の代理変数と見なして，2つのグループに属する会社の配当率の相違を見ていきたい．

継続して存在していた会社の中からネットワークに含まれる902社を取り上げて，配当率の分布を見たものが図I-2-52である．しかし，配当率では注意すべき点がある．すべての会社に配当率が記されているわけではなく，配当率の欄に何も記されていない会社がある．配当率が記されている会社でも，0％の配当率と記されている会社があるので，配当率の欄に何も記されていない会社が「配当を行なっていない」という訳ではないと思われる．全体で「配当率の記入なし」が212社（23.5％）ある．そこで残りの690社を考えていこう．

8〜10％層の164社（23.8％）と10〜12％層の162社（23.5％）が突出している．この他，16％以上の配当率の階層には91社（13.2％）あり，2％未満層が53社（7.7％）存在していた．この両側の階層を除くと対称的に分布していることが分かる．そこで5つのグループに分けて考えよう．

第1は16％以上層で，続いて12〜16％，次に8〜12％，そして2〜8％で，最後に2％未満層の5つである．以上の5つの階層について，明治31年と明治40年で継続して存続していたすべての会社で配当を実施した690社について見ると，次のような特徴が指摘できる．16％以上層には13.2％の会社が，12〜16％には14.2％，中間部分には47.3％，2〜8％には17.6％，2％未満層には7.7％の会社が含まれていた．

第 2 章 明治 31 年と明治 40 年の企業家ネットワークの構造分析

これを基準にして，継続して存在したネットワークに含まれる会社の配当率分布と消滅したネットワークに含まれる会社の配当率分布を見ていくことにしたい．因みに，配当を実施した全 690 社の配当率平均は 10.6％であった．

継続ネットワークの収益性

継続していたネットワークに含まれる会社は延べ 267 社ある．しかし，配当率の記載がない会社が 38 社あるので，これを除外した 229 社を対象とし，229 社の明治 40 年における配当率の分布を示したのが図 I-2-53 である．この図に記載されている会社はすべて明治 31 年から明治 40 年の間存続していた会社であるから，この事実だけをとっても収益は悪くなかったと言えよう．従って，収益が悪くはなかった「存続会社」であっても，消滅したネットワークに属する会社と存続していたネットワークに属する会社の間に，収益の差があったのか否かという問題を考えていこうとするものである．

配当率の分布を見ていこう．229 社の配当率の分布を見ていくと，最大の階層は 10〜12％層の 63 社（27.5％）である．次いで多いのは 8〜10％層であり，52 社（22.7％）であった．全体で見た時と同じように，この 8〜12％層の中間部分が最大であり，50.2％と過半の会社がこの階層に含まれていた．次いで，16％以上の階層に 36 社（15.7％），12〜14％層の 28 社（12.2％）がこれに続く．高配当を実施している会社の割合が高いことが分かる．

これを全体で見たように 5 つのグループに分類すると，継続ネットワークに含まれる 229 の会社では，16％以上層は 15.7％，12〜16％は 17.5％，8〜12％の中間部分は 50.2％，2〜8％は 11.8％となるから，会社全体での数値と比較すると，16％以上層で多く，12〜16％，中間部分の 8〜12％でも多い．8％以上層について見ると，

図 I-2-53 明治 31 年から明治 40 年で継続していたネットワークに含まれる会社の明治 40 年における配当率別分布（割合）

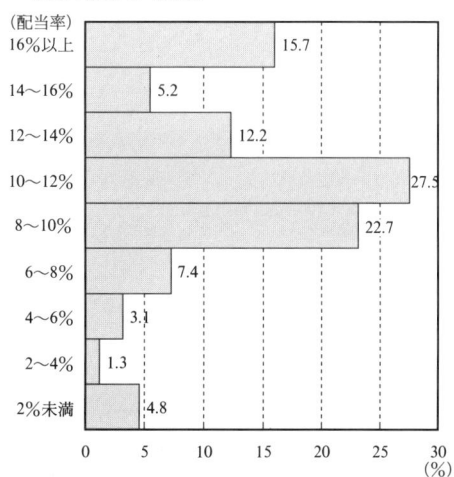

（配当率）
階層	％
16％以上	15.7
14〜16％	5.2
12〜14％	12.2
10〜12％	27.5
8〜10％	22.7
6〜8％	7.4
4〜6％	3.1
2〜4％	1.3
2％未満	4.8

継続していたネットワークに含まれる会社の配当率は全会社での割合を上回っていた．一方，2～8%で少なく，2%未満層でも少なかった．

配当率は全体の平均より高かったことは明らかであろう．配当を実施していた会社について見ると，16%以上の配当を実施していた会社が36社にも上り，分厚く存在していたことが分かる．8～12%を除くと，最大の会社数であったことは特筆すべきである．配当が記載されている229社を対象とした配当率の平均は11.5%であり，全体の平均である10.6%を上回っている．

先に記したように，配当率が当該期の収益性を反映していると考えれば，明治31年と明治40年の間に継続して存在していたネットワークに含まれる会社の配当率平均はすべての会社の平均と比べて高く，高配当＝好収益であったと考えても間違いはなかろう．

消滅ネットワークの収益性

消滅したネットワークに属する会社の中で明治40年にも存在していたのは458社であるが，そのうち，96社には配当率が記載されていない．そこで，362社を対象として配当率の分布を記したのが図I-2-54である．

先に見た継続して存在していたネットワークに含まれるすべての会社を対象とした図I-2-52と比較すると，2%未満層が突出していることが分かる．それ以外は，分布の形状は類似しているので，後で5つのグループに分けて考察していこう．

配当を実施していた会社では，最も多い配当率は8～10%で79社（21.8%），次いで10～12%で77社（21.3%）であった．継続したネットワークに属する会社の配当率では10～12%層が最も多く63社（27.5%），次いで8～10%層が52社（22.7%）であったのと比べると少なく，8～12%層の中間層部分では156社（43.1%）と，すべての会社を対象と

図 I-2-54 明治31年から明治40年で消滅したネットワークに含まれる会社の明治40年における配当率別分布（割合）

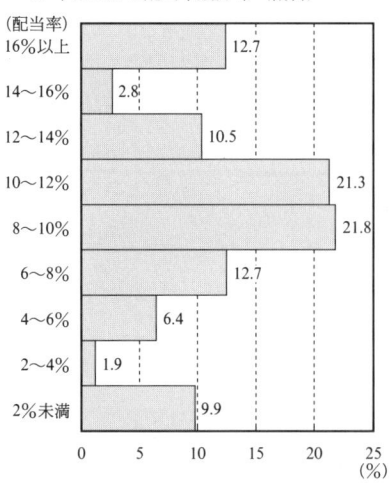

（配当率）
- 16%以上：12.7
- 14～16%：2.8
- 12～14%：10.5
- 10～12%：21.3
- 8～10%：21.8
- 6～8%：12.7
- 4～6%：6.4
- 2～4%：1.9
- 2%未満：9.9

(%)

した47.3％と比べても少ない割合であった．

5つのグループに分けて考えていこう．配当率が16％以上層は12.7％で，継続して存在していたネットワークに含まれる会社の15.7％はもとより，すべての会社を対象とした13.2％よりも低かった．12〜16％は13.3％で，すべての会社を対象とした14.2％と比べて少ない．また，8〜12％の中間部分は43.1％で，全体での47.3％よりも少ない．その反面，2〜8％では21.0％で，すべての会社の平均である17.6％と比べてもかなり大きく，2％未満層では9.9％と継続して存在していたネットワークに含まれる会社での割合に比べると2倍に達していた．

以上，消滅したネットワークに含まれる会社における明治40年時点での配当率分布から，次の特徴を指摘することができよう．16％以上の高配当の階層では，会社全体の特徴とはかけ離れていないが，12〜16％，8〜12％の中間層部分で少なく，逆に2〜8％と2％未満層では多くの会社が存在していた．362社の配当率の平均は9.9％であったから，継続して存在していたネットワークに含まれる会社平均の11.5％はもとより，すべての会社の平均である10.6％よりも低い．

以上から，継続して存在していたネットワークに含まれる会社よりも，消滅したネットワークに含まれる会社の方が概して配当率は低かったと言えよう．この配当率から直ちに収益性を論じるのは問題なしとは言えないが，第二次的接近として，収益性の違いがあったと考える方が合理的であろうと思われる．

企業家の所得水準

これまで，明治31年と明治40年において継続していた企業家ネットワークの特徴を見てきた．そこで一歩踏み込んで，企業家ネットワークそのものではなく，企業家に焦点を当てて，継続していた企業家ネットワークに属する企業家の特徴を考えてみたい．先に，明治31年時点における，『役員録』に記載されている企業家の中から，『商工人名録』に記載されている人物を抽出し，彼らの所得平均を求めた．そこで，継続していた企業家ネットワークに属する企業家の所得を比べてみよう．また，『商工人名録』に記載されている人物全員の所得を併せて求めることによって，これら3つの集団の間での所得分布に違いがあるのか否かを見ていきたい．

まず第1の集団は，『商工人名録』で所得税が記載されている人物である．第2の集団は，明治31年の『役員録』に登場する企業家で，明治31年の『商工人

名録』に記載されている人物である。最後に、第 3 の集団は、明治 31 年から明治 40 年の間での継続していたネットワークに属する企業家で、明治 31 年の『商工人名録』に記載されている人物である。これら 3 つのグループの人物の明治 31 年における所得分布を求めてみよう。

　明治 31 年の『商工人名録』には 47,226 人記載されているが、所得税が記載されている人物は、35,320 人である。静岡県では所得階層を一等、二等のように記されている事例があるが、これは除外した。また、同一人物と見なしたのは、42 人いる。その結果、35,278 人の所得を推計した。しかし、この中でも、課税最低限の 300 円には、所得税が 1％課税されるために、納税額は少なくとも 3 円以上でなければならないが、3 円未満の者もいる。そこでこれらの人物、62 人は除外した。最終的に、第 1 の集団では 35,216 人が抽出された。この中から、『日本全国諸会社役員録』に記載されている人物を抽出した。先に記したように、『日本全国商工人名録』にも記載されている人物は、3,093 人である。3,093 人のうち、所得税が記載されている人物は、2,757 人である。また、所得税が 3 円未満の者が 3 人おり、また同姓同名ではあるが別人と判断した人物を除くと、第 2 の集団は 2,712 人となる。最後に、明治 31 年に企業家ネットワークを構成し、明治 40 年でも継続して存在した 81 の企業家ネットワークに含まれる 564 人の人物を、長期に亘って役員として活躍し、地域経済の発展に貢献した人物と考えて抽出した。564 人のうち、189 人に所得税が記載されている。所得税が 3 円未満の者が 1 人いるので、これを除いた 188 人が第 3 の集団である。これらの 3 つの集団（『日本全国商工人名録』に所得が記載されている人物、そのうち『役員録』に登場する人物、そのうち明治 31 年と明治 40 年で継続して存続していた企業家ネットワークに属する人物）の所得階層の割合を図示したものが図 I-2-55 である。

　ここからも分かるように、これら 3 つの集団は、所得の分布も所得の平均も異なり、全く異なった所得階層から構成されていることが分かる。第 3 の集団である長期に亘って地域に貢献した人物の所得の平均は、4,475 円（すべての所得を対数変換して平均を求め、それを指数化して所得を求めた）である。およそ約 4,500 円の所得を有していた人物が、所得という側面から見た場合の、特徴である。第 2 の集団である役員録に記載されている人物の平均所得が 1,624 円であるから、この 2 つのグループには、所得という側面からではあるが、大きな違いがあった。また、第 1 の集団の平均所得は 666 円であったから、これら 3 つの集団の間に

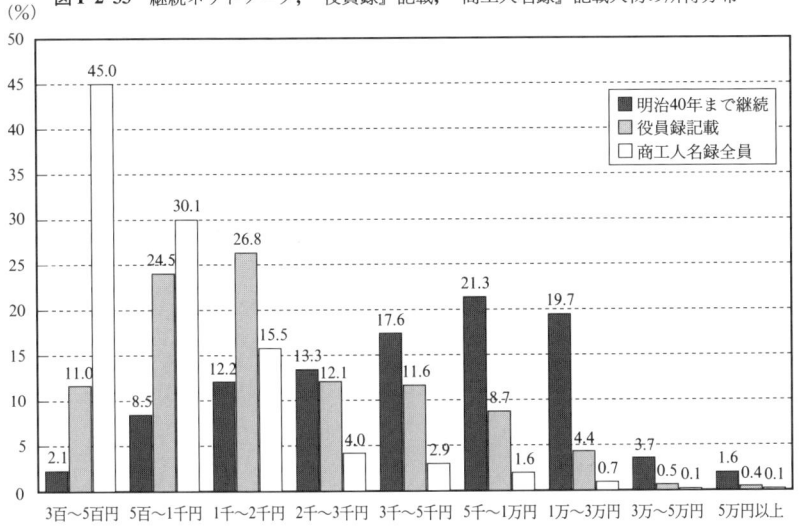

図 I-2-55 継続ネットワーク，『役員録』記載，『商工人名録』記載人物の所得分布

所得区分	明治40年まで継続	役員録記載	商工人名録全員
3百～5百円	2.1	11.0	45.0
5百～1千円	8.5	24.5	30.1
1千～2千円	12.2	26.8	15.5
2千～3千円	13.3	12.1	4.0
3千～5千円	17.6	11.6	2.9
5千～1万円	21.3	8.7	1.6
1万～3万円	19.7	4.4	0.7
3万～5万円	3.7	0.5	0.1
5万円以上	1.6	0.4	0.1

は，所得階層の面から見て大きな違いがあったと言えよう．つまり，所得から見て会社役員となった企業家は，『商工人名録』の平均所得とは1,000円ほどの違いがあるだけでなく，所得分布も異なっている．それ以上に，継続していた企業家ネットワークに属していた企業家の所得平均は，『役員録』に記載されている企業家の平均よりも2,800円余り上回っており，かつ，所得分布も異なっていたのである．

地域経済への発展に貢献した企業家の所得は，明治31年の水準では，4,475円であり，ある程度の所得があった人物であったと言えよう．

小　括

以上から，明治31年と明治40年で継続して存在していたネットワークと消滅したネットワークとの間では，様々な面で対照的であったことが明らかになった．まず，ネットワークの類型が異なっていた．継続していたネットワークでは銀行を含むネットワークが多く，インフラ産業を含むネットワークも多かった．しかし，消滅したネットワークでは，銀行を含んだネットワークもあったが，銀行もインフラ産業も含まない第IV類型が多かったことを指摘しておく必要があ

ろう.

　会社別役員ポスト占有率という点から見てネットワークに含まれる会社の支配程度を見ていくと，継続していたネットワークほど役員ポスト占有率が高く，企業統治という観点から見て，ネットワークのメンバーが多数，役員に就任していた会社からなるネットワークの方が継続していたのである．

　また，明治31年と明治40年の10年間における会社役員の継続性についても，継続して存在していたネットワークほど役員も継続していたことが分かった．50％以上の役員が継続していた会社の割合で見ると，継続ネットワークでは64.4％であるのに対して消滅ネットワークでは32.3％であったから，その違いは歴然としていよう．

　また，配当率の違いも明らかになった．配当率の分布では，10％以上の配当を行なっている会社について見ると，継続ネットワークに含まれる会社の方が多かった．配当率の平均で見ても，継続ネットワークに含まれる会社の配当率平均は11.5％であったのに対して消滅ネットワークに含まれる会社の配当率平均は9.9％であった．

　以上から見て，継続して存在していたネットワークの経営パフォーマンスは，消滅してしまったネットワークの経営パフォーマンスと比べると，すべての面で良好であったことが理解できよう．

注

1) 森川英正「渋沢栄一―日本株式会社の創立者―」（森川英正責任編集『日本企業と国家』＜宮本又次・中川敬一郎監修，日本経営史講座　第4巻＞日本経済新聞社，昭和51年），50ページ．
2) 同書，59ページ．
3) 島田昌和『渋沢栄一の企業者活動の研究―戦前型企業システムの創出と出資者経営者の役割―』（日本経済評論社，平成19年），371ページ．
4) 森川英正，前掲「渋沢栄一」，61ページ．
5) 同書，60ページ．
6) 同上．
7) 同書，62ページ．
8) 青森市役所編『青森市史　第4巻　産業編上』（国書刊行会，昭和57年），318ページ．
9) 同上．下線は引用者．
10) 同書，319ページ．
11) 同上．

12) 同上．
13) 渋沢青淵記念財団竜門社編『渋沢栄一伝記資料　第12巻』（渋沢栄一伝記資料刊行会，昭和32年），150ページ．
14) 日本化成肥料協会編・刊『燐酸肥料工業の歩み』（昭和47年），30ページ．
15) 『渋沢栄一伝記資料　別巻第一　日記』（渋沢栄一伝記資料刊行会，昭和36年），70ページ．
16) 同書，71ページ．
17) 同書，303ページ．
18) Everett M. Rogers, *Diffusion of Innovations* : Fourth Edition, The Free Press, New York, 1995.
19) 同書，310ページ．
20) E. ロジャース（藤竹暁訳）『技術革新の普及過程』（培風館，昭和41年），151ページ．因みに，これはロジャースの本の初版訳である．
21) 和田一夫・小早川洋一・塩見治人「明治40年時点の中京財界における重役兼任―『日本全国諸会社役員録』（明治40年版）の分析―」（『南山経営研究』第6巻第3号，平成4年2月），同「明治31年時点の中京財界における重役兼任―『日本全国諸会社役員録』（明治31年版）の分析―」（『南山経営研究』第7巻第2号，平成4年10月），同「大正7年時点の中京財界における重役兼任―『日本全国諸会社役員録』（大正7年版）の分析―」（『南山経営研究』第8巻第1号，平成5年6月）では，3社以上登場する人物に限定した結果，以下，本書で明らかになる要素ネットから出発することができなかった．その結果，上記の研究で取り上げたグループは，本書で述べる企業家ネットワークの中の一部分，特に，回数の多い人間を中心とした一部分であった，ということに注意されたい．
22) インフラ産業を選ぶに当たっては，それが地域経済に果たした役割を重視した．家業を近代的な会社形態に変成し直したというのではなく，いわば制度としての機能に着目したのである．その結果，鉄道産業，電力，ガス，水道事業が選ばれた．また，近代化の過程の中で，市場制度としての取引にも着目し，取引所を加えた．また，取引所についてはそれぞれの地域で活躍していた企業家が関与してきた事例が多々見られたことも，企業家ネットワークを考える際に，大切な視点であると考えた．

　一方，海上輸送や陸上輸送もインフラ産業ではないかと思われるかもしれないが，両産業には近代的な会社もあれば在来型の会社も多く含まれている．原資料において両者を見分けることは不可能な場合が多い．そのため，恣意的な分離は行なわずに，インフラ産業から除いた．

　特に，明治31年や40年のみならず，大正10年までも視野に入れた分析結果によれば，地域経済への貢献という要素が大切であることが分かったので，銀行の有無だけではなく，インフラ産業に進出したか否か，という点は重要なポイントであると思われる．また，インフラ産業の公称資本金は大きく，多くの人の協力と出資を必要としていたから，企業家ネットワークとしての事業を考える場合には，大切な産業である．
23) この中には，実際に消滅したネットワークの他に，明治31年と明治40年で共通な人物や会社が確認できるものの，2人と2社という基準に満たないネットワークも含まれることに注意されたい．

第 II 部

愛知県の企業家ネットワークと産業発展

第1章　愛知県の企業家ネットワークと産業

1　愛知県の産業

企業家ネットワークの意義

　第Ⅰ部で明らかになったように，企業家ネットワークは，明治31年と明治40年で，日本全国に存在していたのである．決して，東京や大阪，兵庫，京都，滋賀といった一部の府県で見られたものではなく，北海道や九州でも見い出すことができた．また明治31年だけに生じた現象でもなく，明治40年でも続いていることが判明した．しかも，継続していた企業家ネットワークでは，企業家が役員ポストの多数を占有し，長期間に亘って役員を続けていたことも明らかになった．企業家は，深く，長く会社経営に関与していたのである．従って，企業家ネットワークの研究は，戦前期における企業形態を知る上で，総合財閥や地方財閥などの財閥の研究と並んで進める必要があろう．

　従来，財閥と綿紡績企業とが日本金融資本として，同じ土俵の上で論じられてきた．前者が積極的なタイプであり，後者が消極的なタイプであると言われてきたのである．しかし，綿紡績企業の所有構造はどうなっていたのだろうか．ある特定の人物や家族・同族が所有していたのだろうか，それとも，ここで言う企業家ネットワークの所有企業であったのだろうか．鐘淵紡績を除いて，財閥が綿紡績産業に直接関わって来なかった事態を考えると，今一度，所有の問題を考える必要があろう．

　もう1点は，全国レベルで見た企業家ネットワークの実態をそれぞれの府県レベルで詳細に見る必要があることを強調しておきたい．というのも，多くの会社，人物によって作られたネットワークは，多数の業種に進出した半面，活動した府県は狭く，1府県かせいぜい隣接する府県を含んだ2，3の府県であったからである．ネットワークは日本全国にまたがって活動していたわけではなく，地域性を極めて強く帯びた性格を持っていたのである．ネットワークに参加する人物をとっても，同じ府県に住んでいる人物同士というより，同じ郡や市に居住し

ている人物同士という場合が多い．そこで，愛知県を例にとって，そこに含まれるネットワークの実態をこれまで述べてきた様々な視点に即して整理することにしたい．

『日本帝国統計年鑑』（明治31年）

日本全国における愛知県の特徴を概観することから始めることにしたい．明治31年と明治40年における愛知県の概要を『日本帝国統計年鑑』[1]から見ておくことにしよう．

『日本帝国統計年鑑』には，各府県別に農業，工業，商業，水陸運輸という4つの業種毎に会社数と払込資本金額が記載されている．そこで，農業，工業，商業，水陸運輸の各府県別一覧表を作成した．これが表II-1-1である．これによると，すべての業種を合わせた合計を払込資本金によって府県順に並べてみると，第1位は東京である．第2位は大阪府，第3位は兵庫県であり，次いで第4位は福岡県，第5位は神奈川県で，愛知県は第6位であった．第7位以下第10位までは，三重県，京都府，北海道，静岡県である．愛知県は，明治31年時点で，日本全国で払込資本金から見て日本第6位であった．

次に，農業，工業，商業，水陸運輸という業種レベルから愛知県の特徴を見ておこう．払込資本金から見た日本全国におけるランキングでは，農業では第21位，工業で第3位，商業では第5位，水陸運輸では第10位であった．全産業の払込資本金額合計で全国第6位であった点を考慮に入れると，第3位の工業は突出している．その反面，農業では低い位置を占めていた．総じて，工業，商業で日本の上位に位置しており，一言で言えば工業県であったと言えよう．

『日本帝国統計年鑑』（明治40年）

明治40年ではどうだろうか．表II-1-2によると，払込資本金における全業種合計では第8位であった．明治31年では第6位であったから，若干低下した．新潟県と三重県が愛知県を上回ったからである．とはいえ，明治31年から明治40年に亙って，払込資本金額から見た愛知県の会社の規模は日本で第6～8位と上位に位置していたことが分かる．ちなみに農業では第18位，工業では第6位，商業では第7位，水陸運輸では第11位であった．

また，『日本帝国統計年鑑』には，農業，工業，商業，水陸運輸といった，い

表 II-1-1 明治 31 年『日本帝国統計年鑑』における府県別業種順位

府県	農業		工業		商業		水陸運輸		合計	
	社数	払込資本金	社数	払込資本金	社数	払込資本金	社数	払込資本金	社数	払込資本金
東京	7	269,030	138	26,818,201	277	88,929,535	31	72,377,842	453	188,394,608
大阪	6	150,000	251	25,761,699	297	25,104,406	37	15,740,175	591	66,756,280
兵庫	12	183,845	137	6,478,364	308	13,384,574	26	14,871,982	483	34,918,765
福岡	2	5,093	53	3,560,722	103	5,745,428	9	21,856,637	167	31,167,880
神奈川	1	50,000	22	2,128,831	81	18,746,626	12	191,005	116	21,116,462
愛知	5	20,560	173	8,113,071	236	10,122,671	33	1,528,446	447	19,784,748
三重	3	105,875	37	1,028,985	81	4,295,282	10	11,270,478	131	16,700,620
京都	3	62,450	97	5,333,975	157	8,732,587	29	2,526,720	286	16,655,732
北海道	14	386,170	16	3,839,139	38	2,796,384	9	8,813,026	77	15,834,719
静岡	3	10,586	59	620,889	231	9,670,200	32	422,313	325	10,723,988
岡山	4	25,475	93	4,022,933	99	3,539,320	9	1,724,245	205	9,311,973
新潟	3	11,780	100	2,243,499	126	6,408,370	29	592,792	258	9,256,441
奈良	1	500	47	1,210,490	44	2,023,114	7	3,586,455	99	6,820,559
愛媛	5	13,314	50	1,098,362	92	3,434,664	15	1,080,779	162	5,627,119
富山	1	25,000	32	550,524	88	4,225,830	12	731,600	133	5,532,954
長野	13	23,282	39	468,230	115	4,660,488	15	90,270	182	5,242,270
熊本	0	0	23	1,010,500	39	3,471,103	1	210,000	63	4,691,603
滋賀	2	12,000	28	992,945	55	2,137,352	8	942,038	93	4,084,335
広島	1	5,000	48	2,015,600	63	2,018,798	8	42,678	120	4,082,076
和歌山	6	79,326	21	1,368,860	53	2,497,180	5	67,500	85	4,012,866
香川	0	0	45	947,181	45	1,225,852	5	1,304,455	95	3,477,488
岐阜	4	231,000	22	147,056	95	3,013,068	3	1,200	124	3,392,324
大分	1	1,000	33	472,935	64	2,732,671	4	53,000	102	3,259,606
千葉	6	25,955	11	79,812	40	1,436,640	6	1,335,574	63	2,877,981
栃木	3	7,780	12	374,351	34	2,217,210	3	126,000	52	2,725,341
長崎	2	67,500	10	138,643	40	2,425,970	3	25,500	55	2,657,613
群馬	11	33,012	24	717,991	63	1,336,977	5	492,639	103	2,580,619
佐賀	0	0	21	348,410	57	1,992,091	5	215,786	83	2,556,287
山口	0	0	24	1,084,562	28	1,230,835	3	79,400	55	2,394,797
福井	1	2,000	14	127,064	53	2,117,442	6	113,290	74	2,359,796
石川	2	16,256	21	266,265	56	1,090,278	12	798,363	91	2,171,162
山形	1	1,540	11	136,903	27	1,988,640	2	27,000	41	2,154,083
茨城	0	0	11	107,750	40	1,663,987	14	359,994	65	2,131,731
青森	3	44,380	12	107,815	60	1,876,150	3	64,000	78	2,092,345
山梨	0	0	2	72,000	37	1,787,843	7	20,030	46	1,879,873
宮城	3	184,673	15	494,965	16	1,048,700	2	18,750	36	1,747,088
高知	3	14,698	12	84,557	45	1,483,558	7	104,573	67	1,687,386
埼玉	4	14,600	6	46,640	46	1,575,606	2	3,100	58	1,639,946
福島	4	46,846	42	232,938	44	1,258,161	5	45,660	95	1,583,605
秋田	2	56,500	7	76,920	31	1,255,205	4	139,600	44	1,528,225
鹿児島	3	22,340	1	700	19	1,139,325	4	231,000	27	1,393,365
徳島	0	0	17	291,599	22	467,942	3	335,000	42	1,094,541
島根	0	0	18	121,382	31	812,225	3	25,100	52	958,707
岩手	0	0	4	15,350	18	696,350	3	76,000	25	787,700
鳥取	1	10,000	13	152,550	25	213,850	2	12,170	41	388,570
宮崎	2	10,261	9	68,948	11	196,991	1	10,000	23	286,200
合計	148	2,229,627	1,881	105,381,106	3,630	260,227,479	454	164,684,165	6,113	532,522,377

わば大分類による産業分類と一緒に，小分類とでも言える細かな業種分類が記載されている．具体的には，蚕糸，綿糸，織物，陶磁器，製紙，菜種油，摺付木，酒類，醤油，製藍，缶詰，麦桿・真田，莫大小，煉瓦，瓦，玻璃，石鹸，肥料という分類である．生産規模には会社数ではなくて生産高（額）が使われている．蚕糸と綿糸は生産高（貫）であり，酒類と醤油も生産高（石）であるが，それ以

表 II-1-2　明治 40 年『日本帝国統計年鑑』における府県別業種順位

府県	農業		工業		商業		水陸運輸		合計	
	社数	払込資本金	社数	払込資本金	社数	払込資本金	社数	払込資本金	社数	払込資本金
東京	7	927,130	269	94,013,224	596	151,013,477	55	173,719,043	927	419,672,874
大阪	8	273,850	261	40,689,299	312	36,972,665	52	22,399,200	633	100,335,014
福岡	2	100,700	58	7,723,937	190	12,356,674	20	52,241,953	270	72,423,264
神奈川	4	220,500	52	6,456,190	178	40,275,376	18	5,661,500	252	52,613,566
兵庫	10	195,200	150	14,099,061	382	25,262,140	40	3,462,839	582	43,019,240
三重	5	66,519	48	5,921,634	97	5,899,567	14	26,619,924	164	38,507,644
新潟	6	31,768	91	13,374,050	179	19,026,659	34	4,308,580	310	36,741,057
愛知	6	42,975	163	8,644,495	283	16,115,275	36	2,790,420	488	27,593,165
京都	11	59,700	88	11,673,769	238	9,621,276	26	4,696,400	359	26,051,145
静岡	2	4,200	75	2,164,866	324	19,884,288	44	743,543	445	22,796,897
長野	22	69,632	120	1,721,517	353	15,064,540	20	97,550	515	16,953,239
北海道	34	909,971	57	6,293,750	125	8,892,479	26	840,243	242	16,936,443
岡山	2	23,590	73	6,648,896	112	5,434,807	11	3,731,032	198	15,838,325
富山	4	26,200	59	754,724	156	9,408,534	27	1,210,375	246	11,399,833
千葉	8	129,410	26	912,104	105	5,873,265	13	3,533,981	152	10,448,760
栃木	0	0	53	1,473,745	131	6,852,325	19	430,250	203	8,756,320
愛媛	2	7,800	59	1,209,632	92	6,451,384	7	870,450	160	8,539,266
岐阜	7	37,825	42	577,766	115	7,605,707	5	124,000	169	8,345,298
埼玉	3	11,400	22	334,884	86	5,813,275	8	1,303,705	119	7,463,264
和歌山	7	193,350	30	2,153,987	73	4,285,368	6	46,900	116	6,679,605
群馬	13	41,127	27	1,151,380	108	4,933,819	6	553,200	154	6,679,526
茨城	3	42,760	27	807,760	104	5,651,512	18	155,745	152	6,657,777
大分	0	0	12	272,552	76	5,895,318	4	201,871	92	6,369,741
石川	5	10,286	73	894,527	136	4,058,824	17	1,279,650	231	6,243,287
広島	2	35,000	43	1,147,916	111	4,563,746	10	69,138	166	5,815,800
山形	3	4,717	30	954,109	75	4,728,250	6	56,210	114	5,743,286
山梨	4	13,500	17	451,847	84	5,015,765	14	192,730	119	5,673,842
山口	8	553,975	30	1,480,180	69	3,351,313	10	141,095	117	5,526,563
青森	4	129,853	22	382,450	106	4,693,326	8	73,000	140	5,278,629
福島	3	20,200	64	1,723,250	78	3,352,465	18	117,475	163	5,213,390
滋賀	7	25,250	31	644,685	64	2,960,120	11	1,508,455	113	5,138,510
長崎	3	112,000	13	464,700	65	4,411,221	3	43,000	84	5,030,921
佐賀	1	30,600	20	499,310	58	4,010,228	4	230,600	83	4,770,738
香川	0	0	70	1,677,564	61	2,917,489	7	92,940	138	4,687,993
福井	6	21,700	24	335,051	68	3,989,445	9	83,450	107	4,429,646
鹿児島	7	138,340	7	1,443,665	20	2,036,808	7	750,947	41	4,369,760
秋田	2	41,000	25	527,515	69	3,213,736	9	227,200	105	4,009,451
奈良	3	2,500	20	901,778	34	2,948,939	5	7,720	62	3,860,937
熊本	2	7,500	15	1,223,449	39	2,092,340	4	399,000	60	3,722,289
宮城	4	156,369	20	489,660	34	2,741,900	6	118,810	64	3,506,739
高知	7	63,519	31	561,475	50	1,920,093	9	705,000	97	3,250,087
島根	3	10,500	26	282,018	65	2,801,944	6	77,800	100	3,172,262
徳島	4	13,950	37	834,468	37	1,097,618	6	916,000	84	2,862,036
岩手	3	18,050	18	184,180	35	2,247,275	7	77,900	63	2,527,405
宮崎	2	14,441	16	280,272	19	1,502,285	0	0	37	1,796,998
鳥取	0	0	27	256,683	37	940,238	5	37,880	69	1,234,801
沖縄	1	31,500	8	154,450	11	403,500	4	430,000	24	1,019,450
合計	250	4,870,357	2,545	246,868,424	5,840	500,588,598	694	317,378,704	9,329	1,069,706,083

外はすべて生産額である．明治 31 年における愛知県の生産高（額）は，日本全体の中でどのような位置にあったのだろうか．表 II-1-3 から見ていこう．

　明治 31 年では，陶磁器と瓦は全国一の生産額を誇っていた．その他にも菜種油と製藍は全国第 2 位，織物，摺付木，醬油，麦桿・真田，莫大小は全国第 3 位

表 II-1-3　明治 31 年『日本帝国統計年鑑』における産業別上位 10 府県

順位	蚕糸		綿糸		織物(反物)		陶磁器		製紙		菜種油	
	府県	貫	府県	貫	府県	円	府県	円	府県	円	府県	円
1	群馬	385,649	大阪	10,910,383	京都	14,262,440	愛知	1,571,761	高知	2,094,454	大阪	843,124
2	長野	363,836	東京	6,200,215	群馬	10,323,582	岐阜	1,155,962	岐阜	1,871,705	愛知	679,173
3	山梨	140,700	岡山	3,905,200	愛知	9,538,263	佐賀	529,463	愛媛	993,578	三重	580,434
4	福島	136,056	福井	3,395,611	福井	8,420,383	京都	360,413	山梨	870,941	福岡	551,170
5	埼玉	111,162	三重	1,974,029	茨城	7,130,523	石川	176,267	兵庫	685,342	滋賀	524,192
6	岐阜	84,280	愛知	1,866,879	埼玉	6,254,073	福島	135,922	山口	549,104	岡山	303,033
7	東京	82,629	福岡	1,453,549	和歌山	4,842,395	兵庫	134,893	長野	475,975	千葉	237,437
8	新潟	74,075	奈良	670,910	岐阜	4,159,446	滋賀	111,730	福岡	473,732	長野	191,869
9	山形	60,512	広島	666,777	大阪	3,963,677	愛媛	108,705	島根	313,134	鹿児島	182,880
10	愛知	59,625	和歌山	637,338	東京	3,592,893	長崎	102,677	東京	310,541	茨城	174,940

順位	摺付木		酒類		醤油		製藍		缶詰		麦桿・真田	
	府県	円	府県	円	府県	石	府県	円	府県	円	府県	円
1	兵庫	3,585,523	兵庫	522,606	千葉	203,995	徳島	1,702,914	広島	602,423	岡山	1,634,130
2	大阪	1,236,498	福岡	239,257	兵庫	96,671	愛知	123,154	岡山	386,537	香川	1,248,287
3	愛知	837,045	京都	152,460	愛知	86,750	広島	96,769	北海道	268,831	愛知	325,259
4	東京	265,918	広島	152,366	香川	84,176	三重	83,162	愛知	202,094	広島	304,079
5	広島	140,056	大阪	146,717	茨城	78,713	山口	68,516	東京	185,582	埼玉	291,500
6	香川	118,055	愛知	143,027	岡山	76,738	沖縄	64,899	長野	147,640	山口	252,410
7	新潟	67,051	長野	140,930	福岡	65,965	北海道	64,753	京都	124,574	神奈川	231,061
8	熊本	50,846	愛媛	138,125	東京	48,717	岐阜	38,323	大分	118,370	東京	91,450
9	静岡	43,542	福島	133,093	埼玉	41,827	福岡	35,487	愛媛	100,508	三重	54,458
10	岡山	36,774	新潟	133,044	広島	41,048	香川	34,052	島根	85,583	兵庫	35,106

順位	莫大小		煉瓦		瓦		玻璃		石鹸		肥料	
	府県	円	府県	円	府県	円	府県	円	府県	円	府県	円
1	大阪	3,325,622	大阪	1,350,553	愛知	982,282	大阪	1,589,317	大阪	1,627,264	大阪	6,356,120
2	東京	2,894,922	東京	461,973	兵庫	687,490	東京	686,802	東京	717,921	北海道	5,250,851
3	愛知	206,595	埼玉	391,683	福岡	489,485	神奈川	217,819	神奈川	108,025	東京	4,719,800
4	兵庫	110,520	愛知	329,072	愛媛	322,923	北海道	191,383	広島	62,123	兵庫	1,789,649
5	三重	53,441	福島	309,655	新潟	253,321	愛知	83,070	福島	52,312	鹿児島	917,946
6	京都	32,000	岡山	307,397	静岡	217,113	兵庫	23,511	兵庫	49,150	滋賀	566,023
7	岐阜	31,170	福岡	250,843	長野	192,636	福井	18,000	石川	45,800	愛知	502,119
8	奈良	25,850	北海道	142,526	埼玉	184,447	福島	17,400	長崎	33,569	三重	493,186
9	茨城	16,037	広島	131,717	茨城	175,069	広島	16,126	福井	15,785	福岡	284,620
10	富山	13,145	秋田	63,786	山口	161,983	長崎	15,320	福岡	13,095	徳島	272,395

である．缶詰と煉瓦は全国第 4 位，玻璃と石鹸は全国第 5 位，綿糸と酒類は全国第 6 位で，蚕糸は全国第 10 位であった．製紙だけが全国の上位 10 府県に入っていなかった．多くの在来製品と近代的な製品で，上位の生産高（額）を誇っていたのである．愛知県では，陶磁器，酒と醤油の醸造業を中心に家業での蓄積が進んでいたであろうことが推察される．

　さて明治 40 年ではどうであろうか．表 II-1-4 によれば，明治 40 年の業種は，明治 31 年よりも少なく，蚕糸，綿糸，織物，陶磁器，菜種油，摺付木，清酒，醤油，漆液，和紙の 10 業種になった．この中で，陶磁器は全国第 1 位で，漆液は全国第 2 位である．織物，醤油，摺付木は全国第 3 位で，蚕糸，綿糸は全国第 4 位である．清酒は全国第 5 位で，菜種油は全国第 6 位であった．明治 31 年と

表 II-1-4 明治40年『日本帝国統計年鑑』における産業別上位10府県

順位	蚕糸		綿糸		織物(反物)		陶磁器		菜種油	
	府県	貫	府県	貫	府県	円	府県	円	府県	円
1	長野	765,235	大阪	14,761,784	福井	21,685,921	愛知	5,548,314	大阪	1,681,654
2	群馬	219,503	兵庫	5,254,560	京都	20,125,517	岐阜	2,713,554	福岡	1,518,398
3	山梨	206,381	岡山	5,040,423	愛知	14,874,909	京都	1,116,266	滋賀	1,068,577
4	愛知	203,729	愛知	3,927,891	群馬	13,318,810	佐賀	825,989	三重	817,728
5	埼玉	201,279	東京	3,041,790	石川	12,365,117	兵庫	280,619	兵庫	757,109
6	福島	171,677	三重	2,541,547	大阪	11,667,725	長崎	268,090	愛知	601,179
7	岐阜	156,090	福岡	2,372,695	和歌山	10,435,573	三重	252,838	鹿児島	499,695
8	山形	113,390	栃木	2,051,759	栃木	10,207,844	福島	246,243	千葉	396,258
9	静岡	82,036	奈良	1,136,667	埼玉	10,068,459	愛媛	242,123	栃木	264,760
10	三重	73,821	愛媛	998,894	愛媛	7,283,959	石川	215,736	熊本	254,143

順位	摺付木		清酒		醬油		漆液		和紙	
	府県	円	府県	石	府県	石	府県	円	府県	円
1	兵庫	8,002,232	兵庫	600,534	千葉	293,307	和歌山	168,267	高知	2,705,842
2	大阪	5,533,331	福岡	288,416	兵庫	141,026	愛知	59,112	愛媛	1,443,128
3	愛知	792,034	広島	168,902	愛知	128,275	石川	44,794	岐阜	1,128,353
4	香川	291,031	京都	144,118	香川	116,383	京都	43,763	福岡	1,061,670
5	広島	175,296	愛知	139,438	福岡	96,687	栃木	37,845	静岡	763,985
6	東京	151,435	新潟	136,888	茨城	87,978	茨城	32,202	兵庫	724,689
7	静岡	117,114	大阪	132,906	岡山	86,389	青森	24,033	山口	547,725
8	岡山	101,389	長野	131,476	東京	58,583	山形	15,199	埼玉	533,100
9	新潟	57,851	山口	128,383	三重	54,848	福島	14,768	東京	512,046
10	石川	49,287	愛媛	127,117	広島	54,815	新潟	14,189	岡山	509,591

注：(1) 綿糸は堅針・斜針の合計である．
　　(2) 菜種油は菜種油，胡麻油，荏胡麻，綿実油その他を含む合計である．

同様，和紙だけが全国で上位10位に入っていない．

　明治31年と明治40年の愛知県は，陶磁器，清酒と醬油の醸造業，蚕糸，綿糸，織物の繊維産業では全国で上位に位置し，この他に菜種油と摺付木でも全国有数の生産額を誇っていたと言えよう．

2 『愛知県統計書』と『役員録』

『役員録』との比較（明治31年）

　さて，『日本全国諸会社役員録』の愛知県で登場する会社の規模は，『日本帝国統計年鑑』や『愛知県統計書』[2]に記載されている会社の規模とどのような違いがあるのだろうか．先に，日本全国レベルで，『日本帝国統計年鑑』と比べたように，県統計書に記載されている会社と比べてみよう．

　『日本全国諸会社役員録』に記載されている会社の中で，本社所在地が愛知県である会社は264社である．その中で払込資本金が記載されている会社数は193

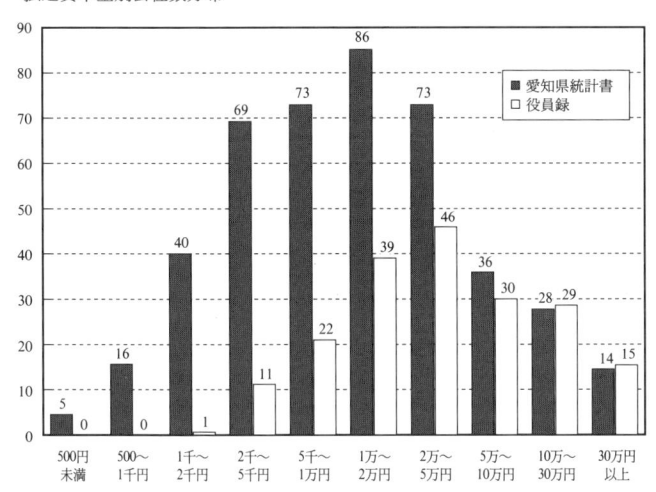

図 II-1-1 明治31年における『日本全国諸会社役員録』と『愛知県統計書』の払込資本金別会社数分布

[棒グラフ：横軸は払込資本金区分（500円未満、500〜1千円、1千〜2千円、2千〜5千円、5千〜1万円、1万〜2万円、2万〜5万円、5万〜10万円、10万〜30万円、30万円以上）、縦軸は会社数。愛知県統計書と役員録の比較。

500円未満：愛知県統計書5、役員録0
500〜1千円：16、0
1千〜2千円：40、1
2千〜5千円：69、11
5千〜1万円：73、22
1万〜2万円：86、39
2万〜5万円：73、46
5万〜10万円：36、30
10万〜30万円：28、29
30万円以上：14、15]

社ある．明治31年の数字が記載されている『日本帝国統計年鑑』（明治32年）では，銀行業については，府県別に株式会社，合名会社，合資会社，個人会社毎に本店のある銀行数と払込資本金，積立金，純益金の合計が判明する．しかし，払込資本金の規模別分布は分からない．一方，「会社」の項では，各府県別に払込資本金額が1万円未満，5万円未満，10万円未満，10万円以上と4段階に区分されて，それぞれ会社数が分かる．愛知県では440社について払込資本金額を基準にした規模別分布が分かる．また『愛知県統計書』に関しては，明治31年版に詳細な記録がないために，明治30年版を用いて検討した．明治30年版『愛知県統計書』に記載されている会社数は440社であり，すべて払込資本金が記載されている．そこで，払込資本金が判明する『日本全国諸会社役員録』の193社，『愛知県統計書』の440社と『日本帝国統計年鑑』に記載されている440社を対象として払込資本金の分布から，役員録に記載されている会社の実態を明らかにしていこう．

まず，『日本全国諸会社役員録』と『愛知県統計書』には，個々の会社別に払込資本金が記載されているので，『日本帝国統計年鑑』での分類よりも詳細な規模別分布が可能である．また，両書の分類を『日本帝国統計年鑑』の分類に合わせて検討することも可能なので，2種類の分布図を作成することにしよう．第1は，『日本全国諸会社役員録』と『愛知県統計書』の比較であり，第2は，『日本

図 II-1-2 明治31年における『愛知県統計書』,『日本帝国統計年鑑』,『日本全国諸会社役員録』の愛知県所在会社の払込資本金分布

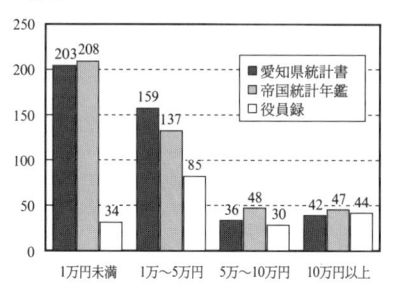

全国諸会社役員録』と『愛知県統計書』および『日本帝国統計年鑑』との比較である．

第1の比較については，図 II-1-1 に見られるように，『役員録』に記載されている会社は払込資本金が多い会社に偏っていることが分かる．因みに，『役員録』に記載されている193社の払込資本金平均（単純平均）は8万1,875円なのに対して，『愛知県統計書』に記載されている440社の払込資本金平均は4万4,633円である．従って，これから『役員録』のデータを用いてネットワークの分析を行なう場合，『愛知県統計書』に記載されている会社とは，会社数の面で異なるだけでなく，全体として払込資本金の大きな会社を対象としているという点に注意すべきである．

次に，払込資本金が判明する『日本全国諸会社役員録』の193社,『愛知県統計書』の440社と『日本帝国統計年鑑』に記載されている440社を対象として，『役員録』に記載されている会社の実態を明らかにしたのが図 II-1-2 である．ここからも,『役員録』に記載されている会社の払込資本金は『愛知県統計書』と『日本帝国統計年鑑』よりも大きいことが分かる．

『役員録』との比較（明治40年）

では，明治40年ではどうであろうか．明治31年の場合と同様に，明治40年版の『日本全国諸会社役員録』に記載されている，愛知県に本社のある会社を抽出してみよう．株式会社などの会社形態を問わずにすべての会社を抽出すると329社存在する．その中で，払込資本金が記載されている会社は195社ある．一方，明治40年の『愛知県統計書』には普通銀行および貯蓄銀行合わせて71行あり，取引会社が4社ある．これらはすべて払込資本金が記載されている．「会社」の中には，本社が他府県にあり，愛知県に支店などがある会社なども含まれているが，これらの会社には払込資本金が記載されていない．また，愛知県に本社があるものでも払込資本金が記載されていないものもある．そこで，愛知県に本社があり，払込資本金が記載されている会社を抽出すると403社ある．そこでこれ

第 1 章　愛知県の企業家ネットワークと産業　201

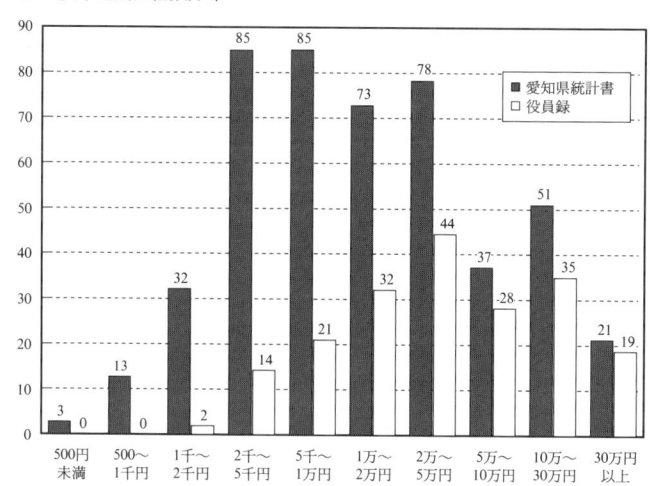

図 II-1-3　明治 40 年における『日本全国諸会社役員録』と『愛知県統計書』の払込資本金別会社数分布

図 II-1-4　明治 40 年における『愛知県統計書』,『日本帝国統計年鑑』,『日本全国諸会社役員録』の愛知県所在会社の払込資本金分布

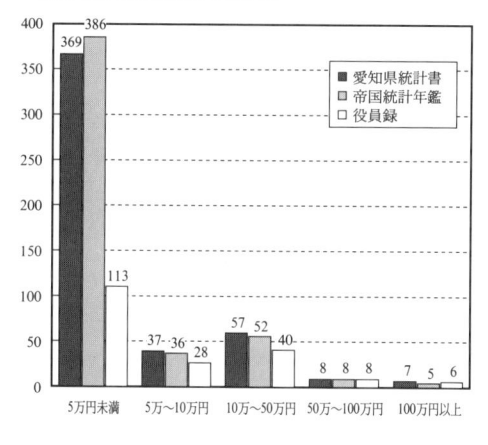

ら銀行，取引会社，会社 478 社のすべてを対象とする．最後に，『日本帝国統計年鑑』の明治 40 年版には，農工商および水陸運輸会社に限定して払込資本金別に会社数の分布が分かる．愛知県では 487 社が判明する．

そこでまず，『日本全国諸会社役員録』の 195 社と『愛知県統計書』の 478 社の払込資本金別会社数分布を見ると図 II-1-3 の通りである．明治 31 年の場合と同様，『日本全国諸会社役員録』に記載されている会社の払込資本金分布は『愛知県統計書』に記載されている会社のそれよりも高く，図で言えば，払込資本金の額が大きい右側に偏っている．『日本全国諸会社役員録』の 195 社における払込資本金の平均（単純平均）は 12 万 1,632 円なのに対して，『愛知県統計書』の 478 社の払込資本金の平均は 6 万 8,277 円である．2 倍もの違いがある．

『日本帝国統計年鑑』明治40年版には，払込資本金の分類は5万円未満，10万円未満，50万円未満，100万円未満，500万円未満，500万円以上の6段階に区分されている．しかし，愛知県では500万円以上の払込資本金を有する会社はないために，5段階に分けて，『日本全国諸会社役員録』，『愛知県統計書』，『日本帝国統計年鑑』に記載されている会社の払込資本金分布を求めた．これが図II-1-4である．

以上から，『日本全国諸会社役員録』を対象として，詳細に分析してきたネットワークに登場する会社は，『愛知県統計書』に記載されている会社より払込資本金で大きな会社であったことが分かる．こうした特徴を念頭に置いて，愛知県におけるネットワークの実態を詳細に検討していくことにしたい．

3　愛知県の企業家ネットワークと類型

類型から見た特徴

これまでのところから，日本全国に亘ってネットワークが存在し，これらが近代的な会社設立にかかわってきたことが分かった．こうしたネットワークが見いだされたのは，『愛知県統計書』に登場する会社すべてであるというよりは，その中で，払込資本金が大きい企業群であった．そこで，具体的に愛知県を事例に取り，どのような人物によるネットワークが存在し，どのような会社に役員でいたのかを見ていくことにしよう．

先に見たように，明治31年には日本全国に1,130もネットワークが存在した．その中で，1社でも愛知県に本社があるネットワークは77ある．同様に，明治40年には，日本全国で1,517あったネットワークのうち，1社で

表 II-1-5　全国および愛知県におけるネットワークの類型別分布（明治31年，明治40年）

全国（M31）

類型	ネットワーク数	割合(%)
I	139	12.3
II	537	47.5
III	138	12.2
IV	316	28.0
合計	1,130	100.0

全国（M40）

類型	ネットワーク数	割合(%)
I	168	11.1
II	810	53.4
III	166	10.9
IV	373	24.6
合計	1,517	100.0

愛知（M31）

類型	ネットワーク数	割合(%)
I	6	7.8
II	39	50.6
III	13	16.9
IV	19	24.7
合計	77	100.0

愛知（M40）

類型	ネットワーク数	割合(%)
I	10	15.9
II	33	52.4
III	9	14.3
IV	11	17.5
合計	63	100.0

も愛知県の会社が含まれているネットワークは 63 ある.

表 II-1-5 から全国の類型別分布と比べてみると，ほぼ同じ構成であることが分かる．第 II 類型（インフラ産業を含まず銀行を含んだネットワーク）が最も多く，明治 31 年で 50.6％，明治 40 年で 52.4％であった．次に多いのが第 IV 類型（インフラ産業も銀行も両方含まないネットワーク）であり，明治 31 年で 24.7％，明治 40 年で 17.5％であった．明治 40 年では，全国の変化と比べても減少が著しい．その他では，明治 31 年では第 III 類型（インフラを含むが銀行を含まないネットワーク）が 16.9％で，明治 40 年で 14.3％と減少している点が目立つ．これに対して第 I 類型（インフラ産業と銀行を両方含んだネットワーク）は明治 31 年の 7.8％から 15.9％へと倍増した．これは，ネットワークに銀行があるか否かが，ネットワークの存続にとって大きな意義を持っていたことを反映したものであろう．

役員ポスト占有率

では，明治 31 年に 77 あり，明治 40 年に 63 あった愛知県のネットワークは，この間，継続していたのであろうか．それとも，全く異なった人物，異なった会社からなるネットワークだったのだろうか．全国で見たように，愛知県でのネットワークの継続と消滅を見ていくことにしよう．

全国で見たように，愛知県においても明治 31 年にネットワークや要素ネットであったものが明治 40 年まで継続したのか，それとも消滅したのかを一覧表にしたのが表 II-1-6 である．但し，明治 31 年に 77 あったネットワークのうち，1 つのネットワークは 2 人・2 社の要素ネットとネットワークの 2 つに分裂した結果，表 II-1-6 では，明治 31 年には 78 のネットワークがあるように見える点に注意されたい．明治 31 年にネットワークであったものが明治 40 年でも継続してネットワークであったものが 10 ある．ここには，明治 31 年時点で 44 の会社が含まれる．これから継続ネットワークの分析に用いる会社は，この 44 社である．また，以下

表 II-1-6　愛知県ネットワークの継続，分裂，消滅一覧（明治 31 年から明治 40 年）

M31＼M40	消滅	要素ネット型	ネットワーク
M31 なし		31	20
要素ネット型	41	0	2
ネットワーク	24	1	10 (9)

注：(1) 明治 31 年における愛知県のネットワーク 77 のうち，1 つは，要素ネットとネットワークに分裂しているため，78 となっている．
(2) 明治 31 年で別々のネットワークが明治 40 年で統合した結果，明治 31 年で 10 のネットワークが，明治 40 年では 9 つのネットワークとなった．

図 II-1-5 明治31年から明治40年で継続していた愛知県のネットワークにおける，明治31年の会社別役員ポスト占有率

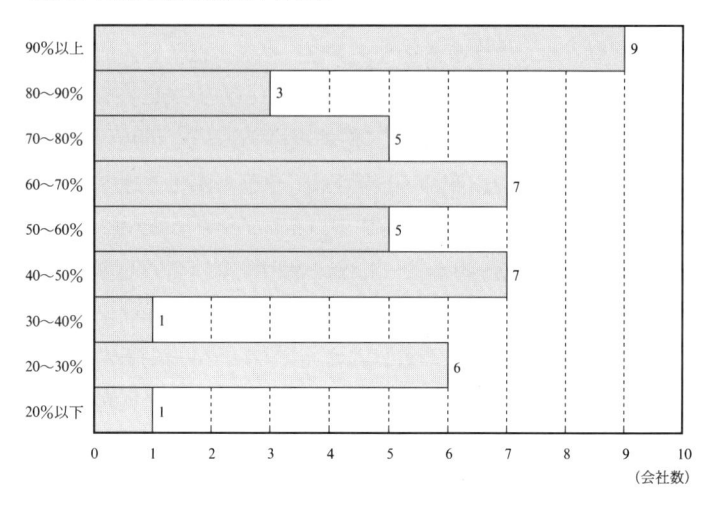

占有率	会社数
90%以上	9
80〜90%	3
70〜80%	5
60〜70%	7
50〜60%	5
40〜50%	7
30〜40%	1
20〜30%	6
20%以下	1

図 II-1-6 明治31年から明治40年で消滅した愛知県のネットワークにおける，明治31年の会社別役員ポスト占有率

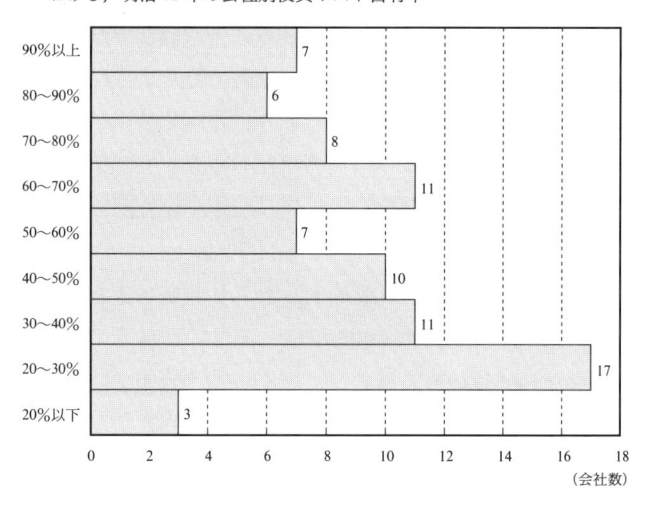

占有率	会社数
90%以上	7
80〜90%	6
70〜80%	8
60〜70%	11
50〜60%	7
40〜50%	10
30〜40%	11
20〜30%	17
20%以下	3

に見るように消滅ネットワークは24ある．ここには，明治31年時点で80社が含まれる．これから消滅ネットワークの分析に用いる会社はこの80社である．

継続ネットワークと消滅ネットワークに含まれる会社の明治31年の会社別役員ポスト占有率は，図II-1-5と図II-1-6に示してある．また，これら10の

ネットワークと明治40年のネットワークを理解するのに必要な2つの要素ネット型のネットワークの一覧は，図II-1-7（M31）以下図II-1-16（M40）に記してある（10のネットワークについて，M31とM40を付して，継続しているネットワーク毎に明治31年と明治40年の別を示した．以下，同様である）．また，明治31年に要素ネット型であったネットワークが明治40年でネットワークに展開したものが2つある．しかし，その1つは，松居庄七と大沢善助が明治31年では京都電燈と名古屋電気鉄道の役員に，明治40年では也阿弥ホテル，京都工商，京都電燈，京都取引所および名古屋電気鉄道の役員になっているものである．これは明らかに京都を舞台としたネットワークであるので，これを除き，残りの1つのものを図に示した．これが図II-1-17（M31）と図II-1-17（M40）である．継続していたネットワークと消滅したネットワークの間にはどのような違いがあったのだろうか．全国のネットワークで見たように，役員ポスト占有率と役員継続比率そして配当の面から両グループの間の違いを見ていこう．

　図II-1-5と図II-1-6から会社別役員ポスト占有率について見ると，継続していたネットワークの役員ポスト占有率は消滅したネットワークでの役員ポスト占有率よりも高い．役員ポスト占有率が50%以上の会社は，継続ネットワークでは44社中29社（65.9%）あるのに対して，消滅ネットワークでは80社中39社（48.8%）であった．また，継続ネットワークでは90%以上の役員ポストを占めている会社が44社中9社（20.5%）存在した反面，消滅ネットワークでは90%以上の役員ポストを占めている会社は80社中，僅か7社（8.8%）であった．また，消滅ネットワークでは，役員ポストが20〜30%を占めている会社が最大であったことも大きな特徴である．

役員継続比率と配当率

　明治31年と明治40年の間で継続ネットワークと消滅ネットワークに含まれる会社はそれぞれ44社と80社であったが，このうち明治40年においても存続していた会社は，それぞれ30社と37社であった．継続ネットワークでは，68%の会社が明治40年でも存在し，消滅ネットワークでは46%の会社が存在していた．この10年間での会社存続という点から見ても，両グループの間には違いが見られる．また，存続していた会社において，明治31年と明治40年の間で役員はどれだけ継続していたのだろうか．これを見たものが，役員継続比率である．

図 II-1-7 （M31(1)）

	奥田正香	白石半左衛門	笹田伝右衛門	平野富之助	上遠野富之助	春日井丈右衛門	蜂須賀武右衛門	鈴木摠兵衛	府県	業種	公称資本金	設立年	住所
尾張紡績㈱			社		監			監	愛知	綿紡績	1,200,000	1887	愛知郡熱田町
名古屋電燈㈱		取					監		愛知	電力	500,000	1890	名古屋市南長島町
名古屋生命保険㈱	監	取兼支				監	取	社	愛知	保険	100,000	1893	名古屋市伝馬町
名古屋倉庫㈱	監	監		専取				会	愛知	倉庫	200,000	1893	名古屋市泥江町
㈱名古屋株式取引所	理長			監		理			愛知	取引所	95,000	1893	名古屋市南伊勢町
日本車輛製造㈱	社	取	監	監	常			監	愛知	機械器具	600,000	1896	愛知郡古沢村
共立綿糸紡績㈱			取	監					岡山	生糸	1,000,000	1896	上道郡三摺村

図 II-1-7 （M31(2)）

	蜂須賀武兵衛	鈴木摠兵衛	府県	業種	公称資本金	設立年	住所
㈱明治銀行	取	監	愛知	銀行	3,000,000	1896	名古屋市伝馬町
名古屋生命保険㈱	社	取	愛知	保険	100,000	1893	名古屋市伝馬町

注：明治40年では消滅．

図 II-1-7 （M31(3)）

	鈴木摠兵衛	笹田伝左衛門	府県	業種	公称資本金	設立年	住所
㈱明治銀行		取	愛知	銀行	3,000,000	1896	名古屋市伝馬町
日本車輛製造㈱	監		愛知	機械器具	600,000	1896	愛知郡古沢村

注：明治40年では消滅．

図 II-1-7 （M40）

	奥田正香	鈴木摠兵衛	白石半左衛門	上遠野富之助	平子徳右衛門	服部小十郎	兼松熈	渡辺甚吉	神野金之助	加藤平兵衛	府県	業種	公称資本金	設立年	住所
名古屋倉庫㈱	取	社		専取							愛知	倉庫	200,000	1893	名古屋市泥江町2丁目
㈱名古屋株式取引所	理長			理		監	監				愛知	取引所	200,000	1894	名古屋市南伊勢町
日本車輛製造㈱	社	監	取	常							愛知	機械器具	3,000,000	1896	愛知郡熱田町
㈱明治銀行		取	監	監						頭	愛知	銀行	3,000,000	1896	名古屋市伝馬町
愛知材木㈱		取社						取			愛知	農林	150,000	1897	名古屋市正木町
名古屋製氷㈱		取		社					監		愛知	食品	75,000	1900	名古屋市松重町
名古屋瓦斯㈱	社	取	監								愛知	ガス	2,000,000	1906	名古屋市栄町
名古屋電力㈱	取社	取					取	監	監		愛知	電力	5,000,000	1906	名古屋市新柳町7丁目
中央炭礦㈱	取社			専取			取				愛知	鉱業	500,000	1906	名古屋市栄町7丁目
名古屋精糖㈱		取社	取						理		愛知	食品	1,000,000	1906	西春日井郡枇杷島町
明治土地建物㈱	取	取		取	取						愛知	不動産	1,000,000	1907	名古屋市竪三ッ蔵町1丁目

第1章　愛知県の企業家ネットワークと産業

図 II-1-8 （M31）

	伊藤次郎左衛門	岡谷惣助	中村右衛門	関戸守彦	伊藤与三郎	吹原太兵衛	祖父江九三郎	瀧井兵衛	春日右衛門	瀧定助	加藤彦兵衛	森本善七郎	原善三郎	武山勘兵衛	勝野文三	府県	業種	公称資本金	設立年	住所
㈱十一銀行	取		監	監	頭	取										愛知	銀行	200,000	1877	名古屋市玉屋町
㈱百三十四銀行		頭				監	取									愛知	銀行	300,000	1878	名古屋市玉屋町
名古屋紡績㈱			取	監	取			取	取							愛知	綿紡績	1,000,000	1885	名古屋市正木町
㈱愛知銀行	監	頭	取	取	取	取	監	監								愛知	銀行	2,000,000	1896	名古屋市玉屋町
㈱名古屋銀行					頭	取	取	取	取							愛知	銀行	500,000	1882	名古屋市伝馬町
尾張紡績㈱					取	監	取	取								愛知	綿紡績	1,200,000	1887	愛知郡熱田町
㈱名古屋貯蓄銀行							専取	取	取	監						愛知	銀行	50,000	1893	名古屋市伝馬町
帝国撚糸㈱					取	社	副社			相	監	取				愛知	生糸	500,000	1896	西春日井郡金城村
㈱鉄道車輛製造所						取		監								愛知	機械器具	500,000	1896	愛知郡熱田町
㈱名古屋蚕糸綿布取引所					相	相	相	相	監	理	相	相				愛知	取引所	75,000	1897	名古屋市宮町三
岐阜絹織物㈱					取	取	取	取			監					岐阜	生糸	無記載	無記載	稲葉郡上加納村

図 II-1-8 （M40）

	瀧定助	瀧兵右衛門	森本善七	春日井丈右衛門	加藤彦兵衛	杉野喜精	小出庄兵衛	水野良助	勝野文三	府県	業種	公称資本金	設立年	住所
㈱名古屋銀行	取頭	取	取	取	取兼支	監	監			愛知	銀行	1,000,000	1882	名古屋市伝馬町
㈱名古屋貯蓄銀行	取頭	取	取	取	監					愛知	銀行	50,000	1893	名古屋市伝馬町
㈱津島銀行			取		取					愛知	銀行	300,000	1893	海東郡津島町
㈱幅下銀行	取	監	監頭	監	取					愛知	銀行	100,000	1894	名古屋市小舟町2丁目
岐阜絹織物㈱	取			取			監			岐阜	生糸	50,000	1896	岐阜市稲葉区金町
中央製紙㈱			取		取					岐阜	化学	500,000	1906	恵那郡中津町
東海倉庫㈱	監		取		監					愛知	倉庫	1,000,000	1906	名古屋市天王崎町
帝国撚糸織物㈱	専取	監取会	取	監					取	愛知	生糸	1,500,000	1907	西春日井郡金城村

図 II-1-9 （M31）

伊藤次郎左衛門	伊藤守松	鬼頭幸七	喜多村多七	中島茂兵衛	塚本金兵衛	辻利兵衛	府県	業種	公称資本金	設立年	住所
㈱伊藤銀行	取	取	専取	監	監	取	愛知	銀行	100,000	1881	名古屋市茶屋町
㈱伊藤貯蓄銀行	取	取	専取	監	監	取	愛知	銀行	100,000	1893	名古屋市茶屋町3丁目

図 II-1-9 （M40）

伊藤次郎左衛門	伊藤守松	喜多村多七	中島茂兵衛	塚本金兵衛	渡辺長兵衛	辻利兵衛	府県	業種	公称資本金	設立年	住所
㈱伊藤銀行	取	取	取	監	監	専取		愛知	銀行	100,000	1881	名古屋市茶屋町3丁目
㈱伊藤貯蓄銀行	取	取	取	監	監	専取		愛知	銀行	100,000	1893	名古屋市茶屋町3丁目

図 II-1-10 （M31）

井口半兵衛	稲生治右衛門	伊東孫左衛門	新美昇平	小栗富治郎	岡本八右衛門	府県	業種	公称資本金	設立年	住所
㈱亀崎銀行	取	取	取	取		取	愛知	銀行	800,000	1893	知多郡亀崎町
㈱衣浦貯金銀行	監		取	専取		取	愛知	銀行	100,000	1895	知多郡亀崎町
亀崎建物㈱	社	監	取		取		愛知	不動産	50,000	1897	知多郡亀崎町
㈾井口商会	頭		取		取		愛知	商業	無記載	1891	知多郡亀崎町
亀崎紡績㈱		取	社	監			愛知	綿紡績	500,000	1896	知多郡亀崎町
㈱尾参木綿商会	評	評					愛知	商業	30,000	1896	
㈱亀崎鉄工場		専取		監			愛知	機械器具	10,000	1895	知多郡亀崎町

図 II-1-10 （M40）

井口半兵衛	新美次郎八	伊東孫左衛門	稲生治右衛門	府県	業種	公称資本金	設立年	住所
㈱亀崎銀行	取	監			愛知	銀行	800,000	1893	知多郡亀崎町
㈱衣浦貯金銀行支店	取	取	専取		愛知	銀行	100,000	1895	知多郡亀崎町
亀崎建物㈱	社	監	取	監	愛知	不動産	50,000	1897	知多郡亀崎町
亀崎倉庫㈱	取	取	監		愛知	倉庫	100,000	1901	知多郡亀崎町
中国酒造㈱		社員		代社	愛知	醸造業	30,000	1906	知多郡亀崎町

第1章 愛知県の企業家ネットワークと産業

図 II-1-11 (M31)

	夏目仲助	夏目甚七	森下長三郎	夏目平三郎	府県	業種	公称資本金	設立年	住所
㈱知多貯蓄銀行	頭	監		取	愛知	銀行	100,000	1896	知多郡野間村
野間商船㈱	監	監	監	取	愛知	海上輸送	50,000	1891	知多郡野間村
夏目製造㈱	取	専取		監	愛知	醸造業	20,000	1889	知多郡野間村
知多航業㈱	副社			監	愛知	海上輸送	200,000	1896	知多郡坂井港

図 II-1-11 (M40)

	夏目甚七	伊藤嘉七	夏目平三郎	府県	業種	公称資本金	設立年	住所
㈱知多貯蓄銀行	監	取	頭	愛知	銀行	100,000	1896	知多郡野間村
夏目製造㈱	社	監		愛知	醸造業	20,000	1889	知多郡野間村

図 II-1-12 (M31)

	岡本賢吉	下郷佐香三郎	古井甚兵衛	小貝甚兵衛	鈴木治左衛門	府県	業種	公称資本金	設立年	住所
熱田銀行	頭	取		副	取	愛知	銀行	200,000	1888	愛知郡熱田町
熱田貯蓄銀行	頭	取	監	監		愛知	銀行	30,000	1893	愛知郡熱田町
海倉庫㈱	監	取				愛知	倉庫	20,000	1896	愛知郡鳴海町

図 II-1-12 (M40)

	鬼頭松二	岡本貴三	下郷哲三郎	古井佐兵衛	府県	業種	公称資本金	設立年	住所
㈱熱田銀行	監	取	頭	取	愛知	銀行	300,000	1888	愛知郡熱田町
㈱熱田貯蓄銀行	取	取	監	監	愛知	銀行	30,000	1893	愛知郡熱田町

図 II-1-13 (M31)

	熊田喜平治	前田清七	大竹才雲	名倉俊次	府県	業種	公称資本金	設立年	住所
㈱金城銀行	取	監	監	監	愛知	銀行	100,000	1894	名古屋市赤塚町
三明㈱	取	取	社	取	愛知	その他サービス	10,000	無記載	愛知郡鍋屋町

図 II-1-13 (M40)

	熊田喜平治	太田久治	前田清七	大竹才雲	名倉俊次	中村与左衛門	江尻彦右衛門	神谷伝右衛門	加藤林三郎	府県	業種	公称資本金	設立年	住所
㈱金城銀行	取兼支	取	監	監	監	取	取			愛知	銀行	500,000	1894	名古屋市赤塚町
㈱金城貯蔵銀行	取	取	監	監	監	取	取			愛知	銀行	35,000	1899	名古屋市赤塚町
三明㈱	取		取		社	取				愛知	その他サービス	10,000	1897	愛知郡鍋屋上野村
愛知製綿㈱	監	取						社		愛知	綿織物	95,000	1897	名古屋市塩町2丁目
愛知製油㈱	社	取							取	愛知	食品	48,000	1896	愛知郡八幡村

図 II-1-14 (M31)

	加藤林三郎	熊田喜平治	太田久左衛門	府県	業種	公称資本金	設立年	住所
㈱金城銀行		取	取	愛知	銀行	100,000	1894	名古屋市赤塚町
愛知製油㈱		社	取	愛知	食品	96,000	1896	愛知郡八幡村
愛知製綿㈱		監	取	愛知	綿織物	95,000	1896	名古屋市塩町

図 II-1-14 (M40)

	加藤林三郎	神谷伝兵衛	江尻与右衛門	中村俊次郎	名倉才右衛門	大竹彦七	前田清	太田久左衛門	熊田喜平治	府県	業種	公称資本金	設立年	住所
㈱金城銀行	取	取	頭	監	監	取	取兼支			愛知	銀行	500,000	1894	名古屋市赤塚町
㈱金城貯蔵銀行	取	取	頭	監	監	取	取			愛知	銀行	35,000	1899	名古屋市赤塚町
三明㈱		取		取	社	取				愛知	その他サービス	10,000	1897	愛知郡鍋屋上野村
愛知製綿㈱								監	取	愛知	綿織物	95,000	1897	名古屋市塩町2丁目
愛知製油㈱	取							社	取	愛知	食品	48,000	1896	愛知郡八幡村

注：図 II-1-13 (M31) と図 II-1-14 (M31) は統合して，図 II-1-13 (14) (M40) になった。

図 II-1-15 (M31)

	尾崎久平	辻倉久兵衛	徳崎八一	鳥山武左衛門	中村庄十郎	太田鎌太郎	石川鎌右衛門	糟谷縫右衛門	府県	業種	公称資本金	設立年	住所
㈱西尾銀行	頭	取	監	監	取				愛知	銀行	100,000	1894	幡豆郡西尾町
㈱幡豆貯蓄銀行	監	取	監	監	取	取			愛知	銀行	50,000	1896	幡豆郡西尾町

図 II-1-15 (M40)

	尾崎久平	徳倉六兵衛	辻利八左衛門	中村平治郎	鈴木伝八衛	鳥山錦一郎	石川錦一郎	糟谷縫右衛門	府県	業種	公称資本金	設立年	住所
㈱西尾銀行	取頭	監	監	取	取	取			愛知	銀行	300,000	1894	幡豆郡西尾町
㈱幡豆貯蓄銀行	取頭	監	監	取	取	取			愛知	銀行	50,000	1896	幡豆郡西尾町

図 II-1-16 （M31）

	山崎徳左衛門	二村源四郎	外山定助	山田清三郎	府県	業種	公称資本金	設立年	住所
㈱愛知農商銀行		取	監	頭	愛知	銀行	150,000	1894	愛知郡熱田町
鳴海倉庫㈱	監	取	取		愛知	倉庫	20,000	1896	愛知郡鳴海町
㈱農商貯蓄銀行		取		頭	愛知	銀行	30,000	1895	愛知郡熱田町

図 II-1-16 （M40）

	外山定助	吉田高朗	深田仙太郎	竹内兼吉	二村源四郎	山田清三郎	府県	業種	公称資本金	設立年	住所
㈱愛知農商銀行	取	取	取	取兼支	取	頭	愛知	銀行	500,000	1894	愛知郡熱田町
㈱農商貯蓄銀行	取	取	取	取	取	頭	愛知	銀行	30,000	1895	愛知郡熱田町

図 II-1-17 （M31）

	伊藤由太郎	中村与右衛門	府県	業種	公称資本金	設立年	住所
㈱愛知銀行	取	取	愛知	銀行	2,000,000	1896	名古屋市玉屋町
㈱堀川貯蓄銀行	取	取	愛知	銀行	50,000	1896	名古屋市船入町1丁目

図 II-1-17 （M40）

	伊藤由太郎	岡谷惣助	中村与右衛門	長尾保吉	関戸守彦	府県	業種	公称資本金	設立年	住所
㈱愛知銀行	取	頭	取		取	愛知	銀行	2,000,000	1896	名古屋市玉屋町
㈱丸八貯蓄銀行	監	取	監	取	頭	愛知	銀行	100,000	1898	名古屋市玉屋町
三河セメント㈱	取	監				愛知	窯業	200,000	1898	渥美郡田原町
㈱堀川貯蓄銀行	取		取			愛知	銀行	50,000	1896	名古屋市船入町1丁目

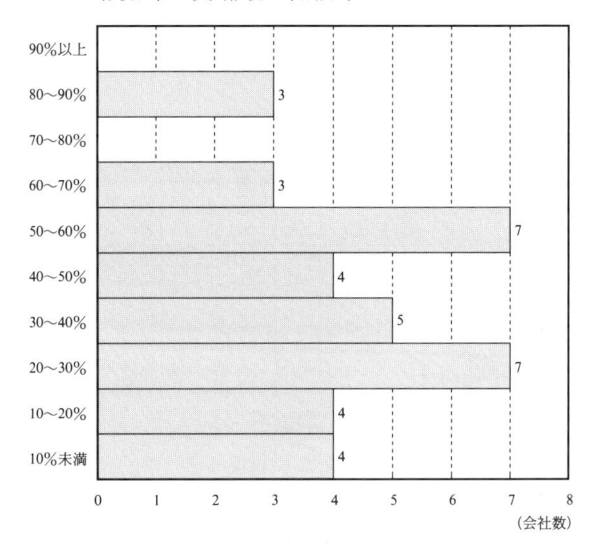

図 II-1-18 明治31年から明治40年で継続していた愛知県のネットワークにおける存続会社の役員継続比率別分布

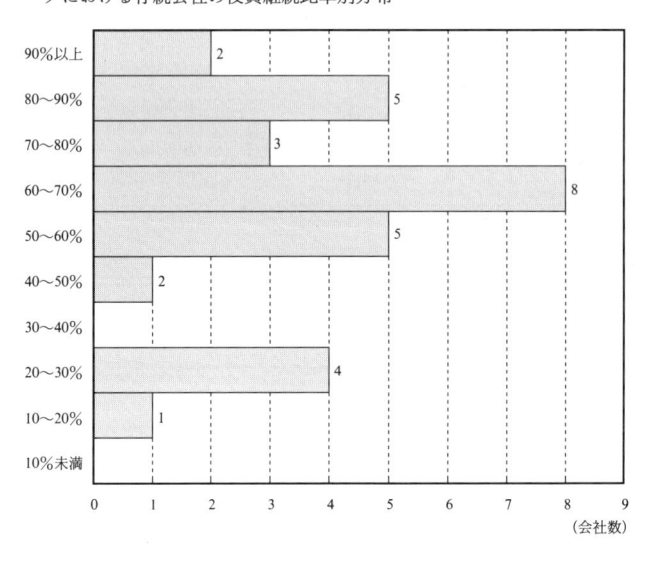

区分	会社数
90％以上	2
80〜90％	5
70〜80％	3
60〜70％	8
50〜60％	5
40〜50％	2
30〜40％	0
20〜30％	4
10〜20％	1
10％未満	0

図 II-1-19 明治31年から明治40年で消滅した愛知県のネットワークにおける存続会社の役員継続比率別分布

区分	会社数
90％以上	0
80〜90％	3
70〜80％	0
60〜70％	3
50〜60％	7
40〜50％	4
30〜40％	5
20〜30％	7
10〜20％	4
10％未満	4

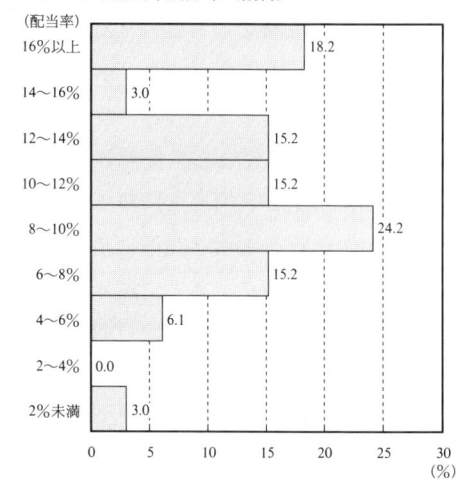

図II-1-18と図II-1-19から明らかなように、継続ネットワークに含まれる30社中、半数以上の役員が同じであった会社は23社（77%）ある。これに対して消滅ネットワークに含まれる37社中、半数以上の役員が同じであった会社は13社（35%）であった。同一人物が、明治31年と明治40年の二時点で同じ会社の役員であった人物の比率は、継続ネットワークに含まれる会社では圧倒的に多いことが分かる。

また、図II-1-20と図II-1-21から配当率の分布を見ていこう。配当率の記載のない会社を除いて求めることにしたい。会社別配当率の分布では、継続ネットワークに含まれる会社の明治40年での配当率は12〜14%層が最大で、これに8〜10%層と2%未満が続き、次いで、16%以上と6〜8%層が続いた。これに対して消滅ネットワークでは8〜10%層が最大で、16%以上層がこれに続く。これ以下、12〜14%層、10〜12%層、6〜8%層が続く。

継続ネットワークでは12〜14%層が最大であり、消滅ネットワークでは8〜10%層が最大であることを除くと、それ程大きな違いを見いだすことはできない。

最後に、明治31年時点でネットワークであったものの、明治40年では消滅した24のネットワークと、明治40年でも継続していた10のネットワークの類型

図II-1-20 明治31年から明治40年で継続していた愛知県のネットワークに含まれる会社の明治40年における配当率別分布（割合）

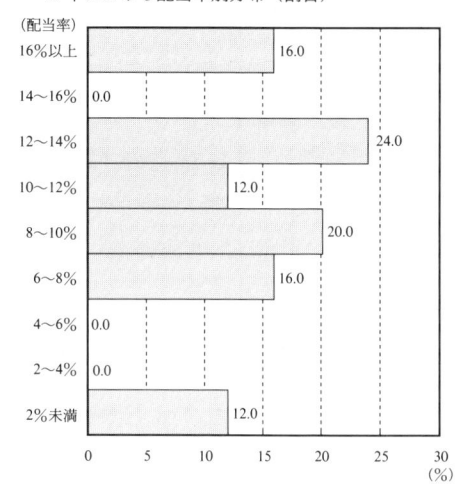

（配当率）
- 16%以上: 16.0
- 14〜16%: 0.0
- 12〜14%: 24.0
- 10〜12%: 12.0
- 8〜10%: 20.0
- 6〜8%: 16.0
- 4〜6%: 0.0
- 2〜4%: 0.0
- 2%未満: 12.0

図II-1-21 明治31年から明治40年で消滅した愛知県のネットワークに含まれる会社の明治40年における配当率別分布（割合）

（配当率）
- 16%以上: 18.2
- 14〜16%: 3.0
- 12〜14%: 15.2
- 10〜12%: 15.2
- 8〜10%: 24.2
- 6〜8%: 15.2
- 4〜6%: 6.1
- 2〜4%: 0.0
- 2%未満: 3.0

表 II-1-7 明治 31 年における愛知県のネットワーク類型

明治 40 年で消滅

類型	ネットワーク数
I	5
II	10
III	4
IV	5
合計	24

明治 40 年でも継続

類型	ネットワーク数
I	1
II	8
III	1
IV	0
合計	10

を見ておこう．これが表 II-1-7 である．ここから，継続ネットワークには銀行を含んだ第 I 類型と第 II 類型が 90% ある一方，消滅ネットワークでは第 I 類型と第 II 類型は 62.5% であったことが分かる．また，銀行とインフラ産業を含まない第 IV 類型は，消滅ネットワークには 5（21%）あるが，継続ネットワークには 1 つもないことから，銀行の存在が存続と消滅に影響を与えたであろうと思われる．

4　愛知県の企業家ネットワークの分析に向けて

ネットワークの分析視点

　以上の点を踏まえて，愛知県の分析に当たり，どのような点に注目すべきかを考えていきたい．まず企業統治という観点から見ると，継続ネットワークでは，ネットワークに属する人物が会社役員のポストを多数占めているという事実をまず指摘すべきであろう．継続ネットワークに含まれる会社には，明治 31 年と明治 40 年の 2 時点で，継続して役員であった人物が多数占めているという点も強調すべきであろう．配当の多寡よりも，役員ポストの占有率と継続性という点で，継続ネットワークと消滅ネットワークとの間に相違が見られた．つまり，継続ネットワークでは，ネットワークに帰属する人物が多くの会社役員に就任し，長期間にわたって役員ポストを占め，経営に関わっていたのである．深く，そして長く会社経営に関与してきたのである．

　その際，インフラ産業への進出を意思決定した経緯，銀行設立をめぐる問題，さらにはネットワークに関与している人物を結ぶ人的関係（縁戚関係，地縁，同業者など）が焦点となろう．その上で，資金調達の問題と進出した産業と家業との関係も分析する必要があろう．

　そこで，継続ネットワークを対象とし，インフラ産業と銀行による類型化と，関与した会社と家業との間に関連性があるのかどうかという 2 つの視点から，3 つの継続ネットワークを紹介し，ネットワークの形成と活動を歴史的に追ってみ

たい．3つのネットワークとは，インフラ産業と銀行に関与したネットワーク，インフラ産業には関与せずに銀行を設立し，家業からの多角化を図ったネットワーク，銀行を設立しつつも家業に固執し続けたネットワークである．この3つのタイプは，愛知県だけでなくその他の府県でも見られたネットワークのタイプであろう．第1のタイプはそれぞれの府県で近代化を推進した人物を中心としたネットワークであり，第2のタイプは銀行を設立しつつ，家業の近代化を推進したネットワークであり，第3のタイプは銀行を設立したものの，家業の維持を中心に考え，多角化にむしろ消極的であったネットワークである．

それぞれのタイプの明治31年と明治40年のネットワークの一覧は，先に図II-1-7（M31）から図II-1-9（M40）までに記されている．

継続ネットワークの第I類型

明治31年から明治40年まで継続していた10のネットワークを，先に第I部で行なった類型化の基準によって愛知県のネットワークの類型化を行なうと次のようになる．明治31年の時点で第III類型であるが明治40年には第I類型に変化したネットワークが図II-1-7（M31(1)）と図II-1-7（M40）である．先に類型を分類した表II-1-7は，明治31年時点でのネットワークの類型を基準に分類したものであり，明治40年時点での類型ではない．明治40年においても存続していた10のネットワークの中にはこのように明治40年までに類型が変わったものもある．そこで，明治31年時点で要素ネットであったが，明治40年でネットワークに拡大したものも含めた11のネットワークを取り上げ，やや詳細に記すことにしよう．

その際，明治31年と明治40年の両年における類型を踏まえて，以下で分析するネットワークの類型化を行なうこととしたい．まず，第I類型（銀行とインフラ産業を含む）に属するネットワークを見ていこう．そこで図II-1-7（M31(1)）と図II-1-7（M40）を取り上げよう．明治31年では第III類型（インフラを含むが銀行を含まない）であったが，明治40年では明治銀行を含み，名古屋瓦斯，名古屋電力，さらに名古屋株式取引所を含んでいるので第I類型のネットワークと考えたい．このネットワークに属する人物は，明治31年では，奥田正香以下8名からなり，会社は尾張紡績以下，7社からなるネットワークである．このネットワークには，明治40年では，明治銀行と名古屋株式取引所と名古屋

電力が含まれている．このネットワークに属する人物は本業（家業）とは比較的無縁な分野へ進出し，彼ら自身の間でも強い縁戚という紐帯で結ばれていたわけではなかった．

継続ネットワークの第II類型：その1

次に，第II類型（銀行を含むがインフラ産業は含まない）に属し，ネットワークに属する会社は本業（家業）と関連のある分野であり，ネットワークに属する人物も強い縁戚関係で結ばれていたネットワークに瀧兵右衛門・瀧定助ネットワークがあった．これは図II-1-8（M31）と図II-1-8（M40）である．このネットワークは瀧兵右衛門以下16人と，帝国撚糸以下11社からなるネットワークである．このネットワークには，明治31年の時点で名古屋銀行を始め，名古屋貯蓄銀行，愛知銀行，第百三十四銀行，十一銀行が含まれている．しかし，明治40年では名古屋銀行以下，名古屋貯蓄銀行，幅下銀行，津島銀行と4行含まれていた．

このネットワークでは注意すべき点がある．明治31年のマトリックスを示した図II-1-8（M31）から，このネットワークには瀧兵右衛門と瀧定助以外に，伊藤次郎左衛門，岡谷惣助，中村与右衛門，伊藤由太郎も含まれている．しかし，明治40年では伊藤以下の人物は瀧兵右衛門や瀧定助たちと分離し，別なネットワークを作っている．それゆえ，このネットワークは瀧兵右衛門と瀧定助のネットワークと考えたい．また類型の面から見た場合，明治31年では銀行の他に名古屋蚕糸綿布取引所を含んでいるために第I類型に分類されるが，明治40年では銀行を含むもののインフラ産業を含まないので，この時期を通して考えた場合，瀧兵右衛門と瀧定助ネットワークは第II類型に分類するのが適当であろう．また瀧兵右衛門と瀧定助両家の家業である生糸関連の事業への進出が顕著に見られる．帝国撚糸，名古屋蚕糸綿布取引所，岐阜絹織物がそうである．また明治31年では，生糸関連では神奈川県在住の生糸輸出業者である原善三郎がネットワークに含まれていることにも注意すべきであろう．

継続ネットワークの第II類型：その2

また，第II類型（銀行を含むがインフラ産業は含まない）に属するものの，ネットワークに属する会社は本業（家業）中心で，あまり多角化しないでネットワー

クに属する人物が強い縁戚関係で結ばれていたネットワークに伊藤次郎左衛門・岡谷惣助ネットワークがある．明治31年では瀧兵右衛門や瀧定助たちと一緒のネットワークを作っていたが，明治40年では分離し，岡谷惣助，伊藤由太郎，中村与右衛門，関戸守彦たちと，愛知銀行，三河セメント，堀川貯蓄銀行，丸八貯蓄銀行からなるネットワークを作っている．しかし，ネットワークの継続という観点からは，共通な2人と2社が同時に存在しないために継続には分類されない．また，図II-1-9（M31）と図II-1-9（M40）から分かるように，伊藤次郎左衛門を中心に，伊藤銀行と伊藤貯蓄銀行からなるネットワークも存在する．

　第II類型には，この他，図II-1-10（M31）と図II-1-10（M40）がある．井口半兵衛，伊東孫左衛門，稲生治右衛門らの人物が亀崎銀行，衣浦貯金銀行の銀行と亀崎建物など知多郡亀崎町という地域に根差してできたネットワークである．図II-1-11（M31）と図II-1-11（M40）は，夏目甚七と夏目平三郎らと知多貯蓄銀行と夏目製造などの会社からなるネットワークであるが，夏目家と知多郡野間村という地域に深く結びついたネットワークと言えよう．図II-1-12（M31）と図II-1-12（M40）は，下郷哲三郎と古田佐兵衛らと熱田銀行と熱田貯蓄銀行などからなるネットワークであり，愛知郡熱田町に根差したネットワークである．図II-1-13（M31）と図II-1-13（M40）は，熊田喜平治，前田清七，大竹才雲，名倉俊次らと，金城銀行と三明などからなるネットワークであった．図II-1-14（M31）と図II-1-14（M40）は，熊田喜平治，太田久左衛門，加藤林三郎らと金城銀行，愛知製油，愛知製綿などからなるネットワークで，人的にも会社の面でも図II-1-13（M31）と図II-1-13（M40）と重なり合う関係にあり，明治40年に統合している．図II-1-15（M31）と図II-1-15（M40）は，中村平左衛門，辻利八，徳倉六兵衛，尾崎久平らと，西尾銀行と幡豆貯蓄銀行からなるネットワークで，幡豆郡西尾町に根差したものである．図II-1-16（M31）と図II-1-16（M40）は，外山定助，二村源四郎，山田清三郎らと，愛知農商銀行，農商貯蓄銀行などからなるネットワークで，愛知郡熱田町を中心にできたネットワークである．

　最後に，明治31年に2人・2社の要素ネットワークであったが明治40年でネットワークに拡大したものとして図II-1-17（M31）と図II-1-17（M40）を見ていこう．伊藤由太郎と中村与右衛門らと愛知銀行，堀川貯蓄銀行などからなるネットワークであり，先に見た図II-1-8（M31）の箇所で記したように，明治

40年では，岡谷惣助，伊藤由太郎，中村与右衛門，関戸守彦らが加わったネットワークとなったものである．

　以下，第I部で日本全国を対象に析出・考察されたネットワークのうち，愛知県・名古屋市における3つのネットワークについてのケーススタディを行なうこととしよう．すなわち，これまでに紹介した「奥田ネット」，「瀧兵右衛門・瀧定助ネット」，「伊藤・岡谷ネット」の3つであり，これらはみな明治40年にも存続していたネットワークである．それぞれのネットワークの形成と明治期における展開過程を追究し，ネットワークの意義や地域経済に果たした役割を考察したい．会社設立の発起人・役員はどのような人物たちであったのか，起業の動機・背景は何か，会社設立とその後の事業展開はどうであったのか，何よりもネットワークの役割はどのようなものであったのかを考えたい．そしてこの考察結果は第I部で提起されたネットワークの特徴といかに整合性をもつのかどうか，最後にこの問題を考えたい．

注

1）内閣統計局編『第18回　日本帝国統計年鑑』(内閣統計局，明治32年)，同『第27回日本帝国統計年鑑』(内閣統計局，明治41年)．
2）正しくは，明治30年版『愛知県統計書』は『愛知県治一班　第3回』(愛知県，明治31年)であり，明治31年版『愛知県統計書』は『愛知県治一班　第4回』(愛知県，明治32年)であり，明治40年版『愛知県統計書』は，『明治四十年　愛知県統計書』(愛知県，明治42年)である．

第2章 「伊藤・岡谷ネット」
―――伊藤次郎左衛門・岡谷惣助を中心とするネット

1 名古屋市における3つのケーススタディ

　第2〜4章では，第Ⅰ部で日本全国を対象に析出，考察したネットワークのうち，愛知県・名古屋市における3つのネットワークについてのケーススタディを行なうこととしよう．すなわち「奥田ネット」，「瀧ネット」および「伊藤・岡谷ネット」である．これらのうち「奥田ネット」と「瀧ネット」は，前章で記したように，愛知県において明治40年時にも存続していたネットのうちの2つである．一方，「伊藤・岡谷ネット」は，「ネット」と「存続ネット」についてのそれぞれの定義（第Ⅰ部参照）とコンピュータによる析出の結果からは非存続と見なされたものの，実証レベルから言えば存続したネットと考えることができるものである．それぞれのネットの形成と明治期における展開過程を追究し，ネットの意義やその果たした役割にアプローチしたい[1]．

　第Ⅰ部で指摘したように，商法（新商法）は発起人に対し連帯責任を課した．ゆえに発起人たちは相互に信頼のおける人物たちから構成されることが必要不可欠であった．複数の株式会社を設立する場合，そのたびに全く別な人物と発起人になるよりは，同一人物との間で発起人となって事業を進めることが自然の成り行きであった．その結果，同一人物が，複数の会社の発起人や役員となるネットワークが形成されていったのである．

　ここで，相互に信頼のおける関係とは，家格や血縁・地縁，同業者，政治的党派等の関係が想定できるであろう．事例によって具体的に見てみよう．かれらはいかなる動機・背景をもって起業したのであろうか．その際，発起人・役員の株式引受けや所有状況はどの程度のものであり，その後の推移はどのようであったのか．会社設立後の事業の展開と，その過程におけるネットの役割はどのようであっただろう．この点は，とくに所有と経営の問題を含み，第Ⅰ部では，「役員ポスト占有率」の指標で，会社支配力・支配の程度を推定し，明治40年まで継

続したネットワークでは，全国的に，その構成人物が，その構成会社の役員ポストの過半を占めていたことが判明した．また，この役員ポスト占有率を愛知県において見ても（前章参照），継続したネットワークに含まれる会社のうち，ネットワークに含まれる人物が50％以上の役員ポストを占めている会社は過半を占めた．以下のケーススタディにおいても，役員の推移を見ることによってこのことを具体的に，確認することとしよう．同時に，この作業を通じて，継続ネットの「役員継続比率」についても確認することができるであろう．継続ネットについて，第I部では，さらに「収益」面からの発見も加えている．すなわち，明治40年の会社の配当率を収益性の代理変数として考えると，継続ネットに含まれる会社は，その他の会社に比べて高「収益」であったのである．この点も，名古屋の事例により，ネット構成会社の実際の業績を検討することによって，その妥当性を確認することとしよう．

　ところで，このようなネットワーク形成のモデルをつくったのは誰であったのか．かつて森川英正氏は，渋沢栄一こそ，その人であり，「会社設立のオルガナイザー」であるとし，渋沢の行動を考察された．われわれも，その所説にしたがい，渋沢栄一のネットワークを析出するとともに，近代ビジネスの起業と推進にあたって渋沢が果たした役割についても若干の事例を挙げて検討した．それらは，渋沢がネットを形成するときの行動の一環を示すものといえよう．渋沢は，近代ビジネスに必要な専門的知識を持った人物を斡旋，紹介することを含め，新事業の発足に大きな役割を果たしたのである．この点は，名古屋における会社設立に際し，渋沢が果たした役割を検証することによっても再確認することができよう．とくに「奥田ネット」のリーダーである奥田正香にとって，渋沢は，革新的な情報を得たり，近代的学識経験者の斡旋を得たりすることにおいて，まさに"weak-ties"の一方の相手であったといえよう．

　以下，伊藤・岡谷ネット，瀧ネット，奥田ネットの順に考察しよう．その考察結果は，第I部で提起されたネットの特徴といかに整合性をもつものであろうか．

2 伊藤・岡谷ネット

　先に示した図 II-1-8（M31）は，既述した「ネット」の定義にしたがいコンピュータ処理をした結果，単一のネットと認識されたものである．しかし，同図をよく見ると，これは2つのネットから構成されたものと考えることができる．すなわち，①伊藤次郎左衛門から伊藤由太郎にいたる6人は，愛知銀行から第十一銀行までの4社においてのみ役員に就任しており，一方，②春日井丈右衛門から勝野文三までの7人は名古屋銀行から岐阜絹織物までの7社においてのみ役員に就任している．それに対して，吹原九郎三郎，祖父江重兵衛，瀧兵右衛門の3人は①と②の両方の会社の役員である．もっとも，同表の役員就任会社数からすると，吹原は①の方に，瀧兵右衛門は②の方にそれぞれ重点があり，祖父江重兵衛は均等である．

　そこで，①に属する人物たちに吹原九郎三郎と祖父江重兵衛を加えたメンバーを伊藤次郎左衛門と岡谷惣助を中心とするネットすなわち「伊藤・岡谷ネット」と呼び，②に属するメンバーに瀧兵右衛門と祖父江重兵衛を加えたメンバーを瀧兵右衛門と瀧定助を中心とするネットすなわち「瀧ネット」と呼ぶこととする．祖父江重兵衛は両方のネットに属するものとする．実証レベルからすると，同表の人物・会社を単一のものと把握すべき根拠が見当たらない．後述のように，伊藤・岡谷らが中心となって設立した愛知銀行（瀧兵右衛門も参画）が，瀧兵右衛門も設立に参画した鉄道車輛製造所（明治29年6月設立，ただし同社は瀧系の事業とは言えない）に，一時期，融資を行なっていたことは確認できる．しかし，瀧兵右衛門を含み，「伊藤・岡谷ネット」と「瀧ネット」の両方に参画する吹原九郎三郎，祖父江重兵衛ら3人について，かれらが両ネットを融合させるような行動を取った形跡は現在のところ確認しえない．同表のネットは，2つに分離して考察することが妥当である．

　名古屋市においては，3つのネットのうち，伊藤次郎左衛門・岡谷惣助を中心とするメンバーが最も早く共同出資事業を起こしている．のちに合併して愛知銀行に発展する2つの銀行，すなわち第十一国立銀行と第百三十四国立銀行がそれであり，次いで，このネットは紡績事業を発起した．

　明治31年時における「伊藤・岡谷ネット」のメンバーは，どのような人物た

表 II-2-1 伊藤・岡谷ネットのメンバー（明治 31 年時）

氏名	生年	御用達商人としての地位 （慶應 4 年頃）	家業	備考
伊藤次郎左衛門(14代)	1848	三家	呉服太物商	妻は岡谷惣助の妹（みつ），岡谷惣助とは従兄弟の間柄
関戸守彦		三家	米穀商	
岡谷惣助(9代)	1851	除地衆	金物商	七女（てい）は伊藤次郎左衛門の四男（守松，15代当主）の妻
伊藤由太郎	1872	除地衆	土地開業家	伊藤忠左衛門（12代）の長男，妻は岡谷惣助の次女（ちゅう）
中村与右衛門(9代)	1856	御勝手御用達	味噌溜醸造業	養子（万次郎）は吹原九郎三郎の次男
岡田良右衛門		（御勝手御用達）	麻紙商	岡田徳右衛門家（御勝手御用達）の分家で本家の代理
吹原九郎三郎(11代)	1853	御勝手御用達	綿布商	
祖父江重兵衛			呉服太物商	

注：林董一氏の研究により，近世末（慶應 4 年頃）の尾張藩における御用達商人の格式を上位から列挙すると次のとおりである．「三家」，「四家（除地衆）」，「御勝手御用達」，「御勝手御用達次座」，「御勝手御用達格」（定員 23 人，資産 5,000 両），「御勝手御用達格次座」（27 人，4,000 両），「町奉行所御用達」（30 人，3,000 両），「町奉行所御用達格」（100 人，2,000 両），「町奉行所御用達格次座」（150 人，500～1,000 両）．
出典：御用達商人の家格については，林董一『名古屋商人史』（中部経済新聞社，昭和 41 年）188～204 ページ，他は，『人事興信録』明治 41 年・44 年版や伝記類および社史等による．

ちであったろうか．表 II-2-1 は，かれらの出自や職業等について調査したものである．ここから分かるように，祖父江重兵衛を除けば，かれらは伊藤次郎左衛門を筆頭に近世尾張藩における最有力の御用達商人の家柄である．伊藤次郎左衛門と関戸守彦は，ともに尾張藩御用達商人の最高位である「三家」，岡谷惣助と伊藤由太郎（伊藤忠左衛門の長男）は「三家」に次ぐ地位の「四家」，吹原九郎三郎・中村与右衛門・岡田良右衛門（岡田徳右衛門家の代理）らは「四家」に次ぐ「御勝手御用達」にそれぞれ属していた．しかも，伊藤次郎左衛門と岡谷惣助，また岡谷と伊藤由太郎，中村与右衛門と吹原九郎三郎との間には，それぞれ強い縁戚関係もある．このネットは，近世における格式の高い御用達商人たちが中心となり，それゆえのきずなと縁戚関係を基礎にして結ばれていたと考えられよう．彼らは，その開業が，古くは 17 世紀にまでさかのぼるような歴史をもつ，旧豪商である．

さらに，かれらの何人かは，明治期を通じ，貴族院議員の互選権を有する多額納税者であった．伊藤次郎左衛門は，明治 23 年 6 月の初回互選施行時，互選権を有する者 15 人中の筆頭（国税納税額 3,544 円）であり，伊藤忠左衛門（伊藤由太郎の父親）と岡谷惣助の 2 人も，15 人の中に含まれていた（それぞれ国税納税額 4 位・2,007 円，5 位・1,481 円）．伊藤次郎左衛門と岡谷惣助は，その後も，同 42 年 1 月に行なわれた補欠の互選施行時まで，伊藤は国税納税額首位の地位を，また岡谷も上位の地位を継続していく（このときの「多額納税者貴族院議員互選権

を有する者」記載の両者の国税納税額は，前者20,458円，後者20,456円）．この間，関戸守彦も継続して，また伊藤由太郎もほぼ継続的に，同名簿に名を連ねる[2]．

まず，このネットの中心的な存在であった伊藤次郎左衛門家と岡谷惣助家の家業について，その開業から明治初期にいたるまでの展開を概略することからはじめよう．

3 伊藤次郎左衛門家と岡谷惣助家

伊藤次郎左衛門家

伊藤次郎左衛門家は，代々，呉服（絹製品）と太物（綿・麻製品）の小売商を家業とし，近世の名古屋において関戸家（米穀商，信濃屋）・内田家（米穀商，内海屋）とならび「三家衆」と称される名古屋の筆頭商人であった．明治末には，家業を，百貨店・松坂屋に発展させる．明治期の同家当主は，14代伊藤次郎左衛門（祐昌）である．

同家の開業は古く，17世紀初頭にさかのぼる．慶長16（1611）年，名古屋築城にともない，清須から名古屋本町に移住し呉服小間物商をはじめた．その後（1659年），茶屋町に店を構え，呉服小間物問屋を開業し，18世紀には，小売業に転じた（1736年）．やがて，京都に仕入店を開業（1745年）し，また上野広小路の呉服店松坂屋を買収して，これを「松坂屋いとう呉服店」とする（1768年）など，事業を発展させている．また，業容の拡大を背景に，同世紀末には尾州家御勝手御用達に任命される（1798年町方役所の御勝手御用達，1805年勘定所の御勝手御用達）など，格式も高め，19世紀初頭には，関戸家とともに"両家"と称される地位を得るまでになった[3]．

14代祐昌が家督を相続したのは慶應2（1866）年10月，20歳のときである．明治になると，大阪高麗橋筋にあった「蛭子屋呉服店」を買い取り，「ゑびす屋いとう呉服店」を開店（同7年）したほか，岐阜支店を設置（8年）するなど商圏の拡大をはかった[4]．

一方，新政府・名古屋藩から役職や要請が次々に発せられ，また難題も課せられたのだった．任命された主要な役職を列挙すると次のようなものである[5]．

明治元年12月，藩より御国産御用達総裁に任命

　　　　　　——同3年1月商政方用達取締役と改称，引き続き任命
　4年1月，名古屋藩権少属に任じ，会計係を命じられる
　　　　4月，通商会社総頭取に任命される
　　8年5月，兌換券取扱を命じられる
　　　　8月，名古屋鎮台米穀御用達を命じられる

　なお，御国産御用達総裁には，伊藤のほか，関戸哲太郎，岡谷惣助が任命され，鈴木摠兵衛（材木商，後述奥田ネットの中核的なメンバー）ほか12名が御国産御用達に任命された[6]。

　さらに明治9年には，三井組と同様，愛知県為替方となり（前年から伊藤家は小野組にかわって県の公金扱いをはじめた），県税のほか政府の現金その他の出納を取り扱うこととなり，本町角に出納所を開設した（のち，同所を改組して伊藤銀行設立）[7]。

　また，この時期の伊藤家は藩債処理の問題に苦しんだ．明治元年名古屋藩はこの年の収納米を担保に30万8,000両の藩債を起すこととし，伊藤・関戸両家を後見役としたうえで，両家の4,000両，内田家の2,000両をはじめとして，御用達商人に藩債を請け負わせた．ところが明治4年に廃藩置県が実施されると，債権引受人のうち償還に不安を持った人々は，後見役の伊藤・関戸両家に返済をせまった．このときは，藩債が公債により順次返還されることを説明し，この問題は一時的に沈静化した．しかし明治6年太政官から弘化以前の藩債の失効が布達されると，30万両の藩債問題が再燃し，結局，旧藩手持ちの材木を売却し，残りを伊藤・関戸両家が肩代わりすることを余儀なくされたのである[8]。

　明治14年伊藤家は，名古屋に本店を置く最初の私立銀行として伊藤銀行（資本金10万円）を設立した．同行は，この藩債の肩代わり分を銀行の株式に替え，伊藤家よりさらに出資して設立されたものである[9]。

岡谷惣助家

　伊藤次郎左衛門家と岡谷惣助家とは緊密な姻戚関係にある．それは，天保9 (1838) 年，6代岡谷惣助の3女・安 (1824〜1895) が，13代伊藤次郎左衛門（祐良）に嫁いだときからはじまる（安は，その後，露［つゆ］と改名）．岡谷家7代当主（露の兄）と義弟の伊藤家13代当主の2人は，西国33ヶ所の霊場巡礼を一緒に行なう（嘉永2［1848］年）ほど親しかった[10]。

次いで，岡谷家9代惣助（8代の次弟，1851年生まれ）の妹・みつが，いとこである伊藤家14代当主（祐昌）に嫁いだのである．明治期における両家の当主，伊藤家14代と岡谷家9代はいとこであると同時に義理の兄弟でもあり，年齢もほぼ同じであった．9代惣助は慶應3（1867）年，17歳（数え年）のとき事実上，家督を相続した[11]．なお，9代惣助が結婚する際（明治2 [1869] 年），媒酌人を務めたのは伊藤家14代当主であった．さらに，9代岡谷惣助の七女・貞（てい）が，伊藤家14代の息子（四男）・守松（のち，15代伊藤次郎左衛門）に嫁ぐことになる．

　さて，金物商・岡谷惣助家の開業も古く，17世紀中葉（寛文9 [1669] 年），名古屋城下鉄砲町に「笹屋」ののれんを掲げて打刃物類——くわ・すき等の農具，針・きり・小刀等の工匠具，けぬき・かみそり・はさみ等の家庭用品，および刀剣類——の販売を始めたときにさかのぼる．18世紀中葉頃には，全国諸物資の集散地大阪からの仕入れの拡充と海上輸送の確立も行なわれ，また銅製品や真鍮製品が新たに取扱われるようになった．この頃には，尾張藩への御用金納入者名簿に名を連ねる有力商人に成長していたのである．この世紀末には，「笹屋」が扱っていた金物類は仕入れ値で年間2万両規模で，そのすべてが他国から仕入れたもので，その半分が藩外向け販売であった．さらに，19世紀に入ると，「季節番頭制」——農閑期の農民を販売員として雇用する制度——を導入することで，北陸から関東，東北へと販路拡大を図ってもいる[12]．

　こうして，天保9（1838）年，同家は御勝手御用達を命じられ，苗字帯刀を許されることになった．「除地衆」と呼ばれ，御用達商人の最高位であった「三家」——関戸，伊藤次郎左衛門，内田——に次ぐ地位を獲得するにいたったのである[13]．1862年には大阪支店を開業した[14]．

　明治改元の前年，慶應3（1867）年，7代が死去すると，その次男が8代となったが，事実上，その弟（幼名助次郎，のち9代惣助）が，兄に代わって家業の運営を行なうことになった（8代は，最初の妻を亡くしたのち，後妻および後妻との間に生まれた子どもたちもたてつづけに亡くし，失意で執務できなくなった，とされる）．9代惣助は当時17歳であった[15]．

　明治期に入ってからの岡谷家は，以前から買い集めていた古銅の急騰によって少なからぬ収益を上げ，さらに，銅のほか錫，鉛などの古材の収集に努めた[16]．また，東京進出を図り，5年9月，東京支店（日本橋小伝馬町）を開業した[17]．

こうした家業の展開とは別に，9代惣助が，興味を示し，関わった事業は名古屋特産の七宝焼の製造と輸出であり，後述のように明治4年，名古屋七宝会社の設立に参画した．以後，岡谷惣助は，伊藤次郎左衛門らとの共同出資により，とくに銀行と紡績会社の設立と運営に関わっていくことになる．

明治31年時の伊藤・岡谷ネットを構成する企業のうち，十一銀行と百三十四銀行は，これ以前の29年に事実上，合併して愛知銀行となり，以後は，残務整理のため存続していたにすぎない．したがって，31年時の伊藤・岡谷ネットは愛知銀行と名古屋紡績の2社のみから成る．まず，愛知銀行の成立事情と展開から考察することとしよう．

4　伊藤・岡谷ネットの会社――愛知銀行と名古屋紡績

(1)　愛知銀行

明治29年3月，第十一国立銀行と第百三十四国立銀行が合併し，愛知銀行が設立された．両行設立の経緯と発起人・役員，事業の展開等について検討することからはじめよう．

第十一国立銀行と第百三十四国立銀行の設立
明治新政府にとって近代的金融機関の設立は急務であった．そのため，5年11月国立銀行条例を公布したが，結局，この政策が失敗すると，9年8月国立銀行条例の改正を行なうとともに，国立銀行の設立を勧奨した．その結果，各地で国立銀行の設立があいつぎ，12年には153行にも達したので，同年11月京都に設立された第百五十三国立銀行を最後に，政府は国立銀行の設立認可を打ち切った．

こうした動向のなかで，愛知県には4つの国立銀行が設立された．第八国立銀行（10年2月開業免許下付，以下同じ），第十一国立銀行（同年5月），第百三十四国立銀行（11年12月），第百三十六国立銀行（12年2月）の各国立銀行である．このうち第八，第百三十六銀行はそれぞれ豊橋と半田に設立され，第十一と第百三十四の2行が名古屋に設立された．

県当局は早くから名古屋の有力資産家，実業家に国立銀行の設立を働きかけていた．しかし，かれらはその勧奨を当初，断っていた．かれらが，国立銀行の設立を決断したのは，9年8月の国立銀行条例の改正がその契機になった．同条例が改正された直後の10月，国立銀行創立請書を県令あてに提出したのである[18]．岡谷惣助・関戸守彦・伊藤次郎左衛門（祐昌）の3名が，県令（安場保和）あてに銀行創立発起人9名をもって，国立銀行創立の請書を提出したのがそれである．創立発起人は，上記3名のほか，吹原九郎三郎・高松長兵衛・伊藤忠左衛門・岡田長三郎・中村次郎太・武山勘七らであった．この間，名古屋区長・吉田禄在が調整役として尽力した[19]．

　こうして翌10年4月，第十一国立銀行が資本金10万円（1,000株，1株100円，のち20万円に増資）をもって設立され，7月開業した（開業免状の下付は5月）．初代頭取には伊藤次郎左衛門，副頭取には関戸守彦，支配人には伊東太一郎・鬼頭幸七（伊藤次郎左衛門家番頭）が就任し，発起人のうち，伊藤・関戸以外の7人が取締役に就任した．頭取・副頭取・取締役は同行株式30株以上を保持することが義務づけられ，伊藤次郎左衛門は50株を所有し，8月12日までに3回に分けて全額を払い込んだ．頭取は19年1月に吹原九郎三郎，20年1月に岡田良右衛門，さらに24年1月に関戸守彦と，短期的に交代した[20]．

　発起人の職業や近世末における地位について見てみよう[21]．伊藤次郎左衛門（呉服太物商）と関戸守彦（米穀商）は，ともに旧尾張藩御用達商人の最高位である「三家」，岡谷惣助（金物商）と伊藤忠左衛門（代々，土地の開発に従事）は「三家」に次ぐ地位の「四家」，吹原九郎三郎（綿布商，明治に入り織物・紋製造販売を兼業）と武山勘七（太物商）は「四家」に次ぐ「御勝手御用達」にそれぞれ属していた．このように，第十一国立銀行は，尾張藩における上位の御用達商人の出自を持つ豪商によって設立されたものであった．これら6人のうち，関戸を除いた5人は，後述の名古屋紡績の設立発起人にもなる．

　一方，第百三十四国立銀行は，旧尾張藩家老・志水忠平ほか6名で発起され（他の発起人は不詳であるが，下記の役員就任者たちが中心であったろう），第十一国立銀行が設立された翌年，11年11月設立され，12月，開業免状の下付を受け，開業した．この銀行の資本は士族出資の金禄公債が中心であった．この時期，華士族の秩禄処分のため巨額の公債が発行され，この公債を資本として銀行を設立させることが改正された国立銀行条例の重要な目的であった．資本金15万円，

株式 1,500 株（1 株 100 円），株主 234 人のうち，士族の株主は 219 人，1,239 株であり，平民の株主はわずかに 15 人，261 株であった．初代頭取には，第十一国立銀行取締役でもあった岡谷惣助が就任した[22]．その後，頭取は志水忠平に代わり（のち，再び岡谷惣助が就任），取締役には伊藤忠左衛門，生駒周行，関戸守彦，山内正義，大津直行，花井八郎左衛門，岡谷錬助，片桐助作，祖父江重兵衛，伊藤由太郎らが歴任し，支配人は岡谷錬助，繁野清彦らが歴任した[23]．

これら役員歴任者の顔ぶれを見ると，第十一国立銀行と同じように，こちらにも岡谷惣助ほか近世の豪商の名前が見られる．しかも両行の兼任者もいる．岡谷惣助のほか，関戸守彦，伊藤忠左衛門とその息子（長男）・由太郎（伊藤忠左衛門家 13 代の当主）らがそれである．また，花井八郎左衛門と祖父江重兵衛は，同行設立ののち，名古屋紡績の設立にも参画する．このように，第百三十四国立銀行は，士族銀行とは言いながら，経営陣には有力な商人・実業家が参画していたのである．

同行は，19 年 7 月，豊橋の第八国立銀行を合併し（同行本店を豊橋支店とする），資本金を 30 万円とした．同年 3 月設置の岡崎支店（22 年 1 月末，廃止），5 月開設の半田支店など 3 支店を持ち，「徳川家の銀行」とも呼ばれた．なお，第十一国立銀行はまったく支店を設置しなかった[24]．

こうして設立された 2 行が，やがて合併するにいたる背景は次のとおりである．明治 15 年，濫立した国立銀行を整理し，統一的兌換制度を確立する目的で，日本銀行が設立された．政府は，16 年 5 月に国立銀行条例を改正して，国立銀行の営業期間を創立から向こう 20 ヵ年に制限し，その間に各国立銀行が発行した紙幣を償却する方針をたてた．この改正によると，第十一国立銀行は明治 30 年，第百三十四国立銀行は同 31 年に，それぞれ営業満期となり，営業継続のためには私立銀行に転換する必要に迫られた．そこで，この機会に両国立銀行を 1 つにして大規模な私立銀行を新設する計画が生まれ，日本銀行からの人的支援の申し入れもあり（後述），その結果，成立したのが愛知銀行であった．

愛知銀行の設立

こうした事情を背景に，第十一国立銀行と第百三十四国立銀行の代表者および徳川家の代表者たちは，29 年 3 月創立総会を開き（28 年 12 月，設立発起認可願を提出，認可），設立願を大蔵大臣に提出し，同月認可を受けた．設立発起人は次

の10名であった[25]．

徳川義礼（尾張徳川家18代当主．明治13［1880］年，17代当主慶勝から家督を相続，慶勝の嗣子），山内正義（元，家老志水忠平の家臣，愛知県会副議長［29年8月～31年10月］），伊藤次郎左衛門，関戸守彦，岡谷惣助，吹原九郎三郎，伊藤由太郎，祖父江重兵衛，中村与右衛門（9代，味噌溜醸造業），岡田良右衛門（岡田徳右衛門［紙類販売業，近世末，御勝手御用達］の分家，本家の代表）らであった．これら発起人は，山内正義と関戸守彦を除いて，他はすべて名古屋紡績の設立発起人か，またはその後継者ないし代理人である（ただし，関戸守彦は，同社の大株主となる）．

創立総会前（28年12月），株式募集方法が決められていた．資本金は200万円（4万株，1株50円，第1回払込金4分の1），うち100万円は発起人引受，残額100万円は公募，明治29年1月両行現在株式1株につき新設愛知銀行株式4株を交付することとした（第十一，第百三十四両行の資本金は，それぞれ20万円，30万円で，両行とも全額払込済み）[26]．

役員は次のとおりである[27]．頭取：岡谷惣助，取締役：関戸守彦・酒井明・吹原九郎三郎・中村与右衛門・岡田良右衛門・伊藤由太郎，監査役：伊藤次郎左衛門・祖父江重兵衛・瀧兵右衛門．酒井明（旧尾張藩藩士，元徳島県知事）は，徳川家の代表として取締役に就任した（同行創立総会の議長をつとめた）．瀧兵右衛門は，発起人ではなかったが，後記のように株主の1人であった．

実務は，日銀出身者が担当した．日銀銀行局次長・服部三樹之助（加藤高明の兄）が支配人に就任し，また日銀大阪支店書記・肥後源次郎，本店書記・杉野喜精の2人が副支配人となった．同行が設立されて1年にも満たず，服部が辞任したあとも，日銀札幌出張所所長・田中喬樹が，その後任に就任する[28]．

なお第十一・第百三十四の両国立銀行はともに，30年4月から私立銀行となったが，実際には，愛知銀行の設立によって同行に吸収されたのである．十一・百三十四の両行は，同年7月，ともに本店を愛知銀行本店内に移し，以後はただ残務整理に従事し，両行行員もほとんど愛知銀行に引き継がれた．その後，十一銀行は36年1月，百三十四銀行は35年7月にそれぞれ解散するまで，いちおう存続する．明治31年時の「伊藤・岡谷ネット」構成会社に両行が見られるのは，そうした事情によるものである．

愛知銀行創立時における発起人の株式申込み状況を表II-2-2によって見てみ

表 II-2-2　愛知銀行の株主

創立時			明治 34 年末			大正 5 年 1 月		
氏名	役職	持株数	氏名	役職	持株数	氏名	役職	持株数
○徳川義礼		7,000	徳川義礼		6,644	徳川義礼		5,474
○岡谷惣助	頭取	3,980	関戸守彦	取締役	1,540	関戸守彦	取締役	1,540
○山内正義		2,926	岡谷惣助	頭取	1,420	岡谷惣助	取締役	1,420
○関戸守彦	取締役	1,450	中村与右衛門	取締役	1,374	中村与右衛門		1,394
○伊藤由太郎		1,450	徳川義恕		1,042	伊藤由太郎		1,030
○吹原九郎三郎	取締役	1,406	伊藤由太郎	取締役	1,030	伊藤次郎左衛門	監査役	1,000
○中村与右衛門	取締役	1,366	伊藤次郎左衛門	監査役	1,000	岡田良右衛門	監査役	1,000
○祖父江重兵衛	監査役	1,346	岡田良右衛門		1,000	徳川義恕		982
○伊藤次郎左衛門	監査役	1,314	吹原九郎三郎		816	志村源太郎		860
○岡田良右衛門	取締役	1,130	伊藤貯蓄銀行		594	吹原九郎三郎	取締役	804
徳川義恕		1,000						

注：(1) 創立時は 1,000 株以上申込者のみ引用，他は上位 10 人．氏名欄の○印は設立発起人．
　　(2) 明治 34 年末の役員数 9 人中，同表に名前のない 3 人，すなわち取締役海部？蔵，同長尾保吉，監査役片兵右衛門の持株数は不詳．
　　　　また，大正 5 年 1 月現在の他の役員の持株数は，頭取渡辺義郎 300 株，監査役片桐助作 150 株である．
出典：創立時は「㈱愛知銀行株式申込簿（百株以上）」(『愛知銀行四十六年史』16〜17 ページ），明治 34 年は植田欣次「中京財閥」（渋谷隆一・加藤隆・岡田和喜編『地方財閥の展開と銀行』日本評論社，平成 1 年）588 ページ（原典は同社営業報告書添付の株主名簿，大正 5 年は同社 4 年下半期営業報告書添付の株主名簿．

よう．徳川義礼の 7,000 株を筆頭に，発起人 10 人が上位を占め，10 人合計で 23,368 株，総株式数（4 万株）の 58.4％に相当する株式の申込みとなっている．設立発起認可願の提出時（28 年 12 月）では発起人 10 人で総株式数の半分である 2 万株を引き受けることになっていたが，それを超えている．同表では見られないが，伊藤・岡谷系のその他のメンバーないしその関係者（メンバーの経営する会社を含む）の申し込みもあった．岡谷錬助（岡谷惣助家番頭，488 株），武山勘七（368 株），岡田徳右衛門（356 株），伊藤銀行（同行専務取締役鬼頭幸七名義，280 株），鬼頭幸七（200 株），岡谷錬七（228 株）等である．瀧兵右衛門や瀧定助，春日井丈右衛門（長男・丈太郎の名義）ら瀧系の主要人物 3 人の申込みも見られる（それぞれ 320 株，260 株，200 株）．

開業（29 年 4 月）まもない 29 年末の株主構成では，筆頭株主が徳川義礼（5,636 株），2 位が山内正義（1,616 株）であり，これら 1,000 株以上株主は重役陣と徳川家関係者 2 名を合わせた 10 名であり，それら 10 名で総株式の 41.5％を占めた（株主総数 618 名）[29]．

事業の展開と業績

愛知銀行は，29 年 4 月，開業した（資本金 200 万円，50 万円払込済み）．翌 30 年 6 月からは貯蓄預金の取扱いも開始した．しかし，この貯蓄業務については，これを独立に行なうこととして丸八貯蓄銀行を設立し，翌 31 年 11 月貯蓄預金業

表 II-2-3　愛知銀行諸勘定（単位：千円（未満四捨五入））

	払込資本金(A)	諸預金(B)	貸出金							有価証券	預け金	F/B(%)	F/(A+B)(%)
			貸付金及当座貸越(C)	C/F(%)	割引手形及荷為替手形(D)	D/F(%)	他店貸し(E)	E/F(%)	貸出金合計(F)				
29年下	500	612	256	21.2	859	71.2	92	7.6	1,207	226	—	197	109
30年上	800	1,169	737	31.0	1,452	61.1	187	7.9	2,376	336	—	203	121
31年上	1,000	1,331	1,049	36.9	1,611	56.7	183	6.4	2,843	566	5	214	122
下	1,000	1,988	894	23.6	2,693	71.0	205	5.4	3,792	327	—	191	127
32年上	1,000	1,948	798	25.0	2,227	69.8	167	5.2	3,192	325	—	164	108
下	1,000	3,503	904	14.6	4,937	79.6	361	5.8	6,202	384	3	177	138
33年上	1,200	3,095	1,141	22.1	3,705	71.8	311	6.0	5,157	421	1	167	120
下	1,200	3,198	824	16.7	3,765	76.5	332	6.7	4,921	439	12	154	112
34年上	1,200	3,015	853	21.6	2,791	70.8	299	7.6	3,943	411	3	131	94
下	1,200	3,386	828	18.8	3,191	72.3	394	8.9	4,413	406	1	130	96
35年上	1,200	3,536	796	18.2	3,268	74.6	316	7.2	4,380	419	1	124	92
下	1,200	4,123	1,032	18.2	4,297	75.9	336	5.9	5,665	387	1	137	106
36年下	1,200	4,410	927	16.4	4,396	78.0	315	5.6	5,638	691	54	128	100
37年上	1,200	3,951	815	16.6	3,746	76.4	345	7.0	4,906	723	49	124	95
下	1,200	4,413	1,061	19.1	4,073	73.2	432	7.8	5,566	851	69	126	99
38年上	1,200	5,213	1,147	17.1	5,199	77.4	369	5.5	6,715	884	86	129	105
下	1,200	5,476	1,529	20.4	5,177	69.1	787	10.5	7,493	846	52	137	112
39年上	1,200	7,474	1,450	16.9	6,360	74.2	762	8.9	8,572	825	70	115	99
40年上	1,200	8,886	1,733	18.0	6,952	72.4	919	9.6	9,604	823	92	108	95
下	1,200	7,823	2,062	20.1	7,382	72.0	805	7.9	10,249	827	166	131	114
41年上	1,200	7,286	1,988	23.1	5,825	67.6	805	9.3	8,618	795	159	118	102
下	1,200	7,928	1,949	19.9	7,134	73.0	696	7.1	9,779	946	194	123	107
42年上	1,200	10,655	2,771	23.6	7,973	67.9	1,004	8.5	11,748	1,112	48	110	99
下	1,200	10,371	2,900	24.9	8,198	70.3	568	4.9	11,666	1,829	256	112	101
43年上	1,200	11,544	2,553	21.6	8,664	73.3	595	5.0	11,812	2,024	197	102	93
下	1,200	11,132	2,009	16.6	9,197	76.0	890	7.4	12,096	2,869	566	109	98
44年上	1,200	12,215	2,123	17.6	9,018	74.6	950	7.9	12,091	2,704	222	99	90
下	1,200	11,585	2,122	16.4	10,196	78.6	648	5.0	12,966	2,608	123	112	101
45年上	1,200	11,416	2,420	20.3	8,911	74.9	571	4.8	11,902	2,389	38	104	94

出典：「新愛知」掲載の同社各期決算公告をもとに作成．

務を丸八貯蓄に移管した[30]．

　表II-2-3によって，30年代中葉までの同行の営業内容を考察してみよう．まず預金の推移を見ると，それは29年下期末61万円が，34年下期末339万円となり，この間5倍以上の増加を示した．34年上期に起こった全国的な銀行恐慌の影響はごく軽微にとどまった（同年4月豊橋銀行が取付けに遭い，臨時休業すると，愛知銀行・豊橋支店も取付けを受けたが，迅速な現金の送金によりこれを治めた）[31]．全国普通銀行の預金が，この間3倍強の増加（29年末1億4,194万円，34年末4億5,019万円）であったから，愛知銀行の預金増加は好調であったといえる．

　貸出も，29年下期末の121万円から，32年下期末の620万円へと顕著な増加を示した．しかし，翌33年から34年にかけての経済恐慌の影響によるものであろう，34年上期には394万円にまで減少し，下期の441万円から再び，増加に転じる．貸出の内訳は，割引手形が中心であり，「割引手形及荷為替手形」が，この期間を通じて，貸出全体の70～80％を占めている（荷為替手形はごくわずかであり，割引手形のみでも貸出全体の70～80％）[32]．「貸付金及当座貸越」が20％前

表 II-2-4　愛知銀行の利益金および利益処分（単位：千円（未満四捨五入））

	払込資本金	当期純益金	前期繰越金	未処分利益金	利益処分 株主配当金	利益処分 役員賞与金	利益処分 積立金	利益処分 諸償却準備金	利益処分 後期繰越金	払込資本利益率(年率,%)	配当率(年率,%)	配当性向(%)	役員賞与配分率(%)
29年下	500	21	3	24	15	2	5	—	2	8.4	6.0	71.4	9.5
30年上	800	30	2	33	19	3	8	—	3	7.5	6.6	63.3	10.0
31年上	1,000	64	8	73	40	6	15	—	11	12.8	8.0	62.5	9.4
下	1,000	68	11	79	40	7	15	—	7	13.6	8.0	58.8	10.3
32年上	1,000	53	7	61	36	5	12	—	7	10.6	7.2	67.9	9.4
下	1,000	48	7	56	36	—	12	—	8	9.6	7.2	75.0	—
33年上	1,200	56	8	64	44	—	12	—	8	9.3	8.0	78.6	—
下	1,200	82	8	100	54	—	15	—	11	13.7	9.0	65.9	—
34年上	1,200	69	11	80	48	—	15	—	17	11.5	8.0	69.6	—
下	1,200	50	17	67	42	—	8	10	7	8.3	7.0	84.0	—
35年上	1,200	69	7	76	42	—	8	20	6	11.5	7.0	60.9	—
下	1,200	67	6	73	36	—	8	23	6	11.2	6.0	53.7	—
36年上	1,200	74	?	74	34	3	8	23	6	12.3	5.7	45.9	4.1
37年上	1,200	71	6	77	36	3	8	23	7	11.8	6.0	50.7	4.2
下	1,200	82	7	89	36	4	10	25	14	13.7	6.0	43.9	4.9
38年上	1,200	67	14	82	42	5	10	5	20	11.2	7.0	62.7	7.5
下	1,200	76	20	96	48	6	12	5	25	12.7	8.0	63.2	7.9
39年上	1,200	72	25	97	48	6	12	5	26	12.0	8.0	66.7	8.3
40年上	1,200	78	31	109	54	8	15	—	33	13.0	9.0	69.2	10.3
下	1,200	81	33	113	54	8	15	—	36	13.5	9.0	66.7	9.9
41年上	1,200	90	36	127	54	9	20	—	44	15.0	9.0	60.0	10.0
下	1,200	105	44	148	54	10	40	—	44	17.5	9.0	51.4	9.5
42年上	1,200	91	44	135	54	—	20	—	46	15.2	9.0	59.3	—
下	1,200	100	46	146	54	10	45	—	47	16.7	9.0	54.0	10.0
43年上	1,200	104	47	151	54	10	23	—	49	17.3	9.0	51.9	9.6
下	1,200	104	49	153	54	10	40	—	49	17.3	9.0	51.9	9.6
44年上	1,200	104	49	153	54	10	20	—	49	17.3	9.0	51.9	9.6
下	1,200	104	49	153	54	10	20	—	49	17.3	9.0	51.9	9.6
45年上	1,200	125	49	174	54	15	20	—	50	20.8	9.0	43.2	12.0

注：(1) 配当性向＝株主配当金÷当期純益金×100
　　　「役員賞与配分率」＝役員賞与金÷当期純益金×100
　(2) 30年下は、純益金は53千円、株主配当率7.0%（『愛知銀行四十六年史』72ページ）。
　(3) 31年下と33年下の利益処分には、それぞれ別に10千円、20千円の「配当平均準備金」が計上されている。
　(4) 33年下は、「配当平均準備金」10千円の取り崩しが行なわれており、これを加えて、未処分利益金は100千円となる。
　(5) 36年下の「当期純益金」には前期繰越金が含まれていると推測される。
　(6) 30年上の配当率（6.6%）について、これを、同期の払込資本金に対する比率で見ると4.8%、また29年下と30年上の払込資本金の平均に対する比率で見ると5.8%となるが、決算公告の数値のママとする。以下、各社の配当率についても、同様に、それぞれの営業報告書ないし決算公告の数値を記す。
出典：前表に同じ。

後であり、うち貸付金は、29年末は13万円、30年末以降も60万円前後にとどまっている[33]。

　当時の銀行が大部分、貸出超過であったように、愛知銀行の場合も同様で、預金に対する貸出の比率（預貸率）を求めてみると、31年下期までは200%に達しており、その後、低下して34年上期には130%となっている（40年上期以降、100%前後となる）。ただし、預金に払込資本金を加え、これに対する貸出の比率を算出してみると、この間、120%台から100%を切るにいたっている。

　表II-2-4によって、業績を見てみると、31年以降、純益金6万円前後、払込資本利益率（年率）10%前後を上げ、株式配当は年率7〜8%を行なっている。また役員賞与への配分率（役員賞与金/当期純益金）は、発足以降、32年上期まで

ほぼ10%であった．

　この間，実務の責任者である支配人の交代がつづき，その点，人事面では不安定であった．前記のように，開業と同時に支配人となった日銀出身の服部三樹之助は，1年に満たず29年11月に辞職した．「瀧哲太郎氏の経営する商品取引所に固定貸付をなした責任」をとっての辞任であったとされる[34]．瀧哲太郎は，当時，名古屋商品取引所監査役を務めている．後任として，同年12月，同じく日銀から田中喬樹が就任し，田中は31年2月取締役に昇任し，支配人を兼務した．その田中も，「前任者服部氏以上の不良貸付を生ぜしめて」，34年1月支配人を辞任，同年6月さらに取締役を辞任したのである[35]．田中が行なった「不良貸付」とは，後述する奥田系の日本車輛製造とほぼ同時に設立された鉄道車輛製造所への貸付で，これが，同所の破綻後，回収されず固定化していたものである．貸付額は13万余円であったとされるから[36]，これは34年末の同行貸付金58万円[37]の22%ほどである．この処理は，後述のように39年までかかる．

　田中支配人の後任としては，日銀出身の2人の副支配人，肥後源次郎と杉野喜精のうち肥後が選ばれ，翌35年2月支配人に就任した．同時に，杉野喜精は愛知銀行を退職し，ライバルの名古屋銀行の支配人となった．

　この時期，明治34年末時点における発起人・役員の株式所有状況を見てみよう（表II-2-2）．現在，上位10位までの大株主のみ分かっているにすぎないが，設立発起人10人のうち，8人がここに名を連ねている（祖父江重兵衛と山内正義の2人が同表にはない）．発起人以外の株主の1人，徳川義恕は，尾張名古屋藩14・17代藩主徳川慶勝の実子で尾張徳川家分家の祖である（慶勝は発起人であった徳川義礼の義父）．また伊藤貯蓄銀行は，伊藤銀行とともに伊藤次郎左衛門家の家業である．

　設立に際しての「株式申込簿」と比較してみると次のとおりである．関戸（1,450株→1,540株），中村与右衛門（1,366株→1,374株），岡田（1,130株→1,000株）らはほとんど変動がない．伊藤次郎左衛門（1,314株→1,000株）は伊藤貯蓄銀行と合算して（1,314株→1,594株）増加（280株）している．徳川義礼（7,000株→6,644株）は徳川義恕（1,000株→1,042株）と合算して（8,000株→7,686株）減少している．伊藤由太郎（1,450株→1,030株），吹原（1,406株→816株），岡谷（3,980株→1,420株）らは減少であった．ただし，これらの増減は，もちろん，11位以下にいるであろう家族株主の持株をも加算しなければ正確ではないこと

はいうまでもない．また，祖父江重兵衛と山内正義の2人についても，11位以下の株主を見てみなければ分からない．

いずれにしても発起人（祖父江重兵衛と山内正義を除く）の持株を合算すると（徳川義恕および伊藤貯蓄銀行を加える）16,460株，総株式数（4万株，株主総数802名）の41.2％であった（「株式申込簿」時点では58.4％）．

その後の持株の推移を確認しておこう．明治期のそれは不明であるので，大正5年1月を見てみよう（表II-2-2）．発起人中，祖父江重兵衛と山内正義の2人については不明であるが（上位10位以内の株主ではない），明治34年末と比べて，徳川義礼のみが持株を大幅に減少（1,170株）させる以外は，ほとんど変わらないか，まったく同じである．発起人たちが安定的な株主であったことを示すものといえよう．

さて，田中喬樹支配人辞任後の事業内容と業績を検討してみよう（表II-2-3, 4）．預金は35年末の412万円からほぼ増加の一途をたどって42年上期末1,066万円となり，この間2.6倍の増加を示している[38]．日露戦争後の好況を反映している．この間の全国普通銀行預金総額の増額は約2倍であったから（35年末5億3,670万円，42年末10億5,441万円），それを上回っていた．その後は1,000〜1,100万円台で推移している．

貸出は，35年末の567万円が40年下期に1,000万円台を超えている．貸出の内訳は，やはり「割引手形及荷為替手形」が全体の70％以上を占め，「貸付金及当座貸越」が20％以下であった．貸付金のみでは，35年末に67万円，貸出総額の12.6％であり，以後，ほぼ10％以下で推移している．絶対額でも50万円から80万円の間であった[39]．預貸率は低下傾向で，明治末に，ほぼ100％となっている．

貸出については，田中喬樹支配人辞任の要因となった鉄道車輛製造所への固定貸付が，ようやく39年末に処理完了した．同所への貸付は37年1月時点で13万余円であり，このうち5万5千円は土地建物を担保としてあり，残りの7万余円は他の債権者と共同で担保をとってあったとされる[40]．また，この貸付金については，39年下期の利益処分（未処分利益17万2,169円，内当期利益金13万2,169円，諸償却準備金4万円）において，6万4,369円が「元鉄道車輛製造所債権回収残金消却」として最終的に処理されている[41]．

業績も向上した．当期純益金は35年上期から7〜8万円で推移したのち，41

第2章 「伊藤・岡谷ネット」 235

表 II-2-5 愛知銀行役員の推移

	29年3月	31年7月	32年7月	33年1月	34年7月	35年1月	35年7月	41年7月	42年1月	42年7月	45年7月
○岡谷惣助	頭取	〃	〃	〃	〃	〃	〃	〃	取締役	〃	〃
○関戸守彦	取締役	〃	〃	〃	〃	〃	〃	〃		〃	〃
酒井明	取締役	〃	〃	〃							
○吹原九郎三郎	取締役	〃	〃	〃	〃	〃	〃	〃		〃	〃
○中村与右衛門	取締役	〃	〃	〃	〃	〃	〃	〃		〃	〃
○岡田良右衛門	取締役	〃	〃	〃	〃	〃	監査役	〃		〃	〃
○伊藤由太郎	取締役	〃	〃	〃	〃	〃	〃	〃		〃	〃
○伊藤次郎左衛門	監査役	〃	〃	〃	〃	〃	〃	〃		〃	〃
○祖父江重兵衛	監査役	〃	〃	〃	〃	〃	〃	〃		〃	〃
瀧兵右衛門	監査役	〃	〃	〃	〃	〃					
田中喬樹		取締役	〃	〃							
海部？蔵				取締役							
長尾保吉						取締役	〃	〃		〃	〃
渡辺義郎								常務	頭取	〃	〃
片桐助作										監査役	〃

注：(1) ○印は設立発起人．
(2) 設立時以降，基本的に，役員の異動があったときのみ記載．
(3) 『愛知銀行四十六年史』(148ページ) には，明治41年時，長尾保吉と伊藤由太郎の2人が常務であったという記述があるが，「新愛知」掲載の役員名では，両者とも単なる取締役となっているので，そのままとした．
出典：29年3月（設立時）は『愛知銀行四十六年史』73〜74ページ，以後は「新愛知」掲載の同行決算公告による．

年下期以降に10万円を超えている．払込資本利益率も，12〜13%であったものが，41年下期以降17%を越えるようになっている．株式配当は，35年以降年率6〜8%を行なっていたものを，40年上期に9%とし，以後，同率を保った．役員賞与金への配分率も，業績向上とともに高めていく傾向を示し，36年下期以降の平均を算出すると7.1%であった．

　同行の役員は，表II-2-5に見られるように，設立以降，明治期を通じてほとんど異動がないが，人事上，注目されるのは，30年代中葉，専門経営者が最高経営者に就任したことである．日本銀行名古屋支店長であった渡辺義郎が41年に入行して同年7月に常務取締役となり，次いで，翌42年1月，岡谷惣助頭取に代わって同職位に就任したのである．渡辺義郎は，勧業銀行副総裁・志村源太郎の弟であり，29年東京帝国大学法科大学政治学科を卒業し，日本銀行入行，名古屋支店調査役を経て39年8月名古屋支店長となっていた．42年愛知銀行頭取に就任したのち，昭和16年6月愛知，名古屋，伊藤の3銀行が合併して東海銀行となるまで30有余年頭取の職にある．

　以上，名古屋における近代企業はまず銀行の設立からはじまり，第十一国立銀行と第百三十四国立銀行を設立した伊藤次郎左衛門や岡谷惣助ら旧豪商たちが，その役割を担った．やがて，両行が合併することで，愛知銀行が発足し，名古屋における3大銀行の1つとして発展する．これら，銀行の発起人たちは，概して

安定な大株主でありつづけ,また役員として,同行の経営に長期的にかかわった.もちろん,かれらが自ら業務の執行を行なうというのではなく,それは日銀から招聘された専門経営者によって行なわれ,ネットのメンバーたちは経営政策の承認や執行を統制するというのが基本的な形式であったにちがいない.しかし,初代・二代の支配人に,つづけて不良貸付をゆるしたということは,その統制力の弱さを示したものというべきであろう.とはいえ同行の貸出は,決算上の数字を見るかぎり,一貫して,商業金融中心に行なわれていたことが確認できる.業績も,払込資本利益率が30年代半ばまでは10%前後,それ以降は12〜13%,さらに40年代に入ると20%を超えるという好業績を示した.株式配当もほぼ安定しており,一貫して8%前後を行なった.役員賞与は,一時期(32年下期から35年下期まで)行なわれていないが,その前後においては当期純益金の5〜10%が行なわれていた.

(2) 名古屋紡績

設立事情

伊藤次郎左衛門・岡谷惣助らが,第十一国立銀行と第百三十四国立銀行につづいて,共同で設立に参画したのが名古屋紡績である.ただし,この近代的紡績会社設立のイニシャティブをとったのは,元小野組名古屋支配人で,岡谷惣助らとともに七宝会社の設立と経営にたずさわっていた村松彦七である.旧豪商たちは,村松の発案を受け,設立発起人・役員に加わったのである.設立の背景から検討することとしよう.

幕末の開港以降,わが国では,近代的機械生産にもとづく綿糸の輸入が増大傾向をたどっていた.政府は殖産興業政策の一環として,明治10年代,輸入綿糸に対抗できるような機械制紡績業の育成政策を展開した.具体的には次の3つの方向で育成が図られた.(1)官営紡績所の設立.11年,政府がイギリスから二千錘紡績機2基を購入し,14年に愛知紡績所を竣工,開業した.いま1つの広島紡績所は未完成のまま,15年広島県に払下げた.なお,この愛知紡績所の所長は,こののち奥田系・尾張紡績の設立と初期の経営に尽力する岡田令高であった.愛知紡績所も,のち19年に民間に払下げられた.(2)政府購入紡績機払下げによる9紡績所の設立.12年,二千錘紡績機10基をイギリスから購入し,無利

子10カ年賦で一般に払下げ，その結果，15年から18年にかけて9紡績所が開業した．(3)紡績機代金の一時立替払い等資金貸付．これによって6紡績会社が設立された．名古屋紡績会社は，紡績機購入資金のこうした政府からの貸与を受けて成立した[42]．

　名古屋紡績会社は，以上のような政府による近代的紡績業育成政策に対応するかたちで，設立が進められたものである．ただし，上記のようにして開業した紡績所が，基本的に二千錘規模であったのに対し，同社は当初から四千錘機械2基の導入を計画していた．二千錘紡績所の多くが，錘数規模の過小その他の理由によって，不振に終わったことを考えると，この点，同所立案者のアントゥルプルヌアーシップの発露といえるであろう．主唱者は村松彦七であり，村松が伊藤次郎左衛門や岡谷惣助その他，旧尾張藩の有力商人を糾合して，この計画の実現を図ったのである．

　村松彦七の履歴と同社設立の意図は，概略，次のようなものである．村松は，東京神田三河町に生まれ，両替商や東京為替会社役員を経て，4年東京・小野組の役員となり，同組が岡崎に支店を設置するにあたり額田県為替方支配人となった．7年に小野組が倒産すると，名古屋七宝会社の社員となり（9年），渡米して七宝諸器の販路開拓にあたった．さらに11年パリ万国博覧会に愛知県出品人総代として赴き，陶磁器・七宝焼を海外に広めた．このとき日本政府の博覧会事務総裁としてフランスにいた大蔵少輔・松方正義に従って，ヨーロッパ諸国の工場を見学してまわった．その経験を通じて村松は，愛知県が日本有数の綿作地であることから，愛知県に紡績工場を設立し，外国綿糸の「輸入防遏」を思いつくにいたった．紡績機械についての研究も行なってきた．なお，伊藤・岡谷ネットと瀧ネットの両方に属する祖父江重兵衛らが設立した愛知物産組（明治11年起業の製織事業，後述）についても，その企画においては村松の尽力があったとされる[43]．

　村松彦七が糾合した豪商とは，次のような人物たちであり，ほとんどが第十一か第百三十四あるいは両行において発起人・役員であった．伊藤次郎左衛門，岡谷惣助，吹原九郎三郎，武山勘七，中村与右衛門，岡田徳右衛門，花井八郎左衛門，祖父江重兵衛，伊藤忠左衛門，横井半三郎，徳川義礼らである．これらのなかから頭取・取締役が選任され，村松は表面上なんら経営に関与しなかった[44]．

　村松彦七が，なぜ，尾張徳川家当主はじめ，伊藤次郎左衛門その他，旧尾張藩

御用達の有力商人を加盟させることができたのか、その経緯は必ずしも明らかではないが、岡谷惣助との関係からであったかもしれない。村松は、前記のように一時、名古屋七宝会社の社員であったが、そもそも同社は、明治4年、愛知県県令（井関盛艮）や小野組支配人・村松らの勧奨により岡谷惣助ら3人がそれぞれ3千円を出資して設立したものである。岡谷は金物商として、銅胎を七宝業者に販売していた関係がある[45]。同家と伊藤次郎左衛門家とは、既述のように岡谷惣助の妹みつ（1856年生まれ）が伊藤次郎左衛門夫人であり、姻戚関係にあった。そのような関係を基礎にしたものであったろう。

さて、村松彦七を中心とする名古屋紡績の設立発起人は、13年2月、イギリスから購入する四千錘紡績機械2基の代金9万5,000円ほどの資金を政府に立替払いしてもらうことを認可された。紡績機械は翌14年8月横浜に到着し、工場建設の段階に達したところで問題が発生し、開業まで4年近くの歳月がかかることとなった。動力の問題であった。当初、動力は、この時期の大半の二千錘紡績所と同じく、水力とする方針で、政府の調査を受け、工場設立地を決定した。しかし工事が至難で費用が巨額になることが判明したので、蒸気力の採用が検討されることになったのである。こうした開業の遅延もあり、紡績機械2基の代金の返済も、その延期を政府に請願し、認可を受けた（15年2月の請願ののち、17年7月、最終的に、16年から無利子3ヵ年据置き、19年から5ヵ年賦返済として決着）。こうして16年、工場の設立場所が名古屋区内（正木町）に定められ、同年3月、まず四千錘機械を据えつけるための第一工場の建設が開始された。資本金は3万4,700円とし、1株100円でその半額の払込みが12人によって行なわれた。第一工場が18年3月に竣工し、4月に開業した。さらに、同社は、20年7月、第二工場の建設を開始し、翌年6月に竣工させている。この時点で資本金を15万円に増加した[46]。

この明治10年代に設立・開業した二千錘紡績所の多くが、「水力利用と関連して、計画を大きく上まわる創設資金が必要になった」り、開業当初に予想以上の運転資金を要するなどで、共同出資者の脱退や資本金の不払いを経験している[47]。こうしたなか、名古屋紡績においては、紡績機械購入代金返済の延期を請願するという事態も生じたが、そのほかでは資本調達に渋滞をきたした様子はなく、また、すぐあとに見るように、当初の発起人12人に脱退者も出なかった。この背景には、発起人たちの尾張徳川家への体面上の問題や有力な御用達商人で

表 II-2-6　名古屋紡績の株主

21年6月			33年6月末			37年12月末		
氏名	役職	持株数	氏名	役職	持株数	氏名	役職	持株数
○徳川義礼		127	○伊藤次郎左衛門		1,500	○伊藤次郎左衛門		750
○伊藤次郎左衛門	(取締役)	120	○岡谷惣助	取締役	980	○岡谷惣助	取締役	480
○岡谷惣助		120	(○)伊藤由太郎	監査役	960	(○)伊藤由太郎	監査役	475
○祖父江重兵衛	(取締役)	120	○武山勘七		810	○祖父江重兵衛		425
○伊藤忠左衛門	(頭取)	100	○祖父江重兵衛	取締役	800	○武山勘七	取締役	405
(○)村松五郎		90	○徳川義礼		699	○徳川義礼		362
○吹原九郎三郎	(取締役)	70	(○)村松五郎		555	○岡田徳右衛門		301
○武山勘七		64	○岡田徳右衛門		518	(○)花井畠三郎	専務	281
祖父江万次郎		50	岡田良右衛門		474	岡田良右衛門	取締役	265
岡田徳右衛門		47	○中村与右衛門		410	(○)村松五郎		250
岡田良右衛門		47	○吹原九郎三郎	取締役	404	○中村与右衛門		205
○中村与右衛門		30	田中治郎左衛門		400	○吹原九郎三郎	取締役	200
○横井半三郎		30	酒井理一郎		310	田中治郎左衛門		200
○花井八郎左衛門	(取締役)	30	関戸守彦		300			
桑原一邦		30						
岡谷錬助		30						
山田忠平		30						
山田甚助		30						
伊藤由太郎		30						
武山寛太郎		30						

注：(1) ○印は発起人．ただし村松五郎は，村松彦七（18年死亡）の養子．
　　(2) 21年6月の役職は不明であり，仮に22年上半期の役職を括弧内に記した．
　　(3) 33年6月末の他の役員と持株は次のとおり．専務取締役渡辺平四郎 200株（別に息子渡辺斷雄名義 200株），取締役花井畠三郎 140株，監査役鬼頭幸七 210株．
　　また 37年12月末の他の役員は監査役鬼頭幸七で 85株所有．
出典：明治21年は『新修名古屋市史　第5巻』221ページ所載の「名古屋紡績会社の主要株主」（明治21年6月，原典は同社「第4回半季実際考課状」）より30株以上の株主を，33年，37年は，それぞれ，同社営業報告書添付の株主名簿より前者300株以上，後者は200株以上の株主を，引用．

あったときからの仲間意識，また旧豪商としての矜持などがあったことであろう．

　表 II-2-6 によって，増資した 21 年 6 月時点における発起人・役員の株式所有状況を見てみよう．株主は，当初 12 人（設立発起人）であったが，21 年の増資により 41 人に増加した．発起人 12 人（村松彦七の養子・五郎を含める）は上位 10 位以内の株主であり，12 人の持株を合わせると，計 1,008 株，総株式数（1,500 株）の 67.2% という高さである（ただし，伊藤忠左衛門・伊藤由太郎各持株，また武山勘七・勘太郎各持株は，それぞれ合算）．

　創業時の重役陣は不明だが，22 年上期の役員は，頭取：伊藤忠左衛門，取締役：伊藤次郎左衛門・吹原九郎三郎・祖父江重兵衛，「取締役監督」：花井八郎左衛門，工務支配人：桑原一邦であった[48]．花井八郎左衛門は吹原九郎三郎家から養子に入った人物である．工務支配人の桑原一邦は，工場建築および機械据付の指導のため，農商務省から派遣された 2 人の官吏のうち 1 人であり，その後しばらく，工務支配人としてとどまった[49]．なお，桑原は，これ以前，14 年に開業

した官立愛知紡績所においても「工場掛」を担当している[50]。これら役員（工務支配人を含む）の持株合計は，計500株，総株式数の33.3％であった（ただし，伊藤忠左衛門・伊藤由太郎各持株は合算）。

事業の展開と業績

同社の「現存するもっとも古い営業報告書」とされる21年度前期の営業報告書（「第4回半季実際考課状」）の記述に若干，解説を加えてみると，この期間の経営内容は，要点，次のようであった[51]。まず，完全な昼夜業（1日24時間）を行なっていること。昼夜業は，渋沢栄一の大阪紡績が，投資効率を高めるため，16年の操業開始後まもなくはじめ，その後，他の紡績所でも採用され，普及していく操業方式である。次に，綿糸生産高は3万1,060貫で，生産綿糸の番手は15号・16号の太糸が中心であること。この時期，最大規模（10,500錘）の大阪紡績の生産高が28万8,767貫（21年上期）であったから，その9分の1ほどの生産高であった。また番手については，当時の平均的なそれであったといえる（20年時，各紡績所の生産番手は12～22番手の間であり，番手別生産量の最大のものが16番手）。職工数は女工121人，男工46人，計167人である。表II-2-7に

表II-2-7 名古屋紡績の業績（単位：円（未満四捨五入））

	払込資本金	当期純益金	前期繰越金	利益処分			払込資本利益率(年率,%)	配当率(年率,%)	配当性向(%)	役員賞与配分率(%)
				株主配当金	役員賞与金	諸積立金・準備金				
21年上	150,000	12,256	218	8,250	1,247	1,000	16.3	11.0	67.3	10.2
27年上	375,000	15,752	382	11,250	1,969	2,700	8.4	6.0	71.4	12.5
29年下	525,000	46,781					17.8			
30年上	639,100	33,577					10.5			
31年上	800,000	20,985	1,558	7,880	2,000	12,000	5.2	2.0	37.6	9.5
下	800,000	12,296	663	—	—	—	3.1	—	—	—
32年上	800,000	12,426	12,960	20,000	—	5,100	3.1	5.0	161.0	—
下	800,000	53,866	286	32,000	—	19,800	13.5	8.0	59.4	—
33年上	800,000	▲57,903	2,353	—	—	—	▲14.5	—	—	—
下	800,000	▲68,514	▲50,550	—	—	—	▲17.1	—	—	—
34年上	800,000	▲43,386	▲119,064	—	—	—	▲10.8	—	—	—
下	1,000,000	26,117	▲162,450	—	—	—	5.2	—	—	—
35年上	500,000	31,941		20,000	4,300	—	12.8	8.0	62.6	13.5
36年上	500,000	25,331	2,789	12,500	3,250	7,500	10.1	5.0	49.3	12.8
下	500,000	28,404	4,871	15,000	3,570	10,500	11.4	6.0	52.8	12.6
37年上	500,000	11,968	12,205	10,000	1,920	5,000	4.8	4.0	83.6	16.0
下	500,000	25,608	7,254	12,500	2,500	8,000	10.2	5.0	48.8	9.8
38年上	500,000	81,295	9,863	60,000	8,800	12,000	32.5	24.0	73.8	10.8

注：(1) 21年上の利益処分では，他に「機械代金償却」1,000円，「什器代金償却」50円，「創業入費」500円，計1,550円が計上されている。
(2) 33年上は「勧業銀行返済準備金」5,000円を取り崩している。
(3) 36年下の決算では「社債償却準備金」8,000円を取り崩したのちに利益処分を行なっている。
(4) 空欄は不明。
出典：29年下，30年上，31年下，32年上・下は「新愛知」掲載の同社，各期決算公告，それ以外は同社営業報告書（大阪大学図書館所蔵）による。ただし29年下と30年上の「新愛知」の決算公告には，ともに貸借対照表のみが掲載されているにすぎない。

よって同期の業績を見てみると，純益金 12,000 円をあげ，11％の株式配当を行なっている．同じ 21 年上期，大阪紡績の純益金は 210,366 円であったから，その 6％ほどであった．

同社の規模拡張は矢継早であり，第二工場の竣工によって，21 年 6 月上旬から 2,000 錘の機械の試運転をはじめ，さらに，この間，3 月には，イギリスのプラット社のリング精紡機 2,000 錘 1 式を購入するため，三井物産大阪支店に委託するという具合であった[52]．22 年末現在，1 万錘規模（8,000 錘以上）の会社は未開業を含めて全国に 16 社あり，名古屋紡績は下位とはいえそのうちの 1 社である．最大規模の大阪紡績 61,320 錘（2 位は鐘淵紡績の 30,536 錘）に比較すれば，著しく小規模で，9,000 錘（リング 1,000 錘，ミュール 8,000 錘）であった[53]．後発の尾張紡績が同年時すでに 15,280 錘（リング 12,240 錘，ミュール 3,040 錘）であったから，名古屋紡績の設備拡張は，このライバルへの対抗意識もあっての行動と推測される．

同社の経営を主体的に担ったのは誰だったのであろうか．同社には，たとえば尾張紡績の服部俊一（後述）のような，技術者ないし支配人として長期的にその職位にあった人物が見あたらない．村松彦七は操業を開始した 18 年に死去している．また，開業当初には桑原一邦という農商務省から派遣された人物が工務支配人をしていたことは事実である．しかし，桑原が同社にいたことが確認できるのは，前記のように 22 年 7 月時点のみである．桑原が工務支配人であったのは 21，2 年頃までであったらしい[54]．その後の技師長としては，高木修一・安永義四郎・渡辺断雄（後述の渡辺平四郎の息子）らがいたとされるが，少なくとも高木修一がその職位にあったのも短期間で，知多紡績に移ったとされる[55]．どうやらこの頃，同社には業務執行をめぐって権力争いが生じた模様で，高木修一が同社をやめた理由も，そのあたりにあったらしい．

同社初期の役員のうち，花井八郎左衛門が取締役兼監督という職位にあったから，おそらく花井が当初は，執行の責任者であったということだろう．しかし，やがて，元愛知県官吏の渡辺平四郎が花井に取って代わり同職位（のち専務取締役）につき（その経緯は不詳），渡辺はまた，自分の息のかかった伴正路を商務支配人として引き入れ，さらには伴が技師高木修一をしりぞけて，事務方の人物（安永義四郎）を工務に入れ全権を任した，とされるのである[56]．このような業務執行者の混乱のなかにも，ネットのメンバーによる同社に対する統制力の脆弱

表 II-2-8　名古屋紡績役員の推移

	22年上期	30年1月	33年1月	33年7月	34年1月	34年7月	36年7月	38年7月
○伊藤次郎左衛門	取締役							
○祖父江重兵衛	取締役	〃	〃	〃	〃	〃		
○伊藤忠左衛門	頭取							
○吹原九郎三郎	取締役	〃	〃	〃	〃	〃	〃	〃
○花井八郎左衛門	取締役							
渡辺平四郎		専務	〃					
○岡谷惣助		取締役	〃	〃	〃	〃	〃	〃
○中村与右衛門		取締役						
岡田良右衛門		監査役	〃			取締役	〃	〃
鬼頭幸七		監査役	〃	〃	〃	〃	〃	〃
(○)花井畠三郎			取締役	〃	専務	〃	〃	〃
(○)伊藤由太郎				監査役	〃	〃	〃	〃
○武山勘七							取締役	〃

注：(1) 役員に変動のあった時期のみ記した．
(2) 氏名の○印は設立発起人，(○)は設立発起人の後継者．
(3) 22年下期以降，30年1月にいたるまでの役員の推移は不明であるが，伊藤次郎左衛門家については，筆頭株主でありつづける伊藤次郎左衛門自身あるいは同家の関係者がこの間，役員に就任しつづけたことは疑いえない．30年1月現在の監査役の1人，鬼頭幸七は同家の番頭である．
出典：22年は『本邦紡績史　第3巻』252～253ページ（ただし原典は『愛知県史』中の「名古屋紡績会社」），以後は「新愛知」掲載の同社決算公告による．

性をうかがわせるものがありそうである．

　表 II-2-8 によって役員の推移を見ると，たしかに，渡辺平四郎が，明治33年上期まで専務取締役の地位にあったことが確認できる．そして，同年下期，初代「取締役監督」花井八郎左衛門の養子・畠三郎が，渡辺に代わって専務取締役となり，渡辺は辞任している．花井畠三郎は，前年，32年下期に取締役に就任しており[57]，以後，同職位にある．この花井畠三郎と同社のオルガナイザー・村松彦七とは深い関係がある．畠三郎は，村松の支店長時代に小野組で働いており，畠三郎の前妻と，村松彦七夫人とは姉妹であった．さらに村松彦七の養子・五郎の夫人（てい子）は花井畠三郎の娘である[58]．なお伴正路についてであるが，伴は，たとえば，明治32年5月17日から19日にかけて行なわれた大日本綿糸紡績同業連合会「第12回定期連合会及び臨時会」に名古屋紡績と甲府紡績を代表して出席し，発言していることが確認できる[59]．

　他の役員の異動を見ておくと，設立初期（22年上期）の役員5人のうち，30年代に入って以後も継続的に役員職にあるのは吹原九郎三郎と祖父江重兵衛の2人で，他の3人のうち伊藤次郎左衛門と伊藤忠左衛門の2人は30年1月までに交代している．しかし前者の代理として同家番頭・鬼頭幸七が監査役に入り，また後者の後継者・伊藤由太郎が33年に同じく監査役となり，両者は以後，同職位にある．また，30年1月までには，当初役員ではなかった岡谷惣助が取締役，

岡田良右衛門が監査役となり，以後，前者は同職位にあり，後者は取締役に転じ，継続する．一部を除いて，大半の役員が——当該役員の後継家族を含め——役員職を長期的に継続したことが確認できるのである．

この間，20年代の事業展開において，同社は基本的に成長路線で進んだ．24年の濃尾地震には，尾張紡績と同様に打撃を受けたが，早期に操業を再開し，26年には資本金を20万円から50万円に増資した．翌27年には新紡績機械の稼働により生産が拡大し，下期には，前年上期の約2倍の生産高をあげた．濃尾地震をはさむ前後の時期の業績は不明であるが，日清戦争後の好況期，29年下期，翌年上期にはそれぞれ4万7千円，3万4千円と高い純益をあげ（表II-2-7），業績の好調を背景に，29年上期，100万円への増資を決定し，経営規模の拡大に備えた．同社は，この頃から細糸の紡出を増加させた（従来は10番手から16番手が中心であったが，20番手の生産が増加）．また，同年下期に，ミュールによる生産を中止し，翌年からリングのみの生産に切り替えた[60]．

29年までの増資に，設立発起人・役員たちはどのように対応しているであろうか．33年6月末現在の株式所有状況を検討し，これを前記21年時（総株数1,500株）のそれと比較してみよう（表II-2-6）．この間，株式総数は1,500株から20,000株へと13.3倍に増大した（株主総数は，41人から266人へと増加）．発起人12人中，10人は，伊藤次郎左衛門を筆頭株主（1,500株，7.5%）とする11位以内の大株主であった（2位が岡谷惣助の980株）．それぞれの持株数の増加を倍率で見てみると，伊藤次郎左衛門，武山勘七，中村与右衛門の3人は，13倍前後であり，総株数の増加とほぼ同じであり，岡田徳右衛門がそれにつづき，11倍である．その他の6人は6～8倍の増加である（岡谷惣助8倍，伊藤忠左衛門・伊藤由太郎，祖父江重兵衛各7倍，村松五郎，吹原九郎三郎，徳川義礼各6倍）．他の2人の発起人，花井八郎左衛門ないし花井畠三郎と横井半三郎は，上位にはおらず，前者（花井畠三郎）が140株（5倍），後者が88株（3倍）である．なお，伊藤次郎左衛門家の番頭・鬼頭幸七が監査役となっており，その持株が5株から，210株に増加している．また，伊藤次郎左衛門家と並ぶ「御三家」の1つであった，関戸守彦がここでは300株の株主として名を連ねている．関戸は同社設立発起人でもなく，21年時の株主41人のなかにも見られなかった．

こうして，発起人12人の持株合計は8,090株（中村与右衛門長女・ちゃう名義150株および吹原九郎三郎長男・重太郎名義76株を加算），総株式数の40.5%であっ

た (21年時の発起人 12 人合計の持株比率は 67.2%). また役員 7 人の持株合計は 3,970 株 (前記の吹原重太郎 76 株, および専務渡辺平四郎の息子渡辺断雄 200 株を加算), 総株式数の 19.9% となっている.

さて, 増資後における同社の設備拡大は著しく, 33 年下期には 30,384 錘 (リング) となり, 31 年上期 (1 万錘) に比べ約 3 倍の増加であった. しかし, この間, 日清戦争後の不況期に業績が低迷し, 31 年上期から 32 年上期までの 3 期, 純益が 1～2 万円ほどに落ち, 配当も 5% 以下となった (1 期は無配). 32 年下期には 5.4 万円の純益を上げ, 8% の配当を行なったが, 33 年 5 月に北清事変が勃発して中国への輸出が途絶した結果, 同年上期に 5.8 万円もの損失を出して無配となり, 34 年上期まで連続, 多額の欠損を計上した. このため, 前記のように, 33 年下期, 専務取締役の渡辺平四郎が辞任し, 代わって, 発起人の 1 人で初代取締役兼監督・花井八郎左衛門の養子・畠三郎が専務取締役となった. 翌期, 34 年下期には利益 (純益金 2.6 万円) を上げることができたが, 前期までの累積欠損 (16 万円) を補うことができなかった. この期に, 初めて三重紡績への合併のきざしが現れ, 資本金を 50 万円に半額減資することが検討され, 翌 35 年上期, 実行された[61]. 以後, 合併前の 38 年上期まで, 利益を計上するとともに配当も継続されている. また, 役員賞与も, 純益金の 12～13% が継続されている.

半額減資後, 合併前年の 37 年 12 月末現在の株式所有状況を見ると (表 II-4-6), 発起人・役員らの持株は, それぞれ減資前のそれの半分となっていることが分かる. かれらが, 北清事変以降の業績悪化の時期にも所有株式を保持していたことはまちがいなかろう.

業績が回復, 安定に向かったものの, 後述のように, 尾張紡績・奥田正香の主唱により, 38 年下期, 三重紡績, 尾張紡績, 名古屋紡績三社の合併により名古屋紡績は解散した. 三重紡績が存続会社となり, 同社はその後, 大阪紡績と合併し東洋紡績 (大正 3 年) へと発展することになる.

以上, 名古屋紡績は, 名古屋における近代紡績業の嚆矢であったが, 同社は, 村松彦七という企業家精神旺盛な人物の主唱になるものであり, これに旧豪商や尾張徳川家が参画して設立されたものであった. 同社は, 動力問題が原因で, 開業までに 4 年以上の年数がかかった. にもかかわらず, 発起人たちに脱退者は出なかった. それは, ネット内で規制する力が働いた結果であったと言えよう. つまり, 旧尾張藩御用達商人であったときからの仲間意識や誇り, そして尾張徳川

家への体面などが，結果的に結束力につながったものと思われる．ただし，かれらの間に強力なリーダーは存在せず，それが，開業時における村松の死によって，役員や支配人クラスの人事上の混乱を引き起こす要因にもなったと推測されるのである．いずれにしても，同社は設立以降，設備拡張に積極的に取り組み，生産規模は22年末には9,000錘，33年末には3万錘を超えた．しかし業績（24年の濃尾地震の前後については不明）は，日清戦争後に一時，好業績を示したものの，戦後不況さらに北清事変の影響などにより当期純益金は低迷ないし大幅な欠損をつづけ，35年上期，50万円への半額減資を余儀なくされるにいたった．この間，31年上期から34年下期までの8期間のうち5期は無配という状況であった．もとより役員賞与もほとんど行なわれてはいない．注目すべきは，こうした困難な時期においても，同社発起人・役員らがほぼ安定的な株主で推移したことであろう．減資後の同社は，業績の回復と安定化に向かったが，日露戦争後における紡績会社の合同運動を背景に，尾張紡績とともに三重紡績に吸収された．

名古屋紡績は後述する奥田正香系の尾張紡績とくらべ業績・配当面で劣勢であった．そこには，ネットにおけるリーダーシップの欠如とそれに起因する人事面での混乱，また有能な専門経営者の不在などが影響したと想定することができるであろう．

最後に，「伊藤・岡谷ネット」への伊藤次郎左衛門家の関わり方に若干，変化が見られたことについてふれておく必要がある．上記のように名古屋紡績が合併・解散した明治38年までは，伊藤次郎左衛門家は岡谷惣助らとともに，同社および愛知銀行において役員を務めていた．しかし同社の解散後は，伊藤次郎左衛門（ないし同族・奉公人）が岡谷らと役員を共有する会社は愛知銀行のみとなった．図II-1-17 (M40) に伊藤次郎左衛門の名前がないのはそのためである．とはいえ，明治30年代末までのこうした事情や，また伊藤家と岡谷家との緊密な縁戚関係からして，「伊藤・岡谷ネット」が継続していたと考えることが妥当であろう．なお，図II-1-9 (M31, 40) に見られる伊藤銀行と伊藤貯蓄銀行の両行は，伊藤次郎左衛門家の家業と言える．両行で両年時に伊藤次郎左衛門・伊藤守松（息子）とともに役員を務める鬼頭幸七・辻利兵衛・塚本金兵衛・中島茂兵衛・渡辺長兵衛らはみな同家の「別家」である[62]．

小　括

① 人脈の契機

　伊藤・岡谷ネットは，旧尾張藩における最有力の御用達商人であった伊藤次郎左衛門と岡谷惣助を中心に，それに準ずる地位にあった旧御用達商人たち，さらに尾張徳川家をも加えたメンバーから構成されていた．かれら豪商たちは，旧尾張藩における「名門」の家柄であるという矜持や尾張徳川家への体面，そして名門間の縁戚関係を絆として結束していたように見受けられる．かつて杉浦英一（城山三郎）氏が，この一派を「土着派」と呼んだのは[63]，これら大商人たちの多くが，17世紀初頭の城下町・名古屋開設以来の商人たちであったからである．

② 起業の背景

　かれらが銀行や紡績事業を共同で起業したのは，必ずしもかれらのイニシャティブによるものではなく，むしろ近代化・工業化政策を進める中央・地方政府当局者らの直接・間接的勧奨に応じてのことであった．愛知銀行の母体となった2つの国立銀行のうち第十一国立銀行は，もとより国立銀行設立を推進する新政府の政策に対応し，伊藤次郎左衛門・関戸守彦・岡谷惣助らが中心となって設立されたものであり，その際，当時の名古屋区長（吉田禄在）がこれに尽力したのである．もう1つの第百三十四国立銀行も，改正国立銀行条例の趣旨にもとづき士族の金禄公債を中心的な資本とし，これに岡谷惣助や関戸守彦その他の商人が参画することで設立されたものであった．さらに名古屋紡績についても，政府による近代的紡績業育成政策を背景に，村松彦七というオルガナイザーのもと，伊藤次郎左衛門や岡谷惣助その他の有力商人および尾張徳川家が糾合されたものであった．

　名古屋屈指の大商人たちは，家業以外の近代ビジネスの起業に積極的ではなかった[64]．

③ 事業の業績と利益処分

　愛知銀行については，明治29年の発足以降，業績は好調であったといえる．利益金はほぼ増加傾向で推移し，株式配当率も6～9％くらいで継続し，無配の時期はない（39年までは6～9％，40年以降は9％）．役員賞与は，32年下期から35年下期まで行なわれなかったが，他の時期は，当期純益金の5～10％がこれに配分されている．

同行の融資先について具体的な内容は不明であるが，決算数字から見ると，全期間を通じ，割引手形が貸出の70〜80％を占め，残りが「貸付金及当座貸越」であった．ただ，同行では発足以来，日銀から招聘した支配人が2代つづけて「不良貸付」により辞任するといった不手際を起している．とくに，発足した29年の12月，第2代支配人に就任した田中喬樹が固定化させたとされる貸付先は，瀧兵右衛門らの参画した鉄道車輛製造所であり，この処理に同行は約10年を費やしているのである．この点，設立初期の愛知銀行において，共同事業の経営管理面では，ネットのメンバーが統制力を発揮したとはいえず，それが実務のリーダーの専横をもたらす結果となったのではなかろうか．

名古屋紡績の業績については，18年の開業以後，濃尾地震の起こった24年をはさんだ時期については不明であるが，33年に起こった北清事変の影響を受けるまでは，概して安定的であったといえよう．この間，尾張紡績への対抗意識もあってのことであろう，増資と積極的な拡張政策を進め，とくに33年下期には，31年上期のほぼ3倍，3万錘の設備能力に拡大した．株主配当も，21年上期11％，26年下期18％の高配当を行なっている．しかし，北清事変の影響で，33年上期から34年上期まで連続，欠損を出し，35年上期に半額減資を行なった（50万円，払込済み）．以後，業績は安定し，5％前後の株式配当をつづけたが，38年下期，尾張紡績とともに三重紡績に合併された．役員賞与は，31年上期以前は当期純益金の10％前後が配分されていた模様であるが，同年下期から34年下期までは行なわれず，翌年の減資以降，毎期10％を超える配分が継続的に行なわれた．

④　役員の継続性および安定的な株式所有

この両事業が，伊藤・岡谷その他の豪商らによって積極的に起業されたものではないにしても，このネットのメンバーの結束力も強く，かれらが安定株主であることによって，とくに名古屋紡績において見られたように，設備拡張のための増資に応じることで同社の企業成長を支えたのである．設立時ないし初期の役員の出資状況（役員の家族名義の持株を含む）は表II-2-9のとおりである．

表II-2-9　伊藤・岡谷ネットの主要会社における役員の出資状況

	公称資本金	役員数と持株合計	発起人の人数と持株合計
名古屋紡績	15万円 （21年時）	6名，33.3％ （工務支配人1名を含む）	12名，67.2％
愛知銀行	200万円	10名，35.2％	10名，58.4％

その後の推移についてまず愛知銀行を見ると，34年末では（資本金は同じ）——上位10位までの大株主のみ判明——設立発起人10人のうち8人がここに入っており，その関係者・関係銀行を含めて合算すると，総株式数の41％となる．大幅に減少させた3人以外は，ほとんど変動がないか増加している．減少した3人についても，11位以下の株主中に，その家族が含まれていることが推測できる．さらに，のちの大正5年1月（資本金は変わらず）——同様に，上位10人までの大株主のみ判明——においても，1人（徳川義礼）が持株を大幅に減少させたのを除けば，34年時と，ほとんど変わらないか，まったく同じである．

名古屋紡績について，33年6月末現在（資本金100万円，株式総数20,000株）における株主を見ると，設立発起人12人中，10人が上位15位以内の大株主であった（筆頭が伊藤次郎左衛門1,500株・7.5％，2位が岡谷惣助980株・4.9％）．ただし，21年以降，増資が行なわれ，この時点では資本金は100万円となっているので，発起人（後継者を含む12人のみ）と役員（7人のみ）それぞれの合計の持株比率は低下しており，前者のそれが39.3％，後者の役員のそれが18.5％となっている（伊藤次郎左衛門の代わりに同家番頭・鬼頭幸七が監査役となっているため，役員には伊藤の持株が含まれない）．

注
1) 第二次大戦前における愛知県の企業や名古屋財界の生成・展開については，とくに杉浦英一（城山三郎）『中京財界史　上・下巻』（中部経済新聞社，昭和31年）と林董一『名古屋商人史——中部経済圏成立への序曲——』（中部経済新聞社，昭和41年）が，それらを網羅的に扱っており，以下の考察にあたっても，それら先行研究を参照するところが少なくない．また，西村（村上）はつ氏には，「明治・大正期における名古屋旧有力商人の企業者活動」（『経営史学』第14巻3号，昭和55年2月）その他，愛知県の工業化に関し多くの業績があり，以下，それらも大いに参照した．
2) 愛知県議会史編纂委員会編『愛知県議会史　第2巻（明治篇　中）』（愛知県議会事務局，昭和32年），390〜393ページ．
3) 伊藤次郎左衛門編『伊藤祐民伝』（出版年・出版社不明，以下『祐民伝』と略す），29ページ以下，および名古屋市博物館編・刊『名古屋の商人　伊藤次郎左衛門——呉服屋からデパートへ——』（平成15年，以下『呉服屋からデパートへ』と略す），7ページ以下．なお，伊藤家の伝記には，他に，岡戸武平『伊藤家伝』（中部経済新聞社，昭和32年）がある．
4) 『祐民伝』，76〜78ページ，『呉服屋からデパートへ』，40ページ．
5) 『祐民伝』，75〜76ページ．
6) 岡谷鋼機㈱社史編纂委員会編・刊『岡谷鋼機社史』（平成6年），45〜46ページ．
7) 前掲『祐民伝』，79ページ，同『呉服屋からデパートへ』，40〜41ページ．

8) 同上．
9) 同上．
10) 前掲『岡谷鋼機社史』，35～37ページ．岡谷惣助家とその事業については，他に岡戸武平『鉄一筋—岡谷鋼機三百年の歩み—』(中部経済新聞社，昭和43年) がある．『岡谷鋼機社史』の「あとがき」によれば，創業から昭和17年までの記述については，この岡戸書を基礎にまとめることを編集方針とした，とされる．ただ，こちらの社史には，新たな発見や修正が加えられているので，以下，岡谷家の記述については，岡戸書を参照しつつも，『岡谷鋼機社史』に依存して行なった．
11) 同書，43ページ．
12) 同書，5ページ以下．
13) 同書，32～33ページ．
14) 同書，39～41ページ．
15) 同書，42ページ．
16) 同書，47ページ．
17) 同書，51～52ページ．
18) 新修名古屋市史編集委員会編『新修名古屋市史　第5巻』(名古屋市，平成12年)，246ページ．
19) 同上．
20) 同上．
21) 大沢吉五郎『愛知銀行四十六年史』(東海銀行，昭和19年)，8～13ページ，人事興信所編・刊『人事興信録』明治41，44年版，林董一，前掲『名古屋商人史』，その他，による．
22) 東海銀行行史編纂委員会編・刊『東海銀行史』(昭和36年)，13～14ページおよび前掲『愛知銀行四十六年史』，44ページ．
23) 前掲『新修名古屋市史　第5巻』，248ページ．
24) 同上および前掲『東海銀行史』，13～14ページ．
25) 前掲『愛知銀行四十六年史』，5～6ページ．ただし，括弧内の役職については「新愛知」掲載の両行29年下期決算公告による．発起人のうち，関戸守彦 (第十一国立銀行頭取)，伊藤次郎左衛門 (同取締役)，吹原九郎三郎 (同取締役)，岡田良右衛門 (同取締役)，中村与右衛門 (同取締役) らは第十一国立銀行側，また，岡谷惣助 (第百三十四国立銀行頭取)，山内正義 (同副頭取)，伊藤由太郎 (同取締役)，祖父江重兵衛 (同取締役) らは第百三十四国立銀行側を代表するものであった．なお，中村与右衛門は，『愛知銀行四十六年史』(6ページ) によれば，第百三十四国立銀行の代表とされているが，このとき同行の役員ではなく，第十一国立銀行の取締役であったので，後者側の代表とした．
26) 同書，6ページおよび前掲『新修名古屋市史　第5巻』，515ページ．
27) 前掲『愛知銀行四十六年史』，73～74ページ．
28) 同書，49～50ページ．
29) 前掲『新修名古屋市史　第5巻』，515ページ．
30) 前掲『愛知銀行四十六年史』，76ページ．
31) 同書，61～62ページ．
32) 同書，70ページ．
33) 同上．

34) 同書，50 ページ．
35) 同上．
36) 同書，111～112 ページ．
37) 同年末の貸付金額は，同書，70 ページ「本行貸出種類別」による．
38) 42 年末の預金額は同書，137 ページによる．
39) 同書，110，139 ページ所載の「本行貸出種類別」より算出．
40) 同書，111～112 ページ．
41) 同書，113 ページ．
42) 高村直助『日本紡績業史序説　上』（塙書房，昭和 46 年），39～45 ページ，楫西光速編『現代日本産業発達史　XI　繊維　上』（交詢社出版局，昭和 39 年），69～77 ページ，絹川太一編・刊『本邦綿糸紡績史　第 2 巻』（昭和 12 年），10 ページ以下．
43) 絹川太一編・刊『本邦紡績史　第 3 巻』（昭和 13 年），245～250 ページ．
44) 大正昭和名古屋市史編集委員会編『大正昭和名古屋市史　第 2 巻』（名古屋市，昭和 29 年），71 ページ．
45) 同書，293 ページ．
46) 前掲『新修名古屋市史　第 5 巻』，218～221 ページおよび愛知県史編纂委員会編『愛知県史　資料編 29　近代 6　工業 1』（愛知県，平成 16 年），98～100 ページ．
47) 高村，前掲書，48～57 ページ．
48) 絹川，前掲『本邦紡績史　第 3 巻』，252～253 ページ．
49) 同書，258 ページ．
50) 同書，91 ページ．
51) 同社 21 年度前期における操業状況については前掲『新修名古屋市史　第 5 巻』，222～223 ページより，大阪紡績については前掲『繊維　上』90，94 ページより，それぞれ引用．なお，大阪紡績の主要生産番手は，20 年上期，14～20 番手であった（高村，前掲書，82 ページ）．
52) 前掲『新修名古屋市史　第 5 巻』，222～223 ページ．
53) 高村，前掲書，115～116 ページ．
54) 絹川，前掲『本邦紡績史　第 3 巻』，269 ページ．
55) 同書，265 ページ．
56) 同上．
57) 「新愛知」掲載の同社決算公告，明治 29 年下期～33 年下期．
58) 絹川，前掲『本邦紡績史　第 3 巻』，263～264 ページ．
59) 大日本綿糸紡績同業連合会「第十二回定期連合会及臨時会議事録」（東京大学経済学部図書館蔵）．
60) 前掲『新修名古屋市史　第 5 巻』，449～450 ページ．
61) 同書，451～452 ページ．
62) 前掲『呉服屋からデパートへ』，28 ページに同家の「別家」の名前が記されている．
63) 前掲『中京財界史　下巻』，102～103 ページ．
64) この点は，西村（村上）はつ，前掲「明治・大正期における名古屋旧有力商人の企業者活動」によっても確認することができる．

第 3 章 「瀧ネット」
—— 瀧兵右衛門・瀧定助を中心とするネット

　次に瀧ネットを考察しよう．明治 31 年時における瀧ネットのメンバーは，瀧兵右衛門と瀧定助，祖父江重兵衛，春日井丈右衛門，武山勘七，森本善七，加藤彦兵衛，勝野文三，原善三郎ら 9 人である．原善三郎と勝野文三は準メンバー的な存在と考えられる．また，このネットの構成会社は，名古屋銀行，名古屋貯蓄銀行，帝国撚糸，鉄道車輛製造所，名古屋蚕糸綿布取引所，岐阜絹織物である．尾張紡績は，奥田系の企業と考えられるので，後述する．

　明治 31 年時の瀧ネットが，その後の同 40 年時にはどのように変化しているかをあらかじめ確認しておくと，図 II-1-8（M40）のとおりである．40 年時までに，ネットの構成人物中，武山勘七・祖父江重兵衛・原善三郎ら 3 名の名前が見られなくなっており，反対に水野良助・小出庄兵衛・杉野喜精の 3 名が新出している．また会社を見ると，尾張紡績・鉄道車輛製造所の 2 社が見られず，幅下銀行・中央製紙・津島銀行・東海倉庫の 4 社が新出している．

　以下，まず，瀧ネットの中心人物である瀧兵右衛門（4 代）と瀧定助（初代）の 2 人について，それぞれの出自や家業を述べることからはじめよう．

1　瀧兵右衛門（4 代）と瀧定助（初代）

瀧兵右衛門（4 代）

　4 代瀧兵右衛門（天保 14［1843］年～大正 7［1918］年）と初代瀧定助（弘化 3［1846］年～明治 36［1903］年）は，従兄弟どうしであり，年齢も近い．2 人は，尾張国丹羽郡東野村（現愛知県江南市）で呉服太物卸売業を行なっていた 2 代瀧兵右衛門の孫である．2 代兵右衛門には男子がなかったので，長女・みのに嘉助（のち 3 代兵右衛門），次女・ように泰助を養子として迎え，それぞれに生まれた子供が 4 代瀧兵右衛門と初代瀧定助である．3 代兵右衛門が若くして死去し（嘉

永 6 [1853] 年)，また泰助も離縁となったので，2 人は，祖父である 2 代兵右衛門によって兄弟のように育てられた[1]．

瀧兵右衛門家は，そもそも同地の豪農であったが，初代兵右衛門（文政 2 [1819] 年死去）が，絹織物（京都呉服および地場絹織物）の卸売業を開業し（宝暦元 [1751] 年のこととされるが不詳），2 代兵右衛門（寛政 6 [1794] 年生まれ）が，この事業（屋号を絹屋兵右衛門と称し，"絹兵"と通称された）を関東にまで拡大し，成長させた．2 代兵右衛門は，やがて（文政 8 [1825] 年）名古屋に支店（名古屋東万町）を設置し，ここで呉服太物卸売業を開業した．支店の責任者には 2 代兵右衛門の義弟（妻の弟）がなり，絹屋兵右衛門支店ともいい，また"絹定"とも称していた．これが，のちに瀧定助家の家業として独立する[2]．また，2 代兵右衛門は，いわゆる"天保の大飢饉"に窮民の救済にあたるなどの功によって尾張藩から苗字帯刀を許されるとともに，藩御勝手御用達となり，尾張十人衆（在方）の 1 人に数えられるまでになった（ここで，瀧兵右衛門を名乗る）[3]．

祖父の 2 代兵右衛門が死んだ翌年，明治 8（1875）年，4 代兵右衛門は家業の呉服太物問屋・瀧兵右衛門商店の本店を名古屋（御幸本町）に移した[4]．これより少し前，同郷（丹羽郡）の織物商で，のちに瀧兵右衛門と会社設立に緊密な協調行動をとることになる祖父江重兵衛と春日井丈右衛門の 2 人も名古屋に進出している（前者は明治 2 年，後者は同 5 年）[5]．

名古屋進出のころ，店員は 50 余名であった．事業は順調で，10 年ほどで店舗が狭隘となり，21 年には，新店舗に移転する必要があった（19 年，新店舗の新築に取り掛かる）．その前年には，京都に，さらに，その後 30 年には東京にそれぞれ支店を設置するなどで，関東・関西市場での取引きも拡大した．27 年度の売上高は 34 万円弱であった[6]．瀧兵右衛門商店は，のち，大正元年，個人経営から株式会社瀧兵商店に改組される（資本金 50 万円）．

この間，23 年，瀧兵右衛門は愛知織物合資会社を設立し，絹織物，絹綿交織物，綿織物等の製織事業に進出している[7]．同社は，瀧兵右衛門家の家業であったらしく，31 年時の役員は，社長：瀧兵右衛門，副社長：瀧信四郎（兵右衛門の四男，5 代兵右衛門，明治元 [1868] 年生まれ），専務：辻光次郎となっている[8]．

瀧兵右衛門家の絹織物製織事業への関心は高かったようであり，後述する帝国撚糸が発足した頃の 30 年には，博多織（明治期を通じて名古屋絹織物の代表であった）の既存の工場を譲り受けて操業し（同年，名古屋絹織物合資会社を設立し

たが，35，6年頃には「諸種の事情のため瓦解」したとされる)[9]，またこの博多帯を宣伝するため名古屋にはじめての広告塔まで建設した[10]．

なお，4代瀧兵右衛門は，名古屋市市会議員（明治25年10月補欠選挙に初当選，28年10月満期退職と同時に改選に再当選し，34年10月満期退職）や貴族院の多額納税者議員をつとめた（明治30年9月勅任～37年6月任期満限）[11]．明治38年，四男・信四郎に家督を譲る（5代兵右衛門）．奇しくも，その2年前の36年11月，従弟の初代瀧定助が死去している．つまり瀧兵右衛門家と瀧定助家では，ほぼ同じ頃，代替わりが起こったことになる．息子の信四郎・5代兵右衛門は「強烈な個性を以て瀧兵商店および愛知織物会社を育成し，蒲郡常盤館を経営すると共に瀧実業学校を創設した．財界活動とは無縁であった」[12]とされる．瀧兵右衛門は，後述の瀧定助ほど積極的ではなかったようであるが，息子・娘の縁組にも留意していた．長女・ゆう（万延元［1860］年生まれ）を，太物商・武山勘七（明治23年以降，ほぼ明治期を通じ，多額納税者貴族院議員互選権を持つ1人）に嫁がせ，また次男・延次郎（慶應元［1865］年生まれ）を横浜の生糸貿易商・平沼専蔵の養子に出している．

瀧定助（初代）

初代瀧定助は，明治維新より少し前の元治元（1864）年，名古屋所在の絹屋兵右衛門支店（"絹定"）ののれんを継承し（数え年19歳），のち瀧兵右衛門商店から独立した．瀧定助家の事業は，卸売業務を主体としつつも，貸金業務も行ない，不動産に投資を行なっていた[13]．明治前半期における同家店舗の経営内容については不詳であるが（資料はほとんど残されていないとされる），明治22年度の売上高については20万円という記録がある．また，この頃までには，京呉服，関東呉服，地場織物をすべて取り扱っており，全国の産地から仕入れ，愛知，岐阜，三重，静岡等の小売商に販売していた[14]．

明治27年度以降，業績の推移が分かっており，それによると，同年度の呉服卸売事業（「商業部」）の売上高は40万円余（400,587円），利益金5,168円であり，また，従業員数は39名であった．これ以後の同売上高は，日清戦争戦後に伸びて30年には67万円，33年には76万円となるが，それ以後，37年まで70万円前後で低迷し，翌38年に130万円近くに著増するといった推移を示している．利益金も伸びて，32年に33,000円となるが，それ以後37年まで悪化ないし

損失を計上し，翌年44,000円弱に著増する．従業員は，38年には76名を数えている．貸金業務（「銀行部」）の方は，30年以降，着実に1万円前後の利益を上げ，37年2万円，翌年5万円となっている[15]．

　この間，22年3月，名古屋市（西新町）に「絹定織工場」を開設し（資本金1万5,000円，のち［時期不明］3万円に増資），製織事業に進出する．業務担当社員は瀧定助，正太郎（定助長男，のち2代定助），廣三郎（三男）の3人であり，この事業は瀧定助家の家業である．製品は，当初は米沢原産の節糸織（精好織と名づける）を生産するが，のち絹綿交織のシルケット応用製品である綿白羽二重，綿白七子，岡木綿等を製織する．明治後期には土地1,800余坪，建物延べ950坪，織機は計230台，従業員150名ほどの規模となる．製品は瀧定商店で引受け，大阪方面に販売し好評であったとされる．この製織事業は，開始後まもなく，同26年，建設された新工場（舎人町）に業務を移転して会社組織に改められ，名古屋製織合資会社となる[16]．こうして瀧定助も，瀧兵右衛門とほぼ同時期に製織事業に進出したのである．

　瀧定助は，遅くとも明治20年代初頭までには，名古屋で屈指の資産家，有力な実業家として台頭している．明治23年6月，愛知県第一期貴族院多額納税議員の互選が行なわれた際，その有資格者15人のうちに，伊藤次郎左衛門や岡谷惣助，春日井丈右衛門らとともに名を連ねている（ここには瀧兵右衛門は含まれていない）．そして，以後，ほぼ明治期を通じて，瀧兵右衛門・瀧信四郎や，瀧ネットの有力メンバーの1人，春日井丈右衛門らとともに，同有資格者のなかに名を連ねる[17]．24年には名古屋商業会議所の議員にも選出された．

　こうした背景があってのことであろう，この頃から瀧定助は，息子・娘を通じて，愛知県下および他府県の資産家・実業家との間に，多くの縁戚関係を結んでいる．自らも，墨卯兵衛の長女（とみ，のち，ゆうと改称）を妻にし，七男六女を成すが，25年，次男・泰次郎を横浜の生糸商・茂木保平の婿養子とし（27年，保平死去にともない泰次郎が保平を襲名），翌26年，四男・定四郎を名古屋市玉屋町の呉服雑貨商・小出とも（十一屋）の養嗣子に出す（のち31年相続して小出庄兵衛を名のる）などである．瀧定助の縁戚関係を一覧表示すれば次のとおりである[18]．その地の豪商や有力な実業家との縁組が多い．

　　次男・泰次郎（明治5〜大正元年），25年，横浜市の生糸商・茂木保平二女（ゑい）の婿養子となる（27年，義父保平死去にともない保平を襲名）．

四男・定四郎（明治15～昭和14年），26年，名古屋市玉屋町の呉服雑貨商・小出とも（十一屋）の養嗣子となる（31年相続して小出庄兵衛を名のる，のち42年名古屋市の醬油醸造業者・中村与右衛門の二女・いねと結婚）．

長男・正太郎（明治2～昭和7年），33年，滋賀県の織物問屋（丁子屋）・小林吟右衛門（4代）二女・貞と結婚．

三女・あや（明治11～明治38年），34年，小林吟右衛門（4代）次男・森之助（のち5代小林吟右衛門）に嫁ぐ．

四女・りう（明治13～大正元年），35年，横浜の生糸貿易商・小野光景（横浜正金銀行元頭取，横浜商法会議所元会頭）長男・寛に嫁ぐ．

三男・廣三郎（明治9～昭和17年），37年，岐阜県の大地主で製糸・製茶業者の長尾四郎右衛門長女・まつのと結婚し，分家する．

六男・六郎（明治20～昭和14年），中村与右衛門四女・らいと結婚．

七男・義郎（明治22～昭和11年），京都市の木綿金巾卸売商の細辻伊兵衛三女・たかと結婚，のち名古屋市の伊藤由太郎（旧尾張藩の有力な御用達商人［「四家」］伊藤忠左衛門の長男）長女・稲子と結婚して分家．

六女・しげ（明治23～昭和56年），中村与右衛門長男・轍太郎（のち中村与右衛門を襲名）に嫁ぐ．

初代瀧定助は，明治36（1903）年11月死去し（58歳），長男正太郎が家督を相続して2代定助を襲名する（数え35歳）．死の直前，同年10月に家憲が制定され（家憲宣誓式を執行），また翌37年2月には瀧定合名会社組織の内披露を行ない（合名会社定款，同内部規約証，不動産共有匿名組合契約書等を議決），39年2月正式に瀧定合名会社が設立された．資本金は50万円，社員は2代瀧定助（出資金20万円），瀧廣三郎（同12万5千円），瀧ゆう（同17万5千円）の3人，また業務執行社員は定助と廣三郎の2人である．同社は織物卸売業と金融業を行なうものとし，営業所は名古屋本店・京都支店・大阪支店からなり，総人員は87名であった[19]．

同社卸売事業（「商業部」）の売上高は，39年度，200万円を超えて前年度のほぼ倍額となるが，以後，明治期を通じてあまり増加せず，45年度280万円ほどにとどまる．利益金も，この間，2～3万円程度であり，むしろ金融業（「本務部」）の利益金の方が3～5万円で，上回っている[20]．

初代瀧定助死去とともに，2代定助は父の関係していた諸会社の役職を引き継

ぎ，さらに合名会社設立後は，「瀧定の営業面は挙げて弟廣三郎にまかせ，自らは財界活動に専心」していった[21]．

さて，明治31年時における瀧ネットの構成企業7社中，最初に設立されたものが15年の名古屋銀行であり，20年の尾張紡績がそれにつづいているが，後者については，既述のように，奥田正香らを中心とする起業に瀧ネットのメンバー4人（瀧兵右衛門，瀧定助，春日井丈右衛門，森本善七）が参画したものである．他の5社中，名古屋貯蓄銀行が26年に，帝国撚糸，鉄道車輛製造所および岐阜絹織物の3社が29年に，名古屋蚕糸綿布取引所が翌年に，それぞれ設立されている．40年時の新出企業のうち，中央製紙と東海倉庫はともに39年の設立であるが，津島銀行と幅下銀行はさかのぼって，それぞれ26年，27年の設立であり，両行が40年時になぜネット構成企業となったのかを確認する必要がある．なお，帝国撚糸織物は帝国撚糸が社名変更したものである．

このネットにおいてとくに重要なものが名古屋銀行と帝国撚糸（織物）および東海倉庫である．以下，尾張紡績を除き，基本的に設立の順に考察することとしよう．

2　銀行の設立──名古屋銀行，名古屋貯蓄銀行

(1)　名古屋銀行

名古屋銀行は明治15年7月，名古屋市の私立本店銀行としては伊藤銀行（14年9月設立，資本金10万円）に次いで2番目の銀行として，資本金20万円（払込資本金4万円，翌16年1月全額払込済み）をもって設立された．伊藤・岡谷らの第十一国立銀行と第百三十四国立銀行を含む4つの国立銀行が愛知県に設立されてから数年後の時期にあたる．この時期は県下の普通銀行の発展も顕著であり，その行数は12年10行，13年39行，15年176行に増加した．名古屋銀行は，既設の国立銀行が商業金融に適していないという商業者の不満を背景に，名古屋区長・吉田禄在が，その目的のため名古屋の各商業組合の代表者を糾合して設立されたものとされる[22]．

発起人と役員

設立発起人10人および設立時の役員について，職業や近世末における「家格」（尾張藩御用達商人としての格式）その他を調べ一覧表示すると表II-3-1のとおりである．これを見ると，瀧兵右衛門・瀧定助をはじめとして絹・綿織物商や綿糸商等，繊維関係の商人が多かったことが分かる．当初の役員は，頭取：瀧兵右衛門，取締役：森本善七・小出庄兵衛・八木平兵衛・水野良助（支配人兼務）・加藤彦兵衛・瀧定助・大沢重右衛門・蜂須賀武輔・山内勘輔らであった（明治26年商法一部実施まで，監査役を置かなかった）．かれらの年齢（数え年）をみると，瀧兵右衛門39歳，瀧定助36歳で，最も年齢の高かったのが近藤友右衛門50歳，最も若かったのが森本善七27歳である．

役員のうち，加藤彦兵衛，蜂須賀武輔，大沢重右衛門，山内勘輔ら4人は発起人には加わっていなかった．また，当初の役員のうち，八木平兵衛・山内勘輔・大沢重右衛門の3人は設立後まもなく17年に退任し，小出庄兵衛は翌18年に死亡した．代わって，瀧兵右衛門・定助と同郷・同業者の春日井丈右衛門と，他の2名――見田七右衛門と三輪惣右衛門――が取締役に加わった．なお，18年に死亡した小出庄兵衛家については，既述のように，のちの26年，瀧定助の四男（定四郎）が同家に婿養子として入り，小出庄兵衛を襲名する．

表II-3-1 名古屋銀行設立発起人・役員一覧

氏名	役職（設立時）	旧尾張藩御用達商人格式	職業	主たる公職	生年～没年
○瀧兵右衛門(4代)	頭取	町奉行所御用達	呉服太物商	1897.9～1904.6 貴族院議員	1843～1918
○森本善七	取締役	御勝手御用達格	小間物商	1881.10～1890.11 県会議員	1855～1928
○小出庄兵衛	取締役	四家	呉服太物商	1881.10～1881.12 県会議員	?～1885
○八木平兵衛	取締役	町奉行所御用達格	太物洋反物商		1838～1886
○水野良助	取締役		綿糸商	1881.2～1886.6 県会議員	1838～1886
加藤彦兵衛	取締役	御勝手御用達格次座	紙商		1852～?
○瀧定助(初代)	取締役		呉服太物商		1846～1903
大沢重右衛門	取締役		絵具・染料兼工業薬品商	1883.3～1884.6 県会議員	1838～1896
蜂須賀武輔	取締役		味噌・溜醸造業	1881.10～1903.9 県会議員	1841～1924
山内勘輔	取締役				
○神野金之助			地主	1904.6～1906.9 貴族院議員	1849～1922
○横井半三郎					
○近藤友右衛門(初代)		町奉行所御用達格	綿糸商		1832～1904
○墨田兵衛				1882.2～1892.4 県会議員	?
（春日井丈右衛門）	（取締役）		呉服太物商		
（見田七右衛門）	（取締役）	町奉行所御用達	塩乾魚問屋業	1882.2～1888.4 県会議員	1843～1906
（三輪惣右衛門）	（取締役）	御勝手御用達格			

注：(1) 氏名欄の○印は設立発起人．
(2) 御用達商人の家格は，慶應4年の頃．
(3) 春日井，見田，三輪の3人は，本文にも記したとおり，設立当時は役員ではなかった．
(4) 「県会」は愛知県議会である．

出典：(1) 発起人・役員の氏名は名古屋銀行編・刊『創立四十年誌』（大正11年）3～5ページ，その他の項目については，『愛知県議会史 第1巻（明治編 上）』447ページ以下，『人事興信録』明治36，41，44年および昭和16年の各版その他による．
(2) 御用達商人の家格については，前掲林董一『名古屋商人史』188～204ページによる．

これら発起人・役員には，旧尾張藩の御用達商人であった者が多い．近世末（慶應4年頃）の同藩における御用達商人の格式で見ると（表II-2-1の注を参照），同行の発起人・役員のうちでは，小出庄兵衛の「四家」が最上位にあり，頭取で瀧ネットの中心の滝兵右衛門は，「町奉行所御用達」であったから，高い地位にはなかったことが分かる．この点は，既述の伊藤・岡谷ネットの中心人物である伊藤次郎左衛門が「三家」，岡谷惣助が「四家」に属するというように最高位とそれに準ずる地位にあったのとは違う．また，この中には，同行設立の前後に愛知県会議員を務める人たちが多くいることも付け加えておきたい．
　こうして，この15年設立の名古屋銀行の発起人・役員には，明治31年時における瀧ネット構成員9人のうち，瀧兵右衛門・瀧定助をはじめ森本善七，春日井丈右衛門，加藤彦兵衛ら5人が名を連ねていた．この頃までに，すでに瀧ネットの中核は成立していたといえよう．これら5人は，のちの40年時においても同一ネットのメンバーである．発起人のなかに，のちに奥田正香と緊密な関係をもつことになる近藤友右衛門と神野金之助の2人も参画していたことは興味深い．
　設立時，15年の役員の株式所有状況を表II-3-2によって見ると，上位10人が，発足時の10人の役員たちであった（50株以上の株主は12人）．頭取の瀧兵右衛門が筆頭株主であり，役員10人の持株合計は1,080株，総株式数（4,000株，株主総数336人）の27.0％である．

事業の展開と業績

　日常業務執行の責任者は支配人クラスであったろう．設立時の支配人は取締役の水野良助がこれを兼任しており，まもなく18年，水野は支配人兼務を辞し，その後25年1月，副支配人・寺澤新一が支配人に昇進し，32年10月に死亡するまで同職位にある．設立以降，この時点まで，寺澤が実質的に日常業務の責任者であったと見てよかろう．
　次いで，34年5月，日銀出身で，愛知銀行副支配人の杉野喜精が支配人に招聘された．杉野喜精は，明治3（1870）年，津軽藩士の子として東京に生まれた（家は代々江戸詰め）．東京商業学校卒業後，日本銀行に入り，29年3月愛知銀行副支配人に転じ，のち，34年5月名古屋銀行に支配人として入行した．同行においては，後述のように日露戦争後，奥田系の日本車輛の株式買収を支援したり，また39年から40年にかけての他行買収など積極政策を遂行し，同年1月に

表 II-3-2 名古屋銀行の株主

15年			35年6月末				
氏名	役職	持株数	氏名	役職	旧株	新株	計
瀧兵右衛門	取締役頭取	180	瀧兵右衛門	取締役頭取	300	450	750
小出庄兵衛	取締役	150	瀧定助	取締役	200	300	500
森本善七	取締役	110	春日井丈右衛門	取締役	200	300	500
加藤彦兵衛	取締役	100	加藤彦兵衛	取締役	200	300	500
大沢重右衛門	取締役	100	森本善七	取締役	160	300	460
蜂須賀武輔	取締役	100	名古屋貯蓄銀行		219	166	385
瀧定助	取締役	100	小出とも		100	175	275
八木平兵衛	取締役	80	見田七右衛門	監査役	80	180	260
山内勘輔	取締役	80	谷健次郎		76	114	190
水野良助	取締役	80	長崎忠右衛門		75	102	177
			水野良助	監査役	50	120	170
			馬淵源六		59	79	138
			男爵 岩村高俊(京都)		50	75	125
			瀧信四郎		50	75	125
			武山勘七		50	75	125
			男爵 末松謙澄(東京)		58	65	123
			清水久六(三重)		44	66	110
			橋本幸八郎(岐阜)		10	90	100
			岡田左右蔵		46	54	100

41年12月末					45年6月末		
氏名	役職	旧株第一第三新株	第二新株	計	氏名	役職	持株数
瀧定助	常務取締役	619	545	1,164	瀧定助	常務取締役	1,094
春日井丈右衛門	取締役頭取	570	500	1,070	春日井丈右衛門	取締役頭取	1,000
加藤彦兵衛	取締役	570	500	1,070	加藤彦兵衛	取締役	1,000
瀧兵右衛門	取締役	435	615	1,050	瀧兵右衛門	取締役	1,000
森本善七	取締役	530	460	990	森本善七		870
小出庄兵衛	監査役	305	305	610	小出庄兵衛	監査役	610
恒川小三郎		338	250	588	田中善兵衛		600
長崎忠右衛門		177	177	354	恒川小三郎		561
臼杵重右衛門		309		309	豊島半七		500
見田七右衛門		150	150	300	長崎忠右衛門		354
清水久六(三重)		135	162	297	瀧信四郎		345
㈱名古屋貯蓄銀行頭取 春日井丈右衛門		149	102	251	臼杵重右衛門		334
三輪喜兵衛		140	110	250	吉田久三郎		320
男爵 岩村透(東京)		125	125	250	見田七右衛門		300
水野良助	監査役	125	125	250	㈱名古屋貯蓄銀行頭取 春日井丈右衛門		290
馬淵源六		90	150	240	水野良助		250
大橋助左衛門		225		225	三輪喜兵衛		250
江場勘七		131	90	221	馬淵源六		240
豊島半七		200		200	石原平左衛門		201
瀧鍵子		200		200	岡田丈夫		200
岡田左右蔵		100	100	200			

注：(1) 35年は持株100株以上，41，45年は200株以上，掲載．
　　(2) 45年時，監査役の1人，渡辺喜兵衛は140株所有．
出典：明治15年は『新修名古屋市史 第5巻』253ページ，他の年次は各期の同行営業報告書添付の株主名簿による．

は支配人兼任で取締役に就任する．しかし，その後，まもなく同行に起こった取付けの責任を取るかたちで同年6月同行を辞任する．なお，辞任後の杉野は東京において株式仲買業の小池合資会社に入り（43年9月），のち（大正6年4月）同

社の経営を小池国三から譲り受けて山一合資会社（同15年11月，山一証券株式会社に改組）を設立する（のち昭和10年12月，東京株式取引所理事長に就任）[23]。

『新修名古屋市史』（第5巻）によると，設立初期の同行の営業状況は次のようであった。設立初年度（7月〜12月）の資金出入は，ほぼ5ヶ月で出金134.9万円，入金138.4万円であり，初年度で，先発した伊藤銀行の20年上期出入金（ともに150万円前後）に匹敵し，そのうちの70%が当座預金の出入であった（預金96.2万円，払戻し92.2万円．全国的な為替取引は翌年から着手）。また貸出金も同期間25.4万円（期末残高13万円）であり，やはり20年の伊藤銀行（貸出残高11.6万円）を上回った。翌16，17年両年度末の預金残高はそれぞれ6.7万円，11.1万円，同貸出金残高17.1万円，17万円であった（伊藤銀行の同年度末預金残高28.8万円，22.2万円，貸出金残高15万円，10.8万円）。また手形取扱いでは，為替金，割引手形など商業金融を示す手形の振出が，伊藤銀行より名古屋銀行がはるかに多かった。（16年，17年における名古屋銀行の為替金振出はそれぞれ66.2万円，46.3万円，割引手形貸出29.1万円，24.5万円，伊藤銀行の為替金振出20.4万円，18.9万円，割引手形貸出18.9万円，10.4万円）。こうして，名古屋銀行は，設立目的に合致した「商業金融を中心とする銀行」としてスタートした[24]。

こののち，20年代末までの同行の事業内容・業績については，資料的制約により，不詳である。ほぼ，寺澤新一副支配人・支配人が，実務の責任者であったろう時期である。以下，営業成績が分かる28年以降の経営について考察することとしよう。

名古屋銀行は，伊藤・岡谷系の愛知銀行が設立された29年――同年，奥田系の明治銀行も設立――より少し前，27年5月，設立時以来の資本金20万円を50万円に増額した。とはいえ，当時の愛知・明治両行のそれぞれの資本金200万円（明治29年），300万円（同年）と比べ小さかった。預金額も，両行に対し劣勢であり，これを挽回するためにも，30年代に入って以降，同行は他行の合併と支店・出張所の拡張を進めた。

同行最初の支店は，設立から15年以上を経た32年4月で，県外（京都）であった。その後，支店・出張所網の拡充を行ない，大正2年には，10支店（県内6，県外4）・6出張所（県内3，県外3）となる。この10支店のうち5支店は，38年以降に行なった5銀行の合併により，被合併銀行の店舗を継承したものである[25]。3大銀行のうち「銀行合同という点では名古屋が先行していた」のであ

る[26]．

　その被合併銀行のなかに，明治40年時における瀧ネットを構成する幅下銀行と津島銀行があり（図II-1-8（M40）），それぞれ，同年5月，6月に名古屋銀行に合併されたものである．両行はそもそも，瀧ネットにより発起・設立されたものではなかった．津島銀行は明治26年5月，資本金10万円で設立され，40年1月名古屋銀行と合併のため，資本金30万円（全額払込済み）を21万円に減資決議し，合併，解散した[27]．合併以前（37年7月現在），恒川小三郎が「取締役兼支店支配人」（取締役兼支配人も別にいる）の職位にある[28]．これより以前（33年1月現在），恒川の養父・恒川安造が同行取締役にある[29]ことから，小三郎が養父に代わって同行役員となっていたことが分かる．恒川小三郎は，すぐあとに記すように，42年1月名古屋銀行の副支配人から支配人となり，のち頭取にまで昇進する人物であるが，もともとは津島銀行の役員であり，合併後，名古屋銀行副支配人として同行に入行したと推測できる．

　一方，幅下銀行は27年3月，資本金10万円で設立され，40年1月，6万円に減資し，合併した[30]．合併以前の，遅くとも30年7月には瀧ネットのメンバーの1人，加藤彦兵衛が頭取となり[31]，以後，同職位にある．

　名古屋銀行の資本金は，この間，39年に100万円に倍額増資され，他行の合併によりさらに増加して大正元年には300万円（213万円払込済み）となる[32]．資本金規模も明治銀行の360万円（払込資本金234万円）に次ぎ，愛知銀行の200万円（同140万円）を上まわる．

　34年以降，同行支配人を務め，40年1月取締役に昇進した杉野喜精は，前記のように同年の恐慌による取付けの責任をとって，6月，取締役兼支配人を辞任した．杉野に代わり，副支配人の恒川小三郎（文久3［1863］年愛知県生まれ）が42年1月，支配人に就任した．恒川はのち，取締役に昇進し（大正2年，支配人兼任），さらに同7年常務取締役（同7年），同9年副頭取（同9年）さらに頭取へと累進する．

預金・貸出金

　預金・貸出金および業績について，主として同行決算公告（「新愛知」掲載）から作成した表II-3-3およびII-3-4によって検討しよう．

　まず預金について見ると，それが100万円を超えたのは31年下期であり，以

後，増加の一途をたどって39年下期に700万円近くに達した．翌40年上期には後述のように取付けに遭い，240万円ほど減少し，41年上期まで低迷したが，42年上期には急増して900万円を超え，45年上期1,200万円近くに達している．

愛知銀行の預金額と比較してみよう．愛知銀行の預金額を100とした場合の指数で見てみると，30年代半ばまでの名古屋銀行は50〜70であり，以後，80を越えるようになり，明治末に愛知とほぼ並ぶという推移を示している．この傾向は後発の明治銀行に対しても同様である．同じく明治銀行の預金を100とした場合の指数で見ると，30年代半ばまでの名古屋銀行は，ほぼ80以下であり，後発の明治銀行（29年開業）に対して劣勢であった．それ以降，両行の格差は縮小傾向で推移し，明治末年には，ほぼ並んでいる．

貸出金について見ると，資金運用の大半は貸出金であり，30年上期の100余万円が42年下期1,000万円を超え，10倍の増加を示した．内訳を見ると，「貸付金及当座貸越」が，30年上期80.5％と高かったが，31年下期63.0％，33年上期49.9％と低下し，同年下期に30％を割って以後，ほぼ30％未満で推移し，44年上期には20％を切っている．貸付金と当座貸越それぞれの数値が分かる時期について見ると，貸付金の貸出合計に対する比率は，35年上期8.7％，39年下期1.5％，41年下期8.8％，45年上期3.0％，同下期3.0％であった．また，こうしたことから推測して，業績不明の20年代においても貸出金の大半は当座貸越であったと見てまちがいなかろう．

「貸付金及当座貸越」の減少の一方，「割引・荷為替手形」が増大している．30年上期15.5％，31年下期30.3％，33年上期41.7％であったが，同年下期に60％を超えて以後，70％前後で推移している．なお，この両手形のうちでは割引手形が大半であったようである（割引手形の両手形合計に占める比率は，41年下期97.5％，45年上期97.6％，同下期98.6％）．

要するに，33年以降の貸出は，公表された決算数字を見るかぎり，「割引・荷為替手形」中心の商業金融であったといえる．ただし，明治期における具体的な貸出先については不明である[33]．

預貸率は31年上期までは160％を超えていたが，同年下期以降，120〜140％で推移し，42年上期以降，100％前後となっている．同比率は30年代中葉までは，愛知銀行より低く，貸出により慎重な姿勢を示しているように見受けられる．それ以後は，両行ほぼ同じような比率で推移している．預金額に払込資本金

第3章 「瀧ネット」　263

表 II-3-3　名古屋銀行諸勘定（単位：千円（未満四捨五入），括弧内は％）

	払込資本金	諸預金	貸出金				有価証券	預け金
			貸付金及当座貸越	割引・荷為替手形	他店貸	貸出金合計		
29年下	290	582			45(4.8)	946(100.0)	135	23
30年上	320	637	850(80.5)	164(15.5)	42(4.0)	1,056(100.0)	135	49
31年上	320	720			59(4.5)	1,320(100.0)	396	17
下	320	1,117	963(63.0)	464(30.3)	102(6.7)	1,529(100.0)	387	16
32年上	320	1,360			127(7.6)	1,673(100.0)	396	15
33年上	350	1,489	941(49.9)	786(41.7)	158(8.4)	1,885(100.0)	380	54
下	350	1,846	710(28.7)	1,560(63.1)	201(8.1)	2,471(100.0)	399	111
34年下	350	2,219	665(24.4)	1,745(64.1)	314(11.5)	2,724(100.0)	395	176
35年上	350	2,590	756(23.1)	2,252(68.8)	265(8.1)	3,273(100.0)	409	155
下	350	2,835	702(18.1)	2,737(70.5)	445(11.5)	3,884(100.0)	466	17
36年上	380	2,973	855(21.7)	2,745(69.7)	341(8.7)	3,941(100.0)	481	19
下	410	3,031	888(21.4)	2,841(68.6)	411(9.9)	4,140(100.0)	436	10
37年上	440	3,259	1,103(25.4)	2,834(65.2)	408(9.4)	4,345(100.0)	505	38
下	470	3,305	1,066(23.1)	3,009(65.1)	549(11.9)	4,624(100.0)	563	24
38年上	500	3,830	1,315(24.6)	3,555(66.6)	469(8.8)	5,339(100.0)	872	45
下	500	4,545	1,412(26.3)	3,448(64.3)	500(9.3)	5,360(100.0)	723	79
39年上	625	5,584	1,436(22.2)	4,453(68.7)	593(9.1)	6,482(100.0)	591	258
下	650	6,965	1,982(23.7)	5,782(69.0)	610(7.3)	8,374(100.0)	689	189
40年上	910	4,558	2,545(35.7)	4,018(56.3)	570(8.0)	7,133(100.0)	1,366	267
下	910	6,215	2,415(32.1)	4,122(54.8)	986(13.1)	7,523(100.0)	1,109	111
41年上	960	6,002	2,509(33.2)	4,382(58.0)	658(8.7)	7,549(100.0)	1,006	132
下	960	7,195	2,052(24.8)	5,600(67.6)	634(7.7)	8,286(100.0)	1,000	375
42年上	960	9,229	2,657(27.1)	6,606(67.4)	537(5.5)	9,800(100.0)	856	677
下	1,010	9,680	2,513(24.8)	7,163(70.8)	440(4.3)	10,116(100.0)	1,519	509
43年上	1,060	10,359	2,451(23.1)	7,678(72.2)	501(4.7)	10,630(100.0)	1,347	607
下	1,110	10,573	2,767(23.5)	8,378(71.1)	635(5.4)	11,780(100.0)	1,298	321
44年上	1,160	11,419	2,201(19.5)	8,699(76.9)	411(3.6)	11,311(100.0)	1,444	558
下	1,210	10,974	2,087(17.6)	9,133(76.9)	664(5.6)	11,884(100.0)	1,632	192
45年上	1,560	11,906	2,636(19.3)	10,444(76.4)	586(4.3)	13,666(100.0)	1,444	188
下	1,920	11,758	2,651(20.6)	9,462(73.6)	737(5.7)	12,850(100.0)	2,256	350

注：(1) 29年下，31年上，32年上については，それぞれ，「貸付金当座貸越及割引手形」として一括され，901千円，1,261千円，1,546千円と記載されている．
(2) 35年上は，「貸付金」と「当座預金貸越」が分離して記載され，前者285千円，後者471千円．
39年下についても同様で，前者122千円，後者1,860千円．
(3) 41年下，45年上・下それぞれの貸出金は，「他店貸」ほか，次のように記載されている．

	当座預金貸越	荷為替手形
41年下	1,318 千円	139 千円
45年上	2,221	248
下	2,265	132

(4) 有価証券については，基本的に，39年上までは，「公債株券及債権」という勘定科目で計上されているが，同年下以降は「国債及地方債証券」と「株券及社債券」ないし「会社株券」として分離，計上されている．

	「国債及地方債証券」	「株券及社債券」
39年下	462 千円	227 千円
40年上	1,077	289
下	771	338
41年上	665	341
下	655	345
42年上	526	330
下	1,312	207
43年上	1,157	190
下	956	342
44年上	1,041	403
下	1,175	457
45年上	1,004	441
下	1,821	435

出典：明治41年下，45年上・下は同行各期営業報告書，それ以外は「新愛知」掲載の各期決算公告による．

表 II-3-4 名古屋銀行利益・利益処分（単位：円（未満切捨て））

	公称資本金	払込資本金	当期純益金	前期繰越金	準備繰越金	株式払込価格差金	未処分利益金	利益処分 配当金	利益処分 役員賞与金	利益処分 積立金	利益処分 準備繰越金	利益処分 後期繰越金	払込資本利益率(年率,%)	配当率(年率,%)	配当性向(%)	役員賞与配分率(%)
29年下	500,000	290,000	22,943	4,342	—	—	27,285	15,950	1,330	5,000	—	4,414	15.8	11.0	69.5	5.8
30年上	500,000	320,000	37,431	4,414	—	—	41,845	18,300	1,450	18,000	—	4,096	23.4	12.0	48.9	3.9
31年上	500,000	320,000	27,318	4,548	—	—	31,866	19,200	1,590	6,000	—	5,077	17.1	12.0	70.3	5.8
下	500,000	320,000	25,113	5,077	—	—	30,190	19,200	1,500	6,000	—	3,490	15.7	12.0	76.5	6.0
32年上	500,000	320,000	23,554	3,490	—	—	27,044	17,600	1,800	6,000	—	3,445	14.7	11.0	74.7	7.6
33年上	500,000	350,000	37,915	3,817	—	—	41,732	18,700	—	19,155	—	3,878	21.7	11.0	49.3	—
下	500,000	350,000	27,118	3,878	—	—	30,996	19,250	—	6,000	—	5,746	15.5	11.0	71.0	—
34年下	500,000	350,000	24,419	2,324	—	—	26,743	19,250	—	5,000	—	2,494	14.0	11.0	78.8	—
35年上	500,000	350,000	81,554	2,494	—	—	84,048	19,250	—	20,000	35,000	9,798	46.6	11.0	23.6	—
下	500,000	350,000	26,655	9,798	35,000	—	71,453	19,250	—	7,500	35,000	9,703	15.2	11.0	72.2	—
36年上	500,000	380,000	29,417	9,703	35,000	12,000	86,120	20,075	2,940	19,000	35,000	9,105	15.5	11.0	68.2	10.0
下	500,000	410,000	33,142	9,105	35,000	12,000	89,247	21,725	3,310	20,000	35,000	9,213	16.2	11.0	65.6	10.0
37年上	500,000	440,000	34,837	9,213	35,000	12,000	91,050	23,375	3,480	20,000	35,000	9,196	15.8	11.0	67.1	10.0
下	500,000	470,000	43,420	9,196	35,000	12,000	99,616	27,300	4,340	22,000	35,000	10,976	18.5	12.0	62.9	10.0
38年上	500,000	500,000	50,170	10,976	35,000	12,000	108,146	29,100	5,000	24,650	—	49,396	20.1	12.0	58.0	10.0
下	500,000	500,000	61,261	49,396	—	—	110,657	30,000	6,100	20,000	5,000	49,557	24.5	12.0	49.0	10.0
39年上	1,000,000	625,000	111,156	49,557	—	—	160,713	33,750	7,500	65,000	5,000	49,464	35.6	12.0	30.4	6.7
下	1,000,000	650,000	80,084	49,464	—	—	129,548	38,250	7,500	30,000	5,000	48,798	24.6	12.0	47.8	9.4
40年上	1,210,000	910,000	46,290	48,798	—	—	193,658	39,450	4,500	20,000	—	129,708	10.2	9.0	85.2	9.7
下	1,210,000	910,000	53,693	129,708	—	—	183,401	43,010	5,300	10,000	—	125,091	11.8	9.2	80.1	9.9
41年上	1,210,000	960,000	77,709	30,464	—	—	108,173	48,000	7,500	15,000	5,000	32,673	16.2	10.0	61.8	9.7
42年上	1,210,000	960,000	83,803	32,673	—	—	116,476	48,000	7,500	20,000	5,000	35,476	17.5	10.0	57.3	9.5
下	1,210,000	1,010,000	86,294	35,476	—	—	121,770	49,250	8,500	20,000	5,000	39,020	17.1	10.0	57.1	9.7
43年上	1,210,000	1,060,000	88,200	39,020	—	—	127,220	51,750	8,500	20,000	5,000	41,970	16.6	10.0	58.7	9.6
下	1,210,000	1,110,000	104,354	41,970	—	—	146,324	75,950	10,000	20,000	—	35,374	18.8	13.7	72.8	9.6
44年上	1,210,000	1,160,000	86,819	35,374	—	—	122,193	56,750	—	20,000	—	36,943	15.0	11.0	65.4	—
下	1,210,000	1,210,000	104,463	36,943	—	—	141,406	59,250	10,000	30,000	5,000	37,156	17.3	10.0	56.7	9.6
45年上	1,560,000	1,560,000	216,498	37,156	—	—	253,654	77,650	13,000	115,000	—	48,004	27.8	10.0	35.9	6.0
下	3,000,000	1,920,000	163,703	48,004	—	—	211,707	84,000	16,000	50,000	—	51,707	17.1	10.0	51.3	9.8

注：(1) 38年下，39年上・下，42年上・下の「準備繰越金」は「建築準備金」．
(2) 40年上の未処分利益金には他に，「旧津島銀行減資繰入金」90,000円，「所有物償却積立金」5,400円，「旧津島銀行前期繰越金」3,16□円が含まれる．
(3) 43年下と45年下の利益処分には，他に「使用人恩給金」が各5,000円，10,000円ある．
(4) 「役員賞与配分率」は，役員賞与金÷当期純益金×100で算出．
(5) 29年下，32年上，44年上については，それぞれ未処分利益金と利益処分の合計とが食い違うが，決算公告の数値のままにしてある．29年下，44年上は未処分利益金がそれぞれ591円，8,500円，多い．44年上については役員賞与金が脱落したものと推測される．ま た32年上期は未処分利益金が1,801円少ない．
出典：前表に同じ．

額を加え，これに対する貸出額の比率を見ると，38年上期までは100～120%，それ以降は，ほぼ100%前後となっている．こちらは両行，一貫して同じような比率で推移している．

利益業績と配当

次に利益業績と配当について検討しよう．まず「当期純益金」は，36年上期まで，ほぼ2万円台で推移したのち，同年下期以降，急増し，倍額増資した（100万円に増資）39年上期には一時，11万円ほどを計上した．取付けに遭った40年上期4万6,000円，下期5万4,000円と著減したが，42年上期には8万円台に回復し，以後，増加傾向で推移した．45年上期には22万円を計上している．払込資本利益率を算出して愛知銀行と比較してみると，明治期を通じて名古屋銀

行の方が高く，平均利益率19.2％であり，愛知銀行同13.2％よりかなり高い．明治銀行は愛知銀行より若干，低く，同13.6％である．

株式配当は，決算数字が分かる時期について見るかぎり無配の時期はなく，ほぼ10％を超える配当を行なっていた．明治期（20年代末以降）を通じて平均11.0％であり，愛知銀行の同7.7％，明治銀行の同8.5％より高い．

配当性向を算出すると，30年代半ばまでは，ほぼ70％を超える高率であったが，利益金の増加にともない，41年下期の62％から低下傾向で推移している．また「役員賞与配分率」（役員賞与÷当期利益金×100）を算出してみると，30年代半ば以降は，ほぼ毎期10％程度であった．

このような好業績と安定した株式配当，安定した役員賞与が役員の継続性に影響を与えることはあらかじめ想定できるであろう．

役員の推移

表II-3-5によって，設立以来，明治期を通じての役員の変遷を見てみよう．同表によれば，瀧兵右衛門，瀧定助，森本善七，春日井丈右衛門，加藤彦兵衛ら5人が，設立当初より明治期を通じ，ほぼ一貫して役員職を継続したことが分かる（この間，戸主の代替わりもある）．彼らに準じているのが水野良助であり，途中（19年5月～26年11月），役員を離れているが，再任され，以後，43年1月まで継続している．しかし，他の役員は，就任後まもなく，役員を辞任している．このうち，小出庄兵衛の辞任は本人の死亡によるものであった（のち39年，監査役に就任した小出庄兵衛は，その継承者であり，小出家の養子となっていた瀧定助の息子）．役員数が設立時の10人から，その後7人に，さらに5人に削減され，この5人が上記の瀧兵右衛門から春日井丈右衛門までの人物たちであり，これに，商法施行の26年から監査役2名が加わった（当初，水野良助と見田七右衛門，39年7月からは，死亡した見田に代わり小出庄兵衛）．

頭取は，瀧兵右衛門が設立時いらい務め，40年7月に春日井丈右衛門と交代している．ただし，この間，瀧兵右衛門は17年3月から同年中，また20年の1年間，それぞれ一時的に頭取職を離れている．前者の時期は病気によるものであったが（この間，頭取は小出庄兵衛），後者の時期（同森本善七）の理由については不明である．

このように長期的に役員であった人物たちは，瀧系の中核的なメンバーであっ

表 II-3-5　名古屋銀行役員の推移

	15年7月	18年1月	19年1月	20年1月	21年1月	26年1月	39年7月	40年1月	40年7月	45年7月
瀧兵右衛門	頭取	〃		取締役	頭取	〃	〃	〃	取締役	〃
森本善七	副頭取	取締役	〃	頭取	取締役					
小出庄兵衛	取締役	〃					監査役	〃	〃	〃
八木平兵衛	取締役									
水野良助	取締役	〃	〃			監査役	〃	〃	〃	
加藤彦兵衛	取締役	〃	〃	〃	〃	〃	〃	〃	〃	〃
瀧定助	取締役	〃	〃	〃	〃	〃	〃		常務	〃
大沢重右衛門	取締役									
蜂須賀武輔	取締役	〃								
山内勘輔	取締役									
春日井丈右衛門		取締役	〃	〃	〃	〃	〃	〃	頭取	〃
見田七右衛門		取締役	〃			監査役				
三輪惣右衛門		取締役								
杉野喜精								取締役		
渡辺喜兵衛										監査役

注：基本的に変更のあった時点のみ掲載．40年7月以降，明治期を通じて役員の異動は1人のみ（43年1月水野良助監査役辞任）．26年の会社法施行時まで監査役は置かれず．
　それぞれの変更内容は以下のとおり．
　17年3月，瀧兵右衛門病気のため，頭取を辞し，小出庄兵衛がこれに代わる．副頭取の名称廃止．
　同年，八木平兵衛（6月），山内勘輔（7月），大沢重右衛門（11月）ら，取締役辞任．
　18年1月，春日井丈右衛門，見田七右衛門，三輪惣右衛門の3人，取締役新任，瀧兵右衛門再度，頭取就任．
　同年同月，小出庄兵衛死亡．
　19年1月，取締役を7名に減じ，改選．
　同年5月，水野良助，森本善七，見田七右衛門の3人，取締役辞任．
　同年7月，取締役定員を減じて5名とする（欠員の役員として，伊藤吉兵衛が就任するが，すぐに辞任）．
　20年1月，森本善七，頭取就任．翌21年1月，再び瀧兵右衛門が頭取就任．
　26年12月，監査役に見田七右衛門，水野良助就任．
　36年11月，初代瀧定助死亡，翌37年1月，2代定助が取締役新任．
　39年1月，監査役見田七右衛門，死亡，同年7月，小出庄兵衛が同職位新任．
　40年1月，取締役1名増員，杉野喜精新任，同年6月辞任．
　同年7月，瀧兵右衛門，頭取辞任，春日井丈右衛門が同職位就任（以後，大正5年7月まで同職位にある）．
　同年7月，瀧定助，常務取締役新任（大正5年7月まで同職位にあり，春日井丈右衛門の辞任にともない頭取就任）．
　43年1月，水野良助に代わり，渡辺喜兵衛監査役に就任．
出典：『創立四十年誌』5～18ページ．

たと見てよいであろう．それでは，かれらは，どれほどの株式を所有し，持株をどのように変化させているだろうか．役員の株式所有状況を考察しよう．

発起人・役員の株式所有状況

設立時以降で，株式所有状況が分かる35年（6月末），41年（12月末）および45年（6月末）の3時点における上位株主について検討してみよう（表II-3-2）．

まず35年6月末について．設立時の資本金20万円（総株式数4,000株）は，27年50万円（10,000株）に増資された．したがって，35年時の持株を見れば，増資に対し，株主がどのように対応していたのか，推測できるであろう．同年時の役員7名の持株合計は3,140株，総株式数の31.4％である．発足時に比べると，役員は3人減ったが，4.4ポイント増加している．ただし，瀧兵右衛門が頭

取をつとめる名古屋貯蓄銀行（385株）および，役員（瀧兵右衛門，瀧定助および春日井丈右衛門）の家族名義（判明するかぎり）の持株（240株）を加えると[34]，3,765株，37.7％となる．

　株主を個別に見てみよう．発足時と同じように，この時点でも，役員はほぼ上位10位以内の株主である．まず旧株について，両年時（設立初期および35年時）において役員であった人物5人のうち，水野良助が旧株の所有（設立時80株）を30株減少させたほかは，みな大幅に増加させている．瀧兵右衛門（同180株）が120株，瀧定助（同100株）が100株，加藤彦兵衛（同100株）が100株，森本善七（同110株）が50株，それぞれ増加させている．

　次いで，新株について，その所有方式に何か規則性があるだろうか．この時点において，各役員の旧株の持株比率（旧株持株数の旧株総数［4,000株］に対する比率）と，旧・新株合わせた場合の持株比率（旧・新株合計の株式総数［10,000株］に対する比率）をそれぞれ算出してみると次のとおりである．瀧兵右衛門7.5％→7.5％，瀧定助5.0％→5.0％，春日井丈右衛門5.0％→5.0％，加藤彦兵衛5.0％→5.0％，森本善七4.0％→4.6％，見田七右衛門2.0％→2.6％，水野良助1.3％→1.7％．両比率がまったく，あるいはほとんど同じであることが分かる．もちろん，偶然ではなく，各役員が，持株比率をほぼ一定に保つように新株を引受けた，と理解してよいであろう．

　発足時の役員で，すぐに役員を辞任している人物4人（死亡した小出庄兵衛を除く）について見ると，これらの人物は所有株式を手離したか，減少させた．大沢重右衛門（設立時の持株100株）・八木平兵衛（同80株）・山内勘輔（同80株）の3人は株主名簿に名前がない（少なくとも，大沢・八木・山内それぞれの姓の人物はいない）．他の1人，蜂須賀武輔は，50株減少させている（設立時100株，35年時50株）．

　設立発起人10人のうち，この時点で役員ではない人物たちの持株はどうであろうか．小出庄兵衛家（発起人・小出庄兵衛未亡人・とも275株，小出とも の養子・小出庄兵衛［瀧定助の四男］30株）と横井半三郎（90株）を除くと，奥田系の神野金之助と近藤友右衛門や，墨卯兵衛，八木平兵衛らは株主名簿に名前がない．小出庄兵衛家は，瀧ネットの中核・瀧定助家と縁戚関係にあり，その意味で同ネットのメンバーと考えることができる．小出ともも，旧株の持株比率2.5％，総株式数の持株比率2.8％であり，上記の，役員の新株引受けの場合と同様であ

ろう[35]．

　次に41年末について，35年時と比較してみよう．この間，39年上期に100万円（総株式数20,000株）に倍額増資したのち，40年上期にさらに121万円（同24,200株）に増資した．役員7人の持株合計は6,204株，総株式数の25.6％である（ただし，名古屋貯蓄銀行［頭取，春日井丈右衛門］251株，および役員の家族・関係会社の持株計688株[36]を加えると7,143株，29.5％）．35年時の31.4％より5.8ポイント低下している．

　39年に行なわれた増資について，その増資分10,000株（第二新株）を，役員（41年末の役員）はどのように引き受け，所有したと考えられるであろうか．各役員の，35年6月末の持株比率と同新株の持株比率とを比較してみるとつぎのとおりである．瀧定助（2代）5.0％→5.5％，春日井丈右衛門　5.0％→5.0％，加藤彦兵衛　5.0％→5.0％，瀧兵右衛門（4代）7.5％→6.2％，森本善七4.6％→4.6％，小出庄兵衛2.8％→3.1％，水野良助1.7％→1.3％．新株の所有比率は，35年時の持株比率に比べ，頭取を辞任していた瀧兵右衛門と，水野良助が若干，低下したものの，その他の役員はほぼ同率であったことが分かる．この増資に際し，役員たちが，持株比率に応じた新株引受けをおこなったのである．

　45年6月末について，資本金は，同年上期，笠松銀行の合併により35万円（7,000株）増加し，156万円（総株式数31,200株）となった．役員7名の持株の合計は5,714株（表に掲載されていないが監査役渡辺喜兵衛の持株140株を含む），総株式数の18.3％である（ただし，名古屋貯蓄銀行［頭取春日井丈右衛門］および瀧兵右衛門，瀧定助，春日井丈右衛門ら3名の各家族・関係会社名義の持株を含めると6,619株，21.2％）[37]．41年時の25.6％から，7.3ポイント下げた（各役員の持株は2人を除き，それぞれ若干，減少した）．持株比率の減少は，主として，合併による増資の結果である．

　各役員の持株の増減は次の通りである．変化がなかったのは小出庄兵衛，増加したのは新任の監査役・渡辺喜兵衛で50株増，他は減少である．すなわち，瀧定助（2代），春日井丈右衛門，加藤彦兵衛らが70株，瀧兵右衛門50株，森本善七120株のそれぞれ減少である（両時点における家族・関係会社の持分を含めると，瀧定助123株減少［1,367株→1,244株］，瀧兵右衛門90株減少［1,435株→1,345株］，春日井丈右衛門50株減少［1,170株→1,120株］）．39年1月死亡した見田七右衛門，43年1月監査役を辞任した水野良助の両者も持株に変動がなかった（前

者は 300 株，後者は 250 株)．また，42 年 1 月，副支配人から支配人に昇進した恒川小三郎（大正 2 年取締役就任）も大株主（561 株）に名を連ねている（41 年時，588 株).

以上，役員の異動と持株の推移の検討から明らかなように，名古屋銀行では，ほぼ同じメンバーが長期間（設立初期から明治期を通じて），同じ役職を務め，これらの役員が文字通り，安定株主として株式を保持し，増資に応じていた．設立時の役員のなかから，ごく短期間に離脱した者があり，このことが，いわば役職獲得闘争の結果と推測できないこともないが，いずれにしても，「中核」メンバーは，病気や死亡のとき以外は，役員を継続したのであり，本人死亡の際は，その相続人が役員を継承する傾向が強かったといえる．

なお，後述のように，のちの昭和 7 年，名古屋銀行のライバル・明治銀行は激しい預金取付けに遭って破綻するが，名古屋銀行は，明治銀行休業の影響を受け，こちらも大規模な預金取付けに遭うものの，この金融恐慌を乗り切る．植田欣次氏は，この明治と名古屋，両行の明暗を分ける要因として，名古屋銀行経営者（恒川小三郎頭取）の経営政策，すなわち堅実な「支払準備体制構築」と資金運用を重視する[38]．やがて，昭和 16 年，名古屋銀行は，愛知銀行・伊藤銀行と合併して東海銀行となる．

名古屋銀行の設立発起人・役員たちは，瀧兵右衛門・瀧定助をはじめとして繊維関係の商人が多かった．また，伊藤次郎左衛門や岡谷惣助ほどの高い格式ではないものの，旧尾張藩御用達商人であったものが多数いた．同業者であったことや御用達商人のいわば中間層であったことが，ここにおける人脈の契機であったと考えられる．そのなかでも，両瀧家と森本善七，春日井丈右衛門，加藤彦兵衛らは，明治 31 年時の「瀧ネット」のメンバーであり，さらに同 40 年時も同様であったことから，彼らこそ，このネットの中心的な存在であったにちがいない．

ただし，彼ら役員が，同行の事業展開に具体的にどのように関わったかは不明である．もちろん，日常業務については支配人がこれを執行したことはまちがいないであろう．彼ら役員は事業の戦略面についての方針策定や業務執行と業績への統制を行なったのであろう．

名古屋銀行は，20 年代末，後発の明治銀行に対し，預金面で劣勢であった．劣勢挽回のため，30 年代に入り他行の合併と支店・出張所の拡張を進め，この結果，明治末には，預金量は明治銀行にほぼ並んだ．もっとも，この間の平均利

益率では，明治銀行を上回っている．株式配当も安定的で，継続的にほぼ10%を超えていた．役員賞与も安定していた．こうした条件を背景に，役員たちは，同行の増資を支えるとともに，役員の地位を長期的に占有していたのである．

同行が，瀧ネットにおいて具体的にどのような役割を果たしていたのかは不詳である．ただ，明治末，奥田系日本車輛製造の株式買収を資金面で促進したという事実が確認できる程度である（後述）．同行も，愛知銀行と同じように，確認される時期の決算数字から見るかぎり，商業金融主体の健全経営を行なっていた．

(2) 名古屋貯蓄銀行

名古屋銀行は，普通銀行である同行とは別にいわばその子銀行的な存在として貯蓄銀行を早くに設立した．明治26年5月設立免許を受け，6月より名古屋銀行の貯蓄預金を引き継いで開業した名古屋貯蓄銀行（資本金5万円，1万2,500円払込済み）[39]がそれである．

わが国で，零細な資金を蒐集する貯蓄預金がはじめられたのは，明治10年代初頭であり，その後，国立銀行で貯蓄預金の事業を行なうものが増加していくとともに専業の貯蓄銀行も設立されていた[40]．名古屋貯蓄銀行の設立された26年には貯蓄銀行は全国で23行にすぎず[41]，同行は全国的にも早い段階での設立であった．また愛知県下での貯蓄銀行の概要について，『日本全国諸会社役員録』（明治31年版）から作成したものが表II-3-6であり，これによって見ると，同26年に設立されたものは4行で，伊藤貯蓄銀行（伊藤次郎左衛門家の経営）とともに名古屋貯蓄銀行は，その先駆け的な存在であったことが分かる．同じ資料により明治40年時における愛知県下の貯蓄銀行を一覧表示したものが表II-3-7であり，31年時の15行からわずかな増加で，19行となっている．

同じ26年の6月には，貯蓄銀行条例が施行され（23年3月制定），預金者保護のため，支払準備や資金運用等に厳しい制限が課されることになった．しかし，まもなく，28年3月，同条例が改正されて種々の制限規定が撤廃され，また日清戦争後の好況到来もあり，貯蓄銀行はめざましい発展を遂げる．すなわち貯蓄銀行の数は，同年の86行が翌年には149行となり，さらに増加の一途をたどったのである[42]．

表 II-3-6　愛知県の貯蓄銀行（明治 31 年 1 月）

銀行名	公称資本金	払込資本金	設立年月	住所
㈱伊藤貯蓄銀行	100,000	50,000	1893.3	名古屋市茶屋町
㈱熱田貯蓄銀行	30,000	15,000	1893.6	愛知郡熱田町
㈱愛知貯蓄銀行	30,000	15,000	1893.6	名古屋市伝馬町
㈱名古屋貯蓄銀行	50,000	12,500	1893.6	名古屋市伝馬町
㈱尾張貯蓄銀行	30,000	10,000	1894.5	名古屋市門前町
㈱福田貯蓄銀行	30,000	15,000	1894.6	海東郡福田村
㈱衣浦貯金銀行	100,000	50,000	1895.5	知多郡亀崎町
㈱農商貯蓄銀行	30,000	7,500	1895.7	愛知郡熱田町
㈱豊橋貯蓄銀行	50,000	12,500	1896.1	渥美郡豊橋町
㈱知多貯蓄銀行	100,000	37,500	1896.2	知多郡野間村
㈱幡豆貯蓄銀行	50,000	25,000	1896.2	幡豆郡西尾町
㈱堀川貯蓄銀行	50,000	12,500	1896.10	名古屋市船入
㈱額田貯蓄銀行	30,000	7,500	1896.12	額田郡岡崎町
㈱内海貯蓄銀行	50,000	25,000	1897.1	知多郡内海町
㈱福江貯蓄銀行	50,000	12,500	1897.12	渥美郡福江村

出典：『日本全国諸会社役員録』明治 31 年版．

表 II-3-7　愛知県の貯蓄銀行（明治 40 年 1 月）

銀行名	公称資本金	払込資本金	設立年月	住所
㈱伊藤貯蓄銀行	100,000	50,000	1893.3	名古屋市茶屋町
㈱名古屋貯蓄銀行	50,000	25,000	1893.5	名古屋市伝馬町
㈱愛知貯蓄銀行	30,000	30,000	1893.6	名古屋市伝馬町
㈱熱田貯蓄銀行	30,000	30,000	1893.6	愛知郡熱田町
㈱尾張貯蓄銀行	30,000	10,000	1894.5	名古屋市門前町
㈱衣浦貯金銀行	100,000	50,000	1895.5	知多郡亀崎町
㈱農商貯蓄銀行	30,000	7,500	1895.7	愛知郡熱田町
㈱一宮貯蓄銀行	30,000	30,000	1895.12	中島郡一宮町
㈱知多貯蓄銀行	100,000	50,000	1896.2	知多郡野間村
㈱幡豆貯蓄銀行	50,000	25,000	1896.2	幡豆郡西尾町
㈱海島貯蓄銀行	30,000	7,500	1896.5	海東郡津島町
㈱内海貯蓄銀行	50,000	25,000	1896.12	知多郡内海町
㈱堀川貯蓄銀行	50,000	12,500	1896.12	名古屋市舟入町
㈱丸八貯蓄銀行	100,000	25,000	1898.8	名古屋市玉屋町
㈱小栗貯蓄銀行	30,000	7,500	1898.11	名古屋市新柳町
㈱岡崎貯蓄銀行	30,000	12,000	1899.5	額田郡岡崎町
㈱金城貯蔵銀行	35,000	35,000	1899.9	名古屋市赤塚町
㈱岩倉貯蓄銀行	100,000	36,000	1900.5	丹羽郡岩倉町
㈱中埜貯蓄銀行	50,000	12,500	1906.5	知多郡半田町

注：名古屋貯蓄銀行と堀川貯蓄銀行の設立月，および内海貯蓄銀行の設立年月が，
　　それぞれ前表と異なるが，原資料のままとした．
出典：前表に同じ，41 年版．

　しかし行数増大とはうらはらに，貯蓄銀行が，特定の普通銀行を親銀行とし，その資金吸収機関となっているなどとして，その不健全な経営が早くに認識されるにいたった．そこで政府は，33 年には，資金運用を制限することを主眼とし，条例の再改正を企図したが，はたせず，その改正は，のち，大正 10 年の貯蓄銀行法制定のときまで持ち越されることになった[43]．

　さて名古屋貯蓄銀行の初代頭取は瀧兵右衛門であり[44]，その他の役員も，当時の名古屋銀行役員の兼任であったにちがいない．経営内容を確認することができ

表 II-3-8　名古屋貯蓄銀行諸勘定（単位：千円（未満四捨五入），括弧内は％）

	払込資本金	諸預金	資金運用					
			諸貸金及び割引手形	預け金	諸有価証券	他店貸	金銀有高	合計
36年上	25	676	85(12.0)	448(63.4)	173(24.5)	—	1(0.1)	707(100.0)
39年上	25	1,288	307(22.9)	757(56.5)	234(17.4)	31(2.3)	12(0.9)	1,341(100.0)
下	25	1,519	354(22.5)	810(51.5)	384(24.4)	15(1.0)	11(0.7)	1,574(100.0)
40年上	25	1,202	374(29.4)	410(32.2)	419(32.9)	56(4.4)	14(1.1)	1,274(100.0)
下	25	1,438	410(27.1)	747(49.4)	338(22.4)	2(0.1)	14(0.9)	1,512(100.0)
41年上	25	1,474	433(28.0)	793(51.2)	302(19.5)	6(0.4)	15(1.0)	1,549(100.0)
下	25	1,578	399(24.0)	838(50.4)	358(21.5)	48(2.9)	19(1.1)	1,662(100.0)
42年上	25	1,790	413(22.3)	1,040(56.2)	359(19.4)	9(0.5)	29(1.6)	1,850(100.0)
下	25	1,957	307(15.2)	1,193(59.0)	483(23.9)	6(0.3)	33(1.6)	2,022(100.0)
43年上	25	2,185	244(10.8)	1,427(63.3)	488(21.7)	35(1.6)	52(2.3)	2,254(100.0)
下	25	2,220	240(10.5)	1,299(56.6)	656(28.6)	59(2.6)	40(1.7)	2,294(100.0)
44年上	25	2,486	233(9.1)	1,359(53.1)	894(34.9)	32(1.3)	42(1.6)	2,560(100.0)
下	25	2,353	224(9.2)	1,346(55.4)	789(32.5)	41(1.7)	31(1.3)	2,431(100.0)
45年上	25	2,431	273(10.9)	1,410(56.3)	781(31.2)	40(1.6)	—	2,504(100.0)

注：(1) 41年上・下は「諸貸金・割引及荷為替手形」となっている．
　　(2) 40年上，同下および43年上には，「証券買入元金」が各1,250円，1,250円，7,500円ある．
　　(3) 45年上の「預け金」は「預け金及金銀有高」である．
出典：「新愛知」掲載の同行各期決算公告．

表 II-3-9　名古屋貯蓄銀行の業績（単位：円）

	払込資本金	当期純益金	未処分利益金	利益処分					払込資本利益率(年率,%)	配当率(年率,%)	配当性向(%)
				株主配当金	役員賞与金	積立金	有価証券価格準備金	後期繰越金			
36年上	25,000	?	4,199	750	—	500	2,500	449	33.6	6.0	17.9
39年上	25,000	?	13,753	1,250	—	5,000	6,000	1,503	110.0	10.0	9.1
下	25,000	11,222	12,725	1,250	—	5,000	6,000	475	89.8	10.0	11.1
40年上	25,000	3,182	3,657	1,000	—	2,000	—	657	25.5	8.0	31.4
下	25,000	474	1,131	—	—	—	—	1,131	3.8	—	—
41年上	25,000	▲633	498	—	—	—	—	498	▲5.1	—	—
下	25,000	5,378	5,876	1,000	—	3,000	—	1,876	43.0	8.0	18.6
42年上	25,000	5,420	7,296	1,000	—	1,500	3,500	1,296	43.4	8.0	18.5
下	25,000	8,599	9,895	1,000	—	1,500	6,000	1,395	68.8	8.0	11.6
43年上	25,000	14,484	15,879	1,000	—	1,500	10,000	3,379	115.9	8.0	6.9
下	25,000	13,920	17,299	1,000	—	1,000	10,000	5,299	111.4	8.0	7.2
44年上	25,000	12,070	17,369	1,000	200	1,000	10,000	5,168	96.6	8.0	8.3
下	25,000	4,889	10,057	1,000	200	1,000	5,000	2,857	39.1	8.0	20.5
45年上	25,000	9,775	12,632	1,000	400	1,000	5,000	5,232	78.2	8.0	10.2

注：36年上と39年上の払込資本利益率，配当性向それぞれの算出には未処分利益金を使った．
出典：前表に同じ．

た30年代半ば以降について，表II-3-8によって検討してみよう．預金は，36年上期の68万円が，39年下期152万円となり，2倍以上の増加を示した．さらに43年上期に200万円台を超え，その後も増加傾向で，明治末には240万円となっている．資金運用を見ると，最大のものが「預け金」で，全体の50～60％を占めている．預け先が，名古屋銀行であることは，まずまちがいないであろう．その程度において，名古屋貯蓄銀行は，名古屋銀行の資金吸収機関の役割を果たしていたと見られるのである．「預け金」に次いで「諸有価証券」が20～30％，「諸貸金・割引手形」が10～20％であった．

表 II-3-10　名古屋貯蓄銀行役員の推移

	36年7月	40年1月	41年1月	43年7月	45年7月
瀧兵右衛門	頭取	〃	取締役	〃	〃
瀧定助	取締役	〃	常務	〃	〃
加藤彦兵衛	取締役	〃	〃	〃	〃
春日井丈右衛門	取締役	〃	頭取	〃	〃
森本善七	取締役	〃		〃	〃
見田七右衛門	監査役				
水野良助	監査役	〃	〃		
小出庄兵衛		監査役	〃	〃	〃
渡辺喜兵衛				監査役	〃

出典：前々表に同じ．

　業績を表 II-3-9 によって見ると，当期純益金は，日露戦争後の39年下期は1万1千円（払込資本利益率90％）を計上したが，戦後恐慌の影響からであろう，翌年上期から2期間，著しく縮小し，41年上期には欠損を生じている．同年下期から回復し，43年下期・翌年上期には1万3〜4千円を超えるという好業績を示すにいたっている．株主配当は，2期（40年下期と翌年上期）無配に落ちた以外は，8〜10％を安定的に行なっている．

　役員の異動はどうであろうか．表 II-3-10 によって役員の推移を見ると，36年上期，頭取以下7人は，名古屋銀行役員とまったく同一人・同一役職であり，そののちも両行の役員・役職は同一であった（ただし，名古屋銀行の方は，40年1月に杉野喜精が一時的に役員に加わった）．

　さて，瀧兵右衛門・瀧定助らにとって，名古屋銀行に次いで重要な事業は，日清戦争後に起業された帝国撚糸である．同行設立から15年近く経過している．ただし，この間，瀧兵右衛門ほか数人の瀧ネットのメンバーたちは，明治20年，奥田系の尾張紡績の設立に参画している．

3　日清・日露戦争後の会社設立
　　――帝国撚糸・帝国撚糸織物，鉄道車輌製造所，東海倉庫

(1)　帝国撚糸・帝国撚糸織物

発起人と役員

　帝国撚糸は，絹織物の原料糸である生糸を機械で撚ることを目的として，明治29年3月（創業総会）資本金50万円（30年2月，12万5,000円払込済み）をもっ

て設立された．発起人は瀧兵右衛門ほか12名であり，役員は次のとおりである．取締役社長：瀧兵右衛門，取締役副社長：瀧定助，取締役：祖父江重兵衛・春日井丈右衛門・勝野文三，監査役：瀧信四郎・瀧正太郎・武山勘七[45]．

　これらの役員のうち，祖父江重兵衛は，瀧や春日井らと同じく，幕末から明治初年に名古屋近在（古知野［尾張国丹羽郡東野村，現愛知県江南市］）から名古屋に移住した織物商である．支配人を兼任している勝野文三は岐阜の生糸製造業者である．また監査役の瀧信四郎は瀧兵右衛門の四男（のち，5代兵右衛門），瀧正太郎は，瀧定助の長男（のち，2代瀧定助），武山勘七（呉服太物商）は，瀧兵右衛門の長女（ゆう）の嫁ぎ先であることは既述のとおりである．加えて，横浜の有力な生糸輸出商である原善三郎・茂木保平，京都の下村忠兵衛・寺村助右衛門の4人が相談役になっていた[46]．このうち茂木保平は瀧定助の次男泰次郎の婿養子先であることもすでにふれた．

　祖父江重兵衛は，この帝国撚糸が設立された29年には，名古屋市最大の織物業者・愛知物産組の主宰者である．愛知物産組は，丹羽郡から名古屋に進出し（2年7月），呉服店を開設した祖父江が中心となり，11年1月，資本金3万円で名古屋市に設立された．祖父江が，名古屋の綿糸商近藤友右衛門，中島郡の織物業者山川茂兵衛らと図り，士族授産と，当時粗製濫造で信用を落としつつあった県下の縞木綿・絹綿交織物の改良を図ることを目的として，設立したものである[47]．同組の職工数は，設立初期の13年5月時点では，226人（士族128人，平民98人）であった[48]が，日清戦争後の28年下期には1,075人（男子51人，女子1,024人）にまで増大し，他の織物工場とは隔絶した大規模工場に成長していた[49]．つまり，帝国撚糸は，祖父江重兵衛の経営する愛知物産組にとって，その製品（絹綿交織物）の原料加工部門であり，この関係は，瀧兵右衛門と瀧定助においても同様であった．

　発起人と役員の持株については不明であるが，「発起人と相談役が大株主として名を連ね，中小株主のなかには，尾西地方の絹綿交織物に関わる商工業者たち，京都の西陣織関係の商工業者たちが目立っている」とされる[50]．

　さて，帝国撚糸は，上記の祖父江重兵衛，瀧兵右衛門，瀧定助ら織物商から絹織物製織事業（綿織物も兼営）に進出していた人物や，同じく同郷・同業の春日井丈右衛門らを中心に設立された．「従来，慣用されていた手車製撚糸の不利なことに着眼し……機械による完全な撚糸を供給し，織物地合不統一の弊を除

く」[51]ことを目的に起業されたものである．撚糸機械は，最も精巧な撚糸を生産できるフランス式を採用することとし，三井物産を通じてフランスから輸入した[52]．当初，同国・ベルトー会社製撚糸機械7千錘が設置された[53]．

このように撚糸工程機械化のため同社がフランス製機械を導入したのは，全国的に見ても，むしろ早期に属する．絹織物の重要産地である群馬県・桐生においても，明治37年，農商務省より機械を貸与されて営業を開始した桐生撚糸合資会社が最初のようである．同社は，農商務省より貸し下げられたフランス・ベルトー工場製撚糸機械10台（1台360錘）その他諸機械によって操業し，桐生はもとより全国機業地に撚糸を供給した，とされる（明治43年には絹撚糸をロシアに初めて輸出した）[54]．瀧らのこの事業における積極性が見て取れる．

同時に，帝国撚糸は，県下では玉糸の使用が多かったが，フランスにもイタリアにも玉糸撚糸機械がなかったため，同社の技師が撚糸熟練家の協力を得て，フランス式撚糸機械をもとに玉糸撚糸機械を考案し大阪の鉄工所に製作させている[55]．瀧らが，撚糸工程機械化にいかに熱心であったかを示しているといえよう．職工については，京都の日本撚糸会社へ伝習のために工務員1名と女子職工17名を派遣して，習熟させた[56]．

製糸業は，同社が設立された時期以降，つまり日清戦争後，愛知県下でさかんとなり，各地に製糸工場が設立されていき，生糸生産額は，44年には，長野県に次ぐ地位を確保するのである．実際，瀧定助は，30年，岡崎町で㈱三龍社の設立にも参画している．帝国撚糸はこの点で，同県製糸業の発展に貢献したといえるであろう．

事業の展開と業績

さて帝国撚糸は，30年11月から本格的な試運転を開始し，翌年上期から，本格的操業を開始した．同年上期の操業日数は159.5日で，運転錘数は，期首4,320錘であったが，期末には7,152錘となった．しかし，原料の生糸価格が横浜市場で高水準で推移しているうえに，織物生産が不振であるため，販売は困難をきわめた．名古屋と尾西地方への販売に努めたが，それだけでは販売を伸ばすことができず，桐生・足利地方の需要調査を行ない，同地方向けの製品の生産にも着手した．この期の職工数は男子11人，女子162人，計173人であり，前期に比べて50人ほど増加した[57]．

表 II-3-11　帝国撚糸・帝国撚糸織物の業績（単位：円）

	払込資本金	当期純益金	利益処分 株主配当金	利益処分 役員賞与金	利益処分 積立金	払込資本利益率(年率,%)	配当率(年率,%)	配当性向(%)
30年上	125,000	▲3,257	—	—	—	▲5.2	—	—
31年上	150,000	1,042	—	—	—	1.4	—	—
下	200,000	442	—	—	—	0.4	—	—
32年上	200,000	8,956	4,000	590	600	9.0	4.0	44.6
下	200,000	13,002	10,000	1,520	2,400	13.0	10.0	76.9
33年上	200,000	▲9,267	—	—	—	▲9.3	—	—
下	200,000	▲2,934	—	—	—	▲2.9	—	—
34年上	200,000	▲2,595	—	—	—	▲2.6	—	—
下	200,000	2,307	—	—	—	2.3	—	—
35年上	150,000	6,419	4,500	—	650	8.6	6.0	70.1
下	150,000	9,122	6,000	—	1,000	12.2	8.0	65.8
36年上	150,000	3,724	3,750	—	500	5.0	5.0	100.7
下	150,000	1,899	3,000	—	200	2.5	4.0	158.0
37年上	150,000	▲8,040	—	—	—	▲10.7	—	—
下	150,000	2,776	2,250	—	300	3.7	3.0	81.1
38年上	150,000	4,469	3,750	—	500	6.0	5.0	83.9
下	150,000	10,822	7,500	—	1,500	14.4	10.0	69.3
39年上	150,000	11,758	7,500	—	2,500	15.7	10.0	63.8
下	175,000	15,776	11,000	—	2,500	18.0	12.6	69.7
40年上	375,000	16,936	15,000	—	4,500	9.0	8.0	88.6
下	375,000	17,429	15,000	—	3,100	9.3	8.0	86.1
41年上	375,000	6,508	7,500	—	1,200	3.5	4.0	115.2
下	375,000	7,257	6,600	—	1,000	3.9	3.5	90.9
42年上	375,000	1,181	—	—	—	0.6	—	—
下	375,000	10,587	7,500	1,050	2,000	5.6	4.0	70.8
43年上	450,000	18,348	12,900	1,834	3,000	8.2	5.7	70.3
下	450,000	27,670	16,500	2,750	5,000	12.3	7.3	59.6
44年上	450,000	23,703	16,500	2,350	4,200	10.5	7.3	69.6
下	450,000	22,111	16,500	2,200	3,450	9.8	7.3	74.6
45年上	525,000	26,249	19,500	2,600	4,050	10.0	7.4	74.3

注：(1) 役員賞与については，32年上・下はそれぞれ，利益処分の形式で計上されており，その後42年上までは記載がない。ただし，40年下と41年上の営業報告書において，支出項目として「賞与金」がそれぞれ2,050円，760円計上されている。そして，42年下から再びそれが利益処分の項目として表れている。したがって，33年上以降，42年上まで，役員賞与金は，支出項目として処理された可能性が高い。
(2) 配当性向＝株主配当金÷当期純益金
31年上の決算では「前期損失金」4,461円が計上されている。
(3) 37年上について，当期純損失8,040円から前期繰越金1,566円を差引いた6,473円は「機械建物修繕其他支出基金より償却す」とある。
(4) 40年上に帝国撚糸織物が設立された。
出典：40年下と41年上は同社営業報告書，その他は「新愛知」掲載の同社各期決算公告による。

業績はどのようであったか，表 II-3-11 によって見てみよう。設立初期の業績は良くない。発足時の30年上期に3,000円を超える欠損を出し，翌年上期に利益に転じた。32年上期に9,000円，下期に13,000円の利益を上げ，それぞれ4％，10％の配当を行なった。しかし，33年から翌年上期までの3期，再び欠損をつづけたのち，34年下期から利益を計上し，翌年上期から配当も復活させるという推移をたどっている。この間，資本金は，32年下期までに20万円の払込みが行なわれたが，35年上期に半額減資がおこなわれ，25万円（15万円払込済

み）となっている．

　同社が業績を回復したのは日露戦争後においてである．38年下期から活況を呈し，3期連続，10％以上の配当を行ない，それ以後，明治期を通じてほぼ安定的な利益と配当を行なった．配当性向は70～80％である．役員賞与は42年下期以降，継続して行なわれており，「役員賞与配分率」は，各期，正確に10％である．

　この間，戦後の好調を背景に，設備の拡張を行なうこととし，9千錘を増錘した．さらに40年2月，絹織物の生産を兼営することとし，社名を帝国撚糸織物㈱と改め，資本金150万円に増資した（37万5,000円払込済み）[58]．同年下期（40年6月1日～同年11月30日）における，撚糸機械運転錘数1万6,512錘（フランス製機械3,120錘，内地製機械1万3,392錘，錘撚糸就業日数は156日），同期末現在職工（男子，女子および小使）273人であるから[59]，設立時に比べると生産能力は2倍を超え，職工数も100人の増加であった．原料生糸は，愛知・岐阜・三重（「尾三濃勢」）の各県から調達し，同期間，生撚糸3,347貫，玉撚糸173貫を製造した．京都支店ほか，愛知県（中島郡一宮町）と群馬県（前橋本町）に各1軒ずつ特約委託販売店をもち，また横浜（市内太田町）の野澤屋輸出店を通じて輸出も行なっている[60]．

　翌41年上期，フランス（リッドクッシュ社）に注文してあった力織機その他の器機が到着し，据付けを同期中に過半，終了し，製織事業を開始した．45年上期を見ると（それ以前，不明），「織物部」の運転機台160台（同期，同部の就業日数167日），同期末の職工数278人（男子23人，女子255人）[61]となっている．「撚糸部」の職工242人と合わせ，同社工場は500人を超える規模に発展したのである．ただ同期中の絹撚糸高は4,562貫であり，40年下期の3,520貫に比べ約30％の増加にとどまっている．撚糸機械設備を2倍以上に増加させていたにもかかわらず，生産高がこの程度の増加にとどまっていたのは，この時期の不況の影響によるものであろう．

　なお，同社の行なった，撚糸生産から織物生産への前方統合について，その収益面の効果を見ておくと，45年上期における「当期撚糸部総益金」（同部売上高から同部諸経費を差し引いたもの）27,494円，「当期織物部総益金」（同じく，同部売上高から同部諸経費を差し引いたもの）10,079円であるから[62]，同社の総益金（両方を合した37,573円）に対し，織物部は30％弱（26.8％）の貢献をなしたとい

うことができる．

役員の推移と株式所有状況

　この間の役員の異動を表 II-3-12 によって見てみよう．設立以来，40 年上期に帝国撚糸織物と改称するまでのほぼ10年間の異動はわずかである．取締役の祖父江重兵衛が辞任し（35 年 6 月），佐分慎一郎がこれに代わったこと，副社長の瀧定助（初代）が辞任し（同年 12 月），その長男・瀧正太郎がこの職位を継承したこと，および加藤彦兵衛が監査役に加わったこと（監査役・瀧正太郎の副社長就任による），この3件のみである．なお，瀧定助は副社長辞任の翌年，36 年 11 月死亡し，正太郎が瀧定助（2 代）を襲名した．

　その後，40 年上期の社名改称とともに，社長と副社長の職位が無くなり，代わって会長と専務の職位が新設され，それまでの社長・瀧兵右衛門が会長に，副社長の瀧正太郎（2 代定助）が専務に就任する．また，同期には，前期まで監査役であった武山勘七が姿を消し，茂木保平（初代瀧定助の次男）と森本善七の2人が監査役に加わる．以後，45 年 6 月までの異動は，設立時いらい取締役をつとめた勝野文三が 41 年上期に姿を消しているのみである．同社の場合，両瀧家と春日井丈右衛門が，その中核であったことがうかがえる．

　役員の株式所有状況はどうであったろうか，表 II-3-13 によって，40 年時，

表 II-3-12　帝国撚糸・帝国撚糸織物役員の推移

	30 年 7 月	35 年 12 月	36 年 6 月	40 年 6 月	45 年 6 月
瀧兵右衛門	社長	〃	〃	会長	〃
瀧定助	副社長	〃			
祖父江重兵衛	取締役				
春日井丈右衛門	取締役	〃	〃	〃	〃
勝野文三	取締役	〃	〃	〃	
佐分慎一郎		取締役	〃	〃	〃
瀧信四郎	監査役	〃			
瀧正太郎(2代定助)	監査役	〃	副社長	専務	〃
武山勘七	監査役	〃			
加藤彦兵衛			監査役	〃	〃
茂木保平				監査役	〃
森本善七				監査役	〃

注：(1) 基本的に，役員の変動があったときのみ掲載．ただし，祖父江重兵衛は 35 年 6 月，武山勘七は同年 12 月，それぞれ役員を辞任．また，取締役・勝野文三は 41 年上期中に辞任．
(2) 帝国撚糸織物と改称した明治 40 年上期からは，それまでの社長と副社長の職はなくなり，代わって取締役会長と専務取締役が新設．
(3) 35 年 12 月瀧定助が副社長を辞任し，翌 36 年上期，定助長男・正太郎が副社長職を継承．
初代瀧定助は 36 年 11 月死亡し，正太郎が定助を襲名．
出典：45 年 6 月は帝国撚糸織物「第 11 回営業報告書」，それ以前は，「新愛知」掲載の各期決算公告（帝国撚糸「第 1～20 回」，帝国撚糸織物「第 1 回～10 回」）．

45年時について検討してみよう．まず40年11月末について．瀧定助家の家業・瀧定合名会社が筆頭株主であり，瀧信四郎（兵右衛門の四男，5代兵右衛門），瀧兵右衛門，瀧定助，茂木保平（定助次男）とつづき，役員8名中の4人が最上位の大株主である．その他の役員も，ほぼ20位以内に入る．役員8名の持株数を合計すると5,652株，総株式数（3万株，総株主数287名）の18.8％である．ただし，役員の関係者・関係会社の持株，計5,382株を合算すると，11,034株，36.8％となる[63]．この40年時点以前に役員を辞任した人物で，大株主の中に名前がみられないのは祖父江重兵衛1人である（100株以上所有者のなかに祖父江姓は無い）．ちなみに，両瀧家の持株を算出してみると，瀧定助家4,296株，総株式数の14.3％（瀧定合名会社・瀧定助・茂木保平・小出庄兵衛の各持株を合算），瀧兵右衛門家3,462株，11.5％（瀧兵右衛門・瀧信四郎・武山勘七の各持株を合算）であり，瀧定助家が上回って所有している．

次に45年5月末時点の所有状況を検討し，さきの40年時のそれと比較してみ

表II-3-13　帝国撚糸織物の株主

40年11月末			45年5月末		
氏名	役職	持株数	氏名	役職	持株数
瀧定合名会社		1,734	瀧信四郎		2,194
瀧信四郎		1,614	瀧定合名会社		2,162
瀧兵右衛門	会長	1,200	瀧定助	専務	1,200
瀧定助	専務	1,200	茂木保平(神奈川県)	監査役	1,050
茂木保平(神奈川県)	監査役	1,050	勝野又三郎(岐阜県)		918
春日井丈右衛門	取締役	810	田口百三		720
田口百三		720	瀧兵右衛門	会長	700
吉田高朗		690	吉田高朗		690
武山勘七		648	二村いそ		610
勝野又三郎(岐阜県)		618	太田惣次郎(岐阜県)		600
太田惣次郎(岐阜県)		600	春日井合名会社		600
柳川廣太郎		590	柳川廣太郎		600
佐分慎一郎	取締役	462	佐分慎一郎	取締役	462
水野浜次郎		460	森本善七	監査役	330
桜井善吉		390	小出庄兵衛		312
永井みつ		360	梅村久助		310
伊藤嘉七		350	春日井丈太郎		306
豊島半七		330	殿木ぬい(岐阜県)		300
森本善七	監査役	330	太田善七		300
小出庄兵衛		312	加藤彦兵衛	監査役	300
深田さく		310	谷　健次郎		300
春日井丈太郎		306	長与程三(神奈川県)		300
殿木ぬい(岐阜県)		300			
加藤彦兵衛	監査役	300			
勝野文三(岐阜県)	取締役	300			
谷　健次郎		300			
近藤佐兵衛		300			

注：(1) 300株以上所有者のみ記載した．
　　(2) 45年時，取締役・春日井丈右衛門については，別に，同人名義が210株ある．
　　(3) 氏名欄の括弧内は住所で，記載された者以外は愛知県．
出典：明治40年下期および45年上期「営業報告書」添付の各株主名簿．

よう．45年時，役員7名（勝野文三は41年3月死亡）の持株は，計4,252株（同表にない，春日井丈右衛門210株を含む），総株式数（3万株，総株主数350名）の14.2%であり，4.6ポイント低下している[64]．ただし，役員の関係者・関係会社の持株，計5,854株[65]を合算すると10,106株，総株式数の33.7%となり，40年時のそれと比べ3.1ポイントの低下である．そして，これは勝野文三が死亡したことによる役員離脱が原因で，これを除いて考えれば，40年時と同率である（40年時，勝野文三300株，又三郎618株各所有，45年時，勝野又三郎918株所有）．

　両瀧家の持株を算出すると，瀧定助家4,854株（瀧定合名会社と小出庄兵衛家の買い増しによって増加），瀧兵右衛門家2,894株（武山勘七が株主におらず，ほぼ，その分の減少）となり，瀧定助家と瀧兵右衛門家の持株の差がさらに開いている．

　同社設立当初の株式所有状況が不明なため，40年時にいたるまでの役員の持株の推移を検討できないが，役員，つまりネットのメンバーたちは，設立初期における同社の事業不振状況下においても持株を維持して初期の困難を克服し，事業の確立につとめた，と推測してよいであろう．

　ここで，ネットワークの形成と持続という観点から，興味あることがらを2点指摘しておきたい．第一に，この瀧ネットは，織物商という同業者たちを中心とするネットであったことは明らかであり，さらにこれら中心メンバーは，その後，長期にわたり同業者中の有力者であり，業界において協力しあった，ということである．

　明治32年4月，名古屋の有力呉服問屋10店が同業組合「名古屋呉服一番組」を結成した（これより10年以前の22年3月「名古屋呉服太物洋反物木綿絞組合」なるものが設立されたが，32年解散）．このメンバーは，瀧ネットの中心的な存在であった瀧定助，祖父江重兵衛，瀧兵右衛門，春日井丈右衛門，三輪喜兵衛ほか，後藤増平，吉田善平，熊沢宗三郎，尾関平兵衛，丹羽市造らであった．翌年，吉田，熊沢，丹羽の3者は退会し，のち後藤，尾関の2店も廃業した．そして，のちのことになるが，大正9年，「瀧兵」，「瀧定」，「春日井」，「糸重」（祖父江重兵衛），「三輪喜」（三輪喜兵衛）の5店で「名古屋織物同盟会」が結成されるのである[66]．

　とくに瀧兵右衛門，瀧定助，祖父江重兵衛，春日井丈右衛門らは，31年時以降，40年時においてもネットのメンバーでありつづけ，ネットを持続させたの

である．そうしたネットの持続力の要素として，ここでは各家業の継続的な発展にもとづく同業者としての結束が与って力あったことを示唆している．

　第二に，瀧定助は不動産投資において，春日井丈右衛門と緊密な関係を結んでいたことである．瀧定助家では，明治37年1月，家憲に基づいて「不動産共有匿名組合契約書」なるものが作られた．同契約書の対象である不動産は，農地126町歩余り（愛知郡での所有が大半），市街宅地7,800坪であり，これら不動産については「春日井丈右衛門氏との共有物件が甚だ多」かった[67]とされているのである．また，この不動産の大部分は初代定助が独立してから取得したもので，残存している売買契約書などから見ると明治20年以前に入手したものが多かった[68]．つまり，瀧ネット構成メンバーのなかでも，とくにこの2人は，同業者という関係のほか，早くから信頼し合うパートナーであったと理解することができるのである．

　帝国撚糸・撚糸織物は両瀧家と春日井丈右衛門が会社の中核となっており，とくに両家のメンバーと春日井が設立時以降，明治期を通じて長期的に役員職にあった．当初，取締役の1人であった祖父江重兵衛が，短期的に役員を辞したのは，彼には別に愛知物産組という深くコミットすべき事業があったからではなかろうか．いずれにしても，帝国撚糸は，両瀧家にとって家業の製織事業の原料部門であり，それは祖父江重兵衛の愛知物産組にとっても同様の事情であった．

　同社が，創業時，撚糸工程機械化のためフランス製機械を導入したのは画期的なことであった．しかし，本格的に操業を開始したのが，日清戦争後の不況期に遭遇したこともあって設立後，30年代半ばまでは業績不振で欠損をつづけた．このため，早くも半額減資（50万円→25万円）を余儀なくされた．業績が好調に転じたのは日露戦争後のことであった．株式配当も，それ以後，明治期を通じて，ほぼ10％前後を行なっている．戦後の好調を背景に，大増資を行ない（25万円→150万円），設備の拡張を行なうとともに絹織物生産に進出したのである．

　経営不振下における株式所有状況は不明である．しかし，役員中，経営不振を理由に大幅な株式の売却を行なったものはいなかったと想定してよいであろう．まず設立後，明治期を通じて，役員の変動そのものが少ない．役員を継続しながら多量の株式を売却することは考えにくい．設立時の役員で，役員辞任後，大株主から姿を消しているのは，わずか1人（祖父江重兵衛）だけであった．

(2) 鉄道車輛製造所

　帝国撚糸の設立と同年の29年6月，瀧兵右衛門と加藤彦兵衛は，名古屋における鉄道車輛事業の設立に参画し，役員に就任した．ただし，この会社は，ごく短命に終わった．同年に，奥田系の日本車輛製造が設立されたこと，また両社が同時設立にいたった経緯については後述する．

　同社は，鉄道庁の元部長・野田益晴ら鉄道院関係者の勧めに応じて，瀧兵右衛門や知多の小栗富治郎らが野田らとともに，資本金50万円（30年上期，15万円払込済み）で設立したものである[69]．この資本金額は，奥田系の日本車輛製造と同額であった．29年1月の発起人会に参加したのは東京8名，大阪4名，兵庫3名，岐阜2名，和歌山1名であり，愛知は1名も入っていなかった．その後，愛知勢の加入を募り，開業時には7名の取締役中，東京3名，名古屋3名（瀧兵右衛門，村瀬庫次，吉田禄在），兵庫1名となり，名古屋勢の比重が増したが，取締役社長には東京の野田益晴が就任した（支配人は手塚輝雄）[70]．社長以外の役員は30年1月現在，次のとおり[71]．取締役に瀧兵右衛門，園田実徳，吉田禄在，鹿島秀麿，村瀬庫次，小山悦之助，監査役に小栗富治郎，井上信八，石丸安世，加藤彦兵衛がそれぞれ就任した．愛知県の人物のうち，取締役の1人，吉田禄在は，かつて瀧兵右衛門らとともに名古屋銀行の設立に参画した人物である．元尾張藩士で，明治8年から11年まで衆議院議員，愛知県会市部会議長，名古屋参事会員等に就任，11年から21年まで名古屋区長をつとめた．その他，名古屋電燈，第四十六国立銀行，第十一国立銀行，第百三十四国立銀行，名古屋米穀取引所等の設立に関わっており，この時期，名古屋米穀取引所頭取の職にあった（明治22年1月に就任し，のち大正4年2月まで同職をつとめる）．取締役の村瀬庫次も同取引所監査役の職にあった（明治26年8月就任，その後39年まで同職位にあり，翌年，理事となり，大正4年2月吉田禄在の頭取辞任と同時に，理事を退く）．

　日清戦争後の鉄道ブーム期に操業を開始したこともあり，同所は，七尾鉄道（野田が社長を兼任）から貨車40輛・客車20輛の注文を受け，その後も33年までの短期間に九州，関西，徳島，阪鶴などの各鉄道向け客車をはじめとして多数の客・貨車を製作した[72]．第1回決算（29年8月6日〜同年12月31日）では2,749円の欠損を出している[73]．業績はその後，31年上期には（この間不明）19,264円の当期純益金を計上し，10％の配当（年率）を行なっている．払込資本

金も同期までに30万円に増加した[74]．32年時には職工数は400余人に達し，同時期の日本車輛製造の約160人を凌ぐほどだった[75]．しかし，同年，取締役・監査役の選任をめぐり，現社長を中心とするグループと同社へ運営資金を供給しているグループが対立した．しかも33年の不況を乗り切れず，解散する結果になった．同社工場は東京砲兵工廠に買収された（熱田兵器製造所として37年11月に事業が開始）[76]．

　瀧兵右衛門は，たしかに，この鉄道車輛製造所の設立に参画し，取締役に就任した．瀧系の加藤彦兵衛もまた監査役となっていた．しかし，同所は，その役員構成から見ても，いわば"寄り合い世帯"であったことは前記のとおりである．しかも，同所のメインバンクは瀧系の名古屋銀行ではなく，伊藤次郎左衛門・岡谷惣助系の愛知銀行であった．そもそも，同所と奥田系の日本車輛製造の設立に際しては，県や農商務省が両者の統合を希望し，調整を行なった．にもかかわらず，結局，2社分立して創業することになった背景には，日本車輛製造―明治銀行，鉄道車輛製造所―愛知銀行の系列問題がからんでいた，とされる[77]．愛知銀行は，既述のように，鉄道車輛製造所の設立と運営に際し，多大の出資を行ない，そして同所の解散によって，大きな被害を受け，その結果，頭取の引責辞任にまでいたったのである[78]．

　こうしたことからすると，同所を瀧ネットの構成企業であったと言うことはできないであろう．瀧ネットが車輛製造事業に本格的に進出するのは，のち（日露戦争後），奥田系の日本車輛製造を，実質的に，瀧系の名古屋銀行が買収し，瀧系の役員が実権を掌握するにいたったときである（後述）．

(3) 東海倉庫

発起人と役員

　瀧系の名古屋銀行が，奥田系の日本車輛製造の株式買収ないし買収支援に向かう時期，これと軌を一にするかのように，瀧系は，倉庫業においても，先行した奥田系の倉庫会社・名古屋倉庫のライバル会社をつくった．東海倉庫は，日露戦争後の好況期，明治39年12月，資本金100万円（25万円払込済み）で設立された．先行の名古屋倉庫（明治26年設立）が名古屋停車場近くに倉庫を設置し，鉄道貨物の取扱いに主力をおいていたのに対し，こちら東海倉庫は，堀川運河の水

運にビジネスチャンスを見出したのである．

発起人は，瀧兵右衛門（発起人総代），瀧定助，春日井丈右衛門，加藤彦兵衛，森本善七，水野良助，小出庄兵衛，杉野喜精らである．役員には次の人物たちが就任した．取締役会長：平沼延次郎，専務取締役：原田勘七郎，取締役：春日井丈右衛門・井口半兵衛・伊藤伝七，監査役：瀧定助・杉野喜精・伊藤清十郎・磯貝浩．そして，渋沢栄一と瀧兵右衛門が相談役となった[79]．取締役会長・平沼延次郎は瀧兵右衛門の次男で，横浜の平沼専蔵の養子である（在任1年で退任）．なお，平沼専蔵は，早くに，倉庫会社を設立していた（第4章の名古屋倉庫の項を参照）．専務取締役・原田勘七郎は，このすぐのち，43年10月，奥田系・日本車輌製造の常務取締役を兼任する．取締役の井口半兵衛は知多商業会議所会頭で，東海倉庫・亀崎支店設置との関係で，出資し，役員に就任したものであろう．同じく取締役の伊藤伝七（三重紡績の主宰者）は，奥田正香と近しい関係にあったが，こちら瀧系の事業にも参画していたのは，ともに繊維事業にたずさわっていたことや，すぐあとに見るような渋沢栄一との関係からであろう．監査役の杉野喜精は名古屋銀行支配人で，東海倉庫設立の翌年1月には同行取締役となる（ただし，その直後，同年6月名古屋銀行取締役兼支配人を辞任するとともに東海倉庫役員も辞任）．

渋沢栄一が相談役となった事情については不詳であるが，渋沢が早くから倉庫業の重要性をうったえるとともに，自ら家業として同事業を経営（渋沢倉庫）していたこと，および瀧兵右衛門が渋沢宅を直接，訪問するほど渋沢と面識があったこと[80]などと関連があるものと推測される．この時期よりはるかにさかのぼる明治17年，渋沢は地方巡回の途次，四日市室山の伊藤伝七と名古屋伝馬町の水野良助に倉庫会社設立の必要を説いたとされている[81]．渋沢が同社の相談役であった期間はごく短く，明治42年6月，その財界引退と同時に，辞任する[82]．

株式所有状況を検討しよう．同社の株式募集については，設立当初（設立趣意書では），総株式数2万株のうち8,000株を発起人が引受けることとしたが，株式引受希望者が多数であったため発起人の引受予定の株数8,000株を5,000株に減少させた[83]．日露戦争後の会社設立ブームを反映している．また，39年から40年にかけて，全国的に倉庫会社の設立も多かった．創立当時における大株主は表II-3-14のとおりである．発起人8人の持株合計は5,000株，株式総数（2万株）の25％である．大株主中，井口半兵衛と井口が頭取の亀崎銀行の出資参

表 II-3-14　東海倉庫の株主

39年			43年3月末			大正6年3月末		
氏名	役職	持株数	氏名	役職	持株数	氏名	役職	持株数
○瀧兵右衛門	相談役	1,500	㈱名古屋銀行頭取		1,200	㈱名古屋銀行頭取		1,200
井口半兵衛	取締役	1,500	春日井丈右衛門			瀧定助		
○春日井丈右衛門	取締役	700	井口半兵衛	取締役	1,050	㈱名古屋貯蓄銀行頭取		853
○加藤彦兵衛		700	瀧定㈾業務執行社員		750	春日井丈右衛門		
○森本善七		700	瀧定助			瀧定㈾業務執行社員		850
○瀧定助	監査役	700	春日井丈右衛門	取締役	705	瀧定助		
亀崎銀行		500	加藤彦兵衛		700	加藤彦兵衛		700
牧田茂兵衛		500	森本善七	会長	700	後藤正太郎		680
渋沢栄一(東京市)	相談役	500	原田勘七郎	専務	550	春日井丈右衛門		675
平沼延次郎(横浜市)	会長	500	横浜火災海上保険㈱社長		500	高橋彦次郎	取締役	650
○小出庄兵衛		300	富田重助鉄之助(横浜市)			夏目直一		630
岡野悌二		300	渋沢栄一(東京市)		500	森本善七	監査役	600
○木野良助		200	瀧信四郎		430	瀧信四郎		530
○杉野喜精	監査役	200	磯貝浩		330	高橋正彦		500
辻武美		100	伊藤清十郎		300	渋沢同族㈱社長		500
			丹羽政美		255	渋沢敬三		
			中村与右衛門		250	堀田鉄三郎		464
			瀧定助	監査役	230	磯貝浩	監査役	330
			小出庄兵衛		230	小栗延太郎		300
			牧田茂兵衛		215	中村与右衛門		250
			岩本嘉種		200	土井兼次郎		240
			土井兼次郎		200	恒川小三郎		220
			岡田良右衛門		200	牧田茂兵衛		215
			瀧兵右衛門	相談役	200	堀田増次郎		200
			福田卯助		200	瀧定助	社長	200
			㈱愛知農商銀行取締役 竹内兼吉		200	瀧兵右衛門		200
			平井友三郎(岐阜県)		200	高橋吉彦		200
			鈴木庄蔵		200	高橋正平		200
						鈴木庄蔵		200
						鈴木慶太郎		200

注：39年の氏名欄の○印は発起人、また括弧内は居住地で、その他は愛知県居住者。
出典：『東陽倉庫50年史』50ページ（「大口株主」として、発起人8名ほか7名の持株を掲載）、43年と大正6年はそれぞれ同社「第7回報告書」「第21回報告書」添付の株主名簿による（それぞれ200株以上株主のみ記載した）。

加は，「東海倉庫が設立早々，亀崎に支店を設置した」関係から，と推測される（ただし亀崎支店は明治43年10月廃止）[84]。この井口半兵衛の持株数は，瀧兵右衛門の1,500株と同数で，両者は筆頭株主である（瀧兵右衛門と，その実子・平沼延次郎2人の持株を合算すると2,000株となり，井口と亀崎銀行の各持株を合算した数字と同一）。春日井丈右衛門，加藤彦兵衛，森本善七，瀧定助ら4人は，それぞれ等しく700株を所有して第2位の株主であった．設立時の役員11人（相談役の2人も含む）のうち，持株のわかる7人の合計は5,600株，総株式数の28％である．ただし，それら役員の関係者・関係会社の持株800株（亀崎銀行500株，小出庄兵衛300株）を加算すると6,400株，32％となる．

事業の展開と業績

東海倉庫は，名古屋市中央部に近く，堀川運河の東岸の県有地（天王崎町及堅

三ツ蔵町）1万余坪（10,547坪）の払下げを受け，ここに倉庫の建設を進め，設立の翌年（40年）5月から営業を開始した[85]。堀川運河は熱田港（のちの名古屋港）から朝日橋（名古屋城の西側）まで約10キロメートルにおよぶ水路で，当時は名古屋唯一の水上交通路として物資の輸送に重要な役割を果たしていた[86]。このライバルの出現と行動に，先行の名古屋倉庫も素早く対応した．同運河西岸に進出し，東海倉庫創業よりほぼ半年後の同年11月から業務を開始したのである[87]。

東海倉庫の営業開始が日露戦争後の不況と重なったため，同社は業績不良のスタートを切った．不況対策として，開業時，名古屋倉庫と保管料の協定を行ない，両社同一の料金で貨物の受託を行なうこととした．しかし，貨物の減少と争奪戦のなかで，不振状態がつづき，42年には，倉庫建築用地に当てない土地を売却し，ようやく下期に最初の株式配当（4％）を行なうという状況であった．以後，明治期を通じて，同社の株式配当は4％で推移した．名古屋倉庫の方の配当は，この間，わずかに高く6％前後であった[88]。

名古屋港への進出においても，両社が競争行動をとったことについては後述する．同港進出の企図と行動では，東海倉庫が早かったが，結果的に同社は名古屋倉庫にはるかに後れをとったのである．

それでは東海倉庫の設立初期における経営不振状態に対し，瀧ネットのメンバーは，株式所有面で，どのように対応していたであろうか．43年3月末時点においてそれを確認しよう（表II-3-14）．この時点では，平沼延次郎に代わり，森本善七が会長職にあり，また監査役が4人から3人となり，杉野喜精と伊藤清十郎が辞任し，新たに伊藤由太郎（旧尾張藩の有力な御用達商人［「四家」］伊藤忠左衛門の長男，24年家督相続）が加わっている．それ以外の役員は設立時と同じである（渋沢栄一は相談役を退いている）．伊藤由太郎は，岡谷惣助家と縁戚関係にあり（妻が岡谷惣助の次女ちゃう），旧豪商仲間の伊藤次郎左衛門や岡谷惣助らと緊密な行動をとったが，ここでは瀧らの事業に参画している．

筆頭株主は，瀧兵右衛門から名古屋銀行（頭取春日井丈右衛門）に変わっている．役員（相談役・瀧兵右衛門を含む）9人の持株は計4,045株，総株式数（2万株，株主総数210人）の20.2％である（同表に見られない他の2人の役員，取締役・伊藤伝七と監査役・伊藤由太郎の各持株100株，180株を含む）．ただし，これに関係者・関係会社の持株（名古屋銀行1,200株，瀧定合名会社750株，瀧信四郎430

株, 小出庄兵衛230株) 計2,610株を加えてみると, 6,655株, 33.3%となる. 前年に相談役を退いた渋沢栄一も設立時と同じ500株を所有しつづけている.

　個別に見て, 発足時に比べその変動が顕著なのは, 瀧兵右衛門家とその関係者, および井口半兵衛の場合である. 瀧兵右衛門は発足時1,500株を所有して筆頭株主であったが, 自身の200株に信四郎の430株を加えても630株であり, 半分以下に減少している. 瀧兵右衛門の次男で横浜の平沼専蔵の養子・平沼延次郎も会長辞任とともに持株を手放した模様で, 株主名簿に名前がない. 井口半兵衛も450株減少させている. 亀崎銀行も株主名簿にない.

表II-3-15　東海倉庫役員の推移

	39年12月	43年4月	大正6年3月
平沼延次郎	会長		
原田勘七郎	専務	〃	
春日井丈右衛門	取締役	〃	
井口半兵衛	取締役		
伊藤伝七	取締役	〃	
瀧定助	監査役	〃	社長
杉野喜精	監査役		
伊藤清十郎	監査役		
磯貝浩	監査役	〃	監査役
伊藤由太郎		監査役	取締役
森本善七		会長	監査役
高橋彦次郎			取締役
(渋沢栄一)	(相談役)		
(瀧兵右衛門)	(相談役)	〃	

出典：設立時の明治39年は『東陽倉庫50年史』49ページ, 同43年と大正6年はそれぞれ東海倉庫「第7回報告書」,「第21回報告書」による. したがって, 各時点における役員である.

一方, 瀧定助家とその関係者については, 瀧定助700株, 小出庄兵衛（瀧定助の弟）300株, 計1,000株であったものが, 瀧定合名会社750株, 瀧定助230株, 小出庄兵衛230株, 計1,210株となり, 増加している. その他, 春日井丈右衛門, 加藤彦兵衛, 森本善七らは, ほとんど変動がないか同一である. 瀧兵右衛門家と同家の関係者は, 別として, 他の瀧ネットのメンバーは, 同社設立初期の業績不振状態のなかでも, 持株を手放さなかったということになる.

　瀧ネットのメンバー中, 瀧兵右衛門家のみがこのように持株を減少させた理由について明らかにすることはできないが, 同社役員の就任状況を見ると, 兵右衛門家の同社に対する消極性がうかがえそうである. そもそも最初から, 兵右衛門が相談役という立場で同社に関わったのは, おそらく, 信四郎に家督を譲ったのちであったからとおもわれる. そして信四郎は, 既述のように家業にのみ専念する方針であったから同社役員には就任しなかった. そこで設立時, 横浜に養子に出した平沼延次郎を会長につけたが, 平沼もまもなく役員辞任の事情が発生したのであろう. こうして, 瀧兵右衛門家は, 同社の役員からは離脱したのである. 表II-3-15の役員変遷を見れば, のちの大正期には同社の中心は瀧定助家に移っているように推測される.

　ちなみに, のちの大正6年3月末時点における株式所有状況も確認しておこう

（表II-3-14）．この時点における役員5人の持株合計は1,960株（同表にない取締役・伊藤由太郎の持株180株を含む），総株式数（20,000株）の9.8％である．ただし，役員らの関係会社・銀行の持株2,903株（瀧定合名会社850株，名古屋銀行1,200株，名古屋貯蓄銀行853株）を含めると4,863株，総株式数の24.3％となる．この持株比率は，43年時の役員9人とその関係者・会社合計の持株比率33.3％と比べ，一見，9ポイントもの大幅な低下に見える．しかし，この原因は，役員の減少によるものである．43年時には9人いた役員（相談役の瀧兵右衛門を含む）が大正6年には5人となっている．

そこで瀧ネットの主要メンバーを個別に見てみると次のようになる．社長の瀧定助に関しては，本人200株と家業の瀧定合名会社名義850株を合算して1,050株であり，43年時に比べ，70株増加し，同家と縁戚関係の小出庄兵衛が200株以上株主から脱落している（230株→30株）．瀧兵右衛門家は，本人200株と信四郎530株を合算して730株であり，100株増加している．その他，加藤彦兵衛は700株で変化なく，春日井丈右衛門と森本善七は，それぞれ30株，100株，減少している．名古屋銀行は1,200株で変化がない．これらのメンバーを総合してみると，160株の減少となる．しかし，新たに名古屋貯蓄銀行が853株という大株主として出現しているのである．なお，渋沢栄一家が，栄一死後も持株に変動無く，安定株主でありつづけていることも，付け加えておこう．

要するに，43年時に比して瀧ネットのメンバーと関係会社の持株は全体として，むしろ増加しており，ここでも，ネットの持株の安定性を確認することができるのである．

なお，大幅に持株を減少させたのは，井口半兵衛（1,050株→0株）と原田勘七郎（550株→100株）の2人であり，井口半兵衛は既述のように，東海倉庫が亀崎に支店を設置した関係から大株主で役員に就任したと推測され，同亀崎支店が明治43年10月に廃止されたので，持株を手放したものと思われる．原田勘七郎の持株の減少については不詳であるが，原田は，日露戦争後に瀧系の名古屋銀行が奥田系の日本車輌製造を事実上買収した際，同社取締役となり，43年以降，常務取締役として同社の経営に深くコミットしていた（常務在任中の大正7年3月死亡）．

この東海倉庫と，ライバルの名古屋倉庫は，その後，大正14年11月，合併して東陽倉庫となる．これより先の同11年，三井系・東神倉庫の名古屋進出を契

機に，両社に合併機運が醸成され，結実するものである[89]．

　以上，瀧ネットの主要な事業について考察したが，前掲図 II-1-8（M31）と（M40）には，瀧ネットの構成企業として，ほかに岐阜絹織物，中央製紙，名古屋蚕糸綿布取引所の 3 社がある．岐阜絹織物は明治 29 年 6 月，資本金 5 万円（34 年時，払込資本金 3 万円）で設立された絹織物の製造販売会社である（岐阜県稲葉郡所在）[90]．役員は，社長：高橋慶三郎，取締役：瀧兵右衛門・祖父江重兵衛・瀧定助・春日井丈右衛門，監査役：佐久間蔵也・勝野文三・高橋慶太郎であり，瀧ネットの主要メンバーが名前を連ねている（31 年時）[91]．両瀧家や祖父江，春日井らは，家業との関係で同事業に参画したのであろう．同社は 40 年時においても資本金 5 万円（3 万 5 千円払込済み）で，小規模な事業にとどまっている[92]．同時点，瀧ネットのメンバー中，瀧兵右衛門が取締役から抜けている以外は，31 年時と同じである（社長が高橋慶太郎に交代）[93]．

　中央製紙は，39 年，岐阜県中津川町に設立された製紙会社であるが，これより 20 年ほど以前の 28 年に，大川平三郎と田中栄八郎，それに地元の企業家 2 名らが起業を計画し，それが実現したものとされる[94]．42 年時，資本金 50 万円（全額払込済み）で，役員は次のとおりである．取締役会長：渋沢篤二，専務取締役：大川平三郎，取締役：小西安兵衛・加藤彦兵衛・菅井蠖・田中栄八郎，監査役：中井三之助・野呂駿三・間由吉[95]．この時点では，瀧系のメンバーは取締役の加藤彦兵衛 1 人であるが，40 年時では加藤とともに，森本善七も取締役に名を連ねている．加藤彦兵衛は紙商であり，家業との関係で，ここに参画したものと思われる．いずれにしても，同社は，瀧らのイニシャティブによって設立されたものではなく，東京の製紙企業家・大川平三郎らの事業に瀧系の人物の一部が参画したものであった．

　名古屋蚕糸綿布取引所は，明治 30 年 11 月瀧兵右衛門・祖父江重兵衛ら 15 名の発起により，資本金 7 万 5,000 円をもって設立されたが，開設後数年を経ない 35 年 7 月に解散したとされる[96]．設立やその後の経緯については不明である．

両瀧家の要素ネット
　以上，瀧ネットについて考察してきたが，瀧兵右衛門と瀧定助には，ほかにもいくつかのネットが存在したことが確認できる．図 II-3-1(a)〜(e) がそれであ

図 II-3-1(a)　瀧兵右衛門・瀧信四郎のネット
　　　　　　　　　　　　（明治31年）

	瀧兵右衛門	瀧信四郎	府県	業種	公称資本金	設立年	住所
帝国撚糸㈱	社長	監	愛知	生糸	500,000	1896	西春日井郡金城村
愛知織物㈱	社長	社	愛知	綿織物	50,000	1890	名古屋市堅代官町

図 II-3-1(b)　瀧兵右衛門・平沼専蔵のネット
　　　　　　　　　　　　（明治40年）

	瀧兵右衛門	平沼専蔵	府県	業種	公称資本金	設立年	住所
日清紡績㈱	監	取	東京	綿紡績	10,000,000	1907	日本橋区新乗物町
京都鉄道㈱	取	監	京都	鉄道	4,500,000	1895	葛野郡朱雀野村

図 II-3-1(c)　瀧定助・瀧正太郎のネット
　　　　　　　　　　　　（明治31年）

	瀧定助	瀧正太郎	府県	業種	公称資本金	設立年	住所
帝国撚糸㈱	副社長	監	愛知	生糸	500,000	1896	西春日井郡金城村
名古屋製織㈲	社長	担社員	愛知	綿織物	15,000	1893	名古屋市舎人町

図 II-3-1(d)　瀧定助・寺村助右衛門のネット
　　　　　　　　　　　　（明治31年）

	瀧定助	寺村助右衛門	府県	業種	公称資本金	設立年	住所
㈱日本産業銀行	監	頭	京都	銀行	500,000	1896	京都市下京区蛸薬師通烏丸西入
帝国撚糸㈱	副社長	相	愛知	生糸	500,000	1896	西春日井郡金城村

図 II-3-1(e)　瀧定助・瀧廣三郎のネット
　　　　　　　　　　　　（明治40年）

	瀧定助	瀧廣三郎	府県	業種	公称資本金	設立年	住所
瀧定㈳	社員	社員	愛知	商業	500,000	1906	名古屋市東万町3丁目
名古屋製織㈲	業務担当社員	社員	愛知	綿織物	30,000	1893	名古屋市舎人町

り，いずれも2人・2社からなる「要素ネット」である．瀧兵右衛門・瀧信四郎親子―帝国撚糸・愛知織物からなるネット（明治31年）については，愛知織物が同家の家業であることは既述のとおりである．瀧兵右衛門・平沼専蔵―日清紡績・京都鉄道（同40年）については，縁戚関係にあった横浜の平沼専蔵（兵右衛門次男・延次郎の養子先）との間で形成されたネットである．一方，瀧定助の方も，瀧定助・瀧正太郎―帝国撚糸・名古屋製織（31年）および瀧定助・瀧廣三郎―瀧定合名・名古屋製織（40年）の両ネットは息子との間に，また家業がらみで形成されたネットである．瀧定助のいま1つのネット（31年）は，京都の呉服商・寺村助右衛門との間で形成されたものである．同業者の関係からのものであろう．瀧兵右衛門も瀧定助も，他府県においてもいわば小ネットを形成していたのである．

小　括

① 瀧ネットの人脈とその契機

　このネットは，血縁・地縁関係や同業者たちを中心とするネットであった．瀧兵右衛門と瀧定助は従兄弟で同業者（呉服太物商）であり，また春日井丈右衛門と祖父江重兵衛は瀧らと同郷（丹羽郡）の同業者であった．さらに両瀧家と縁戚関係を持つ武山勘七家（瀧兵右衛門の長女・ゆうの嫁ぎ先）と小出庄兵衛家（瀧定助の四男・定四郎の養子先），そのほか森本善七（小間物商）や加藤彦兵衛（紙商）らから構成されていた．この一派が「近在派」と呼ばれることがあったのは，もちろん，瀧や春日井，祖父江らが，幕末から明治初年にかけて，名古屋近郊から進出したことに因んでのことである．また，瀧らが，家業との関係からであろう，横浜の生糸商・原善三郎と関係をもち，また瀧兵右衛門が次男延次郎を横浜の生糸貿易商・平沼専蔵の養子に，瀧定助が次男（泰次郎）を同じく生糸商・茂木保平家に婿養子にそれぞれ出すなどの行動をとっていることも留意されるべきであろう．こうした関係を通じて，中央からの情報収集が行なわれていたであろうからである．

　これらのメンバーのほとんどは（武山勘七を除く），早くも明治15年，名古屋市の私立本店銀行として伊藤銀行に次いで2番目に設立された名古屋銀行の設立発起人であり，また設立時ないし直後に役員に就任した人物たちであった．

　ただし，このネットのメンバーは，外部に対して閉鎖的であったわけではない．一部の事業で，瀧系・奥田系の人物たちは協調的に出資している．瀧系の名古屋銀行に奥田正香および奥田系の人物が出資参加していたし，また奥田系の尾張紡績に瀧兵右衛門や森本善七らが発起人・出資者として参加し，瀧定助や春日井丈右衛門，加藤彦兵衛，小出とも（小出庄兵衛）らも出資したのである．さらに，メンバーの中軸である，瀧定助は，ときに瀧兵右衛門と別行動（対立的な行動）をとった．車輛製造事業は，奥田系の日本車輛製造と瀧系の鉄道車輛製造所が併願し，両社は同年時に設立されたが，瀧定助は日本車輛製造の発起人に名を連ねていたのである．春日井丈右衛門と森本善七も，同様に日本車輛製造の発起人であった．

② 起業の背景と事業の特徴

　事業としては，家業と関連した事業への進出が中心だった．銀行は全国的に大

半のネットが共通に進出した業種であったことは第Ⅰ部で指摘したが，名古屋銀行以外では，とくに帝国撚糸──のち帝国撚糸織物と改称──の起業が注目されよう．祖父江重兵衛と瀧兵右衛門・瀧定助らは，いずれも，それぞれ織物商から絹織物製織事業に進出しており，帝国撚糸は，その原料加工部門に当る．同社は，撚糸工程を機械化すべく，全国的に見ても早期にフランス製の撚糸機械を導入するなど，近代的大規模工場として開業し，やがて撚糸生産から織物生産へと前方統合を行なった（明治末年の職工数，500人）．

東海倉庫も，両瀧家家業の製品輸出業務との間に，一定の関連があったと推測される．瀧定助家では，同倉庫設立と同じ39年に，家業の瀧定商店を瀧定合名会社と改組・改称して大阪支店を開設し，41年に同支店に輸出部を設置し，輸出業務に着手している（のち，大正7年大阪貿易部として独立する）[97]．

名古屋銀行については，30年以降の預金・貸出金状況および業績が確認できるものの，その具体的な融資先については不明であり，同行がネットにおいて果たした役割については定かでない．ただ，貸出金（同行の資金運用の大半を占める）のうち「貸付金及当座貸越」が，30年上期に80.5％と高かったものが，その後，急激に減少して33年下期に30％を割り，44年上期には20％を切っている．反面，「割引・荷為替手形」が，30年上期の15.5％から増加し，33年下期に60％を超えて以後，70％前後で推移している．こうした推移から見て，少なくとも，33年下期以降における同行の貸出は，公表された決算数字を見るかぎり，「割引・荷為替手形」中心の商業金融であったといえる．

他のネットとの競争関係でいえば，とくに奥田系事業との間で相互にライバル意識を浮き彫りにするような競争行動が見られた．銀行については3銀行間に競争が行なわれたことはいうまでもないが，車輌製造事業と倉庫業においても，奥田ネットと瀧ネット，相互に角逐があった．前者については，奥田系の日本車輌製造と瀧兵右衛門らが参画した鉄道車輌製造が同時に設立され，後者の破綻によってごく短期間に終わったが，両社間に競争がおこなわれた．そして，やがて，奥田系日本車輌製造の経営権を瀧系が奪取したことに，ライバル意識は顕著に示されたといえよう．

倉庫業においては，瀧らの東海倉庫は，奥田系の名古屋倉庫より10数年後れてスタートしたが，堀川運河の河岸という好立地条件に着目して倉庫の建設を行なったのはこちらが先で，先発の名古屋倉庫がすぐに追従した．また，その後の

名古屋港への進出においては，同港進出の構想と行動では瀧系の東海倉庫が早かったが，結果的には名古屋倉庫にはるかに後れをとったのである．

瀧らの企業行動は，奥田ネットのインフラ事業を視野に入れた行動とは異なるものであり，また奥田ネットに比し，全体としての規模は小さかった．

③ 構成企業の業績と利益処分

主要3行・社のうち，名古屋銀行は，決算数字の分かる明治29年下期以降，当期純益金はほぼ増加傾向で推移し，株式配当も無配の時期はなく，10％を超える配当を行なっていた．役員賞与も安定的に行なわれ，ほぼ継続的に当期純益金の6～10％をこれに配分している．帝国撚糸（織物）は，設立後，34年までの5年間，欠損を出すことが多く，この間，配当もわずか2期（32年上期4％，同年下期10％）行ないえたのみである．黒字に転じたのは35年以降であり，日露戦争後は，安定的な利益を上げるようになり，配当も7～8％を継続した．役員賞与は，42年下期以前はほとんど行なわれておらず，それ以後，当期純益金の10％をこれに配分している．東海倉庫は，日露戦争後の不況期に業績不良で開業し，配当は42年以後，4％を行ないえた程度である．

④ 役員の継続性およびネットのメンバーによる安定的な株式所有

これら主要事業において，ネットのメンバーは，安定的な株主であったと推測でき，また長期的に役員をつとめた（戸主の代替わりを含む）ことなど，既述の伊藤・岡谷ネットの場合と同様であった．

主要会社の設立時ないし設立当初における役員の出資状況（役員の関係者・関係会社の持株を含む）は，表II-3-16のとおりである．

名古屋銀行と東海倉庫については，設立時ないし初期において役員たちは計30％前後の出資比率であった．また帝国撚糸織物については，帝国撚糸として設立された（29年）当時の役員の出資状況は不明で，帝国撚糸織物と改称され，

表II-3-16 瀧ネットの主要会社における役員の出資状況

	公称資本金 (設立時)	役員数と持株合計	発起人の人数と持株合計
名古屋銀行	20万円	10名，27.0％	
帝国撚糸（織物）	50万円 (40年11月末， 公称資本金150万円)	8名，36.8％ (40年11月末)	
東海倉庫	100万円	9名，33.3％ (43年3月末時)	8名，25.0％

増資が行なわれた当初の役員の持株合計が37%であった．設立時には，その持株比率は，より高かったことであろう．

業績の良い名古屋銀行では，最初の増資（27年，50万円に増資）から8年を経過した35年時に，役員7名（当初より3名減少）の持株合計は31.4%であり（役員の関係者・関係銀行を含めると37.7%），発足時より増加している．各役員が，従来の持株比率をほぼ一定に保つように新株を引受けた形跡が見られるのである．第2回目の増資（39年，倍額増資して100万円となる）においても，各役員は，それぞれ35年時の持株比率に対応した比率で新株引受けを行なったことはほぼまちがいない．

他方，帝国撚糸・撚糸織物は，発足時および業績の悪かった時期における持株の動向は不明である．所有状況が分かるのは，業績が好転し，40年に製織事業に進出するとともに大増資した（25万円［35年に半額減資］を150万円に増資）のちである．上記40年時における役員の持株合計36.8%（役員の家族および関係会社の持株を含む）は，45年時には33.7%（同）となり，若干，比率を低下させている．しかし，この低下は，役員の1人（勝野文三）が死亡して，役員を離脱したことによるもので，それを除けば，40年時と同率であった．また，設立初期に経営不振を経験した東海倉庫においても，ネットのメンバーたちが安定的な株主であったことが確認できるのである．

注

1) 瀧兵の歩み編纂委員会編『瀧兵の歩み』（瀧兵株式会社，昭和36年），16～17ページ．
2) 同書，11～14ページ．
3) 同書，15～16ページ．
4) 同書，24ページ．
5) 瀧定(株)編・刊『瀧定百三十年史』（平成8年），4ページ．
6) 前掲『瀧兵の歩み』，30～34ページ．
7) 新修名古屋市史編集委員会編『新修名古屋市史　第5巻』（名古屋市，平成12年），106～107，126ページ．
8) 商業興信所編・刊『日本全国諸会社役員録』（明治31年版）．
9) 前掲『新修名古屋市史　第5巻』，100ページ．
10) 前掲『瀧兵の歩み』，47ページ．
11) 愛知県議会史編纂委員会編『愛知県議会史　第2巻（明治編　中）』（愛知県議会事務局，昭和32年），391，395ページ．
12) 前掲『瀧定百三十年史』，45ページ．

13) 同家には「宝覚帳」（文久元年［1861］起）という帳簿が残されていて，これによれば，明治初期において瀧定助は資産を呉服卸売業務，金融業務，不動産投資の3つに分割して運用していたとされる（前掲『瀧定百三十年史』，7～10ページ）．
14) 同書，8，15～16ページ．
15) 同書，11ページ．
16) 同書，9，12～13ページ．
17) 前掲『愛知県議会史 第2巻（明治編 中）』，391～393ページ．
18) 前掲『瀧定百三十年史』，22～23，37ページ．ただし，縁組先の職業等については筆者が加筆した．
19) 同書，9～10，26～27ページ．
20) 同書，31ページ．
21) 同書，44ページ．
22) 唐沢斗岳編『名古屋の建設者 吉田禄在翁を偲ぶ』（名古屋女子商業学校・名古屋第二女子商業学校，昭和13年），41ページ．
23) 三宅晴輝・斉藤栄三郎監修『日本財界人物列伝 第2巻』（青潮出版，昭和39年），374～385ページ．
24) 前掲『新修名古屋市史 第5巻』，249～255ページ．
25) 同書，519ページ，西村はつ「第一次大戦から昭和恐慌にいたる名古屋有力銀行の経営戦略——銀行合同と支店網の拡大を中心にして——」（『地方金融史研究』第37号，平成18年3月），58ページ．
26) 西村，同稿，53ページ．
27) ㈱東海銀行行史編纂委員会編・刊『東海銀行史』（昭和36年），33ページ．
28) 「新愛知」明治37年7月22日掲載の同行「第22期営業報告」．
29) 「新愛知」33年1月17日掲載の同行「第13期営業報告」．
30) 前掲『東海銀行史』，32～33ページ．
31) 「新愛知」30年7月13日掲載の同行「第7期営業報告」および38年1月22日「第22期営業報告書」．
32) 西村，前掲稿，56ページ．
33) なお，大正期以降のことであるが，植田欣次氏は，大正13年から昭和14年にいたる，名古屋銀行の「大口貸出」について明らかにしている．それによれば，同行では，1件当り10万円以上の「大口貸出」は毎回の取締役会での承認事項としており，同13年より15年までの瀧系企業への大口貸出先は瀧定合名会社のみであった．そして各年それぞれ，3件・875千円（「総計」=「大口貸出」総計に占める割合11％），2件・575千円（同7％），3件・490千円（同3％）であり，昭和2年以降，他の瀧系企業への「大口貸出」も加わっている．（植田欣次「中京財閥」［渋谷隆一他編『地方財閥の展開と銀行』日本評論社，平成元年］，602ページ）．
34) 役員の家族名義の持株については次のとおり．4代瀧兵右衛門家——瀧信四郎（四男）125株，鍵子（三女）11株．初代瀧定助家——正太郎（長男）49株，廣三郎（三男）16株，ゆう（妻）9株．春日井丈右衛門家——保次郎（次男）30株．
35) なお，明治35年6月現在，奥田正香が65株（旧株20株，新株45株）所有．ただし，同行発足時より奥田が株主であったかどうかは不明．明治41年12月末40株．45年6月末

「50株以上株主姓名表」には奥田正香および奥田姓の人物はいない．
36) 瀧兵右衛門（4代）家——瀧鍵子（4代の三女）200株，信四郎 185株．瀧定助（初代）家——茂木銀行（社員茂木保平［初代瀧定助の次男］）150株，瀧廣三郎（三男）26株，瀧定合名会社 27株．春日井丈右衛門家——春日井丈太郎（長男）100株．
37) 3人の家族および関係会社持株は次のとおり．瀧定助家——合名会社茂木銀行（社員茂木保平）150株．瀧兵右衛門家——瀧信四郎 345株．春日井丈右衛門家——丈太郎 120株．
38) 名古屋銀行は，昭和 7年の大規模な預金取付け（預金残高は 6年末 1億 1,700万円から翌年 6月末 8,850万円に減少）を日銀からの融資によって克服した．その際，日銀融資の大半が「正規の担保による貸出額」によるものであり，それに比べると，当時の（6年末）日本銀行の明治銀行への正規の担保の貸出限度額は小さく，そのことは名古屋銀行の支払準備の豊富さを示すものである．この支払準備の豊富さこそ，大正末以降，恒川小三郎頭取の経営方針のもと，定期預金の増加と，その資金の有価証券（国債，地方債，社債）への重点的運用を図ったことの結果によるものであった．明治銀行も，この時期，定期預金を増大させたが，同行の場合，その運用を貸出金に振り向けたとされる（植田欣次「金融恐慌と都市銀行の経営戦略——名古屋銀行を素材として——」［『金融経済』219号，昭和61年］）．
39) 前掲『東海銀行史』，36～37ページ．
40) 加藤俊彦『本邦銀行史論』（東京大学出版会，昭和32年），46ページ．
41) 同書，156ページ．
42) 同書，154～157ページ．
43) 同書，157～158ページ．
44) 前掲『東海銀行史』，37ページ．
45) 前掲『新修名古屋市史　第5巻』，458ページ．
46) 同上．
47) 同書，216～217ページ．
48) 同上．
49) 同書，460ページ．
50) 同書，458ページ．
51) 大正昭和名古屋市史編集委員会編『大正昭和名古屋市史　第3巻』（名古屋市，昭和29年），132ページ．
52) 前掲『新修名古屋市史　第5巻』，458ページ．
53) 前掲『瀧定百三十年史』，21ページ．
54) 楫西光速編『現代日本産業発達史　XI　繊維　上』（交詢社出版局，昭和39年），324ページ．
55) 前掲『新修名古屋市史　第5巻』，458～459ページ．
56) 同上．
57) 同上．
58) 前掲『瀧定百三十年史』，21ページおよび同社「明治40年第2回後半期営業報告書」．
59) 同上．
60) 同上．
61) 同社「明治45年第11回前半期営業報告書」．
62) 同上．

63) 100株以上所有者で，役員との関係が分かる株主のみ合算．すなわち本文にある両瀧家関係者・関係会社の持株のほか春日井丈右衛門の長男丈太郎の306株，佐分慎一郎の庶子・慎150株および勝野文三の息子・又三郎618株を加えた．なお，瀧兵右衛門（4代）は明治38年に隠居して家督を四男信四郎に譲ったとされるが（前掲『瀧定百三十年史』45ページ），この株主名簿には瀧兵右衛門のほか瀧信四郎名義もあることから，この時点での瀧兵右衛門は4代のことであろう．瀧信四郎は「財界活動とは無縁であった」（同上）とされるところからすると，4代兵右衛門が死ぬ大正7年1月までは，家業を信四郎が，そしてそれ以外の関係企業については，4代兵右衛門が各役職をつとめたと見られる．
64) 瀧兵右衛門の持株のうち500株分が信四郎に，春日井丈右衛門の810株がなくなり，その大半が家業の春日井合名会社に，勝野文三の300株が息子の又三郎に，それぞれ移転したと見られる．
65) 40年時と同様の方法で，瀧信四郎2,194株，瀧定合名会社2,162株，春日井合名会社600株，小出庄兵衛312株，春日井丈太郎306株，佐分保150株，小出とも130株，等の持株の合計．
66) 前掲『瀧定百三十年史』，17ページ．
67) 同書，19ページ．
68) 同書，18ページ．
69) 『大正昭和名古屋市史 第2巻』（昭和29年），210ページ，前掲『新修名古屋市史 第5巻』，490ページ，沢井実『日本鉄道車輌工業史』（日本経済評論社，平成10年），43〜44ページ，日本車輌製造㈱編・刊『驀進 日本車輌80年のあゆみ』（昭和52年），13ページ．払込資本金については，「新愛知」明治30年1月24日掲載の同社決算公告「第1回報告」［自明治29年8月6日至同年12月31日］による．
70) 前掲『新修名古屋市史 第5巻』，491ページ．
71) 前掲「新愛知」掲載の同社決算公告「第1回報告」．
72) 前掲『大正昭和名古屋市史 第2巻』，210ページ，沢井，前掲書，44ページ．
73) 前掲「新愛知」掲載の同社決算公告「第1回報告」．
74) 「新愛知」明治31年7月22日掲載の同社決算公告「第4回報告」．
75) 沢井，前掲書，44ページ．
76) 前掲『新修名古屋市史 第5巻』，491〜492ページ．
77) 沢井，前掲書，72ページの注（100）．
78) 前掲『驀進 日本車輌80年のあゆみ』，19ページ．
79) 東陽倉庫㈱編・刊『東陽倉庫50年史』（昭和50年），47，49ページ．
80) たとえば，明治39年6月4日および同月6日に，瀧は渋沢宅を訪問し，渋沢と会見している（『渋沢栄一伝記資料 別巻第一 日記』［渋沢栄一伝記資料刊行会，昭和36年］，422〜423ページ）．
81) 前掲『東陽倉庫50年史』，53ページ．
82) 『渋沢栄一伝記資料 第14巻』（昭和32年），375ページ．
83) 前掲『東陽倉庫50年史』，49ページ．
84) 同書，52ページ．
85) 同書，47〜48，57ページ．
86) 同書，54ページ．

87) 名古屋倉庫は最初，同運河西岸の県有地 1,065 坪を 39 年 6 月，入札によって買入れた．しかし，この土地を借り受け使用中であった会社から他の適当な土地と交換してもらいたい旨，交渉を受けた結果（同年 9 月契約書を交換），近辺に代替地（水主町 1,324 坪）を提供され，同地において倉庫と事務所の建設に着手した．翌 40 年 11 月それらがはじめにほぼ完成したので，同月より業務を開始した（前掲『東陽倉庫 50 年史』，31〜32 ページ）．こうして，堀川運河中央部は両社が対立する場となり，新しい物資集散の地として脚光を浴びることになった（同書，54 ページ）．
88) 同書，57〜58，72 ページ．
89) 同書，70 ページ．
90) 「岐阜県統計書　明治 34 年」．
91) 『日本全国諸会社役員録』（明治 31 年版）．
92) 「岐阜県統計書　明治 40 年」．
93) 『日本全国諸会社役員録』（明治 40 年版）．
94) 「間由吉ら 5 名より渋沢篤二宛書簡」（岐阜県編・刊『岐阜県史史料編　近代 3』[平成 11 年]，597〜605 ページ）．
95) 中央製紙㈱「第 6 回報告書」．
96) 『大正昭和名古屋市史　第 4 巻』（昭和 29 年），3 ページ．
97) 前掲『瀧定百三十年史』，34，38 ページ．

第4章　「奥田ネット」
——奥田正香を中心とするネット

　名古屋最大のネットである奥田ネットの考察に移ろう．その規模において，進出した業種の多様性とその意義において，名古屋市ひいては愛知県の地域経済に最も大きな影響力をもったネットである．ただし奥田ネットは，ネットの形成時期という点では，伊藤・岡谷ネット，瀧ネットより若干，遅れた成立であった．他の2派の中心人物たちが近世以来の有力な商人であったのに対し，奥田正香が実業家としてスタートとしたのは近代に入ってからのことであり，一定の成功を収めるまでに時日を要したからである．

　図II-1-7（M31(1)）と図II-1-7（M40）は，それぞれ明治31年時および40年時における奥田ネットのメンバーと会社である．同図によれば明治31年時は，奥田正香をはじめとする8人と7社から構成されている．それらの人物と会社についての詳細は後述するが，これらの人物のうち春日井丈右衛門は瀧らのネットに軸足を置いた人物であり，奥田ネットにおいては，いわば準メンバー的な存在である．第I部で指摘したように，ネットは相互に独立したものというよりは一部，人物がオーバーラップしているのである．一方，会社について見ると，名古屋電燈は，奥田ネットが中心になって設立したものではなく，同社の役員に同ネットのメンバーのうち白石半助と上遠野富之助の2人が就任している関係で，ここに加わったものである．共立絹糸紡績（本社所在地，岡山）も同様の事情である．したがって，両社は，実態からすると奥田ネットを構成する会社とは言えない．

　逆に，図II-1-7（M31(1)）の奥田ネットには，明治銀行という同ネットにおいて重要な会社の名前がない．それは，後述するような理由で，奥田正香が明治銀行設立（明治29年）ののちまもなく，同行頭取の職を辞しており，その結果，明治銀行を含むネットには奥田が含まれないために，奥田ネットと分離されてしまったからである．図II-1-7（M31(2)）と図II-1-7（M31(3)）とが明治銀行を含むネットである．これら2つの「要素ネット」は定義（第I部参照）により

「ネット」として合成されないのである．しかし，明治40年の奥田ネット（図II-1-7（M40））を見ると，ここでは奥田ネットに明治銀行が含まれている．

　明治40年時の同ネットのメンバーと会社を見ると，10人・11社から成っており，人物については，奥田正香，白石半助，鈴木摠兵衛，上遠野富之助，平子徳右衛門ら5人が両年時に共通するメンバーである．一方，会社について見ると，愛知材木は，材木商の同業者である鈴木摠兵衛と服部小十郎らが中心になって，また名古屋製氷と名古屋精糖の2社は，縁戚関係の白石半助と平子徳右衛門の2人が中心になって，それぞれ設立した会社である．奥田は，これらの会社設立には関係していない．

　奥田正香については従来，「名古屋の渋沢栄一」という呼称がなされてきている．奥田は渋沢といかなる類似性を持つであろうか．ここでは，奥田の行動を中心に観察することにより，同ネットの形成過程と意義を考察することとしよう．

1　奥田正香の出自と実業家としての成功

　奥田正香の出自については必ずしも明らかではないが，明治維新よりほぼ20年前の弘化4（1847）年3月，鍋屋上野村の和田氏の子として生まれ，のち，尾張藩士奥田主馬に引き取られた．幼いころから学問を好んだと言われ，明治元（1868）年に尾張藩藩校・明倫堂の「国学助教見習」，次いで翌年，「皇学助教」となるなど，儒学・国学という日本在来の学問分野を主とするものではあるが，高い教養の持主であった．3年10月名古屋藩（明治2年6月の版籍奉還と同時に，尾張藩から改称，4年7月の廃藩置県により名古屋県となる）の最下級の官吏・「史生」に任ぜられ，翌年8月「少属」次いで11月「権大属」と昇進し，翌12月安濃津県（現三重県の一前身）十等出仕となった[1]．

　奥田が官吏をいつまでつづけたのかは不明であるが，官吏を辞したのち，味噌醬油製造業に従事しており，この名古屋地域で成功を収めた．同23年の「当市醬油製成石数多額者」によると，奥田は483石で第4位であった（1位の深田源六は1,172石）．のちに奥田ネットを構成する人物の1人で図II-1-7（M31(1)）に名前の見られる蜂須賀武輔（8位，373石）は奥田の同業者であった．また，鈴木善六（3位，569石）と中村与右衛門（7位，430石）の2人も同様である[2]．

奥田が，明治4年12月に安濃津県に出仕して以降，いつ，官吏をやめ，味噌醤油醸造業を開始したのかは定かではない．しかし，すぐのちに述べるように14年に奥田が米商会所頭取に就任していることから推測して，味噌醤油製造事業に着手してから遅くとも10年ほどで実業家として一定の地位を固めたことは間違いない．

なお，奥田と，いくつかの起業において協力しあうことになる三重の伊藤伝七（三重紡績の創設者）とは，奥田が安濃津県（三重県）の官吏時代に交友関係を結んだものと考えられる．

2　実業家・財界人としての地位の確立

(1)　米商会所頭取就任

奥田正香は，14年米商会所頭取に就任しており，名古屋実業界の一角に地位を占めた．頭取就任の経緯については不詳であるが，ここでも新たに重要な人脈が形成されたことに注目したい．

米商会所は，近世において尾張藩蔵米の公開売買を行なう機関であった御米会所のいわば後身であり，のち（26年3月）㈱名古屋米穀取引所と改称される．9年8月米商会所条例が発布されたのを機に，当時の名古屋区長（のちの名古屋市長）・吉田禄在の勧奨のもと，同地の有力商人，富田重助（舶来物商），墨卯兵衛，横井半三郎，祖父江源次郎（呉服太物商・祖父江重兵衛の甥），近藤友右衛門（綿糸商）らを中心に発起，設立され，翌10年9月開業した（9年12月出願，10年9月仮免許交付，資本金3万円）．発起人22名のうちから，頭取に墨卯兵衛，副頭取に祖父江源次郎，肝煎に神野金之助（地主，富田重助代理），近藤友右衛門，横井半三郎らが就任した[3]．

奥田正香は，発起人にも，また設立時の株主にも名を連ねていないが，14年2月，初代頭取・墨卯兵衛にとって代わり，21年3月まで頭取職をつとめる[4]．のち，奥田が尾張紡績を設立する際，同社設立発起人の1人で，奥田を支援する近藤友右衛門の回顧談によれば（後述），2人の関係はこのときからの模様である．また，公私ともにとくに緊密な関係を結ぶことになる神野金之助との関係も，同

所が契機であったと推測される。なお，蜂須賀武輔が，近藤を引き継ぎ，奥田頭取のもと，肝煎となる（17年）のも，蜂須賀が奥田の同業者であったことと無関係ではあるまい。奥田の頭取辞任とともに，蜂須賀も辞任する。

同所の業績は配当の数字を見るかぎり良好であり，奥田は幸先の良いスタートを切ったといえよう。株式配当率を見ると，発足後13年まで1〜2割から3〜4割，奥田が頭取をつとめた7年間はほぼ安定的に1割前後（ただし14年下期5割7分，15年上期3割5厘，下期4割）を維持している[5]。奥田頭取の時期はほぼ「松方デフレ期」および，その後の好況局面に入ったばかりの時期であったが，この間，奥田が同所事業の基礎確立に尽力したことが推測される。奥田辞任後に一層の高配当を持続させ得た[6]のもそうした基礎を前提にしてのことであったろう。

奥田は，同所頭取に就任する前年の13年10月，愛知県会議員に当選し（21年1月満期退任），さらに15年10月から17年5月（満期退職）まで愛知県会議長をつとめている。奥田の人脈の契機を考える場合，地方政界における交わりも考慮に入れるべきであろう。実際，奥田の同議員在職中，同じ議員のなかに，奥田ネットに属するようになる，あるいはビジネス面で奥田と近しい関係を持つ人物が何人かいる。堀部勝四郎（当選当時の党派・名古屋談話会［保守派］），笹田伝左衛門（同），蜂須賀武輔（同），鈴木善六（同），森本善七（同），白石半助（同），井上茂兵衛，墨卯兵衛，平子徳右衛門（実業同志会）らである[7]。堀部以下，白石までは，奥田と同じ党派であった。これらの人物のうち森本善七は，既述のように，瀧ネットの重要メンバーであったが，政界においては奥田と近しい関係にあった。

(2) 名古屋商業会議所の会頭就任

奥田正香は，米商会所頭取を辞任するのと踵を接するように，20年代に入ると，矢継早に会社を設立するとともに，同年代半ばには名古屋商業会議所の会頭に選出されるなど，文字通り名古屋財界のリーダーの地位を占めるにいたった。20年代の会社設立の考察を行なうまえに，同所における奥田の人脈について確認しておく必要がある。

名古屋商業会議所は23年9月発布の商業会議所条例にもとづき，10月に設立

(12月認可) されたものであるが, これには2つの前身がある. 最初のものは名古屋商法会議所, 次いで名古屋商工会議所である. これら3つの財界組織の発起人・役員を見てみると, そこには注目すべき事実がある. 財界リーダーが, この間に, 近世以来の大商人から, 近代に入って実業家の仲間入りをした奥田正香にとって代わられた事実である.

名古屋商法会議所は, 11年3月渋沢栄一らが組織した東京商法会議所や同年7月五代友厚らが組織した大阪商法会議所をモデルに各地に設立された商工業者団体の1つである. 創立発起人43人, うち伊藤次郎左衛門と岡谷惣助とを発起人総代として出願, 認可を得て, 14年3月に設立された. 会頭に前者, 副会頭に後者が就任した[8]. 伊藤次郎左衛門家は代々, 呉服太物商を営み, 旧尾張藩の「三家衆」(用達商人の筆頭) の筆頭であり, また岡谷惣助家は金物商で, 三家衆に次ぐ「除地衆」(6家) の家柄であった. ここでは創立発起人の中に, 奥田正香の名前は見られない. 奥田は, 前記のように同所設立の前の月に米商会所頭取に就任していたが, まだ名古屋財界の中枢をリードする実力はなかった模様である. なお, 発起人には, のちに名古屋市において奥田らとは別の有力なネットを形成する瀧兵右衛門・瀧定助らも加わっていない.

同所は「設立当初, 売買取引期限改善の件, 各商業申合規則設定の件等を審議決定したのを初めとし, 当局 (中央あるいは地方官庁—引用者) の諮問に対する答申, 商況の調査, 各種施設に関する建議等」を行なった[9]. その後, 名古屋では, 愛知県から各種商工組合組織の諭達があり (17年1月), 当業者はいずれも組合を組織したので, 商法会議所は組織変更することと議決し (同年11月), 市内の主だった商工業者78組合と協議のうえ, 18年2月名古屋商工会議所が設立された. 同所設立発起人は鈴木摠兵衛 (材木商) ほか7名であり, ここには先の伊藤次郎左衛門と岡谷惣助は含まれていない[10]. 鈴木摠兵衛家は日本の三大材木商といわれ, 旧尾張藩の御勝手御用達のうち, 除地衆に次ぐ「十人衆」の家柄であった. 初代会頭には発起人の1人, 山本新治郎 (酒類販売業) が就任し, 次いで同じく発起人であった鈴木善六 (前記, 醬油醸造業) が継承した (21年3月).

さて, これまでの商法会議所および商工会議所は, 法律上の組織ではなく, 有志実業家を勧誘して会員とし, これによって組織した一種の私設団体にとどまり, 基礎薄弱であった. そこで政府は, その是正策として新たに, 23年9月商業会議所条例を制定したので, 同条例に拠り各地で商業会議所設立がつづいた.

表 II-4-1　名古屋商業会議所役員の推移

	24年7月	24年11月	26年7月	28年5月	30年4月	32年4月
会頭	堀部勝四郎	鈴木善六	奥田正香	〃	〃	〃
副会頭	鈴木善六	鈴木摠兵衛	鈴木善六		〃	〃
同				鈴木摠兵衛	〃	〃
常議委員	鈴木摠兵衛		花井八郎左衛門	笹田伝左衛門		
同	笹田伝左衛門	〃	森本善七	〃		
同	蜂須賀武輔	〃	井上茂兵衛	〃		
同	伊藤次郎左衛門	〃			伊藤次郎左衛門	〃
同	白石半助	〃		白石半助		
同		金森清兵衛		蜂須賀武輔	岡谷惣助	〃
同				服部小十郎	〃	〃
同				八木平兵衛	〃	〃

	34年5月	36年4月	38年4月	40年4月	42年4月	44年3月
会頭	奥田正香	〃	〃	〃	伊藤次郎左衛門	鈴木摠兵衛
副会頭	岡谷惣助	〃	〃	〃	上遠野富之助	〃
同	鈴木摠兵衛	〃	〃	〃		
庶務部長	白石半助	〃	澤田吉兵衛	白石半助	兼松煕	〃
会計部長	鈴木善六	兵藤良蔵	伊藤由太郎	井上茂兵衛	〃	〃
商業部長	伊藤次郎左衛門	〃	〃	〃	山田才吉	神野金之助
工業部長	服部小十郎	〃	上遠野富之助	〃	長谷川斜七	〃
理財部長	森本善七	〃	〃	山本九八郎	森本善七	〃
運輸部長	平子徳右衛門	〃	〃	〃	〃	〃

注：34年5月より，常議員（26年6月常議委員を改称）を廃し，部長・副部長制とした．同表には部長のみ記した．
出典：『名古屋商工会議所五十年史』255〜260ページ．

　名古屋商工会議所の対応は早く，同年12月，神戸商業会議所が最初の設立認可を得たのにつづき，同月中に認可を得た[11]．ここでは，設立発起人43人のなかに，奥田正香も「味噌溜製造商」として，伊藤次郎左衛門や岡谷惣助，鈴木摠兵衛，瀧兵右衛門，瀧定助らとともに加わった[12]．
　注目すべきは，役員人事である．翌24年4月第1回の会員選挙が行なわれ，奥田は当選したが，その得票獲得順位は，35名の定員中32位と下位にとどまった（伊藤次郎左衛門が1位，岡谷惣助が2位）．にもかかわらず，第1回役員選挙（同年7月）では，奥田が会頭に当選したのである．このころまでに，奥田が，財界のリーダー役として適任であることが衆目の一致するところとなっていたことを示すものであろう．ただし，ここでは奥田は会頭就任を辞退した（再選挙の結果，堀部勝四郎［生鯖商］が初代頭取就任）．奥田が会頭に就任したのは26年7月，2代会頭・鈴木善六の後任としてであった．鈴木は副会頭にまわった[13]．これ以後，奥田は大正2（1913）年まで会頭職にあり，表II-4-1に見られるように，この間，奥田と近しい人物が多く役員に就任することとなる．鈴木摠兵衛が28年5月に副会頭に就任し，以後，短期間（42年4月〜44年3月）を除いて同職位に在任しつづける．その他，笹田伝左衛門（酢醸造業），白石半助（古道

具商），蜂須賀武輔，服部小十郎（材木商），平子徳右衛門（陶器販売業）らが役員に名を連ねている．また，37年に奥田との面識をもった（後述）兼松熈が42年4月に役員に加わる．この間，近世以来の大商人である伊藤次郎左衛門と岡谷惣助の2人も役員に名を連ね，岡谷は34年5月副会頭となる．奥田ネットに次ぐような有力ネットの形成者である瀧兵右衛門・瀧定助の2人は役員に加わらないが，かれらと近しい森本善七が早くから役員をつとめている（26年7月以降）．

商業会議所会頭は，奥田のあと鈴木摠兵衛が大正9年まで，さらに上遠野富之助が昭和2（1927）年までつとめる，というように奥田ネットの有力メンバーによって継承されていくことになる．近世以来の豪商であった伊藤次郎左衛門家や岡谷惣助家が会頭職につくのは，上遠野以後のこととなる．

(3) 鈴木摠兵衛
―― 奥田ネットの中核かつ名古屋財界における奥田正香の後継者

ここで，奥田ネットの中心人物の1人，鈴木摠兵衛について，ややくわしく記しておきたい．

8代鈴木摠兵衛（安政3 [1856] 年生まれ）は，明治6年，18歳のとき，"材摠"鈴木家に見習入家し，翌7年，同家の婿養子となり，さらに8年，20歳のとき，家督を相続した[14]．鈴木家は，元禄13（1700）年創業の材木商であり，幕末（慶應4 [1868] 年）には，「三家」，「除地衆」に次ぐ「十人衆」と呼ばれた御勝手御用達商人であった[15]．また，この頃には，紀州の"浜中"，阿波の"ての字"，尾張の"材摠"を三大材木商と称したと言われる．

義父・7代惣兵衛（才造）は，維新前後の混乱に対処べく努力し，本業以外の商売にも手を染めたが失敗し，同家事業は苦境におちいった．この困難を克服し，同家を復活させたのが8代摠兵衛であった．摠兵衛は，木曽王瀧官林の払下げを受けたのち，明治21年5月に始まる同官林の大規模な伐採により成功し，「材摠家新中興の一紀元を画したり」[16] と，される．その後，明治40年代から大正期にかけて，取扱量の増大に伴い，大貯木場（1万坪）の整備を行なったり，また木挽職の手作業に替えて，ガス機関やモーターによる製材機械の導入などの近代化も進めた．この製材機械の導入は，名古屋木材業のなかにあって，10年程度早かったとされる[17]．この間における材摠の具体的な企業活動については不

詳であるが，同家の財務資料に依拠した松村隆氏の最近の研究によれば[18]，同家の木材調達活動は，単独出資で伐木・河川流送・木場水上を行なって木材を獲得する方法と他の材木商との共同出資によるそれ，および外部からの木材買入れなどがあり，明治期には，前者のうち，単独出資による方法が主であった．また取扱製品としては神社・仏閣用木材，枕木用木材および鉄道関係の木材等，一般住宅用木材などであり，伐木流送にともなうリスクや資本回転期間の長さを，多様な製品の組合せでバランスさせる政策をとっていた．ただし，木材業主体の事業展開は明治20年代中葉までであり（明治23年までは，木材業資産/総資産の比率は，ほぼ70％以上を占めていた），この頃より貸金，有価証券，不動産への資金投下が増えていったとされる（同比率は25年以降は20〜50％で推移）．この明治20年代中葉といえば，鈴木摠兵衛が，奥田らとともに積極的に起業していく時期でもある．

家業の再興，発展をはかるとともに，摠兵衛はこの地域の木材業者の組織化にも尽力した．早くも，明治16年，服部小十郎ほか数人と図り，愛知県下における材木商組合の濫觴といわれる名古屋区材木商営業組合（1年後，名古屋材木商組合と改称）を設立し，頭取に就任した（服部が副頭取）．のち，日露戦争後の明治40年9月，名古屋材木商同業組合を設立し（重要物産同業組合法に基づく），摠兵衛が組長に，服部小十郎が副組長にそれぞれ就任した．この間，29年には，自らが設立した材木問屋（尾州材木会社，明治22年頃設立）を他のライバル会社2社（名古屋材木会社，東海材木会社）と合併させ，愛知材木㈱を設立して社長に就任した．鈴木摠兵衛と服部小十郎らは，奥田ネットのメンバーであるとともに，図II-4-2(a)（後述）に見られるように，同業者どうしのネットも形成していたのである．

とくに鈴木と服部小十郎とは地方政界でも緊密な間柄であった．鈴木摠兵衛は，21年1月，愛知県会議員（31年3月までに5回，延べ4年4ヶ月在任）また名古屋区会議員——22年10月市制実施されてのちは市会議員——にそれぞれ当選して以後，市会議長，衆議院議員（31年3月の第5回総選挙で初当選以来，明治期を通じて都合5回当選）等を歴任している．一方，服部小十郎も，鈴木より少しのちの25年3月に県会議員に当選（35年8月までに5回，延べ6年6ヶ月在任）して以後，市会議員，市会議長，衆議院議員（35年8月の第7回総選挙で初当選以来，連続3回当選）等をつとめている[19]．

鈴木摠兵衛は，そもそも同家の人脈からすれば，伊藤次郎左衛門ら旧豪商の輪の中にいる方がむしろ自然であったろう．「材摠」・鈴木家の所有に，"尾張四名所"の1つに数えられたという庭園・「龍門園」があり，7代惣兵衛は，とくに，8代に家督を譲ったのちは，この龍門園に，名古屋・中央の政財界の人物や文化人を招き，ここを，いわば"社交クラブ"として，その接待役をつとめたといわれる．同園の常連メンバーは，伊藤次郎左衛門や岡谷惣助をはじめ，吹原九郎三郎，伊藤忠左衛門，笹田伝左衛門，関戸次郎等の近世以来の名家，また名古屋初代区長・吉田禄在らであったとされるのである[20]．にもかかわらず，摠兵衛が，その企業活動において奥田正香らと緊密に結びついたのは，やはり奥田の先進的な企業家精神に，より親近感をいだいたからではなかっただろうか．以下，記述するように，鈴木は，奥田とともに多くの企業の設立に参画することになる．また，奥田らと別個に，時計製造事業に独自に進出する．すなわち，31年，経営不振に陥った愛知時計製造合資会社に出資して同社を株式会社に改編（社長就任）するとともに，青木鎌太郎（のち，同社社長，名古屋商工会議所会頭）を入社させ，同社の発展に尽力する[21]．

3 明治20年代前半における会社設立
　　——尾張紡績，名古屋生命保険，名古屋倉庫，名古屋株式取引所

(1) 尾張紡績

設立の経緯——名古屋電燈との関係

奥田正香の近代企業へのチャレンジは紡績事業にはじまった．20年代前半までに奥田が名古屋実業界・財界のリーダーとして衆目の認めるところとなっていたとするならば，その契機として，米商会所の経営とともに，尾張紡績の設立が重要であったにちがいない．

尾張紡績会社は，奥田正香と近藤友右衛門が中心となり，ほかに瀧兵右衛門と瀧系の森本善七，八木平兵衛らを加えた5人の発起により，明治20年3月，資本金60万円（公称資本金）をもって設立された[22]．これより以前の18年，伊藤次郎左衛門や岡谷惣助その他，近世以来の市中豪商らによって名古屋紡績がすでに開業されており，愛知県ではこれに次いで設立された紡績会社である．明治

20年といえば、渋沢栄一を中心として16年に設立された大阪紡績が好業績をあげ、同社に刺激されて紡績会社の設立が相次ぎ、日本において近代的紡績業が勃興した時期にあたっている（全国における紡績会社数は20年の21社から23年の30社に増加）[23]。尾張紡績もこの機に対応したものといえる。

創立当時（明治23年1月21日現在）の役員は、頭取（のち社長と改称）：奥田正香、取締役：森本善七・瀧兵右衛門・近藤友右衛門・八木平兵衛（当初、監査役はおかれず）らであり、発起人の5人が役員に就任している[24]。ここでは米商会所以来の近藤友右衛門（綿糸商）に加えて、繊維商（呉服太物商）の瀧兵右衛門、瀧と近しい森本善七（小間物商）や八木平兵衛（太物洋反物商）らと提携していることが注目される。既述のように瀧兵右衛門は、瀧定助や森本善七らとともに独自に「瀧ネット」を形成し、奥田ネットに対抗するかのような行動をとることになるが、このように協調的な行動も見られたのである。

奥田正香がどのような動機・背景で瀧兵右衛門らと提携関係をもつにいたったかは不詳であるが、この尾張紡績の起業とほぼ同じ頃、名古屋電燈の発起人にも当初、両者は加わっていた。ただし、名古屋電燈設立直前、奥田や瀧兵右衛門らはこぞって同社の発起人から離脱している。その間の経緯についてふれておく必要がある[25]。

明治19年、愛知県では、政府から割当てられていた勧業資金10万円のうち7万5,000円の貸下げをもって、同県士族・卒族が電灯事業会社の設立を企図していた。その際、勝間田稔・愛知県知事は、旧藩士・卒族のみの経営は危険であると考え、また勧業資金7万5,000円のみの資本では電灯事業の経営が容易でないと考え、同地の有力な実業家たちを加入させ、両者の共同経営を条件とし、実業団に同社創立願いを提出させることに決した。同知事の意を受けて発起人となったのは、奥田正香、瀧兵右衛門、春日井丈右衛門、八木平兵衛、森本善七、瀧定助、近藤友右衛門、小出とも、見田七右衛門、籾山吉次郎、加藤彦兵衛の11人であった。これらは、みな尾張紡績の役員ないし大株主となる人物たちである。資本金20万円、1株100円、総株数2,000株のうち736株を旧名古屋藩士族・卒族において引受け、残り1,264株を公募することとし、明治20年9月、名古屋電燈会社創立願を愛知県知事に提出し、認可を受けた。

ところが、これより以前の同年3月、奥田正香らによって尾張紡績会社が創立認可を受けており、同社は機械その他設備に予想外の資本を要することとなり、

そのため実業団はさきに引き受けの予定であった名古屋電燈の公募株式1,200余株を引受けることができない事情が生じた。そこで，実業団の11人は，愛知県当局者および旧藩士族・卒族総代の了解のもとに，発起人中より離脱し，同社との関係を断絶した，とされるのである。このため，同社は，出願当時の予定資本金20万円を得ることができず，旧藩士族・卒族が政府から借り受けた7万5,000円のみを資本金とし，旧名古屋藩士族・卒族のみにより経営することとなった（22年12月営業開始）。

一方，奥田らは，のち，30年代末，再び電力会社を起すが，開業にいたらず，この名古屋電燈に吸収されることになる（後述）のは皮肉な結果である。

奥田正香や瀧兵右衛門らが，名古屋電燈の起業から離脱した理由が，主として資金面の問題であったかどうか，疑問がないわけではないが，いずれにしても，奥田や瀧兵右衛門らが，この時期，かなり緊密な行動をとっていたことが推測されるのである。

役員および専門経営者

さて，尾張紡績設立当初（22年6月末）の株主を見てみよう。総株式数12,000株（1株50円，36万円払込済み），株主総数168名であり，筆頭株主・籾山吉次郎の持株数868株に対し，役員5人の持株は表II-4-2のとおりである。5人はみな10位以内の大株主であり，5人で計2,682株，総株式数の22.4％を所有している。その他，100株以上株主（28名）を見ると，奥田系の蜂須賀武輔，瀧系の瀧定助（呉服太物商）・春日井丈右衛門（呉服太物商）・加藤彦兵衛（紙商）・小出とも（呉服太物商）・見田七右衛門（塩乾魚問屋業）らも上位30人の中にふくまれている。結局，名古屋電燈の当初の発起人11人全員が，尾張紡績の大株主として名を連ねている。

支配人の2人も株式を「所有」しており，商務支配人・岡田令高172株，工務支配人・服部俊一100株であった[26]。この支配人の所有株式は一種の名義株である。同社の第1回の営業報告書（22年後期）を見ると，資産の項目に「貸与金」として5,910円が計上されており，「但工務商務両支配人株券所有ニ付貸与ノ分」とある[27]。

同社設立に際しては，奥田から相談を受けた近藤友右衛門がとくに人材（支配人）の吸収に重要な役割を果たした。近藤の回顧談[28]によれば，支配人・岡田

表 II-4-2 尾張紡績の株主

22年6月末			27年6月末				
氏名	役職	持株数	氏名	役職	旧株	新株	計
籾山吉次郎		868	近藤友右衛門		655	655	1,310
○近藤友右衛門	取締役	642	瀧兵右衛門	取締役	550	550	1,100
○八木平兵衛	取締役	624	松沢与七		500	500	1,000
松沢与七		600	森本善七	取締役	490	500	990
○瀧兵右衛門	取締役	530	春日井丈右衛門		480	480	960
○森本善七	取締役	524	瀧定助	取締役	480	480	960
瀧定助		480	八木平兵衛	取締役	360	360	720
春日井丈右衛門		480	見田七右衛門		320	320	640
○奥田正香	頭取	362	奥田正香	社長	270	360	630
蜂須賀武輔		278	蜂須賀武輔		285	285	570
見田七右衛門		258	加藤彦兵衛		250	250	500
長崎忠右衛門		240	佐藤甚蔵		160	411	571
天野佐兵衛		200	後藤増平		233	233	466
			寺沢新七		200	200	400
			天野佐兵衛		200	200	400
			梅村久助		190	210	400
			加藤与三郎		250	110	360
			水野良助		172	157	329
			筧 喜三郎		160	160	320

31年上期			37年6月末		
氏名	役職	持株数	氏名	役職	持株数
奥田正香	社長	1,050	瀧定助		940
瀧兵右衛門	取締役	1,000	春日井丈右衛門	監査役	824
瀧定助	取締役	870	奥田正香	社長	800
春日井丈右衛門	監査役	824	見田七右衛門		793
見田七右衛門		690	森本善七	取締役	650
近藤友右衛門		655	松沢与七		525
森本善七	取締役	650	瀧兵右衛門	取締役	500
蜂須賀武輔	監査役	561	近藤友右衛門		415
松沢与七		525	山中源七		375
土井七右衛門		364	筧 喜三郎		320
梅村久助		330	㈱名古屋貯蓄銀行頭取 瀧兵右衛門		300
筧 喜三郎		320			
八木平兵衛	取締役	300	八木平兵衛	取締役	300
寺沢新七		300	後藤増平		283
後藤増平		283	宮崎平四郎		263
宮崎平四郎		257	服部俊一	取締役	250
服部俊一	取締役	250	加藤彦兵衛		250
加藤彦兵衛		250	土井七右衛門		204
長谷川太兵衛		240	吉田栄助		200
江川金右衛門		230	天野佐兵衛		200
長谷川信四郎		200			
吉田栄助		200			
天野佐兵衛		200			

注：(1) 氏名欄の○印は発起人．
(2) 22年は200株以上株主のみ引用（原典は100株以上株主28人を掲載），全員，住所は愛知県．
(3) 27年は旧株と新株を合計し，合計持株数の多い順に並べ替えた．加藤与三郎の住所が岐阜県である以外は，すべて愛知県．
(4) 31年について，3人の監査役のうちの1人白石半助は138株所有．江川金右衛門の住所が東京である以外は，すべて愛知県．
(5) 37年について，他の2人の監査役の持株は蜂須賀武輔100株，白石半助138株．200株以上株主の住所は全員，愛知県．

出典：22年は『愛知県史 資料編29 近代6 工業1』113～114ページ所収の「尾張紡績会社株主氏名表（明治22年6月30日調）」，27年は『新修名古屋市史 第5巻』453ページ所載の「尾張紡績株式会社主要株主」，31年は山口和雄編著『日本産業金融史研究 紡績金融編』（東京大学出版会，1970年）巻末「紡績会社株主表」，37年は同社「明治37年上半期報告書」添付の株主名簿（ただし200株以上所有者のみ引用）．

令高と服部俊一の入社の経緯は次のとおりである．近藤は，かつて面識があり，当時，福島県の下級官吏であった岡田令高を勧誘し，入社させた．岡田は，官営愛知紡績所（明治14年，政府が機械制紡績業育成策の一環として設立）の所長を務めていたが，19年の同所払下げと同時に，農商務省奏任技師任命の辞令を受けて技師職についた．しかし，岡田は実は，自身，「真正の技術家でなかった」ので，尾張紡績のためには別に優秀な技術者を雇わなければならないとし，適任者を探した結果，服部俊一を得て，会社に推薦，入社させた，とされる．

　岡田は商務支配人，服部は工務支配人となった．岡田は，愛知紡績所設立の翌年，15年10月紡績業の業界団体である紡績連合会を組織し，草創期の同業の発展に貢献した人物である．尾張紡績に在職する期間は短く，23年12月，紡績連合会理事に就任し，尾張紡績を辞す．翌年，綿花輸入・綿糸輸出両関税免除の政府への請願等に中心的な役割を果たすが，同年，死去する[29]．

　服部俊一（嘉永6［1853］年山口県生まれ）は，明治14年工部大学校機械工学科を卒業して農商務省兵庫造船所の機械科長に就任したが，同造船所払下げ後，辞職し，のち，海軍省艦政局を経て尾張紡績に入社したものである．同社入社後，20年7月，機械購入と工場設計のため，岡田令高とともに渡英し，服部は同地の紡績工場で職工として働き，またマンチェスター工業学校紡績夜間部に通学し，翌年7月帰朝したとされる[30]．この点，大阪紡績の技師・山辺丈夫が，同社設立にあたって渋沢栄一から紡績技師の要請を受けるとともに，マンチェスターの紡績工場に職工として入り，実地の技術を習得した，というよく知られた事例に似ている．また服部は，尾張紡績在職中，知多紡績，桑名紡績，津島紡績の顧問として，これらの設計および監督を行なったとされ[31]，この点も，平野紡績会社の技師・菊池恭三（工部大学校卒の機械技術者，20年同社入社）が，同時に尼崎紡績，摂津紡績両社に勤務した事例と類似している．

　このように，当時希少価値のあった人材を奥田が吸収しえたのは，その人脈を通じてのことであり，このことは，一般的に，起業や操業に必要な人的資源や情報資源の獲得にネットが大きな役割を果たしたであろうことを示唆している．例えば，後述のように，日本車輛製造設立の際，奥田は，上遠野富之助の人脈を通じて中央政界に働きかけ，技術者の斡旋を受けることになる．

事業の展開と業績

さて尾張紡績は，21年に工場を竣工し，翌22年7月操業を開始した．設立当初の規模を紡績機械によって見ると，15,280錘（リング紡績機12,240錘，ミュール紡績機3,040錘）であり[32]，この期に設立・開業した紡績会社が大阪紡績に倣って1万錘以上をもって創業したのと同様，尾張紡績も経済規模でのスタートを切った．動力源を蒸気力によることとし，昼夜兼業を行なった（22年9月から）[33]ことも，この時期に開業した他の紡績工場が大阪紡績に倣ったのと同様であった．愛知県で先行した名古屋紡績が，最初，水力に依存する計画で工場の立地を求め，困難な状況にいたり，結局，蒸気力に変更した事実（前述）を奥田らは知っていたはずである．職工総数は738人であった．

綿糸の販売は，当初，名古屋では，発起人・役員の1人である近藤友右衛門（伝馬町），伊藤次郎左衛門支店（車町），水野良助（下長者町）の3店と契約を結び，東京では薩摩治兵衛支店（堀留町），柿沼谷蔵（小網町）の両店に販売委託した[34]．

開業時の業績は良く，表II-4-3に見られるように，第一期・22年下期の利益金は2.6万円を計上し，10％の株主配当を行なった．翌23年も，同年のわが国最初の近代的恐慌に遭遇したものの，上・下期それぞれ利益金2万円弱，8％，10％の配当を行なっている．しかし，24年の濃尾大地震により同社工場は全壊するという大きな被害をこうむった．幸い，紡績機械にはあまり影響がなく，工場の再建を行ない，25年に操業を再開した[35]．

この復興資金調達の目的からであろう，翌年下半期に資本金を倍額の120万円とした．この倍額増資に役員や大株主はどう対応したであろうか．27年6月現在の役員の持株を見ると（表II-4-2），八木を除いて，奥田，森本，瀧（兵右衛門），近藤ら4人はほぼ倍額増資に応じて持株を2倍にしていることが分かる．5人で計4,750株，19.8％を所有している．また，その他の大株主についても，春日井，瀧（定助），蜂須賀，加藤ら4人は，いずれも倍額増資に応じていたことが分かる（小出ともは不明）．同社では，このようにネット構成員による増資引受けが支えになり，創業初期の困難な状況を克服することができたのである．ただし，ここでは，奥田ネットに瀧ネットを加えたいわば混成ネットのメンバーたちが協調行動をとっていた点が注目されるところである．

表II-4-4によって，この間およびその後の役員の推移を見ると，設立時の奥

第4章 「奥田ネット」　313

表II-4-3　尾張紡績の業績（単位：円）

	払込資本金	当期純益金	前期繰越金	利益処分			払込資本利益率（年率,％）	配当率（年率,％）	配当性向（％）	役員賞与配分率（％）
				株主配当金	賞与金及交際費	諸積立金・準備金				
22年下	360,000	25,718	—	18,000	2,000	4,000	14.3	10.0	70.0	7.8
23年上	360,000	18,927	1,218	14,400	1,500	3,000	10.5	8.0	76.1	7.9
下	360,000	19,657	746	14,400	1,500	3,000	10.9	8.0	73.3	7.6
29年下	600,000	71,918	8,002	30,000	7,150	34,000	24.0	10.0	41.7	9.9
30年上	600,000	104,392	8,770	48,000	10,400	46,000	34.8	16.0	46.0	10.0
31年上	600,000	70,530	8,813	30,000	7,000	33,500	23.5	10.0	42.5	9.9
下	600,000	55,216	8,843	24,000	5,200	26,000	18.4	8.0	43.5	9.4
32年上	600,000	54,719	8,861	36,000	?	16,000	18.2	12.0	65.8	?
下	600,000	67,490	11,580	42,000	?	20,000	22.5	14.0	62.2	?
33年上	600,000	▲20,055	17,069	—	—	—	▲6.7	—	—	—
下	600,000	14,163	▲2,985	—	2,016	2,000	4.7	—	—	14.2
34年上	600,000	33,955	7,162	30,000	3,995	3,000	11.3	10.0	88.4	11.8
下	600,000	52,113	4,213	30,000	6,411	10,000	17.4	10.0	57.6	12.3
35年上	600,000	39,368	9,825	30,000	4,536	4,000	13.1	10.0	76.2	11.5
下	600,000	15,187	10,657	16,800	1,618	2,000	5.1	5.6	110.6	10.7
36年上	600,000	41,281	5,427	24,000	4,328	6,000	13.8	8.0	58.1	10.5
下	600,000	38,872	12,381	24,000	4,387	6,000	13.0	8.0	61.7	11.3
37年上	600,000	8,127	16,866	12,000	1,012	2,000	2.7	4.0	147.7	12.5
下	600,000	24,572	9,982	18,000	3,157	3,000	8.2	6.0	73.3	12.8
38年上	600,000	88,031	10,398	66,000	9,503	12,000	29.3	22.0	75.0	10.8

注：(1) 同社の決算書においては、確認のかぎり、減価償却（22年下と23年上・下は「創業費償却」）は、33年上以前は利益処分として、それ以後は支出項目として処理されている。
　　　また「賞与金及交際費」は、同年同期以後、支出項目として処理されている。そこで、本表では、33年上以後、決算書における「当期利益金」に「賞与金及交際費」を加算して、「当期純益金」とした。
　　(2)「配当性向」＝「株主配当金」÷「当期純益金」×100
　　　「役員賞与配分率」＝「賞与金及交際費」÷「当期純益金」×100
出典：23年下、29年下、30年上、31年下および32年上・同下については「新愛知」掲載の同社各期決算公告に、その他は同社各期営業報告書（大阪大学附属図書館所蔵）による。

表II-4-4　尾張紡績役員の推移

	23年1月	23年7月	27年6月	30年1月	36年7月	37年1月	37年7月	38年7月
奥田正香	頭取	〃	社長	〃	〃	〃	〃	〃
森本善七	取締役	〃	〃	〃	〃	〃	〃	〃
瀧兵右衛門	取締役	〃	〃	〃	〃	〃	〃	〃
近藤友右衛門	取締役	〃						
八木平兵衛	取締役	〃	〃	〃	〃	〃	〃	〃
瀧定助			取締役	〃				
蜂須賀武輔				監査役	〃	〃	〃	〃
春日井丈右衛門				監査役	〃	〃	〃	〃
白石半助				監査役	〃	〃	〃	〃
服部俊一				取締役	〃	〃	常務	〃

注：27年6月以降、30年1月以前までは未確認。
出典：27年6月は「新修名古屋市史　第5巻」453ページ、30年1月・7月および32年1月・7月は「新愛知」掲載の同社決算公告、他は同社各期営業報告書（大阪大学附属図書館所蔵）による。

田正香頭取（のち社長と改称）および、その他の取締役については、近藤友右衛門が27年6月までに辞任しているだけで、他の役員は変わらず、さらに同社が三重紡と合併して解散する38年まで、かれらは同職位にありつづける。辞任した近藤に代わって、瀧定助が取締役に就任（36年下期、死亡により辞任）している。また30年1月までに、蜂須賀武輔、春日井丈右衛門、白石半助の3人が新設の監査役に、服部俊一が支配人兼任の取締役に、それぞれ就任し、解散まで同

職位にある．役員のメンバーは，奥田系と瀧系が半々となっており，微妙なバランスが保たれていたように推測できる．

さらに31年時（上期）の株式所有状況も見ておくと，27年時と比べ（総株式数は27年時と同じ），社長の奥田が1.7倍に大幅に増加させた反面，近藤，加藤，八木の3人がほぼ2分の1に著減，森本が大幅減少，瀧兵右衛門，瀧定助，春日井，蜂須賀ら4人が若干の減少，というように三様に分かれている．個々人の諸事情について確認することはできないが，持株を半分にした近藤友右衛門は，27年上期以前に取締役を辞任している．役員の持株合計の推移を見ると発足当初，22年時の22.4％（2,682株）から31年時23.5％（5,643株）となっており（表中にいない監査役の白石半助138株を加える），ほぼ同率であった．

さて，開業後まもなく地震の罹災があったが，復興後の同社は，日清戦争前後における国内・東洋（韓国・中国市場）の両綿糸市場拡大という好環境のなかで，拡張政策をとった．27年上期に新工場の建設と紡績機械の購入を決定し，計画を実行に移している（33年上期第二工場稼動）．この結果，錘数規模の推移を見ると，発足時の15,280錘が31年上期末では30,304錘となっており[36]，この間2倍近くに増加している．愛知県の紡績会社で同社に先行した名古屋紡績が，この間，わずかな錘数増加（9,000錘から10,000錘）にとどまっていたのとは対照的である．奥田の積極的な性格をうかがわせるものであろう．

日清戦争後，日本の綿糸生産は急激に発展したが，32，3年頃になると中国向けの輸出が激減して（中国政府による綿糸課税法の改正や北清事変の勃発などの影響による）生産過剰状態となり，紡績連合会による操短が実施された．そして，このころから紡績会社の集中が行なわれるようになった．さらに日露戦争以降も市場の拡大にともない生産は拡大し，一方，同戦争後の恐慌期を通じ企業の集中もいちだんと進んだ．

この間の尾張紡績の業績を見てみよう（表II-4-3）．利益金は，日清戦争後の29年下期7.2万円，翌年上期10万円を超え，その後32年まで各期6〜7万円ほどをあげ好調を持続している．この間，配当率もほぼ毎期10％を超えている．翌33年上期に新工場が稼動したが，これが北清事変の勃発による中国への輸出途絶の時期と重なり，この期は2万円の損失を計上した．しかし，損失は同期のみにとどまり，34年上期以降，回復基調で3〜4万円の利益を上げ，配当率も10％前後で推移した．利益金は37年度は低下したが，翌38年上期は「開業以来

の綿糸生産高を記録」[37]して8.8万円となり，配当率も22%という「開業以来の高配当」[38]を記録した．同社は，これを最後に，同年下期，三重紡績と合併し，解散する．

役員の報酬はどうであったろうか．当期純益金のうちの役員賞与（「賞与金及交際費」）への配分は，31年下期までは10%前後，33年下期以降は継続して10%を越える比率であった．また，役員ごとの報酬を見ると，31年時（上期）における社長以下の月給は次のとおりである．社長50円，取締役10円，取締役兼支配人100円，監査役5円となっている．このとき取締役兼支配人であった服部俊一は，奥田社長の2倍，他の取締役の10倍の月給を得ていたのである．学卒の支配人の給与が実際いかに高かったかが分かる[39]．

三重紡績との合併

尾張紡績は，38年，名古屋紡績とともに三重紡績に合併された．この合併を主唱したのは，尾張紡績社長の奥田正香であった．奥田はかねてから，紡績業の国際競争力を強化するために，乱立する小規模紡績会社の合同を提唱していた．これに応じたのが，愛知に分工場を設置していた三重紡績の伊藤伝七であった．ただし，合同の方法について，奥田と伊藤の見解は異なっていた．伊藤の主張は，三重紡績が伊勢地方の紡績会社を吸収し，尾張紡績が濃尾地方を統一したうえで，両者が合同するというものであった．他方，奥田の主張は，まず尾張紡績と三重紡績が合同すれば，他の群小紡績会社は追随してくるというものであった．こうした合同方式についての意見の違いとともに，尾張紡績内部では取締役の瀧兵右衛門らが合同不賛成を唱え，東京の渋沢栄一に働きかけを行なった．しかし，奥田は農商務大臣・清浦奎吾，愛知県知事・深野一三の賛意を得たうえで，三重紡績の代表（斉藤恒三ら）ともども上京して奥田方式への渋沢の賛意を得，伊勢・尾張地方の紡績会社大合同の第一段階として尾張紡績と三重紡績の合併へと進んだのである[40]．渋沢がこの合同に関係するのは，三重紡績の設立以来，同社と渋沢が関係を持っていたことや渋沢の第一銀行が融資関係を持っていたことからであろう．

こうして三重紡績と尾張紡績，それに加えて名古屋紡績との合同が38年10月に成立した．三重紡績は，合併後の重役には尾張側の重役は1人も入れないことを主張したが，結局，了解がなり，奥田正香が同社入社後，一時的に，三重紡績

の社長に就任した。また，服部俊一も同社に平社員で入社し，のち取締役となる[41]。

合併直前の37年6月末における役員の持株を31年時のそれと比較してみよう（表II-4-2）。まず，社長の奥田正香は1,050株から800株となり，250株減少させている。ただし次男の奥田謙次名義が140株ある。4人の取締役のうち，森本善七（650株），八木平兵衛（300株），服部俊一（250株）らは変化がない。しかし，瀧兵右衛門は1,000株から500株へと半減させている（兵右衛門の家族の名前は株主名簿にはない）。ただし，同人が頭取をつとめる名古屋貯蓄銀行が新たに300株の大株主として名を連ねている。3人の監査役のうち，春日井丈右衛門（824株）と白石半助（138株）は変化がない。蜂須賀武輔は561株から100株へと461株減少させているが，3人の家族名義分が計488株あり（キン170株，光次郎164株，幸子154株），それを合算すると若干の増加（27株）である。前年，36年に取締役を辞任した瀧定助（2代）は870株から940株へと増加させている。

役員8名の持株合計は3,562株，総株式数の14.8％である。ただし，役員の家族および関係会社の持分（名古屋貯蓄銀行300株，奥田謙次140株，春日井丈太郎79株，蜂須賀武輔の3人の家族分488株）を含めると4,569株，19.0％である（瀧定助の持株940株を加えると5,509株，23.0％）。31年の役員9人の合計5,643株・23.5％に比べ8.7ポイント低下しているが，役員の家族や関係会社の名義分および瀧定助の持株を合算すると，わずかな減少（134株）にとどまっている。

この合併につづいて県下での合併が進み，服部俊一が関係していた知多紡績と津島紡績が三重紡績に吸収された。一宮紡績は三重紡績への合併の動きがあったが最終的には日本紡績に合併された。のち，この三重紡績が大阪紡績と合併し，東洋紡績に発展する。

ここで，奥田正香という人物の資質の一端をうかがう意味で，奥田が紡績連合会の会長に選任されたことがあること，また同連合会での発言の一部についてふれておきたい。奥田は，たとえば，27年6月12・13日に開催された大日本綿糸紡績同業連合会の臨時会（全国47社［准会員6社を含む］の代表者が参加，ただし，うち2社は12日欠席）に，尾張紡績および名古屋紡績を代表して出席し，同会の議長に選出されている。ちなみに，選挙における得票数は，尾張紡績21票，次点は尼崎紡績・亀岡徳太郎の14票，3位は大阪紡績・河村利兵衛5票であった。

第4章　「奥田ネット」　317

奥田が，この頃にはすでに，全国の紡績業者の間でも，リーダーの資質をもつ人物であることが知られていたものといえよう．

奥田は議長をつとめるとともに，さらに，尾張・名古屋紡績を代表して次の建議を行なった．前年の26年11月，日本郵船と紡績連合会との契約のもとに同社によりボンベイ航路が開かれ，紡績業者は，インド綿の輸入に多大の便宜が得られることになったが，奥田はこのことについて，それは「我同業者ノ休戚ニ最モ大関係ヲ有スル」ことであり，同時に，同航路は，「独リ我紡績業ノミノ事デハナイ」のであり，国家的な事業として政府に相当の保護を与えてもらうための運動を行なうとし，満場一致で同意を得ている[42]．

当時における航路拡張の世論を背景にした発言であり，事実，この航路開設までの過程に関わった渋沢栄一も，この航路の開設は「主として国家産業助成の国家的観念に立脚し，単に紡績業者等の利害に発するものではない．」[43]などと発言している．このような時流に乗った言動だったとしても，これに関連する奥田の一連の発言から，奥田のリーダーシップや能弁ぶりをうかがうことができそうである．なお，ボンベイ航路は，29年3月の航海奨励法の制定と同時に，特定助成航路の1つに指定され，特別助成金が下付されることになる．

尾張紡績は明治20年，わが国近代的紡績業が勃興した時期に成立をみた．愛知県では，伊藤・岡谷ネットの名古屋紡績が先行した．名古屋紡績は明治10年代初期，政府の殖産興業政策に基づく支援を得て設立されたものの，創業までの準備過程に年数を費やし，開業は18年（4月）であった．尾張紡績の開業は，それより数年の遅れである．同社の設立発起人には，奥田正香を中心に，以後，緊密な協調行動をとる「奥田ネット」のメンバーだけでなく，瀧兵右衛門ら「瀧ネット」のメンバーも加わり，かれらも大株主となり，役員に就任している．支配人に学卒の技術者を招聘しえたことは，同社の起業と操業に少なからざる影響を与えた．奥田正香の強力なリーダーシップと有能な専門経営者の業務執行とがあいまって，同社の事業は発展した．業績は，発足以来，38年の合併にいたるまで，確認されるかぎり，むしろ安定的に推移しており，株式配当も10％前後を継続している．また役員賞与も当期純益金の10％前後がほぼ継続的に配分された．創業まもなく濃尾地震に罹災したが，発起人・役員たちは，再建のための増資に応じるとともに，その後も基本的に安定的な株主でありつづけ，同社の事業展開に尽力した．役員職も，両ネットのメンバーによって長期的に維持される

傾向にあった．明治38年，同社は，名古屋紡績とともに，三重紡績に吸収されるかたちになったが，これは，日露戦争後の紡績合同運動を背景に，奥田正香が積極的な行動を起こした結果であった．

(2) 名古屋生命保険

奥田正香は，名古屋商業会議所会頭に就任した26年，それまでの人脈をもとに3つの会社を設立ないし設立に参画した．名古屋生命保険，名古屋倉庫，名古屋株式取引所である．

名古屋生命保険株式会社は，同年5月，名古屋市に本社を置く生命保険会社の嚆矢として，資本金10万円をもって設立された[44]．東京の帝国生命保険，大阪の日本生命保険に倣って創立されたとされる[45]．日本生命保険は，名古屋生命保険設立の直前，同年3月，名古屋市に出張所を開設していた．名古屋生命保険設立後，28年1月，名古屋市における第二の生命保険会社として真宗生命保険が設立され[46]，30年代以後，同市に支店や出張所を設立する生命保険会社が増加していく（30年代に9社が，40年代に10社が，それぞれ支店や出張所を開設）[47]．

発起人は，鈴木摠兵衛，奥田正香，白石半助，堀部勝四郎，笹田伝左衛門，森本善七，瀧定助らであり，鈴木摠兵衛が社長に選任された[48]．鈴木，白石，堀部，笹田の4人は，名古屋商業会議所において，すでに奥田と面識があり，この26年の7月に奥田が同所会頭になると，翌年から奥田のもと役員をつとめる．とくに鈴木と白石は，奥田ネットの重要メンバーとなる．また，ここには，森本善七と瀧定助の2人の瀧系の人物も加わっている．森本は，尾張紡績の設立発起人の1人であったし，瀧定助も同社の大株主であった．森本は，白石・笹田らとともに，名古屋商業会議所の役員にもなる．支配人には近藤徳治郎という人物が就任した．

創業後の営業成績を，年末現在契約高で見ると，創業時26年の5万9,100円（契約者数207人）が31年の137万4,200円（同7,292人）へと23倍ほどの増加をとげている[49]．同社の決算内容については，かろうじて37，38年度のそれが，当時の新聞（「新愛知」）に掲載された決算公告から知られるのみである．37年度（「第12回報告」，1年決算）の決算公告[50]により，まず役員（38年1月25日現在）を見ると，社長：鈴木摠兵衛，取締役：蜂須賀武輔・牧野作兵衛（味噌醬油

商)・天野泰助（関戸銀行支配人）・宮地茂助・白石半助，監査役：奥田正香・平子徳右衛門，支配人：近藤徳治郎となっている．資本金は10万円（3万円払込済み），契約高359万9,600円（被保険人1万6,542人）である．本年度総収入金36万3,612円（前年度繰越金20万4,563円を含む），本年度総支出金10万1,460円，次年度繰越金36万2,742円（責任準備金26万181円，支払準備金1,100円），差引利益金870円，利益金処分は法定準備金300円，次年度繰越金570円となっている．契約高は前記31年度末の137万4,200円から37年度末の359万9,600円へと2.6倍に増加している．

しかし，この37年度の決算が，実は，鈴木摠兵衛が社長をつとめた最後の決算である．同社は，37年度中に，小栗銀行頭取・小栗富治郎に売却され，これにともない，同社社長は鈴木摠兵衛から小栗富治郎に代わり，設立発起人であった奥田や白石は役員を辞任している．支配人の近藤徳治郎は，そのまま同職位にある[51]．

この小栗による同社買収について，その背景は明らかではないが，鈴木摠兵衛の伝記には，同社の「売買談は奥田正香を筆頭に他の重役間の内儀に於て已に決定したるが……鹿山翁（鈴木摠兵衛—引用者）は極力反対……会社の利害より打算して契約と共に本会社を売却するが如きは被保険者に対して申し訳合立たず」と記されている．また，このことが理由にあり，その後，福寿生命保険が設立（後述）されたとき，鈴木は，重役就任を要請されたが，固辞したとされる[52]．この売却が奥田正香の意思によって行なわれたことを推測させるものである．

なお，38年度の決算[53]によれば，契約高は450万120円（被保険人2万236人）で，前年度より，90万円ほど増加している．40年1月には，資本金を50万円に増加した．しかし，同社は，翌41年7月，太陽生命保険に合併される[54]．合併の理由は，40年恐慌で小栗富治郎の主宰する小栗銀行が経営危機状態におちいった（42年5月解散）ことと密接な関係があることはまちがいなかろう．

この合併よりすこし前，41年3月，奥田正香と近しい関係にあった神野金之助を中心に，新たに福寿生命保険の設立が進められ（同月発起人会開催），奥田も，その設立にかかわることになる（後述）．

(3) 名古屋倉庫

発起人と役員および奥田正香の動機

　名古屋倉庫は26年10月，資本金10万円（3万円払込済み）をもって設立された．これより先，同年7月の設立発起人会に参列した12名の発起人のなかに奥田正香の名前はないが，後記のように奥田が同社設立に関わっていたことは間違いない．発起人のなかには，奥田の醬油醸造業者仲間で，奥田と近しい関係にあった蜂須賀武輔と鈴木善六がおり，また名古屋商業会議所で奥田会頭のもと，役員をつとめることになる鈴木摠兵衛，笹田伝左衛門，平子徳右衛門，白石半助，服部小十郎らがここに加わっている（鈴木善六も同所の役員）[55]．

　設立時の役員は，社長に笹田伝左衛門，専務に平子徳右衛門，取締役に鈴木善六・水野源助・白石半助，監査役に奥田正香と堀部勝四郎らが就任し，専務の平子が執行の責任者になったとされる．平子徳右衛門家は代々，陶磁器商（近世末，旧尾張藩町奉行所御用達）を営み，近代に入り，同業者とはかり陶磁器類の輸出に先鞭をつけたといわれる[56]．平子徳右衛門（先代敏脩の養子，14年7月家督を相続，妻は敏脩の長女）は，家業との関係で，倉庫業に深い関心をもっていたことであろう．この頃，横浜では平沼専蔵らが倉庫会社を組織し，主として輸出貨物の取扱いを開始していた[57]ことを，平子は知っていたかもしれない．

　以後，表II-4-5に見られるように，平子は，明治期を通じて専務の職に在任する．奥田正香は設立時より30年代末まで監査役をつとめる．設立時より取締役会長をつとめる笹田伝左衛門に代わり31年下期，白石半助が同職位に就任し，それ以降，会長・白石，専務・平子の体制が10年ほどつづくことになる．白石半助は，平子徳右衛門家から白石家に養子に入った人物であり，両家は姻戚関係にあった．

　この平子徳右衛門と白石半助，それに，元名古屋区長の吉田禄在（発起人の1人）の3人が同社設立発起の主唱者であったとされる[58]．ただし，この頃（20年7月），奥田正香の勧誘により東京での新聞記者をやめ，名古屋商業会議所の書記になっていた上遠野富之助は，奥田が倉庫業の重要性を認識していて，同社設立に「骨を折った．其時主に働いた人は白石半助とか笹田伝左衛門氏等であった．」と，その自叙伝に記している．また，その際，奥田の指示で上遠野は倉庫業について調査をした，とも述べている[59]．上遠野は，その時の調査内容につい

表 II-4-5　名古屋倉庫役員の推移

	26年10月	30年1月	32年1月	35年7月	37年1月
会長	笹田伝左衛門	〃	白石半助	〃	〃
専務	平子徳右衛門	〃	〃	〃	〃
取締役	鈴木善六				
同	水野源助	〃	〃	〃	兵藤良蔵
同	白石半助				
監査役	奥田正香	〃	〃	〃	〃
同	堀部勝四郎	白石半助	鈴木善六	服部兵助	〃

	38年1月	39年6月	39年12月	42年6月	44年12月
会長	〃	〃	〃	〃	〃
専務	〃	〃	〃	〃	〃
取締役					
同	鈴木摠兵衛	〃	〃	〃	〃
同				白石半助	〃
監査役	〃	加藤重三郎	蜂須賀光次郎	〃	安藤敏之
同	〃			安楽勇十郎	

注：発足時は取締役社長─専務取締役体制であったが，その後，取締役会長─専務取締役制に変更された．社長職はなし．また，41年上期から42年上期までの間に取締役会長の白石半助が辞任して以降，会長職は空位．
出典：26年10月は『東陽倉庫50年史』12ページ，30年1月以降は『新愛知』掲載の同社各期決算公告．

てはほとんど記していないが，倉庫会社が預証券を発行して，荷主はそれを担保にして銀行で融資を受ける，という経済システムに奥田は注目したと言う[60]．この近代的な倉庫証券制度について，奥田は，それが近世の蔵屋敷制度において米切手を担保に金融がおこなわれ，それが流通するというシステムと重ね合わせて考えたことであろう．

この近代的な倉庫証券制度については，早くも明治10年12月，渋沢栄一が銀行同盟択善会の名において，官設の倉庫設置を政府に建議した際，その趣旨を説明している[61]．政府は，当時，こうした倉庫直営に着手はしなかったが，その後，17年には，発券倉庫が商業上の重要機関であることや倉庫証券の金融上の効用について政府部内において審議を行なうとともに，民間に対しても諮問するなど，これを重視するようになっていた[62]．

実際の倉庫会社の設立は，20年代半ば，日清戦争期より活発化し，25年の11社が，翌26年には20社，27年には38社となり，30年には110社というように増加している[63]．名古屋倉庫は，こうしてわが国近代倉庫事業が発展の緒につく時期と軌を一にして設立されており，専業の倉庫会社としては名古屋市最初のものであった．

設立時の資本金10万円（3万円払込済み）は，三菱系の東京倉庫（20年開業，公称資本金50万円，払込資本金10万円）に比べれば小規模であったが，26年時の

表 II-4-6　名古屋倉庫の株主

26年11月末			42年12月（2日）		持株数			45年6月		持株数		
氏名	役職	持株数	氏名	役職	旧株	新株	計	氏名	役職	旧株	新株	計
○吉田禄在		250	神野金之助		337	418	755	神野金之助		287	418	705
○笹田伝左衛門	社長	200	平子徳右衛門	専務	150	170	320	○平子徳右衛門	専務	150	175	325
○平子徳右衛門	専務	200	兵藤ミツ（兵藤直吉親権者）		170	80	250	○白石半助	取締役	135	155	290
○白石半助	取締役	125						兵藤ミツ（兵藤直吉親権者）		170	80	250
奥田正香	監査役	115	（○）笹田ハナ		101	131	232	（○）笹田ハナ		101	131	232
○服部兵助		100	○白石半助	取締役	65	135	200	○鈴木摠兵衛	取締役	60	80	140
○鈴木摠兵衛		100	○鈴木摠兵衛	取締役	50	80	130	（○）蜂須賀光次郎		94	32	126
○堀部勝四郎	監査役	95	長谷川真之助		63	63	126	長谷川真之助		63	63	126
○鈴木善六	取締役	90	奥田正香		100	－	100	奥田正香		100	－	100
○服部小十郎		90	上遠野富之助		100	－	100	上遠野富之助		100	－	100
○蜂須賀武輔		85	安楽勇十郎	監査役	－	100	100	安楽勇十郎	監査役	－	100	100
○水野源助	取締役	82	白石辰三郎		50	45	95	白石辰三郎		50	45	95
○三輪嘉兵衛		73	○三輪嘉兵衛		41	41	82	鈴木鈴四郎		40	50	90
兵藤良蔵		50	佐治春蔵		40	40	80	○三輪嘉兵衛		41	41	82
久保鉦次郎		50	鬼頭与三郎		38	38	76	佐治春蔵		40	40	80
			（○）蜂須賀光次郎	監査役	44	32	76	鬼頭与三郎		38	38	76
			石黒礼吉		－	70	70	河瀬文蔵		58	－	58
			安田重助		50	15	65	服部兵一		－	58	58
			吉田順吉		58	－	58	神戸利左衛門		55	－	55
			岩田伊八		－	58	58	安東敏之	監査役	50	－	50
			神戸利左衛門		55	－	55	青木文治郎		10	40	50
			○鈴木善六		50	－	50	船橋源之助		－	50	50
			鈴木鈴四郎		35	15	50	蜂須賀幸子		－	50	50
			青木文治郎		10	40	50					
			蜂須賀幸子		－	50	50					

注：(1) 26年11月末の株主（50株以上所有者）は全員、その住所は名古屋市．
　　(2) 名前の前の○印が発起人．（○）印は、発起人の後継者．ただし、42年の笹田ハナは、笹田伝左衛門の未亡人、また蜂須賀光次郎は武輔の長男．
　　(3) 引用株主の住所について、26年時は全員、名古屋市、42年時は同市以外は2人（石黒礼吉・知多郡、吉田順吉・四日市市）、45年時は他府県1人（河瀬文蔵・三重県）、その他は名古屋市である．
出典：26年11月末は『東陽倉庫50年史』18ページ．ただし50株以上所有者を引用．
42年12月は、同社「第33回営業報告書」、45年6月は「第38回営業報告書」それぞれ添付の株主名簿．ただし、両期とも新旧株数合計50株以上の所有者を引用．

全国20社払込資本金平均24,740円よりは大きい[64]．また設立時の株主は，総数34名で，上位の株主は表II-4-6のとおりである．発起人12名の持株比率は74.5％（総株式数2,000株に対し1,490株），また役員7名の持株比率は45.4％（907株）であった．筆頭株主は吉田禄在で250株，次いで笹田伝左衛門と平子徳右衛門が各200株，白石半助125株，奥田正香115株となっている[65]．

事業の展開と業績——瀧系・東海倉庫との競争

さて，名古屋倉庫は，最初，名古屋駅に近接した土地（当初の敷地2,261坪）に倉庫を建設し，まず鉄道貨物を対象とした営業倉庫としてスタートした[66]．22年に東海道線が開通したが，その後も，関西鉄道の関西線や中央線の開設が予定されており（前者は28年5月名古屋・弥富間輸送開始，後者は33年7月名古屋・多

治見間がまず開通），同駅の集荷貨物の増加を期待しての立地であっただろう．名古屋港への進出は後述のように明治40年代のことである．26年以来建築中の倉庫の一部完成（320坪，泥江町）とともに，翌年6月営業を開始した．すぐに（翌7月）日清戦争がはじまり，当初，「新規入庫が皆無」の状態になったものの，戦勝の影響により，年末からは，倉庫営業は繁忙をきわめ，29年まで，庫腹の不足を起すほどの戦勝景気の恩恵に浴した[67]．

保管貨物の預り証券については，同社は創業当初から，これを発行し，まもなく寄託主に対し寄託貨物を担保に貸し付けも行なうようになった（27年8月の臨時株主総会で，担保貸付業務の開始が決定された）．ただし，この業務はごく短期間で廃止の議が起こり，奥田正香を中心に明治銀行が設立，開業（明治29年8月）されると（後述），同行にその業務をゆだね，30年7月これを廃止した．同社の融資資金に限度があったこと，またこの制度が普及してきたことなどが，融資業務廃止の理由であったとされる[68]．

この間，そしてこれ以後も業績はほぼ安定している．表II-4-7に見られるように，29年下期以降，日露戦争期まで，当期利益金は1万円未満，払込資本利益率は10%前後であり，株式配当率は10%未満であるが，確認されるかぎり継続している．戦後好況期に利益金は1万円を超え，利益率も20%以上となり，配当率も10%を超える．しかし，戦後不況期以降，利益金は再び1万円未満となる．株式配当は確認されるかぎり，無配の時期はなく，配当性向は各期80%前後である．「役員賞与及交際費」は確認される15期のうち，支払いが行なわれなかった1期と不明の5期を除いて実施されており，その当期純益金に占める比率は各期10%前後である．

注目されるのは，日露戦争後にライバルが出現したことと，同社が名古屋港に進出したことである．まず，前者について見ると，名古屋倉庫が設立されて10数年後の39年12月瀧兵右衛門らを中心に東海倉庫が設立され（既述），両倉庫会社の間で競争がはじまったのである．新設の東海倉庫は，倉庫用地を堀川岸に求めた．近世初期に開削された堀川運河は，当時も，名古屋港と名古屋市内とを結ぶ名古屋唯一の水上交通路として物資輸送に重要な役割を果たしていた．同社が，運河東岸に倉庫用地を入手すると，奥田らの名古屋倉庫もこれに対抗するため，同年，急遽，運河西岸に土地を獲得して倉庫を建設し，翌年から業務を開始したのである[69]．

表 II-4-7　名古屋倉庫の業績（単位：円）

	払込資本金	当期純益金	前期繰越金	利益処分 株式配当金	役員賞与金及交際費	諸積立金・準備金	払込資本利益率(年率,%)	配当率(年率,%)	配当性向(%)	役員賞与配分率(%)
29年下	95,000	5,014	106	3,800	400	600	10.6	8.0	75.8	8.0
30年上	95,000	5,515	319	3,800	500	750	11.6	8.0	68.9	9.1
31年上	95,000	4,778	365	3,800	470	700	10.1	8.0	79.5	9.8
下	105,000	5,300	174	4,148	500	700	10.1	8.0	78.3	9.4
33年下	110,000	6,293	606	5,500	—	1,000	11.4	10.0	87.4	—
35年上	110,000	6,817	?	?	?	?	12.4	9.0		
下	110,000	5,470	218	4,400	540	700	9.9	8.0	80.5	9.9
36年上	110,000	7,013	47	5,170	700	1,000	12.8	9.4	73.7	10.0
下	110,000	5,327	190	4,400	530	500	9.7	8.0	82.6	9.9
37年上	110,000	7,812	88	5,500	780	1,000	14.2	10.0	70.4	10.0
下	110,000	8,398	620	6,600	830	1,200	15.3	10.2	78.6	9.9
38年上	110,000	11,513	388	7,700	1,150	1,600	20.9	14.0	66.9	10.0
39年上	120,000	13,948	2,299	11,550	1,390	2,500	23.2	20.0	82.8	10.0
下	150,000	16,315	807	9,900	1,200	5,500	21.8	16.0	60.7	7.4
40年上	170,000	10,027	522	8,000	1,000	1,000	11.8	10.0	79.8	10.0
下	170,000	5,254	549	?	?	?				
42年上	170,000	5,565	335	?	?	?				
43年上	170,000	42,270	301	?	?	?				
下	170,000	8,081	281	6,800	800	3,700	9.5	8.0	84.2	9.9
44年下	170,000	5,810	?	?	?	?				
45年上	170,000	6,935	?	4,760	560	1,400	8.2	5.6	68.6	8.1

注：(1) 43年下は別途積立金の取り崩し3,200円が計上されている．
　　(2)「役員賞与配分率」＝「役員賞与金及交際費」÷「当期純益金」×100
　　(3) 利益処分の不明な時期は，各期の決算公告に，損益処分が示されていないことによる．
出典：明治45年上は，同社営業報告書，それ以外は「新愛知」掲載の同社各期決算公告による．

　両社の競争は，名古屋港への進出においても見られた．進出の計画は瀧系の東海倉庫の方が早く，同社は40年2月，上記，堀川沿岸の本拠地倉庫の落成を待たず，早くも愛知県知事に名古屋港埋立地（当時はまだ熱田港の名称）の払下願いを提出し，同港への進出をはかった[70]．ただし，この計画はその後，10数年間実現しなかった．

　一方，名古屋倉庫は，その契機はむしろ受動的ではあったが，実際の進出は東海倉庫にはるかに先んじた．43年，鉄道院は名古屋駅を拡張するため，隣接する同社所有地（1,800余坪）を収容することとなり，同社は移転する必要が生じた．そこで，移転を要する倉庫建物約900坪を2ヶ所に分離することとし，うち300坪を堀川沿岸に，また600坪を名古屋港の埋立地に求めることとした．県有地（約5,000坪）を買い受け，45年に倉庫の建設を完成させた．これが，名古屋港における最初の私設営業倉庫であった[71]．

　名古屋港は，第1期工事がまもなく（43年度）完成に近づいていた[72]．これより以前の40年には，名古屋開港論が高調し，名古屋商業会議所会頭・奥田正香らがその急先鋒をつとめ，政府に対して開港の運動を起した．その結果，40年11月，同港は開港場に指定されていたのである[73]．こうした背景を考えると，名古屋倉庫の名古屋港進出は，やや積極性に欠ける嫌いがあったといえよう[74]．

奥田正香の開港運動を考えると、同社のリーダーシップが奥田にはなかったようにも推測される。

同社の資本金は日清戦争後、29年に、設立時の倍額20万円に増資され（払込資本金9万5,000円、40年上期17万円払込済み）、以後、明治期を通じて変化はなかった。

役員の株式所有状況

設立時以降の持株の推移を検討しよう（表II-4-6）。まず、42年12月（2日）現在の主要株主を設立時のそれと比較してみよう（倍額増資直後の持株状況については資料的制約で不明）。42年12月現在、株式総数4,000株、株主総数70名で、神野金之助が755株（18.9％）の筆頭株主となっており、2位の平子徳右衛門の持株320株を圧倒している。神野は発起人でも役員でもなく、同社発足時には株主ではなかった。役員5名の持株は、合計826株、20.7％で、設立時の役員7名合計の持株比率45.4％（907株）に比べ半分以下に落ちている。ただし、役員の家族名義の持株、計282株（白石半助家—辰三郎［半助次男］95株、常子［同次女］30株、勝彦［同三男］20株、蜂須賀武輔（光次郎）家—幸子50株、キン37株、鈴木摠兵衛家—鈴四郎［摠兵衛女婿］50株）を合算すると、1,108株、27.7％となる。設立発起人12家のうち、とくに増加が著しいのは、平子徳右衛門200株→320株、白石半助家125株→345株、蜂須賀家85株→163株（表中には無い蜂須賀キン37株を含む）であった。とくに白石・平子両者にとっては、同社は特別の意味をもっていたのであろう。奥田正香の持株数は、設立時より若干、減少しており、また新株を所有していない（家族名義の持株もない）。これに対し、奥田正香のいわば腹心の部下となり、奥田の指示で倉庫業の調査を行なった上遠野富之助が奥田と同じ100株を所有している（設立時は株主ではなかった）。

要するに、この間、役員合計の持株比率は著しく低下したが、奥田系有力メンバーの持株は著増しており、彼らが安定的な株主であったことを示している。

次に45年6月現在の株主を、42年12月現在のそれと比較してみよう。総株式数は同じであり、株主総数は、若干減少して62名となっている。役員5人の持株合計は905株、22.6％であり、42年時の20.7％より若干、増加している。これは、主として白石半助が90株増加させたことによる（家族名義分を含めると、白石は425株となり、42年時より80株の増加となる）。役員の家族名義分312株

(白石半助家―辰三郎95株，勝彦40株，蜂須賀ハナ家―幸子50株，キン37株，鈴木摠兵衛家―鈴四郎90株）を合算すると1,217株，30.4％となる．奥田系有力メンバーのうち，白石家が80株，鈴木摠兵衛家が50株，蜂須賀家が50株を，それぞれ増加させた以外は，ほとんど変化はない．

倉庫事業に最初に着目したのは，どうやら奥田正香ではなかったようである．しかし，同社の起業にあたっては，奥田の人脈が重要な役割を果たしたことはまちがいない．同社の発起人・株主に，奥田のかつての同業者や彼に近しい人物たちが参画していたことからそれが分かる．いずれにしても，倉庫業の全国的な設立ブームのなか，名古屋市における専業倉庫会社の嚆矢として同社は設立された．開業後は，ほぼ安定的な業績をあげ，配当も継続させた．この間，奥田ネットのメンバーたちは，安定的な株主として同社の発展を支えたのである．同社は，広い意味におけるインフラストラクチャーとして，愛知県経済の近代化に貢献した．同社の設立から遅れること十数年後，瀧ネットによって設立されたライバル企業が出現して競争が起こり，そうした競争がまた両社の活動を刺激したのである．

(4) 名古屋株式取引所

名古屋倉庫設立の翌々月，明治26年12月に設立された名古屋株式取引所は，奥田正香がとくに重視した事業と思われる．

もっとも，名古屋で最初に株式取引所が設立されたのは，これより以前の19年3月のことであり，瀧兵右衛門や瀧定助ほか瀧系の人物らの発起によるものであった（資本金10万円，頭取・森本善七）．株式取引所条例が11年5月に制定され，同年中に東京では渋沢栄一が，また大阪では五代友厚が，それぞれ中心となり株式取引所が設立されており，それからはかなり遅れた発足であった．しかも，同所は，売買不振から早くも22年10月に解散を決議するという状況で，設立から3年半というごく短い寿命であった[75]．

興味深いのは，この間，21年下期，奥田のかつての同業者である蜂須賀武輔が頭取に就任するとともに，奥田正香が相談役となり，さらに翌年，廃業にともなう清算事務の担当委員として蜂須賀に加えて白石半助と笹田伝左衛門ら奥田系の人物が加わっていることである[76]．そして，かれらを中心に17名の発起人で

新たに取引所が設立されたのである．26年3月発布，10月施行の新取引所法に基づくものであり，発足時，資本金は7万円であった[77]．結局，失敗した瀧ネットの事業を，奥田らが継承した形である．ただし，当時，名古屋実業界・財界の新しいリーダーとして台頭した奥田が，中央における渋沢栄一の行動に注目し，渋沢を自己の行動のモデルと考えていたことは，むしろ，当然のことであったろう．おそらく，瀧らの失敗を奥田は自らのチャンスと考え，積極行動を展開したにちがいないのである．

役員と出資

名古屋株式取引所設立時の役員は，表II-4-8に見られるように，理事長：奥田正香，理事：笹田伝左衛門・白石半助・西川宇吉郎（薬種書籍販売業），監査役：鈴木摠兵衛・服部小十郎と，奥田系の人物で占められていた．また，これらは，奥田が会頭に就任した当初の商業会議所の役員と重複している．こののち，理事長・奥田正香は，大正2年1月に名古屋実業界・財界を引退するまで長期的に同職を務め，そのあとを鈴木摠兵衛が継承する．商業会議所と同じようにである．この間，理事の白石は，41年7月まで同職位にあり（白石の後任は，のち，大正8年に同所理事長に就任する高橋彦次郎），また上遠野富之助が30年1月から41年1月まで理事を務め，兼松熙（後述）に代わる．監査役の鈴木摠兵衛は30年1月に平子徳右衛門と交代し（平子は41年1月に辞任），同じく監査役の服部小十郎は44年1月まで同職位にある（死亡により辞任）．このように，同所の役員は主として奥田系の人物たちが，交代で，継続的に務めることとなる．

表II-4-8　名古屋株式取引所役員の推移

	26年12月	27年9月	30年1月	36年1月	41年1月	41年7月	43年1月	44年1月	44年7月	大正2年1月
奥田正香	理事長	〃	〃	〃	〃	〃	〃	〃	〃	
笹田伝左衛門	理事									
白石半助	理事	〃	〃	〃	〃					
西川宇吉郎	理事	〃	〃							
西村義道		理事	〃							
上遠野富之助			理事	〃	〃					
兼松熙					理事	〃	〃	〃	〃	〃
高橋彦次郎						理事	〃	〃	〃	〃
鈴木摠兵衛	監査役	〃								
服部小十郎	監査役	〃	〃	〃	〃	〃				
平子徳右衛門			監査役	〃						
高橋清助					監査役	〃				
後藤安太郎							監査役	〃	〃	〃
村瀬周輔									監査役	〃

出典：野村浩司編・刊『株式会社名古屋株式取引所史』（昭和18年）巻末「歴代役員一覧」による．

表 II-4-9

28年12月末			39年12月末		
氏名	役職	持株数	氏名	役職	持株数
高橋彦次郎		202	後藤安太郎		565
奥田正香	理事長	200	奥田正香	理事長	540
奥田正吉		200	木村又三郎		350
西川宇吉郎	理事	200	佐久間光次		240
白石半助	理事	178	白石半助	理事	200
西川長一		150	今井清兵衛		199
木村又三郎		132	高橋清助		184
服部小十郎	監査役	100	宮崎平四郎		180
奥田謙次		100	土井國丸		180
奥田四郎		100	村瀬周輔		151
佐分慎一郎		84	高橋彦次郎		150
大澤ひろ		71	佐分慎一郎		140
笹田伝左衛門	理事	70	筒居利兵衛		130
西川常二		61	上遠野富之助	理事	129
鈴木摠兵衛	監査役	52	木村久葉		100
西川金之助		51			
西川 米		50			

注：(1) 28年時は50株以上の株主のみ引用した．佐分慎一郎（愛知県中島郡一宮町）と
(2) 39年は100株以上の株主のみ引用した．筒居利兵衛の住所が三重県であるほかは
(3) 40年時は300株（旧株と新株の計）以上のみ引用した．株主の住所について，佐久間
(4) 43年時は1,000株（旧株と新株の計）以上所有者のみ引用．野村徳七の住所が大
出典：同社各期営業報告書添付の「株主姓名表」．

　表II-4-9によって，役員はじめ奥田系人物たちの持株を見てみると，同所設立当初の28年12月末，株式総数2,800株（株主総数113名）のうち，役員6人の持株合計は800株，28.6％である．注目されるのは，奥田正香家の持株であり，3人の息子（正吉・謙次・四郎）の名義分を合算すると，計600株，総株式数の21.4％と，圧倒的な持株である．奥田が，同所の事業をいかに重視したかを示すものといえよう．奥田正香の持株を600株として，改めて役員の持株を合計すると，1,200株，42.9％となる．上位株主に，同所仲買人の高橋彦次郎や木村又三郎の名前も見られる．

上場銘柄および業績

　設立時の上場銘柄は，表II-4-10に見られるように，関西鉄道，大阪鉄道，大阪紡績，尾張紡績および当所・名古屋株式取引所の5銘柄であった．以後の推移を見ると，翌28年下期には，上場銘柄は，少なくとも18銘柄（うち愛知県に本社を置く会社8），さらに29年下期には26銘柄（同14）と急増しているが，それ以後は明治期を通じて，上場銘柄数の著しい増加は見られなかった．売買手数料の最も大きかった43年上期においても，定期取引のあった銘柄数は17にとど

名古屋株式取引所の株主

	40年6月末			43年6月末			
氏名	役職	持株数	氏名	役職	持株数		
					旧株	新株	計
村瀬周輔		2,002	後藤安太郎	監査役	1,420	1,893	3,313
奥田正香	理事長	1,294	村瀬周輔		117	1,948	2,065
白石半助	理事	925	奥田正香	理事長	860	1,100	1,960
後藤安太郎		899	水谷清六		290	1,362	1,652
高橋清助		712	佐久間光次		1,486	159	1,645
高橋彦次郎		700	豊島半七		620	811	1,431
佐久間光次		661	江口賢一		0	1,320	1,320
木村又三郎		482	高橋彦次郎	理事	600	680	1,280
今井清吉		403	天野喜三郎		70	1,097	1,167
今井清兵衛		391	白石半助		531	584	1,115
天野一松		327	佐野源治郎		920	132	1,052
小川善三郎	(支配人)	318	後藤幸三		500	550	1,050
大島保二郎		316	野村徳七		950	50	1,000

西川金之助（愛知県海東郡福田村）を除いて全員名古屋市の住所．
，全員愛知県．
光次が岐阜県であるほかは，全員愛知県．
阪府である以外は，全員愛知県．

まっている．

　業績の推移を一覧表示したものが表II-4-11(1)・(2)であり，これによると，総収入の過半が売買手数料であり，また売買手数料の大半ないしすべてが定期取引き（3ヶ月以内の受渡し）による手数料収入であったことが分かる．

　設立後，日清戦争後の好況に遭遇して業績は良く，29年下期には7万4,000円の純益（払込資本利益率，年率156.3％）を上げ，株式配当も69.5％におよぶなど，好調なスタートを切った．同年6月には，資本金を7万円から9万5,000円（全額払込済み）に増加した．しかし，純益金は，30年下期以降，低下に転じ，33年下期から38年下期まで5,000円前後で低迷している．配当も，業績の低下にともない，34年上期以降，ほぼ10％以下に低下した．ただし，無配の時期は無い．配当性向は80％前後で推移している．この間，35年8月，10万円に増資した（同年6月の勅令第158号により，株式会社組織の取引所は，従来，資本金額が最低3万円であったが，資本金額，または払込金額が10万円以上と改正された）．

　業績が回復したのは日露戦争後の好況期であり，純益金は39年上期に1万円台にもどし，さらに同年下期の4万円弱から増加し，43年上期には8万4,000円ほどに達した．配当も各期15％を超えている．この間，増資も矢継早に行なわ

表 II-4-10 名古屋株式取引所の上場株式銘柄（定期取引きの行なわれた銘柄）

	銘柄						銘柄数
27年2月	関西鉄道	大阪鉄道	大阪紡績	尾張紡績	名古屋株式取引所		5(2)
28年下	関西鉄道 名古屋商品取引所 札幌製糖 日本紡績	山陽鉄道 名古屋株式取引所 日本共立汽船 名古屋紡績	九州鉄道 名古屋倉庫 四日市製紙	北海道炭礦鉄道 名古屋電燈 帝国商業銀行 尾張紡績	名古屋米穀取引所 三重紡績	津島紡績	18(8)
29年下	関西鉄道 北海道炭礦鉄道 名古屋干燥 日本車輛製造 名古屋紡績	南海鉄道 京都鉄道 名古屋劇場 共立絹糸紡績 尾張紡績	豊州鉄道 名古屋米穀取引所 名古屋倉庫 津島紡績	参宮鉄道 名古屋商品取引所 名古屋電燈 桑名紡績	名古屋電気鉄道 日本共立汽船 三重紡績	豊川鉄道 名古屋繭製粉 帝国商業銀行 日本紡績	26(14)
30年下	関西鉄道 名古屋劇場 共立絹糸紡績 名古屋商品取引所	豊川鉄道 名古屋電燈 伊勢紡績 名古屋株式取引所	尾西鉄道 名古屋干燥 日本紡績	豊州鉄道 日本共立汽船 尾張紡績	中国鉄道 日本車輛製造 名古屋紡績	名古屋電気鉄道 日本酒造 名古屋米穀取引所	20(13)
31年下	関西鉄道 名古屋劇場 名古屋株式取引所	豊川鉄道 日本車輛製造	尾西鉄道 共立絹糸紡績	九州鉄道 日本紡績	豊州鉄道 尾張紡績	名古屋電気鉄道 名古屋商品取引所	13(6)
32年下	関西鉄道 日本車輛製造 丸三麦酒	豊川鉄道 共立絹糸紡績 名古屋蚕糸綿布取引所	尾西鉄道 名古屋米穀取引所	名古屋電気鉄道 桑名紡績 名古屋株式取引所	名古屋劇場 名古屋紡績	帝国商業銀行 尾張紡績	16(11)
33年下	関西鉄道 京都鉄道	豊川鉄道 名古屋電燈	尾西鉄道 日本紡績	名古屋電気鉄道 尾張紡績	山陽鉄道 名古屋株式取引所	九州鉄道	11(6)
34年下	関西鉄道 日本車輛製造	尾西鉄道 九州鉄道	参宮鉄道	京都鉄道 名古屋電燈	名古屋電気鉄道	帝国商業銀行	12(6)
35年下	関西鉄道	九州鉄道	名古屋電気鉄道	帝国商業銀行	日本紡績	名古屋株式取引所	6(2)
38年下	関西鉄道 東京市街鉄道 日本車輛製造 東京株式取引所	九州鉄道 京浜電気鉄道 大阪株式取引所	尾西鉄道 名古屋電燈 絹糸紡績 名古屋株式取引所	北海道炭礦鉄道 名古屋電気鉄道 尾張紡績	京釜鉄道 日本郵船 三重紡績	京都鉄道 大阪商船 桑名紡績	21(6)
39年下	関西鉄道 名古屋劇場 三重紡績 名古屋米穀取引所	尾西鉄道 大阪商船 桑名紡績 名古屋株式取引所	大阪鉄道 宝田鉱業 一宮紡績	名古屋電気鉄道 伊勢電気鉄道 名古屋電燈 知多紡績	伊勢電気鉄道 絹糸紡績 東京株式取引所	日本車輛製造 日本紡績 大阪株式取引所	20(10)
40年上	関西鉄道 東京鉄道 名古屋瓦斯 桑名紡績 名古屋米穀取引所	尾西鉄道 国油共同販売所 名古屋劇場 一宮紡績 名古屋株式取引所	大阪鉄道 日本第一麦酒 大阪商船 知多紡績	伊勢電気鉄道 日本郵船 絹糸紡績 東京株式取引所	名古屋電燈 日本車輛製造 日本紡績 大阪株式取引所	名古屋電力 宝田石油 三重紡績 京都綿ネル	26(11)
43年上	尾西鉄道 京都鉄道 絹糸紡績	名古屋電気鉄道 名古屋瓦斯 三重紡績	名古屋電燈 豊橋瓦斯 帝国燃織物	名橋瓦斯 日本車輛製造 東京株式取引所	名古屋電力 名古屋木材 名古屋株式取引所	宝田石油 四日市製紙	17(11)
44年下	尾西鉄道 宝田石油 豊橋瓦斯 三重紡績	名古屋電気鉄道 千代田瓦斯 浜松瓦斯 日本製布	愛知電気鉄道 京都瓦斯 日本車輛製造 名古屋株式取引所	東京瓦斯 名古屋瓦斯 名古屋木材	名古屋電燈 岐阜瓦斯 名古屋劇場	絹川水力電気 知多瓦斯 鐘淵紡績	23(12)
45年上	尾西鉄道 東京瓦斯 名古屋木材 東京株式取引所	名古屋電気鉄道 京都瓦斯 名古屋瓦斯 名古屋株式取引所	名古屋電燈 名古屋瓦斯 名古屋土地	愛知電気鉄道 知多瓦斯 鐘淵紡績	鬼怒川水力電気 豊橋瓦斯 三重紡績	宝田石油 日本車輛製造 帝国燃糸織物 日本製布	20(13)

注：(1) 設立時の27年2月の5銘柄以外は，各期に定期取引のあった銘柄であり，上場銘柄のすべてではない．
(2) 銘柄数の括弧内は愛知県に本社の所在する会社の数．
(3) ゴシックは，当該年時に新出の会社．
出典：同社各期営業報告書中の「定期取引売買出来高及受渡高月別表」．

れ，39年3月，20万円に，40年1月70万円（5月，全額払込済み）に，さらに42年9月150万円（43年上期，全額払込済み）にそれぞれ増加した．役員賞与（「役員賞与金及交際費」）は，この間，業績低迷期にも欠かさず行なわれており，「純益金」に対する比率は，42年下期まで，毎期14～15％ほどであった．役員が株主とともに厚遇されている様子がうかがえる．

表 II-4-11(1)　名古屋株式取引所の業績（単位：円）

	払込資本金	当期純益金	前期繰越金	利益処分 株式配当金	利益処分 役員賞与金及交際費	利益処分 諸積立金・準備金	払込資本利益率（年率, %）	配当率（年率, %）	配当性向（％）	役員賞与配分率（％）
28年下	70,000	27,948	259	19,600	3,600	4,000	79.9	56.0	70.1	12.9
29年下	95,000	74,221	1,115	33,000	5,000	36,147	156.3	69.5	44.5	6.7
30年上	95,000	34,010	1,189	26,600	4,000	4,000	71.6	56.0	78.2	11.8
下	95,000	19,108	600	14,250	2,500	2,000	40.2	30.0	74.6	13.1
31年上	95,000	16,539	959	12,350	2,300	1,800	34.8	26.0	74.7	13.9
31年下	95,000	13,208	1,048	9,500	1,900	1,668	27.8	20.0	71.9	14.4
32年上	95,000	12,484	1,187	10,450	—	1,500	26.3	22.0	83.7	
下	95,000	8,023	1,721	7,600	1,200	500	16.9	16.0	94.7	15.0
33年上	95,000	11,572	445	9,500	1,700	500	24.4	20.0	82.1	14.7
下	95,000	7,355	317	5,700	1,000	400	15.5	12.0	77.5	13.6
34年上	95,000	4,924	572	3,800	700	250	10.4	8.0	77.2	14.2
下	95,000	3,770	746	3,800	500	170	7.9	8.0	100.8	13.3
35年上	100,000	6,344	46	4,940	940	280	12.7	10.0	78.4	14.8
下	100,000	3,219	230	2,688	450	140	6.4	5.6	83.5	14.0
36年上	100,000	3,281	171	2,800	450	150	6.6	5.6	85.3	13.7
37年上	100,000	5,181	95	4,000	700	250	10.4	8.0	77.2	13.5
下	100,000	2,484	326	2,000	350	110	5.0	4.0	80.5	14.1
38年上	100,000	5,361	351	4,000	800	300	10.7	8.0	74.6	14.9
下	100,000	6,106	612	5,000	900	300	12.2	10.0	81.9	14.7
39年上	100,000	11,716	519	8,000	1,700	1,870	23.4	16.0	68.3	14.5
下	200,000	39,031	664	32,000	5,800	1,680	39.0	32.0	82.0	14.9
40年上	700,000	45,272	1,565	37,400	6,000	2,000	12.9	20.0	82.6	13.3
41年上	700,000	66,895	1,069	?	6,600	?	19.1	15.2		9.9
42年下	1,100,000	76,141	594	?	7,600	?	13.8	18.0		10.0
43年下	1,500,000	83,992	736	73,080	4,199	4,000	11.2	15.0	87.0	5.0
44年上	1,500,000	61,151	7,730	60,000	3,050	3,000	8.2	8.0	98.1	5.0
下	1,500,000	69,014	2,831	64,200	3,430	3,300	9.2	8.5	93.0	5.0
45年上	1,500,000	63,549	915	54,000	3,140	3,100	8.5	7.2	85.0	4.9

注：(1) 売買手数料以外の主な収入は，「所有公債証書利子」と「銀行預ケ金利子」である．たとえば，売買手数料が 40% と低かった 34 年下をみると，「所有公債証書利子」1,022 円（12.9%），「銀行預ケ金利子」2,216 円（27.9%）であった．
(2) 「役員賞与金及交際費」は，遅くとも 32 年下期からは支出項目として処理されている．そこで本表では，支出項目のそれを純益金に加算した．
(3) 「配当性向」=「株式配当金」÷「当期純益金」×100
「役員賞与配分率」=「役員賞与金及交際費」÷「当期純益金」×100

出典：32 年上（32 年 7 月 11 日），34 年上（34 年 7 月 9 日），41 年上（41 年 7 月 17 日）および 42 年下は「新愛知」掲載の同社各期決算公告に，その他は同社営業報告書による．

役員の持株の推移

こうした厚遇策に対し，役員は，株式所有においてどのように対応していたであろうか．前掲表 II-4-9 によって，設立初期の 28 年末と 39 年末（同年 3 月，10 万円から 20 万円に増資），39 年末と 40 年 6 月末（同年 1 月，20 万円から 70 万円に増資），および 40 年時と 43 年 6 月末（前年 9 月，70 万円から 150 万円に増資）とをそれぞれ比較してみよう．

まず 28 年時と 39 年時の比較．総株式数は 28 年末時の 2,800 株から 8,000 株（総株主数 391 名）へと 2.9 倍弱，増大している．8,000 株のうち，役員 5 人の持株は，計 1,005 株（表に記載のない監査役服部小十郎 72 株および同平子徳右衛門 64 株を含む），総株式数の 12.6％で，28 年時の役員 6 人合計の持株比率 42.9％に比べ，大幅に低下した．役員のうち，奥田正香が 600 株（家族名義分を含む）から

表 II-4-11(2)　名古屋株式取引所の収入と売買高（単位：円，株，％）

	総収入(A)	内 売買手数料(B)	株式売買高 定期売買株式数	株式売買高 定期売買手数料(C)	B/A	C/B	直売買
28年下	42,853	39,440	322,080	39,440	92.0	100.0	—
29年下	101,992	64,647	435,945	64,647	63.4	100.0	—
30年上	56,265	51,301	413,025	51,301	91.2	100.0	—
下	31,193	26,653	205,070	26,653	85.4	100.0	43,697
31年下	21,287	16,490	143,186	14,724	77.5	89.3	88,304
32年下	15,301	11,162	96,432	10,045	72.9	90.0	55,865
33年上	19,654	14,574	134,083	13,060	74.2	89.6	75,740
下	13,216	8,065	75,101	6,839	61.0	84.8	61,285
34年下	7,948	3,179	37,967		40.0	0.0	255
35年上	12,318	7,523	81,724	7,422	61.1	98.7	5,020
下	7,284	2,859	27,842	2,763	39.3	96.6	4,758
36年上	7,642	3,501	35,443	3,292	45.8	94.0	?
37年下	10,019	5,806	64,009	5,792	57.9	99.8	700
下	6,667	2,576	25,512	2,576	38.6	100.0	—
38年下	12,825	8,464	70,518	8,464	66.0	100.0	—
下	16,053	11,141	93,893	11,141	69.4	100.0	—
39年上	30,536	23,897	145,258	23,897	78.3	100.0	—
下	120,901	110,421	445,355	110,420	91.3	100.0	—
40年下	148,569	129,028	661,260	129,028	86.8	100.0	—
43年下	192,872	155,815	974,020	155,815	80.8	100.0	—
44年上	122,121	75,617	504,890	67,955	61.9	89.9	242,140
下	192,206	128,686	779,440	128,686	67.0	100.0	—
45年上	161,854	89,398	550,880	89,398	55.2	100.0	—

出典：前表に同じ．

540株（第二位の株主）に，服部小十郎が100株から72株に，それぞれ減少させているほかは3人とも若干，ないし大幅に増加させている．とくに上遠野富之助は32株から129株に，平子徳右衛門は30株から64株に，大幅に増加させている．その他の奥田系メンバーを見ると，笹田伝左衛門・ハナ（70株→60株）と蜂須賀武輔（30株→40株）は若干の増減にとどまり，鈴木摠兵衛（52株→0株）は株主名簿にない．

次いで39年時と40年時の比較．40年時は，大幅な増資がおこなわれ，資本金は前年の3.5倍となり，総株式数は28,000株（総株主数554名）となった．役員5人の持株は，計2,913株（表に記載のない監査役服部小十郎276株，理事上遠野富之助253株および監査役平子徳右衛門165株を含む），総株式数の10.4％であり，同比率は若干の減少にとどまっている．増資新株2万株のうち1万6,000株を，同年4月1日現在の株主に，持株1株に付き2株を割当てることとした[78]結果，役員5人の持株合計は約3倍となった．とくに白石半助の4.6倍，服部小十郎の3.8倍が際立っている．奥田正香は第2位，白石半助は3位の大株主である．なお，鈴木摠兵衛が再び株主となり，30株所有している．筆頭株主は，同所仲買人の村瀬周輔であり，高橋彦次郎や高橋清助，佐久間光次，木村又三郎ら同じく同所仲買人たちが，ますます上位株主に名を連ねるようになっている．

40 年時と 43 年時の比較．42 年に資本金は 2 倍強に増資され，総株式数は 60,000 株（株主総数 717 人）となった．奥田系 5 人で占有していた役員のうち，白石半助・上遠野富之助および平子徳右衛門の 3 人が抜け，代わりに奥田正香系の兼松熈と，仲買人・高橋彦次郎および，筆頭株主となった後藤安太郎が加わった．役員 5 人の持株は計 7,892 株，総株式数の 13.2％であった（表に記載の無い，理事兼松熈 869 株，監査役服部小十郎 316 株，および奥田正香の息子・四郎名義 154 株を含む）．奥田は 1.6 倍の増加（四郎名義を含む）を示し，その他奥田系の人物たちは，笹田伝左衛門家（ハナ名義）が 2 倍強，白石半助，上遠野富之助，服部小十郎らが 1.2〜1.3 倍の増加，平子徳右衛門がほぼ変化無し（4 株減少），という推移であった．鈴木摠兵衛家の人物は株主名簿に見あたらない．

以上の奥田系人物たちの持株推移の検討から分かるように，相次ぐ増資によって，個別にも，また全体としても，持株比率を下げていったものの，かれらが同所の安定的な株主であったことは間違いない．同社設立以来のほぼ一貫した好業績と安定した配当が，その背景にあった．また役員の長期的な継続性も，役員賞与の厚遇策と，もちろん無縁ではない．

4　日清戦争後の会社設立——明治銀行，日本車輛製造

(1)　明治銀行

奥田らの会社設立は，日清戦争前後に矢継早に行なわれた．名古屋株式取引所に次いで，29 年には銀行業と車輛製造業に進出した．

奥田，瀧，伊藤・岡谷の 3 つのネットはいずれも銀行を設立したが，そのなかで，奥田らによる明治銀行の設立は明治 29 年 8 月のことであり，最後発である．伊藤・岡谷らの銀行設立が最初で，10 年，第十一国立銀行，翌年第百三十四国立銀行をそれぞれ設立し，15 年に瀧兵右衛門らの名古屋銀行設立がつづいた．明治銀行の設立は，はるかに遅れたのである．同行設立の直前，同年 3 月，伊藤次郎左衛門や岡谷惣助らにより，第十一国立銀行と第百三十四国立銀行の合併がなり，愛知銀行が設立された．同行に踵を接するように明治銀行は設立されたのである．またこの日清戦争前後の時期は，全国的にも，愛知県下においても私立

銀行の設立が急激に増加していた．全国の普通銀行数は 26 年末の 545 行が 29 年末には 1,005 行とほぼ倍増している．

　奥田らの銀行業進出は，こうした全国的な，またこの地域における銀行業設立ブームを背景とするとともに，早くに設立されていた名古屋銀行に加えて，さらに愛知銀行が発足するという状況への対応が，その設立の動機として働いたことはまちがいなかろう．つまり，瀧や伊藤ら二派への対抗意識からの行動であったにちがいない．こうして，名古屋，愛知，明治の 3 行が出揃い，競争行動を展開し，この地域の他行からは抜きん出た規模を持つ名古屋の三大銀行としての地位を確立することになる．

　明治銀行は，大阪の松本重太郎が頭取をつとめる第百三十国立銀行名古屋支店の業務一切を譲り受け，資本金 300 万円（75 万円払込済み）で設立された．設立発起人は奥田正香，鈴木摠兵衛，白石半助，服部小十郎，平子徳右衛門，近藤友右衛門，笹田伝左衛門ほか数人であり[79]，いずれも，これまで奥田と行動を共にしてきたメンバーである．設立当初（30 年 1 月現在）の役員は，頭取：奥田正香，取締役：松本重太郎・松本誠直（重太郎の養子，第百三十銀行副頭取，36 年下期まで明治銀行取締役を務める）・笹田伝左衛門・白石半助・鈴木摠兵衛・服部小十郎・平子徳右衛門・渡辺喜兵衛（醬油商），監査役：近藤友右衛門・西川宇吉郎・酒井佐兵衛（羅紗販売業）らである．支配人は，第百三十国立銀行名古屋支店長であった兵藤良蔵であった[80]（兵藤は，31 年 11 月笹田伝左衛門死亡により，取締役兼支配人となる）．

　奥田正香の頭取在任期間はごく短い．奥田は当時「株式取引所の理事長であった関係から，銀行頭取を兼務するの不可なるを悟り，在職 1 年ならずして」辞任した[81]．明治 31 年の奥田ネットに明治銀行の名前がないのはそのためである（既述）．後任の頭取には大阪の第百三十国立銀行の松本重太郎が就任したが，松本もまもなく辞任し（衆議院議員に立候補したためとされる），代わって，奥田の要請で神野金之助が 31 年 1 月頭取に就任した[82]．

頭取・神野金之助

　ここで，奥田ネットの重要メンバーの 1 人であった神野金之助という人物について，その出自とキャリアについて記しておこう．合わせて，神野と一体となって行動する甥の「紅葉屋」・富田重助についても言及しておくことにしよう．

神野金之助が，明治銀行頭取に就任した31年というこの時期は，神野が彼個人の畢生の大事業・「神野新田」開拓を成し遂げて（29年）まもなくの頃である．奥田正香と神野金之助とは，確認されるかぎり，明治14年奥田が米商会所頭取に就任したときが最初の出会いであった．既述のように，神野も同所役員の1人であった．神野の伝記『神野金之助重行』によれば，両者は「水魚も啻ならぬ関係にあった」[83]とされるが，そうした関係がいつごろのことからかは不明である．いずれにしても，同行頭取就任以降，神野は，名古屋瓦斯，名古屋電力，福寿生命保険，福寿火災保険等において役員に就任し，奥田ネットの有力メンバーとなる．

　神野金之助は，嘉永2（1849）年，尾張国海西郡江西村（現在の愛知県海部郡八開村江西）の神野金平の五男として生まれた．奥田正香が弘化4（1847）年生まれであるから，奥田より2歳ほど年少である．父・神野金平は，天保2（1831）年，21歳のとき，尾張藩から「留木裁許役」を命ぜられ，帯刀を許されたとされる．その後，寺子屋を開き，さらに干鰯販売業に転じた．金平には五男一女があり，長男小吉は，名古屋の「紅葉屋」・富田重助の養子（嘉永4[1851]年，15歳のとき）となって重助を襲名した（次男，三男，四男はみな夭折した）．

　「紅葉屋」は，小間物・煉油類を取扱う小規模な商店であったが，小吉を養子に迎え，西洋舶来の毛織物類の販売を始めたころから発展した．その3年のち（安政元[1854]年），養父重助が死去すると，以後，紅葉屋の経営は実父・神野金平の後見管理のもとに行なわれた（店舗は名古屋・鉄砲町）．横浜に赴いて舶来商品を仕入れ，名古屋で販売するというこの商売は，かなりの成功を収めていた模様である．たとえば，重助が，横浜から父・金平や紅葉屋の従業員に宛てた書状のなかに，1日に千両の商売ができたと喜んだ手紙が，（この伝記が書かれたころ）富田家に残されていたという．また，藩主徳川慶勝の長州征伐参加にあたって，藩内農商に30万両の献金を課した際，紅葉屋も献金し，その功によって，重助は御用達格を仰せ付けられた[84]．

　金之助の兄・重助は，明治9（1876）年，40歳の若さで死去した．そして，これを機に用品商を多年，忠勤をつづけてきた総番頭（浅野甚七）にのれんとともに譲り，以後，金融（地券抵当や土地担保の貸付け）と不動産事業（土地・山林への投資）に経営資源を集中することとした．

　金之助は，この間，元治元（1864）年16歳で家督を相続し（神野家8代），の

ち明治5年,名古屋県が愛知県となり大小区制が布かれると,24歳で,江西地区の副戸長,やがて戸長に任命された.しかし,事業意欲が強かったらしく,9年3月,28歳のとき,戸長職を辞して名古屋に行き,父と兄の経営する紅葉屋の業務に加わった.兄富田重助が死去した,その同じ年である.

なお,重助の死後,その前年に重助の庶子で,弟金之助の養子となっていた5歳の吉太郎を復籍させて富田家を継がせ(10年5月,吉太郎の重助襲名),金之助は父に代わって紅葉屋の後見となった.奥田系の事業に神野金之助とともに参画することになる富田重助とは,神野の甥のこの重助である.

神野金之助は,ののち,兄重助時代にすでに行なわれていた土地担保の金融事業を拡張するとともに,土地買入れを積極的に進めた.後者については,土地購入をとくに伊勢に集中し,20年代中葉までの10年間ほど,同地での土地経営に尽力した.

また,この間,鈴鹿郡・能褒野の原野の開墾(15年末に着想,18年3月開墾竣工式)や,三河額田郡菱池村(のち幸田村大字菱池)50町歩の開墾(明治17年6月,50余町歩の県有沼地を,愛知県に申請して払い下げを受け,池沼の埋立工事に着手,19年5月竣工式を挙げる)等を行なった.いま,明治31年時,三重県の「大地主」名簿によって神野金之助の土地所有状況を見てみると,神野は,地価額で,同県に合計204,879円の土地を所有している(河藝郡21,006円,一志郡170,069円,度会郡13,804円).神野は,愛知県やその他の府県の「大地主」名簿には名前がない.ちなみに,三重県の著名な大地主,諸戸清六の同県7郡における所有地の合計地価額は364,512円である[85].こうした開墾・埋立事業ののち,「神野新田」の開拓に着手し,成功させたのである.

「神野新田」[86]は,三河国渥美郡吉田村大字牟呂,同郡高師村大字磯辺・大崎の地先,海面に突出の洲があり,これを埋立てたものである(現・豊橋市神野新田町).ここは,そもそも,「毛利新田」と呼ばれた.旧毛利藩藩老・毛利祥久が,21年より3度にわたり防波堤を構築してその都度,決壊し,4度目の工事が23年5月竣工した.しかし,これも翌24年10月の濃尾大地震による堤防の破壊と,翌年9月の暴風雨により壊滅的打撃を受け,毛利側はついに,この新田事業の完成を諦めたものである.

神野金之助は,この地域の再開拓を決意し,26年4月,毛利祥久からこの毛利新田1,100町歩を譲り受けた.これまでのいくつかの開墾事業を基礎に,大事

業への意欲に駆り立てられたからであろう（譲渡価格は，毛利が新田開発に投じた41万円の1割に相当する4万1千円であった）．工事に着手したのは26年6月であり，3ヵ年を要して29年4月（竣工式）この難工事を完成させたのである．この間，神野は，土木業者につきそい，現場で陣頭指揮にあたったとされる．

奇しくも，この神野新田竣工の少し前，同年1月，神野の嫡嗣金重郎が生まれている（神野金之助45歳のとき）．神野金之助は晩婚であり，17年，36歳のときに結婚し，2人の男子を得たが，2人とも夭折した．このことも大きく影響してのことであろう，次男が死んだ（21年）翌々年の23年2月，「家政要則」なる一種の家憲を制定し，これによって，金之助の長兄・富田重助死後の増殖にかかる神野・富田両家の資産を共有と定めたのである．のち，38年，神野富田殖産会社を設立し，共有財産の所有・利用・保管を同社に移す[87]．

役員と株式所有状況

さて，明治銀行設立当初，30年末の主だった株主を判明のかぎり記すと，奥田正香が筆頭株主で3,950株，総株式数6万株（株主総数は1,489人）の6.6％を所有し，次いで神野金之助1,340株，白石半助1,000株となっており，この3人が1,000株以上の株主であった[88]．ここでも奥田の持株数が圧倒的に高かったことが注目される．

実務執行の責任者は，前記のように，支配人兵藤良蔵であり，明治銀行は，兵藤支配人の経営下，「名声は三大銀行中一頭地を抜くと称せられた」[89]．兵藤は，37年上期まで，取締役兼支配人（32年1月，支配人兼任で，取締役に選任）を務め，同年下期から支配人は安楽勇十郎に代わった[90]．

ライバルの名古屋銀行と愛知銀行は，早くから支配人に日銀出身者を招聘していたが，明治銀行の場合は，日銀金沢支店長・大三輪奈良太郎を支店長に招くのは大正3年（下期）のことである．日露戦争後の恐慌で大きな打撃を受けた同行が，経営再建を担う人材として大三輪を招聘したとされる（大三輪は，大正6年頭取に昇進）[91]．

営業と業績の推移

明治銀行は，設立翌年の30年3月市内に出張所を設置したのを最初に，日露戦争前の36年までに3支店・3出張所――石河県・金沢支店（33年）と三重

県・山田支店のほかは市内所在──を開設した[92]．金沢支店については，この時期そのような遠隔地に進出した経緯は不明だが，預金量の拡大に意義があった（ライバルの名古屋・愛知両行は，ともに県内と三重県以外に店舗をもっていなかった）[93]．金沢といえば，前記のように，のちに支配人に招聘される大三輪奈良太郎は，日本銀行金沢支店長（2代）から入行する．明治銀行はさらに，日露戦争後，3支店──滋賀県・長浜支店（39年，百三十銀行の支店を継承），豊橋支店（40年），静岡支店（44年）──を設置するとともに40年6月には熱田銀行を合併した．熱田銀行の合併により資本金を360万円（払込234万円）に増加させた．こうした支店網の拡充により，大正2年末には，6支店・5出張所となった[94]．愛知銀行と名古屋銀行は，同年末，それぞれ6支店・3出張所，9支店・2出張所であり[95]，支店・出張所の数において3行はほぼ並んでいる．

預　金

　表Ⅱ-4-12によって同行の預金額および資金運用の推移を検討しよう．まず預金額の推移を見ると，発足時の29年下期末100万円以下（71万円）でスタートして着実に増加をつづけ，35年上期末には400万円近くとなった．そののち400万円前後で推移したが，日露戦争後に急増し，42年上期末1,000万円台に達している．同行の預金額は，発足時，他の2行より若干上回っていたが，明治期を通じて概して，旧有力商人たちが経営する愛知銀行より100万円未満下回っており，逆に瀧らの名古屋銀行よりは100万円前後上回っている．

　名古屋・愛知・明治3行の預金残高は，大正2年現在，それぞれ13.3百万円，12.2百万円，10.3百万円で，4位以下の銀行とは隔絶した預金額となり（4位の伊藤銀行2.6百万円），「預金残高を指標にとると，名古屋3行の他行に対する優位が確定的になった」のである[96]．さかのぼって，明治33年現在では，愛知県に本店が所在する銀行で，預金が100万円以上のものは5行，すなわち愛知350万円，明治280万円，伊藤155万円，名古屋148万円，亀崎139万円であり[97]，3行はまだ「三大銀行」の地位を確立してはいなかった．

資金運用

　資金運用を見てみると，明治期を通じて，貸出（「貸付」＋「割引・為替手形」）中の「割引・為替手形」の比率が圧倒的に高く60〜80％を占めている．した

第4章 「奥田ネット」　339

表 II-4-12　明治銀行の預金および資金運用（主要勘定）（単位：千円）

	諸預金	貸付金(貸付金+当座貸越)			A/D (%)	割引・為替手形(B)	B/D (%)	他店貸(C)	貸出金合計(D)	有価証券	現金・預け金
		貸付金	当座貸越	計(A)							
29年下	711	267	396	663	49.1	499	36.9	189	1,351	5	152
30年上	923	381	405	786	43.6	726	40.3	289	1,801	26	87
下*	969	431	412	843	40.7	1,230	59.3		2,073	75	
31年上	1,147	429	508	937	36.7	1,461	57.2	157	2,555	82	110
下	1,428	498	533	1,031	34.9	1,690	57.2	231	2,952	101	131
32年上	2,011			849	24.8	2,161	63.2	407	3,417	122	136
下	2,926			957	19.6	3,571	73.3	346	4,874	242	158
33年上	2,769			874	20.8	3,100	73.7	232	4,206	248	258
下	3,111			895	18.9	3,539	74.7	306	4,740	276	275
34年上	3,254			793	18.3	3,391	78.4	139	4,323	336	208
下	1,833			851	17.1	3,820	76.8	304	4,975	367	322
35年上	3,948			808	15.0	4,351	80.8	229	5,388	473	308
下*	3,905	126	770	896	17.2	3,911	75.1	402	5,209	343	292
36年上*	3,934	146	869	1,015	17.9	4,420	78.1	223	5,658	363	298
下	4,395			1,171	19.1	4,732	77.3	220	6,123	536	276
37年上	3,790			1,107	20.7	4,024	75.2	222	5,353	542	313
下*	3,953	129	1,021	1,150	21.3	4,054	75.2	187	5,391	660	280
38年上*	4,404	112	1,191	1,303	21.3	4,541	74.3	268	6,112	775	260
下	4,364			1,827	31.4	3,764	64.8	221	5,812	600	343
39年上*	5,201	39	1,369	1,408	23.4	4,239	70.5	363	6,010	405	818
下*	9,956	110	2,575	2,685	23.8	8,035	71.2	570	11,290	583	1,797
40年上	9,243	?	?	?		?		1,200	11,445	1,208	782
下	7,943			3,479	31.9	6,789	62.3	621	10,889	1,502	1,557
41年上	6,275			3,356	38.9	4,999	57.9	274	8,629	1,438	530
42年上*	10,075			3,579	33.6	6,463	60.7	608	10,650	1,412	1,621
下	10,122			3,261	26.7	8,505	69.6	462	12,228	901	1,128
43年上	11,031			3,354	26.3	8,738	68.4	679	12,771	845	993
下	10,936			3,914	28.4	9,327	67.7	526	13,767	807	951
44年上	12,104			4,331	29.8	9,772	67.3	420	14,523	757	1,372
下*	10,871	740	4,098	4,838	32.2	9,453	62.8	754	15,045	754	804
45年上*	11,495	709	3,743	4,452	29.6	9,992	66.5	588	15,032	983	952
下*	11,437	680	4,070	4,750	32.5	9,233	63.1	647	14,630	981	778

注：(1) D＝A＋B＋C
(2)「貸付金」について，「新愛知」掲載の決算公告では，31年上期まで，これを「貸付金」「当座預金貸越」の2つの勘定科目として記載しており，翌年上期より合算されて「貸付金及当座預金」となる．
(3) 39年上期の有価証券について，「新愛知」では396千円となっているが，村上稿における数字のままにしておいた．
(4) 40年上期の「貸出金合計」中，「諸貸出金」が10,245千円．
出典：村上はつ「名古屋金融市場の成立と発展—明治銀行を中心として—」（『地方金融史研究』第9号，昭和53年3月）69ページ，および「新愛知」掲載の同行決算公告より引用．＊印のついた決算期の数字が村上稿からの引用．

がって，村上（西村）はつ氏の指摘のように「明治の資金運用の中心は……手形割引業務」であった[98]．

また「貸付」について，これを担保別に見ると，大正元年には，有価証券担保貸付とくに株式担保貸付の比重が高かった．本・支店を合わせた貸付金残高合計475万円のうち，株式担保貸付が230万円，48.4％（うち本店分が174万円で75.7％），公社債担保貸付が86万円，18.1％であった．これより以前の明治39年上期末の両者合計は81％であったから，それよりは低減しているものの，依然，有価証券担保貸付が高い比率を占めていた[99]．地方（東京・神奈川・愛知・京都・大阪・兵庫を除く各県）国立銀行・普通銀行の貸付金の担保別構成を見ると，株式担保貸付は明治期を通じて10％台であった[100]ことからすると，明治銀行の大正元年時におけるそれが48.4％であったのは，相当に高い数字であったといわな

ければならない。この数字は，むしろ都市（東京・大阪）国立銀行・普通銀行における株式担保金融の高さに匹敵するものである（明治39年48.9％, 44年39.4％）[101]。

村上（西村）はつ氏の研究によれば，この株式担保金融について，株式の銘柄は不詳であるが，少なくとも「地方中小企業株」担保の金融も積極的におこなわれていた模様である。それは次の事情から推測される。大正3年8月名古屋に取付けが起こり，その中心になったのが明治銀行であった。同行は，名古屋，愛知両行の裏書で，全所有公債を担保に日銀から借入れをおこなうことで難局を打開し，これを機に根本的改革に着手することとした。日銀から迎えられ入行した大三輪によって最終的整理の道が講じられることになった。その方法として，滞貸金83万円をすべて欠損金に計上して償却することとし，その一部24万円が重役弁償金で，これを神野金之助と鈴木摠兵衛の2人が拠出した。この弁償金が，「地方雑株に対する貸出に関しての欠損にあてる為のものであった」[102]。同行は，全体として見た場合，相対的に「絹業関係者との取引きが多かった」とされ，銀行の附属設備として生糸倉庫をもっていた[103]。

なお，同行の預貸率を算出すると，29年下期末101％であり，それ以降，一貫して120％前後で推移しており，30年代中葉まで，他の2行よりかなり低かった。明治銀行の貸出額は，ほぼ預金額の範囲内に抑えられていたのである。

業績と利益処分

業績と利益処分を表II-4-13によって見ると，同行発足以来，明治期を通じて損失を計上することはなく，払込資本利益率を算出すると，発足の翌期，30年上期に10％近く（9.5％）を上げて以降，10％前後から18〜19％のあいだで推移している。平均利益率13.6％であり，これは愛知銀行の同14.7％とほぼ並んでいたが，名古屋銀行の同20.0％よりはかなり低い。配当率は，明治期を通じて，7〜10％で推移し，無配の時期は無い。平均配当率8.5％であり，名古屋銀行の同11.0％よりは低かったが，愛知銀行の7.7％よりやや高かった。役員賞与（「役員賞与及交際費」）は，確認されるかぎり当期純益金の9〜10％が行なわれている。概して，業績・配当および役員賞与すべて安定的であったといえる。すぐあとに記すように同行の役員や奥田ネットのメンバーたちが安定的な株主であったことの背景には，こうした事情もあったであろう。

表 II-4-13　明治銀行の業績および利益処分（単位：円）

	払込資本金	当期純益金	前期繰越金	利益処分				払込資本利益率（年率,%）	配当率（年率,%）	配当性向（％）	役員賞与配分率（％）
				配当金	役員賞与及交際費	積立金	配当準備金				
29年下	750,000					2,000		1.9			
30年上	750,000	35,685	110	27,000	3,500	5,000		9.5	7.2	75.4	9.8
31年上	750,000	52,450	1,164	30,000	5,200	15,000		14.0	8.0	56.0	9.9
下	750,000	53,066	3,415	30,000	5,300	15,000		14.2	8.0	53.1	10.0
32年上	750,000	33,322	6,181	27,000	—	7,500		8.9	7.2	68.3	—
下	750,000	40,935	5,004	27,000	—	10,000		10.9	7.2	58.8	—
33年上	750,000	53,657	8,940	36,000	—	15,000		14.3	9.6	57.5	—
下	750,000	63,450	11,597	37,500	—	25,000		16.9	10.0	50.0	—
34年上	750,000	61,649	12,547	37,500	—	17,500		16.4	10.0	50.5	—
下	750,000	63,622	19,196	37,500	—	20,000		17.0	10.0	45.3	—
35年上	750,000	58,038	25,319	37,500	—	20,000		15.5	10.0	45.0	—
36年上	750,000	41,953	27,688	30,000	—	10,000		11.2	8.0	43.1	—
下	750,000	52,118	29,641	30,000	5,200	15,000		13.9	8.0	36.7	10.0
37年上	750,000	45,213	31,560	30,000	4,500	10,000		12.1	8.0	39.1	10.0
下	750,000	53,891	32,274	30,000	5,300	15,000		14.4	8.0	34.8	9.8
38年上	750,000	62,330	35,866	37,500	6,220	15,000		16.6	10.0	38.2	9.9
下	900,000	86,921	39,496	42,000	8,600	20,000		19.3	10.0	33.2	9.9
39年上	900,000	72,171	7,122	45,000	7,200	20,000		16.0	10.0	56.8	10.0
下	1,200,000	111,528	7,093	51,000	11,110	25,000	20,000	18.6	10.0	43.0	10.0
40年上	2,340,000	105,013	16,631	86,400	8,500	10,200	10,000	9.0	9.0	71.0	8.1
下	2,340,000	156,633	6,545	108,000	15,000	30,000	10,000	13.4	9.2	62.4	9.6
41年上	2,340,000	160,455	10,179	105,840	14,500	30,000	10,000	13.7	9.0	62.0	9.0
42年上	2,340,000	169,501	10,294	108,000	15,000	30,000	10,000	14.5	9.0	60.1	8.8
下	2,340,000	143,979	16,795	93,600	13,000	25,000	10,000	12.3	8.0	58.2	9.0
43年上	2,340,000	130,182	19,174	82,800	12,000	23,000	10,000	11.1	7.0	55.4	9.2
下	2,340,000	130,551	21,556	82,800	12,000	25,000	10,000	11.2	7.0	54.4	9.2
44年上	2,340,000	131,168	22,307	82,800	12,000	25,000	10,000	11.2	7.0	54.0	9.1
下	2,340,000	159,121	13,675	93,600	13,900	30,000	10,000	13.6	8.0	54.2	8.7
45年上	2,340,000	166,167	25,296	93,600	15,600	30,000	10,000	14.2	8.0	48.9	9.4

注：(1)「役員賞与配分率」＝「役員賞与及交際費」÷「当期純益金」×100．
　　(2) 明治29年下期の利益処分には他に「地所家屋償却」5,000円，「什器償却金」70円がある．
出典：「新愛知」掲載の同行決算公告．

役員と持株の推移

表 II-4-14 によって，役員の推移を見ると，設立当初の30年1月現在8人いた取締役は，同年7月には常務を含め4人に削減されている．このとき，奥田系主要メンバーである白石半助，服部小十郎および平子徳右衛門の3人が取締役を離脱した．しかし，白石半助は，取締役ではなくなったものの，おそくとも33年7月には監査役となり，以後，明治期を通じて同職位にあった．30年7月，新たに蜂須賀武輔が監査役となり，以後，少なくとも41年7月まで同職位にある（ただし，40年1月以降，翌年7月までの短期間，斉藤恒三［三重紡績常務取締役］と交代している）．これに対して当初，監査役であった近藤友右衛門が取締役となり，少なくとも37年1月まで同職位にある．取締役として残った2人は，笹田伝左衛門と鈴木摠兵衛であり，笹田は少なくとも30年7月から31年7月までの短期間，常務をつとめている（33年7月までには笹田は役員から姿を消し，また常務の職位も，40年1月まで存在しない）．一方の鈴木は取締役でありつづけた．その他の奥田系主要メンバーでは，上遠野富之助が38年7月監査役として名を連

表 II-4-14 明治銀行役員の推移

	30年1月	30年7月	31年7月	33年7月	34年7月	38年1月	38年7月	40年7月	41年7月	44年7月	45年7月
○奥田正香	頭取										
松本重太郎	取締役	頭取									
神野金之助			頭取	〃	〃	〃	〃	〃	〃	〃	〃
○笹田伝左衛門	取締役	常務取締役	〃								
○白石半助	取締役			監査役	〃	〃	〃	〃	〃	〃	〃
○鈴木摠兵衛	取締役	〃	〃	〃	〃	〃	〃	〃	〃	〃	〃
○服部小十郎	取締役										
○平子徳右衛門	取締役										
渡辺喜兵衛	取締役										
松本誠直	取締役	〃	〃	〃	〃						
上遠野富之助								監査役	常務取締役	〃	〃
兵頭良蔵					取締役						
服部与右衛門							取締役	〃			
鈴木治左衛門					〃			取締役			
○近藤友右衛門	監査役	取締役	〃	〃	〃						
西川宇吉郎	監査役										
酒井佐兵衛	監査役										
蜂須賀武輔		監査役	〃	〃	〃	〃		監査役			
糟谷縫右衛門		監査役	〃	〃	〃	取締役	〃	監査役	〃	〃	〃
斉藤恒三								監査役		監査役	〃

注：(1) 氏名欄の○印は発起人（ただし確認のかぎり）．
(2) 基本的に変更のあった時点のみ掲載した．
(3) 30年7月現在常務取締役の笹田伝左衛門は，32年1月現在は役員ではない．
また常務の役職も同年時以降，40年7月に復活するまで存在しない．
(4) 取締役の松本誠直は少なくとも37年1月時まで同職にある．
(5) 近藤友右衛門は少なくとも37年1月までは取締役の職にある（同年7月には姿を消す）．
出典：前表に同じ．

ねており，40年7月常務となる．また，これまでは奥田系の主要メンバーとはいえなかった糟谷縫右衛門（幡豆郡の地主，米穀肥料商）が同行設立まもなく監査役となり，その後，短期間（38年1月以降，40年1月まで）取締役となった時期を除き，監査役を継続している．ここでも，奥田系メンバーが，設立初期はともかく，長期的に役員を継続していることを確認することができるのである．

持株の推移については，資料的な制約から，充分には追跡することができないが，分かる範囲で確認しておこう．表II-4-15によって，明治45年6月末現在の役員および奥田系メンバーの所有状況を見ると，総株式数72,000株（株主総数1,692名）に対し，役員7人の持株合計7,050株，総株式数に対し9.8％である（表にない斉藤恒三200株を含む）．ただし役員の関係者・関係会社（鈴木摠兵衛の女婿・鈴木鈴四郎150株，孫・摠一郎100株［両者とも表に無い］，糟谷縫右衛門が頭取をつとめる幡豆貯蓄銀行400株）を含めると7,700株，10.7％となる．頭取・神野金之助が筆頭株主で3,000株，奥田正香が2位で1,500株，以下，白石半助，近藤友右衛門，鈴木摠兵衛らが1,000株以上所有者で，順につづいている．

前記，発足当初（30年末）における主要株主の持株と比較してみると，奥田正

表 II-4-15　明治銀行の株主

明治 45 年 6 月末			大正 3 年 6 月末		
氏名	役職	持株数	氏名	役職	持株数
神野金之助	頭取	3,000	神野金之助	頭取	3,200
奥田正香		1,500	白石半助		1,258
白石半助	監査役	1,113	鈴木摠兵衛	取締役	1,200
近藤友右衛門		1,000	近藤友右衛門		1,000
鈴木摠兵衛	取締役	1,000	鈴木治左衛門	取締役	867
鈴木治左衛門	取締役	767	上遠野富之助	取締役	670
岡本貴一		600	糟谷縫右衛門	監査役	600
近藤恒吉		600	岡本貴一		600
古田佐兵衛		580	近藤恒吉		600
服部小十郎		500	古田佐兵衛		580
浜野与右衛門		500	服部小十郎		500
糟谷縫右衛門	監査役	500	浜野与右衛門		500
兵藤直吉		480	青木文治郎		500
上遠野富之助	常務取締役	470	兵藤直吉		480
竹内弥七		420	竹内弥七		420
㈱幡豆貯蓄銀行		400	㈱幡豆貯蓄銀行		400
岡本みつ		400	服部俊一		400
渡辺喜兵衛		400	岡本みつ		400
平子徳右衛門		400	渡辺喜兵衛		400
田中源助		380	斉藤恒三	監査役	400
江口理三郎		360	平子徳右衛門		400
笹田はな		355	田中源助		380
鈴木のふ		350	鈴木れい		370
井上信八		340	江口理三郎		360
鈴木不二		320	笹田はな		355
服部与右衛門		314	鈴木のふ		350
小沢喜代八		313	井上信八		340
服部俊一		300	鈴木不二		320
奥田四郎		300	服部与右衛門		314
山田清三郎		300	伊藤伝七		300
			神野三郎		300
			浦野貞治		300
			山田清三郎		300
			久田伊左衛門		300

注：300 株以上を掲載．
出典：同行各期営業報告書添付の「百株以上株主姓名表」．

香 3,950 株→ 1,800 株（息子・奥田四郎名義の 300 株を含む），神野金之助 1,340 株→ 3,000 株，白石半助 1,000 株→ 1,113 株，近藤友右衛門「600 株台」→ 1,000 株，となっている．奥田が 2,000 株以上減らし，反対に神野が 1,660 株増加させている．この奥田の減少分のうち，1,000 株は，奥田が神野に頭取就任を要請した際，譲渡したとされる[104]．白石と近藤は増加させた（資本金は，設立時の 300 万円が 40 年下期に増資され，360 万円となっている）．設立発起人のうち他の 3 人，平子徳右衛門と笹田伝左衛門（未亡人・笹田はな名義），服部小十郎らも，同表に見られるとおり，300 株以上の大株主であり，また蜂須賀武輔も 220 株（妻きん名義の 105 株を含む）を所有している．彼らが安定的な株主であったことはまちがいない．

なお，同表には大正初期——3年6月末——の所有状況も記しておいた．大きな変動は，奥田正香が大株主から姿を消していることである．奥田は，前年の実業界引退を機に，明治銀行株を手放したと見られる（奥田は100株のみ所有．100株以上株主に，他に奥田姓の株主はいない）．その他の主要メンバーには際立った変化は見られない．

　奥田ネットにおいて，明治銀行が具体的にどのような役割を果たしていたのか，その事実関係を確認することはほとんどできない．わずかに，後述のように，日本車輛製造に対し，同社設立いらい，明治銀行が金融支援を行なったことが確認できる程度である．同行が行なっていた株式担保金融の実態もほとんど不明である．したがって，同行が奥田ネットの「機関銀行」的な役割を担っていたのか，いなかったのか，またその程度等について結論をくだすことはできない．決算上の表面的な数字を見るかぎり，同行は，商業金融主体の営業を行なっていたということが確認できるのみである．

　なお，後年，昭和6年から翌年にかけ，中京金融界が預金取付けを経験した際，明治銀行はきびしい取付けに遭い，7年に三大銀行中同行だけが破綻（預金支払停止・休業）に追い込まれる．そして，その後の整理の過程において，当時の頭取・神野金之助は，甥の富田重助とともに，既述の神野新田を重役弁償金として供出することになる[105]．

(2) 日本車輛製造

設立をめぐるライバルとの競願——奥田ネットの迅速な行動

　明治銀行設立の翌月，29年9月，資本金50万円（払込資本金12.5万円）をもって日本車輛製造が設立された．日清戦争後の「第二次鉄道ブーム」のさなかであり，この時期には民間鉄道車輛工場が次々に設立されていた．27年から32年までの間に，18工場が車輛生産を開始したのである[106]．同じ29年には，元鉄道庁長官・井上勝の主唱で，渋沢栄一はじめ東京・大阪の有力財界人および華族らが出資した汽車製造合資会社が大阪に設立された．また，名古屋市でも，奥田らとは別に，同年，鉄道庁出身の野田益晴の主唱で，瀧兵右衛門その他地元の実業家が出資参加した㈱鉄道車輛製造所も設立された（資本金50万円，払込資本金15万円）[107]．名古屋は古くから木曽材の集散地であり，車輛製造業にとって材料

調達上，立地条件が良かった．

　奥田らの日本車輛製造と瀧らが出資参加した鉄道車輛製造所は同時に設立されており，その経緯をたどると，そこに，奥田のリーダーシップないし奥田ネットの結束力および行動の迅速性が推測され，興味深い．両社の県庁への発起申請は，29年1月28日というまったく同じ日に行なわれており，それぞれの設立事業計画内容も大同小異であった．そこで，政府（農商務省）および県当局は，その間の事情の調査を行なった結果，次のような事情が判明したとされる[108]．

　鉄道車輛製造所の会社設立計画については，以前から野田益晴，手塚輝雄の2人が奔走しており，28年12月に名古屋に来た野田が，かねてから懇意にしていた鈴木摠兵衛を訪問し，新鉄道計画について話した．その際，総株数1万株のうち2,000株を名古屋の発起人に割当てることとして，発起人加入の取りまとめを鈴木に依頼した．鈴木がこの件を奥田正香に話すと，奥田は自らも同様の会社設立計画があるとし，総株数の半数を割当ててくれれば，同社の発起人に加盟し，統合の折衝に臨むが，さもなければ別途，会社を設立する旨を鈴木に話した．その後，この割当て株数の交渉を，奥田は，手塚と数回行なうが，折り合わず，結局別々に会社を設立することになった．この過程で，奥田は，野田らの新会社設立計画書を借り受け，それを上遠野富之助に筆写させた．その設立計画書をもとに日本車輛製造の設立願書が作成された，とされるのである．

　両社の設立事業計画の内容がほとんど同じであったとすれば，野田らの計画案を奥田側が剽窃したというのは，まず，まちがいないことであろう．先方の野田らは鉄道業に精通した鉄道庁官僚出身者たちだったのである．いずれにしても，「野田らの発起人が東京，大阪，神戸，名古屋など各地にまたがり，とりまとめに時間を要した」のに対し，奥田らが迅速な行動をとった結果のことであったと推測される．なお，野田が取締役社長となって設立された鉄道車輛製造所は，創立当初から，役員人事などをめぐって深刻な内部対立がつづき，また日清戦争後の不況もあって業績が悪化し，設立後数年にして解散することになる．

発起人・役員および株式所有状況

　さて，設立発起人と各引受株数および設立時の持株数について表II-4-16によって見てみよう．奥田正香ほか11人の発起人のうち，白石から平子にいたる6人は，すでにこれまでに何度か奥田らと起業を共にしてきたメンバーである．

表 II-4-16 日本車輛製造設立発起人と引受株
　　　　　数および設立時の持株数

氏名	役職	引受株数	設立時持株数
奥田正香	社長	1,000	1,000
白石半助	取締役	500	570
笹田伝左衛門	取締役	500	500
服部小十郎	取締役	500	500
鈴木摠兵衛	監査役	350	350
西川宇吉郎	監査役	350	500
平子徳右衛門	監査役	350	450
瀧定助		350	350
春日井丈右衛門		350	350
酒井佐兵衛		350	350
森本善七		350	350
計		4,950	5,270

注：設立時の株主を見ると，350 株以上所有者は発起人た
　　ちのみである。
出典：引受株数は『日本車輛製造株式会社設立目論見書』
　　（鼈進　日本車輛 80 年のあゆみ』9〜10 ページ），設
　　立時の持株数は『新修名古屋市史　第 5 巻』487 ペー
　　ジ（原典は『日本車輛製造株式会社申込簿謄本』［県庁
　　文書］）による。

ここで興味深いのは，瀧定助と春日井丈右衛門，森本善七らが発起人に加わっていることである。これら 3 人は，瀧兵右衛門と行動を共にしてきたメンバーであるが，瀧兵右衛門が鉄道車輛製造所の方に出資し，役員に就任したのとは別行動をとったのであり，瀧ネットが分かれてライバル企業の設立に参加したことになる（当然のことであろうが，3 人は鉄道車輛製造所の方の役員には就任していない）。

引受株数を見ると，奥田正香がここでも圧倒的に高く，総株式数 10,000 株の 10％を引受けており，発起人全員では計 49.5％となっている。設立時の持株数は，白石，西川，平子の 3 人が引受株数を上回って所有したこと以外は同数であり——ただし奥田について，長男正吉と次男謙次名義各 100 株がある——，発起人全員の持株合計は 54.7％となっている（奥田の家族所有分 200 株を含む）。設立時，役員 8 人中 7 人（1 人，不明）の持株合計は 38.7％であった。株式応募者総数は 395 人であったが，うち 10 株以下が 318 人という多数であった。

役員は，取締役社長に奥田正香，取締役に笹田伝左衛門・白石半助・服部小十郎・服部勤の 4 人，監査役に鈴木摠兵衛・西川宇吉郎・平子徳右衛門の 3 人が，それぞれ就任した。このうち，奥田や白石，鈴木，平子らは，表 II-4-17 に見られるように，10 年ないしそれ以上の長期間，役員を継続することになる。

服部勤は最初から取締役兼技師長として招聘された専門経営者である。同社の設立より 3 年前，わが国最初の蒸気機関車が官営神戸工場でイギリス人技師・リチャード・F.トレビシック（Richard Francis Trevithick）の指導のもと製作され，服部は，この製造に携わった鉄道庁所属の 4 人の日本人技師のうちの 1 人であった（服部は「組立方」として参加）[109]。奥田正香が，上遠野富之助の人脈を通じて井上勝に斡旋を依頼した結果，同社設立直後（29 年 9 月），招聘に成功したものである（同年 12 月着任）。この技師長はたいへん重視された。いかに重視されたかは，その給与額の高さに示されている。33 年当時，社長奥田正香の月給が 70

表 II-4-17　日本車輛製造役員の推移

	30年1月	30年7月	31年1月	33年1月	36年1月	36年10月	40年10月	41年10月	43年10月	44年6月	45年4月
奥田正香	社長	〃	〃	〃	〃	〃	〃	〃	〃	〃	〃
笹田伝左衛門	常務取締役	取締役	監査役								
白石半助	取締役	〃	〃	〃	〃	〃	〃	〃	〃		
服部小十郎	取締役	〃	〃	〃	〃	〃	〃	〃			
服部勤	取締役	〃	〃	〃	〃	〃	〃	〃			
上遠野富之助		常務取締役	〃	〃	〃	〃	〃	〃	社長	社長	〃
森本善七										社長	〃
豊島半七										取締役	〃
山崎徳左衛門			取締役	〃	監査役	監査役					
吉田高朗					監査役	取締役	〃	〃	〃		
三輪喜兵衛							取締役	〃	常務取締役	〃	取締役
原田勘七郎								取締役	〃		〃
田中小太郎											
三瓶勇佐											取締役
鈴木摠兵衛	監査役	〃	〃	〃							
西川宇吉郎	監査役	〃									
平子徳右衛門	監査役	〃	〃	〃	〃	〃	〃	〃			
松本常盤				監査役							
深田仙太郎									監査役		
殿木三郎										監査役	
後藤幸三											監査役

注：(1) 役員に変動があったときのみ掲載．
　　(2) 笹田伝左衛門と山崎徳左衛門は，それぞれ31年10月，37年2月に死去．
出典：『驀進　日本車輌80年のあゆみ』巻末の「年表」および「歴代役員」より作表．

円であったのにたいし，取締役兼技師長・服部勤のそれは150円と，2倍以上であった（常務取締役・上遠野富之助は50円）．前記，尾張紡績の専門経営者の待遇と同様である．

全国的な企業への発展と業績の推移

同社は設立の翌月，10月，「笹島仮工場」において開業し，同年12月より実際に稼働した．開業が，設立から1ヶ月未満というごく短期間で行なわれたのは，汽機・機鑵を備えた既存の工場がたまたま売りに出され，これを買収して仮工場としてスタートしたからであった（大阪の汽車製造の場合，設立から開業までに約2年を要している）．すでに会社設立とともに客車・貨車の注文があり，またライバルの鉄道車輌製造所との競争上，同社は操業を急ぐ必要があった．設立早々，資本金を10万円増加し60万円としたのは，この買収費用2万5,000円を別途，調達する必要からであった．同時に「熱田本工場」の建設を計画した（30年1月工事に着手）．

開業後，技術面を除き，業務執行を行なったのは，奥田とともに同社設立に貢献した上遠野富之助であった．上遠野は，設立の翌年，30年7月常務取締役に就任し，社長の奥田を代理・補佐することとなった．

当初，機関車，客・貨車の製造を事業目的としたが，「経営的に採算に重点を置き，既に内々に注文が出始めていた客車・貨車を中心に製造することとし機関車製造の体制は徐々に整えるよう，堅実なあゆみを選んだ」[110] のである．この点，地元のライバル企業であった鉄道車輌製造所や大阪の汽車製造会社が最初から機関車の製造を行なったのとは異なる経営方針で臨んだ．事実，日本車輌製造は明治期を通じて機関車の製造を行なわない[111]．

こうして同社は幸先の良いスタートを切った．開業時，すでに関西鉄道，尾西鉄道，高野鉄道，愛知馬車鉄道などから注文を受けるなど，同年末までの1ヶ月間に58車輌（うち54輌が貨車）の生産に着手している[112]．その後も，笹島仮工場での受注は増加し，「工場は連日フル操業の状態」[113] であった．30年11月下旬，熱田本工場の「第一期」工事である車輌組立工場が完成するとともに，笹島工場における車輌組立部門を移転し，同年12月より，熱田本工場の稼働を開始させた．

同時に，受注状況その他を検討した結果，「第2期」工事以降の建設計画を大幅に繰り上げて一挙に行なうことが決定された．常務・上遠野富之助は，社長・奥田正香に諮り，その建設資金調達のため，資本金の払込みを立て続けに行なうこととし，株主総会の同意を得ることに成功した．その背景には，表II-4-18に見られるように，30年下期，第3期目に純利益（14,000円）を上げて6.5%の初配当を行ない，以後の順調な業績を期待させた，ということがあったであろう．実際，その後，3期連続7〜8%の配当を行なっている（同表）．熱田工場の完成は翌31年6月であり，笹島仮工場を撤収して，こちらに移転させた．

「熱田工場の完成は大きな反響を呼んだ．もともと熱田工場の規模と諸設備は，当時としては汽車会社と並び立つわが国有数の車輌工場であった」[114]．同工場の完成が受注に大きな影響力をもったことは，たとえば，その竣工を機に，九州鉄道から注文を受け，同鉄道が国有化されるまでの数年間，日本車輌製造と「緊密な関係を結んで」いた[115] ことにもしめされている．九州鉄道は，日本・山陽・北海道炭礦とともに4大鉄道会社の1つであった．

熱田工場での操業が本格化した31年上期以降の連続3期間は，受注の増加にともない（31年上期69輌，同下期79輌，32年上期80輌をそれぞれ製造）[116]，売上高，利益ともに伸び，前記のように配当も行なった．ただし，この間，運転資金に支障をきたし，このため上遠野は「支払手形を発行し，一方で明治銀行の支援

を得て多額の借入を行なった」[117]のである．つまり，同じ奥田ネットを構成する金融機関である明治銀行が，開業初期の日本車輛製造を金融的に支援していたということである．

　このように当初，順調な業績を上げた同社も，日清戦争後の不況の影響を受け，35年までの数年間，雌伏の時期を迎えることになった．32年下期，各鉄道会社が新造車輛の発注をいっせいに差し控え始めたこと，また鉄道の新規開業が減少したことなどにより，同社への注文が激減したのである．32年上期80輛であった生産高が，下期には52輛に落ち，しかもその52輛も，半製品としての繰越分がその大半を占めていたため，「車輛の売上では前期の10分の1に転落した」[118]ほどである．以後，注文は減少の道をたどった．もとより，業績は悪化し，32年下期から35年上期まで6期連続，欠損となり，翌期まで，無配を続けた（表II-4-18）．この不況期において，同社の地元におけるライバル企業であった鉄道車輛製造所は，33年，設立後わずか4年で廃業・解散したのである．

　もっとも，この間，車輛需要の減少を補完する多角化の経営努力が行なわれており，そのことにも言及しておきたい．合名会社井桁商会向け豊田式織機の製造である．井桁商会は，日本車輛製造の車輛需要が激減した，まさに32年12月，豊田佐吉の発明した動力織機の製造・販売を目的に，豊田佐吉と三井物産によって設立された．日本車輛製造は，豊田佐吉と個人的な親交のあったといわれる上遠野富之助を中心に「折衝を重ねてこの機械の製造契約を取」り[119]，織機の製造を行なったのである．33年下期の井桁商会に対する売上高は日本車輛全体の売上高の3割弱（27.4％）を占めた[120]．

　さらに，「織機を製造することを前提」に日本車輛製造は，井桁商会の背後にあった三井物産の信用によって，33年上期，日本勧業銀行より7万6,500円の融資を受けることが可能となった．また，銀行からの借入金は，明治銀行からのそれが前年下期において「4万円強」あり，翌33年上期さらに3万円の融資を受けるなどで，同行からの借入金は35年上期，「9万円弱」となった[121]．同期における明治銀行の「貸付金」は808千円であった（表II-4-12参照）から，その10％が日本車輛への貸付金であったことになる．この時期の同社は「解散止むを得なし」[122]とされるほどの困難な状況下にあった．

　同社がこうした不況の影響による業績不振状態を脱したのは，35年下期以降であった．35年から36年にかけて鉄道作業局の貨車や東京市街鉄道と東京電車

表 II-4-18　日本車輛製造業績の推移（単位：円）

期	期間	払込資本金	売上高	当期利益	払込資本利益率（年率, %）	配当率（年率, %）
1	29.10～29.12	150,000	2,066	▲4,026	▲16.1	—
2	30. 1～30. 6	180,000	32,498	269	0.3	—
3	30. 7～30.12	240,000	134,799	13,779	11.5	6.5
4	31. 1～31. 6	360,000	150,437	16,016	8.9	6.0
5	31. 7～31.12	360,000	164,114	24,053	13.4	8.0
6	32. 1～32. 6	360,000	168,362	15,679	8.7	7.3
7	32. 7～32.12	360,000	80,396	▲8,565	▲4.8	—
8	33. 1～33. 6	360,000	66,987	▲9,871	5.5	—
9	33. 7～33.12	360,000	81,030	▲3,345	▲1.9	—
10	34. 1～34. 6	360,000	84,261	▲3,722	▲2.1	—
11	34. 7～34.12	360,000	27,614	▲4,387	▲2.4	—
12	35. 1～35. 6	390,000	52,399	▲4,086	▲2.1	—
13	35. 7～35.12	420,000	101,260	4,431	2.1	—
14	36. 1～36. 9	420,000	174,770	16,003	5.1	3.0
15	36.10～37. 9	420,000	275,794	20,109	4.8	4.0
16	37.10～38. 9	420,000	628,858	54,880	13.1	10.0
17	38.10～39. 9	420,000	869,781	67,501	16.1	12.0
18	39.10～40. 9	600,000	711,360	69,566	11.6	11.0
19	40.10～41. 9	750,000	1,224,660	75,624	10.1	9.0
20	41.10～42. 9	750,000	324,636	9,626	1.3	—
21	42.10～43. 3	750,000	250,960	▲7,997	▲2.1	—
22	43. 4～43. 9	750,000	463,111	13,172	3.5	5.1
23	43.10～44. 3	750,000	423,855	34,195	9.1	7.5
24	44. 4～44. 9	840,000	264,225	▲73,487	▲17.5	—
25	44.10～45. 3	840,000	526,886	23,119	5.5	4.0
26	45. 4～大正1.9	840,000	572,366	28,076	6.7	5.0

注：(1) 1期の払込資本利益率は，同期が2ヶ月間であるので，「当期利益×6÷払込資本金」で算出した．また14期の払込資本利益率も，同期の期間が9ヶ月であるので，「当期利益×4/3÷払込資本金」で算出した．
(2) 15期から20期までは1年決算．
(3) 「新愛知」掲載の同社決算公告によって配当性向（株主配当金÷当期利益×100）を算出すると次のとおり．
明治31年上期（第4回）67.4%，同年下期（第5回）59.9%，32年上期（第6回）84.2%．また，「役員賞与配分率」（役員賞与及交際費÷当期利益×100）を算出すると31年上期・下期ともに10.0%（32年上期には行なわず）．
出典：『驀進　日本車輌80年のあゆみ』巻末「経営実績と株主数の推移」より引用の上，筆者算出．

鉄道の電車の注文を受けて以降，いくつかの会社から次々に注文が得られたこと，39年には，南満州鉄道の設立にともない同社から大量の貨車の注文を受けたこと，さらに同年の鉄道国有化にともない，以後，鉄道院からの継続的な受注が得られるようになったことなどによるものであった．また従来，中部・関西地区を主たる市場としていた同社は，上記の在京2社からの受注を契機に関東市場へ本格的に進出し，全国市場を対象とする企業に発展したのである[123]．これは，奥田正香と上遠野富之助が，「中央政財界に働き掛けて積極的な受注活動を行なった」結果とされる[124]．

業績も好転し，売上高・利益ともに顕著な増大を示した．配当も，36年上期，

4年ぶりに復配し（3％），翌々期から4期連続10％前後を行なった（表II-2-18）（36年下期より，年1回決算とし，43年より再び年2回の決算に戻した）。

こうした順調な受注と好業績を背景に，39年，上遠野は，設備拡大政策を進めることとし，大株主の一部からも事業拡大と増資（4倍増資）の「建議書」が出されるなどで賛意を得た。翌年から本格的な工場拡張に乗り出すとともに，41年，倍額増資して資本金を120万円（75万円払込済み）とした。その後，民営鉄道からの受注と鉄道院からの注文も一時途絶するなどで，業績悪化を経験するが，45年5月，天野工場，汽車製造，川崎造船所とともに，同社は「鉄道院指定工場」となった。鉄道院は，今後，鉄道車輛の製作を民間企業にまかせ，官営工場は主として車輛の修繕にあたることとしたのであり，その民間工場の1つに同社は選ばれたのである。

瀧ネットによる同社株の買占めと経営権の移転

おりしも，日本車輛製造には同社の経営権にかかわる重大な事態が進行しつつあった。瀧系・名古屋銀行の支援を受け，日本車輛製造株式の買収が進められたことである。現在，株主名簿未入手のため，株式所有状況が不明であるが，40年10月，名古屋銀行系の人物，原田勘七郎が日本車輛製造の取締役に選任されており，この頃「既に多量の株式が名古屋銀行系に流れて」いたとされる[125]。既述のように，同社設立時，瀧定助・春日井丈右衛門・森本善七ら瀧系ないし名古屋銀行系の人物3人がこれに出資を行なっていたが，かれらないし同系の人物は役員に名を連ねていなかった。次いで，41年の倍額増資（前記）と時期を同じくして，上遠野富之助が，同社常務を兼務したまま，明治銀行の常務に就任（40年上期）した。原田勘七郎の取締役就任は，「上遠野富之助が明治銀行を兼務するためにはそれを補う人材の獲得が緊急の要件であり，原田勘七郎はその要請にこたえて取締役に加わったもの」[126]とされる。次いで，43年10月，奥田正香が社長を辞任し[127]，上遠野富之助が同職位を継承するとともに，原田勘七郎が上遠野の後任として常務取締役に就任した。しかし，上遠野の社長在位期間は，わずか8ヶ月であり，翌44年6月辞任し（同年上期，73,487円という過去最高額の欠損を計上），森本善七（名古屋銀行取締役）がこれにとって代わり社長に就任したのである。上遠野が社長を辞任した事情については不詳であるが，当時の新聞の報ずるところによれば，この頃，「資産振替事件」なるものが起こり，また重

役間に意思の不統一があったとされる[128]。実際，上遠野の辞任後，取締役・白石半助，監査役・平子徳右衛門ら「奥田系重役はほとんど連袂辞職」した[129]。

この間，名古屋銀行支配人・杉野喜精（日銀出身，愛知銀行副支配人から名古屋銀行支配人に転じ，のち東京で山一証券を設立）の知遇を得た株式仲買人で後藤新十郎商店社長・後藤新十郎が，日露戦争後の株式ブームに乗って日本車輌製造株式の買占めを行ない，一時は1,500株の筆頭株主になるにいたった。そして，この買占めのための資金を提供したのが瀧系の名古屋銀行であり，同社株式を担保に融資を行なったものとされる[130]。なお，後藤新十郎は，上記39年に事業の拡大と増資を求める「建議書」を提出した株主の1人であった。

こうして，同社は，瀧系・名古屋銀行系のメンバーが社長と常務の職位を占有し（監査役に就任した殿木三郎も名古屋銀行副支配人），同系色の濃い会社に移行することになった。なお，取締役兼技師長の服部勤はそのまま留任したが，まもなく（上遠野らが辞任した翌年，45年4月）退任した。

日本車輌製造については，資料的制約から，株式所有の推移が不明である。とくに日清戦争後7期連続の無配に奥田系の株主たちがどのように対応していたか興味のあるところであるが，残念ながら確認できない。しかし，少なくとも，奥田正香をはじめ上遠野富之助，白石半助，平子徳右衛門ら，設立当初より役員を長期的に継続したメンバーについては，かれらが安定的な株主でありつづけたであろうことは想像に難くない。彼らは，不況期を支え，その後の事業拡大と増資に促進的な役割をはたしたと考えられる。同社は明治末には汽車製造会社などとともに日本有数の会社に発展した。しかし，瀧・名古屋銀行系人物の役員就任と，密かに進められたであろう同系による株式の買占めを受け，経営権を奪取される結果となったのである。

5　日露戦争後の会社設立
　　——名古屋瓦斯，名古屋電力，福寿生命保険・福寿火災保険

(1)　名古屋瓦斯

奥田正香の中央実業界における人脈——渋沢栄一の支援による起業

瀧ネットによる日本車輌製造株式の買収が行なわれようとしていた頃，当の奥

田らは新たに，大規模な2つの事業に着手しようとしていた．ガス事業と電力事業である．

名古屋瓦斯と名古屋電力の両社は，必ずしも奥田正香自身の発案になるものではないが，奥田の中央政財界との人脈および名古屋におけるネットワークを基礎に起業されたものである．両社とも，日露戦争後の企業勃興期，明治39年に設立された．

まず，名古屋瓦斯は，同年11月，資本金200万円（4分の1払込済み）をもって設立された．渋沢栄一が中心になって東京瓦斯が設立されたのが18年（東京府瓦斯局を払受けて設立）であるから，それからほぼ20年後ということになる．日露戦争後のこの時期，わが国のガス会社は急増しており，名古屋瓦斯は，その先駆的な存在をなす会社の1つであった．すなわち日露戦争時の38年大阪瓦斯（30年設立）が，翌39年博多瓦斯（37年設立）が，それぞれガス供給を開始し，そして同年名古屋瓦斯が設立されたのである．その後，全国で，42年に8社，43年23社，44年20社，45年11社のガス会社が設立され，この4年間で合計62社に達する．42年初頭には8社に過ぎなかったガス会社が，45年末には70社となる[131]．従来からの灯火用需要の増大に加え，燃料用需要も急増し，ガスは有望事業と見なされていた[132]．

同社は名古屋市において企画された2つのガス事業計画が合同することで成立した．1つは，缶詰め製造・販売で成功した山田才吉の発起になるものである．山田はこれより10年ほどさかのぼる日清戦争後の事業勃興期，当時東京・大阪などの大都市に漸次，普及をみていたガス灯の照明に着目し，山田はじめ13人の発起人によりガス会社（愛知瓦斯）設立を計画し，30年にその認可を得ていた．発起人中，9人は名古屋市在住（この中には，瀧兵右衛門の四男で同家を相続する瀧信四郎がいる），他は大阪府2名，岐阜県と滋賀県，各1名であった．しかし，まもなく起こった日清戦争後の不況で，同社の株式募集も行き詰まり，発起人のうちから脱落したり熱意を失う者が出て，創立計画も見送りになった．

この頃，奥田ネットのメンバー・服部小十郎（材木商）もまたガス事業を計画し，山田才吉らと道路使用権の譲渡交渉を行ない，33年から3年以内に会社を設立する条件でその権利を得た．しかし，こちらも，36年末にいたっても事業設立の見込みなく，この譲渡契約は無効となった[133]．

服部が再度，ガス事業を計画するにあたっては，奥田正香の支援を仰ぐことと

なった．服部は，それまで多くの事業において奥田と行動をともにしていた．すなわち服部は，26年奥田の商業会議所会頭就任の直後に「常議員」となっており，その後，名古屋倉庫，名古屋株式取引所，明治銀行，日本車輛製造等で，設立発起人ないしは役員となっている．

　服部は奥田を介して東京の渋沢栄一，大阪の藤本清兵衛らを誘い，他方，山田才吉も東京の梅浦精一，園田実徳らと提携してガス会社創立の準備に着手したので，両者は道路の使用権をめぐって競願のかたちとなった．結局，愛知県知事（深野一三）の調停の結果，妥協がなり，山田才吉以外の旧発起人を除き，新発起人41人をもって会社を設立することとした（39年7月）．奥田が創立委員長をつとめた[134]．役員は次のとおりである．

　取締役社長：奥田正香，取締役：大橋新太郎・井上茂兵衛・鈴木摠兵衛・服部小十郎・梅浦精一・山田才吉，監査役：伊藤幹一・岡谷惣助・上遠野富之助．大橋新太郎，梅浦精一，伊藤幹一の3人は東京側から役員に入った人物たちであり，他は名古屋在住の実業家であった．奥田ネットのメンバーは，取締役7人中，奥田を含め4人であり，監査役を含めた役員10人中の5人を占めた．監査役の1人に伊藤・岡谷ネットの岡谷惣助が加わっていることも注目される．また渋沢栄一が相談役となった[135]．

　渋沢は，同社設立に際し，人材面でも尽力している．渋沢自身が取締役会長職にあった東京瓦斯の専務取締役・工学博士高松豊吉（42年7月社長就任）を通じて，高松の弟子の1人であった岡本桜（当時，大阪瓦斯の技師）を新会社の技師長として推薦したほか，事業の設計および技術面について，起業に必要な指導を与えたのである[136]．奥田正香が渋沢に斡旋を依頼した結果であったことはまちがいなかろう．奥田から高松に技師推薦の依頼があった，と高松は言っている[137]．なお，名古屋瓦斯取締役の大橋と監査役の伊藤は，当時，前者は東京瓦斯の取締役（明治31年9月から同35年11月まで専務），後者は監査役でもあり，2人が新会社の役員に就任したのも，渋沢との関係によるものであったろう．

　設立当初の株式所有状況を見よう．同社の設立にあたっては，「当時はまだガス事業に対する知識に乏しかったので」株式の公募は避け，総株式数4万株より「準備株」を除いた3万4,860株を，創立委員（8人）中の4人が分担して，各関係発起人に適宜，分配することとした．奥田正香1万5,770株（総株式数の39.4％），山田才吉5,810株（同14.5％），高松豊吉7,470株（同18.7％），梅浦精一

5,810株（同14.5%）であり，名古屋側（奥田・山田）が過半数の53.9%，東京側33.2%の引受けであった（総株式数の約13%にあたる準備株は，旧発起人を主とし，その他関係企業・関係者に配分）[138]．設立当初の41年11月末現在における役員の持株は表II-4-19のとおりである．社長・奥田正香は1,100株を所有し，第6位の大株主である．奥田正香には，ほかに息子・奥田四郎名義で500株が，また監査役・上遠野富之助も息子・亮三名義で100株がそれぞれあり，それらを加えて，役員10人の持株合計5,340株，総株式数（4万株）の13.4%であった．この比率は，奥田の関係した既述の会社における役員の設立当初の持株比率に比して，著しく低い．

表II-4-19 名古屋瓦斯の株主

明治41年11月末			大正2年5月末		
氏名	役職	持株数	氏名	役職	持株数
余郷朝太郎		1,730	豊島半七		3,920
中西万蔵		1,500	伊藤義平	監査役	3,590
山田才吉	取締役	1,500	後藤幸三		3,300
田中貞二		1,300	後藤安太郎	監査役	2,800
土井国丸		1,160	奥田正香	社長	2,210
奥田正香	社長	1,100	石田友吉		1,400
後藤幸三		1,000	江口理三郎		1,400
高島義恭		930	服部小十郎		1,300
伊藤義平		820	佐分慎一郎		1,200
富治林鐘之助		800	鈴木桝次郎		1,080
河野幸友		750	上遠野富之助	監査役	1,030
後藤安太郎		650	金森鎌太郎		1,020
上遠野富之助	監査役	530			
服部小十郎	取締役	500			
奥田四郎		500			
渡辺福三郎		500			

注：明治41年は500株以上株主，大正2年は1,000株以上株主をそれぞれ掲載．
出典：明治41年は同年下期末の，大正2年は同年上期末のそれぞれ営業報告書添付の株主名簿による．

もちろん，役員以外の株主に奥田ネットのメンバーが少なからずいたことはいうまでもない．神野金之助・富田重助がそれぞれ200株，近藤友右衛門55株，白石半助40株，平子徳右衛門30株，などである．その他，いわば準メンバー的存在であった三重紡績専務取締役・斉藤恒三が150株所有している．相談役の渋沢栄一は350株，顧問の高松豊吉は280株，そして渋沢としばしば起業をともにした浅野総一郎が100株を所有していた．浅野は，東京瓦斯の創立委員の1人でもあり，以来，同社取締役をつとめている．

さて，名古屋瓦斯の製造設備の設計・建設を担ったのは，高松豊吉の推薦で同社技師長に就任した岡本桜である[139]．その際，東京瓦斯・高松豊吉の支援を得たことについて，岡本はつぎのように回顧している[140]．

「元来私は高松博士の推薦に依って東京瓦斯会社の技師として入社したのであるが，名古屋瓦斯会社の創立に当っても当時東京瓦斯会社の社長であられた高松博士には技術方面万般の御指導を仰ぎ，最初は東京瓦斯会社の設計を模して工場の建設を開始したのである．斯様な理で或いは東京瓦斯会社千住工場で不

用になって居た瓦斯機械を購入して名古屋に運び，或いは当時東京瓦斯会社の技師長であった平松末吉氏の応援を乞ふて名古屋に出張して貰うとか高松博士には一方ならぬ御尽力を蒙った次第である，……」．

このように，同社起業にあたり，奥田正香の中央実業界とのコネクションが重要な貢献をなしたことが知られるのである．

開業と名古屋電燈との競争

工場建設（第一期工事）や名古屋市会との報償契約締結，ガス管の埋設工事（第一期工事）等を完了し，同社は，設立からほぼ1年を経た40年10月営業を開始した[141]．名古屋市街に最初のガス灯が点火されたのである．ガスへの認識を広める活動に加えて名古屋電燈との競争のなかで市場を拡大していかなければならなかったものの，同社は順調なスタートを切った．ガス器具（灯火用具，飯焚器・ガスストーブなどの熱用器具）の販売・賃貸やガス使用法のデモンストレーションを行なう一方，勧誘員による需要家開拓活動等により，開業翌年の41年末からガス灯用および熱用の需要が激増した．早くも設備能力に不足を来たし，当初の設備計画に反して，同年，次いで翌42年と設備の増設を行なったほどである．もちろん，その資金調達のため未払込資本金の徴収も矢継早に行なわれた（41年11月20万円，42年6月10万円，同年12月20万円）．

ライバルの名古屋電燈も対抗策を講じてきた．電灯・電力料金の値下げである．また，明治末からわが国電灯会社が導入しはじめたタングステン電球が電灯側に競争優位を生み出すことになった．名古屋瓦斯も当然，ガス料金の値下げで対抗し，また勧誘活動の強化と供給地域の拡張を行なった．そして，この政策が奏効したことにより，需要が増大し，再び，製造設備の拡張に進んだのである．その所用資金調達のため，43年7月から翌44年10月までに100万円の払込金を徴収し，なお不足するため同年9月，資本金を200万円から400万円に増額することを決定した（大正元年12月，第1回払込みとして50万円徴収）[142]．

この名古屋瓦斯と名古屋電燈との激しい値下げ競争は，大正3年11月両社の間に，料率や既得権益を侵す行為を行なわないとの協約がなり，終止符を打つことになる．この頃すでに両社間に合併の論議が起こったが，このときは見送られ，同11年6月，名古屋電燈の後身（同社は同9年，関西水力電気と合併して関西電気と改称）・関西電気と合併する．関西電気が名古屋瓦斯を吸収したのち，東

邦電力と改称し，名古屋瓦斯は一度解散したのち，新たに東邦電力のガス事業を引き継いで東邦瓦斯を新設する（岡本桜が初代社長に就任）。東邦瓦斯は，事実上，東邦電力の子会社となる（東邦瓦斯の設立時の資本金は 2,200 万円［内払込済 880 万円］，総株式数 44 万株であり，このうち，東邦電力が 43 万 9,000 株を所有）[143]。

役員と持株の推移

ところで，上記のような資本調達に役員や奥田ネットの構成員らは，どのように対応していただろうか．大正 2 年 5 月末時点の株主名簿（以下，50 株以上所有者のみ，検討）によって観察しておこう（表 II-4-19 参照）。

この時点までに役員に変動があった．奥田系の役員について見ると，取締役・服部小十郎が 44 年 4 月死亡のため姿を消しており，井上茂兵衛が常務取締役となっている（井上は，大正 2 年 10 月奥田が社長を辞任すると，翌 3 年 1 月同職位につく）。また，岡本桜が取締役に昇進（44 年 6 月就任，その後大正 3 年 1 月常務取締役就任）している．

役員 10 人の持株数は合計 11,720 株（ただし奥田四郎名義の 60 株を含む），14.7％であり，前記 41 年 11 月末の同 13.4％より若干，増加している．これは大株主の 2 人（伊藤義平と後藤安太郎）が新たに監査役に加わったことなどによる（41 年 11 月末，伊藤は 820 株で 9 位，後藤は 650 株で 12 位）。当初からの役員は，山田才吉を除いて，みな，ほぼ倍額増資に応じて持株を 2 倍にしている．死去して，このときまでに役員を離脱した服部小十郎と梅浦精一（明治 45 年 3 月死去）の両者も，それら継承者によって持株を 2 倍にしている．服部小十郎（41 年 11 月末，500 株所有）は同姓同名で 1,300 株（旧株 650 株，新株 650 株）所有して 8 位の大株主であり，梅浦精一（41 年 11 月末，200 株所有）については，梅浦五一と梅浦モトの名義で各 200 株，計 400 株（両者とも，旧株 100 株，新株 100 株）を所有している．

役員以外で，奥田ネットのメンバーの持株を前記 41 年 11 月末と比較してみると，神野金之助（200 株→380 株），富田重助（200 株→380 株），白石半助（40 株→110 株），斉藤恒三（150 株→300 株）らが 2 倍ないしそれ以上に増加させている．近藤友右衛門と平子徳右衛門は売却した模様である．渋沢栄一は 350 株から 500 株（旧株 150 株，新株 350 株）に，浅野総一郎も 100 株から 200 株に，それぞれ増加させ，高松豊吉は 280 株から 100 株に減少させている．専門経営者の岡本

桜は260株を所有している．

このように，設立当初の役員や奥田ネットのメンバー，渋沢ら関係者の多くが，その後，安定的な株主として推移したことが分かる．

同社の初期の業績を見ると，営業開始後2期，損失を出すが（ただし，第1期は開業後1ヶ月あまりの業績），それ以降（明治期）着実に利益を増加させ，払込資本利益率は12～14％，配当率はほぼ10％で推移した[144]．関係者たちが，安定的な株主であった背景には，こうした同社の好業績やガス事業の将来性もあったことであろう．

前記のように，日露戦争後，全国でガス会社の設立が相次ぎ，いわばガス企業勃興時代を現出した．ここにおいて，奥田正香・岡本桜らが，諸会社設立とその後の経営面・技術面において指導的な役割を果たしたことにもふれておくと，奥田らが指導的な役割を果たしたのは，名古屋近隣の地域においてばかりでなく，京都・奈良・金沢・高松・丸亀・琴平・松江・鳥取・米子・福山・津山などの各地にわたった．たとえば，名古屋瓦斯設立からまもない42年10月，資本金50万円で設立された豊橋瓦斯のばあい，地元の有志と奥田らで発起され，創業当時の社長は奥田正香で，役員中には山田才吉・井上茂兵衛・服部小十郎らが参加し，また工場は岡本桜の設計にかかるものであった[145]．このような奥田と岡本の行動は，かつて渋沢栄一と高松豊吉が名古屋瓦斯に対して果たした役割をほうふつさせるものといえよう．

奥田正香と専門経営者

ここで，同社の経営管理上，社長・奥田正香と専門経営者・岡本桜とがどのような関係にあったのかを推測させる，ある証言を記しておこう．名古屋瓦斯は，のち（大正11年6月），解散して東邦瓦斯として新発足するが，そののち，社長岡本桜（前年6月就任）の秘書をつとめた服部直吉（昭和8年10月から15年10月まで取締役）の回顧録（「岡本桜先生を憶ふ」）に，岡本桜自身から聞き伝えた奥田正香についてのつぎのような記述がある．岡本桜が同社技師長であった「当時，名古屋瓦斯株式会社の取締役社長は，中京財界のローマ法王と称された奥田正香氏で……先生（岡本桜―引用者）も技術者の立場から，例えば新しい機械を購入するについて，而もそれが絶対的に必要なものであっても，この奥田社長を説得するには仲々に骨が折れた．諄々に説明して，ヤット決済を得るといふ始末で，

一寸纏った資金を支出せしむるのは仇やおろそかのことでなく，社長邸にお百度を踏まれ，涙ぐましき奮闘を繰返されたこと屡々である．——先生は時折り，その頃の苦心を想起され，談笑の中に当時の苦衷と夙起夜寝の健闘振りとを語られたものである．」[146]

設備投資の必要をうったえる岡本の要求に対し，奥田が財務面からそれに厳しく対応していた様子がうかがえる．業務執行の管理者と役員とのこうした関係は，おそらく，同社以外の奥田系企業においても，同様の事情であったものと推測される．

名古屋瓦斯の場合，設立の発案者は奥田ではなかったが，しかし奥田とそのネットが創業資本の調達にいわばスプリング・ボードの役割を果たしてまず起業に成功した．奥田ネットのメンバーはもちろんのこと，東京・大阪の実業家をも参画させ，また渋沢栄一を介して技術者の招聘にも便宜を得たのである．発案者でなかったとはいえ，奥田正香は自ら取締役社長に就任するとともに，役員に奥田系の鈴木摠兵衛，上遠野富之助らを配して経営の実権を掌握した．そして，これら役員就任者を含む奥田ネットのメンバーたちが，同社のその後の事業展開に必要な追加資本の調達においても貢献したのである．

なお，この名古屋瓦斯が設立された39年，奥田らは，中央炭礦という鉱山会社を設立している．発起人は，奥田および井上茂兵衛，服部小十郎，富田重助，上遠野富之助，白石半助，平子徳右衛門，鈴木摠兵衛ら奥田系のメンバーを含む37人であり，奥田が創立委員長であった．事業目的は，愛知県下の亜炭特産地たる愛知，東春日井両郡内の亜炭鉱区において亜炭の採掘，運搬及売買をなす事であり，資本金は50万円とされた[147]．しかし，41年1月5日名古屋商業会議所において臨時株主総会を開催し，解散を決議したという[148]．同社について詳細は不明であるが，おそらく，ガス製造のための原料炭を確保する目的があったのではなかろうか．ちなみに，東京瓦斯は，原料炭確保のため，43年に北海道で炭山を入手している[149]．

(2) 名古屋電力

奥田らは，名古屋瓦斯と同時に電力会社を設立した．大規模な水力発電事業を計画してのことである．電力事業は，既述のように，20年近く前，奥田らが一

度は進出を企図したものの中止した事業であり，その事業は別の推進主体により名古屋電燈として発展していた．その名古屋電燈に対し，奥田らは，ガス・電力両事業によって競争を挑んだということになる．すなわち，電灯市場においては名古屋瓦斯が，電力市場では名古屋電力が，それぞれ名古屋電燈に対抗するという戦略構想であったと思われる．

設立の背景――奥田正香と中央政界との人脈

この電力事業も奥田正香の発案になるものではなかったが，やはり奥田の人脈やネットワークを基礎に起業されたものといえる．ただし，結論を先取りすれば，会社は設立したものの開業にいたらず，同社は名古屋電燈（東邦電力の前身）と合併し，解散する．

この電力事業の発案者は，岐阜県選出の衆議院議員・兼松煕らである．兼松は岐阜県出身で，郡書記，岐阜県属官，内務省属官，拓務省事務官などを経て，佐賀県の郡長，同県選出の衆議院議員となり，日露開戦当時，岐阜県選出の代議士であった．36年頃，兼松は，木曽川の水力を利用して発電し，電力を名古屋市およびその近辺へ供給する事業計画を立案していた．木曽川沿岸での発電計画は，これより以前の20年代末から，兼松の企画とは別の計画があり，先方からの依頼もあり，両計画を合同させることとした．兼松は地元・岐阜県における関係者の調整をおこなうとともに，東京において岩田作兵衛その他の出資者を集め，さらに，37年春，当時の首相・桂太郎を通じて奥田正香を紹介された[150]．奥田と桂との交友関係は古く，桂が名古屋の第三師団長在任中からのことであり，桂が総理大臣になってからもしばしば奥田を招いて，経済政策上の意見を求めたとされる[151]．

奥田は事業計画に賛同し，これより，自ら主唱者となり，市内における主要な動力使用者，その他の実業家を糾合するとともに，名古屋側の代表者として東京側との交渉を行ない，39年10月同社の設立にいたったものである[152]．

東京では，東京電燈が桂川水系を利用した大規模な水力発電開発に着手した直後である（駒橋発電所，明治37年10月計画，39年1月土木工事着手，翌年12月営業運転開始，出力1万5,000キロワット）[153]．わが国の電力産業は，明治16年の東京電燈の設立いらい，主として，電灯需要を目的とした火力発電によって発展してきていたが，とくに日露戦争後，水力発電が急速に発達し，明治末には水力発

電出力が火力発電出力を抜くのである（44年，水力発電出力は総発電出力の約52％）[154]．この桂川水系の開発はわが国の電力産業が，「火力から水力への切替え，いうならば水主火従時代の先駆をなしたものとして最も注目すべき事業」とされる[155]．また，関西でも，39年10月設立の宇治川電気がやはり大規模な水力発電に着手するのである（宇治発電所，40年1月着工，大正2年7月竣工，翌月送電開始）[156]．木曽川利用の水力発電は，こうした東西における水力発電事業と並ぶ当時における代表的なものであった．

一方，同社が，同じ奥田系の名古屋瓦斯と競合することになるとすれば，この電力事業への奥田のコミットメントは困難か，もしくは不可能であったろう．この点，奥田は，名古屋電力の事業を，工業原動力としての電力の供給を中心に考えていたのではなかろうか．そもそも，名古屋「電力」という命名のしかたや，上記のように積極的に市内の動力使用者に出資を呼びかけるというような行動に，その企図がうかがえるのである．事実，日露戦争後には，水力発電による安価な電力がわが国において工業原動力の電化を促進していた（大正2年には，電力需要が全需要の56％に達して電灯需要を凌駕する）[157]．

この事業計画には，奥田系の人物ばかりでなく，岡谷惣助や伊藤次郎左衛門，瀧兵右衛門らも招請されたとされる[158]が，それは，同社の将来の資金需要の増大を想定した奥田の配慮であったにちがいない．しかし，この3人のうち誰も発起人に参加せず，また役員にも就任しない．ただし岡谷惣助と瀧定助が，すぐのちに記すように，1,000株以上の大株主に名を連ねる．

同社の発起人13人の中には，これまでの奥田ネットのメンバー中，奥田正香をはじめ上遠野富之助，白石半助らが参画した．役員は，社長：奥田正香，常務取締役：相良常雄，取締役：岩田作兵衛・兼松煕・上遠野富之助・白石半助・斉藤恒三，監査役：神野金之助・渡辺甚吉であった．奥田ネットのいわば準メンバーであった斉藤恒三も取締役に入っている．ここでも，渋沢栄一が相談役になった（41年8月辞任，相談役としては，他に馬越恭平，雨宮敬次郎の2人も就任）[159]．

資本金は500万円，総株式数10万株，総株主数991名で，1,000株以上の株主を一覧表示すれば表II-4-20のとおりである（ただし，同社設立時の株式所有状況は不明であり，名古屋電燈との合併［43年10月］直前の所有株式）．発起人の持株合計（不明の三浦菊次郎を除く）は11,100株，総株数の11.1％，また役員9人の持

表 II-4-20　名古屋電力の主要（1,000株以上）株主（明治43年前半期末）

氏名	府県	役職	持株数	備考
東海電気㈱取締役・近藤重三	愛知		6,500	
草刈隆一	東京		1,959	
○三浦泰輔	東京		1,800	
○岩田作兵衛	東京	取締役	1,000	
伊藤伝七	三重		1,000	
伊藤由太郎	愛知		1,000	
服部小十郎	愛知		1,000	
○奥田正香	愛知	社長	1,000	
小栗富治郎	愛知		1,000	
岡谷惣助	愛知		1,000	
小川ゑひ	愛知		1,000	
○渡辺甚吉	岐阜	監査役	1,000	
瀧定助	愛知		1,000	
○久米民之助	東京		1,000	
九鬼紋七	三重		1,000	
足立綱之	東京		1,000	
○斉藤恒三	愛知	取締役	1,000	
○白石半助	愛知	取締役	1,000	
平子徳右衛門	愛知		1,000	
関清英	東京		1,000	
鈴木摠兵衛	愛知		1,000	
○兼松熈	東京	取締役	1,000	他に兼松久子名義で500株がある
○桂二郎	東京		1,000	桂太郎の弟
神野金之助	愛知	監査役	1,000	
春日井吉次郎	愛知		1,000	
杉山愛子	愛知		1,000	

注：(1) 明治43年前半期末現在，総株式数10万株，総株主数991名．
　　(2) ○印は設立発起人で，本表に9人おり，他の4人の発起人のうち3人は上遠野富之助500株，相良常雄500株，児玉荘太郎300株であった．
　　　　もう1人の発起人三浦菊次郎（岐阜）は300株以上株主に名前がない．
　　(3) 役員には他に常務取締役・相良常雄，取締役・上遠野富之助がおり，それぞれ500株，500株を所有している．
出典：『稿本　名古屋電燈株式会社史』175～176ページ（300株以上株主が掲載された模様）．

株合計は，8,000株，8％である．1,000株以上の大株主のなかに，奥田ネットのメンバーとしては，他に服部小十郎，平子徳右衛門，鈴木摠兵衛らが名を連ね，やはり準メンバー的な存在であった伊藤伝七の名前も見られる．また，伊藤・岡谷ネットの岡谷惣助と伊藤由太郎（近世における有力な御用達商人，伊藤次郎左衛門家ら三家に次ぐ，岡谷惣助家と同じ四家中の一家・伊藤忠左衛門の長男，明治5年生まれ，妻［ちゃう］は岡谷惣助の次女），瀧ネットの瀧定助らも大株主となっており，奥田からの出資の呼びかけに応じたものと見られる．相談役3人については，渋沢栄一500株，馬越恭平500株，雨宮敬次郎300株であった．

工事の難攻と名古屋電燈との合併

　同社は設立後，日露戦争後の反動に際会し，株金は第1回の払込み（日付と払込金は不明）を終えたのみでその後の払込みの徴収ができず，やむなく41年ま

で，約1年半の間，工事の進行を中止し，同年1月ようやく地鎮祭と水力工事起工式をおこなった．しかし水路工事は難攻し，竣成が遅れた．また，水路工事と並行して発電所・変電所・配電所の工事に42年2月着工したが，いずれも「工程八分にして」，結局，翌43年10月名古屋電燈との合併にいたったのである[160]．この木曽川八百津水電工事は，起工以来，合併直前の同年8月までに約425万円の工費を要し，この資金を名古屋電力は，払込資本金によって賄った（公称資本金500万円，払込資本金425万円）[161]．

　名古屋電力設立時の株式所有状況については不明で，のちの合併時のそれと比較することはできないが，少なくとも，同社の開業までの困難を克服すべく，奥田ネットのメンバーや関係者たちが，出資比率を維持したまま株式払込みに応じていたと，推測できよう．

　合併は，名古屋電燈側において，これに積極的な行動を示した．42～3年の間に同社の最大株主となり，経営陣に加わった福沢桃介が，同一地域内での競争は自社に不利と判断し，合併交渉を進めた．同社の長良川発電所の出力は5000キロワットであるのに対し，名古屋電力の木曽川筋八百津の方は完成すれば出力1万キロワットで，水力発電力に2倍の格差が生じることになる．一方，名古屋電力側も，工事完成には，さらに巨額の工事費が必要であり，また名古屋市内進出には命令により電線を地中化しなければならず，これにも巨額の資金が必要であった．こうして双方，合併が好都合であった[162]．

　合併比率については，被合併会社・名古屋電力の額面50円（42円50銭払込済み）株式2株に対し，名古屋電燈の額面50円（42円50銭払込済み）株式1株を交付するというものであった[163]．つまり，名古屋電力の株主は，額面の払込みを85％済ませていた一方，配当をまったく得ることなく，投資額（払込額）の半分を切り捨てられるという内容であった．このことが，奥田への信任に一定の影響を与えたことは否めないところであろう．奥田は，のち明治45年に起きた「稲永疑獄事件」（都市再開発にともなう遊郭移転をめぐる事件）により，奥田の関係者5人が逮捕されると（奥田も取調べを受けたが起訴されなかった），その責任をとり，大正2年には実業界・財界から完全に手を引き，すべての会社の役員と名古屋商業会議所会頭を辞職することになる[164]．この奥田の去就に，既述の日本車輌問題とともに，ほとんど同じころに起こったこの名古屋電力の一件が影響を与えていないとは言えないであろう．逮捕された5人のなかには，兼松熙と，

同社の大株主で監査役の渡辺甚吉（岐阜・十六銀行頭取で前貴族院議員）もいた．兼松は，名古屋電力が設立されたのち，41年1月，上遠野富之助辞任のあとを受けて名古屋株式取引所理事となり，また翌年4月には名古屋商業会議所庶務部長となるなど，奥田を補佐する立場にあった．他の3人は，加藤重三郎（名古屋電燈社長），深野一三（前愛知県知事，貴族院議員），安東敏之（衆議院議員，弁護士）らであった．

　新会社・名古屋電燈の資本金は，従来の525万円に250万円を加え，775万円とした．しかし，名古屋電力から継承，続行した水力電気工事の工費や同工事完成（44年12月から送電開始）にともなう配線設備その他の資金調達のため，名古屋電力合併後，約半年にして，増資の必要を生じ，44年4月，資本金を1,600万円に増資することを決議した[165]．

　合併後の役員には，名古屋電力から上遠野富之助，兼松熙，斉藤恒三の3人が取締役に，神野金之助，桂二郎（桂太郎の実弟）の2人が監査役に新たに追加選任された．また，常務取締役（社長空席）であった福沢桃介が，直接経営の意思がないことを理由に辞任したため，兼松熙が選出されて就任した[166]．しかし，まもなく，大正2年末までに，兼松熙，上遠野富之助，神野金之助，斉藤恒三ら，奥田系の役員はすべて辞任する．その理由は次のとおりである．名古屋電力合併後の名古屋電燈は，44年，竣工した八百津発電所よりの送電を開始したものの電力に余剰を生じ，加えて合併後の増資・払込み（明治44年12月末日現在払込資本金981万円）によって利益率が低減し，株式配当率の引下げを余儀なくされた．こうした，業績悪化の責任をとって，大正元年12月取締役10人が連袂辞任するとともに，監査役6人も任期満了となったので，福沢桃介の指名により，新たに取締役7人，監査役3人が就任することになった．この新役員中，奥田系のメンバーとしては兼松熙のみが名を連ねた．しかし，その兼松熙も，翌2年12月，取締役を辞任する[167]．

　名古屋電力を吸収した名古屋電燈は，のち（大正9年）関西水力電気と合併して関西電気と改称し，次いで，(11年) 九州電燈と合併して東邦電力と再び改称する．わが国電力産業においては，第一次大戦中・後における積極的な電源開発を契機として「五大電力」が形成されるのであり，東邦電力はその一角を占めることになる（東邦電力のほか東京電燈・宇治川電気・大同電力・日本電力）．

(3) 福寿生命保険・福寿火災保険

奥田正香による神野金之助への支援とメンバーの結集

　奥田ネットのメンバーによって，明治26年名古屋に本社を置く最初の生命保険会社として名古屋生命保険が設立され，その後，37年度中に，同社が小栗銀行頭取・小栗富治郎に売却されたことについては既述した．奥田ネットは，こうして，いったんは生命保険事業から撤退したが，まもなく41年8月，福寿生命保険の設立により，同事業に再進出した．名古屋瓦斯は順調にスタートしたが，名古屋電力が水路工事に着手し，難攻しているころである．奥田正香自身の努力は，そちらに傾注されていたことであろう．この保険事業では，奥田正香は，いわば"盟友"神野金之助をサポートして奥田ネットを結集する役割を演じたように見受けられる．

　設立発起人は神野金之助，伊藤伝七，富田重助，渡辺喜兵衛，近藤友右衛門，平子徳右衛門，鈴木治左衛門ら7名である[168]．奥田正香は，発起人には加わらなかったが，同年3月に開かれた発起人会は，名古屋市葵町所在の奥田正香邸で行なわれており[169]，また，8月の創立総会では奥田が「座長」となり，神野金之助が発起人を代表して経過報告を行なう[170]など，奥田が設立に関わっていたことは事実である．また奥田は株式の引き受けは行なったが，役員にはならなかった．資本金は50万円とし，神野金之助はじめ43名で引受けることとした（創業時の払込資本金12.5万円，以後，明治期を通じて変わらず）[171]．

　役員は，社長に神野金之助，専務取締役に富田重助，取締役に伊藤伝七・早川周造・太田小三郎・渡辺喜兵衛・糟谷縫右衛門ら，監査役に平子徳右衛門・鈴木治左衛門の2人が，それぞれ就任した．支配人には，名古屋生命保険で支配人をつとめていた近藤徳治郎が就任した（近藤友右衛門は創立総会において監査役に選挙されたが，すぐに辞任したとされる）[172]．

　表II-4-21によって，発起人・役員や奥田ネットのメンバーたちの株式所有状況を見てみよう．設立時（41年）の株主は47人，総株式数1万株である．神野金之助が筆頭株主であり，富田重助が，それにつづき，両者で計3,500株・35％を所有している．発起人7人の持株合計は5,600株で（表にない近藤友右衛門100株を含む），株式総数の56％，役員9人の合計は6,500株，65％にのぼる．このほか，発起人や役員に加わらなかったものの，奥田正香をはじめ上遠野富之助，

表 II-4-21　福寿生命保険の株主

明治 41 年			大正元年 12 月末		
氏名	役職	持株数	氏名	役職	持株数
○神野金之助	社長	2,500	神野金之助	社長	2,000
○富田重助	専務	1,000	奥田正香		1,200
○伊藤伝七	取締役	500	神野富田殖産会社		1,000
奥田正香		500	代表者・神野金之助		
太田小三郎	取締役	500	富田重助	専務	1,000
上遠野富之助		500	近藤徳治郎		355
○渡辺喜兵衛	取締役	500	富田あさ子		270
○平子徳右衛門	監査役	500	富田重郎		250
○鈴木治左衛門	監査役	500	糟谷縫右衛門	取締役	230
白石半助		350	伊藤由太郎	取締役	200
糟谷縫右衛門	取締役	300	早川周造	取締役	200
兼松熙		300	富田勇造		200
早川周造	取締役	200	富田てる子		200
近藤徳治郎	(支配人)	200	渡辺喜兵衛	取締役	200
			瀧定助	取締役	200
			白石半助		200
			平子徳右衛門	監査役	200
			鈴木治左衛門		200

注：(1) 同社史には 100 株以上株主 25 名が掲載されているが，ここでは 200 株以上のみ引用．
　　　大正元年末については，株主名簿より 200 株以上株主を引用した．
　　(2) ○印の付された人物は設立発起人．
　　(3) 大正元年の役員は，その他 4 人おり，氏名と持株は次のとおり．
　　　　取締役伊藤伝七，同太田小三郎，監査役岡谷惣助が各 100 株，監査役春日井丈右衛門が 150 株．
出典：野村浩司編『福寿生命保険株式会社史』(名毎社，昭和 18 年) 34 ページ，大正元年については同社「第五回事業報告書」添付の「株主明細表」．

白石半助，兼松熙らの名前も見られる．また，鈴木摠兵衛も，女婿 (鈴木鈴四郎) 名義 100 株を加え 200 株を所有している．株式所有面および役員就任状況から見て，神野金之助と富田重助の 2 人が同社の中心的な存在であったといえよう．

事業と初期の業績

同社は，同年 10 月開業し，大正元年までに，東京，金沢，福岡，福島，鹿児島，長野，大阪に各出張所を設置した．営業成績について見ると，契約額 (年末現在) は開業翌年の 42 年には 122 万円であったが，大正元年には 796 万円に増大している．また保険料収入額は 42 年の 52,403 円が大正元年には 359,957 円となり，7 倍弱の増加を示している[173]．利益金 (責任準備金，積立金を控除したもの) については，43 年 (1 年決算) の 627 円が，大正元年 13,126 円となった．内部留保を重視する方針だったため，配当は，会社発足の 41 年から 44 年までの 4 期間，無配で，翌大正元年度に 5％の初配当を行なった (以後，大正 9 年まで，5〜8％を持続する)[174]．

村上はつ氏は，大正期以降の同社の「資金運用」（預金・貸付金・有価証券）についての考察を行なっており，それによれば，第一次大戦期以降，有価証券が50％以上を占めるようになるが，同投資は「全体としてみると，リスク分散的な投資を重視していた」とされる[175]。関連のある企業へのかたよった運用は行なわず，堅実経営を行なっていた模様である．

伊藤・岡谷ネットおよび瀧ネットとの連合

この間の役員については，社長神野金之助，専務富田重助はそのままであったが，取締役に，新たに伊藤由太郎と瀧定助が，また監査役に岡谷惣助と春日井丈右衛門が，それぞれ加わっていることが注目される（監査役鈴木治左衛門のみが辞任，他の役員は発足時と変わらない）．つまり，伊藤・岡谷ネットのメンバーである岡谷惣助と伊藤由太郎，また瀧ネットの瀧定助と春日井丈右衛門が加わり，同社は，奥田（神野・富田を中心とする），瀧，伊藤・岡谷の，いわば「三派連合」の構成になっているのである．

設立時以降の発起人・役員（支配人を含む）および奥田系メンバーの持株の変動について前掲表II-4-21によって確認しておこう．大正元年度末現在（総株式数は同じく1万株，株主総数60人）の株式所有状況を，発足時（明治41年）の持株と比べてみると，まず神野金之助が筆頭株主であることは同様であるが，500株減少して2,000株である．ただし，神野富田殖産会社代表・神野金之助の名義で1,000株所有しているので，個人名義所有分と合算すると，計3,000株となり，500株の増加となる．富田重助の1,000株と合算すると，神野金之助・富田重助の持株は4,000株，総株式数の40％となり，5ポイントの増加となる（神野・富田には他に，家族・同族名義の持株がある）．

神野・富田を除いた他の5人の発起人たちは，全員，持株を減少させている．これら5人の持株合計は700株（近藤友右衛門は株主に名前がない）であり，発足時に比べ1,400株の減少である．おそらく，発起人として引受けた株式の再配分をおこなった結果であろう．ともかく，発起人7人の持株合計は4,700株，47％で，発起人全体としては，9ポイントの減少（900株）である．もっとも，発起人ではなかったが，奥田正香は，1,200株（第2位の株主）を所有しており，700株増加させている．発起人たちの減少分を奥田が大半，補完している格好である．

その他奥田ネットのメンバーたちでは，白石半助（350株→200株）と平子徳右衛門（500株→200株）が持株を減少させており，上遠野富之助は株主名簿から姿を消している．同表には名前がないが鈴木摠兵衛（女婿名義の持株を加え，200株→150株）も若干，持株を減少させている．支配人の近藤徳治郎は355株を所有し，155株の増加であった．役員12人の持株合計は4,680株，神野富田殖産会社の所有分を含めると5,680株，56.8％で，会社発足時に比べると8.2ポイント低下しているが，過半数を占めている．

福寿火災保険

福寿生命保険会社に次いで設立された火災保険会社は，最初から，三派連合のかたちで発足した．

福寿火災保険は明治44年1月，資本金200万円（50万円払込済み）をもって名古屋市に設立された[176]．それまで同市には，他都市に本拠を置く火災保険会社の支店・出張所がとくに30年代に相次いで設置されていたが，名古屋市に本店を置く火災保険会社としては同社最初のものであった（明治27年6月，名古屋火災保険会社なるものの出願が許可されたが，それが実際に成立，開業したか否か不詳である）[177]．

設立の経緯は明らかでないが，大正元年末の役員および株主から見て，福寿生命保険と同じように，神野金之助・富田重助を中心とする起業であったことは間違いない．役員は，取締役社長：神野金之助，取締役：伊藤由太郎・富田重助・瀧定助・伊藤伝七・糟谷縫右衛門，監査役：岡谷惣助・春日井丈右衛門・鈴木摠兵衛であった[178]．神野・富田，伊藤伝七，鈴木摠兵衛ら奥田系の人物，瀧定助，春日井丈右衛門ら瀧系の人物，および岡谷惣助と伊藤由太郎ら伊藤・岡谷系の人物が役員に名を連ねている．

総株式数4万株，株主総数324名であり，300株以上所有の株主を見ると表II-4-22のとおりである．奥田正香は，ここでも，役員には就任しなかったが，1,000株を所有し（息子名義を含めると1,470株），第4位の大株主である．神野金之助との関係もあり，同社設立に少なからずコミットしたことが推測されよう．その他の奥田系の人物たちも株主に名を連ねている．上遠野富之助，兼松煕，服部小十郎らが各300株，また鈴木摠兵衛と平子徳右衛門が各200株を所有している．役員中，鈴木摠兵衛と伊藤伝七（200株所有）以外は，300株以上所有の大

表 II-4-22 福寿火災保険の株主

氏名	役職	持株数	備考
神野金之助	取締役社長	5,000	
岡谷惣助	監査役	1,500	
白石半助		1,115	
奥田正香		1,000	
伊藤由太郎	取締役	1,000	
瀧定助	取締役	1,000	
春日井丈右衛門	監査役	1,000	
富田重助	取締役	1,000	
江口理三郎		1,000	
長屋鉦太郎		500	
野田常助		500	
後藤静一		500	
瀧ゆう		480	瀧定助の妻
奥田四郎		470	奥田正香の四男
伊藤利彦		410	伊藤由太郎の次男
小竹 雄		400	
富田あさ		380	富田重助の妻（神野金之助の四女）
青山孝太郎		370	
上遠野富之助		300	
兼松熙		300	
三輪喜兵衛		300	
宮田辰次郎		300	
前田内蔵七		300	
村瀬周輔		300	
服部小十郎		300	
糟谷縫右衛門	取締役	300	
木村庫之助		300	

注：(1) 300株以上の株主のみ引用．
(2) この表に掲載の株主は全員，その居住地は愛知県．
出典：同社「第2回事業報告書」添付の「未払込株金明細表」．

株主であった．役員9人の持株は合計12,470株（ただし，20位以内で，役員の関係者の持株を加算），31.2%である．また，役員，非役員を問わず，200株以上所有者のうち，奥田系株主の持株を合計すると，10,695株（200株以上株主中の家族名義分を合算），26.7%にのぼっており，三派の連合体とはいえ，奥田系を中心とする出資形態であったことが分かる（瀧系は2,680株，伊藤・岡谷系は2,910株）．

同社は，東京・大阪に支店，京都に出張所，九州に支部をそれぞれ設置し，開業した（代理店は，大正元年末，208ヶ所）．初年度は，21千余円の欠損を生じ，翌年度に繰越した．開業翌年度（45年1月～大正元年12月）には，「新タニ同業会社ノ起ルアリテ上半期末ヨリ漸次料率低落ノ傾向ヲ生シ爾来各地ニ於ケル競争ハ逐日激烈トナリ料率ノ低落一層甚シキヲ加ヘタ」ことにより，契約高は「予想以上ニ達シタルモ契約増加ノ割合ニ収入保険料ノ之レニ伴ハサル」結果となった．同年度末における営業状態は，不動産の契約，18,565件，31,542,281円，動産その他4,434件，13,560,806円，合計22,999件，45,103,087円であった．また保険料収入額193,362円，利益金1,256円であり，無配であった[179]．

福寿生命保険と福寿火災保険は，両社とも，神野金之助・富田重助を中心としつつ，他の奥田ネットのメンバーがこれを支援するという形態で発足した．福寿生命保険は，業績は良かったものの，内部留保重視の方針から，発足いらい4期連続無配をつづけ，大正元年度に初配当を行なった．この間，奥田正香自身は大幅に持株を増加させたが，ネットのメンバーのなかに持株を若干，減少させたもの，あるいは株主名簿から姿を消したものもいた．もっとも，これら奥田ネット主要メンバーの減少分の総計を奥田の増加分が，かなりカバーしていたということができる．他方，発足時の上位株主には名前の見られなかった瀧系，伊藤・岡谷系のメンバーが役員に就任するにいたった．こうして明治末に同社は，神野・富田を中核としながらも，瀧系と伊藤・岡谷系のメンバーが加わった，いわば三派の連合体に展開していたと見ることもできる．一方，福寿火災は最初から，「三派連合体」として発足している．とはいえ，奥田正香はじめ奥田ネットを中心とする出資形態であった．

　明治末のこの時期は，奥田の強力なリーダーシップが揺らぎ始めたであろう頃であり，まもなく奥田正香は実業界・財界を引退する．

メンバー独自の行動——小ネットの形成ないし他地域のネットへの参画

　以上，奥田正香の行動を中心に奥田ネットの形成と展開について考察した．最後に，奥田正香をはじめ奥田ネットの主要メンバー，鈴木摠兵衛・服部小十郎・白石半助らには，ここで考察された以外にも，それぞれ独自の行動（ネット内事業との関連がある場合もある）をとり，明治31年と40年の両年時，いわば小ネットあるいは，あるネットの構成要素を形成していたことにもふれておかなければならない．ここでは，そうしたネットのいくつかをとりあげておきたい．図II-4-1～3がそれである．

　まず奥田正香について見ると，三重紡績を経営する伊藤伝七が奥田系のいくつかの事業に関係していたことについては本章に記したが，図II-4-1(a)のように奥田はその伊藤と，明治40年時，三重紡績・豊田式織機・名古屋織布の3社において役員を共有し「ネットワーク」をつくっていた．そして，このネットは，田中市太郎，志方勢七，藤本清兵衛ら大阪の実業家たちから構成されるネットの要素となっている．奥田が三重紡績の役員に就いているのは，同社に尾張紡績が吸収された関係からである．また豊田式織機については，日清戦争後の不況期に

図 II-4-1(a)　奥田正香のその他のネット（明治40年）

	志方勢七	藤本清兵衛	益本清太郎	田中市太郎	有沢太次郎	渾大防芳次郎	金沢種次郎	伊藤伝七	奥田正香	岡野彌二	府県	業種	公称資本金	設立年	住所
万歳生命保険㈱	監	取									東京	保険	500,000	1906	日本橋区室町
日本火災保険㈱	取	監	取		取			監			大阪	保険	3,000,000	1892	大阪市西区京町堀上通
豊田式織機㈱	取	監	取	監				監	取	取	大阪	機械器具	1,000,000	1907	大阪市東区北久太郎町
大成紡績㈱	監		監	取	監	取	社	取			大阪	綿紡績	2,500,000	1906	大阪市北区下福島
福島紡績㈱	取	監	監	取				取			大阪	綿紡績	505,000	1892	大阪市北区下福島
日本綿花㈱	取			社							大阪	貿易	2,000,000	1892	大阪市北区中ノ島
大阪セメント㈱	取			取		監					大阪	窯業	300,000	1886	大阪市西区木屋町
摂津製油㈱	取社		取								大阪	食品	1,000,000	1889	大阪市北区安井町
名古屋織布㈱	取		監				監	取会			愛知	綿織物	200,000	1905	愛知郡熱田町
韓国綿花㈱			取	監							大阪	商業	200,000	1906	大阪市東区伏見町
三重紡績㈱								取	取		三重	綿紡績	3,857,950	1886	四日市市浜町

図 II-4-1(b)　奥田正香のその他のネット（明治40年）

	奥田正香	斉藤恒三	府県	業種	公称資本金	設立年	住所
三重紡績㈱	取	取	三重	綿紡績	3,857,950	1886	四日市市浜町
名古屋電力㈱	取	取社	愛知	電力	5,000,000	1906	名古屋市新柳町7丁目

図 II-4-1(c)　奥田正香のその他のネット（明治40年）

	奥田正香	岡谷惣助	府県	業種	公称資本金	設立年	住所
三重紡績㈱	取	監	三重	綿紡績	3,857,950	1886	四日市市浜町
名古屋瓦斯㈱	社	監	愛知	ガス	2,000,000	1906	名古屋市栄町

おいて，奥田系の日本車輌製造が，井桁商会の外部委託を受けて豊田式織機の製造を行なった（既述）ことと何らか関係するものであろう．明治40年2月設立の豊田式織機㈱の発起人には「大阪と名古屋の代表的な財界人が顔を並べ」，奥田は取締役として，また伊藤は監査役として加わった[180]．名古屋織布については，その設立経緯その他，不明である．同1(b)の斉藤恒三とのネットも，斉藤が三重紡績の役員であった関係から伊藤伝七を介して奥田の関係事業に関わってきたことについては既述のとおりである．同1(c)の岡谷惣助についても，岡谷が奥田系のガス事業に参画していたことについて，すでにふれた．

図 II-4-2(a)は，明治31年時における鈴木摠兵衛・服部小十郎らのネットであり，これらの会社は材木商の同業者である両者が，家業との関係で設立したものであることが推測できる．鈴木摠兵衛は，同2(b)のように明治40年時には，

図 II-4-2(a)　鈴木摠兵衛のその他のネット（明治31年）

	長谷川斜七	服部小十郎	鈴木摠兵衛	井上信八	永田甚蔵	府県	業種	公称資本金	設立年	住所
大阪材木㈱			取/監		取	大阪	商業	250,000	1896	大阪市西区三軒家
愛知材木㈱	副社	社	副社	副社		愛知	農林	150,000	1896	名古屋市正木町
愛知燐寸㈱	取	専	監	取		愛知	化学	150,000	1896	名古屋市正木町
中央煉化㈱			取	専		愛知	窯業	80,000	1896	愛知郡熱田町

図 II-4-2(b)　鈴木摠兵衛のその他のネット（明治40年）

	鈴木摠兵衛	青木鎌太郎	府県	業種	公称資本金	設立年	住所
名古屋製函㈱	取/監	社長	愛知	その他工業	100,000	1906	名古屋市前津小林
愛知時計製造㈱	取/社長	常取	愛知	機械器具	40,000	1898	名古屋市東橘町

図 II-4-3(a)　白石半助のその他のネット（明治31年）

	白石半助	宮地茂助	府県	業種	公称資本金	設立年	住所
名古屋生命保険㈱	取兼支	取	愛知	保険	100,000	1893	名古屋市伝馬町
名古屋電燈㈱	取	取	愛知	電力	500,000	1890	名古屋市南長島町

図 II-4-3(b)　白石半助のその他のネット（明治31年）

	白石半助	西川宇吉郎	府県	業種	公称資本金	設立年	住所
桑名紡績㈱	取	監	三重	綿紡績	1,000,000	1896	桑名郡桑名町
㈱名古屋株式取引所	理		愛知	取引所	95,000	1893	名古屋市南伊勢町
名古屋電気鉄道	取	会	愛知	鉄道	250,000	1894	愛知郡那古野村

青木鎌太郎との間に2人・2社の「要素ネット」をつくっている．鈴木が，明治31年，独自に時計製造事業に出資して社長となり，青木鎌太郎（のち，同社社長，名古屋商工会議所会頭）を入社させて実際の経営の任に当たらせていた．

白石半助も，奥田系以外の事業に多面的に参画している．図II-4-3(a)・(b)は明治31年時における白石の行動を示すものであり，奥田系でない名古屋電燈や名古屋電気鉄道，桑名紡績等の役員に就任している．これらのネットにおける白石の相手方，すなわち宮地茂助，西川宇吉郎らは，奥田系の会社にしばしば参画する人物である．

このように，かれらは，それぞれが深くコミットしているネット以外においても，独自の行動とネットの形成を行なっていたのであり，実は，そうしたネットへの配慮も，地域経済の展開ないし，その人物の多面的な行動を考察するうえに忘れてはならない要素なのである．ただし，この点の考察は，別の機会に譲ることとする．

小　括

① 奥田ネットの人脈形成と契機

　奥田は，味噌醬油醸造業者として成功したのち，明治14年米商会所頭取に就任し，ここで近藤友右衛門（綿糸商）や神野金之助（地主）らと役員をともにした．また醬油醸造業の同業者である蜂須賀武輔・鈴木善六らとも同様であった．その後，20年，奥田と近藤を中心に尾張紡績が設立され，ここでは，近藤と蜂須賀以外は，瀧兵右衛門（呉服太物商）・森本善七（小間物商）・八木平兵衛（太物洋反物商）・春日井丈右衛門（呉服太物商）ら瀧系の人物たちの参加が目立った．瀧系の人物たちは，その後も奥田系企業に参画することがあり，その意味で，この奥田ネットは必ずしも排他的なものではなかった．

　次いで26年，名古屋生命保険設立に際しては，奥田は鈴木摠兵衛（材木商）や白石半助（古道具商），笹田伝左衛門（酢醸造業）らとともに同社設立発起人となった．さらに同年7月，名古屋商業会議所会頭に就任し，その直後の28年には奥田会頭以下の役員として，副会頭に鈴木摠兵衛・鈴木善六，常議委員に白石半助・蜂須賀武輔・笹田伝左衛門・服部小十郎（材木商）・井上茂兵衛（扇子商）・森本善七・八木平兵衛らが就任する．この間，26年10月の名古屋倉庫設立に際しては，発起人として，蜂須賀武輔と鈴木善六，また鈴木摠兵衛と服部小十郎，また白石半助とその縁戚関係にある平子徳右衛門（陶磁器商），そして笹田伝左衛門らが参画した．また同年12月設立の名古屋株式取引所では，奥田正香理事長以下の役員に，笹田伝左衛門，白石半助，鈴木摠兵衛，服部小十郎らが就任している．

　要するに，奥田ネットの人的構成は，奥田が名古屋商業会議所会頭に就任した26年7月前後から同年12月の名古屋株式取引所設立の頃までには成立していたと言うことができる．そして，その後も，すぐあとに記すように，明治期を通じて，ネットのメンバーは安定的であったのである．

　ただし，このネットが，他のネットのメンバーに対し閉鎖的であったとはいえない．尾張紡績には瀧兵右衛門らが，また日本車輛製造には瀧定助らが，それぞれ設立発起人として参画していたことからも，それがわかる．さらに，明治末に近づくと，福寿生命保険と福寿火災保険において奥田，瀧，伊藤・岡谷の三派連合の様相を呈した．

人脈の契機としては，部分的に縁戚や同業者の関係また地方政界における同志の交友もあった．しかし全体としては，のちに「中京財界のローマ法王」などとも称されるようになる奥田正香という人物のリーダーシップと求心力にあったと考えられる．その求心力の源泉は，奥田の個人的資質や，中央政財界における人脈を通じての情報や人材の吸収力が重要なものであったろう．奥田は，下級とはいえ，武士階級の出自をもち，教養も高く，地方官僚を経て，自ら味噌醤油醸造業において，この地域でかなりの成功を収めてもいた．こうしたキャリアも，また奥田のリーダーシップを支える要因であったにちがいない．

奥田正香についてはまとまった伝記・評伝類がない．ただ，散見される彼への寸評を総合すると，奥田は，気位が高く，傲岸不遜で，豪胆・専制的なリーダー・タイプであったようである．たとえば，後年の昭和18年6月，名古屋株式取引所の関係者たち（理事長・高橋彦次郎ほか）を集めた「名株五十年の思ひ出を語る」という座談会で，組合副委員長・村瀬庸二郎は奥田正香について次のように語っている．

　「僕は奥田さん当時のことは知りませんが，非常に豪腹といふか，とに角傑物であったさうです．宴会なんかでも知事さん等と一緒になると嫌がられた，何故かといふと，俺と知事が一緒に宴会に行くと知事がチャンと上に坐るから俺は知事と一緒の宴会は嫌だ，俺を下座に坐らせるやうな宴会には絶対に出ないという風で，僕の所の新築祝の時もさういう風で已むを得ず奥田さんの出る時と，知事の出る時と席を二つに分けたものです．まアとに角非常に気位の高い人であったといふことを覚えてをります．」[181]

また，同じ座談会で，理事支配人・荻子幸之輔も奥田の性格について同じような発言をしている．

　「私が取引所へ入れて頂きましたのは，明治四十三年の三月で丁度その時十八才でございました．……奥田理事長の部屋にご挨拶に連れて行って頂いたわけでありますが，唯ジロリと眺められたきりでした．奥田理事長はこちらが御挨拶を申上げてもお辞儀をしても，決して頭を下げられぬ方であったといふことを後で聞きました．それはどなたにでもそんな御態度であったやうに承ります．……当時非常な権勢隆々として何となく取引所に君臨して居られるやうな感じが子どもながら致しました．」[182]

ただし，こうした奥田のリーダーシップも，明治末には，翳りを見せ，奥田は

大正2年，実業界を引退した．
② 起業の背景・時期および事業の特徴

　奥田ネットの事業は，もとより，すべてが奥田正香のイニシャティブにもとづくものではなかったが，奥田の発案になるものではない事業においても，奥田が起業・操業に促進的な役割を果たしていたことが確認できる．奥田は，明らかに，中央における渋沢栄一を意識した行動をとっていた．

　進出事業の背景・時期および事業の特徴等について整理すると，多くの企業が，斯業の全国的な勃興期に，この地域における先発企業として設立されている．尾張紡績（設立年，20年），名古屋生命保険（26年），名古屋倉庫（同年），日本車輛製造（29年），名古屋瓦斯（39年）等がそうである．また，名古屋株式取引所（26年）や名古屋瓦斯，名古屋電力（ともに39年）など，インフラストラクチャーに注目しているという点に業種選択上の特徴がある．

　銀行は，愛知においてばかりでなく全国的にも，ネットの大半がこれに進出していたことは第Ⅰ部において見たとおりである．明治銀行（29年）は日清戦争前後における全国的な私立銀行設立ブームのなかで設立され，県下3大銀行の一角として展開する．しかし，同行がこの奥田ネットにおいて，どのような役割を果たしたかについては，日清戦後の不況期において日本車輛製造が同行から融資を受けていたことが確認できる程度であり，不詳である．決算上の表面的な数字を見るかぎり，同行は，商業金融主体の営業を行なっていたのである．

③ 役員の継続性およびネットのメンバーによる安定的な株式所有

　ネット構成企業の役員は，概して，特別の理由（病気や死亡など）がないかぎり役員を辞任せず，継続的につとめることが一般的であった．また，本人が死去したばあい，その家の後継者が役員を継承する傾向もあった．

　会社設立時ないし設立当初における役員の出資状況を再度，確認の意味で取り上げ，一覧表示すると表Ⅱ-4-23のとおりである（奥田らの設立によるものでない米商会所と不明の名古屋生命保険と明治銀行を除く）．

　名古屋瓦斯と名古屋電力2社は東京の実業家との共同出資であり，比率は低かったが，その他の会社では，尾張紡績の22％から福寿生命保険の65％まで幅があった．

　また，これら役員やネットのメンバーは，概して，株式を手放さず，増資に応じることで安定的な株主となった．メンバーたちは，会社設立時においてばかり

表 II-4-23　奥田ネットの主要会社における役員の出資状況

	公称資本金	役員数と持株合計	発起人の人数と持株合計
尾張紡績	60万円	5名, 22.4%	
名古屋倉庫	10万円	7名, 45.4%	12名, 74.5%
名古屋株式取引所	7万円	6名, 42.9%	
日本車輛製造	50万円	8名, 38.7% (1名不明)	11名, 54.7%
名古屋瓦斯	200万円	10名, 13.4%	
名古屋電力	500万円	9名, 8.0%	13名, 11.1% (1名不明)
福寿生命保険	50万円	9名, 65.0%	7名, 56.0%
福寿火災保険	200万円	9名, 31.2%	

でなく，創業初期の困難を克服するための資本調達においても会社に貢献したのである．メンバーたちには，発起人として参加したのち，その創業利潤を確保して資本を引上げる，というような行動は確認されるかぎりほとんど見受けられなかった．

④　構成企業の業績と利益処分

奥田ネットの企業は，日本車輛製造が日清戦争後の不況期に欠損をつづけ無配であったこと，また明治30年代末に設立された名古屋電力が工事難航のため開業にいたらなかったこと，それらを除けば，確認されるかぎり，全体として，安定的な業績をあげ，10％前後の株主配当を行なっていた．また役員報酬についても，「役員賞与金」を見ると，尾張紡績，名古屋株式取引所，明治銀行，名古屋倉庫などで，確認されるかぎりほぼ継続的に，当期利益金の10％前後がこれに配分されていた．もちろん，こうしたことも，役員の株式所有の安定化を促す要因であったことはいうまでもない．なお，長期的に低業績や不安定な経営が予測されたばあい，尾張紡績や名古屋生命保険，名古屋電力等に見られたように，奥田は，その事業の売却を果断に進めたように見受けられる．

注

1）林董一『名古屋商人史―中部経済圏成立への序曲―』（中部経済新聞社，昭和41年），418ページおよび同書，注320），538〜539ページ（原典は「稿本藩士名寄」）．なお，「明倫堂」は，天明2（1782）年に藩校として設立され，天保4（1833）年，従来の儒学教育に，国学教育が加わった（『愛知県史』第2巻，昭和13年［ただし（復刻版，昭和45年）に拠った］，770〜774ページ．その後，文久3（1863）年明倫堂の刷新がはかられ，この頃，天文・地理・兵学・有職学その他，実用の学も奨励されるようになった，とされる（同書，

775〜778ページ).

2) 大正昭和名古屋市史編集委員会編『大正昭和名古屋市史 第2巻』(名古屋市, 昭和29年), 365ページ. 同書によれば,「普通醬油もあわせて溜製造業の発達を見ると,「愛知耐久会雑誌」には「当市醬油製成石数多額者」(明治23年中)として, 右のように三百石以上の業者十名を挙げている」として, 上位10名の氏名と製造石数を掲載している(ただし同書では, 必ずしも石高順にはなっていないので, 筆者が石高順に並べ替えた).

 1,172石 深田源六
  739石 森川市次
  569石 鈴木善六
  483石 奥田正香
  472石 加藤庄兵衛
  472石 神谷伝右衛門
  430石 中村与右衛門
  373石 蜂須賀武輔
  365石 吹原重太郎
  316石 種田勘七

 なお,『愛知県統計書』を見ると, 25年の本市醸造高は8,908石, 場数51, 26年のそれは10,322石, 場数41とあり, 右10名の製造高は合計約5,400石であるから, この10軒で本市全産額のおよそ50%を占めていた, とされる(365〜366ページ).

3) 野村浩司編・刊『㈱名古屋米穀取引所史』(昭和16年), 25〜30ページ. なお, 同所初代頭取について, 同書本文(26ページ)では, 墨卯兵衛であるが, 同書巻末の「役員一覧表」(194ページ)では墨卯助となっている.

4) 同書, 194〜196ページ.

5) 同書, 217〜218ページ. なお, 利益額については同書には記されていない.

6) 奥田辞任後の株式配当については, 同書, 218〜219ページによる. なお, 奥田辞任後, 22年からは吉田禄在が頭取をつとめる(同書, 196ページ). また, 上記のように同所は26年に米穀取引所と改称するが, 改称当時, 奥田は株式を40株所有している. 総株式数1,200株, 総株主数70名, 筆頭株主(長谷川太兵衛)80株, 吉田禄在56株, 40株以上株主は奥田を含め15人(同書, 224〜225ページ).

7) 愛知県議会史編纂委員会編『愛知県議会史 第1巻(明治編 上)』(愛知県議会事務局, 昭和28年), 52, 447〜456ページ.

8) 名古屋商工会議所編・刊『名古屋商工会議所五十年史』(昭和16年), 4〜8ページ.

9) 同書, 15ページ.

10) 同書, 15〜20ページ.

11) 同書, 26〜27ページ.

12) 同書, 32〜34ページ.

13) 同書, 254〜256ページ. 以後の役員人事については, 同書256ページ以下.

14) 鈴木摠兵衛と同家の事業については, 以下, とくにことわりがないかぎり, 武市雄図編『鈴木鹿山伝』(鹿山会, 昭和4年)および材摠三百年史編纂委員会編『材摠三百年史』(材摠木材㈱, 平成3年)による.

15) 林董一, 前掲『名古屋商人史』, 188ページ.

16) 前掲『鈴木鹿山伝』，5，72ページ，前掲『材惣三百年史』，50ページ．
17) 松村隆「工業化と都市木材業の経営─名古屋・材惣の場合─」(『経営史学』第31巻第2号，平成8年7月)，17ページ．
18) 松村隆，同稿．
19) 前掲『愛知県議会史　第1巻 (明治編　上)』，334〜339，374〜385，458ページ，『同　第2巻 (明治編　中)』(昭和32年)，338〜350ページ，373〜375ページ．
20) 前掲『鈴木鹿山伝』，34〜38ページ．
21) 同上，84ページ以下，および前掲『大正昭和名古屋市史　第2巻』，235ページ以下．
22) 同『大正昭和名古屋市史　第2巻』，72ページ．
23) 楫西光速編『現代日本産業発達史　XI　繊維　上』(交詢社出版局，昭和39年)，174ページ．
24) 尾張紡績㈱「第壱回半期考課状 (明治23年1月21日)」(愛知県史編纂委員会編『愛知県史　資料編29　近代6　工業1』[愛知県，平成16年])，115ページ．
25) 以下，名古屋電燈設立の経緯と，それへの奥田らの関わりについては，名古屋電燈株式会社社史編纂員編『稿本　名古屋電燈株式会社史』(東邦電力，昭和3年，中部電力㈱能力開発センターによる復刻版，平成元年)，4ページ以下．
26)「尾張紡績会社株主氏名表 (明治22年6月末)」(前掲『愛知県史　資料編29　近代6　工業1』，113〜114ページ)．
27) 同社，「22年後期営業報告書」(大阪大学附属図書館所蔵)．
28) 絹川太一編・刊『本邦綿糸紡績史　第2巻』(昭和12年)，99〜101ページ，『同　第3巻』(昭和13年)，417〜418ページ (原典は「紡績連合会報告」第109号)．
29) 岡田令高による，紡績連合会の組織化や本文に記した活動については，渋沢青淵記念財団竜門社編『渋沢栄一伝記資料　第10巻』(復刻版，国書刊行会，昭和60年)，354，361ページ (原典は，「大日本紡績連合会月報」第128号，明治36年4月，17〜20ページ [「大日本紡績連合会沿革史 (5)」])．
30) 絹川，前掲『本邦綿糸紡績史　第4巻』(昭和14年)，310〜311，320〜321ページ，井関九郎監修『大日本博士録　第5巻　工学博士之部』(復刻版，アテネ書房，平成16年)，131ページ．
31) 同上．
32) 高村直助『日本紡績業史序説　上』(塙書房，昭和46年)，116ページ所載「1万錘規模の紡績会社 (1889年末)」(同社第1回営業報告書も，同年12月末の錘数1万5,280錘としている)．
33) 同社，「第1回営業報告書」(大阪大学附属図書館所蔵)．
34) 同上．
35) 絹川，前掲『本邦綿糸紡績史　第4巻』，314〜315ページ．
36) 同社，「31年上期営業報告書」(大阪大学附属図書館所蔵)．
37) 同社，「38年上期営業報告書」(大阪大学附属図書館所蔵)．
38) 同上．
39) 同上．なお，33年上期現在の役員の年間報酬は次の通りであった．社長600円，取締役120円，取締役兼支配人1,500円，監査役60円 (同社，「33年上期営業報告書」)．
40) 絹川，前掲『本邦綿糸紡績史　第4巻』，328〜331ページ．実際，奥田らがこの合併につ

いて渋沢栄一と相談していたことは『渋沢栄一伝記資料　別巻第一　日記』の明治38年4月7日の項に次の記述があることからも確かである。「……午後2時兜町事務所ニ抵リ尾勢紡績会社合併ノ事ニ関シ，奥田，花井，斉藤3氏ト協議ス，……」(361ページ)。花井とは名古屋紡績専務取締役・花井畠三郎，斉藤とは三重紡績常務取締役・斉藤恒三のことである。また瀧兵右衛門も，渋沢としばしば面会していたことが同じ日記から分かる。合併の翌年であるが，6月4日・6日にそれぞれ次の記述がある。「起床後，瀧兵右衛門氏来リテ中津川製紙会社ノ事ヲ談ス，……」「……瀧兵右衛門氏来話ス……」(同書，422〜423ページ)．

41) 絹川，前掲『本邦綿糸紡績史　第4巻』，328〜331ページ．
42) 大日本綿糸紡績同業連合会「明治27年6月12日開会同13日閉会　臨時連合会議事録」(東京大学経済学部図書館所蔵)．
43) 小風秀雄『帝国主義下の日本海運―国際競争と対外自立―』(山川出版社，平成7年)，296〜297ページ(原典は『日本郵船株式会社百年史』，73ページ)．
44) 『大正昭和名古屋市史　第5巻』，229ページ．
45) 前掲『鈴木鹿山伝』，97ページ．
46) 前掲『大正昭和名古屋市史　第5巻』，229ページ．
47) 同書，234〜235ページ．
48) 前掲『鈴木鹿山伝』，97ページ．
49) 前掲『大正昭和名古屋市史　第5巻』，230〜231ページ(原典は「名古屋商業会議所月報」第16号，明治28年1月，および「名古屋生命保険株式会社統計」第4・第5・第6回)．
50) 「新愛知」明治38年1月29日掲載の同社決算公告．
51) 同上，明治39年1月27日掲載の同社決算公告「明治38年度　第13回報告」．
52) 前掲『鈴木鹿山伝』，97〜98ページ．
53) 注51)に同じ．
54) 前掲『大正昭和名古屋市史　第5巻』，232ページ．
55) 東陽倉庫㈱編・刊『東陽倉庫50年史』(昭和50年)，11ページ．
56) 同書，12〜13ページ．
57) 日本倉庫業史編纂委員会『日本倉庫業史』(日本倉庫協会，昭和16年)，266ページ．
58) 槙村一世『物流に生きる―東陽倉庫90年の歩み―』(東陽倉庫株式会社，昭和60年)，7ページ以下．
59) 上遠野亮三編・刊『上遠野富之助病中雑話』(昭和3年)，32ページ．
60) 同上．
61) 前掲『日本倉庫業史』，200〜205ページ，『渋沢栄一伝記資料　第14巻』，278ページ以下．
62) 同『日本倉庫業史』，237〜258ページ．
63) 同書，260ページ(原典は『帝国統計年鑑』)．
64) 同書，260ページ掲載の全国会社数・払込資本金の推移より，筆者算出．
65) 前掲『東陽倉庫50年史』，18ページ．
66) 同書，14ページ．
67) 同書，19ページ．
68) 同書，28〜29ページ．

69) 同書，31～32 ページ．
70) 同書，58 ページ．
71) 同書，32～33 ページ．
72) 前掲『大正昭和名古屋市史　第 5 巻』，483～490 ページ．
73) 同書，266 ページ．
74) この点，前掲『東陽倉庫 50 年史』は，次のように記述している．「名古屋港は，築港工事の第一期工事が完成に近づいたとはいえ，その規模と利用度において四日市港にははるかに及ばず，……ここに営業倉庫が進出することには少なからず危険と不安があった……」（33 ページ）．
75) 野村浩司編・刊『株式会社名古屋株式取引所史』（昭和 18 年），30～34 ページ．
76) 同書，34 ページ．
77) 同書，36 ページ．
78) 同所「第 27 回報告」．
79) 前掲『鈴木鹿山伝』，100 ページ．
80) 同社「第 1 期営業報告」（「新愛知」明治 30 年 1 月 20 日掲載の決算公告による）．松本誠直の役員就任期間については，同行第 15, 16 期営業報告（「新愛知」明治 37 年 1 月 20 日および同年 7 月 19 日）による．
81) 堀田璋左右『神野金之助重行』（神野金之助翁伝記編纂会，昭和 15 年），234 ページ．
82) 同上．
83) 同書，245 ページ．以下，神野金之助のキャリアについては，とくにことわりないかぎり，同書の本文および「神野金之助年譜」による．
84) 幕末，慶應 4（1868）年時における尾張藩御用達商人のなかに「紅葉屋重助」は「町奉行所御用達格」の 1 人として名を連ねている（林董一，前掲『名古屋商人史』，193 ページ）．
85) 鈴木喜八編・刊『日本全国商工人名録』（明治 31 年版）「三重県多額納税者及大地主」（復刻版の渋谷隆一編『明治期日本全国資産家地主資料集成 II』[柏書房，昭和 59 年]，294 ページ）より，筆者算出．
86) 神野新田の竣工後の農業経営の推移については酒井正三郎・小出保治『神野新田』（神野新田土地農業共同組合・神野新田土地株式会社，昭和 27 年）参照．
87) 前掲『神野金之助重行』，35～41 ページ．
88) 新修名古屋市史編集委員会編『新修名古屋市史　第 5 巻』（名古屋市，平成 12 年），517～518 ページ．なお，同市史は株主を一覧表示していない．
89) 村上はつ「名古屋金融市場の成立と発展―明治銀行を中心として―」（『地方金融史研究』第 9 号，昭和 53 年 3 月），71 ページ（原典は，『中央銀行会通信録』第 147 号，大正 4 年 6 月）．
90)「明治銀行　第 16, 17 期営業報告」（「新愛知」明治 37 年 7 月 19 日，38 年 1 月 20 日）．
91) 村上はつ「第一次大戦から昭和恐慌にいたる名古屋有力銀行の経営戦略―銀行合同と支店網の拡大を中心にして―」（『地方金融史研究』第 37 号，平成 18 年 3 月），48 ページ（原典は松木正右衛門『中部財界史』，73 ページ）．
92) 村上はつ，前掲「名古屋金融市場の成立と発展」，67～70 ページ，前掲『新修名古屋市史　第 5 巻』，518 ページ．
93) 村上，同稿，67 ページ．

94) 同稿, 67～70 ページ, 前掲『新修名古屋市史　第 5 巻』, 518 ページ.
95) 村上, 同稿, 68 ページ.
96) 村上, 前掲「第一次大戦から昭和恐慌にいたる名古屋有力銀行の経営戦略」, 50 ページ, および 64～65 ページの注(9).
97) 同稿, 64 ページの注(9).
98) 村上, 前掲「名古屋金融市場の成立と発展」, 70 ページ.
99) 同上.
100) 野田正穂『日本証券市場成立史』(有斐閣, 昭和 55 年), 198 ページ.
101) 同書, 195 ページ.
102) 村上, 前掲「名古屋金融市場の成立と発展」, 71 ページ.
103) 同稿, 70 ページ.
104) 前掲『神野金之助重行』, 245 ページ.
105) 村上, 前掲「名古屋金融市場の成立と発展」, 79～80 ページおよび西村 (村上) はつ「中京金融界の動揺と明治銀行—明治銀行の休業と債務整理過程を中心に—」(『地方金融史研究』第 33 号, 平成 14 年 3 月), 82 ページ以下.
106) 沢井実『日本鉄道車輌工業史』(日本経済評論社, 平成 10 年), 42 ページ.
107) 前掲『新修名古屋市史　第 5 巻』, 490 ページ.
108) 同上. 以下, 両社の設立にいたる経緯については, 同書 490～491 ページによる.
109) 前掲『新修名古屋市史　第 5 巻』, 490 ページ, 日本車輌製造㈱編・刊『驀進　日本車輌 80 年のあゆみ』(昭和 52 年), 13 ページ. 以下, 同社の事業展開について, とくにことわりのないかぎり, 『驀進　日本車輌 80 年のあゆみ』による. なお, 日本車輌製造㈱の社名は, 明治 27 年作成の「創立設計書」では「㈱鉄道車輌製造所」となっており, この段階では, 野田益晴らが発起・設立した会社とまったくの同一名称であった. その後, 「名古屋車輌製造会社」と改称し, 最終的に日本車輌製造となったものである (同書, 9 ページ).
110) 同書, 11～12 ページ.
111) 同書, 巻末「生産実績と売上高の推移」. 同社が機関車の製造を行なったのは, 大正 4 年上期の 6 両が最初であった.
112) 同上.
113) 前掲『驀進　日本車輌 80 年のあゆみ』, 18 ページ.
114) 同書, 19～20 ページ.
115) 同上.
116) 同書, 巻末「生産実績と売上高の推移」.
117) 同書, 20 ページ.
118) 同書, 21 ページ.
119) 同書, 22 ページ.
120) 沢井, 前掲書, 53 ページ.
121) 前掲『驀進　日本車輌 80 年のあゆみ』, 23 ページ.
122) 同書, 22 ページ.
123) 同書, 33～34 ページ.
124) 同上.
125) 同書, 38 ページ.

126) 同上．
127) この頃，奥田正香は，同社と大阪の汽車製造合資会社との合同を企図し，相手方と交渉していたと，当時の新聞記事が報じている．すなわち，43年10月6日13時から開催された日本車輛製造の重役会において「同会社が大阪汽車合資会社との合同談に就いては当日出席したる奥田社長よりさきに上京して共同事務所経過を同日の重役会に報告ありたるが未だ容易に進捗せざるものの如く……」(「新愛知」明治43年10月8日)とされている．ただし，詳細は不明である．
128) 「扶桑新聞」明治44年6月12日，「新愛知」同44年6月28日．
129) 同上．
130) 前掲『驀進 日本車輛80年のあゆみ』，42ページ．
131) 東京瓦斯㈱編・刊『東京瓦斯五十年史』(昭和10年)，24〜25ページ．
132) 東京瓦斯の用途別「火口数」の推移を見ると，灯火用は，36年の88,928が40年169,546，44年476,489，となり，5.4倍の増加である．また燃料用は，11,140，30,376，226,298となり，この間20.3倍の大増大を示している(社史編纂プロジェクトチーム編『東京ガス百年史』[東京ガス，昭和61年]，61ページより引用のうえ算出)．
133) 東邦瓦斯㈱編・刊『社史 東邦瓦斯株式会社』(昭和32年)，8〜14ページ，前掲『大正昭和名古屋市史 第5巻』，507ページ．
134) 同『社史 東邦瓦斯株式会社』，14〜16ページ．
135) 同書，17〜20ページ．
136) 『渋沢栄一伝記資料 第12巻』，733ページ，野依秀市『岡本桜伝』(実業之世界社，昭和13年)，166〜167ページ．
137) 同『岡本桜伝』，166〜167ページ．
138) 前掲『社史 東邦瓦斯株式会社』，16〜17ページ．
139) 同書，26ページ．
140) 鴨居武編・刊『工学博士 高松豊吉伝』(昭和7年)中の岡本桜の回顧談(329〜330ページ)．
141) 前掲『社史 東邦瓦斯株式会社』，25ページ以下．
142) 同書，50ページ以下．
143) 同書，71〜73，95〜103ページ．
144) 同書，巻末「利益及び配当」より引用の上，算出．
145) 同書，61〜62ページ．
146) 前掲『岡本桜伝』，180ページ．
147) 「新愛知」明治40年1月8日．
148) 同紙，同41年1月6日．
149) 前掲『東京ガス百年史』，43ページ．
150) 前掲『稿本 名古屋電燈株式会社史』，178ページ．
151) 林董一，前掲『名古屋商人史』，426〜427ページ．ただし，桂太郎と奥田正香との関係については，桂についての資料からは確認できない．『桂太郎関係文書目録』(憲政資料目録：第3)には，奥田に関するものは無い(名古屋に関するものは唯一，明治44年1月17日付平田東助書翰に「名古屋電気鉄道会社紛糾」というものがあるのみ)．
152) 前掲『稿本 名古屋電燈株式会社史』，178〜179ページ．

153) 栗原東洋編『現代日本産業発達史　III　電力』(交詢社出版局, 昭和39年), 83〜84ページ.
154) 山口和雄『日本経済史』(筑摩書房, 昭和51年), 199ページ.
155) 前掲『現代日本産業発達史　III　電力』, 87ページ.
156) 同書, 101〜102ページ.
157) 山口, 前掲書, 199ページ.
158) 前掲『稿本　名古屋電燈株式会社史』, 178〜179ページ.
159) 『渋沢栄一伝記資料　第13巻』, 42ページ.
160) 前掲『稿本　名古屋電燈株式会社史』, 180〜181ページ.
161) 同書, 175ページ.
162) 同書, 168〜169ページ.
163) 同書, 173ページ
164) 林董一, 前掲『名古屋商人史』, 428ページ.
165) 前掲『稿本　名古屋電燈株式会社史』, 189ページ.
166) 同書, 172〜173ページ.
167) 同書, 190〜192, 194ページ.
168) 野村浩司編『福寿生命保険株式会社史』(名毎社, 昭和18年), 2〜3ページ.
169) 同書, 2ページ.
170) 同書, 4ページ.
171) 同上.
172) 同書, 5ページ.
173) 同社「第五回事業報告書 (自明治45年1月1日, 至大正元年12月31日)」.
174) 前掲『福寿生命保険株式会社史』, 8〜15ページ.
175) 西村はつ「神野・富田 (紅葉屋財) の企業者活動と系列金融機関の機能―福寿生命保険を中心として―」(『地方金融史研究』第35号, 平成16年3月).
176) 前掲『大正昭和名古屋市史　第5巻』, 243ページ.
177) 同書, 240〜241ページ.
178) 同社「第2回事業報告書」.
179) 同上.
180) 和田一夫・由井常彦『豊田喜一郎伝』(豊田自動車, 平成13年), 30ページ.
181) 野村, 前掲『株式会社名古屋株式取引所』, 巻末「座談会　名株五十年の思ひ出を語る」, 2ページ.
182) 同書, 3ページ.

終　章　企業家ネットワークの歴史的意義

　最後に第I部と第II部で論じてきた問題を簡潔に総括，整理するとともに，企業家ネットワークの歴史的意義を提示しておきたい．

1　日本全国における企業家ネットワーク

『日本全国諸会社役員録』の分析

　本研究を総括する前に，本書で利用した資料の概要をもう一度確認しておこう．まず，第I部で利用した，明治31年と明治40年の『日本全国諸会社役員録』に記載されているデータについてまとめておく．人物の面については，明治31年では，延べ23,608名（重複を削除すると，16,609名）の役員が記されており，明治40年では，38,286名（同，29,250名）の役員が記されている．これらの役員を企業家と見なした上で，彼らが役員として関わっていた会社数の一覧表を作成した．これによって，関与した会社数や会社の府県的な広がり，さらには会社の業種面から見た多角化の実態が明らかになった．両年とも，企業家が活動している府県の広がりは1府県かせいぜい2府県に限定される一方，業種の面では多様な広がりが確認されたのである．

　会社の面では，明治31年で役員が記載されている会社は3,770社で，明治40年では7,018社であったことを示し，続いて，会社の府県数分布を提示した．以上の作業を経て，明治31年と明治40年の両年に共通して登場する6,555名を抽出し，この間の役員数の変化を明らかにした．これによると，明治31年に多数の会社に役員として関わっていた人物の中で，大阪に居住していた者たちが回数を減らした反面，東京や神奈川に居住していた人物は回数を増加させたことが判明した．なお，両年で最も多くの会社に関わっていた企業家は渋沢栄一である．この点は，特に銘記すべきであろう．

　明治31年時点での会社役員の所得を『日本全国諸会社役員録』と『日本全国

商工人名録』を用いて推計し，2つの資料に共通して登場する2,712名から，企業家の所得分布を考察した．1,000円以上2,000円未満層が727名で最も多く，ついで500円以上1,000円未満層が665名であったことを始め，所得分布を示した．ここから企業家の平均所得が1,624円であることを推計すると同時に，所得額と会社役員としての就任数との間には，所得額が多い企業家ほど多数の会社に役員として就任しているという関係があることを明らかにしたのである．

次に大地主でもあった会社役員を取り上げ，地価額と役員数，居住している地域と役員数の関係を追求した．ここでは，地価額が1万5千円未満の層では役員数と地価額の多寡とはあまり関係がなく，多くの地主は1社か2社の役員に就任し，それ以外の地主は3～8社の役員に分散していることが分かった．一方，地価額が1万5千円以上の地主では，地価額の増加に応じて会社役員数も増加する．しかし，地価額と役員数の関係以上に，彼らが居住している府県との関係が役員の回数に大きな影響を与えていたことが判明した．経済活動が活発であればあるほど，会社役員に就任している人物が多いことが判明したのである．

渋沢栄一が果たした役割

会社役員，ことに企業家ネットワークに登場する役員の人的な繋がりを考察するに当たり，森川英正氏による，「渋沢はオルガナイザーであった．特に重要なことだが，共同出資による会社設立のオルガナイザーであった．渋沢の肝いりによって，あるいは発起人としての協力によって設立された会社の数は驚くほど多数に上る」[1]との指摘を踏まえ，本書でも渋沢栄一を取り上げて，「インストラクター」の側面の一端を示すとともに，要素ネット，企業家ネットワークの導出を行なった．また，渋沢は明治31年で29社，明治40年で30社に役員として関わっており，この役員数は両年とも最大であったことから見ても，渋沢栄一が果たした役割を考える必要があると考えたのである．

日本の会社設立やその普及において渋沢栄一が果たした役割を検討した結果，近代的な事業モデルを作り上げ，それを普及させたことを指摘した．特に，青森県での事例を紹介しながら，渋沢が一種の成功モデルを提示し，それを広めていったことを明らかにしたのである．こうした渋沢栄一の事業活動を通して，会社設立の詳細を考えた．明治32年3月9日に公布された「商法（新商法）」から，株式会社の設立に関する法律上の規程を見ると同時に，実際に設立される過

程を追いながら，発起人の重要性を指摘したのは，第 II 部での事例分析を視野に入れてのことである．さらに，発起人をはじめとする人的ネットワークの重要性を，weak-ties と strong-ties という用語から説明し，新しいアイデアが普及する際に必要な weak-ties と，それを実際の場で定着させるのに必要な strong-ties の意義を強調した．このようなネットワークにおける，2 つの異なった人的結合，情報経路は，発起人の役割同様，第 II 部における愛知県の事例分析において，重要な分析視角となる．

最後に，渋沢が関わった会社とその役員を通して，要素ネットを抽出すると同時に，その定義を明確にした．その上で，本書が分析の対象としたネットワークの定義を詳細に行ない，これを踏まえてネットワークの分析の可能性，特に，日本全国の分析を行ない得る可能性を指摘した点は，強調しておきたい．

企業家ネットワークの存在

企業家ネットワークについてまとめる前に，その定義を再論しておきたい．明治 31 年と明治 40 年版の『日本全国諸会社役員録』に記載されている会社と役員から，同じ 2 名の人物が同じ 2 社の会社役員に就任している関係を，「要素ネット」と定義した．次に，2 社と 2 人からなる要素ネットを取り上げ，2 人か 2 社が同じである他の要素ネットを抽出し，また，新たに抽出した要素ネットと，2 人かまたは 2 社が同じである，別の要素ネットを抽出する．こうした作業を繰り返していき，これ以上，要素ネットが抽出できなくなるまで行なってできた，要素ネットの集合全体を「企業家ネットワーク」と定義したのである．

明治 31 年と明治 40 年における要素ネットと企業家ネットワークは日本全国に存在しており，一部の地域だけに存在していたわけではない．この全国で見られた企業家ネットワークの形成については，従来，国民の所得＝貯蓄水準が低いために生じたと考えられてきたが，本書では，明治期の商法の規定によるところの発起人の役割に注目して考察を行なった．株式会社の設立については，旧商法では 4 人以上，新商法では 7 人以上の発起人が必要であったことを指摘した上で，別な会社を設立する場合，連帯保証人でもあった同じ発起人が多角的に新規事業を推進した結果，複数の会社が彼らの周囲に形成され，ここから企業家ネットワークができていったと考えたのである．

次に，発起人に名を連ねた企業家ネットワークの中心人物が，どのような背景

の下で人的ネットワークを形成していたのかを考察し，人的ネットワークは，まず同業者であるという信頼関係，商業会議所などでの仕事ぶり，さらには同格の仲間であるという帰属意識に基づいて生まれ，これに地縁や血縁あるいは政治的同志といった仲間意識が加わって固定化されていったと考えた．しかし，企業家ネットワークに含まれる人物同士は閉鎖的ではなく，別の企業家ネットワークの人物を介して，緩やかな関係にあったことはあらためて指摘しておく必要がある．

企業家ネットワークの類型

企業家ネットワークの大きさを，それに含まれる人物数と会社数で表すと，明治31年では52人・53社からなるネットワークをはじめ，30人・11社，29人・28社，18人・21社からなるものもあった．しかし，2人からなる要素ネット型の企業家ネットワークが63.0％，3人からなるものが16.4％あったから，およそ8割の企業家ネットワークは2人か3人の規模であった．また，一般的に会社数よりも人物数の方が多く，多くの人物が少ない会社の役員となっていたのである．明治40年でも同様であり，31人・34社，18人・16社，13人・8社からなる大規模なネットワークもあったが，総じて明治31年時よりは会社，人物ともに減少し，2人からなるネットワークは65.2％，3人からなるものは15.8％であり，明治31年時より小さいネットワークが増加していた．

次いで，ネットワークに含まれる会社が，家業と関連があったのか，それとも地域の経済発展に資するような業種であったのかという観点から，ネットワークの類型化を行なった．銀行とインフラ産業（鉄道，電力，ガス，水道，取引所）の2つの軸を基に4つの類型に分けたのである．第Ⅰ類型は銀行とインフラ産業を含む企業家ネットワークで，以下，第Ⅱ類型は銀行を含むがインフラ産業を含まないネットワーク，第Ⅲ類型はインフラ産業を含むが銀行を含まないネットワーク，第Ⅳ類型はいずれも含まないネットワークである．

企業家ネットワークの経済的規模を，そこに含まれる会社の公称資本金合計と考え，財閥系企業やその他の公称資本金の大きな会社と比較すると，財閥系企業の公称資本金を上回るネットワークも存在していることが確認できた．しかし，これらの会社をネットワークに属する企業家が支配していた否かが不明であるため，ネットワーク別役員ポスト占有率という考え方を導入して，ネットワークに

おける支配の程度を考えてみた．ネットワークに含まれる会社の役員ポストに対してネットワークに属する企業家がどれだけ役員の座を占めていたかをネットワーク全体に対する支配力の程度と考えたのである．この支配力の程度は，同時に，企業家ネットワークを1つの経済単位として分析する意義があるのか否か，という視点にも繋がるものである．ネットワーク別役員ポスト占有率が50％以上であれば，ネットワークに属する会社全般に対して支配力を行使していると考え，また30％以上であれば強い影響力を行使していると考えて考察した．明治31年では，ネットワーク別役員ポスト占有率が50％以上のネットワークは18.4％あり，30％以上のネットワークは54.0％あった．明治40年では，ネットワーク別役員ポスト占有率が50％以上のネットワークは18.4％あり，30％以上のネットワークは50.6％あった．両年とも，半分のネットワークは，30％以上の役員ポスト占有率を占めていたのである．この意味で，過半の企業家ネットワークでは，企業家はネットワークに含まれる会社に大きな影響力を与えていたと言える．

次に，ネットワークの経済的な規模と支配力の関係，すなわち，公称資本金の大きなネットワークと役員ポスト占有率との関係を考察した．その結果，大きな公称資本金を有するネットワークにも，少ない公称資本金を有するネットワークにも，役員ポスト占有率の高いネットワークが存在していることが明らかになり，それらの具体的な事例を提示した．この作業を明治31年と明治40年の両年で行ない，その結果，大きな公称資本金で，役員ポスト占有率の高いネットワークでは，銀行を含むネットワークが多く，またその中でも銀行とインフラ産業を含む第I類型が多いことが判明した．一方，小さい公称資本金で役員ポスト占有率の高いネットワークでは，インフラ産業を含まない，第II類型と第IV類型に集中していた．

継続していた企業家ネットワーク

明治31年と明治40年のそれぞれにおける企業家ネットワークの分析に続いて，明治31年に存在したネットワークと明治40年に存在したネットワークの間の継続関係を考察した．明治31年の企業家ネットワークを基準に，明治40年でも2人以上かつ2社以上が共通して存在している企業家ネットワークがあれば，それらは継続していたと考え，それ以外では消滅したと考えて分析したのであ

る．

　これに基づいて，継続ネットワークと消滅ネットワークを取り上げ，その違いを検討した結果，次のような特徴が判明した．継続ネットワークでは銀行を含む第I類型と第II類型が多く，消滅ネットワークでは，銀行を含むネットワークが継続ネットワークと比べて少ないことと，銀行とインフラ産業のいずれも含まない第IV類型が多いことを明らかにし得た．

　また，ネットワークに含まれる会社への支配を，会社毎の役員ポスト占有率という概念で考察した．すなわち，企業家ネットワークに属する会社すべてに対して，会社毎に役員ポストに占めるネットワークに属する企業家の役員数の割合を求めたのである．その結果，継続ネットワークでは，50%以上の会社別役員ポスト占有率を占めている会社は全体の64.5%なのに対して，消滅ネットワークでは42.2%であった．会社に影響力を与えたであろう30%以上の会社別役員ポスト占有率に着目すると，継続ネットワークでは85.1%であるが，消滅ネットワークでは76.7%で，いずれも継続ネットワークの方が大きかった．ここから，企業統治という観点から見て，継続ネットワークの方が，強い支配力を及ぼしていた会社を多数擁していたことが理解できよう．特に，継続ネットワークに含まれる会社のおよそ3分の2では，ネットワークに含まれる人物たちが50%以上の役員ポストを占めていたのである．強い関わりを持っていたと言える．

　企業統治という観点から，続いて，明治31年と明治40年における，役員の継続性を考察した．明治31年で役員であった企業家のうち，何人が明治40年でも役員であり続けたのかを指標として考察したのである．50%以上の役員継続比率を占めていた会社数の割合を見ると，継続ネットワークでは64.4%である一方，消滅ネットワークでは32.3%であった．以上の点から考えて，継続ネットワークの方が，消滅ネットワークよりも，企業統治の点で多くの企業を強く支配し，かつ，多くの役員が両年度で継続して就任していたことを結論づけた．これは，当然すぎるほど当然の結論だと思われるかもしれない．しかしこれによって，明治期に，役員は株価が高い間に持ち株を売り抜けたのか，それとも運命共同体のごとく会社に身を捧げたのかという点が明らかになったことは，強調しておく必要があろう．すべての企業家が所有している株を売り抜けたわけではないのである．

　最後に，明治31年から明治40年まで継続していた902社のうち配当を実施し

た690社の配当を基準として収益性を比較した．690社の配当率平均は10.6%であったが，継続ネットワークに含まれる会社の配当率平均は11.5%，消滅ネットワークに含まれる会社の配当率平均は9.9%であった．その結果，継続ネットワークの会社の方が収益性は高く，良好な経営であったと結論できる．

以上から，継続ネットワークの方が，企業経営に深く長く関与し，企業統治の面で安定しており，企業のパフォーマンスも良好であったと結論したのである．

2　愛知県の企業家ネットワークと産業発展

(1)　愛知県の産業

第Ⅰ部での，明治31年と明治40年における，全国の企業家ネットワークの分析を踏まえ，第Ⅱ部では愛知県を取り上げて事例分析を行なった．というのも，企業家ネットワークは地域に根差した活動を行なっていたからであり，第Ⅰ部での全国を鳥瞰した分析は，実際の事例分析によって初めてその現実的な意義を与えられるからである．

事例分析を行なう際に，その第一歩として，愛知県の産業上の特徴を，『日本帝国統計年鑑』に基づいて明らかにした．農業，工業，商業，水陸運輸，銀行という業種レベルについて愛知県の特徴を払込資本金から考察し，合計では日本で第6位であるが，工業は全国で第3位であったことを明らかにした．

また，小分類とも言える産業分類では，陶磁器，清酒と醤油の醸造業，蚕糸，綿糸，織物の繊維産業では全国で上位に位置し，この他に菜種油と摺付木でも全国有数の生産額を誇っていたことを示した．

次に，『日本帝国統計年鑑』，『愛知県統計書』と，『日本全国諸会社役員録』に記載されている会社の規模を比較し，『日本全国諸会社役員録』に記載されている会社の方が，払込資本金で見ると大きな会社であったことを指摘した上で，愛知県の分析を行なった．

愛知県に本社のあるネットワークは明治31年で77あり，明治40年では63あったことを指摘し，続いて類型の分析を行なった．その結果，銀行を含んでインフラ産業を含まない第Ⅱ類型が最も多く，次いでその両方を含まない第Ⅳ類

型が多かったが，総じて，日本全国の類型分布と類似していた，と結論づけた．

継続していた企業家ネットワークと消滅した企業家ネットワークを比較するために，日本全国で用いた，役員ポスト占有率，役員継続比率，配当率の指標を使って愛知県のネットワークの特徴を見た．その結果，明治31年において会社別役員ポスト占有率が50％以上の会社は，継続ネットワークでは66％，消滅ネットワークでは49％であったから，支配力という面から見て，継続ネットワークの方が強い支配力を行使していたと言える．

役員継続比率について見ると，役員継続比率が50％以上の会社は，継続ネットワークでは77％占めていた反面，消滅ネットワークでは35％であり，役員の継続性では顕著な違いが見られた．配当率では，継続ネットワークでは12％から14％未満層が最大であり，消滅ネットワークでは8％から10％未満層が最大であることを除くと，それ程大きな違いを見いだすことはできなかった．

また，類型の面では，継続ネットワークは，消滅ネットワークよりも銀行を含んだ第Ⅰ類型と第Ⅱ類型が多数占めていたことを示し，銀行の有無がネットワークの継続にとって大きな違いをもたらしたことを指摘した．

最後に，明治31年と明治40年の間で継続していたネットワークを紹介し，その中から，第Ⅰ類型の奥田正香のネットワーク，第Ⅱ類型の瀧兵右衛門・瀧定助のネットワーク，同じく第Ⅱ類型の伊藤次郎左衛門・岡谷惣助のネットワークを取り上げ，全国規模で確認された特徴と似ていたのか否かという視点とともに，第Ⅰ部では知り得ない，ネットワークの形成や意義，あるいは地域経済に果たした役割を会社設立の発起人や役員という人的な側面から考察する意義を指摘した．

(2) 名古屋市における3つのケーススタディ

次に，名古屋市における3事例の考察結果を整理しつつ，第Ⅰ部の全国的な分析結果との比較対照を行なう．

ネットの人物構成

ネット構成員の紐帯として，事例分析から明らかになったことは，まず近世において藩の御用達商人の家柄であったという仲間意識があげられる．ただし，御

用達商人のうちでも格式の上下があり，それによって区別があったことはまちがいない．伊藤次郎左衛門と岡谷惣助を中心とするネットは，尾張藩の御用達商人のうちでも上位の家格にあった人物たちから構成されていた．瀧兵右衛門と瀧定助を中心とするネットのメンバーの中にも，同藩の御用達商人であった人たちがいたが，彼らは，上位に所属せず，それに準ずる家格であった．この瀧らのネットの契機としては，むしろ血縁・地縁関係や同業者の結束を中心とするものであったと考えられる．瀧兵右衛門と瀧定助は従兄弟で同業者（呉服太物商）であり，また春日井丈右衛門と祖父江重兵衛は瀧らと同郷（丹羽郡）の同業者であった．

　名古屋最大のネットである奥田正香を中心とするネットは，何と言っても，奥田の強力なリーダーシップとその企業家精神へのメンバーの共鳴が，人脈の契機として最も重要なものであったにちがいない．奥田は，下級とはいえ武士階級の出自をもち，教養も高く，かつ能弁であり，地方官僚を経て，自ら実業家として成功を収めてもいた．奥田のリーダーシップを支える要因としては，そうしたキャリアとともに，近代ビジネス推進のための情報の収集力が彼にあったこともあげられる．事実，奥田は，渋沢栄一や桂太郎ら中央政財界における人脈を通じて，情報や人材を吸収し，起業を推進していた．まさに，中央の人脈との間にweak-tiesを持つとともに，自らのネットにおいて強いリーダーシップをもとにメンバー間にstrong-tiesを築き上げたのである．こうした，資質・能力はむろん誰にでも備わったものではなく，その点で，奥田のような人材は希少性をもち，それが求心力として働いたことはむしろ当然のことであった．また，そうした人望を基礎に奥田は早くに，名古屋商業会議所会頭となり，同所の役員を自らの近しいメンバーで固め，その体制を明治期を通じて持続させたのである．

　地方政界での交流もまた，ネットのメンバー構成に影響を与えた．たとえば，奥田は，明治13年から21年まで愛知県会議員を務めており（この間，15年から17年まで県会議長），「名古屋談話会」（保守派）に属したが，ほぼ同じ時期，奥田ネットのメンバーやそれに近しい何人かが，奥田と同会派の県会議員であった（堀部勝四郎，笹田伝左衛門，蜂須賀武輔，鈴木善六，白石半助，森本善七ら）．ネットのメンバーで，会派は異にするが，同様に同県会議員であった人物もいた（平子徳右衛門，鈴木摠兵衛，井上茂兵衛ら）．

　要するに，ネットの人脈の契機は，近世における藩御用達商人の家柄であった

という仲間意識——そこには格式の高低による区別もあった——，血縁・地縁や同業者の関係，中央政財界との人脈をもつリーダーへの共鳴，また地方政界での交流等であった．

なお，このように，各ネットにはそれぞれ人脈上の契機があったが，そのことは，ネットが必ずしも他のネットのメンバーに対しまったく閉鎖的であったということを意味しない．奥田ネットと瀧ネットのメンバー間で重複者がいたことからもそれが分かる．

選択した事業

彼らは，どのような事業を，どのような契機で起業したのであろうか．ネットの構成企業について，起業の背景・時期および事業の特徴等について整理すると，まず奥田ネットについては，その多くの企業が，斯業の全国的な勃興期に，この地域における先発企業として設立されていた．尾張紡績（明治20年設立），名古屋生命保険（26年），名古屋倉庫（同年），日本車輛製造（29年），名古屋瓦斯（39年）等がそうである．また，名古屋株式取引所（26年）や名古屋瓦斯，名古屋電力（39年）など，インフラストラクチャーに注目しているという点に業種選択上の特徴があった．こうして，このネットは，積極果敢に近代企業にチャレンジして成功を収め，愛知県における近代化・工業化に幅広い貢献をおこなったのである．まさにアントゥルプルヌアーシップを発揮したといえる．なお，銀行業——明治銀行——への進出においては，奥田らの行動は，他の2つのネットよりかなり遅れた．

瀧ネットの場合，家業と関連した分野への進出が中心であった．とくに帝国撚糸——のち帝国撚糸織物と改称——がそうであり，祖父江重兵衛と瀧兵右衛門・瀧定助らは，いずれも，それぞれ織物商から絹織物製織事業に進出しており，同社は，その原料加工部門に当る．同社は，撚糸工程を機械化すべく，全国的に見ても早期にフランス製の撚糸機械を導入するなど，近代的大規模工場として開業し，やがて撚糸生産から織物生産へと前方統合を行なった（明治末年の職工数，500人）．伝統的産業の近代化を推進し，愛知県における繊維産業の発展に重要な貢献をなしたのである．東海倉庫も，両瀧家家業の製品輸出業務との間に，一定の関連があったと考えられる．とくに瀧定助家では，同倉庫設立と同じ39年に，家業の瀧定商店を瀧定合名会社と改組・改称して大阪支店を開設し，41年

に同支店に輸出部を設置し，輸出業務に着手していた．瀧らの企業行動は，奥田ネットのインフラ事業を視野に入れた行動とは異なるものであり，また奥田ネットに比し，全体としての規模は小さかった．

　伊藤・岡谷ネットによる，銀行と紡績事業は，必ずしも彼らのイニシャティブによる起業ではなく，近代化・工業化政策を進める中央・地方政府当局者らの直接・間接の勧奨に応じての，むしろ保守的な行動の結果であった．愛知銀行の母体となった2つの国立銀行（第十一国立銀行，第百三十四国立銀行）がそうであり，また名古屋紡績についても，政府による近代的紡績業育成政策を背景に，村松彦七というオルガナイザーのもと，伊藤や岡谷その他の有力商人および尾張徳川家が糾合されたものであった．名古屋屈指の大商人たちは，家業以外の近代ビジネスの起業に積極的であったようには見受けられない．

　ネットの相互関係についていえば，とくに奥田ネットと瀧ネットとの間にライバル意識を浮き彫りにするような競争行動が見られた．銀行については，奥田系の明治銀行と瀧系の名古屋銀行，そして伊藤・岡谷系の愛知銀行の三大銀行間に競争が行なわれたことは言うまでもないが，そのほか，車輛製造事業と倉庫業においても，相互の角逐があった．車輛製造については，奥田系の日本車輛製造と瀧兵右衛門らが参画した鉄道車輛製造所が同時に設立され，後者の破綻によってごく短期間に終わったが，両社間に競争が行なわれた．そして，やがて，奥田系日本車輛製造の経営権を瀧系が奪取したことに，ライバル意識が顕著に示されているといえよう．倉庫業においては，瀧らの東海倉庫は，奥田系の名古屋倉庫より十数年遅れてスタートしたが，堀川運河の河岸という好立地条件に着目して倉庫の建設を行なったのはこちらが先で，名古屋倉庫がすぐに追従した．また，その後の名古屋港への進出においては，同港進出の構想と行動では東海倉庫が早かったが，結果的には名古屋倉庫にはるかに後れをとったのである．

構成企業に対する企業統治

　ネット構成企業の役員について，各社設立時以降，明治期を通じてのその推移を見てみると，3つのネットいずれにおいても，特別の理由――例えば病気や死亡――がないかぎり役員を継続的に務めることが一般的であった．また，本人が死去した場合，その家の相続人が役員を継承することも普通に行なわれていた．つまり長期にわたり役員に安定性が見られたことが分かる．第Ⅰ部での指摘どお

り，継続したネットワークとして「役員継続比率」が高かったのである．そして，これら役員およびネットのメンバーは，概して，株式を手放さず，増資に応じることで安定的な株主となった．メンバーたちは，会社設立時においてばかりでなく，創業初期の困難を克服するための資本調達においても会社に貢献したのである．実際，前記のような，ネット構成の契機から推測して，彼ら株主が所有株式について機会主義的な行動をとることには，一定程度，規制力が働いたことであろう．

　このような共通性が見られた反面，ネットのメンバーによる企業統治という点では，三者に異同があったことが推測できる．奥田ネットの企業の場合，まず奥田が，業務執行の責任者ないし専門経営者を直接，強力に統制し（名古屋瓦斯の経営における，奥田と岡本桜との関係について見られたように），奥田の意思の方向でネットのメンバー間の調整をはかる，という体制が一般的であったと推測される．奥田の強いリーダーシップを前提にした企業統治のあり方であった．

　これに対し，伊藤・岡谷ネットにおいては，役員のなかで，とくに抜きん出たリーダーシップを発揮する人物はおらず，全体の協調体制による意思決定が行なわれたものと見られる．ただし，近世における御用達商人の格式から，伊藤次郎左衛門が中心的な存在と見なされたであろう．しかし，当の伊藤は，温厚で，積極的にリーダーシップを発揮するようなタイプではなかった．役員たちは，業務執行の責任者に，実質上，大きな権限を与えていたようであり，逆に，それが時として役員の統制力の弱さとして現われ，初期の愛知銀行における支配人の不良貸付けや名古屋紡績における経営の混乱を招く状況を生み出したことも事実である．

　瀧ネットは，それらの，いわば中間的なタイプであったと言えよう．伊藤・岡谷ネットのメンバーのような横並び状態とはちがい，両瀧家のうち，本家の瀧兵右衛門を中心とし，分家・瀧定助，および定助と家業において緊密な関係を持っていた春日井丈右衛門らがこれを補佐する形態で，他のメンバーをゆるやかにリードするといったスタイルがとられたと推測される．とくに，帝国撚糸・帝国撚糸織物の事業は，両瀧家の家業と深い関係を持っていたことから，その日常の執行活動にも，一定程度，関与したことであろう．家業との関係について言えば，祖父江重兵衛も，もちろん関係があったが，祖父江は，ネットの構成企業以外に，愛知物産組の経営に尽力していたことが知られる．

構成企業の業績

　ネットのメンバーが長期的に役員職にあり，またメンバーが安定的な株主でありつづけたのは，構成企業の業績と継続的な配当が背景にあったことは言うまでもない．いずれのネットにおいても，構成企業中，設立初期において困難を経験するものがあったが，その困難を克服した後は，概して業績が良く，安定的な配当が行なわれていたことが確認できる．

　とくに奥田ネット所属企業は，日本車輛製造を除いて，全体として，安定的な業績をあげ，10％程度の配当を行なっていた．瀧ネットの場合は，名古屋銀行が好業績で，10％を超える配当を継続し，帝国撚糸（織物）と東海倉庫の両社は，設立初期に業績不良を経験したのちは，業績を向上させるとともに配当も継続した．

　伊藤・岡谷ネットの場合も，名古屋紡績が明治33年の北清事変の影響で業績悪化するまでは，確認されるかぎり好業績・好配当であり，また愛知銀行は発足以降，好業績で，無配の時期はなかった．

　また，役員賞与についても，いずれのネットの構成企業も安定的に行なわれ，当期純益金の10％前後がこれに配分されていた．

　最後に，各ネットに所属する3つの銀行については，その営業成績が分かる時期に限定し，また公表された決算数字を見るかぎり，各行いずれも商業金融中心の営業を行ない，安定した業績をあげていた．3行は，相互に競争しつつ，愛知県における「三大銀行」の地位を確立したのである．

3　企業家ネットワークの存続と地域経済発展

長期間継続していた企業家ネットワーク

　第Ⅰ部では，明治31年と明治40年を対象として分析を行なった．特に両年で存続していた企業家ネットワークを取り上げ，その特徴を見てきた．本書を終えるに当たって，われわれが提起した「企業家ネットワーク」という実態が，その後どのような変化を遂げたかを記す必要があろう．「企業家ネットワーク」というものが明治期にだけ現れたものなのか，それとも，大正期や昭和戦前期にも存在していたのか検討しておく必要があるからである．この検討の中からこそ，企

業家ネットワークの誕生の根拠と存続の理由の一端が窺われると思われる．

　企業家ネットワークが生まれる根拠は，これまでの分析から，株式会社の発起人というキーワードで説明できたと思われる．同業の，同格の，あるいは地縁や血縁関係に関わる人的関係が，会社設立をめぐって結束し，発起人となって会社設立を主導していったのである．しかし，いったん生まれた企業家ネットワークがその後も存続し続ける根拠は，成立の根拠とは違うはずである．この問題を考えていこう．

　存続しえた理由の一端は，企業家ネットワークに属する会社の業績が，消滅した企業家ネットワークに含まれる会社はもとより，すべての会社の平均よりも良かったという事実から窺われる．業績の良い会社を擁していた企業家ネットワークが存続しえたということである．しかし，これはある意味では当然であろう．業績の良い企業を擁している企業家ネットワークが自然消滅すると考えるのは，外部の突発的な事件を除けば，不自然であろう．収益性の他に，企業家自身が人的関係を継続させてきた要因があるか否かを考えてみたい．

　そのために長期に亘って存続していた企業家ネットワークを抽出し，これらの継続ネットワークの特徴を通して，存続の要因を考えていきたい．そこで，明治31年と明治40年の10年間に存続した企業家ネットワークの中から，さらに大正10年においても継続していた企業家ネットワークがあるかを確かめてみよう．そして，もしあればこれらを抽出し，特徴を考えていきたい．この作業を行なうに当たって注意すべき点がある．それは，この間に役員の交替や合併などで会社名が変化したものもあるということである．そこで，2名以上の人物か2社以上の会社が共通に存在していれば，企業家ネットワークが存続していたと考えて，抽出することにしたい．

『大正10年日本全国諸会社役員録』

　抽出する前に，実際に利用した資料の概要を記すことにしよう．大正10年における『日本全国諸会社役員録』に記載されている会社役員のデータは次の通りである．大正10年には台湾を始め樺太，朝鮮，満洲という，これまで登場してこなかった地域での会社および役員のデータも記されている．しかし，明治31年および明治40年との継続性という問題を考えた場合，さらに，企業家ネットワークが活躍した場は地域的な性質を帯びていたという点を踏まえて，新規に登

場した台湾，樺太，朝鮮，満洲のデータを除いて抽出を行なうことにした．その結果，会社は14,044社記載されており，支配人などの非役員を除いた役員数は延べ101,909名であるが，重複を削除すると66,194名となる．この中には60回登場する加島安治郎を筆頭に，45回登場する渡辺勝次郎など，これまでとは違った人物が上位に登場する．20回以上登場する人物は41名である．総じて明治31年，明治40年の時よりも会社役員数は多い．

30回以上登場する人物を掲げておくと，加島，渡辺以下，大川平三郎（39回），大橋新太郎（37回），大島要三（35回），岩崎清七（32回），藤本清兵衛（32回），白石元治郎（31回），田中栄八郎（31回），芹沢多根（31回），浅野泰治郎（31回），鈴木久次郎（31回），今西林三郎（30回）である．2回以上登場する人物を対象として要素ネットを抽出すると，33,997組ある．さらにここから企業家ネットワークを抽出すると5,148抽出できる．明治31年の要素ネットが7,428組で，明治40年の要素ネットが7,409組であったから，4.6倍にも達している．また，企業家ネットワークでは，明治31年では1,130であり，明治40年では1,517であったから，4倍程の増加が見られたのである．

次に，明治31年と明治40年の10年間に存続した企業家ネットワークのうち，要素ネット型からネットワークに拡大した16のネットワーク，ネットワークから要素ネット型に縮小した10のネットワーク，そしてネットワークとして存続した81のネットワークの合計107のネットワークと5,148組の企業家ネットワークから，先の基準に従って，継続しているネットワークを抽出すると55組ある．この55という数は，ある1つのネットワークが明治31年から明治40年，大正10年の間で分裂や統合をした場合でも，それぞれを別のネットワークとして数えたものである．したがって，55には同じ企業家ネットワークが一部重複して含まれるものもある．この中から3つの事例を掲げておいた．これが図終-1，図終-2，図終-3である．

この中には，本書の冒頭で述べた青森県における大阪金助，渡辺佐助らの企業家ネットワークも含まれる．この他，和歌山県での企業家ネットワークのうち，宮本吉右衛門，垂井清右衛門，南方常楠らの企業家ネットワークや長崎県の永見寛二，松田英三らの企業家ネットワークも，この間で人物の名は多少異なるものの含まれる．これら55すべての企業家ネットワークを取り上げて，それらの共通した特徴を考えながら，存続の根拠を考えていきたい．

図終-1 （M31）

	小林長兵衛	大渡辺佐助	淡谷清蔵	府県	業種	公称資本金	設立年	住所
㈱青森銀行	頭	取	監	青森	銀行	300,000	1894	東津軽郡青森町
㈱青森貯蓄銀行	監	専取	取	青森	銀行	30,000	1896	東津軽郡青森町
㈱青森電燈	監	社	取	青森	電力	52,500	1896	東津軽郡青森町

図終-1 （M40）

	大阪金助	小林長兵衛	樋口喜輔	淡谷清蔵	伊東善五郎	府県	業種	公称資本金	設立年	住所
㈱第五十九銀行	取	監				青森	銀行	1,000,000	1879	弘前市親方町
㈱青森貯蓄銀行	取	監	専取	取		青森	銀行	30,000	1896	青森市大町
㈱青森倉庫	社	取	取	監		青森	倉庫	100,000	1896	青森市新浜町
㈱青森電燈	専取社	監	取			青森	電力	200,000	1896	青森市造道

図終-1 （T10）

	藤林源右衛門	小倉十兵衛	柿館保治郎	大阪金助	鎌崎重吉	樋口喜輔	渡辺佐助	小林長兵衛	府県	業種	公称資本金	設立年	住所
㈱青森銀行				監	取	取	取	専取	青森	銀行	1,000,000	1896	青森市大町
㈱青森瓦斯			常取	社	監	取	取	取	青森	ガス	200,000	1913	青森市造道
㈱第五十九銀行							取		青森	銀行	10,000,000	1879	弘前市親方町
㈱青森電燈	監		常取	社	取	取	取	取	青森	電力	1,750,000	1896	青森市造道
㈱青森造船鉄工所	取	取	取	取	監				青森	機械器具	200,000	1918	青森市蜆貝町
㈱小館木材		監	取代					監	青森	農林	1,000,000	1920	青森市造道

図終-2 （M31）

	南四郎左衛門	川井為巳	佐々木政又	岸村徳平	浜口嘉七	寺田甚与茂	寺田元吉	府県	業種	公称資本金	設立年	住所
㈱五十一銀行	頭	監	監	取	取兼支社			大阪	銀行	500,000	1878	泉南郡岸和田町
岸和田紡績㈱	取	取	監	監		取		大阪	綿紡績	1,000,000	1894	泉南郡岸和田町
㈱和泉貯金銀行	副頭			取	頭	取		大阪	銀行	50,000	1897	泉南郡岸和田町
岸和田煉瓦㈱				取	監			大阪	窯業	50,000	1887	泉南郡岸和田町
岸和田海陸運輸㈱			取		社			大阪	海上輸送	2,000	1888	泉南郡岸和田浜町

図終-2 （M40）

会社名	寺田甚与茂	寺田元吉	岸村徳平	佐々木為巳又	川村政平	金納源十郎	杉田利助	寺田利吉	府県	業種	公称資本金	設立年	住所
㈱和泉貯金銀行			取	監				監	大阪	銀行	100,000	1897	泉南郡岸和田町
岸和田紡績㈱	取	社	監	取	監	監			大阪	綿紡績	1,200,000	1892	泉南郡岸和田浜町
㈱五十一銀行	取	取	取	取	頭	監			大阪	銀行	749,600	1878	泉南郡岸和田町
大阪木津川セメント㈱	取	取	監	監	取	監			大阪	窯業	700,000	1907	大阪市西区千島町
和泉製紙㈱	社					監			大阪	化学	100,000	1907	泉北郡向井村
岸和田煉瓦㈱	取			取					大阪	窯業	100,000	1887	泉南郡岸和田町
㈱大阪農工銀行			監	専取					大阪	銀行	500,000	1898	大阪市西区立売堀北通6丁目

図終-2 （T10）

会社名	寺田甚与茂	寺田元吉	岸村源平	金納源十郎	寺田師之助	薬師寺徳松	中谷喜三郎	笹村竹右衛門	府県	業種	公称資本金	設立年	住所
㈱和泉貯金銀行	頭	取	監						大阪	銀行	1,000,000	1897	泉南郡岸和田町
㈱五十一銀行	取	頭	取	取					大阪	銀行	1,500,000	1878	泉南郡岸和田町
㈱東洋麻糸紡織	相	監	監	社	取	取		取	大阪	その他繊維	500,000	1915	泉南郡岸和田町
大阪木津川セメント㈱	取	取	監	監	取			取	大阪	窯業	1,400,000	1907	西成郡津守村
㈱大日本除虫粉		社	監						大阪	その他工業	1,500,000	1919	西区土佐堀通3丁目
㈱南海鉄道	取	監							大阪	鉄道	22,000,000	1895	南区難波新地六番丁（ママ）
岸和田紡績㈱	社	取	取	監					大阪	綿紡績	9,600,000	1892	泉南郡岸和田町
㈱岸和田煉瓦綿業	社	取	監	取					大阪	窯業	1,000,000	1887	泉南郡岸和田町
㈱泉州織物	相	社						取	大阪	綿織物	1,000,000	1907	泉南郡岸和田町
㈱関西製鋼	相			社	常取	取		取	大阪	金属	1,500,000	1912	泉南郡岸和田町
㈱佐野紡績		取代		取					大阪	綿紡績	5,000,000	1920	泉南郡岸和田町
㈱泉南石炭				取	監				大阪	鉱業	200,000	1920	泉南郡貝塚町

　大きな特徴として，東京や大阪といった大都市のみならず，青森市，盛岡市，山形市，宇都宮市，高岡市，中津市，筑後地方，長崎市，佐賀県大川市，和歌山市，土佐市，松江市，岐阜県大垣市，泉南郡岸和田町など，地方の中核都市を拠点とした企業家ネットワークが圧倒的に多いということである．日本全国を股にかけた事業展開を行なっていた企業家ネットワークというわけではなく，それぞれの地域に密接した事業展開を行なっていたことも，大切な特徴であろう．明治

図終-3 (M31)

	永見寛二	松田源五郎	浅田重三郎	鶴野麟五郎	高見和平	松尾巳代治	府県	業種	公称資本金	設立年	住所
㈱十八銀行	取	頭		取	取	監	長崎	銀行	1,000,000	1877	長崎市築町
㈱長崎貯蓄銀行	取	頭		取	監	監	長崎	銀行	30,000	1893	長崎市栄町
長崎電燈㈱	取	相			監		長崎	電力	80,000	1888	長崎市高野平
東洋浚渫㈱	取	社				監	長崎	土地改良開発	250,000	1896	長崎市築町
㈱長崎米穀石油取引所	監		監			監	長崎	取引所	30,000	1894	長崎市西浜町

図終-3 (M40)

	永見寛二	松田英吉	高見和平	肥塚与八郎	松田庄三郎	府県	業種	公称資本金	設立年	住所
㈱長崎貯蓄銀行	副頭	取	監	監	頭	長崎	銀行	100,000	1893	長崎市築市(ママ)
㈱十八銀行	副頭	取兼支	取	監	頭	長崎	銀行	3,000,000	1877	長崎市築町
長崎電燈㈱	取	取社				長崎	電力	240,000	1888	長崎市高野平

図終-3 (T10)

	永見寛二	永見徳太郎	松田英三	松田精一	山田又三郎	府県	業種	公称資本金	設立年	住所
㈱東京築地活版製造所			監	取		東京	その他工業	300,000	1872	京橋区築地2丁目
㈱長崎貯蓄銀行	取	監	監	取		長崎	銀行	1,000,000	1893	長崎市築町
㈱十八銀行	頭	監	副頭	監		長崎	銀行	6,500,000	1877	長崎市築町
㈱大正興業信託	取	監				長崎	その他金融	1,000,000	1920	長崎市茂里町

31年から明治40年にかけて大阪や東京といった大都市で企業家ネットワークは多く生まれたものの，24年間という長期間での推移を見ていくと，地方の中核都市に生まれた企業家ネットワークが，数多く存続していたのである．この意味で，本書が対象としてきた企業家ネットワークは，日本経済全体に大きな影響を与えた企業や人物を対象としたというよりも，全国における地方の中核都市を舞台とした，地域経済の発展を担った企業と人物を対象としたものである，と言うことができよう．

その一方で，財閥系企業やこれに関わった人物が全く登場しない，というわけ

ではない．これが第2の特徴である．例えば，三菱系の荘田平五郎や豊川良平らが，東京海上火災保険，麒麟麦酒，明治生命保険，明治火災保険などの三菱系企業の役員として登場する．安田系でも同様である．また大阪の道修町で製薬業を営んでいた武田長兵衛，田辺五兵衛，塩野義三郎という，現在の大手製薬企業の当主も登場する．また，有島武，松方厳，久野昌一らのネットワークも1つある．この中から3つだけを取り上げて図に掲げた．

大正10年まで継続していた企業家ネットワークの析出

　55の企業家ネットワークにおける明治31年と明治40年における類型の分布を，明治31年と明治40年のすべての企業家ネットワークの類型と比較してみると，表終-1の通りである．これによると明治31年から大正10年まで存続していた企業家ネットワークでは，圧倒的に，銀行・インフラ産業の第I類型が多く，銀行・非インフラ産業の第II類型がそれに次いでいる．ここからは，銀行を擁している企業家ネットワークが存続していたというよりも，銀行を擁しつつ，インフラ産業にも進出した企業家ネットワークが存続していた，と言うべきであろう．すなわち，先の地域的な特徴と併せて考えると，大阪や東京などの大都市のみならず，地方の中核的な都市で，銀行と同時に鉄道や電力さらには取引所などのインフラの整備に関わった企業家ネットワークが長期間存続していたのである．地域経済へ深く関与し，地域経済の発展に貢献した企業家ネットワークが存続していたと言えそうである．

　そうであるとすれば，先に記したように，公称資本金の大きな会社を擁していた企業家ネットワークが長期に亘って存続していたと考えられよう．そこで明治31年に記載されている会社を，次の5つのグループに分けて，公称資本金平均

表終-1　大正10年まで継続した55のネットワークと明治31年・明治40年の全ネットワークの類型別分布

類型	大正10年まで継続した55のネットワーク		M31年のすべてのネットワーク		大正10年まで継続した55のネットワーク		M40年のすべてのネットワーク	
	M31	割合(%)	M31	割合(%)	M40	割合(%)	M40	割合(%)
I	28	50.9	139	12.3	29	52.7	168	11.1
II	24	43.6	537	47.5	21	38.2	810	53.4
III	2	3.6	138	12.2	1	1.8	166	10.9
IV	1	1.8	316	28.0	4	7.3	373	24.6
合計	55	100.0	1,130	100.0	55	100.0	1,517	100.0

注：大正10年まで継続して存続していた55のネットワークの明治31年時および明治40年時における類型である．

を取ってみよう．第1に，明治31年で要素ネットに含まれなかった会社，第2は，明治31年で要素ネットに含まれている会社である．次に，明治31年での企業家ネットワークを取り上げ，明治40年では消滅した企業家ネットワークに含まれる会社を第3のグループとする（但し，鉄道の国有化によって消滅したネットワークもあるので，公称資本金の計算では，すべて鉄道業を除いている）．第4は，明治40年でも継続していた企業家ネットワークに含まれている会社，そして第5に，大正10年まで継続していた企業家ネットワークに含まれる会社である．この5つのグループに含まれる会社の，明治31年時点での公称資本金平均は，以下の通りである．

　第1グループの公称資本金平均は127,401円，第2グループの公称資本金平均は384,592円であった．明らかに，企業家ネットワークを作っている会社の公称資本金平均の方が大きい．次に，第3グループの明治40年で消滅した企業家ネットワークの公称資本金平均は275,723円で，第4グループの継続していた企業家ネットワークの公称資本金平均は531,347円であった．消滅した企業家ネットワークに含まれる会社と継続していた企業家ネットワークに含まれる会社の公称資本金の間には，大きな開きがある．さらに，第5グループの大正10年でも継続していた企業家ネットワークの公称資本金平均は839,861円である．これらはすべて明治31年時点での会社の公称資本金である．ここから，長期に存続していた企業家ネットワークに含まれる会社は，あくまで明治31年時点ではあるが，企業家ネットワークを作らない会社や，消滅ネットワークに含まれる会社の公称資本金よりも大きかったことが分かる．創業時期が違うために，明治31年での公称資本金平均を比較することは，問題も残るが，日清戦争後の企業勃興期における明治31年という時点で，規模の小さな会社とそれに関わってきた企業家ネットワークは，長期間継続しえなかったという事実は銘記しておく必要があろう．すなわち，公称資本金の大きな銀行やインフラ産業を有し，地域経済の発展に貢献した企業家たちが作ったネットワークが存続してきたと言えよう．

大正10年まで継続していた企業家ネットワークの特徴

　明治31年から大正10年まで継続していた企業家ネットワークに含まれる会社数と人物数の分布からこの間の全体的な特徴を見ていくと，明治40年までは，会社数，人物数ともに大きな変化は見られなかったが，ネットワーク別役員ポス

ト占有率が大幅に増加した．しかし，大正10年では，会社数，人物数ともに大幅な増加を見せた反面，役員ポスト占有率は低下した．低下したとは言え，明治31年レベルと同じである．すなわち，明治31年から明治40年の間で，企業統治という観点から見て，存続していた企業家ネットワークは傘下企業への支配力を強めていった．その後，第1次大戦期の好況を反映して企業勃興が起き，既存の企業家ネットワーク，特に大正10年まで存続していた企業家ネットワークは，会社数，人物数ともに増加させたのである．新たなビジネスチャンスが到来した時には，既存の企業家ネットワークは素早く対応して，新規に企業を設立し，同時に新しい企業家を引き入れていったと考えられよう．

　大正10年時点でも，銀行を擁していた企業家ネットワークは，三大財閥のように，「メインバンク」を有しているメリットを発揮したのである．地方の都市を中心に，明治31年に確認できた企業家ネットワークは，大正10年まで存続し，インフラ事業に関わると同時に，銀行をネットワークの中に擁し，企業統治を強める一方，ビジネスチャンスが生まれると，新たに企業設立を行ない，一種のビジネスセンターの役割を果たすようになったと思われる．そのため，こうしたビジネスセンターには有為な人材や貴重な情報が引きつけられ，企業家ネットワークのメンバーが新規事業に関わるようになった．その意味で，企業家ネットワークに属する意義は，先に，廣海家の箇所で記したように，信頼できる情報のネクサスにあったと言えよう．ゲーム理論を援用するまでもなく，一度，最適解に達したメンバーにとって，裏切るインセンティブはなかったのである．

　では，企業家ネットワークは，何時，何をきっかけに，崩壊の危機に陥ったのであろうか．冒頭にも記したように，また第II部でも記したように，企業統治の危うさからであろう．とくに，メンバーの交替や変更をきっかけに，企業統治の安定さが損なわれたと思われる．しかし，詳細な分析は，今後の課題としたい．

　なお，愛知県を取り上げて，明治31年，明治41年，大正7年における企業家ネットワークを分析した研究である，和田一夫・小早川洋一・塩見治人「大正7年時点の中京財界における重役兼任―『日本全国諸会社役員録』（大正7年版）の分析―」[2]についてひとこと言及しておく必要があろう．そこでは，同資料中の愛知県のみに限定し，3回以上登場する人物を対象とした分析を通じて15のグループが検出されたとし，ネットワークの分析が行なわれた．これに対して，こ

こでは，大正10年を取り上げ，また，2回以上登場する人物，さらに日本全国を対象とした．そのため，抽出された企業家ネットワーク数は異なるが，分析結果の比較を簡単に記しておきたい．大正10年時点において，日本全国では要素ネットが33,997あり，企業家ネットワーク数は5,148あったが，1社でも愛知県に本社のある会社を含んだ要素ネットは1,360あり，企業家ネットワークの数は155あった．その中で最大の企業家ネットワークは，明治31年，明治40年，大正10年において継続していた瀧定助，鈴木摠兵衛らの企業家ネットワークである．鈴木摠兵衛は，奥田正香の実業界引退後，名古屋商業会議所会頭職および名古屋株式取引所理事長職を継承しており，鈴木が旧奥田ネットの中核的な地位を引き継いだ格好となっている．これらの企業家ネットワークの特徴については，前記の論文と本書で用いた企業家ネットワークとでは継続の基準が異なるために，厳密な比較はできない．しかし，前記論文で，「6グループは，ただ短期間のみに存在し，消え去るようなグループではなく，かなり長期間にわたり継続的に存続していたグループと思われる」[3]と記している点は，本書の結論と同じである．大正10年の詳細な分析は他日を期して行ないたい．

日本経営史研究上における企業家ネットワークの意義

　これまでの日本経営史研究の中で，本書の意義はどこにあるのだろうか．本書では，2点を強調してきた．第1は，企業の設立主体として，家族・同族以外の，同志による共同出資として事業を興したことである．しかも彼らは1社だけに関わったのではなく，複数の会社設立に関わったことを明らかにした．その結果，企業家ネットワークという形態をとることになったのである．第2は，長期間継続した企業家ネットワークの活動拠点は，日本全国にわたるものではなく，地方の中核都市を拠点としていたことである．そこでは，企業家ネットワークは銀行を設立し，インフラ産業を興すなかで，それぞれの地域経済の発展に貢献したのである．

　これまで家族・同族以外に，血縁関係を持たない人物が共同で事業を興したことを指摘した研究には，森川英正氏の『日本経営史』がある．森川氏は，「明治維新以後の日本の会社を，合名会社，合資会社，株式会社といった法律的形式ではなく，出資のしくみによって分類すると，家業を経営する家族企業と共同出資によって成り立った共同出資会社に分かれます．後者は，ほとんどの場合，株式

会社です」[4]と指摘した上で，これら共同出資した人物を投資型資本家と規定した．続いて，当時は国民大衆の所得＝貯蓄水準が低かったので，「株式会社を組織しても，株式市場を通じて不特定多数の大衆株主から共同出資を受けるという方法ではなく，限られた少数の富豪に出資を依頼する『奉加帳方式』がとられました」と記す．しかし，ここには誤解を招く表現がある．株式会社が上場を果たし，その結果，一般大衆が証券取引所で株式を売買する場合の資本の流通市場と，新規に事業を興す際の，事業の不確実性が伴う起業資金の調達という資本の発行市場とが，いささか混同されていると思われるのである．企業家ネットワークによる事業化は，後者の問題であり，不確実性の中で，事業化資金への投資を行なったことが強調されるべきであろう．不確実性を伴うがために，信頼できる人物たちが中心となって発起人となり，事業を推し進めていったのであろう．そして，不確実性が高い状況下では，weak-tiesの機能が大きなウェイトを持つことも忘れてはならない．そうであるがゆえに，渋沢栄一をはじめとする中央の実業家たちと人的な関係を持ち，かつリーダーシップを発揮できるような人物を中心に企業家ネットワークが形成されたのであろう．

また，森川氏は，投資型資本家は「他人との共同出資により株式会社を設立するけれども，その会社の支配力を独占すること，言い換えれば家業化することをねらわず，投資の安全と配当収入による増殖を関心事とするのが常で」[5]あり，その結果，時代の変化とともに「このような資本家に雇い入れられた社員が，資本家に代わってトップ・マネジメントを担当することを必要ならしめた」[6]と結論する．しかし，本書で記したように，長期間継続した企業家ネットワークについては，会社への支配力が強く，役員の継続は長く，銀行とインフラ産業に関わったことが大きな特徴として挙げられる．配当への圧力は強かったものの，配当のみが関心事であったとは言えまい．

地域経済への関わりという点から，谷本雅之・阿部武司「企業勃興と近代経営・在来経営」にも言及しておく必要があろう．両氏は，企業勃興期における投資主体の「行動原理」を明らかにするために，新潟県を事例に取り，株式投資における投資先の性格から資産家の株式投資のパターンを求める．具体的には，「最も株式所有額の多い新潟企業株が，投資家各人の所有株式総額の中で占める割合」[7]を「投資集中度」と定義し，また，「各投資主体の新潟企業それぞれへの投資額を当該企業の払込資本金で除し」[8]たものの中で，最大の数値を「投資比

重」と定義した上で,「投資集中度」と「投資比重」から4つの類型を求める. そしてこの4類型を基に, 地方企業家的資産家, 地方名望家的資産家, レントナー的資産家に分類した上で,「近世以来の蓄積を背景に」, 家業以外の「地縁的な関連を有する, 地方における事業活動」に関与していく,「資産家一般とは区別される, 地方企業家」の重要性を指摘した. また, 地方名望家的資産家の意義を,「必ずしも『企業家』として経営を積極的に担わないが, しかし, 相対的にリスキーな企業投資を敢行する」[9] 点に求めている. これは, 日本経済全体から見た場合,「名望家による地方企業の設立運動は, それ自体としては, その後の企業発展に直接的に繋がるものではな」[10] いが,「まさに『企業勃興期』という限定された時期の, 限定された局面——企業の"勃興"局面——において, 独自な意義を有していた」[11] という結論に達する.

　本書との関係から記すと, 地方企業家的資産家であれ, 地方名望家的資産家であれ, 彼らは単独で投資をしている, と考えている点が異なる. 彼らが相互に情報を交換しつつ, 地域経済の発展に対して企業家ネットワークという形態を取って事業活動に関わっていた点が大切だと思われる. また, 本書では, 役員の所得階層を明らかにしたから, 積極的な階層の特徴も明らかになったと思われる. ことに, 資産家という側面を考えた場合, どれだけの資産を有していたのか, あるいはどれだけの所得を得ていたのかという点は, 避けて通れない問題であろう. しかし, これまでは, 一部の地域や個々の事例分析において資産規模や所得水準が判明したとしても, 明治期における資産家一般という全体像の中で, 一体どのような水準にいたのかは不明のままであった. 本書では, 明治31年時点での企業家の所得分布を明らかにし, 所得平均を推定した. これによって, 今後, 事例分析を進める際に, そうした人物の資産家としての特徴が, 日本全国の中でどの程度であったかが確かめられよう.

　われわれの研究は, 財閥と財閥の間に, あるいは財閥と地方財閥の間にあって, 地域経済の発展に貢献した企業家と会社からなる企業家ネットワークを中心に分析を進めてきたものである. そして本書は, 従来の財閥史研究や, 家族・同族を主体とした研究からでは十分に把握できなかった, 企業家と彼らが興した会社の総体を明らかにし得るフレームワークを提供するとともに, 愛知県における事例分析を行なった.

　以上から, 本書の意義は, 日本全国レベルでの分析を通して, 地域に根差した

同志が企業家ネットワークという独自の人的ネクサスを形成し，これを基に共同で会社を設立し，かつ経営に関与する中で地域経済の発展に貢献して来たことを明らかにしたことである．地域に根差した経済活動の中から，日本経済から見ても有数の大企業にまで成長する企業がいたことも忘れてはならない．

また明治期に生まれた企業家ネットワークは，大正期にも存在し，昭和戦前期にも存在していたのである．その一端は本書で明らかにし得たものの，全貌を明らかにするには至らなかった．今後，地域経済の発展に関する実証研究と，昭和戦前期にまで時期を延ばしつつ，日本全国にわたる分析を通して，本書が提起した企業家ネットワークの意義をいっそう深めることが必要となろう．今後の課題としたい．

注

1）森川英正「渋沢栄一―日本株式会社の創立者―」（森川英正責任編集『日本企業と国家』＜宮本又次・中川敬一郎監修，日本経営史講座　第4巻＞日本経済新聞社，昭和51年），59ページ．
2）『南山経営研究』第8巻第1号，平成5年6月．
3）同稿，124ページ．
4）森川英正『日本経営史』（日本経済新聞社，昭和56年），17ページ．
5）同書，18～19ページ．
6）同書，19ページ．
7）谷本雅之・阿部武司「企業勃興と近代経営・在来経営」（宮本又郎・阿部武司編『日本経営史2　経営革新と工業化』（岩波書店，平成7年），105ページ．
8）同書，109ページ．
9）同書，120ページ．
10）同書，122ページ．
11）同書，123ページ．

付表 1　明治 31 年において 6 社以上で役員であった人物の

氏名	役員	商業会議所会員など	居住府県	職業・身分等
渋沢栄一	29	2	東京	東京商業会議所会頭，第一銀行頭取，幕臣．
松本重太郎	26	1	大阪	洋反物卸．第百三十国立銀行頭取，山陽鉄道社長．
山中利右衛門	21		京都	近江倉庫社長．近江彦根藩士．京都府会議員，滋賀県会議員を歴任．
田中市兵衛	20	1	大阪	肥料商．第四十二国立銀行頭取，大阪商船社長．
野田吉兵衛	20	1	大阪	呉服商．天満織物社長．元大阪府会議員．
阿部彦太郎	20		大阪	米穀問屋兼荷受問屋，地主．平安銀行頭取，灘酒造社長．
岡橋治助	19		大阪	木綿問屋，地主．三十四銀行・日本共同銀行頭取，天満紡績社長．
小泉新助	18		京都,滋賀	関東呉服商．近江銀行・近江貯金銀行頭取．
下郷伝平	17		滋賀	米，種油，肥料商，製糸業．長浜銀行頭取，長浜糸米株式取引所理事長．貴族院議員．
阿部市郎兵衛	16		滋賀	米肥料問屋．起業銀行・起業貯金銀行頭取．
今西林三郎	15	1	大阪	メリヤス商兼洋手拭染地木綿手拭類商．大阪毛糸社長．
浮田桂造	15	1	大阪	売薬商．大阪明治銀行頭取，大阪硫曹社長．
馬越恭平	15		東京	日本麦酒専務．元三井物産常務理事．
井上保次郎	15		大阪	株式取引業．第百三十六国立銀行頭取．元両替商，株式仲買人．
金沢仁兵衛	14	1	大阪	肥料問屋兼米穀問屋．大阪共立銀行頭取，平野紡績社長．
田中平八	14		東京	生糸商．第百十二国立銀行・田中銀行頭取．生糸商「糸平」・田中平八（初代）の長男．
岡崎栄次郎	14		大阪	洋反物卸諸機械製造．大阪商業銀行頭取，大阪製帽社長．
近藤喜禄	13	1	大阪	舶来鉄商兼銅商．日ノ丸製剤社長．
今村清之助	13		東京	今村銀行頭取，元洋銀，両替商，株式仲買商．
弘世助三郎	13		大阪	第百三十三銀行・日本生命保険取締役．元呉服商．元滋賀県会議員．
浅野総一郎	13		東京	石炭，石油商．セメント製造業．東洋汽船社長．
土居通夫	12	1	大阪	大阪商業会議所会頭，大阪実業銀行頭取．元鴻池家支配人．
岡本治助	12	1	京都	生糸卸．京都撚糸社長．
原善三郎	12		神奈川	生糸売込み商．第二銀行頭取，横浜蚕糸外四品取引所理事長．
山本亀太郎	11		兵庫	貿易商．神戸商業会議所議員，神戸肥料社長，日本生糸貿易社長．
外山脩造	11	2	大阪	浪速銀行頭取，商業興信所所長．元日本銀行理事兼大阪支店長．
広瀬満正	11		兵庫	地主．日本貿易銀行頭取，日本貿易倉庫社長．
若尾幾造	11	1	神奈川	蚕糸売込商．横浜若尾銀行事業主，横浜貿易倉庫社長．若尾逸平の実弟．
肥塚与八郎	11		大阪	堺貯金銀行取締役．
瀧兵右衛門	11		愛知	呉服太物卸商．名古屋銀行頭取，帝国撚糸社長．
中野貫一	11		新潟	扶桑二十坑石油，扶桑同盟社長．
木谷七平	11		大阪	肥料米穀問屋．第三十銀行取締役．
菊池長四郎	11		東京	呉服太物問屋．東海銀行監事．
小野金六	10	1	東京	東京割引銀行頭取．（西南戦争時の米の買占めにより蓄財）
荘田平五郎	10	1	東京	三菱合資会社管事．元慶應義塾教師．稲葉藩士．
池田貫兵衛	10	1	兵庫	樟脳花筵卸．第六十五銀行頭取，神戸電燈社長．
中沢彦吉	10	1	東京	清酒問屋．京橋銀行・八十四銀行・興業銀行頭取，東京建物会長．
原六郎	10		東京	横浜正金銀行取締役．元横浜正金銀行頭取．
山本治兵衛	10		大阪	繰綿卸．日本炭坑社長．
守永勝助	10		福岡	清酒醸造・販売．第八十七銀行・門司貯蓄銀行頭取．
殖栗順平	10		新潟	明治石油頭取，集栄石油社長．
真中忠直	10		東京	東洋石油会長，西成鉄道専務．元逓信管理局長．元衆議院議員．
田中市太郎	10		大阪	大阪製綾，日本醸酒社長．
阪上新治郎	10		大阪	海魚問屋．有魚貯蓄銀行頭取．
中村治兵衛	9		滋賀	呉服太物商兼古着商．金巾製織専務．
益田孝	9	1	東京	三井物産専務理事，幕臣．
岩田作兵衛	9	1	東京	用達商．武相中央鉄道常務，蔵王石油専務．
江崎醸兵衛	9		京都	伏見銀行頭取．
鶴見信平	9	1	静岡	浜松商業会議所会頭，浜松米穀取引所理事長．
田中源太郎	9	1	京都	京都商工銀行・亀岡銀行頭取，京都株式取引所理事長，貴族院議員．元金融業，陸運業．
浜岡光哲	9	1	京都	京都商業会議所会頭，関西貿易，商報社長．衆議院議員．
服部小十郎	9	1	愛知	材木商．愛知材木副社長．
安田善次郎	9		東京	安田銀行監事．元両替商．
加東徳三	9	1	東京	株式仲買，百三十二銀行頭取，札幌精糖社長．元米商仲買．
吉原善右衛門	9		大阪	木綿太物商．日本製綿社長．
広岡信五郎	9		大阪	元尼崎紡績社長．加島屋宗家・8代広岡久右衛門の二男．
新保岩吉	9		新潟	醤油醸造．南越石油社長．
正野玄三	9		滋賀	売薬兼薬種商．近江鉄道・日埜綿布製織社長．
泉清助	9		大阪	日本共同銀行・日本生命保険取締役．

付　表　411

職業と資産（単位：円）

『商工人名録』			資料②ないし③		備考(1)			備考(2)	
府県	所得税	営業税	所得税	営業税	府県	所得税	営業税	「多額納税者」納税額	「大地主」地価額
大阪	-	32	2,803						
京都	-	248	2,820	146	奈良	-	15		
新潟	21	14	1,667		福井	6	22		
			368						
大阪	103	565							112,212
大阪	593	53			徳島	-	43		19,098
			139	1,322				1,322	
大阪	-	-							11,647
大阪	-	-	301	169					
大阪	708	-							
広島	3	23	688						
大阪	1,082	34							
新潟	3	11							
大阪	114	56	363	387					
			1,000					1,504	
神奈川	-	40	789		神奈川	-	739	967	
			340						
京都	283	39							
神奈川	2,626	1,111	2,543						
東京	26	16			兵庫	115	259		
			1,228						
神奈川	1,111	334							
大阪	718	138							
愛知	1,166	296			京都	-	24	990	22,884
大阪	-	50	144						
			928	208					
			591						
			224						
兵庫	251	199		227					
東京	316	371							
			1,978						
大阪	69	-		20					
福岡	139	53							
			75						
			3						
大阪	306	91							
岩手	108	63			東京	5	31	617	
			398						
東京	-	21	966						
京都	-	68			京都	37	115		
								1,590	
			267						
			242						
			2,401						
			739						
大阪	98	37							
			329						
滋賀	243	40							
			112						

氏名	役員	商業会議所会員など	居住府県	職業・身分等
宅徳平	9		大阪	醸造業．堺酒造社長．
竹村藤兵衛	9		京都	清酒醸造．中京銀行頭取．
鳥井駒吉	9		大阪	清酒醸造業．大阪麦酒社長．
藤本清七	9		大阪	米穀問屋．大阪商船取締役．
福本元之助	9		大阪	尼崎紡績社長，逸身銀行取締役．両替商逸身佐兵衛の三男．
平沼専蔵	9		神奈川	洋織物引き取り商，生糸，米穀，土地，株式取引商．横浜銀行・金汁貯蓄銀行頭取．
野本松二郎	9		新潟	長岡二品取引所理事，帝国鉱業社長．
香川真一	9	1	岡山	岡山商業会議所会頭，共立絹糸紡績社長．元大分県令・岡山県会議員．岡山藩士．
松方幸次郎	9		大阪	川崎造船所社長．松方正義の三男．
白石半助	9	1	愛知	名古屋株式取引所理事，名古屋電気鉄道会長．尾張藩宇治茶御用・平子徳右衛門（8代）の六男，加賀屋白石家の養子．
浜崎永三郎	8	1	大阪	株式取引所仲買．大阪三商銀行頭取．
喜谷市郎右衛門	8	1	東京	売薬商．八十四銀行・富士製紙取締役．
松田源五郎	8	1	長崎	長崎商業会議所会頭，十八銀行頭取．元貿易商，小野組長崎佐賀熊本支店総括．元長崎県会議員，衆議院議員．
杉山岩三郎	8	1	岡山	金銭貸付業．岡山銀行頭取，吉備鉄道社長．
瀧定助	8	1	愛知	呉服太物商．名古屋製織社長．
沢野定七	8	1	兵庫	米穀肥料卸商兼仲買商．兵庫精米社長．
竹尾治右衛門	8	1	大阪	呉服肥料．摂津紡績社長．
中村栄助	8	1	京都	鶏卵鰹節商．京都商業会議所副会頭，伏見紡績社長，鴨東銀行副頭取．
渡辺福三郎	8	1	神奈川	海産物商兼乾物仲買商．横浜貿易倉庫社長．
安川敬一郎	8		福岡	炭鉱肥兼石炭商．若松築港会長，明治坑取締役．
井上治三郎	8		京都	清酒醸造．江若鉄道社長，平安倉庫社長．
稲垣藤作	8		京都	縮緬生絹卸商．第一糸紡績頭取．
酒見恒蔵	8		福岡	筑後鉄道取締役．
上羽勝衛	8		熊本	九州商業銀行・九州貯蓄銀行取締．元熊本県労務課長，宇土郡・下益城郡郡長．
川崎八右衛門	8		東京	川崎銀行監督．
沢田清兵衛	8		兵庫	米穀肥料．第二明治，興巳工業社長．慶應義塾卒．
日下安左衛門	8		兵庫	地主，製糸業．梁瀬銀行・加悦銀行頭取．
尾崎伊兵衛	8	1	静岡	茶商．静岡米穀株式取引所理事長．
浜本八治郎	8		兵庫	姫路商業銀行・飾磨銀行頭取，播磨紡績社長．
米沢吉次郎	8		兵庫	米穀商．第五十六国立銀行・阪鶴鉄道取締役．
牧口義方	8		新潟	米海産物荒物問屋．柏崎銀行頭取．
古畑寅造	8		大阪	第七十九銀行・摂津貯蓄頭取．
瀧詞喜平治	8		栃木	地主．第四十一国立銀行頭取，下野綿布会長，元栃木県会議員，貴族院議員．
安田和助	7	1	岐阜	米穀商．大垣商業会議所会頭，美濃商業銀行取締役．
伊藤幹一	7	1	東京	東京株式取引所理事，駿甲鉄道，日本メリヤス製造取締役．文部省勤務ののち，東京株式取引所入所．幕臣．
亀岡徳太郎	7	1	大阪	木綿問屋兼足袋卸．大阪商業会議所副会頭，畿内倉庫社長．
橋本吉兵衛	7	1	広島	尾道商業会議所会頭，広島桟橋社長．
佐久間貞一	7	1	東京	秀英舎社長．幕臣．
志方勢七	7	1	大阪	肥料商．摂津製油社長，日本棉花取締役．
小河久四郎	7	1	福岡	博多商業会議所会頭，十七銀行頭取．
祖父江重兵衛	7	1	愛知	呉服太物卸商．愛知物産組社長．
大谷嘉兵衛	7	1	神奈川	製茶貿易．横浜商業会議所会頭，第七十四国立銀行・横浜貯蓄銀行取締役．
中上川彦次郎	7	1	東京	三井銀行専務理事．福沢諭吉の甥．
長尾三十郎	7	1	東京	日本精糖社長．
堤弥兵衛	7	1	京都	紙商兼砂糖商．京都時計製造・内国農産社長．
田中清兵衛	7	1	岐阜	大垣商業会議所副会頭，大垣銀行・美濃商業銀行取締役．
豊永長吉	7	1	山口	日本舎密製造社長，衆議院議員，長府藩士．
末延道佑	7	1	東京	東京海上保険会長．元郵便汽船三菱会社勤務．東京帝国大学卒．
阿部市太郎	7		滋賀，大阪	呉服反物，肥料商．金巾製織社長．
伊藤長次郎	7		兵庫	清酒醸造，地主．加古川銀行頭取，伊保酒造社長．
井上信八	7		愛知	材木卸商．愛知材木社長．
右近権左衛門	7		大阪	運漕業．第四十二国立銀行取締役．
雨宮敬次郎	7		東京	武相中央鉄道社長．元行商，洋銀取引業．
柿沼谷蔵	7		東京	綿糸問屋．上武鉄道社長．
桑原政	7		大阪	明治炭坑社長．
原喜助	7		大阪	三島紡績社長．
佐伯勢一郎	7		大阪	大阪糸綿木綿取引所理事長，大阪盛業社長．
守永久吉	7		福岡	呉服太物商．豊陽銀行頭取．

『商工人名録』			資料②ないし③		備考(1)			備考(2)	
府県	所得税	営業税	所得税	営業税	府県	所得税	営業税	「多額納税者」納税額	「大地主」地価額
富山	3	14	62						
大阪	—	98	900						
			60						
神奈川	2,024	190	741						
新潟	6	26							
			275						
			960	251					
東京	290	—							
岡山	611	40							
愛知	386	280							
兵庫	539	135							
大阪	488	117							
石川	15	64	30	27	京都	30	27		
神奈川	2,136	55	1,208					1,213	
福岡	2,358	114							
									11,000
			28						
愛知	5	20	24						
			56	73				1,435	55,039
									21,692
兵庫	142	76							10,529
									27,832
			85						
			240					839	23,185
岐阜	35	65							
			247						
大阪	213	35							
東京	—	11	44		京都	4	31	946	
			39	29					
			348	95					
愛知	304	264							14,313
神奈川	1,198	433			福井	3	11		
			327						
			115						
京都	49	24							
福井	4	16			大阪	3	22		
			88						
									92,682
愛知	71	57							
大阪	1,692	1,085							
			1,220						
東京	363	574							
			63						
			42						
			287						
福岡	344	73							

氏名	役員	商業会議所会員など	居住府県	職業・身分等
春日井丈右衛門	7	1	愛知	呉服太物卸商．名古屋銀行取締役．
小出荘三郎	7		新潟	菓子商．曙大平石油専務．
小西半兵衛	7		大阪	舶来物品商．毛斯綸紡織取締役．
小林内八郎	7		新潟	石油並機械油販売商．内国石油専務．
松田市右衛門	7		兵庫	三田米穀取引所理事長，三田共融銀行頭取．
森岡昌純	7		東京	日本商業銀行頭取．元日本郵船社長．元農商務省少輔．
深見伊兵衛	7		京都	京都倉庫副社長．
神田清右衛門	7		和歌山	共同銀行・熊野貯蓄銀行頭取．
清水儀八	7		新潟	洋物商兼度量衡販売．日之出石油頭取．
西園寺公成	7		東京	華族．第一銀行取締役．
大倉喜八郎	7		東京	大倉組頭取．元鉄砲商．
竹村弥兵衛	7		京都	洋反物商兼絞糸卸商．川島織物常務．
竹田忠作	7		大阪	大阪鉄道取締役．
中島行孝	7		東京	上毛馬車鉄道社長．
朝田喜三郎	7		大阪	富岡銀行頭取．
辻吉敬	7		大阪	筑豊炭坑社長．
田島信夫	7		東京	毛利家財産副主管．東京電燈取締役．
二橋元長	7		東京	岩越鉄道社長．元郵便汽船三菱会社勤務．
梅浦精一	7	1	東京	東京石川島造船所専務．元文部省勤務．
片山和助	7		大阪	海産物荷受問屋．大阪実業銀行取締役．
末吉平三郎	7		大阪	日本製油社長．平野紡績取締役．
茂木保平	7		神奈川	呉服太物商兼絹織物卸商．第七十四国立銀行・第二銀行取締役．
矢倉甚兵衛	7		和歌山	共同銀行頭取，串本漁業社長．
松田寅次郎	7		新潟	長岡石油・高山石油専務．
松尾巳代治	7	1	長崎	貿易商兼綿花肥料取引，穀物商．長崎商業会議所副会頭，長崎依託監査役．
大野清敬	7		東京	内国保険社長．
園田実徳	7		東京	北海道炭鉱鉄道専務，函館船渠社長．元日本郵船函館支店長．鹿児島藩士．
熊谷直候	7		福岡	豊州炭鉱専務，第八十七銀行取締役．
中村忠兵衛	6	1	京都	丹後縮緬卸商．日露韓貿易副社長．
井口半兵衛	6	1	愛知	肥料問屋．亀崎建物社長．
益田克徳	6	1	東京	東京帽子専務．元検事．益田孝実弟．
奥田正香	6	1	愛知	名古屋商業会議所会頭，尾張紡績・日本車輛製造社長．元味噌醤油製造業．尾張藩士．
岡本太右衛門	6	1	岐阜	金物商兼鍋釜鋳造業，岐阜商業会議所会頭，濃厚銀行頭取．
菊池恭三	6	1	大阪	尼崎紡績取締役兼技師長．工部大学機械工学科卒．元大蔵省大阪造幣局技手．
宮津賢次郎	6	1	大阪	大阪石油社長．
九鬼紋七	6	1	三重	肥料兼石炭商．三重紡績会長．
戸田鋭之助	6	1	岐阜	第百二十九国立銀行・大垣共立銀行頭取．
五百井長平	6	1	大阪	朝鮮貿易商（長兵衛）．日本硫酸社長．
光藤亀吉	6	1	岡山	紙商．岡山生魚社長，元岡山商法会議所会頭．元岡山市会，県会議員．
甲谷権兵衛	6	1	大阪	浪速銀行取締役．
荒川才二	6	1	新潟	回船問屋兼海陸貨物回漕店．新潟硫酸専務．
荒川宗助	6	1	京都	生糸商．京都電燈取締役．
高谷光雄	6	1	滋賀	近江米油取引所理事長，近江麻糸紡織専務．
高木嘉兵衛	6	1	大阪	荒物商．貯金銀行専務．
斎藤庫吉	6	1	新潟	織物製造兼製糸業，越佐汽船社長．
笹田伝左衛門	6	1	愛知	清酒醸造兼清酢製造販売．名古屋倉庫会長
小室信夫	6	1	東京	縮緬問屋，蜂須賀家代理．京都電灯社長．
西川敬治	6	1	東京	織物仲買．第七十八国立銀行頭取．
倉田久三郎	6	1	新潟	石油製造販売兼味噌醤油製造業．古志宝田石油取締役．
宅間菊太郎	6	1	愛知	豊橋銀行頭取，三河製糸社長．
池田成章	6	1	山形	両羽銀行頭取．
築山三郎兵衛	6	1	京都	清酒醸造業，伏見酒造社長．
中村才馬	6	1	熊本	熊本電燈社長．
天野嘉四郎	6	1	広島	六十六銀行頭取．
渡辺洪基	6	1	東京	日本織物会長．貴族院議員．元東京帝国大学総長．福井藩士．
飯島保作	6	1	長野	上田商業会議所副会頭，第十九銀行取締役．元・上田町収入役．
浜圭太郎	6	1	岡山	代弁業．東児銀行取締役．
北村英一郎	6	1	東京	帝国貯蓄銀行専務，元長野県会議員．
本山彦一	6	1	大阪	藤田組専任支配人．大阪毎日新聞社相談役．元兵庫県勧業課長，師範学校長．
木村利右衛門	6	1	神奈川	蚕糸仲買商兼付属屑物仲買商．横浜貿易倉庫・横浜共同電燈社長．
木津太郎平	6	1	富山	倉庫業兼肥料問屋．高岡共立銀行頭取，高岡肥料社長．

付　表　415

『商工人名録』			資料②ないし③		備考(1)			備考(2)	
府県	所得税	営業税	所得税	営業税	府県	所得税	営業税	「多額納税者」納税額	「大地主」地価額
愛知	334	140			京都	—	25	1,254	29,195
新潟	3	14							
大阪	93	381							
			115						
新潟	—	2							
			972						
			3,464		大阪	93	256	3,576	
京都	65	56							
			262						
			148						
			16						
			34						
			740						
			85						
			200						
大阪	61	18							
神奈川	697	501							
長崎	42	41							
			135						
福島	36	28	93	64	茨城	51	18		
愛知	93	184							
			76						
岐阜	7	40							
			138						
			130						
三重	297	422							35,086
			207	533					16,601
			106						
			8	5					
京都	73	59							
大阪	66	31							
			11						
				306					
新潟	25	86							
府県	所得税	営業税	所得税	営業税	府県	所得税	営業税	「多額納税者」納税額	「大地主」地価額
			99						
岡山	117	1							
			538						
			136						
神奈川	1,077	341							
富山	119	35							

氏名	役員	商業会議所会員など	居住府県	職業・身分等
安田善助	6		東京	明治商業銀行頭取．安田善次郎養子．
永井仙助	6		大阪	質商．大阪木津川セメント社長．
越野嘉助	6		大阪	第百四十八国立銀行取締役．
岡島喜右衛門	6		兵庫	三田銀行取締役．
下村忠兵衛	6		京都	関東呉服卸商兼袴地卸売．第四十九銀行頭取．
河相三郎	6		広島	福山貯蓄銀行頭取．
河路重平	6		滋賀	醤油醸造兼塩販売．北海道亜麻製線専務．
笠間靖	6		埼玉	小川銀行副頭取．元埼玉県会，郡会（比企郡）議員．
葛野調七	6		大阪	米穀問屋兼荷受問屋．大阪実業銀行監査役．
鎌田三郎兵衛	6		兵庫	大家銀行頭取．
鎌田勝太郎	6		香川	醤油醸造．阪出銀行頭取，佐貫紡績社長．
気賀子治	6		静岡	農業．引佐製糸社長．
宮地茂助	6	1	愛知	履物鼻緒商．第四十六銀行取締役．
宮本吉右衛門	6		和歌山	金銭貸付業．第四十三銀行頭取．
熊田喜平治	6		愛知	種油石油肥料商．愛知製油社長．
高松谷松	6		新潟	高津谷石油専務．
高瀬牧太郎	6		静岡	農業．大宮銀行頭取，原田製糸社長．貴族院議員．
佐々木清七	6		京都	綸子紋織製造．西陣製織取締役．
三宅六蔵	6		兵庫	清酒醸造．姫路商業銀行取締役．
山崎徳左衛門	6		愛知	農業，木綿・肥物商．愛知農商銀行取締役．
山田又七	6		新潟	高山石油社長，日之本石油頭取．
寺田元吉	6		大阪	清酒醸造．岸和田海陸運輸社長．
芝原嘉兵衛	6		京都	煙草問屋．起業銀行取締役．
勝山善三郎	6		群馬	生糸商．前橋電燈専務．
小牧仁兵衛	6		京都	京都農業銀行・河東貯金銀行頭取．京都府会議員．
森一馬	6		東京	八十九銀行取締役．
神野常松	6		広島	福山銀行取締役．
神野利右衛門	6		広島	松永銀行，備後製糸専務．
西川幸兵衛	6		京都	呉服卸．第四十九銀行取締役．
石黒忠作	6		新潟	油商兼醤油味噌製造販売．北越精米社長．
石田庄次	6		大阪	砂糖卸商．京阪砂糖社長．
村瀬庫次	6		愛知	名古屋商品取引所理事長，丹業銀行副頭取．衆議院議員．
太田清蔵	6		福岡	油問屋．博多商業会議所副会頭，博多電燈社長．
谷川達海	6		岡山	岡山紡績社長．岡山商業会議所初代会頭，岡山藩士．元岡山市会議長．
中村惣兵衛	6		大阪	絖紙卸商．大阪三商銀行頭取，大阪保険社長．
辻忠左衛門	6		大阪	唐物商．大阪倉庫取締役．
坪井甚蔵	6		新潟	古着太物商．太平石油，東洋石油専務．
渡辺鉄心	6		和歌山	紀州銀行頭取．
馬淵金吾	6		静岡	農業．浜松委托銀副社長．
米倉一平	6		東京	東京米穀取引所理事長，川越鉄道専務．元製茶貿易，生糸製造業．元米商会所頭取．
堀豊彦	6		兵庫	網干銀行取締役．
麻生太吉	6		福岡	炭坑業．嘉穂銀行頭取．
籾山半三郎	6		東京	海産物商兼仲買商．日本通商銀行頭取．
矢野長兵衛	6		京都	質商．西陣銀行頭取，京都紡績社長．
林醇平	6		岡山	倉敷銀行，倉敷紡績取締役．元東京日日新聞記者．元岡山県会議長．
鈴木摠兵衛	6	1	愛知	材木卸小売商．名古屋生命保険社長．
鷲尾伴五郎	6		兵庫	清酒醸造．今津酒蔵社長．
岩田春二郎	6		大分	岩田銀行主，中津紡績取締役．
岡本善七	6		東京	岡本銀行頭取，内国通運評議員，元両替商．

注：(1) 同表は，小早川・鈴木・和田「明治期の会社および経営者の研究―『日本全国諸会社役員録』（明治31年版）の分析―」（中部大学）ただし，同稿の表には，商業会議所等を含む役員兼任回数6回以上の人物について記載したが，本表では商業会議所等を除いた役員兼任回数6回以上の人物について記載した．
(2) ②の資料は所得金額を記載しているので，当時の税率を乗じて所得税額を算出した．税率は次のとおり．所得金額3万円以上1
(3) 『商工人名録』には，同表の「商工人名録」の欄に記載された以外にも，同府県・他府県に，同姓同名で税金の記載がある場合も備考(1)には，その他の記載のうち1件を記した．それ以外に同姓同名で税金の記載があるものは以下のとおりである．
山本亀太郎——兵庫，営業税189円，同，営業税26円．
中村治兵衛——東京，営業税5円，大阪，所得税77円，営業税94円，同府，所得税9円，営業税21円．
中村忠兵衛——京都，所得税93円，和歌山，営業税15円．
(4) 「大地主」について，兵庫県印南郡在住の伊藤長次郎は記述した同郡に所有する土地以外に，次のような地価額の土地を所有する．重県四日市市在住の九鬼紋七は記述の三重郡所有地以外に，地価額22,163（河芸郡）の土地を所有する大地主である．

出典：職業，所得税および営業税については，鈴木喜八・関伊太郎編・刊『日本全国商工人名録』（明治31年）（ただし，その復刻版である編・刊『第3回大阪市京都市神戸市商工業者資産査（明治30年12月調）』（明治31年，農林省農業総合研究所所蔵）および③交詢社によって補った．また，備考(2)の「大地主」と「多額納税者」については①の資料によった．

付表　417

『商工人名録』		資料②ないし③		備考(1)			備考(2)
府県	所得税	営業税	所得税	営業税	府県	所得税	営業税	「多額納税者」納税額	「大地主」地価額
京都	2	72	144					
			107	47				
			103					
東京	—	145		281	京都	—	281		
広島	113	48							
滋賀	33	27						644	17,603
大阪	56	20			大阪	—	53		
									28,713
香川	392	211						1,543	50,329
愛知	102	53							
和歌山	97	30							
愛知	22	31							
			147					1,780	
京都	29	46							
兵庫	8	110							18,488
大阪			123	62	大阪	113	62		
群馬	223								
			88						
			96						26,818
京都	308	210							
新潟	66	68							
大阪	105	235							
			136						
福岡		33							
大阪		624							
			236						14,177
新潟									
			584						
									15,927
東京									
			87	99					
愛知									
			81	180					
大分									

産業経済研究所『産業経済研究所紀要』第9号，1999年3月）を基に作成した．
員兼任回数6回以上の人物を取り上げた．
3%，2万円以上：2.5%，1万円以上：2%，1千円以上：1.5%，300円以上：1%．
ある．

「大地主」であった．14,677（明石郡），31,294（加東郡），16,941（加西郡），24,564（飾磨郡）．三

①渋谷隆一編『明治期日本全国資産家地主資料集成』I〜III［柏書房，昭和59年］），②商業興信所編・刊『日本紳士録　第5版』（明治30年）による．ただし職業については各種の人名録や伝記類

付表 2-1　明治 40 年において 6 社以上で役員であった人物の職業と資産

通し番号	氏名	役員	商業会議所会員など	府県	M31年役員数	職業・身分等
1	渋沢栄一	30	1	東京	29	第一銀行頭取．幕臣．
2	大倉喜八郎	21		東京	7	大倉組頭取．東京電力取締役．元鉄砲弾薬及武器販売業．
3	野田吉兵衛	18		大阪	20	呉服商．天満織物・日本煉瓦・硫酸肥料社長．
4	馬越恭平	17		東京	7	大日本麦酒社長，中国鉄道取締役．元三井物産常務理事．
5	渡辺福三郎	17	1	神奈川	8	海産乾物貿易商．横須賀電燈社長，横浜鉄道常務．
6	藤本清兵衛	17	1	大阪	4	金融業．藤本ビルブロカ会長，京都電気鉄道社長．
7	浅野総一郎	17		東京	13	石炭商兼石油材木商．浅野セメント業務担当社員，東洋汽船社長．
8	若尾幾造	16		神奈川	11	蚕糸貿易商．横浜蚕糸外四品取引所理事長，横浜倉庫専務．若尾逸平の実弟．
9	平沼延次郎	16		神奈川	6	砂糖仲買．横浜株式取引所理事長，東洋護謨専務．
10	安田善次郎	16		東京	9	安田銀行監督．元両替商．
11	大谷嘉兵衛	15	1	神奈川	7	製茶貿易商兼蚕糸海産乾物貿易商．横浜七十四銀行・横浜貯蓄銀行頭取．貴族院議員．
12	馬道道久	15		富山		廻船業，大地主．越中商船社長，岩瀬銀行頭取，富山米穀取引所理事長，元貴院議員．
13	中沢彦吉	14	1	東京	10	清酒問屋．八十四銀行・興業銀行頭取，東京建物会長．
14	瀧沢喜平治	14		栃木	8	大地主．四十一銀行・氏家銀行頭取．
15	手塚五郎平	13	1	栃木	2	宇都宮製粉社長，大日本製粉監査役．
16	根津嘉一郎	13	1	東京	2	東武鉄道・館林製粉社長．衆議院議員．
17	大橋新太郎	13	1	東京	1	図書出版業．東京商業会議所副会頭，国定教科書共同販売所社長，東京瓦斯取締役．衆議院議員．
18	田中市太郎	13	1	大阪	10	肥料商．大阪商業会議所副会頭，日本棉花社長，大日本麦酒取締役．田中市兵衛の長男．
19	賀田金三郎	13		東京	3	軍事用品達業．東京製皮社長，日本製靴取締役．
20	牧口義矩	13		新潟		人造肥料，清国大豆粕商．柏崎銀行頭取，直江津米穀取引所理事長．米穀海産物荒物問屋・牧口義方の長男．
21	田中源太郎	12	1	京都	9	大地主．京都商工銀行・亀岡銀行頭取，京都織物会長，京都鉄道社長．元金融業・陸運業．貴衆院議員．元衆議院議員．
22	雨宮敬次郎	12		東京	8	京浜電気鉄道・江ノ島電気鉄道社長．東京商品取引所理事長．元行商，洋銀取引商．
23	喜谷市郎右衛門	12		東京	8	売薬商．八十四銀行・興業貯蓄銀行取締役．
24	田島信夫	12		東京	7	毛利家財産副主管，東京電燈取締役，東京海上保険監査役．
25	安田善三郎	12		東京	3	百三十銀行・日本商業銀行頭取．日本製麻社長．安田善次郎の養子．
26	大倉孫六	11	1	東京	10	東京割引銀行頭取，富士製紙専務．（西南戦争時，米の買占めにより蓄財）
27	平沼専蔵	11		神奈川	9	石炭商，雑貨売込，洋紙織物取引商．横浜中央銀行・横浜中央貯蓄銀行・金汁貯蓄銀行頭取．元貴族院・衆議院議員．
28	今西林三郎	11	1	大阪	15	内外織糸海産兼石炭商．大阪商業会議所副会頭，大阪三品取引所理事長，阪神電気鉄道専務．
29	奥田正香	11		愛知		名古屋商業会議所会頭，名古屋電力・名古屋瓦斯・日本車輛製造社長．尾張藩士．
30	浮田桂造	11		大阪	15	売薬商．大阪舎密工業社長，関西鉄道取締役．衆議院議員．
31	青木仁平	10		栃木	1	宇都宮製粉社長，大日本製粉取締役．
32	伊藤幹一	10	1	東京	7	茨城無煙炭鉱会長，日本瓦斯取締役．文部省勤務ののち東京株式取引所入所．幕臣．
33	広谷源治	10	1	北海道	6	海産物商兼倉庫業．函館銀行頭取，函館汽船取締役．
34	菅野伝右衛門	10		富山	5	米穀肥料問屋，高岡電燈社長，高岡銀行取締役．元貴院議員．
35	原六郎	10		東京	10	横浜正金銀行・九州鉄道取締役．元横浜正金銀行頭取．
36	中村清蔵	9	1	東京		米穀商．大日本製糖取締役．
37	茂木保平	9		神奈川	6	輸出絹物商．横浜七十四銀行・第二銀行取締役．
38	井口半兵衛	9	1	愛知	6	米穀肥料商兼海運業．知多商業会議所会頭，亀崎建物社長．
39	白石半助	9	1	愛知	9	油商兼肥料商．名古屋電気鉄道会長，名古屋倉庫・名古屋精糖社長．尾張藩宇治茶御用・平子徳右衛門六男，加賀屋白石家養子．
40	鎌田勝太郎	9		香川，東京	6	醤油味噌醸造．讃岐紡績会長，阪出銀行頭取．
41	志方勢七	9		大阪	7	肥料商．摂津製油社長，日本棉花・豊田式織機取締役．
42	鈴木摠兵衛	9		愛知	7	材木商．愛知時計製造・名古屋製菓取締役．
43	園田実徳	9		東京		北海道銀行頭取，留萌炭礦会長．元共同運輸函館支店長，日本郵船函館支店長．鹿児島藩士．
44	田中経一郎	9		東京	1	宮内省用達家具商，土木建築業．東京電燈・興信銀行取締役．
45	寺田元吉	9		大阪	6	清酒醸造．和泉製紙社長，和泉貯金銀行取締役．
46	松尾寛三	9		東京	5	留萌炭坑専務，日本勧業銀行取締役．
47	小栗富治郎	9		愛知	3	酒造業．尾三農工銀行頭取，知多紡績・名古屋生命保険社長．
48	天埜伊左衛門	8	1	愛知	3	亀崎銀行頭取，有隣生命保険監督．元知多商業会議所会頭．
49	上遠野富之助	8	1	愛知		日本車輛製造常務，名古屋電力取締役．元報知新聞記者．
50	井上角五郎	8	1	東京	3	日本製鋼社長，北海道炭礦汽船専務．衆議院議員．
51	柿沼谷蔵	8	1	東京	5	和洋綿糸商．下野紡績社長，東京電力監査役．
52	久保三八郎	8	1	栃木	1	農業，大地主．栃木県星工銀行頭取，下野銀行取締役．
53	中村藤吉	8	1	静岡	5	小間物袋物化粧品氷砂糖製造，大地主．浜松商業会議所会頭，浜松信用銀行・日本楽器製造取締役．
54	朝田又七	8	1	神奈川	5	回漕業．横浜船渠会長，横浜鉄道専務取締役社長，横浜市会議長．

付表 419

(単位：円)

『商工人名録』		『日本紳士録』		「多額納税者」納税額
所得税	営業税	所得税	営業税	
—	272	2,377	1,097	
		9,440		
		390		
		875		
2,525	468	8,039	647	11,225
		2,842		
—	778	2,805	1,747	
1,047	407	3,458	1,028	5,645
1,468	188			
		5,568		
1,081	610	4,548	1,356	6,596
	19			9,523
1,193	240	515	2,295	
—	—	1,005		
1,463	711	5,190	200	
		970		
865	27			
				1,963
		941		
		216		
		408		
697	912	4,873	430	4,375
364		825	910	
		1,008		
149	315	562	274	
158	405			
		2,681		
	695	7,224	4,112	
621	262	1,776	1,169	5,506
683	828			5,442
		193		
692	221			
148	46	427	110	
617	66	2,399	173	
		1,092		
		79		
233	119			
1,566	139			
		174		
		1,082		
163	419	421	120	
				2,050
350	37			
		3,058	378	5,757

通し番号	氏名	役員	商業会議所会員など	府県	M31年役員数	職業・身分等
55	渡辺甚吉	8	1	岐阜	3	絹織物製造業．岐阜商業会議所会頭，十六銀行・岐阜貯蓄銀行頭取．元貴族院議員．
56	浅田正文	8		東京		帝国商業銀行会長，日本郵船取締役．元日本郵船専務．
57	岩下善七郎	8		栃木	5	織物買継商．足利銀行・四十一銀行取締役．
58	植村澄三郎	8		東京	1	大日本麦酒常務，明治製糖取締役．元通信管理局次長．幕臣．
59	大原慶一	8		長野	1	大地主．長野農工銀行・信越石油取締役．長野県会議員．
60	小野利右衛門	8		長野	1	小諸銀行頭取，信濃銀行取締役．
61	佐野幸助	8		大阪		日本金剛砥取締役，天満織物監査役．
62	荘田平五郎	8		東京	10	三菱合資管事，日本郵船・東京海上取締役．元慶応義塾教師．筑前杵築藩士．
63	鈴木梅四郎	8		東京		王子製紙専務，三越呉服店監査役．衆議院議員．元三井銀行勤務．
64	瀧定助	8		愛知		呉服太物卸商．大地主．帝国撚糸織物専務，名古屋銀行取締役．
65	竹尾治右衛門	8		大阪	8	呉服卸商．日本紡績・摂津紡績社長．
66	田中市兵衛	8		大阪	20	肥料商．南海鉄道・神戸桟橋社長，大阪商船取締役．
67	益田太郎	8		東京		東京人造肥料・台湾製糖取締役．益田孝の長男．
68	村井吉兵衛	8		東京	2	銀行業．村井銀行業務執行社員，帝国ホテル・宝田石油取締役．元煙草製造販売．
69	森宗作	8		群馬		機業・絹買継商．四十銀行頭取，渡良瀬水力電気社長．
70	矢板武	8		栃木	2	農業．下野銀行・矢板銀行頭取．
71	渡辺佐吉	8		宮城		清酒醸造兼味噌製造業．白石商業銀行頭取，宮城紡績電燈監査役．
72	伊藤伝七	8	1	三重	4	酒造業．四日市商業会議所副会頭，三重紡績取締役，四日市製糸会長．
73	阪上新治郎	8		大阪	10	海魚問屋．大阪株式取引所理事長，三十四銀行取締役．
74	若槻直作	8		静岡	3	大地主．富士川銀行頭取，富士鉄道監査役．
75	大沢善助	7	1	京都		時計商．京都商業会議所副会頭，京都電燈・京都工商社長．
76	大野清敬	7	1	宮城	7	仙台商業会議所副会頭，七十七銀行頭取，内国生命保険社長．
77	尾崎伊兵衛	7	1	静岡	8	製茶業．大地主．静岡商業会議所会頭，三十五銀行頭取，静岡電燈取締役．
78	岸本豊太郎	7	1	兵庫	4	醬油製造，米問屋，銀行業．神戸商業会議所会頭，兵庫倉庫専務取締役社長，兵庫貯蓄銀行取締
79	木津太郎平	7	1	富山	6	倉庫業兼肥料問屋．高岡商業会議所会頭，高岡米穀取引所理事長，高岡共立銀行取締役．
80	瀬川岩造	7	1	広島	5	金銭貸付業．広島銀行取締役，舟入貸地専務．
81	松居庄七	7	1	京都		商工貯金銀行・京都電燈取締役．
82	松方幸次郎	7	1	兵庫	9	川崎造船所専務取締役社長，北ління銀行取締役．松方正義の三男．
83	宮本甚七	7	1	静岡		呉服太物小売商．日本形染社長，浜松電燈監査役．
84	山中隣之助	7	1	東京	2	貿易商．富士製紙・浪速銀行取締役．元貴族院議員．
85	山葉寅楠	7	1	静岡		楽器製造業．日本楽器製造取締役，浜松電燈取締役．
86	山本亀太郎	7	1	兵庫	11	製茶・海産物貿易．神戸米穀株式取引所理事長，日本羽二重取締役．
87	石川徳右衛門	7	1	神奈川		貸地・貸家業．横浜実業銀行取締役，横浜生命保険社長．
88	亀岡徳太郎	7	1	大阪		木綿卸商及び足袋商．尼崎紡績・大阪電燈取締役．
89	越野嘉助	7	1	大阪	6	山口銀行理事，日本生命保険取締役．
90	杉山岩三郎	7	1	岡山	8	煉瓦製造．日本製鋼硫酸肥料社長，中国鉄道専務取締役社長，元岡山商法会議所会頭，元岡山県典事，島根県権参事．岡山藩士．
91	関谷和三郎	7		東京	1	八王子第七十八銀行，東京機械製造取締役．
92	瀧兵右衛門	7	1	愛知	11	呉服太物卸商．大地主．名古屋銀行・名古屋貯蓄銀行頭取，帝国撚糸織物会長．元貴族院議員．
93	服部小十郎	7	1	愛知	9	材木商．名古屋瓦斯・豊川鉄道・愛知材木取締役．
94	平子徳右衛門	7	1	愛知	4	陶磁器商．名古屋製氷社長，名古屋倉庫専務．
95	石居四郎平	7		滋賀		米穀・肥料商．二十一銀行・長浜貯金銀行取締役，京都電燈監査役．
96	泉清助	7		大阪	9	日本生命保険取締役，三十四銀行監査役．
97	伊丹弥太郎	7		佐賀	5	肥料商．大地主．栄銀行頭取，佐賀セメント専務．
98	大川平三郎	7		東京	3	九州製紙社長，龍東材木会長．元王子製紙専務・取締役技師長．
99	小野栄左衛門	7		長野		金銭貸付及有価証券売買．上田電燈取締役，上田銀行取締役．
100	加藤長三郎	7		山形		酒造業．大地主．鶴岡銀行・鶴岡水力電気取締役．
101	鎌田三右衛門	7		山形	1	大地主．鶴岡銀行専務，鶴岡水力電気取締役．
102	川合芳次郎	7		東京		日本工商銀行頭取，日宗生命保険専務取締役社長．
103	菊池長四郎	7		東京	11	呉服太物商．東海銀行社長，日本製麻取締役，元貴族院議員．
104	小西安兵衛	7		東京	3	絵具染料卸小売商．日本通商銀行・帝国生命保険取締役．
105	笹野徳太郎	7		静岡	3	製茶兼販売．東陽製茶貿易・藤枝銀行取締役．
106	柴田清之助	7		東京		染料商．東京硫酸専務，東京染織取締役．
107	末延道成	7		東京		東京海上保険会長，豊川鉄道社長．元郵便船三菱会社勤務．
108	田中新七	7		神奈川	3	生糸貿易商．北陸運送保険社長，京都電気鉄道取締役．
109	長井利右衛門	7		東京		茶商．第三銀行・横浜七十四銀行取締役．元滋賀県会議員．
110	弘世助三郎	7		滋賀，大阪	13	金銭貸付．百三十三銀行取締役，日本生命保険社長．
111	藤井善助	7		滋賀	2	絹織物洋服生地製造販売．大阪紡績・近江製綿撚糸取締役．
112	藤平謹一郎	7		栃木	1	下野倉庫社長，下野銀行監査役．
113	光藤亀吉	7		岡山	6	紙商．岡山生魚社長，二十二貯蓄銀行取締役．元岡山商法会議所会頭．

付　表　421

| 『商工人名録』 | | 『日本紳士録』 | | 「多額納税者」 |
所得税	営業税	所得税	営業税	納税額
77	223	315		
		207	2	
		138		
		884		
		340		
		1,478		4,902
249	115		330	
		568		
		184		
143	128			1,574
225	66	554		
200	86			
		374		
		6,376	1,799	
379	180			
34	31	87	104	
		5,587		
166	132			
		511		
189	123	441	136	
		984		4,077
		369	159	
		312		
	21			
		73		
		656		
261	178	1,313	647	
58	36	168	92	
200	80			
		110		
42	87			
		300		
165	44			
		511		
511	262	1,510	778	10,462
	767	1,427	1,509	
47	48			
		99		
		204		
		142		
382	260			

通し番号	氏名	役員	商業会議所会員など	府県	M31年役員数	職業・身分等
114	三谷有信	7		福岡	2	六十一銀行・久留米貯蓄銀行頭取。元久留米商業会議所会頭。元久留米市会議長。久留米藩士。
115	宮本吉右衛門	7		和歌山	6	金銭貸付業。四十三銀行専務、和歌山水力電気監査役。
116	高桑安次郎	6	1	富山	1	綿糸・木綿織物商。富山織物・富山藍玉社長。
117	熱海孫十郎	6	1	宮城	3	清酒醸造米商。仙台米穀取引所理事長、七十七銀行取締役。
118	天野半次郎	6	1	広島	2	運輸業兼金銭貸付業。尾道諸品社長、尾道貯蓄銀行専務。
119	市田理八	6	1	京都	1	関東呉服商。京都商工銀行・商工貯金銀行取締役。
120	岩田作兵衛	6	1	埼玉	9	洋服商、大地主。川越鉄道専務、名古屋電力取締役。
121	大浜忠三郎	6	1	神奈川	1	洋織物引取商兼小売。横浜生命保険専務、横浜倉庫取締役。
122	小寺成蔵	6	1	岐阜	2	大垣共立銀行取締役、尼崎紡績監査役。
123	川真田市兵衛	6	1	徳島	3	藍商。阿波共同汽船社長、徳島銀行取締役。衆議院議員。
124	九鬼総太郎	6	1	三重	2	米穀肥料商、大地主。四日市製糸・三重人造肥料取締役。
125	黒沢鷹次郎	6	1	長野	3	酒造業兼生糸商。上田商業会議所会頭、第十九銀行取締役、上田電燈社長。
126	小島惣右衛門	6	1	三重	2	肥料商兼酒類商。津米穀株式取引所理事長、百五銀行取締役。
127	田中平八	6	1	東京	14	生糸商、銀行業。帝国貯蓄銀行頭取、東京電燈取締役。
128	鶴見信平	6	1	静岡	9	浜松信用銀行・浜松電燈取締役。元浜松商業会議所会頭。
129	永見寛二	6	1	長崎	5	倉庫業並代弁業。長崎商業会議所会頭、長崎電燈社長、十八銀行・長崎貯蓄銀行副頭取。
130	西村治兵衛	6	1	京都	3	染見服商。京都商業会議所会頭、商工貯金銀行頭取、京都商工銀行副頭取。
131	馬淵金吾	6	1	静岡	6	農業。浜松貯蓄銀行頭取、日本楽器製造取締役。
132	牟田万次郎	6	1	佐賀	2	煉瓦製造販売。佐賀米穀取引所理事長、鎮西倉庫社長。
133	室崎間平	6	1	富山	4	綿花商。高岡打綿社長、高岡銀行取締役。
134	山中源三郎	6	1	三重	2	運送業。四日市倉庫社長、四日市銀行取締役。
135	伊藤由太郎	6	1	愛知	3	大地主。愛知銀行・堀川貯蓄銀行取締役。
136	春日井丈右衛門	6	1	愛知	7	呉服太物商、大地主。幅下銀行頭取、帝国撚糸織物取締役。
137	佐藤伊助	6		新潟	2	金銭貸付業。村上銀行取締役、七日町貯蓄行取締役。
138	土居通夫	6	1	大阪	12	大阪商業会議所会頭、大阪電燈社長。元鴻池家支配人。宇和島藩士。
139	森本善七	6	1	愛知	3	小間物商。名古屋銀行・津島銀行取締役。
140	秋野橘太郎	6		静岡	2	大地主。島田銀行頭取、島田軌道取締役。
141	浅井佐一郎	6		静岡	1	日韓共益業取締役。
142	安部幸兵衛	6	1	神奈川	5	砂糖石油麦粉商。帝国製粉社長、日清紡績取締役。
143	池田成章	6		山形	6	両羽銀行・羽陽貯蓄銀行取締役。元米沢市会議長。米沢藩士。
144	磯野良吉	6		大阪	2	諸薬兼売薬商。大阪窯業取締役、東京火災海上運送保険取締役。
145	稲積徳次郎	6		北海道	1	米穀取引所仲買商兼倉庫業、小樽魚市取締役、小樽薯物取締役。
146	井上保次郎	6		大阪市北区	15	株式取引業。東洋製紙社長、日本生命保険・百三十銀行取締役。元両替商、株式仲買人。
147	岩谷松平	6		東京	1	牧畜業。日本家畜市場社長、東亜煙草専務。元煙草製造販売。
148	植竹三右衛門	6		栃木	2	醤油製造販売、大地主。馬羽銀行取締役、栃木県農工銀行取締役。
149	上松泰造	6		岐阜	1	農業。十六銀行・岐阜貯蓄銀行取締役。
150	梅渕精一	6		東京	7	東京電力監査役、名古屋瓦斯取締役。元文部省勤務。
151	浦木清十郎	6		和歌山	3	大山林地主。那智銀行・新宮水電取締役。
152	大木口哲	6		東京	3	売薬化粧品商。東京精塩社長、東売薬監査役。
153	岡本善七	6		東京	6	銀行業。岡本銀行頭取、本郷商業銀行取締役。元両替商。
154	岡本貞然	6		東京	1	鐘淵紡績・千代田生命保険取締役。
155	荻野万太郎	6		栃木	2	足利銀行頭取、館林製粉監査役。
156	香川真一	6	1	岡山	9	牛窓銀行頭取、岡山商業会議所会頭。元大分県令、岡山県会議長。岡山藩士。
157	蟹江次郎	6		愛知	1	第九十一銀行頭取、有隣生命保険専務。
158	川上佐太郎	6		新潟	1	米穀商。中越酒造・北越倉庫取締役。
159	北島七兵衛	6		和歌山	3	綿ネル製造販売。和歌山織布専務、和歌山水力電気監査役。
160	木下七郎	6		静岡	3	茶商。勝間田銀行専務、東陽製茶貿易取締役。
161	木村浅七	6		栃木	1	輸出織物機業。足利銀行専務、渡良瀬水力電気取締役。
162	久住初二	6		香川	1	醤油醸造。阪出商業銀行頭取、宇多津銀行専務。
163	黒岩金作	6		宮崎	1	肥料商。都城商話会社長、日州銀行取締役。
164	郷誠之助	6		東京	2	入333紙社長、王子製紙取締役、元農商務省嘱託。
165	甲冑菊太郎	6		静岡	2	静岡商業銀行・東レザ取締役。
166	越寿三郎	6		長野	2	製業。信濃電気社長、六十三銀行取締役。
167	佐久間福太郎	6		東京	1	棉花仲買商。日清紡績・日本耐火煉瓦取締役。
168	佐々木慎思郎	6		東京	1	
169	佐藤善六	6		静岡	4	清酒醸造業。遠江共同銀行・見付製糸取締役。
170	沢野定七	6		兵庫	8	米穀肥料卸商兼仲買商、日本米穀・兵庫精米専務。
171	下郷伝平	6	1	滋賀、京都	17	製糸業、近江製糸・中之島製紙社長。元貴族院議員。
172	瀧川六三	6		兵庫	2	燐寸製造業。神戸屠畜場取締役。
173	武井守正	6		東京	5	東京火災海上運送社長、明治商業銀行取締役。元農商務省勤務、男爵、貴族院議員、姫路藩士。
174	田中栄八郎	6		東京	1	関東酸曹専務、龍東material取締役、元王子製紙勤務。大川平三郎の実弟。

付表 423

『商工人名録』		『日本紳士録』		「多額納税者」納税額
所得税	営業税	所得税	営業税	
25	43			
				2,915
245	17			
35	122	119		
		88		
215	44			
46	55			
		96		
208	173	750	385	
29	31			
		775		
961	322	6,087	1,102	5,824
844	128			
		855		
246	64	1,522	297	
313	962	1,364	149	
−	75			
		1,512		
−	11	330		
−	53			2,718
				4,750
		48		
83	36		122	
		79		
		55		
249	21			
25	15			
89	82			
70	17			
175	13			
	162	1,772		
336	651			
		951		
		1,055	428	
2,873	23,795	4,527	3,210	
		550		
		329		

通し番号	氏名	役員	商業会議所会員など	府県	M31年役員数	職業・身分等
175	田中善助	6		神奈川	1	貿易商．帝国製粉・横浜商業銀行取締役．
176	辻忠右衛門	6		大阪	6	唐物商．日本貯金銀行・大阪硫曹監査役．
177	寺田甚与茂	6		大阪	4	清酒醸造業．岸和田紡績社長，和泉貯金銀行頭取．
178	仲田伝之	6		愛媛		大地主．松山興産銀行・松山貯蓄銀行頭取，伊予水力電気社長．元松山商業会議所会頭．
179	平田富蔵	6		山形	1	鶴岡水力電気社長，鶴岡米穀取引所理事長．
180	広瀬金七	6		神奈川		製茶売込商．横浜肥料製造社長．
181	深川文十	6		佐賀	2	大川運輸社長，佐賀セメント専務．
182	福沢桃介	6		東京	1	日清紡績・帝国肥料取締役．福沢諭吉女婿．
183	牧口吉重郎	6		新潟	3	柏崎銀行・宝田石油取締役．
184	増田忠順	6		埼玉	3	入間銀行頭取，川越鉄道取締役．柏原村村長．元埼玉県会議員．
185	間瀬寛治	6		愛知		日本電線製造・大阪火災海上運送保険取締役．
186	松浦五兵衛	6		静岡	1	大地主．掛川商業銀行頭取，小笠製茶取締役．
187	丸山盛雄	6		長野		松本電燈取締役・長野農工銀行監査役．
188	宮井卯太郎	6		香川		大地主．丸亀商業銀行取締役，阪出汽船社長．
189	盛田久左衛門	6		愛知		酒造業，大地主．知多航業・衣浦貯金銀行取締役．
190	矢倉甚兵衛	6		和歌山	7	水産業．熊野銀行頭取，串本銀行取締役．
191	山岸喜藤太	6		新潟		穀物・石油兼回漕業．北越銀行・国油共同販売所取締役．
192	山口達太郎	6		新潟，東京	2	大地主．北越水力電気社長，長岡銀行頭取．衆議院議員．新潟県の資産家・故山口権三郎長男．
193	山田順一	6		新潟	2	大地主．柏崎米穀取引所理事長，百三十九銀行取締役．
194	山田荘左衛門	6		長野，東京	3	酒類造販売，大地主．信濃銀行・信越石油取締役．元貴族院議員．
195	横沢本衛	6		長野	3	麻product，大地主．北安銀行取締役，信陽倉庫社長．
196	吉田幸作	6		東京	3	質商．日本セメント・四十一銀行取締役．
197	臼井儀兵衛	6		神奈川	1	米・肥料商，運送業．浦賀銀行頭取，浦賀船渠・東京石川島造船所・横須賀電燈取締役．
198	横尾元弘	6		栃木		下野貯蔵銀行頭取，日光電力・全国肥料販売所取締役．
199	大島要三	6		福島		会津電力社長，福島電燈・福島信託監査役．元土木業．
200	湯中寿介	6		静岡		御殿場銀行・駿東実業銀行取締役，富士瓦斯紡績監査役．
201	白井遠平	6		福島		磐城銀行・好間炭礦専務，磐城耐火煉瓦取締役．元磐城郡長．福島県会議員・衆議院議員．
202	麦少彭	6		兵庫		燐寸製造業．神戸瓦斯・日本精米取締役，日本絹綿紡織監査役．（鐘淵紡績大株主）
203	保田八十吉	6		広島	4	醤油・清酒醸造業．広島銀行頭取，広島桟橋取締役，広島米取引所理事．

出所：職業，所得税および営業税については，①山崎克己・吉沢雅次・室田惣三郎・成瀬麟編『日本全国商工人名録　上・下』（商工社，明治12版）（明治41年）による．ただし，職業・身分等については，成瀬麟・土屋周太郎編『大日本人物誌』（八紘社，大正2年）および古林正元年）の各復刻本『明治人名辞典III』上・下（日本図書センター，平成6年）および『明治人名辞典』上・下（日本図書センター，昭和62料においては，東京・京都・大阪・神奈川・兵庫・奈良・三重・静岡・滋賀・岐阜・和歌山については明治39年度の税額が，その他の地域る．②の資料の掲載範囲は，東京・大阪・京都・横浜・神戸・名古屋ならびに以上の各地の付近に居住するものに限られ，40年度の税額額」は②の資料の巻末掲載のもので，明治37，39，40年のいずれかの年度の税額である．

『商工人名録』		『日本紳士録』		「多額納税者」納税額
所得税	営業税	所得税	営業税	
		171		
		360		
		93	143	
		149		
15	14			
183	136			
394	41			
406	17			1,776
188	12			
153	62	187	211	
—	881			
345	170			

40, 41年，)および②交詢社編・刊『日本紳士録 第
亀治郎編『現代人名辞典 再版』(中央通信社，大
年)その他，伝記，社史類をも参照した。①の資
については，おおむね40年度の税額が掲載されてい
が記載されている。また表中の「多額納税者 納税

付表 2-2 商工人名録に複数回記載されている人物（前表中の人物のうち，前表記載以外）（単位：円）

通し番号	氏名	住所	職業	所得税	営業税	通し番号	氏名	住所	職業	所得税	営業税
5	渡辺福三郎	愛知・名古屋市	料理屋業	3	23	71	渡辺佐吉	石川・金沢市	材木商	9	34
6	藤本清兵衛	大阪・東区	海魚料理店	8	37		渡辺佐吉	静岡・浜名郡	雑貨商	3	12
	藤本清兵衛	京都市	紙商	6	11		渡辺佐吉	三重・鳥羽郡	米穀商	3	11
	藤本清兵衛	東京	—	—	55	72	伊藤伝七	栃木・上都	麻苧麻布附肥料商	12	24
8	若尾幾造	神奈川・高座郡	製糸業	—	135	73	阪上新治郎	大阪・西区	海魚仲買商	—	70
	若尾幾造	神奈川・高座郡	製糸業	—	24	86	山本亀太郎	東京・下谷区	下駄商	43	20
10	安田善次郎	大阪・南区	諸金具商	4	12		山本亀太郎	愛知・渥美郡	料理業	—	11
11	大谷嘉兵衛	神奈川・横浜市	海産物貿易商	1,081	124		山本亀太郎	福岡・嘉穂郡	土木請負業	7	15
	大谷嘉兵衛	福井・敦賀郡	米塩肥料商	10	14	90	杉山岩三郎	岡山・御津郡	各種営業	—	16
13	中沢彦吉	東京・京橋区	清酒問屋	—	146	92	瀧兵右衛門	東京・京橋区	呉服太物商	—	69
	中沢彦吉	東京・京橋区	酒商	96	114	93	服部小十郎	愛知・名古屋市	材木、板、白木商	—	42
	中沢彦吉	東京・京橋区	醤油問屋	—	345	95	石居四郎平	滋賀・坂田郡	金銭貸付商	200	75
	中沢彦吉	東京・京橋区	倉庫業	—	69	105	笹野徳次郎	神奈川・横浜市	製茶貿易商	—	287
16	根津嘉一郎	山梨・北巨摩南	米塩肥料商	15	22	108	田中新七	福井・阪井郡	織物業	—	12
18	田中市太郎	兵庫・加藤郡	金物製造販売	9	10		田中新七	京都市	米穀商	17	15
	田中市太郎	東京	米塩肥料商	3	10		田中新七	大阪・北区	米穀商	17	23
	田中市太郎	兵庫・加東郡	金物製造販売	9	10		田中新七	大阪・北区	金銭貸付商	11	15
	田中市太郎	兵庫・加東郡	各種営業	9	10	111	藤井善助	滋賀・大津市	紙商	—	14
	田中市太郎	福岡・浮羽郡	酒造業	6	11		藤井善助	京都・京都市	西陣織物商	—	26
	田中市太郎	北海道・小樽区	酒造業	7	21		藤井善助	山口・厚狭郡	陶器製造業	20	11
19	賀金三郎	山口・吉敷郡	各種営業	—	39	116	高桑安次郎	富山市	雑貨商	—	99
21	田中源太郎	石川・金沢市	米穀商	—	11	119	市田理八	東京・日本橋区	呉服太物商	—	60
	田中源太郎	島根・八束郡	金銭貸付業	21	16	121	大浜忠三郎	東京・日本橋区	洋織物卸小売	—	233
	田中源太郎	埼玉・北葛飾郡	酒製造販売	238	100	127	田中平八	北海道・余市郡	米穀商	—	41
33	広谷源治	北海道・函館区	漁業	—	31	135	伊藤由太郎	福島・石城郡	米穀商	10	15
	広谷源治支店	北海道・小樽区	海陸物産商	158	263		伊藤由太郎	東京・深川区	薪炭商	3	12
	広谷源治支店	北海道・小樽区	海陸物産商	—	53		伊藤由太郎	福井・福井市	羽二重問屋	17	48
	広谷源治支店	北海道・小樽区	倉庫業	—	90		伊藤由太郎	愛知・名古屋市	酒類商	6	15
36	中村清蔵	東京・深川区	米穀商	1,453	28				小間物商附花簪	5	11
	中村清蔵	東京・深川区	白米商	3	10	136	春日丈ヱ右衛門	京都市	西陣織物商	—	29
	中村清蔵	東京・深川区	米穀商	—	695	139	森本善七	愛知・名古屋市	小間物商附花簪	7	17
	中村清蔵	東京・深川区	味噌醸造業	—	285		森本善七	東京・日本橋区	小間物卸商	—	89
	中村清蔵	東京・深川区	倉庫業	—	366	141	浅井佐一郎	富山市	各種仲買	—	12
	中村清蔵	福井・大野郡	酒造及販売	4	14		池田成章	山形・米沢市	織物商	—	26
	中村清蔵	大阪・東区	洋服商	4	18	146	井上保次郎	大阪・北区	帽子洋傘商	3	10
37	茂木保平	神奈川・横浜市	呉服太物商	621	15		井上保次郎	大阪・堺市	各種販売業	—	94
	茂木保平	兵庫・北足立郡	—	78			井上保次郎	兵庫・神戸市	米穀物商	98	140
38	井口半兵衛	愛知・知多郡	運送業	693	397		井上保次郎	広島市	米穀物商	34	28
	井口半兵衛	新潟・北魚沼郡	四十物商	21	17		井上保次郎	広島市	酒造業	—	67
45	寺田元吉	大阪・泉南郡	各種営業	—	16		井上保次郎	福岡・朝倉郡	酒造業	4	11
50	井上角五郎	東京・京橋区	帽子商	4	38	148	植竹三右衛門	栃木・塩谷二郡	穀物附肥料商	—	51
53	中村藤吉	埼玉・児玉、大里二郡	金物商	—	44		植竹三右衛門	栃木・塩谷二郡	醤油製造販売	—	53
						149	上松泰造	兵庫・神戸市	諸機械製造業	6	14
	中村藤吉	埼玉・児玉、大里二郡	菓子商	14	33	151	浦木清十郎	三重・南牟婁郡	各種営業	263	172
	中村藤吉	東京		49	114	169	佐藤善六	静岡・磐田郡	酒造業並販売	36	35
	中村藤吉	京都市	酒商	—	12		佐藤善六	愛知・渥美郡	金銭貸付業	—	40
	中村藤吉	京都・久世郡	茶製造販売	19	38	175	田中善助	東京・深川区	買商	10	12
	中村藤吉	京都・西伯郡	材木商	—	14		田中善助	三重・阿山郡	銅鉄並金物商	30	18
66	田中兵衛	新潟・北魚沼郡	織物商附麻苧	85	11		田中善助	広島市	和洋小間物商附化粧品	70	44
	田中兵衛	新潟・北魚沼郡	金銭貸付業	85	16	176	辻忠右衛門	和歌山・伊那郡	油製造業	8	23
	田中兵衛	福井・大野郡	呉服太物商	19	46	181	深川文十	福岡・三瀦郡	精米業	—	23
68	村井吉兵衛	大阪・中河内郡	諸糸製造及販売	—	418						
	村井吉兵衛	大阪・中河内郡	各種営業	—	89						

あとがき

　この研究は，愛知県の大学に当時勤務していた経営史研究者，和田一夫（南山大学，現在東京大学，イギリス・アメリカ経営史），塩見治人氏（名古屋市立大学，現在名古屋外国語大学，アメリカ経営史），小早川洋一（中部大学，日本経営史）の3人が，和田の呼びかけにより，今から15年以上前に，共同研究を開始したことに端を発する．研究会は主として南山大学で行なわれた．

　ただし共同研究といっても，最初から特定の研究目標を持って開始したわけではない．最初の集まりのとき，和田の発案で，杉浦英一（城山三郎）『中京財界史』を手がかりに愛知県の地域研究を始めようということになり，手始めに，同書に出現する企業名と企業家名をパソコンに入力することになった．和田の考えは，データベースを作成し，それを加工，分析することによって新たな知見が得られるのではないか，というものであった．

　やがて，データベースについては，愛知県の企業・企業家について客観的，網羅的な資料に依拠すべきだということになり，小早川の提案で『日本全国諸会社役員録』の利用に進んだのである．明治期のいくつかの時点を取り，愛知県のデータをすべて入力することとした．まず，同書40年版から入力作業を開始することとし，和田が，入力方法や様式を企画し，実際の入力作業は南山大学の学生にアルバイトとして遂行してもらった．

　また，この頃になると，共同研究の問題意識も定まった．この地域の工業化を担った共同出資のグループについての研究であり，まず，グループなるものが実際に存在していたのかどうか，存在していたとすればその地理的範囲や分布はどのようなものか，これを客観的に明らかにすることであった．こうしたグループについては，上記の杉浦氏の書物やそれ以前にも，名古屋市に3つのグループが存在したことを指摘する著作があった．また森川英正氏や伊牟田敏充氏らも，全国的にそのようなグループが存在していたことに言及し，論じていた．

　こうして明治40年のデータベースの分析から，同年時の愛知県には13のグループが存在したことを確認し，次いで，さかのぼって31年時，くだって大正7年時，それぞれのデータベース構築とグループ析出を行ない，経営史学会

(1991年，第27回全国大会，1992年，第28回全国大会）で報告するとともに以下の3本の論文として発表した．

(1) 和田一夫・小早川洋一・塩見治人「明治40年時点の中京財界における重役兼任―『日本全国諸会社役員録』（明治40年版）の分析―」南山大学『南山経営研究』第6巻第3号，1992年2月

(2) 同「明治31年時点の中京財界における重役兼任―『日本全国諸会社役員録』（明治31年版）の分析―」同『南山経営研究』第7巻第2号，1992年10月

(3) 同「大正7年時点の中京財界における重役兼任―『日本全国諸会社役員録』（大正7年版）の分析―」同『南山経営研究』第8巻第1号，1993年6月

　この研究は，つづけて，全国的なデータベースの構築へと拡大された．『日本全国諸会社役員録』明治31年，40年，大正10年，昭和11年の各版のデジタルデータ化と分析を企図したのである．このときから，鈴木恒夫（学習院大学，日本経営史）が，この共同研究に新たに加わった．また和田が東京大学に移籍し，これを機に，研究の拠点が東京に移されることになった．データの入力は，引き続き，和田の指揮のもと，主として南山大学の学生たちに行なってもらい，2002年にすべて終了した．入力作業者たちに感謝したい．

　本書は，そのうちの明治31年と40年の全国データをもとに執筆したものである．両年時の分析のエッセンスについてはそれぞれ，経営史学会（1999年，第35回全国大会，2003年，第39回全国大会）において報告するとともに，以下の2本の論文として発表したが，今回，それらに若干の修正を行なっていることをお断りしておきたい．

(4) 小早川洋一・鈴木恒夫・和田一夫「明治期の会社および経営者の研究―『日本全国諸会社役員録』（明治31年版）の分析―」中部大学産業経済研究所『産業経済研究所紀要』第9号，1999年3月

(5) 鈴木恒夫・小早川洋一・和田一夫「明治期の会社および経営者の研究―『日本全国諸会社役員録』（明治40年版）の分析―」『学習院大学　経済論集』第36巻第3号，1999年10月

　この間，データベースの作成にあたっては，入力ミスのチェックにかなりの時間と労力を費やした．明治31年・40年のデータについて，入力されたデータを数府県ごとに，オリジナルと照合しつつ修正していく必要があったからである．

この修正作業は，言うまでもなく，われわれ自身の責任において行なう必要があり，鈴木と小早川が，同一府県についてダブル・チェックをしながら進めて行った．大量のデータを電子メールで送信しあうことができず，データの交換を，フロッピーディスクの郵送で行なった時期もある．

　データ作成上のもう1つの苦労は，業種分類である．役員録では，各社の事業内容の記された会社と記されていない会社が混在している．しかし，各社の業種は記されていない．そこで，われわれは独自に業種分類表を作成し，記載された事業内容から，1社1社業種分類を行なったのである．いちばん厄介だったのは，商業会社で，卸売か小売かの区別がつかないものが多くあったことだった．当初は，両者を区別するつもりであったが，それが不可能となった結果，商業として一括，分類せざるをえなかった．もちろん，業種不明の会社も少なからずあった．

　さて，何と言っても，「企業家ネットワーク」の析出が最も困難をともない，その過程は長い試行錯誤の連続であった．全国のデータを入力し，分析するという作業は，愛知県だけのデータ処理とは質的に異なり，もはや手作業では処理できないほどの膨大なデータ量と格闘しなければならなかった．こうした時に，執筆者の一人，鈴木が勤務する学習院大学経済学部の同僚である今野浩一郎教授から貴重なご指導を頂いた．私たちが手を焼いていたパソコンでの処理を見て，プログラム処理によって作業することを勧めてくれたのである．氏は，われわれがやろうとしていた作業プログラムの手本を作成してくれた．さらに，プログラミングの手ほどきをしていただき，ようやく大量データの処理が可能となった．この場を借りて今野浩一郎教授に謝辞を述べることにしたい．

　その後，鈴木が中心となって，山形と山県，中野と中埜や次郎，二郎，治郎などのように人名表記が異なるデータを抽出し，原資料に遡って同一人物であるか否かの確認作業を行ない，その後のプログラム処理を進める準備を整えた．人名表記の確認作業については，これより以前のことであるが，ある夏の何日間か，和田と小早川が，この単調で果てしのないような作業に汗を流していたことなども，やはり忘れられない．

　こうして要素ネットから全国規模での企業家ネットワークを析出することが可能となった．企業家ネットワークの継続や消滅の確認をはじめ，役員ポスト占有率，役員継続比率など本書で用いたデータの抽出と計算はすべて，プログラムに

よって作成したものである．プログラム処理なしには不可能であっただろう．

一方，名古屋市における事例分析については，当初，これを愛知県のグループ析出にひきつづいて行なうはずであった．しかし，全国的なネット析出を優先したため，その作業が完成する少し前から調査・執筆を開始し，今回，小早川がすべて書き下ろしたものである．奥田正香，瀧兵右衛門・瀧定助，伊藤次郎左衛門らの企業家ネットワークの事例分析や明治31年と40年の巻末付表の作成のためのデータ収集にあたっては，とくに愛知県図書館および名古屋市図書館に足繁く通い，両館所蔵資料を利用させていただいたことも記しておきたい．

最後になったが，本書は平成14年度から平成18年度における小島鐐次郎寄付講座（東京大学経済学部）による成果である．本研究を進めるに当たり，小島鐐次郎氏から多大なご支援を賜った．この場を借りて厚く御礼申し上げたい．

また，本研究に対して文部科学省科学研究費の補助を2回受けた．第1回目は平成5年度から7年度にかけての「明治・大正・昭和期における経営者および企業組織のデータベース作成と分析」（課題番号，05301080）であり，第2回目は平成12年度から14年度にかけての「戦前期における経営者および企業組織のデータベース作成と分析」（課題番号，12430018）である．

本書の出版にあたっては，名古屋大学出版会の橘宗吾，神舘健司の両氏にお世話になった．橘氏からは，本書の構想についてのアドバイスをはじめ，きちんと伝えるにはどう書くべきかということを教えて頂いた．また編集の実務担当者であった神舘氏は，われわれの原稿を実に丹念に読み，ミスの指摘や改善提案をしてくださった．記して謝意を表したい．

2009年1月

著者一同

人名索引

人名索引，会社・事項索引ともに，本文と注から選んだ．図表からは抽出していない．

ア 行

青木鎌太郎　307, 372
青木仁平　76
秋山忠直　176
朝田又七　165
浅野甚七　335
浅野総一郎　55, 66, 73, 88, 102, 115, 119-120, 150, 355, 357
浅野泰治郎　399
浅野俊光　51
阿部市郎兵衛　58, 91
阿部武司　77, 407
阿部彦太郎　58, 60, 65, 76, 91, 102, 176
天野泰助　319
雨宮敬次郎　70, 361-362
荒川才二　16-17
有島武　403
有馬市太郎　176
淡谷清蔵　22
安藤行敬　176
安東敏之　364
安楽勇十郎　337
五百井長平　7
井口半兵衛　217, 284-285, 287-288
生駒周行　228
石川徳右衛門　165
石川半右衛門　165
石黒忠作　16-17
石丸安世　282
石山治四郎　16
泉清助　11
井関盛良　238
磯貝浩　284
磯野小右衛門　6
市島徳次郎　14
市田理八　164
逸見佐兵衛　7
伊藤幹一　354
伊藤義平　357
伊藤次郎左衛門(13代，祐良)　224
伊藤次郎左衛門(14代，祐昌)　27-28, 44-45, 216-217, 219, 221-227, 229, 233, 235-239, 242-243, 245-246, 248, 254, 258, 269-270, 283, 286, 303-305, 307, 312, 333, 361-362, 392-393, 396
伊藤清十郎　284, 286
伊東太一郎　227
伊藤武夫　15
伊藤忠左衛門　222, 227-228, 237, 239-240, 242-243, 255, 286, 307, 362
伊藤伝七　284, 286, 301, 315, 362, 365, 368, 370-371
伊藤博文　100
伊東孫左衛門　217
伊藤守松(15代伊藤次郎左衛門)　225, 245
伊藤由太郎　216-218, 221-223, 228-229, 233, 239-240, 242-243, 255, 286, 288, 362, 367-368
稲生治右衛門　217
稲葉作次郎　32
井上信八　282
井上勝　344, 346
井上茂兵衛　302, 354, 357-359, 373, 393
井上保次郎　60, 76
井上利助　164
伊庭貞剛　6
今西林三郎　72, 399
今村清之助　60, 88, 119
伊牟田敏充　2-3, 6
岩崎小弥太　165
岩崎清七　399
岩崎久弥　165
岩田作兵衛　60, 360-361
岩橋万助　28
植田欣次　34, 269, 295
浮田桂造　72
梅浦精一　115, 354, 357
浦木清十郎　32
浦野吉五郎　32
大川平三郎　289, 399
大倉喜八郎　66, 70, 73, 76, 115, 119-120, 150
大阪金助　22, 36, 399
大沢吉五郎　46, 249
大沢重右衛門　257, 267
大沢善助　164, 205

大島要三　399
太田久左衛門　217
大竹才雲　217
太田小三郎　365
大谷嘉兵衛　76
大塚益郎　14
大津直行　228
大橋新太郎　73, 76, 354, 399
大三輪奈良太郎　337-338, 340
岡崎栄次郎　7-8, 65, 76
岡田長三郎　227
岡田徳右衛門　224, 229-230, 233, 237, 243
岡田令高　236, 309, 311
岡田良右衛門　222, 227, 229, 233, 243
岡戸武平　248
岡橋治助　6-8, 10-12, 58, 76, 91, 102
岡本桜　354-355, 357-358, 396
岡本治助　76
岡谷惣助(6代)　224-225
岡谷惣助(7代)　224-225
岡谷惣助(9代)　221-222, 224, 227-229, 233, 235, 237-238, 242-243, 246, 248, 303-305, 307, 333, 354, 361-362, 367-368, 371, 393
岡谷錬七　230
岡谷錬助　228
荻子幸之輔　374
奥田主馬　300
奥田正香　26-28, 44-45, 73, 161, 215, 220, 244-245, 256, 258, 284, 291, 299-305, 307-309, 315-320, 321-328, 331-335, 337, 342-348, 350-356, 358-361, 364-365, 367-371, 373-375, 392-393, 406
小栗富治郎　282, 319, 365
尾崎久平　217
長部松三郎　14
尾関平兵衛　280
尾高次郎　164
小野光景　255

カ 行

鍵富徳次郎　16
柿沼海次郎　165
柿沼谷蔵　312
梶西光速　250, 296, 378
鹿島秀麿　282
加島安治郎　399
柏木庄兵衛　176
春日井丈右衛門　221, 230, 251-252, 254, 256-258, 265, 267-269, 274, 278, 280-281, 284-289, 291, 299, 308-309, 313, 316, 346, 351, 367-368, 373, 393, 396
糟谷縫右衛門　342, 365, 368
片岡直温　11
片桐助作　228
賀田金三郎　70, 76
勝野文三　251, 274, 278, 280, 289
勝野又三郎　280
勝間田稔　308
桂二郎　364
桂太郎　360, 364, 393
加藤重三郎　364
加東徳三　60
加藤俊彦　296
加藤彦兵衛　28, 251, 257-258, 261, 265, 267-269, 278, 282-285, 287-289, 291, 308-309, 312, 314
加藤平兵衛　161
加藤林三郎　217
上遠野富之助　161, 299-300, 305, 311, 320, 325, 327, 332-333, 341, 345-352, 354-355, 359, 361, 364-365, 368, 370
上遠野亮三　379
金沢仁兵衛　11, 76, 102
金子堅太郎　99-100
金子為作　20
兼松熙　161, 305, 327, 333, 360-361, 363-364, 366, 368
神野金重郎　337
神野金之助　161, 258, 267, 301, 319, 325, 334-337, 340, 342-344, 355, 357, 361, 364-368, 370, 373
神野金平　335
亀岡徳太郎　11, 316
河村利兵衛　316
神田清右衛門　29, 32
菊池恭三　311
菊池長四郎　20
岸宇吉　14
北島七兵衛　28-29, 32
喜谷市郎右衛門　168
木谷七平　38
鬼頭幸七　227, 230, 242-243, 245, 248
絹川太一　250, 378
木村半兵衛　17
木村又三郎　328, 332
清浦奎吾　315
日下安左衛門　88
日下義雄　164
久須美秀三郎　14

楠本正隆　14
久野昌一　403
久保田庄左衛門　164
熊沢宗三郎　280
熊田喜平治　28, 217
倉田久三郎　17
桑原一邦　239, 241
小池国三　260
小泉新助　7, 58, 65
小出喜七郎　17
小出庄兵衛　251, 254-255, 257-258, 265, 267-268, 279-280, 284-285, 287-288, 291
小出とも　254-255, 267, 291, 308-309, 312
小出保治　380
肥塚与八郎　7, 11, 65
小風秀雄　379
五代友厚　6, 303, 326
後藤新十郎　352
後藤増平　280
後藤安太郎　333, 357
小西安兵衛　289
小林吟右衛門(4代)　255
小林吟右衛門(5代)　255
小山悦之助　282
近藤喜禄　7, 60, 76
近藤徳治郎　318-319, 365
近藤友右衛門　257-258, 267, 274, 301, 307-309, 312-314, 334, 341-343, 355, 357, 365, 367, 373

サ 行

西園寺公成　115, 119
斎藤庫吉　16-17
斉藤恒三　315, 341-342, 355, 357, 361, 364, 371
酒井明　229
酒井佐兵衛　334
酒井正三郎　380
阪上新治郎　11
相良常雄　361
佐久間蔵也　289
佐久間光次　332
桜井源四郎　20
佐々木勇之助　115, 119, 164
笹田伝左衛門　302, 304, 306-307, 318, 320, 322, 326-327, 332-334, 341, 343, 346, 373, 393
佐藤長右衛門　29, 32
佐納権四郎　39
佐分慎一郎　278
沢井実　297, 381
沢野定七　176

塩野義三郎　403
志方勢七　370
繁野清彦　228
渋沢栄一　1, 22, 43-44, 55, 58-60, 64, 66, 68, 70, 73, 76, 95-102, 112-115, 119-123, 140, 150, 164, 168, 220, 240, 284, 286-288, 300, 303, 308, 311, 315, 317, 321, 326-327, 344, 353-355, 357, 359, 361-362, 375, 385-386, 393, 407
渋沢篤二　289
渋谷善作　14
島本安左衛門　32
志水忠平　227
志村源太郎　235
下郷哲三郎　217
下郷伝平　58, 64, 76, 88
下村忠兵衛　274
荘田平五郎　115, 119, 403
正田利一郎　17
白石半助　161, 299-300, 302, 304, 313-314, 316, 318-320, 322, 325-327, 332-334, 337, 341-343, 346, 352, 355, 357, 359, 361, 366, 368, 370, 373, 393
白石元治郎　399
白勢春三　16
末吉平三郎　7, 8
菅井蠖　289
杉浦英一(城山三郎)　246, 249
杉野喜精　229, 233, 251, 258, 261, 273, 284, 286, 352
鈴木久次郎　399
鈴木治左衛門　365
鈴木鈴四郎　342
鈴木善六　300, 302-304, 320, 373, 393
鈴木摠兵衛(7代)　305-306
鈴木摠兵衛(8代)　161, 224, 300, 303-307, 318-320, 325-327, 332-334, 340, 342, 345-346, 354, 359, 362, 366, 368, 370-373, 393, 406
鈴木要三　17
須藤時一郎　115, 119
墨卯兵衛　254, 267, 301-302
住友吉左衛門　81-82
関戸次郎　307
関戸守彦　217-218, 222-223, 227-229, 233, 243, 246
芹沢多根　399
園田実徳　282, 354
祖父江源次郎　301
祖父江重兵衛　221-222, 228-229, 233-234, 237, 239, 242-243, 251-252, 274, 278-281, 289, 291-292, 301, 393-394, 396

タ 行

大道寺繁禎　22, 98
高木修一　241
高嶋雅明　28-29, 32
高橋慶三郎　289
高橋慶太郎　289
高橋清助　332
高橋彦次郎　327-328, 332-333
高松長兵衛　227
高松豊吉　354-356, 357
高峰譲吉　99
高村直助　250, 378
瀧廣三郎　254-255, 290
瀧定四郎　254-255
瀧定助(初代)　28, 230, 251, 253-254, 257-258, 265, 267, 274-278, 281, 284-285, 289-292, 303-305, 308, 312-314, 318, 346, 361-362, 367-368, 393-394, 396
瀧定助(2代)　255, 268, 279, 288, 316
瀧正太郎(2代定助)　254-255, 274, 278, 280, 290
瀧信四郎(5代兵右衛門)　253, 274, 279, 286-287, 290, 354
瀧泰次郎　291
瀧哲太郎　233
瀧兵右衛門(初代)　252
瀧兵右衛門(2代)　251-252
瀧兵右衛門(3代)　251
瀧兵右衛門(4代)　28, 221, 229-230, 247, 251, 253, 256-258, 265-268, 271, 274, 278-280, 282-286, 289-292, 303-305, 307-308, 312, 314-317, 323, 344-346, 361, 393-394, 396
瀧沢喜平治　17, 20-21, 36, 89
宅徳平　7, 11
竹尾治右衛門　11
竹田忠作　11
武田長兵衛　403
武山勘七　227, 230, 237, 239, 243, 251, 253, 274, 278-280, 291
田島喜八　32
田島信夫　70
蓼沼丈吉　20
田中市太郎　65, 70, 73, 370
田中市兵衛　6-7, 10-12, 36, 58, 60, 65, 76, 102
田中栄八郎　289
田中経一郎　76
田中源太郎　88, 141, 164
田中喬樹　229, 233-234, 247
田中平八　60, 141
田中利喜蔵　165
田中林蔵　165
田辺五兵衛　403
谷本雅之　407
種子嶋源兵衛　39
玉手弘通　6
垂井清右衛門　29, 32, 399
塚原保吉　20
塚本金兵衛　245
辻光次郎　252
辻利八　217
辻利兵衛　245
恒川小三郎　261, 269
手塚五郎平　20, 76
手塚輝雄　282, 345
寺澤新一　258, 260
寺田甚与茂　39
寺村助右衛門　274, 290
土居通夫　11
土岐僙　164
徳川義礼　229-230, 233, 237, 243, 248
徳川慶勝　233, 335
徳川義恕　233
徳倉六兵衛　217
富田重助　301, 335-337, 344, 355, 357, 359, 365-368, 370
外山定助　217
外山脩造　7-8, 11, 141
豊川良平　403
豊田佐吉　349
鳥井駒吉　7, 11
トレビシック　346

ナ 行

内貴甚三郎　164
中井三之助　289
長尾四郎右衛門　255
中島茂兵衛　245
中野悟一　6
中上川彦次郎　115, 119
永見寛二　399
中村次郎太　227
中村轍太郎　255
中村平左衛門　217
中村与右衛門(9代)　216-218, 222, 229, 233, 237, 243, 255, 300
中山甚吉　29, 32
名倉俊次　217
夏目甚七　217

夏目平三郎　217
西川宇吉郎　327, 334, 346, 372
西村治兵衛　164
西村(村上)はつ　248, 295, 339, 367, 380, 383
丹羽市造　280
根津嘉一郎　73, 76
野田吉兵衛　11, 58, 64, 66, 73, 102, 150
野田正穂　381
野田益晴　282, 344-345
野呂駿三　289

ハ行

間由吉　289
長谷川安兵衛　40
蜂須賀武輔　257, 267, 300, 302, 305, 309, 312-314, 316, 318, 320, 325-326, 332, 341, 343, 393
服部小十郎　161, 300, 305-306, 320, 327, 332-334, 341, 343, 346, 353-354, 357-359, 362, 368, 370, 371, 373
服部俊一　241, 309, 311, 314, 316
服部勤　346-347, 352
服部直吉　358
服部三樹之助　229, 233
花井畠三郎　242-244
花井八郎左衛門　228, 237, 239, 241
馬場道久　70, 73, 76
早川周造　365
林健久　56
林董一　248, 376-377, 382
原善三郎　88, 91, 115, 119-120, 141, 216, 251, 274, 291
原田勘七郎　284, 288, 351
原六郎　115, 119-120
伴正路　241-242
肥後源次郎　229, 233
兵藤良蔵　334, 337
平子徳右衛門　161, 300, 302, 305, 319-320, 322, 325, 327, 332-334, 341, 343, 346, 352, 355, 357, 359, 362, 365, 368, 373, 393
平沼延次郎(瀧延次郎)　66, 73, 76, 253, 284-285, 287, 291
平沼専蔵　284, 290-291, 320
平松末吉　356
広瀬宰平　6
弘世助三郎　11
広瀬満正　88
廣海惣太郎　38-39
深田源六　300
深野一三　315, 354, 364

吹原九郎三郎　221-222, 227, 229, 233, 237, 239, 242-243, 307
福沢桃介　363-364
福本元之助　7
藤田伝三郎　6
藤本清兵衛　66, 76, 150, 354, 370, 399
二村源四郎　217
古田佐兵衛　217
古畑寅造　7-8
古屋徳兵衛　165
細辻伊兵衛　255
堀部勝四郎　302, 304, 318, 320, 393

マ行

前島密　119
前田清七　217
牧野作兵衛　318
馬越恭平　55, 65-66, 70, 73, 150, 361-362
松居庄七　164, 205
松江武二郎　32
松方厳　403
松田英三　399
松田源五郎　133
松村隆　306, 378
松本重太郎　6-8, 10-12, 55, 58-60, 64, 76, 101-102, 140, 334
松本誠直　334
間宮勇左衛門　165
三島億二郎　14
水野源助　320
水野良助　251, 257, 265, 267-268, 284, 312
見田七右衛門　257, 265, 267-268, 308-309
南方常楠　28, 399
宮地茂助　319, 372
宮本吉右衛門　28-29, 32, 399
宮本又次　6-7, 10
宮本又松　77
三輪喜兵衛　280
三輪惣右衛門　257
村木平次郎　32
村瀬庫次　28, 282
村瀬周輔　332
村瀬庸二郎　374
村松五郎　243
村松彦七　236-239, 241-242, 244, 246, 395
毛利祥久　336
茂木保平　254, 274, 278-279, 291
籾山吉次郎　308-309
森川英正　1-2, 33-34, 96-97, 220, 386, 406

守田志郎　15
森本善七　251, 256-258, 265, 267-269, 278, 284-289, 291, 302, 305, 307-308, 312, 314, 316, 318, 326, 346, 351, 373, 393
諸戸清六　336

ヤ 行

八木平兵衛　257, 267, 307-308, 314, 316, 373
矢倉甚兵衛　29, 32
安田卯之吉　17
安田善三郎　70, 76
安田善次郎　14, 66, 70, 76
安永義四郎　241
山内勘輔　257, 267
山内正義　228-230, 233-234
山川茂兵衛　274
山口和雄　2
山口権三郎　14
山口達太郎　15
山崎利吉　16-17
山田才吉　353-355, 358
山田清三郎　217
山田秀典　98
山中利右衛門　7-8, 10, 58, 60, 64, 91, 101-102
山辺丈夫　311
山本治兵衛　76
山本新治郎　303

山本隆太郎　16
由井常彦　51
横井半三郎　237, 243, 267, 301
横尾勝右衛門　20
吉沢浅太郎　20
吉田善平　280
吉田禄在　28, 227, 246, 256, 282, 301, 307, 320, 322
吉原善右衛門　7

ワ 行

若尾幾造　65-66, 73
和田善吉　20
渡辺伊之助　164
渡辺和威　98
渡辺勝次郎　399
渡辺喜兵衛　268, 334, 365
渡辺佐助　22, 399
渡辺甚吉　72, 161, 361, 364
渡辺断雄　241, 243-244
渡辺長兵衛　245
渡辺鉄心　28
渡辺六松　14
渡辺福三郎　66, 73, 76, 150
渡辺平四郎　241-242, 244
渡辺義郎　235

会社・事項索引

ア 行

愛知織物　252-253, 290
愛知銀行　23, 27-28, 34, 216-217, 221, 226, 228-233, 235, 245-248, 258, 260-262, 264-265, 269-270, 283, 333-334, 337-338, 340, 352, 395-397
愛知材木　164, 300, 306
愛知製綿　217
愛知製油　217
愛知時計製造　34, 307
愛知農商銀行　217
愛知物産組　237, 274, 281, 396
愛知紡績所　236, 240, 311
青森銀行　22
青森商業銀行　22
青森貯蓄銀行　22
青森電燈　22
熱田銀行　217, 338
熱田港　286
熱田貯蓄銀行　217
尼崎紡績　311
粟野銀行　21
安進社　17
井桁商会　349
一宮紡績　316
伊藤銀行　28, 217, 224, 230, 233, 245, 256, 260, 269, 291, 338
伊藤次郎左衛門支店　312
伊藤貯蓄銀行　28, 233, 245, 270
稲永疑獄事件　363
磐城炭礦　102
インフラ産業（定義）　132
weak-ties　44, 112-113, 220, 387, 393, 407
宇治川電気　361, 364
営業税　43, 77-78, 89, 91
ゑびす屋いとう呉服店　223
王子製紙　102
大阪商船　136
大阪商法会議所　303
大阪興業銀行　9
大阪鉄道　328
大阪紡績　102, 182, 240-241, 244, 308, 311-312, 316-317, 328
小栗銀行　319
小野組　236-238, 242

小山銀行　20
尾張紡績　28, 215, 236, 241, 243-245, 247, 251, 256, 273, 291, 301, 307-309, 311-312, 314-318, 328, 347, 370, 373, 375-376, 394

カ 行

会社別役員ポスト占有率（定義）　133-134
改正国立銀行条例　226, 228, 246
貝塚セメント　39
鍵三銀行　15
笠松銀行　268
ガス灯　356
鹿沼銀行　20
株式担保金融　129, 340, 343
株式取引所条例　326
神野新田　335-336
神野富田殖産　337, 367-368
亀崎銀行　217, 284-285, 287
亀崎建物　217
韓国興業　164
関西水力電気　356, 364
関西鉄道　282
関西電気　356, 364
関税定率法　99
紀伊銀行　29
企業家ネットワーク（定義）　121
汽車製造　102, 344, 347-348, 351-352
紀州銀行　29
岸和田第一煉瓦　39
岸和田紡績　39
北山銀行　32
衣浦貯金銀行　217
絹定　252
絹定職工場　254
絹兵　252-253
木之国銀行　32
岐阜絹織物　28, 141, 216, 221, 251, 256, 289
九州鉄道　282, 348
京都織物　96, 164
京都株式取引所　141
京都工商　164, 205
京都商工銀行　141, 164
京都倉庫　141
京都鉄道　141, 164, 290

京都電燈　164, 205
京都陶器　141
京都取引所　164, 205
共立絹糸紡績　299
清須(洲)　26, 223
桐生撚糸合資会社　275
麒麟麦酒　403
近在派　291
金城銀行　217
葛生銀行　20-21
桑名紡績　311, 372
京釜鉄道　100
小池合資会社　258
航海奨励法　317
国立銀行条例　226, 228
五大電力　364
後藤新十郎商店　352
小林銀行　20

サ　行

材摠　305
笹屋　225
札幌麦酒　102, 115, 119-120
薩摩治兵衛支店　312
佐野銀行　20
三家　222, 225, 227
三家衆　223, 303
三大銀行　334, 338, 395, 397
三明　217
山陽鉄道　9, 102, 348
三龍社　275
七宝焼　226, 237
渋沢倉庫　284
下野銀行　20
十一屋　254
十人衆　303, 305
十八銀行　133-134
準家業　34
商業会議所条例　302
商工貯金銀行　141, 164
正進講　22
商法講習所(一橋大学)　97
除地衆　225, 303, 305
所得(税)　5, 42-43, 76-82, 87-89, 91-92, 185-187, 385-387, 407-408
新宮銀行　32
真宗生命保険　318
strong-ties　44-45, 112-113, 387, 393
住友銀行　36, 136, 140

也阿弥ホテル　164, 205
済通社　22
盛融舎　22
摂津紡績　311
専門経営者　2, 38, 101, 235-236, 245, 309, 317, 346-347, 357-358, 396
倉庫証券制度　321

タ　行

第一国立銀行　14, 97-98, 113, 119, 164, 315
第四国立銀行　14
第八国立銀行　226, 228
第十一国立銀行　28, 221, 226-228, 246, 256, 333, 395
第四十一国立銀行　17, 20
第四十三国立銀行　10, 28-29
第五十九国立銀行　22, 98-99, 113
第六十九国立銀行　14
第百十二国立銀行　141
第百三十国立銀行　334
第百三十四国立銀行　221, 226-228, 246, 256, 333, 395
第百三十六国立銀行　226
太陽生命保険　319
多額納税者　87-89, 91, 222, 253
瀧定合名会社　255, 279, 286-288, 290, 292, 394
瀧定商店　254, 292, 394
瀧実業学校　253
瀧兵右衛門商店　252-253
瀧兵商店　252-253
田中銀行　141
玉糸　275
タングステン電球　356
地価額　82-85, 88-90, 92, 336, 386
知多貯蓄銀行　217
知多紡績　241, 311, 316
地方財閥　33-34, 193, 408
中央製紙　251, 256, 289
中央炭礦　164, 359
中京財閥　34
津島銀行　216, 251, 256, 261
津島紡績　311, 316
帝国貯蓄銀行　141
帝国撚糸　28, 141, 216, 251-252, 256, 273-275, 277-278, 281-282, 290, 292-294, 394, 396-397
帝国撚糸織物　256, 273, 275, 277-278, 281, 292-294, 394, 396
帝国物産　10
帝国ホテル　97, 100, 102, 115, 119-120

会社・事項索引　439

鉄道院　282, 324, 350
鉄道院指定工場　351
鉄道車輛製造所　28, 141, 221, 233-234, 247, 251, 256, 282, 291-292, 344-346, 348-349, 395
東海銀行(東京)　20
東海銀行　235, 269
東海倉庫　251, 256, 283, 292-294, 323, 394-395, 397
東京海上火災保険　403
東京海上保険　119
東京火災保険　136
東京瓦斯　102, 115, 353-355, 359
東京商法会議所(東京商工会議所)　97, 303
東京人造肥料　99, 102
東京製綱　102
東京倉庫　321
東京貯蓄銀行　115, 119, 164
東京電燈　136, 360, 364
東京砲兵工廠　283
東神倉庫　288
東邦瓦斯　357
東邦電力　356, 364
東洋汽船　102, 119-120, 136
東洋浚渫　133-134
東陽倉庫　288
東洋紡績　244, 316
常盤館　253
徳島鉄道　282
栃木銀行　20-21
豊田式織機　349, 370-371
豊橋瓦斯　358
豊橋銀行　231

ナ　行

長岡銀行　14
長崎貯蓄銀行　133-134
長崎電燈　133-134
長崎米穀石油取引所　133-134
長門無煙炭礦　102
名古屋駅　322, 324
名古屋織物同盟会　280
名古屋瓦斯　164, 215, 335, 353-355, 357-361, 365, 375, 394, 396
名古屋株式取引所　28, 215, 326, 394
名古屋絹織物合資　252
名古屋銀行　26, 28, 34, 216, 221, 233, 251, 256, 258, 260-262, 264, 269-273, 282-284, 286, 288, 291-294, 333-334, 337-338, 340, 351-352, 395, 397

名古屋港　286, 293, 324, 395
名古屋呉服一番組　280
名古屋材木商同業組合　306
名古屋蚕糸綿布取引所　141, 216, 251, 256, 289
名古屋七宝会社　226, 237
名古屋商業会議所　302, 318, 393
名古屋商工会議所　303
名古屋商法会議所　303
名古屋織布　370-371
名古屋製織　254, 290
名古屋精糖　164, 300
名古屋製氷　164, 300
名古屋生命保険　28, 318, 365, 376, 394
名古屋倉庫　28, 283, 286, 292, 320, 394-395
名古屋談話会　302, 393
名古屋貯蓄銀行　216, 251, 256, 267-268, 270-272, 288, 316
名古屋電気鉄道　34, 164, 205, 372
名古屋電燈　28, 299, 308, 356, 363
名古屋電力　164, 215, 335, 353, 359-365, 375-376, 394
名古屋米穀取引所　301
名古屋紡績　226-229, 236-238, 241-242, 244-248, 307, 312, 314-318, 395-397
夏目製造　217
七尾鉄道　282
浪速銀行　141
奈良鉄道　141
南海鉄道　102, 141
南豊鉄道(大分)　9, 102
新潟株式取引所　17
新潟銀行　15, 17
新潟礦業　17
新潟商業銀行　15
新潟貯蔵銀行　17
新潟貯蓄銀行　15
新潟艀船　17
新潟曳船　17
新潟硫酸　17
新潟煉瓦　17
西尾銀行　217
二千錘紡績所　237-238
日清紡績　290
日本火災保険　10, 102
日本勧業銀行　349
日本毛織　176
日本車輛製造　34, 164, 233, 270, 282-284, 288, 291-292, 311, 333, 344, 351, 371, 373, 375, 394-395, 397
日本商業銀行　176

日本精糖　102
日本石油会社　14-15
日本貯金銀行　9, 11, 102
日本鉄道　119, 348
日本撚糸　275
日本紡織　9
日本紡績　316
日本郵船　119, 136, 317
ネットワーク別役員ポスト占有率(定義)　133-134
農商貯蓄銀行　217
濃尾地震　243, 312, 336
野澤屋輸出店　277

ハ 行

函館船渠　119
橋本銀行　32
橋本織布　32
幡豆貯蓄銀行　217, 342
幡下銀行　216, 251, 256, 261
阪堺鉄道　141
阪鶴鉄道　102, 282
兵庫運輸　176
兵庫倉庫　176
平野紡績　311
広島紡績所　236
福寿火災保険　368, 373
福寿生命保険　319, 365, 368, 373, 375
豊州鉄道　9, 102
米商会所　301-303, 307-308, 335, 373, 376
米商会所条例　301
紡績連合会　311, 314, 316
北越石油　102, 115, 119-121
北越鉄道　14, 119-120
北越陸送　17
北海道鉱山　141
北海道製麻　141, 164
北海道炭礦鉄道　136, 141, 348
堀川運河　286, 292, 323, 395
堀川貯蓄銀行　217
ボンベイ航路　317

マ 行

松坂屋　223

丸八貯蓄銀行　217, 230-231
三重紡績　244-245, 247, 284, 301, 315-316, 318, 341, 355, 370-371
三河セメント　217
三井銀行　36, 136
三井鉱山　36
三井呉服店　36
三井物産　36, 140, 241, 275, 349
三菱合資　36, 136, 165
三菱合資銀行部　36, 165
南満州鉄道　350
ミュール紡績機　241-242, 312
明治火災保険　403
明治銀行　26, 34, 164, 215, 260-262, 265, 269-270, 283, 299-300, 323, 333-335, 337-338, 340, 343-344, 348-349, 351, 354, 375-376, 394-395
明治生命保険　403
明治土地建物　164
明倫堂　300
毛利新田　336
紅葉屋　34, 334-335

ヤ 行

役員継続比率(定義)　177-178, 220, 396
安田銀行　14, 36, 56, 136, 140
山一合資会社　260
山一証券　260, 352
要素ネット　120, 290, 299
横浜実業銀行　165
横浜実業貯蓄銀行　165
横浜船渠　165
横浜鉄道　165
四家　222, 227, 258

ラ・ワ行

リッドクッシュ社　277
龍門園　307
リング紡績機　241-242, 312
和歌山貯蓄銀行　28, 32
和歌山銀行　32
和歌山織布　28-29
和歌山電燈　29

〈著者紹介〉

鈴木恒夫（すずきつねお）

1977年　一橋大学大学院経済学研究科博士課程単位取得満期退学
　　　　久留米大学商学部専任講師・和光大学経済学部助教授などを経て
現　在　学習院大学経済学部教授
主著書　「戦後型産業政策の成立」（山崎広明・橘川武郎編『日本経営史 4 「日本的」経営の連続と断絶』岩波書店、1995）、「両大戦間期における化学工業の変容」（『学習院大学経済経営研究所年報』16巻、2002年12月）、『国際競争力の経営史』（共編著、有斐閣、2009）。

小早川洋一（こばやかわよういち）

1980年　明治大学大学院経営学研究科博士課程単位取得満期退学
　　　　中部工業大学経営情報学部専任講師などを経て
現　在　中部大学経営情報学部教授
主著書　「結城・森改革と安田財閥の再編成」（由井常彦編『安田財閥』日本経済新聞社、1986）、*Problems of Technology Choice Faced by the Private-Sector Steel Industry in Prewar Japan*, Japanese Yearbook on Business History Vol. 13, 1996、「浅野総一郎と明治期における浅野セメントの考察」（明治大学経営学研究所『経営論集』45巻2・3・4号、1998年3月）。

和田一夫（わだかずお）

1973年　一橋大学商学部卒業、ロンドン大学（LSE）でPh.D.を取得（1989年）
　　　　南山大学経営学部助教授などを経て
現　在　東京大学大学院経済学研究科教授
主著書　*Fordism Transformed: The Development of Production Methods in the Automoibile Industry*（共編著、Oxford U.P., 1995）、『豊田喜一郎伝』（共著、名古屋大学出版会、2002）、『ビジネス・システムの進化』（共著、有斐閣、2007）。

企業家ネットワークの形成と展開

2009年3月30日　初版第1刷発行

定価はカバーに表示しています

著　者　鈴木恒夫
　　　　小早川洋一
　　　　和田一夫

発行者　金井雄一

発行所　財団法人　名古屋大学出版会
〒464-0814　名古屋市千種区不老町1　名古屋大学構内
電話(052)781-5027／FAX(052)781-0697

ⓒ Tsuneo Suzuki et al., 2009
印刷・製本 ㈱クイックス
乱丁・落丁はお取替えいたします。

Printed in Japan
ISBN978-4-8158-0613-2

Ⓡ〈日本複写権センター委託出版物〉
本書の全部または一部を無断で複写複製（コピー）することは、著作権法上での例外を除き、禁じられています。本書からの複写を希望される場合は、日本複写権センター（03-3401-2382）の許諾を受けて下さい。

和田一夫／由井常彦著
豊田喜一郎伝
A5・420頁
本体2,800円

和田一夫編
豊田喜一郎文書集成
A5・650頁
本体8,000円

末廣昭著
ファミリービジネス論
―後発工業化の担い手―
A5・378頁
本体4,600円

石井寬治／中西聡編
産業化と商家経営
―米穀肥料商廣海家の近世・近代―
A5・528頁
本体6,600円

粕谷誠著
豪商の明治
―三井家の家業再編過程の分析―
A5・304頁
本体5,500円

籠谷直人著
アジア国際通商秩序と近代日本
A5・520頁
本体6,500円

前田裕子著
水洗トイレの産業史
―20世紀日本の見えざるイノベーション―
A5・338頁
本体4,600円

塩見治人／橘川武郎編
日米企業のグローバル競争戦略
―ニューエコノミーと「失われた十年」の再検証―
A5・418頁
本体3,600円